編委會通訊處	江蘇省南京市栖霞區文苑路1號南京師範大學學正樓文學院313室《歷史文獻研究》編輯部
郵政編碼	210023
網絡地址	http://www.chla1979.org
電話/傳真	025-85891384
電子郵箱	lswxyj2013@163.com

歷史文獻研究

總第47輯

中國歷史文獻研究會 编

本刊獲全國高校古籍整理研究工作委員會
國家社科基金社科學術社團主題學術活動資助

廣陵書社

圖書在版編目（CIP）數據

歷史文獻研究. 總第47輯 / 中國歷史文獻研究會編
. -- 揚州 : 廣陵書社, 2021.11
ISBN 978-7-5554-1773-6

Ⅰ. ①歷… Ⅱ. ①中… Ⅲ. ①中國歷史—研究—叢刊
Ⅳ. ①K207-55

中國版本圖書館CIP數據核字(2021)第237900號

書　　名　歷史文獻研究(總第47輯)
編　　者　中國歷史文獻研究會
責任編輯　李　佩　戴敏敏

出版發行　廣陵書社
揚州市維揚路349號　郵編　225009
(0514)85228081(總編辦)　85228088(發行部)
http://www.yzglpub.com　E-mail:yzglss@163.com

印　　刷　無錫市海得印務有限公司
裝　　訂　無錫市西新印刷有限公司

開　　本　889毫米×1194毫米　1/16
印　　張　26.5　插頁4
字　　數　590千字
版　　次　2021年11月第1版
印　　次　2021年11月第1次印刷
標準書號　ISBN 978-7-5554-1773-6
定　　價　120.00元

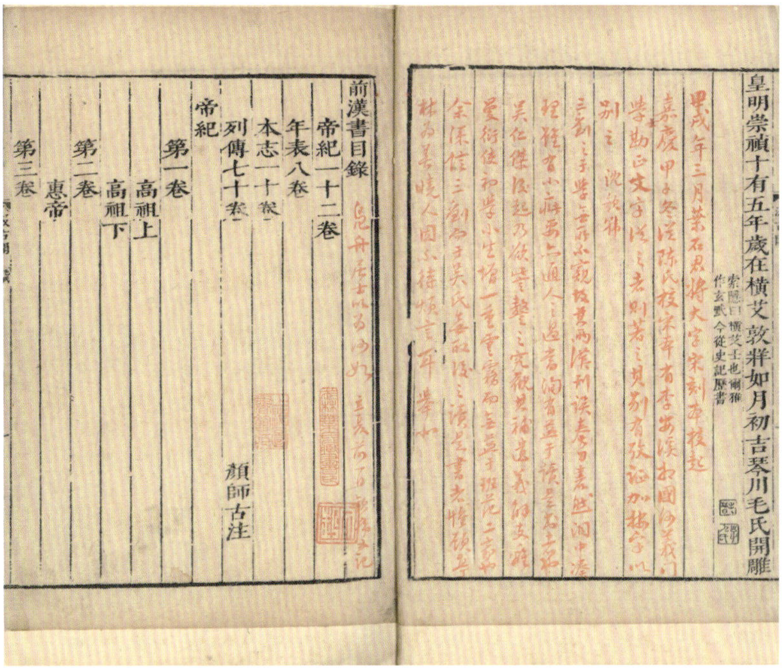

皇明崇禎十有五年歲在橫艾敦牂如月初吉琴川毛氏開雕

索隱曰橫艾壬也爾雅作玄黓今從史記歷書

前漢書目錄

帝紀一十二卷

年表八卷

本志一十卷

列傳七十卷

帝紀

第一卷 高祖上 高祖下

第二卷 惠帝

第三卷

顏師古注

上海圖書館藏沈欽韓原校讀本題識頁

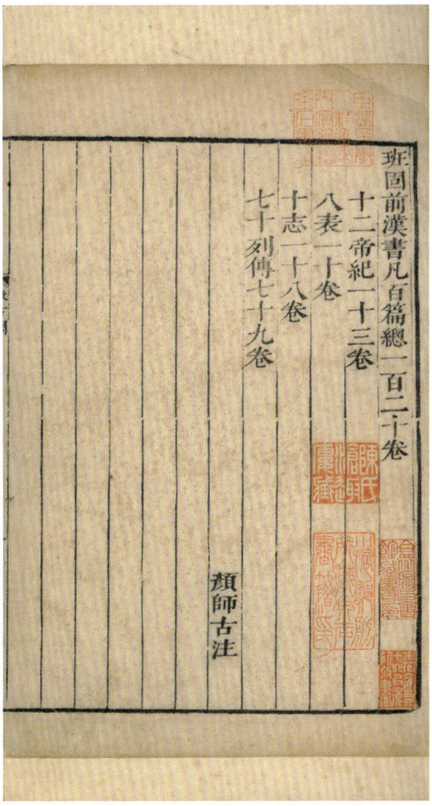

班固前漢書凡百篇總一百二十卷

十二帝紀一十三卷

八表一十卷

十志一十八卷

七十列傳七十九卷

顏師古注

上海圖書館藏沈欽韓原校讀本卷首頁

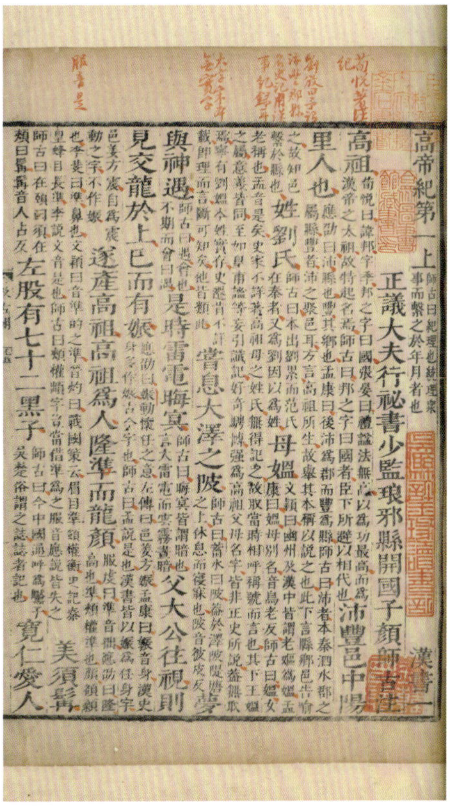

高帝紀第一上　漢書一

正議大夫行祕書少監琅邪縣開國子顏師古注

高祖沛豐邑中陽里人也姓劉氏母媼嘗息大澤之陂夢與神遇是時雷電晦冥父太公往視則見交龍於上已而有娠遂產高祖高祖為人隆準而龍顏美須髯左股有七十二黑子寬仁愛人

上海圖書館藏沈欽韓原校讀本
卷一頁一上

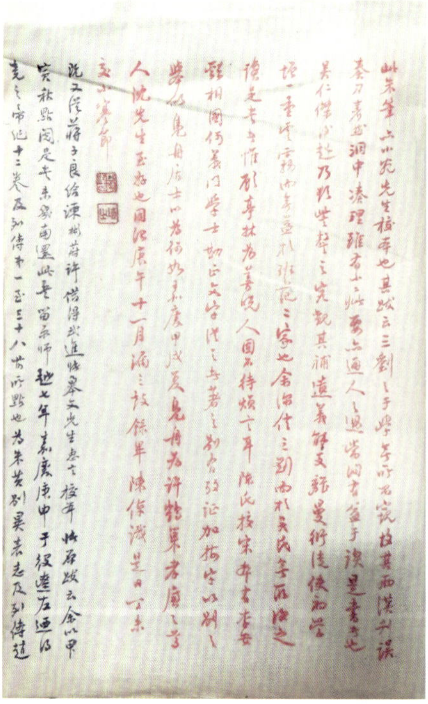

上海圖書館藏陳倬遮抄沈欽韓校本
卷末題識之一

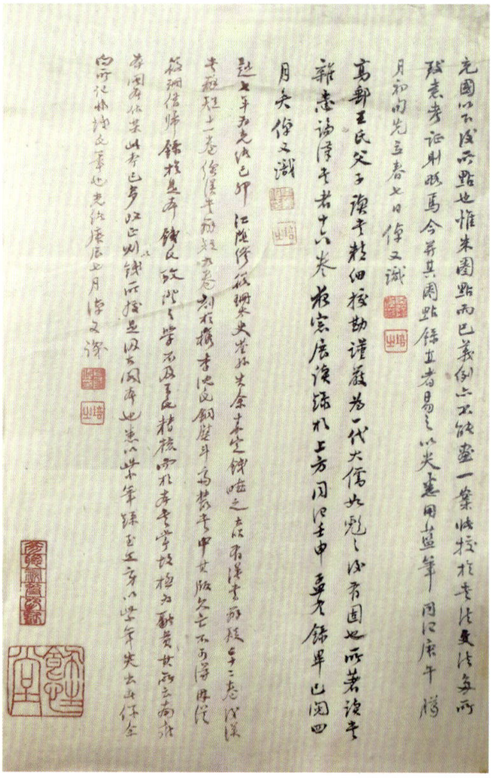

上海圖書館藏陳倬遮抄沈欽韓校本
卷末題識之二

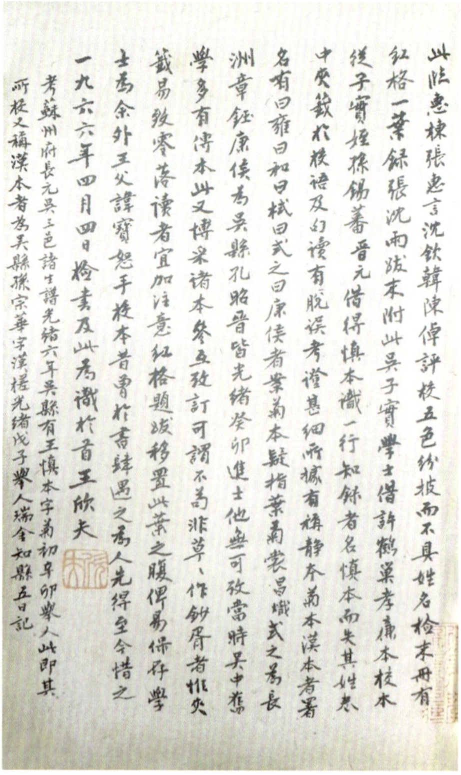

此帙惠棟張惠言沈欽韓陳倬評校五色紛披而不具姓名檢末册有紅格一葉録張沈兩跋末附此吳子寶學士借許鶴巢孝廉本校本從子寶姪孫錫蕃晉元借得慎本識一行知録者名慎本而失其姓惠中受載於校語及幻讀有脱誤考證甚細所據有禎靜本菊本漢本者署名有曰雍曰和曰栻曰式之曰康侯者兼菊本疑指葉蔭裳昌熾式之爲長洲章鈺康侯爲吳縣孔昭晉皆光緒癸卯進士他無可攷當時吳中舊學多有傳本此又博采諸本參互攷訂可謂不苟非草草作鈔胥者比矣鐵易致零落讀者宜加注意紅格題跋移置此葉之腹俾易保存學士爲余外王父諱寶恕手校本昔曾於書肆遇之爲人先得至今惜之
一九六六年四月四日檢書及此爲識於首 王欣夫
考蘇州府長元吳三邑諸生譜光緒六年吳縣有王慎本字菊初辛卯舉人此即其所校之稱漢本者爲吳縣張宗華字漢槎光緒戊子舉人瑞金知縣 五日記

復旦大學圖書館藏王慎本遮抄
沈欽韓陳倬校本卷首王欣夫題識

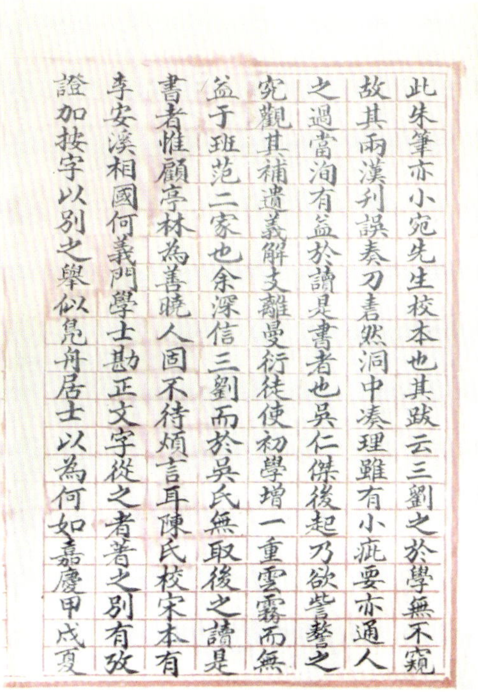
此朱筆亦小宛先生校本也其跋云三劉之於學無不窺
故其兩漢刊誤奏刀砉然洞中湊理雖有小疵要亦通人
之過當洵有益於讀是書者也吳仁傑後起乃欲嘗鼇之
究觀其補遺義解支離曼衍徒使初學增一重雲霧而無
益于班范二家也余深信三劉而於吳氏無取後之讀是
書者惟顧亭林爲善曉人固不待煩言耳陳氏校宋本有
李安溪相國何義門學士勘正文字從之者著之别有攷
證加按字以别之舉似皃舟居士以爲何如嘉慶甲戌夏

復旦大學圖書館藏王慎本遞抄沈欽韓陳倬校本卷首過録陳倬題識

復旦大學圖書館藏王慎本遞抄沈欽韓陳倬校本卷一上頁一上

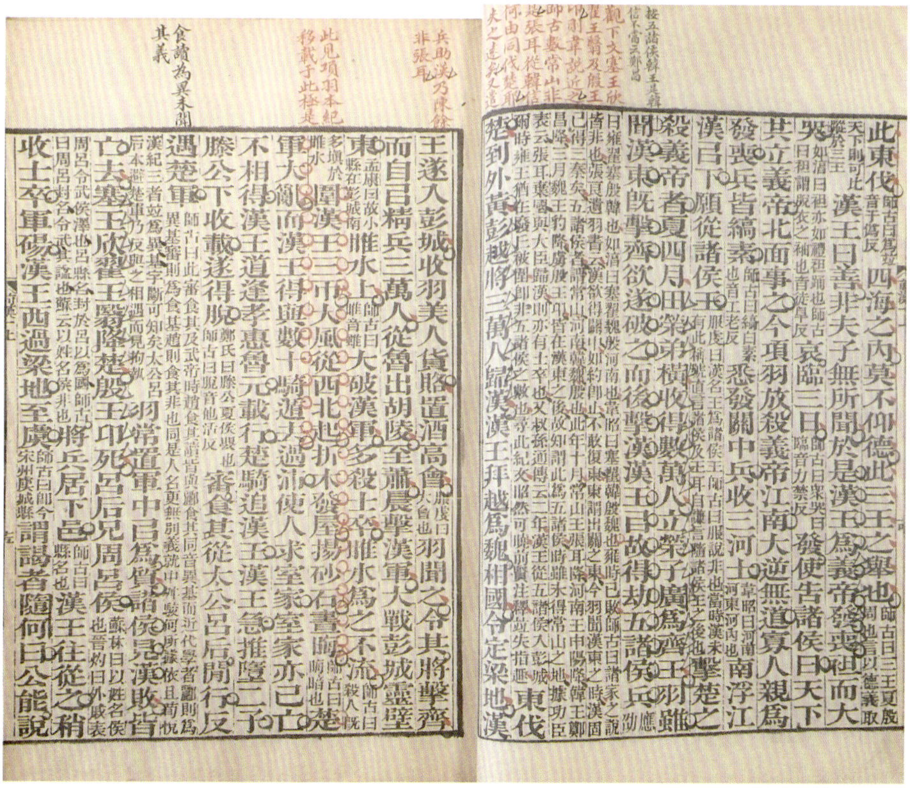

復旦大學圖書館藏王慎本遞抄沈欽韓陳倬校本卷一上頁十四下、十五上

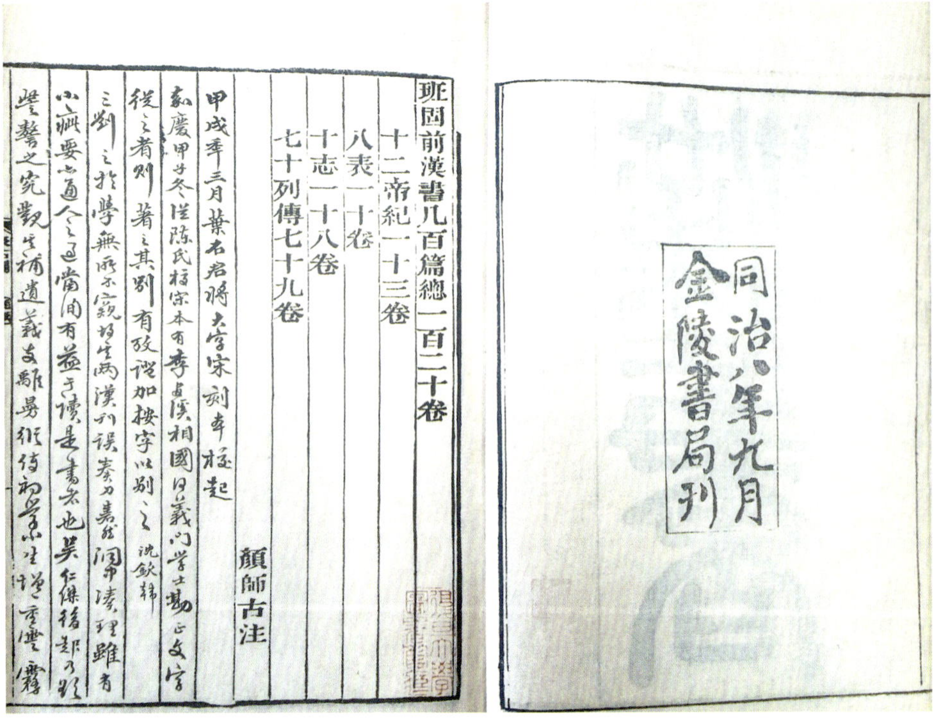

復旦大學圖書館藏王祖詢遞抄陳倬校本卷首沈欽韓題識頁

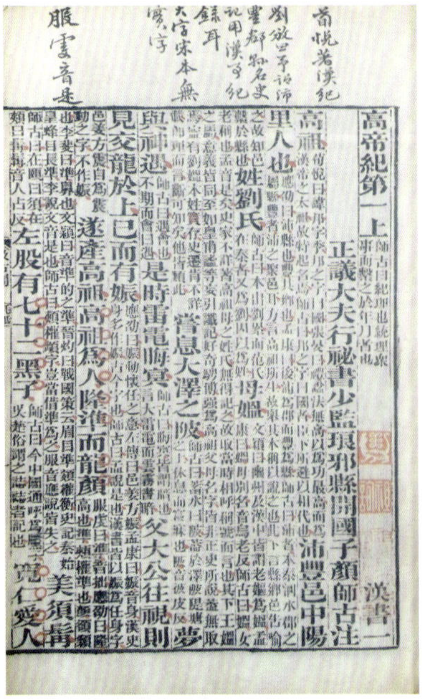

復旦大學圖書館藏王祖詢遞抄陳倬校本卷一上頁一上

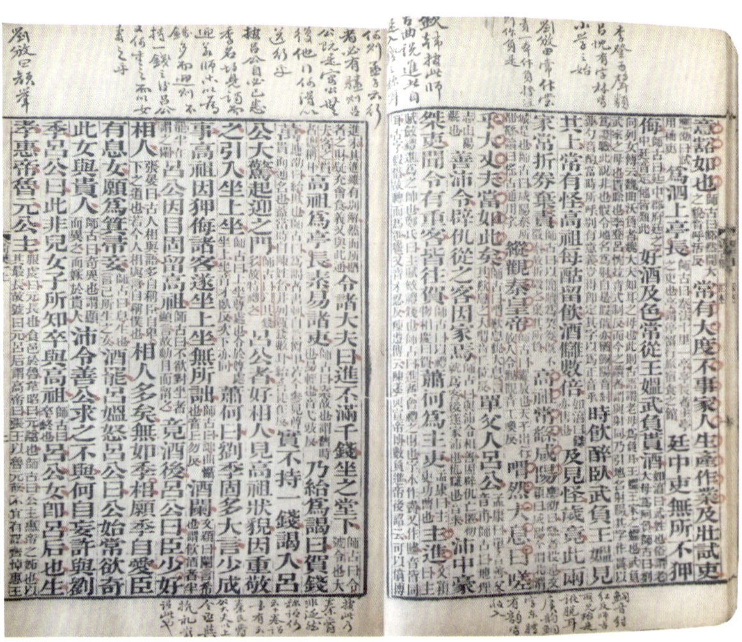

復旦大學圖書館藏王祖詢遞抄陳倬校本卷一上頁一下、二上

目録

Principal Contents

“張守節研究”專欄

編者按：

2020年3月31日，時值疫情禁足之際，中國社會科學院大學的熊少聰同學發來三則張守節有關的史料，皆輯自《册府元龜》，其中一則涉及其爵里、生年、師承等重要信息，宋刻本已佚，明刻本作“李守節”，從未引起學界重視。少聰咨詢我的意見，我也認爲當是“張冠李戴”之誤，建議他覆案《册府元龜》其他版本。令人驚喜的是存世的四種明抄本此處皆無“李”字，有三種作空圍，於是鼓勵少聰詳加考辨，其後少聰不斷思考，深入論證，撰成一篇扎實謹嚴的力作。4月26日，應北京大學博士生高樹偉之邀參加綫上沙龍，討論“學術檢索的過去、現在和未來”，我講到數字檢索時要警惕古籍的版本異文與訛誤時，正好提及這處“張冠李戴”的問題，沙龍甫一結束，樹偉就打來電話，説他在碩士階段也關注過《册府元龜》另兩處記載，而且寫過專文，尚未刊發，而“張冠李戴”這處材料山東大學的周浩賢同學在學年論文中也已發現。浩賢又與我聯繫，轉來他的論文，他主要側重從《史記索隱》《史記正義》引文討論《管子》注本問題，其中涉及對《册府元龜》張守節生平資料的考察，與少聰的文章相得益彰，因此建議他析出單獨發表。其後，他們三人也由此相識，並藉助微信群不斷切磋討論。

有鑑於此，我向《歷史文獻研究》編輯部諸位老師提議，希望能將少聰、樹偉、浩賢三位同學的論文合爲一編，呈現給讀者，以期能從不同視角重新審視張守節的相關問題，在徵得編輯部同仁首肯之後，又經幾輪審稿往返修訂，特此開闢“張守節研究”專欄，彰佈這三篇考證之作。

2020年10月12日

又按：

這組論文待刊之際，又見《渭南師範學院學報》2021年第36卷第1期刊發了王亞橋先生的論文《唐張守節與司馬貞同爲張嘉會弟子考》，這篇文章亦用到《册府元龜》中“李守節”的有關資料，與本組三篇論文部分觀點重合，這讓三位作者深感遽惶。我又向多位國内期刊專家請教應當如何處理，大家一致認爲如果能够肯定論文是各自獨立完成的，没有學術不端行爲，那麽可以照發不誤，但需要加以説明。想到在去年4月26日“學術檢索的過去、現在和未來”綫上沙龍，我已有“劇透”，這應該可以證明本組論文的材料和觀點與王亞橋先生的大作只是不謀而合。

驚惶之餘，我也在思考一個問題：爲何張守節生平的千古懸案忽然之間備受關注？有位朋友開玩笑説：“張守節顯靈了！”其實這絶非巧合，而是和兩方面條件變化有關：一是古籍數據庫可以提供便捷的檢索手段，一是古籍數字化帶來了豐富的新材料，文史考證中多重材料的覈驗與比較正是解決問題的關鍵所在。我曾問過少聰,這個問題起初是如何發現的。少聰説,他讀到前人有關張守節與張嘉會關係的論證,希望能有新突破,嘗試在“中國基本古籍庫”中檢索“張嘉會”,發現了《册府元龜》中被誤爲“李守節”的資料,進而展開的研究。另一方面,諸位研究者有關“李守節”爲“張守節”之誤的論證,都得益於中國國家圖書館和臺北“國圖”所藏的明抄本,而這四種《册府元龜》明抄本目前都可以通過網絡媒介獲取圖像,這是千年未有之便利。

如此一來,重新審視這組論文的價值,恐怕不僅在於考訂張守節、司馬貞生平等問題,或許還能啓迪大家對數字時代文獻考證方法的思考,這一點在高樹偉論文篇末也有補充討論,讀者可以參看。

於是,我與執行主編王鍔教授以及編輯部同仁再經商討,最後決定依舊按照原先組稿面貌刊出論文,如有争議,全部責任由我個人承擔。

蘇芃於 2021 年 6 月 26 日再識

張守節行實考*

熊少聰

[摘　要] 張守節行實有《史記正義序》與《册府元龜》中的三條材料可資考證。其中《册府元龜·總録部·退迹》一條，涉及張守節爵里、師承、出處、生年等信息，依明鈔本異文與其他材料看，本當作"張守節"，却因在明刻本中誤作"李守節"而尚未有學者關注。今知張守節爲蘇州吴縣人，生於高宗開耀二年(永淳元年，682)前後，與司馬貞俱在吴中受學於張嘉會。玄宗天寶元年(742)或二年(743)登高道不仕科入仕，肅宗上元元年(760)致仕。開元二十四年(736)撰成《史記正義》時張守節在五十五歲上下，尚未入仕，撰書條件不及司馬貞便利，參照《史記索隱》，《史記正義》表現出見書不廣的特點。張守節與張嘉會當同爲吴郡張氏，張嘉會未注《史記》，但其學今日可謂雖絶猶存。

[關鍵詞] 張守節　册府元龜　史記正義　張嘉會　司馬貞

唐人張守節，撰有《史記正義》。因兩《唐書》無傳，長期以來，學者主要就《史記正義序》對張守節行實作極爲有限的考察，《四庫全書總目》謂："守節始末未詳。據此書所題，則其官爲諸王侍讀率府長史也。"[①] 今檢《册府元龜》，得張守節行實相關材料三條。其中卷六〇六《學校部·注釋二》、卷八九九《總録部·致政》的兩條材料，黄約瑟已有關注，並根據張守節肅宗上元(760—761)初致仕推論其武周朝已經出生。[②] 其後，李德輝在《全唐文作者小傳正補》中將兩條材料輯出，又對《史記正義》卷數稍加按斷。[③] 但可能因爲都並非專門討論這一問題的論著，尚未引起足够重視，學者仍多沿襲舊説。[④] 同時，卷八一三《總録部·退迹》中，有涉及張守節爵里、師承、出處、生年等信息最爲重要的一條材料，却因在流傳較廣的明刻本中誤作"李守節"而愈發汩没不見。

---

* 陳鐵民、趙生群、蘇芃諸先生與范雲飛、周浩賢二兄曾對本文提出修改意見，其中蘇芃教授教正尤多，紉佩何涯。王天華兄、周天豪兄在大疫居家期間爲檢索資料提供不少便利，并伸謝悃。

① 〔清〕永瑢等：《四庫全書總目》卷四五《正史類一·史記正義》，北京：中華書局影印浙本，1965年，第399頁。參見〔清〕錢大昕：《三史拾遺》卷一《史記·高祖本紀》，〔清〕錢大昕撰，方詩銘、周殿傑點校：《廿二史考異》附録一，上海：上海古籍出版社，2004年，第1375—1376頁；〔日〕瀧川資言：《史記總論·司馬貞張守節事歷》，〔漢〕司馬遷撰，〔日〕瀧川資言考證，楊海峥整理：《史記會注考證》卷末，上海：上海古籍出版社，2015年，第4446—4447頁；朱東潤：《史記考索》，上海：華東師範大學出版社，1996年，第164頁。

② 黄約瑟：《武則天與日本關係初探》，中國唐史學會編：《中國唐史學會論文集》，西安：三秦出版社，1989年，第249—252頁。

③ 李德輝：《全唐文作者小傳正補》卷三九七"張守節"小傳，瀋陽：遼海出版社，2011年，第406—407頁。

④ 參見楊海峥：《漢唐〈史記〉研究論稿》，濟南：齊魯書社，2003年，第159頁；應三玉：《〈史記〉三家注研究》，南京：鳳凰出版社，2008年，第209頁；王濤：《元前〈史記〉詮釋文獻研究》，北京：綫裝書局，2014年，第107頁；袁傳璋：《宋人徵引〈史記正義〉佚文考索及相關問題討論》，《安徽師範大學學報(人文社會科學版)》2014年第3期，第364—377頁。

一、明刻本《册府元龜·總録部·退迹》"李守節"條考辨

張守節最爲學者熟知的生平信息見於《史記正義序》,今略引如下:

守節涉學三十餘年,六籍九流地里《蒼》《雅》鋭心觀採,評《史》《漢》詮衆訓釋而作《正義》,郡國城邑,委曲申明,古典幽微,竊探其美,索理允愜,次舊書之旨,兼音解注,引致旁通,凡成三十卷,名曰《史記正義》。發揮膏肓之辭,思濟滄溟之海,未敢侔諸祕府,冀訓詁而齊流,庶貽厥子孫,世疇茲史。

于時歲次丙子,開元二十四年八月,殺青斯竟。[①]

結銜爲"諸王侍讀宣議郎守右清道率府長史"。[②]

中華書局影印明崇禎十五年黄國琦刻本《册府元龜》有涉及張守節行實的兩條材料(以下簡稱"注釋條""致政條"):

張守節少集《詩》《禮》,尤精史義,注《正義》四十卷。[③]

張守節爲太子右諭德集賢院待制,肅宗上元初,乞骸骨,辭職還鄉。以穎王傅致仕。賜手詔曰:"卿父子相從,大膺儒術,既精且博,其道可師。出入禁庭,勤勞侍讀。歲月滋久,弘益頗多。今以暮年,俾令致仕,仍加子職,用資孝養。"兼賜紫金魚袋,賜絹三百疋。儒者爲榮。[④]

明刻本《册府元龜·總録部·退迹》"李守節"條(以下簡稱"退迹條")又可見:

李守節,蘇州吴人也。師事同郡張嘉會。少習《詩》《禮》,尤精《史記》,年六十,不求仕,優游丘園。天寶初,以高道徵拜東宫率府長史,兼諸王侍讀,稍遷至太子右諭德。其性簡素,雖恩遇,志意不易於衡泌之下。既辭闕庭,便謝朝舊,不言發期,潛遁而去。朝廷故友追送,靡及,莫不嗟嘆焉。[⑤]

① 〔唐〕張守節:《史記正義序》,〔漢〕司馬遷撰,〔南朝宋〕裴駰集解,〔唐〕司馬貞索隱,〔唐〕張守節正義:《史記》附録三,北京:中華書局,2014年,第4057—4058頁。

② 〔唐〕張守節:《史記正義序》,〔漢〕司馬遷撰,〔南朝宋〕裴駰集解,〔唐〕司馬貞索隱,〔唐〕張守節正義:《史記》附録三,第4057頁。

③ 〔宋〕王欽若等編:《册府元龜》卷六〇六《學校部·注釋二》,北京:中華書局影印明崇禎十五年黄國琦刻本,1960年,第7278頁。下凡引《册府元龜》,略依點校本斟酌句讀,見〔宋〕王欽若等編,周勛初等校訂:《册府元龜》卷八九九《總録部·致政》,南京:鳳凰出版社,2006年。

④ 〔宋〕王欽若等編:《册府元龜》卷八九九《總録部·致政》,第10648頁。

⑤ 〔宋〕王欽若等編:《册府元龜》卷八一三《總録部·退迹》,北京:中華書局影印明崇禎十五年黄國琦刻本,第9679頁。

關於此條材料，更檢中國國家圖書館與臺灣"國家圖書館"藏明鈔本《册府元龜》(以下簡稱"國圖本""臺圖本")，"李守節"有異文，兩鈔本並作"守節"，"守"上闕一字，不頂上闌。[①] 則知明鈔本此條已有脱文。今刻本作"李守節"者，雖全其姓氏，但是否猶存舊本原貌，實須商榷。

稍依此異文，使"退迹條"與《史記正義序》比對，易見"李守節"除姓名與張守節接近、同樣精於《史記》外，仕宦經歷中的"東宫率府長史""諸王侍讀"也相重合。[②] 不僅如此，"退迹條"涉及的"張嘉會"，司馬貞在《史記索隱後序》中同樣有提到，並自謂"貞少從張學，晚更研尋"，[③] 瀧川資言在《史記會注考證》中便推斷張守節和司馬貞同師張嘉會：

> 愚按：《索隱後序》云："崇文館學士張嘉會獨善此書，而無注義。貞少從張學，晚更研尋。"此小司馬師張嘉會也。《梁孝王世家》"郎中尹霸等士通"辭，《正義》云："張先生舊本有'士'字。先生疑是衍文，又不敢除，故以朱大點其字中心。今按：食官長及郎中尹霸等是士人。太后與通亂，其義亦通也。"《匈奴列傳》題下《正義》云："今第五十者，先生舊本如此。劉伯莊音亦然。"張守節不名其師。筆迹所存，一朱點且不敢忽之，其尊師重史誠可尚也。所謂張先生，無乃《索隱》所謂張嘉會乎，則馬、張二人同其師也。[④]

因爲《史記正義》出現了"張先生舊本""先生舊本"，細繹其言，張守節蓋受學於"張先生"。一般認爲，司馬貞、張守節二人時代接近，張氏稍晚(詳下)，故而瀧川資言推斷"張先生"可能即指張嘉會。可見"李守節"與《史記正義序》中張守節的生平信息不僅毫無矛盾，甚至暗合了張守節注文中的内容。

再看"注釋條"，顯然即指《史記正義》撰者張守節，只是内容簡短，有價值的史料並不多。且細考辭意，所謂"尤精史義"尚勉强可通，"少集《詩》《禮》"則令人費解。但若能注意到"退迹條"，推斷"李守節"即爲"張守節"之誤，比較兩條材料，考諸他書，可知"少習《詩》《禮》"

---

① 〔宋〕王欽若等編：《册府元龜》卷八一三《總録部·退迹》，中國國家圖書館藏明藍格鈔本(書號：19531)，中國國家圖書館"中華古籍資源庫"網站，http://read.nlc.cn/allSearch/searchDetail?searchType=1002&showType=1&indexName=data_892&fid=411999032776；〔宋〕王欽若等編：《册府元龜》卷八一三《總録部·退迹》，臺灣"國家圖書館"藏明等身書舍藍格鈔本(書號：07831)，臺灣"國家圖書館""古籍與特藏文獻資源"網站，http://rbook.ncl.edu.tw/NCLSearch/Search/SearchDetail?item=6d4adb8b0b7a4f36820939fa6e88de6cfDc0MDEx0&image=1&page=&whereString=&sourceWhereString=&SourceID=#。材料發現之初，向蘇芃教授請教，即告知《册府元龜》版本情況并建議查檢明鈔本影像，恭展謝悰。

② "右清道率府"爲東宫武官十率府之一，故而"右清道率府長史"又可稱"東宫率府長史"，見〔後晉〕劉昫等：《舊唐書》卷四二《職官志一》、卷四四《職官志三·東宫武官》，北京：中華書局，1975年，第1783、1912—1913頁。

③ 〔唐〕司馬貞：《史記索隱後序》，〔漢〕司馬遷撰，〔南朝宋〕裴駰集解，〔唐〕司馬貞索隱，〔唐〕張守節正義：《史記》附録二，第4046頁。

④ 〔日〕瀧川資言：《史記總論·司馬貞張守節事歷》，〔漢〕司馬遷撰，〔日〕瀧川資言考證，楊海峥整理：《史記會注考證》卷末，第4447頁。

本爲唐五代人所習用,《唐文拾遺》等書中屢見,[①]《册府元龜·宗室部·將兵》中更有“少習《詩》《禮》,長喜兵法”之語,[②]並可證“集”本當作“習”字,蓋因音近而訛。[③]同時,“記”當因涉下文“《正義》”産生訛誤。檢“臺圖本”,此條作:“張守節,少集《詩》《禮》,尤精《史記》,注《正義》四十卷。”[④]“國圖本”除“尤”“禮”二字誤倒,且“注”作“著”外,餘同。[⑤]可見作“《史記》”不誤。[⑥]更佐證了“少集《詩》《禮》”一句與“退迹條”也本當同源,後有訛誤,故而稍異。同樣地,“致政條”雖然只有“勤勞侍讀”可與《史記正義序》聯繫起來,但因“太子右諭德”一官能與“退迹條”互證,不僅可以確定“致政條”當指《史記正義》撰者張守節,“退迹條”本作“張守節”的推斷也因此添一切證。

合以上諸端,可證明鈔本“退迹條”雖有遺脱,但異文足珍,淵源有自。考當日情狀,蓋鈔手所據底本其姓氏已闕或不可辨識,故於“守”上俱闕一字。至遲於明黄國琦刻本此條已被妄補作“李守節”,更使其中信息趨於湮滅。其後數百年間,學者不可考見張守節生平大略,其中雖不乏瀧川資言等立論精湛者,但難有定讞。今依版本異文與涉及張守節行實的其他材料看,“退迹條”本作“張守節”殆無疑義。

今更在此基礎上對明刻本三條材料稍作校勘。“注釋條”明刻本除上舉異文外,所謂“注《正義》四十卷”,《全唐文作者小傳正補》“張守節”小傳謂:“原書四十卷,見《册府元龜》卷六〇六。至宋以後則僅三十卷,今《新唐書》卷五八《藝文志二》、《宋史》卷二〇三《藝文志二》‘正史類’所著録者,均三十卷。”[⑦]然《史記正義序》中已言“凡成三十卷”,則其書本即三十卷,不當採信《册府元龜》所載卷數。明刻本“退迹條”“不求仕”一句,兩種鈔本並作“不求仕進”,當從。另外鈔本亦存在一些訛誤,兹不贅述。[⑧]“致政條”則明鈔本、宋刻本亦舛誤

---

① 見〔唐〕王頊:《唐故潁川陳夫人墓誌銘》,〔清〕陸心源編:《唐文拾遺》卷三一,〔清〕董誥等編:《全唐文》後影印《潛園總集》本,北京:中華書局影印嘉慶内府刊本,1983年,第10728頁;《唐故處士張府君夫人梁氏墓誌銘》(按:作者闕),吴鋼主編:《全唐文補遺》第2輯,西安:三秦出版社,1995年,第211—212頁;〔唐〕陳翃:《大唐京兆府美原縣丞元府君(復業)墓誌銘》、《大唐故游擊將軍上柱國行原州都督府三郊鎮副楊府君(履庭)墓誌銘》(按:作者闕),吴鋼主編:《全唐文補遺》第4輯,西安:三秦出版社,1997年,第53—54、404頁;〔唐〕崔鉅:《唐故比部郎中博陵崔府君(鎮)墓誌銘》,吴鋼主編:《全唐文補遺·千唐志齋新藏專輯》,西安:三秦出版社,2006,第417頁。

② 〔宋〕王欽若等編:《册府元龜》卷二六九《宗室部·將兵》,北京:中華書局影印明崇禎十五年黄國琦刻本,第3194頁。

③ 《廣韻》“集”“習”同屬緝韻。見《宋本廣韻》卷五,北京:中國書店影印張氏澤存堂本,1982年,第511頁。

④ 〔宋〕王欽若等編:《册府元龜》卷六〇六《學校部·注釋二》,臺灣“國家圖書館”藏明等身書舍藍格鈔本(書號:07831)。

⑤ 〔宋〕王欽若等編:《册府元龜》卷六〇六《學校部·注釋二》,中國國家圖書館藏明藍格鈔本(書號:19531)。

⑥ 黄約瑟已疑“史義”當作“《史記》”,但未有確證。見黄約瑟:《武則天與日本關係初探》,《中國唐史學會論文集》,第252頁。

⑦ 李德輝:《全唐文作者小傳正補》卷三九七“張守節”小傳,第407頁。

⑧ 除上舉異文外,明刻本“實”,“臺圖本”作“保”;“諸王”,“國圖本”作“諸泌王”,“臺圖本”作“讀王”;“恩”,“臺圖本”作“思”;“衡泌之下”,“國圖本”脱“下”字;“發”,“臺圖本”作“法”;“嗟”,“臺圖本”作“磋”。見〔宋〕王欽若等編:《册府元龜》卷八一三《總録部·退迹》,中國國家圖書館藏明藍格鈔本(書號:19531);〔宋〕王欽若等編:《册府元龜》卷八一三《總録部·退迹》,臺灣“國家圖書館”藏明等身書舍藍格鈔本(書號:07831)。

頗多，明刻本字句更爲平順，今姑從之。[①]

《册府元龜》三條材料的發見，使張守節生平仕履始得條貫，略陳如下：

一者，張守節里籍、師承由此俱明，蓋"蘇州吴人也，師事同郡張嘉會"。

再者，由"年六十，不求仕進，優遊丘園。天寶初，以高道徵拜東宫率府長史"數言，其生年、入仕始末稍得考見，而撰成《史記正義》一書實在未仕之時。

三者，相較《史記正義序》僅見結銜"諸王侍讀宣議郎守右清道率府長史"，又不具年月，《册府元龜》則載其"天寶初，以高道徵拜東宫率府長史，兼諸王侍讀，稍遷至太子右諭德"，"爲太子右諭德集賢院待制，肅宗上元初，乞骸骨，辭職還鄉，以潁王傅致仕"。張守節仕履更備，且昭晰逾前。

二、生年與仕宦

關於張守節的生年，之前學者只能從序文的"守節涉學三十餘年""開元二十四年（736）八月，殺青斯竟"來推斷。雖然"開元二十四年"的成書時間很明確，但"涉學三十餘年"語焉不詳，"涉學"的年齡和"三十餘年"的具體數目都不得而知。在所見材料不足的情況下，除《四庫全書總目》輒謂"守節始末未詳"外，錢大昕亦只肯推言大概：

> 案司馬貞、張守節二人，新、舊《唐書》皆無傳。守節《正義序》稱"開元二十四年八月殺青斯竟"，而小司馬兩序不載撰述年月。以此注驗之，其與賈、徐諸公談議，當在中、睿之世。計其年輩，似在張守節之前也。[②]

程金造、袁傳璋則立論更爲具體，程金造言："這是到開元二十四年他已涉學三十多年。推想其生年，大約在武后'天授'（按：690—692）以後。而其涉學之年，當在'長安'（則天，按：701—704）之際。到開元二十四年，其年約在五十歲以內。"[③] 袁傳璋認爲："則其時年齡必在

① 明刻本"待"，"國圖本"作"侍"；"肅宗"，"國圖本"脱"宗"字；"卿"，"臺圖本"作"鄉"；"博"，"國圖本""臺圖本"作"傅"；"師"，"臺圖本"作"歸"；"庭"，"國圖本"、"臺圖本"、中華書局影印宋本作"中"；"久"，"國圖本"、"臺圖本"、中華書局影印宋本作"人"；"今"，"國圖本"、"臺圖本"、中華書局影印宋本作"矜"；"百"，中華書局影印宋本作"十"。見〔宋〕王欽若等編：《册府元龜》卷八九九《總録部·致政》，中國國家圖書館藏明藍格鈔本（書號：19531）；〔宋〕王欽若等編：《册府元龜》卷八九九《總録部·致政》，臺灣"國家圖書館"藏明等身書舍藍格鈔本（書號：07831）；〔宋〕王欽若等編：《宋本册府元龜》卷八九九《總録部·致政》，此部分據静嘉堂文庫藏宋刻本影印，北京：中華書局，1989年，第3519頁。

② "以此注驗之"指其前謂："《索隱》云：'貞時打得班固泗水亭長古石碑文，其字分明作"温"字，云"母温氏"，貞與賈膺復、徐彦伯、魏奉古等執對反覆。''膺復'當作'膺福'，先天二年（713）爲右散騎常侍，昭文館學士，以預太平公主逆謀誅（見《唐書·公主傳》）。今河内縣有大雲寺碑，即膺福書也。徐彦伯卒于開元二年（714）（見《唐書》本傳）。"見〔清〕錢大昕：《三史拾遺》卷一《史記·高祖本紀》，〔清〕錢大昕撰，方詩銘、周殿傑點校：《廿二史考異》附録一，第1375—1376頁。

③ 程金造：《〈史記正義〉〈索隱〉關係證》，《文史哲》1962年第6期，第28—36頁。

55 歲上下。由此年上推,當生於唐高宗永淳元年(682)前後。”①

今“退迹條”中數句則爲推算張守節生年提供了更多依據。

關於“天寶初,以高道徵拜東宫率府長史”的具體所指,可從岑參《宿關西客舍寄東山嚴許二山人時天寶初七月初三日在内學見有高道舉徵》的詩題中得到綫索。②《登科記考》將詩繫於天寶元年(742):“岑參《宿關西客舍寄東山嚴許二山人》詩云:‘時天寶初七月初三日,在内學見有高道舉徵。’是此年有道舉。”③ 傅璇琮亦言:“詩作於天寶元年,岑參在關中,因見朝廷有道舉之徵召,就特地寫了這一首詩”,④ 因爲詩題中月、日具詳,“天寶初”確實即等同於天寶元年。但是認爲“高道舉徵”即爲道舉,却並不正確。

唐代科舉有常舉和制舉之分,常舉定期舉行,制舉不同,“其天子自詔者曰制舉,所以待非常之才焉”。⑤ 若道舉即爲常舉,在天寶時年年舉行,⑥《新唐書》載:“(開元)二十九年,始置崇玄學,習《老子》《莊子》《文子》《列子》,亦曰道舉。其生,京、都各百人,諸州無常員。官秩、蔭第同國子,舉送、課試如明經。”⑦

但唐人言“高道”者,多與其人無仕宦經歷有關,比如《舊唐書·苗晉卿傳》有:“祖夔,高道不仕,追贈禮部尚書。”⑧ 具體與“舉徵”聯繫起來,則是在制舉中有高道不仕科。關於制舉科目,《通典》謂“其制詔舉人,不有常科,皆標其目而搜揚之”,⑨《容齋續筆》“唐制舉科目”條云“唐世制舉,科目猥多”,⑩ 可見制舉不但無固定舉行時間,科目也較繁雜。唐時,“高道不仕”也多寫作“高蹈不仕”,比如孫逖《天寶三載親祭九宫壇大赦天下制》一篇,在《文苑英華》《册府元龜》中都有收録,略引《文苑英華》此篇如下:

---

① 袁傳璋:《宋人徵引〈史記正義〉佚文考索及相關問題討論》,《安徽師範大學學報(人文社會科學版)》2014 年第 3 期,第 364—377 頁。

② 此首詩題下有校注:“天寶元年(742)七月自長安東行途中作。……詩題宋本、明鈔本作‘七月三日在内學見有高近道舉徵宿關西客舍寄東山嚴許二山人’,宋本‘近’下注‘一無近字。’底本作‘宿關西客舍寄山東嚴許二山人時天寶高道舉徵’。此從《全唐詩》。《文苑英華》同《全唐詩》,唯缺‘内’字。”見〔唐〕岑參撰,陳鐵民、侯忠義校注,陳鐵民修訂:《岑參集校注》卷一《宿關西客舍寄東山嚴許二山人時天寶初七月初三日在内學見有高道舉徵》并校注,上海:上海古籍出版社,2004 年,第 42 頁。

③ 〔清〕徐松撰,趙守儼點校:《登科記考》卷九《唐玄宗至道大聖大明孝皇帝·天寶元年》,北京:中華書局,1984 年,第 300 頁。《唐詩矩》在此詩下亦言:“開元二十九年(741),始置崇玄學,習《老》《莊》《文》《列》四子,亦曰道學。”按“道學”校以下引《新唐書》,當爲“道舉”之誤。見〔清〕黄生:《唐詩矩》之《五言律詩二集·七月三日在内學見有高道舉徵宿關西客舍寄東山嚴許二山人》評語,〔清〕黄生撰,諸偉奇主編:《黄生全集》第 4 册,合肥:安徽大學出版社,2009 年,第 51 頁。

④ 傅璇琮:《唐代科舉與文學》,西安:陝西人民出版社,1986 年,第 36 頁。

⑤ 〔宋〕歐陽修、〔宋〕宋祁:《新唐書》卷四四《選舉志上》,北京:中華書局,1975 年,第 1159 頁。

⑥ 吴宗國:《唐代科舉制度研究》,瀋陽:遼寧大學出版社,1992 年,第 35—37 頁。

⑦ 〔宋〕歐陽修、〔宋〕宋祁:《新唐書》卷四四《選舉志上》,第 1164 頁。

⑧ 〔後晉〕劉昫等:《舊唐書》卷一一三《苗晉卿傳》,第 3349 頁。

⑨ 〔唐〕杜佑撰,王文錦、王永興、劉俊文、徐庭雲、謝方點校:《通典》卷一五《選舉三》,北京:中華書局,1988 年,第 357 頁。

⑩ 〔宋〕洪邁:《容齋續筆》卷一二《唐制舉科目》,〔宋〕洪邁撰,孔凡禮點校:《容齋隨筆》,北京:中華書局,2005 年,第 366 頁。

> 朕惟熙庶績，博訪逸人，豈唯振拔滯淹，以期於大用，亦欲褒崇高尚，將敦於薄俗，虛佇之懷，兼在於此。其有高蹈（原注："一作道"）不仕，遁迹丘園，遠近知聞，未經薦舉者，委所在長官以禮徵送。[①]

《册府元龜·帝王部·求賢二》節略此篇，作"高道不仕"，《帝王部·赦宥五》作"高蹈不仕"。[②]

從岑參詩意來看，詩題所言"高道舉徵"即是指制舉的高道不仕科，"退迹條"中的"年六十，不求仕進，優遊丘園，天寶初，以高道徵拜東宫率府長史，兼諸王侍讀"也只有放在這樣的語境下纔能準確理解其含義。全詩云：

> 雲送關西雨，風傳渭北秋。孤燈然客夢，寒杵搗鄉愁。灘上思嚴子，山中憶許由。蒼生今有望，飛詔下林丘。[③]

後二聯"嚴子""許由"皆爲古時隱迹山林的高士，"蒼生今有望"也是用謝安高卧東山的典故，[④]皆爲關合"高道不仕"而來，實與考察《老子》《莊子》《文子》《列子》諸書的"道舉"無涉，[⑤]"高道舉徵"當然也並不是"道舉"的拆分。陳鐵民《岑參集校注》雖用前賢"道舉"之説，但已疑岑參詩"高道舉徵"可能指制舉的高道不仕科，又證以《職官分紀》引韋述《集賢注記》曰："天寶二年（743），樊端應高道不仕試，拜家令丞同正，直集賢院，暴卒院中。"論甚是。[⑥]

天寶前四年都有與高道不仕科相關的史料，[⑦]除已舉天寶元年岑參所見詔書、《集賢注記》載樊端天寶二年登科與《天寶三載親祭九宫壇大赦天下制》外，另可見《安禄山事迹》載

---

① 〔唐〕孫逖：《天寶三載親祭九宫壇大赦天下制》，〔宋〕李昉等編：《文苑英華》卷四二五《赦書·禋祀赦書二》，北京：中華書局影印本，1966 年，第 2152 頁。

② 〔宋〕王欽若等編：《册府元龜》卷六八《帝王部·求賢二》、卷八六《帝王部·赦宥五》，北京：中華書局影印明崇禎十五年黄國琦刻本，第 764、1019 頁。

③ 〔唐〕岑參撰，陳鐵民、侯忠義校注，陳鐵民修訂：《岑參集校注》卷一《宿關西客舍寄東山嚴許二山人時天寶初七月初三日在内學見有高道舉徵》，第 41 頁。

④ 參見〔清〕黄生選評，朱之荆增訂：《唐詩摘鈔》卷一《五言律·七月三日在内學見有高道舉徵宿關西客舍寄嚴許二山人》朱之荆補評，〔清〕黄生撰，諸偉奇主編：《黄生全集》第 3 册，第 35 頁。《世説新語》載謝安事："戲曰：'卿屢違朝旨，高卧東山，諸人每相與言："安石不肯出，將如蒼生何。"今亦蒼生將如卿何。'"又載殷浩事："王、謝相謂曰：'淵源不起，當如蒼生何。'"見〔南朝宋〕劉義慶撰，〔南朝梁〕劉孝標注，余嘉錫箋疏，周祖謨、余淑宜、周士琦整理：《世説新語箋疏》卷中之上《識鑒》、卷下之下《排調》，北京：中華書局，2007 年，第 475、941 頁。

⑤ 黄生解"内學"作"京師所立之玄學"，陳鐵民等亦謂："内學：道家以道學爲内學。……這裏指崇玄學。""内學"當即岑參所見詔書榜示之處，但具體所指疑非如二家之言，待考。見〔清〕黄生：《唐詩矩》之《五言律詩二集·七月三日在内學見有高道舉徵宿關西客舍寄東山嚴許二山人》評語，〔清〕黄生撰，諸偉奇主編：《黄生全集》第 4 册，第 51 頁；〔唐〕岑參撰，陳鐵民、侯忠義校注，陳鐵民修訂：《岑參集校注》卷一《宿關西客舍寄東山嚴許二山人時天寶初七月初三日在内學見有高道舉徵》校注，第 42 頁。

⑥ 參見〔唐〕岑參撰，陳鐵民、侯忠義校注，陳鐵民修訂：《岑參集校注》卷一《宿關西客舍寄東山嚴許二山人時天寶初七月初三日在内學見有高道舉徵》校注，第 42 頁；〔唐〕韋述《集賢注記》，〔唐〕孫逢吉《職官分紀》卷一五《直集賢院》引，北京：中華書局影印文淵閣本，1988 年，第 382 頁。

⑦ 因爲不能明確"退迹條"的"天寶初"是如岑參詩一樣即等同於天寶元年，或只是泛言天寶初期，故仍須對四年的相關史料一一梳理。

高尚登科授官事:“高尚……天寶初,李齊物爲新平太守,舉尚高蹈不仕……其年策試第四等,授右領將軍倉曹。”① 天寶四年(745)的史料見《册府元龜·帝王部·徵聘》:“天寶四年五月,引諸州高蹈不仕舉人見,詔曰:‘……其馬曾、常廣心、賀蘭迪等三人,宜待後處分……。’還郡數日,增曾爲左拾遺,廣心、迪並爲金吾衛兵曹。”②

《天寶三載親祭九宫壇大赦天下制》頒佈的具體時間是天寶三年十二月,③故而與天寶四年當爲同一次高蹈不仕科的兩道相關詔書,分别是下令舉行高蹈不仕科和公佈登科名單,不過最後授官三人,張守節並不在其中。天寶元年和二年的兩條材料因爲詔書已不可見,綫索不如天寶三年和四年分明。關於高尚登科,《舊唐書·高尚傳》載:“李齊物爲懷州刺史,舉高尚不仕。……天寶元年,拜左領軍倉曹參軍同正員。”④ 與上引《安禄山事迹》文句稍異,但高尚登高道不仕科並授官事在天寶元年甚明。則天寶元年與二年都有高道不仕科登科、拜官的記載,張守節入仕當即在此二年中。當然,天寶元年數條材料可相互發明,來源亦較爲可靠,天寶二年的材料則爲孤例,且是《職官分紀》引《集賢注記》之語,其間有無節略訛誤不可確知,⑤“退迹條”載張守節“天寶初,以高道徵拜東宫率府長史”,與岑參詩題言“天寶初七月初三日在内學見有高道舉徵”、《安禄山事迹》言“天寶初,李齊物爲新平太守,舉尚高蹈不仕”文句甚合,故而兩年之中,張守節又當以天寶元年登科可能性爲大。但確指其事實爲不易,今仍闕疑,輒謂張守節天寶元年或二年登科、拜官可矣。

張守節既在此二年間登高道不仕科,由“年六十,不求仕進,優游丘園”便可推其生年。只是“年六十”可能爲約略而言,且亦難論定“年六十”張守節“優游丘園”之時,當繫在登科之年或是至少登科前一年。今暫由天寶元年或二年登科上推一年,即依開元二十九年(741)或天寶元年六十歲上下推算,張守節生年當在高宗開耀二年(永淳元年)或永淳二年(弘道元年,683)前後。當然,由高宗開耀二年(永淳元年)算,張守節上元元年(760)致仕時已七十九歲(詳下),年齒頗高,故而即使存在約略的可能,生年上限亦不會前推太多。又因天寶元年登科可能較大,爲求簡潔,以下生年等推算權且准此。

張守節在開元二十四年撰成《史記正義》時當在五十五歲上下。

《史記正義序》中,張守節的結銜爲“諸王侍讀宣議郎守右清道率府長史”,宣議郎爲文

① 〔唐〕姚汝能撰,曾貽芬點校:《安禄山事迹》卷中,北京:中華書局,2006年,第94頁。此條材料經周浩賢兄提示,謹致謝忱。

② 〔宋〕王欽若等編:《册府元龜》卷九八《帝王部·徵聘》,北京:中華書局影印明崇禎十五年黄國琦刻本,第1173頁。

③ 〔宋〕王欽若等編:《册府元龜》卷八六《帝王部·赦宥五》,北京:中華書局影印明崇禎十五年黄國琦刻本,第1018頁。

④ 〔後晉〕劉昫等:《舊唐書》卷二〇〇上《高尚傳》,第5374頁。

⑤ 韋述《集賢注記》原書已佚,《職官分紀》引書可能存在節略。同時亦稍疑“天寶二年,樊端應高道不仕試”中“二”字爲“元”字之訛。另有孫逖《處分高蹈不仕舉人敕》,《唐大詔令集》繫於開元三年(715)和開元二十九年兩詔令間,見〔唐〕孫逖:《處分高蹈不仕舉人敕》,〔宋〕宋敏求編:《唐大詔令集》卷一〇六《政事·貢舉》,北京:中華書局,2008年,第549—550頁。

散官，從七品下階；[①] 右清道率府長史爲職事官，正七品上階，[②] 左右清道率府率“掌東宫内外晝夜巡警之法”，長史“掌判諸曹及三府五府之貳”；[③] 諸王侍讀爲使職，無品秩，[④] 雖然張守節是“兼”諸王侍讀，但並不意味著這一使職無關緊要，按照賴瑞和的觀點，“兼”某官職並不能簡單理解爲“兼任”“兼職”，而是指同時擔任兩種官職，有時甚至所兼使職其實纔是主要職務。[⑤] 關於東宫官和諸王侍讀在玄宗朝的情况見《舊唐書》：

> 先天之後，皇子幼則居内，東封年，以漸成長，乃於安國寺東附苑城同爲大宅，分院居，爲十王宅。令中官押之，於夾城中起居，每日家令進膳。又引詞學工書之人入教，謂之侍讀。……太子不居於東宫，但居於乘輿所幸之别院。[⑥]

玄宗限制諸王、太子參與朝政，令諸王居於“十王宅”，太子亦不得居於東宫。故而玄宗時東宫官實際多爲閒官，比如孫逖“（天寶）五載，以風病求散秩，改太子左庶子”，[⑦] 可見太子左庶子已爲散秩，張守節登科後的本官“右清道率府長史”也是如此。伴隨東宫官、王府官與太子、諸王聯繫的減弱，皇太子、諸王侍讀對宗室子弟的影響顯得更爲重要。諸王侍讀主要負責皇子教育，充任者皆爲飽學之士。玄宗朝以前，許叔牙“少精於《毛詩》《禮記》，尤善諷詠。貞觀初，累授晉王文學兼侍讀”，[⑧] 李善也曾充任過沛王侍讀。[⑨] 玄宗朝諸王侍讀的相關記載很多，比如《御注孝經序》列出不少儒官並謂其“鴻都碩德，當代名儒”，其中即有諸王侍讀郭謙光等五人。[⑩] 玄宗任郭謙光等爲諸王侍讀的情況又可見《册府元龜》：

> 乃下詔曰：“修身貴乎慎始，篤學在乎自幼。朕諸子已各髫丱，須聞《詩》《禮》，宜于儒官中選德行耆宿三五人入閤教授。”俄以常通、國子博士郭謙光、左拾遺潘元祚等爲太子及郯王已下侍讀。[⑪]

---

① 〔後晉〕劉昫等：《舊唐書》卷四二《職官志一·從第七品下階》，第1799頁。
② 〔後晉〕劉昫等：《舊唐書》卷四二《職官志一·正第七品上階》，第1797頁。
③ 〔後晉〕劉昫等：《舊唐書》卷四四《職官志三·東宫武官》，第1912—1913頁。
④ 〔宋〕歐陽修、〔宋〕宋祁：《新唐書》卷四九下《百官志四下·王府官》，第1305頁。關於“使職”，賴瑞和認爲“舉凡没有官品的實職官位，都是使職”，參看賴瑞和：《唐代高層文官》，北京：中華書局，2017年，第39—52頁。
⑤ 賴瑞和：《唐代高層文官》，第3—5頁。
⑥ 〔後晉〕劉昫等：《舊唐書》卷一〇七《玄宗諸子傳·涼王璿傳》，第3271—3272頁。
⑦ 〔後晉〕劉昫等：《舊唐書》卷一九〇中《文苑傳中·孫逖傳》，第5044頁。關於東宫官在玄宗時成爲閒官，可參任士英：《唐玄宗時期東宫體制非實體化考述——以東宫職員的設置變化爲中心》，《中國史研究》2004年第3期，第79—95頁。
⑧ 〔後晉〕劉昫等：《舊唐書》卷一八九上《儒學傳上·許叔牙傳》，第4953頁。
⑨ 〔後晉〕劉昫等：《舊唐書》卷一八九上《儒學傳上·李善傳》，第4946頁。
⑩ 〔唐〕元行沖：《御注孝經序》，〔唐〕李隆基：《唐開元御注孝經》，〔清〕黎庶昌輯：《古逸叢書》上册覆卷子本，南京：江蘇古籍出版社影印清光緒十年遵義黎氏日本東京使署影刊本，2002年，第212頁。
⑪ 〔宋〕王欽若等編：《册府元龜》卷七〇八《宫臣部·選任》，北京：中華書局影印明崇禎十五年黄國琦刻本，第8440頁。

"鴻都碩德,當代名儒"實可看作諸王侍讀充任者的身份概括,儒士、"德行耆宿"爲其大要,張守節拜官稍晚,但學力、名望當與上舉諸人相頡頏。諸王侍讀也應視爲張守節拜官時的主要職務,只是因爲諸王侍讀並非傳統職事官,故而須帶右清道率府長史這一本官來充任。肅宗在張守節致仕時對他"出入禁庭,勤勞侍讀"特爲揄揚,也可看出這一使職的重要性。

張守節拜官後遷至"太子右諭德集賢院待制",於"肅宗上元初,乞骸骨,辭職還鄉,以穎王傅致仕"。肅宗"上元"這一年號僅用了兩年,[①]故"上元初"當即爲肅宗上元元年,時張守節七十九歲上下。太子右諭德爲職事官,正四品下階,[②]《唐六典》謂執掌同太子左諭德,即"諭太子以道德""其内外庶政有可爲規諷者,隨事而贊諭焉"。[③]集賢院待制爲使職,無品秩,《舊唐書》言同於古時"待詔金馬門",[④]蓋備皇帝咨問而置。[⑤]穎王傅是肅宗爲示優渥所加,爲從三品職事官。[⑥]

依前所考,作張守節生平簡表如下:

高宗開耀二年(永淳元年,682)前後,張守節生。蘇州吴縣人,師事同郡張嘉會。

玄宗開元二十四年(736)八月,年約五十五。撰成《史記正義》。

玄宗天寶元年(742)或二年(743),年約六十一。[⑦]登高道不仕科入仕,官拜東宫率府長史,兼諸王侍讀。

肅宗上元元年(760),年約七十九。官任太子右諭德、集賢院待制。辭職還鄉,以穎王傅致仕。

三、學術淵源

瀧川資言推斷司馬貞、張守節二人同受學於張嘉會,但因證據較少,多有學者不然其言。[⑧]今"退迹條"可證瀧川資言不誤,其考證精嚴由此益彰。同時,馬、張二人學術軌迹的分合,由《史記索隱後序》結合此條也稍得窺見。

《史記索隱後序》謂"崇文館學士張嘉會獨善此書,而無注義。貞少從張學,晚更研尋"。[⑨]

---

① 肅宗上元二年下詔:"其年號但稱元年,去上元之號。"《舊唐書》於"(肅宗)上元三年正月"下云"時去上元之號,今存之以正年",故上元實無三年。見〔後晋〕劉昫等:《舊唐書》卷一〇《肅宗本紀》、卷三六《天文下》,第 262、1325 頁。

② 〔後晋〕劉昫等:《舊唐書》卷四二《職官志一·正第四品下階》,第 1793 頁。

③ 〔唐〕李林甫等撰,陳仲夫點校:《唐六典》卷二六《太子左春坊·太子左諭德》《太子右春坊·太子右諭德》,北京:中華書局,1992 年,第 665、671 頁。

④ 〔後晋〕劉昫等:《舊唐書》卷四三《職官志二·中書省》,1851—1852 頁。

⑤ 〔宋〕歐陽修、〔宋〕宋祁:《新唐書》卷一六二《獨孤及傳》,第 4991 頁。

⑥ 〔後晋〕劉昫等:《舊唐書》卷四二《職官志一·從第三品》,第 1792 頁。

⑦ 前已叙及,張守節天寶元年登科可能性較大,生年等推算准此,但登科時間仍保留天寶二年。

⑧ 參見朱東潤:《史記考索》,第 165 頁;程金造:《從史記三家注商榷司馬遷的生年》,《文史哲》1957 年第 2 期,第 1—7 頁;〔日〕水澤利忠:《史記正義の研究》,東京:汲古書院,平成六年(1994),第 26—27 頁。

⑨ 〔唐〕司馬貞:《史記索隱後序》,〔漢〕司馬遷撰,〔南朝宋〕裴駰集解,〔唐〕司馬貞索隱,〔唐〕張守節正義:《史記》附録二,第 4046 頁。

不少學者曾認爲司馬貞是在長安受學於張嘉會："崇文館亦設在京城，爲皇太子東宫的學館，司馬貞曾師從崇文館學士張嘉會學習《史記》。"① 但司馬貞注文中有"貞實吴人"之語，② 程金造已經注意到，並認爲《史記索隱序》題銜"朝散大夫國子博士弘文館學士河内司馬貞"中的"河内"爲其族望。③ 今又知張守節爲蘇州吴縣人，④ 而關於張嘉會講學與里籍，除"退迹條"外更可見《贈禮部尚書褚公神道碑》：

> 公諱無量。……始吴興沈子山吴郡曹福授以經，次吴郡張嘉會授之史。……下制嘉辟，用超倫等，即拜成均直講。⑤

依文意，褚無量顯在吴郡、吴興一帶從沈子山、曹福、張嘉會諸人受學。⑥ 玄宗朝前，崇文館多教授東宫僚屬、其他高官及皇族子弟，弘文館、崇文館作爲介於門蔭與科舉間的入仕途徑，兩館諸生唐前期易於入仕、例早求官，⑦ 與張守節暮齒出仕不合。今見《舊唐書》載褚無量爲杭州鹽官人，⑧ 張嘉會、張守節同爲蘇州人，⑨ 司馬貞亦爲吴人，四人里籍相近。則張嘉會必曾講業鄉里，三人各於少日從其學史，司馬貞自謂"少從張學"即是此意。⑩ 司馬貞入仕後，得與同僚研討《史記》："貞時打得班固泗水亭長古石碑文，其字分明作'温'字，云'母温氏'。

① 趙望秦、王璐：《論〈史記索隱〉的成書及版本流傳與遞嬗關係》，中國歷史文獻研究會編：《歷史文獻研究·總第43輯》，揚州：廣陵書社，2019年，第198—217頁。另程金造言："那末張嘉會爲學士，當在高宗儀鳳（按：676—679）以後了。那時司馬貞從張學《史記》，其年想在二十歲上下。"李梅訓言："司馬貞自云'少從張學'，則其師從張氏之年，必在弱冠之前，假設爲十八歲入文館就讀，則司馬貞之生當在高宗儀鳳（676—679）末年。"見程金造：《〈史記正義〉〈索隱〉關係證》，《文史哲》1962年第6期，第28—36頁；李梅訓：《司馬貞生平著述考》，《安徽師範大學學報（人文社會科學版）》2000年第1期，第109—111頁。

② 〔唐〕司馬貞：《史記索隱》卷一〇《吴太伯系家》，《四庫提要著録叢書》第1輯史部第2册影印明末毛氏汲古閣刻本，北京：北京出版社，2010年，第27頁。"貞"有異文作"真"者，點校本二十四史修訂本《史記》斷句爲："蕃離既有其地，句吴何總不知真實？吴人不聞别有城邑曾名句吴，則《系本》之文或難依信。"校勘記云："'真'，耿本、黄本、彭本、《索隱》本、柯本作'貞'，疑爲司馬貞自稱，'貞實'二字當屬下。"見〔漢〕司馬遷撰，〔南朝宋〕裴駰集解，〔唐〕司馬貞索隱，〔唐〕張守節正義：《史記》卷三一《吴太伯世家》下《索隱》并校勘記，第1748、1782頁。

③ 參見程金造：《史記索隱引書考實》卷首《自叙》，北京：中華書局，1998年，第1頁；〔唐〕司馬貞：《史記索隱序》，〔漢〕司馬遷撰，〔南朝宋〕裴駰集解，〔唐〕司馬貞索隱，〔唐〕張守節正義：《史記》附録二，第4043頁。

④ 〔後晉〕劉昫等：《舊唐書》卷四〇《地理志三·江南東道》，第1586頁。

⑤ 按"嘉辟"本作"家辟"，"家"下原注"一作'嘉'"。見〔唐〕蘇頲：《贈禮部尚書褚公神道碑》，〔宋〕李昉等編：《文苑英華》卷八九六《碑·神道一四》，第4716—4717頁。

⑥ 吴興即爲湖州，褚無量爲杭州鹽官人（詳下），湖州、杭州、蘇州相近，唐時同屬江南東道。見〔後晉〕劉昫等：《舊唐書》卷四〇《地理志三·江南東道》，第1586—1589頁。

⑦ 《唐會要》載："顯慶元年（656）三月十六日，皇太子弘請於崇賢館置學士，并置生徒，詔許之。始置二十員，其東宫三師、三少、賓客、詹事、左右庶子、左右衛率，及崇賢館三品學士子孫，亦宜通取。"李錦繡、林生海并認爲，前期崇文館諸生範圍亦不限於此，兼有其他高官及皇族子弟。參見〔宋〕王溥撰，牛繼清校證：《唐會要校證》卷六四《史館下·崇文館》，西安：三秦出版社，2012年，第953頁；李錦繡：《試論唐代的弘文、崇文館生》，《文獻》1997年第2期，第71—85頁；林生海：《唐代弘文崇文兩館研究》，首都師範大學碩士學位論文，北京，2011年，第47—50頁。

⑧ 〔後晉〕劉昫等：《舊唐書》卷一〇二《褚無量傳》，第3164頁。

⑨ 唐代罷郡置州、諸州改郡多次，見〔後晉〕劉昫等：《舊唐書》卷一《高祖本紀》、卷九《玄宗本紀下》、卷四四《職官志三·州縣官員》，第6、215、1917頁。蘇州曾稱吴郡，見〔後晉〕劉昫等：《舊唐書》卷四〇《地理志三·江南東道》，第1586頁。

⑩ 參見牛巧紅：《司馬貞生平考辩》，《殷都學刊》2016年第1期，第117—120頁。

貞與賈膺復、徐彦伯、魏奉古等執對反覆，深嘆古人未聞，聊記異見，於何取實。”[①]《宋高僧傳》載釋曇一“常問《周易》於左常侍褚無量，論《史記》於國子司業(司)馬貞”。[②] 則司馬貞治《史記》當世已具名望，與之論《史記》者又不以公卿爲限。司馬貞開元七年(719)已爲國子博士。[③] 唐代弘文館富有圖籍，曾名修文館、昭文館等，自開元七年九月，復名弘文館，[④] 司馬貞兼弘文館學士自在其後。[⑤] 除《史記索隱序》外，元行沖《御注孝經序》亦載司馬貞官國子博士兼弘文館學士，而考其生平的文章多未關注：

> 大唐受命百有四年，皇帝君臨之十載也。…… 乃敕宰臣曰：“朕以《孝經》德教之本也，自昔詮解。…… 宜集學士儒官，僉議可否。”…… 國子博士、弘文館學士司馬貞 …… 及諸學官等，並鴻都碩德，當代名儒，咸集廟堂。恭尋聖義，捧對吟咀，探紬反覆。[⑥]

古勝隆一論明是《序》作於開元九年(721)，[⑦] 則司馬貞兼弘文館學士必在其前。[⑧] 今《史記

---

① 〔唐〕司馬貞：《史記索隱》卷三《高祖本紀》，《四庫提要著録叢書》第 1 輯史部第 2 册影印明末毛氏汲古閣刻本，第 10 頁。參見〔清〕錢大昕：《三史拾遺》卷一《史記・高祖本紀》，〔清〕錢大昕撰，方詩銘、周殿傑點校：《廿二史考異》附録一，第 1375—1376 頁。

② 〔宋〕贊寧撰，范祥雍點校：《宋高僧傳》卷一四《明律篇一・唐會稽開元寺曇一傳》，北京：中華書局，1987 年，第 352 頁。原作“論《史記》於國子司業馬貞”，然開元間國子監官員無名馬貞者，此當涉上文脱“司”字，司馬貞是否曾任國子司業則待考。郭紹林《唐代士大夫與佛教》已徑稱釋曇一與司馬貞研討《史記》，其後考證司馬貞行實能利用此條材料者不多。見郭紹林：《唐代士大夫與佛教》，開封：河南大學出版社，1987 年，第 30 頁。

③ 〔宋〕王欽若等編：《册府元龜》卷六〇四《學校部・奏議三》，北京：中華書局影印明崇禎十五年黄國琦刻本，第 7247—7250 頁；〔宋〕王溥撰，牛繼清校證：《唐會要校證》卷七七《貢舉下・論經義》，第 1204—1208 頁。《唐會要》卷七七《貢舉下》載司馬貞官國子祭酒，李梅訓認爲當屬誤稱，已有所論證，今又見元行沖《御注孝經序》中司馬貞仍官國子博士(詳下)，則開元七年稱國子祭酒者必誤。見李梅訓：《司馬貞生平著述考》，《安徽師範大學學報(人文社會科學版)》2000 年第 1 期，第 109—111 頁；〔唐〕元行沖：《御注孝經序》，〔唐〕李隆基：《唐開元御注孝經》，〔清〕黎庶昌輯：《古逸叢書》上册覆卷子本，第 211—212 頁。

④ 〔宋〕王溥撰，牛繼清校證：《唐會要校證》卷六四《史館下・弘文館》，第 950—951 頁。

⑤ 參見〔清〕錢大昕：《三史拾遺》卷一《史記・高祖本紀》，〔清〕錢大昕撰，方詩銘、周殿傑點校：《廿二史考異》附録一，第 1376 頁。

⑥ 〔唐〕元行沖：《御注孝經序》，〔唐〕李隆基：《唐開元御注孝經》，〔清〕黎庶昌輯：《古逸叢書》上册覆卷子本，第 211—212 頁。

⑦ 〔日〕古勝隆一：《日本所藏御注孝經略説》，《經學研究論叢》第 9 輯，臺北：臺灣學生書局，2001 年，第 282 頁。

⑧ 《四庫全書總目》謂“至唐開元七年三月，詔令羣儒質定。……迨時閲三年，乃有御注太學刻石，署名者三十六人，貞不預列”，牛巧紅襲其言，推斷開元間玄宗御注頒行前司馬貞已出爲潤州別駕。見〔清〕永瑢等：《四庫全書總目》卷三二《孝經類・孝經正義》，第 263—264 頁；牛巧紅：《司馬貞生平考辯》，《殷都學刊》2016 年第 1 期，第 117—120 頁。然《四庫全書總目》實將《石臺孝經》與開元年間御注混淆，玄宗開元年間首注《孝經》，天寶年間又重注，并於天寶四年勒石，即爲今西安碑林的《石臺孝經》，且《石臺孝經》署名者當爲四十五人。見〔宋〕王溥撰，牛繼清校證：《唐會要校證》卷三六《修撰》，第 566 頁；〔清〕王昶：《金石萃编》卷八七《唐四七・石臺孝經》，北京：中國書店影印 1921 年掃葉山房本，1985 年，第 1 頁 a—第 2 頁 b。

索隱》成書時間尚難考定，[①] 但由其經歷看，撰成此書當得長安論學、藏書之便，[②] 司馬貞所云“晚更研尋”即指這一時期。

相比之下，張守節雖與司馬貞同師張嘉會，但因六十歲前“不求仕進”，撰書條件不及司馬貞便利。張守節開元二十四年作成《史記正義》，却是在出仕後纔奏進其書，學者多將張守節結銜誤認爲是開元年間的任職情況，[③] 推測他撰書時在長安得近崇文館、弘文館人士，並有藏書之便，[④] 更謂言馬、張“其所見書，宜亦大致相同”，[⑤] 實則非是。相反，參照《史記索隱》，《正義》正表現出見書不廣的特點。孫星衍《括地志序》即言：“張守節作《史記正義》，不能博考書傳，獨恃此疏證古地名。”[⑥] 王濤統計《索隱》引前人 166 家、書約 420 種，《正義》引前人 94 家、書約 200 種，[⑦] 二者引諸家、諸書數量相差懸殊。注文引諸家、諸書體現的特點，固然與兩人學術興趣有關，[⑧]《史記正義》合刻後删削尤烈也會影響比較的準確性，但見書多寡確實是不容忽視的因素。當然，能在未仕的情況下撰成《史記正義》，可能正説明張守節在鄉里亦能接觸不少藏書。朱東潤謂《正義》得見徐廣、裴駰未見的《史記》闕文，又多保留古字，[⑨] 可見張守節撰《正義》時有善本可依。今言張守節作《正義》見書不廣，只是相較司馬貞撰《索隱》的便利條件而言。

關於二家聯繫，另一重要問題是《正義》是否疏通《索隱》。邵晉涵《史記正義提要》云：“蓋積一生精力爲之，故能通裴駰之訓辭，折司馬貞之同異。”[⑩] 程金造闡揚其説，主《正義》疏通《索隱》，[⑪] 黄烈又有商榷文章，[⑫] 兹不贅引。應三玉認爲當注意文本流佈形成的《正義》與

---

① 關於《索隱》撰成時間上限，李梅訓論證，《舊唐書·經籍志》襲《古今書録》來，未收《史記索隱》，而《古今書録》成書於開元九年後，則《索隱》亦當成書於開元九年後。可備一説，但《古今書録》亦未必盡收當時之書。見李梅訓：《司馬貞生平著述考》，《安徽師範大學學報（人文社會科學版）》2000 年第 1 期，第 109—111 頁。撰成時間下限，當在開元二十三年前，參見〔清〕張文虎：《校刊史記集解索隱正義札記》卷五《伯夷列傳》，北京：中華書局，2012 年，第 489 頁。

② 參見趙望秦、王璐：《論〈史記索隱〉的成書及版本流傳與遞嬗關係》，中國歷史文獻研究會編：《歷史文獻研究·總第 43 輯》，第 198—217 頁。

③《全唐文》“張守節”小傳云：“開元時官諸王侍讀，守右清道率府長史。”見〔清〕董誥等編：《全唐文》卷三九七“張守節”小傳，第 4053 頁。另經周浩賢兄提示，《史略》於“張守節《正義》”下云“開元中諸王侍讀”，見〔宋〕高似孫：《史略》卷一《史記雜傳》“張守節《正義》”條，〔清〕黎庶昌輯：《古逸叢書》中册影宋本，第 603 頁。

④ 參見程金造：《〈史記正義〉〈索隱〉關係證》，《文史哲》1962 年第 6 期，第 28—36 頁。

⑤ 吴汝煜：《史記論稿》，南京：江蘇教育出版社，1986 年，第 190 頁。

⑥〔清〕孫星衍：《括地志序》，〔唐〕李泰等撰，〔清〕孫星衍輯：《括地志》卷首，《叢書集成初編》第 3096 册影印岱南閣叢書本，北京：中華書局，1991 年，第 1 頁。

⑦ 王濤：《元前〈史記〉詮釋文獻研究》，第 111、113 頁。

⑧ 錢大昕謂：“司馬長於駁辯，張長於地理，要皆龍門功臣，難以偏廢。”見〔清〕錢大昕撰，方詩銘、周殿傑點校：《廿二史考異》卷五《史記五·正義序》，第 89 頁。

⑨ 朱東潤：《史記考索》，第 169 頁。

⑩〔清〕邵晉涵：《南江文鈔》卷一二《史記正義提要》，《續修四庫全書》第 1463 册，上海：上海古籍出版社 2002 年影印道光十二年胡敬刻本，第 569 頁。

⑪ 程金造：《從史記三家注商榷司馬遷的生年》，《文史哲》1957 年第 2 期，第 1—7 頁；程金造：《〈史記正義〉〈索隱〉關係證》，《文史哲》1962 年第 6 期，第 28—36 頁。

⑫ 黄烈：《關於史記三家注的關係問題——讀程金造先生“從史記三家注商榷司馬遷的生年”一文以後》，《文史哲》1958 年第 4 期，第 34—38 頁。

《索隱》的“相關假象”,[①]立論較通達。程、黄著墨較多討論的《正義》是否得見《索隱》問題,今日看來,因張守節實是天寶年間入仕,相較之前的推測,奏進《正義》前有更大可能得見《索隱》。但《正義》是否“疏通”《索隱》,問題關鍵似並不在此。張守節撰《正義》,蓋擇唐時已極爲流行的《集解》注本,[②]疏解《史記》白文和裴注,而《索隱》當時尚爲單書流傳,未散入《集解》注本下,[③]即使張守節確實曾見《索隱》,《索隱》亦當像其他諸家一樣,作爲《正義》稱引的範疇,“疏通”《索隱》其實本無從談起。既然錢大昕已言“是兩人生於同時,而其書不相稱引”,[④]《正義》單行本舊貌又已不可確知,很難論定《正義》曾受《索隱》的影響。[⑤]

從張嘉會的三位弟子看,司馬貞、張守節注《史記》有功自不待言,褚無量曾授業玄宗,名望更在馬、張之上,著有《史記至言》十二篇,[⑥]惜已不傳。張嘉會本人曾任崇文館學士,上引《宋高僧傳》載釋曇一論學長安,恰亦並舉張嘉會弟子,俱明其學力極高,見重當時。隋末唐初私人講學興盛,[⑦]即以《文選》一書的教授爲例,《舊唐書》謂:“曹憲,揚州江都人也。仕隋爲祕書學士。每聚徒教授,諸生數百人。……初,江、淮間爲《文選》學者,本之於憲,又有許淹、李善、公孫羅復相繼以《文選》教授,由是其學大興於代。”[⑧]其後李善注《文選》並講授其書:“李善者,揚州江都人。……嘗注解《文選》。……坐與賀蘭敏之周密,配流姚州。後遇赦得還,以教授爲業,諸生多自遠方而至。”[⑨]不難想見,同曹憲講授《文選》至使其學大興於江、淮間一樣,吴中《史記》名家多出,張嘉會實導其先路。由姓氏和里籍推斷,張嘉會與張守節當同出吴郡張氏,爲南朝大族,唐代不衰。[⑩]相較於司馬貞治《史記》,明言“家傳是學,頗事討論”,[⑪]張守節可能更多受到張嘉會的學術影響,乃至於其師“筆迹所存,一朱點且不敢忽之”,則張嘉會固然未注《史記》,其學今日可謂雖絶猶存。[⑫]

---

① 應三玉:《〈史記〉三家注研究》,第285—288頁。

② 關於唐代《史記》流行的鈔本爲《集解》注本,參見賀次君:《史記書録》,北京:中華書局,2019年,第47頁;陳侃理:《〈史記集解〉爲注體説》,《文史》第123輯,北京:中華書局,2018年,第287—288頁。

③ 關於《索隱》唐宋時單書流傳及散入《集解》注本下情况,參見賀次君:《史記書録》,第47—48頁;趙望秦、王璐:《論〈史記索隱〉的成書及版本流傳與遞嬗關係》,中國歷史文獻研究會編:《歷史文獻研究·總第43輯》,第198—217頁。

④ 〔清〕錢大昕撰,方詩銘、周殿傑點校:《廿二史考異》卷五《史記五·正義序》,第89頁。

⑤ 程金造認爲《正義》是因爲“作者盛名之下,其書流行”而不及其名,并舉《禮記子本疏義》《尚書古文冤辭》爲證。見程金造《〈史記正義〉〈索隱〉關係證》,《文史哲》1962年第6期,第28—36頁。但《史記正義》與《尚書古文冤辭》體例絶異,馬、張二人關係亦與鄭灼師皇侃不同,當不能循上舉例證推言《索隱》《正義》二書聯繫。

⑥ 〔宋〕歐陽修、〔宋〕宋祁:《新唐書》卷二〇〇《儒學傳下·褚無量傳》,第5687—5690頁。

⑦ 參見唐曉濤、吴争春:《唐代私學發展的階段性特點》,《玉林師範學院學報》2003年第2期,第38—40頁。

⑧ 〔後晉〕劉昫等:《舊唐書》卷一八九上《儒學傳上·曹憲傳》,第4945—4946頁。

⑨ 〔後晉〕劉昫等:《舊唐書》卷一八九上《儒學傳上·李善傳》,第4946頁。

⑩ 〔宋〕歐陽修、〔宋〕宋祁:《新唐書》卷七二下《宰相世系表二下》,第2708—2710頁。

⑪ 司馬貞曰:“貞業謝顓門,人非博古,而家傳是學,頗事討論,思欲續成先志,潤色舊史。”見〔唐〕司馬貞:《補史記序》,〔漢〕司馬遷撰,〔南朝宋〕裴駰集解,〔唐〕司馬貞索隱,〔唐〕張守節正義:《史記》附録二,第4048頁。

⑫ 梁玉繩:“《後序》謂隋柳顧言善此史,劉伯莊先人常從受業,隨手記録,伯莊緣以作《音義》,張嘉會亦善此史,小司馬少從之學,因成《索隱》,柳、張二公之旨,殆絶而不絶矣。”見〔清〕梁玉繩撰,賀次君點校:《史記志疑》卷三六《太史公自序》,北京:中華書局,1981年,第1489頁。

餘　論

張守節於吴中未仕之時，爲此名山事業，見聞宜較司馬貞稍陋。惜今雖明馬、張同師，司馬貞成書又當稍早，① 但二人有無交遊，《正義》撰作中是否有《索隱》影響，猶難考定。獨開元間長安、吴中《史記》一學交通往來尚稍可鈎沉，庶補二人間交遊、論學諸事之闕，並窺張守節與長安學術之關係。

顏真卿《曹州司法參軍祕書省麗正殿二學士殷君墓碣銘》載殷踐猷：

> 曾祖聞禮，唐太子中書舍人、宏文館學士。……父子敬，太常博士、吴令。……君即吴縣之元子。……博覽羣言，尤精《史記》、《漢書》、百家氏族之説，至於陰陽、數術、醫方、刑法之流，無不該洞焉。……解褐杭州參軍。刺史宋璟，以相國之重，簡貴自居，無所推揖。……開元初舉文儒異等，授祕書省學士，尋改曹州司法參軍麗正殿學士。與韋述、袁暉同修王儉《今書七志》及《羣書四録》。……開元九年秋七月九日……終於京師通化坊之私第。……公明，達者也，年纔四十八，而君壽與之齊。②

殷踐猷既精《史記》，其父又宰吴縣，論開元間吴中《史記》一學，當稍及二人。史睿言："顏、殷兩家世代聯姻，自顏之推起，六世娶於殷氏，殷氏至少有三代娶於顏氏，最晚從顏思魯、殷嶠（開山）一代始，同居通化坊。"③ 顏氏一族中，顏游秦、顏師古治《漢書》名最著。殷踐猷父子敬，學術根柢雖未明，但殷子敬同輩中，殷仲容、顏昭甫二人齊名，俱見賞於顏師古，殷子敬曾嫁女顏昭甫子惟貞，可證關係往來甚密。④ 又見殷子敬祖聞禮曾與修魏史。⑤ 是其祖聞禮有治史之能，同輩見賞於顏師古，子踐猷又精《史記》《漢書》，其間學術脉絡可繹。殷子

---

① 参見〔清〕張文虎：《校刊史記集解索隱正義札記》卷五《伯夷列傳》，第 489 頁。

② 〔唐〕顏真卿撰，〔清〕黄本驥編訂，〔清〕蔣環參校：《顏魯公文集》卷一一《曹州司法參軍祕書省麗正殿二學士殷君墓碣銘》，"中國基本古籍庫"收清《三長物齋叢書》本圖版，第 8 頁 a—第 9 頁 b。

③ 史睿：《唐代長安通化坊江南士族的書學傳承與法書收藏》，吕建中、胡戟主編：《大唐西市博物館藏墓誌研究（續一）》上册，西安：陝西師範大學出版社，2013 年，第 227 頁。殷氏世系表見朱關田：《顏真卿年譜》，杭州：西泠印社出版社，2008 年，第 12 頁。殷氏、顏氏世系與婚姻表見李芳瑶：《殷仲容墓誌研究》，《文獻》2017 年第 5 期，第 79—88 頁。

④ 顏師古女嫁殷仲容，顏昭甫爲顏師古弟勤禮子，多參定顏師古注釋，二人齊名。殷仲容與殷子敬爲從兄弟。顏真卿父惟貞、伯元孫，祖昭甫，惟貞、元孫少孤，二人母爲殷仲容姊，故殷仲容以舅父養二人於其家。參見朱關田：《顏真卿年譜》，第 10—13 頁；史睿：《唐代長安通化坊江南士族的書學傳承與法書收藏》，吕建中、胡戟主編：《大唐西市博物館藏墓誌研究（續一）》上册，第 224—225 頁；李芳瑶：《殷仲容墓誌研究》，《文獻》2017 年第 5 期，第 79—88 頁；陳尚君：《殷亮墓誌考鏡》，《貞石詮唐》，上海：復旦大學出版社，2016 年，第 241—243 頁。

⑤ 唐高祖詔曰："中書令蕭瑀、給事中王敬業、著作郎殷聞禮可修魏史。"見《命蕭瑀等修六代史詔》，〔宋〕宋敏求編：《唐大詔令集》卷八一《政事·經史》，第 467 頁。另見《舊唐書》載其"爲太子中舍人，修梁史，未就而卒"，李芳瑶認爲"修梁史"爲誤載。見〔後晉〕劉昫等：《舊唐書》卷五八《殷嶠傳》，第 2312 頁；李芳瑶：《唐長安通化坊的書家》，劉正剛主編：《歷史文獻與傳統文化》第 21 輯，廣州：暨南大學出版社，2016 年，第 10 頁。

敬既較其子距殷聞禮、顔師古年輩更近,又爲太常博士,亦當精《史記》《漢書》。殷氏子弟多有書名,稍異者,殷踐猷以博學聞世,[①] 推其由,知非偶然,蓋得其父家學。《新唐書》亦謂殷踐猷子殷寅擅譜學。[②] 殷踐猷孫殷亮,“尤明《史》《漢》及百家氏族”“世傳譜學”,[③] 承續可謂甚明。

開元九年七月,殷踐猷年四十八,卒於長安。推其生年,在咸亨五年(高宗上元元年,674),與馬、張相近。《舊唐書》載宋璟任杭州刺史在景龍四年(景雲元年,710)中宗崩前,[④] 則殷踐猷在其前已爲官杭州參軍。而“舉文儒異等,授祕書省學士”任職長安,在開元五年(717)後。[⑤] 顔真卿四歲喪父,[⑥] 少日當曾寄居舅父殷踐猷處。[⑦] 開元九年,殷踐猷卒,顔真卿年十三。[⑧] 黄本驥由顔真卿詩推論其年十四上下曾至吴縣,並謂其時殷子敬正宰吴縣,顔真卿蓋從外祖居此間。[⑨] 殷子敬由太常博士出爲吴縣令,並以此爲終官。[⑩] 由其出宰,長安、吴中《史記》學術得以交通。且殷既宰吴縣,影響當地學術又當較一般往來者爲甚。《殷踐猷墓碣銘》言殷踐猷於通化坊有私第,由前所論,知爲其祖宅。其父又曾在京爲官,殷踐猷當長於長安。後爲杭州參軍,與蘇州不遠,歷年既久,可能曾到往其間,[⑪] 使蘇州《史記》學術得廣長安見聞,至自杭歸京,關於吴中《史記》學術的見聞可能亦由其帶入長安。

《册府元龜》新材料的發見,使馬、張分合問題的討論産生了更多可能。較著明者,是二人同師張嘉會一事。同時,開元間二人撰書之時,長安、吴中《史記》學術的往來情況,則實爲另一綫索。由殷子敬父子生平,可稍窺其時長安、吴中《史記》相關學術見聞溝通之一端,從而爲探討司馬貞、張守節是否知道對方著書、張守節著書時與長安《史記》學術關係疏密等問題拓寬不少空間。不難想見,當時若殷氏父子者尚多,只二人事迹稍顯,猶得考稽。當然,

---

① 參見李芳瑶:《唐長安通化坊的書家》,劉正剛主編:《歷史文獻與傳統文化》第 21 輯,第 12 頁。

② 〔宋〕歐陽修、〔宋〕宋祁:《新唐書》卷一九九《儒學傳中・柳沖傳》,第 5680 頁。另顔真卿言其曾著《姓略》,見〔唐〕顔真卿撰,〔清〕黄本驥編訂,〔清〕蔣環參校:《顔魯公文集》卷八《祕書省著作郎夔州都督長史上護軍顔公神道碑》,第 6 頁 b。

③ 殷亮墓誌今已出土,見田熹晶:《新出土唐殷亮墓誌考釋》,《書法》2014 年第 1 期,第 34—39 頁。陳尚君有録文,見陳尚君:《殷亮墓誌考鏡》,《貞石詮唐》,第 234—236 頁。關於殷亮學術情況,得周浩賢兄提示,謹致謝忱。

④ 見〔後晉〕劉昫等:《舊唐書》卷七《中宗本紀》、卷九六《宋璟傳》,第 150、3031 頁。

⑤ 《登科記考》繫殷踐猷舉文儒異等在開元五年,秘書監馬懷素集學者續王儉《今書七志》時亦在開元五年。見〔清〕徐松撰,趙守儼點校:《登科記考》卷五《唐玄宗至道大聖大明孝皇帝・開元五年》,第 189 頁;〔後晉〕劉昫等:《舊唐書》卷一〇二《韋述傳》,第 3183 頁。

⑥ 爲太極元年(先天元年,712),參見朱關田:《顔真卿年譜》,第 18 頁。

⑦ 《殷踐猷墓碣銘》謂:“長妹蘭陵郡太夫人,真卿先妣也,中年孀嫠,遺孤十人,未能自振。君悉心訓奬,皆究恩意,故能長而有立。”見〔唐〕顔真卿撰,〔清〕黄本驥編訂,〔清〕蔣環參校:《顔魯公文集》卷一一《曹州司法參軍祕書省麗正殿二學士殷君墓碣銘》,第 8 頁 b。

⑧ 朱關田:《顔真卿年譜》,第 24—25 頁。

⑨ 顔真卿詩:“不到東西寺,於今五十春。”見〔唐〕顔真卿撰,〔清〕黄本驥編訂,〔清〕蔣環參校:《顔魯公文集》卷一二《刻清遠道士詩因而繼作》并黄本驥按語,第 2 頁 a、第 5 頁 b。

⑩ 參見朱關田:《顔真卿年譜》,第 25—26 頁。殷亮墓誌云:“曾祖子敬,太常博士,出爲吴縣令、朝散大夫”,見陳尚君:《殷亮墓誌考鏡》,《貞石詮唐》,第 234—236 頁。

⑪ 參前引褚無量事。

開元年間與稍前尚有許子儒、王元感、徐堅、李鎮等人的《史記》注本産生，[①] 四人中僅見司馬貞於《史記索隱後序》稍及許子儒，且曰“不覩其書”。[②] 蓋其時治《史記》者不少，司馬貞、張守節不僅不相論及，亦絶少言及他家，則又不必因今日二人著作獨存，推求其撰書關係等事至於太深。

（熊少聰，中國社會科學院大學文學系碩士研究生）

① 〔宋〕歐陽修、〔宋〕宋祁：《新唐書》卷五八《藝文志二》，第 1456—1457 頁。

② 〔唐〕司馬貞：《史記索隱後序》，〔漢〕司馬遷撰，〔南朝宋〕裴駰集解，〔唐〕司馬貞索隱，〔唐〕張守節正義：《史記》附録二，第 4046 頁。

《史記正義》作者張守節新考

高樹偉

[摘　要] 據《〈史記正義〉序》及《册府元龜》卷606、813、899三處記載,綜合《史記正義》相關内容,可大略考訂張守節生卒年、師承學脉、仕宦經歷等,且提供考察《史記正義》成書、進呈、早期流佈及其與《史記索隱》關係的新視角。張守節,蘇州吴人,生於唐高宗永淳元年(682)稍前,卒年遲至唐肅宗上元元年(760)後。歷官至太子右諭德、集賢院待制,以潁王傅致仕,頗得唐肅宗嘉獎。一生歷高、中、睿、武周、玄、肅數朝,享年七十八歲以上。與司馬貞同師同郡張嘉會,承揚其學。張氏六十歲前,優遊丘園,未求仕進。於開元二十四年(736)五十六歲左右,完成《史記正義》。唐天寶初,以高道徵拜東宫率府長史,兼諸王侍讀。《史記正義》進呈後,並未迅速流佈。直至南宋,上層讀書人多有徵引,但影響有限。或正因其未刻,自三家注刊行,單本遂亡。

[關鍵詞] 史記正義　張守節　史記三家注　册府元龜　史記索隱

東漢以後,尤其到了魏晉南北朝,漸有爲《史記》作注者。此後,雖出現不少注本,但大都亡佚。歷史上影響頗大的《史記》注本,有裴駰《史記集解》、司馬貞《史記索隱》(下稱《索隱》)、張守節《史記正義》(下稱《正義》)三家,各有優長。其中,尤以張守節《史記正義》遺留問題最多,論争紛起。

《正義》三十卷,與《索隱》單行本卷數相同,也曾以單行本流傳。[①] 研究者認爲,《正義》《索隱》二書多有複重,因此合刻《史記》三家注時,對《正義》頗有删略,又散附《集解》《索隱》之後,合刻本行而《正義》單本漸亡,原書舊貌滅裂難考。[②] 因張氏生平史料闕如,《正義》單本未傳於世,致無法釐清張守節生平仕宦、師承學脉及《正義》寫作背景等問題。因此,探研張守節生平,蒐輯排比散於合刻本外的佚文,以復原《正義》,並據以分辨與《索隱》之關係,久已成爲研究者關注的重要問題。

《正義》作者張守節,兩《唐書》無傳,相關材料有限,《四庫提要》也慨嘆"守節始末未詳"。[③] 先前,研究者多據《〈史記正義〉序》討論張守節生平事迹,因序文簡略,推考語多未

---

① 據張守節《〈史記正義〉序》稱"凡成三十卷,名曰'史記正義'",由此"三十卷"之篇幅,確如《四庫全書總目》中《史記正義》提要所稱"蓋其標字列注,亦必如《索隱》,後人散入句下,已非其舊"。

② 〔清〕錢大昕《十駕齋養新録》卷六"角里先生"云:"《史記正義》失傳,宋人合《索隱》《正義》兩書散入正文之下,妄加删削,使後人不得見守節真面,良可嘆也。"〔清〕錢大昕:《十駕齋養新録》卷六,上海:上海書店出版社,2015年,第122頁。〔清〕錢泰吉:《甘泉鄉人稿》卷五,《近代中國史料叢刊》第96輯,臺北:文海出版社,1973年,第220頁。

③ 〔清〕紀昀等纂:《武英殿本四庫全書總目》第14册,北京:國家圖書館出版社,2019年,第22頁。邵晉涵分纂稿也未提及張守節生平。〔清〕翁方綱等:《四庫提要分纂稿》,上海:上海書店出版社,2006年,第448—452頁。

詳。[①] 張守節《〈史記正義〉序》而外,《册府元龜》(下稱《册府》)卷606、813、899還有三處關於張守節的重要材料,未受重視。本文分三部分予以考論:先鈎沉《册府》三處文獻記載,證其全爲《正義》作者張守節;次據以考訂張守節之師承、仕宦與交遊;再據以研討《正義》成書、進呈與早期流佈。

一、《册府元龜》載張守節事歷鈎沉

《册府元龜》1000卷,宋王欽若等編纂。其修始於宋景德二年(1005)九月,大中祥符六年(1013)十一月刊刻進呈。[②] 全書分帝王、閏位等三十一部,部下細分一千多門。此書保存了大量唐、五代原始材料,不少史料僅見於此書。南渡以後,是書刻本流傳已稀。在明崇禎十五年(1642)黄國琦刻本以前,此書多賴轉抄流通。祥符初刻,今已無存。審今存宋本殘帙,知南宋時至少曾有三次刊刻,今皆殘缺不完。[③] 更可惜的是,《册府》卷606、813、899載録的三條張守節史料,宋本僅存其一。現將三條材料排比如次,略作考訂:

其一,《册府》卷899云:

> 張守節爲太子右諭德、集賢院待制,肅宗上元初,乞骸骨,辭職還鄉。以潁王傅致仕。賜手詔曰:"卿父子相從,大曆儒術,既精且博,其道可師。出入禁庭,勤勞侍讀。歲月滋久,弘益頗多。今以暮年,俾令致仕,仍加子職,用資孝養。"兼賜紫金魚袋,賜絹三百匹。儒者爲榮。[④]

其二,《册府》卷606云:"張守節少集《詩》《禮》,尤精史義,注《正義》四十卷。"[⑤] 此段

---

① 〔日〕瀧川資言:《司馬貞、張守節事歷》,〔日〕瀧川資言考證,楊海峥整理:《史記會注考證》第8册,第4446、4447頁。朱東潤《〈史記正義〉説例》也感嘆"張守節爲何許人,今不可考"。朱東潤:《史記考索》,武漢:武漢大學出版社,2009年,第108頁。應三玉:《〈史記〉三家注研究》,南京:鳳凰出版社,2008年,第209、210頁。以上著述,對張守節生平的討論,所據史料,大都僅據《〈史記正義〉序》。

② 〔宋〕程俱撰,張富祥校證:《麟臺故事校證》卷二,北京:中華書局,2000年,第54頁。

③ 胡珂、魯明:《宋本〈册府元龜〉之蒐輯配補與校勘影印始末考》,《文獻》2019年第1期,第112、113頁。

④ 〔宋〕王欽若等編纂:《宋本册府元龜》卷八九九,北京:中華書局1989年影印本,第3519頁。此前,黄約瑟也曾引《册府元龜》這條材料討論張守節生平,其文曰:"另《册府元龜》卷九九八記載他在肅宗上元(760—761)初乞骸骨辭職還鄉。致仕年齡唐朝似未有硬性規定,一般文官比武官晚,多在六七十歲。由此推算,張守節很可能在武周朝已經出生。"黄約瑟:《武則天與日本關係初探》,《中國唐史學會論文集》,西安:三秦出版社,1989年,第249、250、252頁。此後,李德輝《全唐文作者小傳正補》也曾引及,用以補正張守節小傳,其文曰:"守節,少集《詩》《禮》,尤精史義,著《史記正義》。開元二十四年八月,書成(原書四十卷,見《册府元龜》卷六〇六。至宋以後則僅三十卷,今《新唐書》卷五八《藝文志二》、《宋史》卷二〇三《藝文志二》'正史類' 所著録者,均三十卷),奏上,時官諸王侍讀、宣義郎、守右清道率府長史。天寶中至肅宗朝,爲太子右諭德、集賢院待制。肅宗上元初,乞骸骨,辭職還鄉,以潁王傅致仕。肅宗手詔褒奬,仍加子職,用資孝養,兼賜紫金魚袋,賜絹三百匹,儒者榮之。見《册府元龜》卷六〇六、八九九、《玉海》卷四六及張守節《史記正義序》。"李德輝:《全唐文作者小傳正補》,瀋陽:遼海出版社,2011年,第406—407頁。

⑤ 〔宋〕王欽若等編纂,周勛初等校訂:《册府元龜》卷八一三,南京:鳳凰出版社,2006年,第6993頁。

文字,諸本各異。以中國國家圖書館所藏兩部抄本爲例,試爲勘正。其中,一抄本作“張守節少集詩尤禮精史記著正義四十卷”。[①] 另一抄本作“張守節少集詩禮尤精史記著正義四十卷”。[②] “集《詩》《禮》”,語義不明。檢《册府》各部所載,如杜之偉、卓茂等人,皆稱“習《詩》《禮》”,别無“集《詩》《禮》”語例。[③] 另比勘《册府》卷 813 所記張守節“少習《詩》《禮》,尤精《史記》”(詳後文),這段文本應作“張守節少習《詩》《禮》,尤精《史記》,著《正義》四十卷”。[④] 集、習二字,不但上古、中古音近,今音也近,蓋因此致誤。審視《册府》卷 606、813 兩處,文本似有承續,且明記張守節“著《正義》”。

此外,熊少聰、周浩賢在考訂張守節生平時,還注意到《册府》卷 813 另一條更重要的材料:

> 李守節,蘇州吴人也,師事同郡張嘉會。少習《詩》《禮》,尤精《史記》。年六十,不求仕,優遊丘園。天寶初,以高道徵拜東宫率府長史,兼諸王侍讀,稍遷至太子右諭德。其性簡素,雖恩遇,志意不易於衡泌之下。既辭闕庭,便謝朝舊,不言發期,潛遁而去。朝廷故友追送,靡及,莫不嗟嘆焉。[⑤]

他們指出,此李守節與《正義》作者張守節,尤其是與上引《册府》卷 899 所記張守節師事、仕宦、致仕、著《正義》皆合,實爲同一人。[⑥] 覈傳世宋本《册府》,皆殘去卷 813。檢中國國家圖書館所藏三種明鈔本及臺北“國圖”藏明藍格抄本,“李”字處多闕文,或頂格書寫“守”字(圖 1)。明刻本《册府》錯訛之多,已是學界共識。陳尚君教授曾指出:“以宋本校明本,可以改正明本訛誤的地方很多,一般半頁 200 字總會有四五處甚至十來處誤字。”[⑦] 明刻本“李”字應爲“張”字之訛,或因宋刻此處已漫漶,手民據之轉抄刊刻致誤。此條所記,確爲《正義》作者張守節。

---

① 《册府元龜》抄本第 125 册,中國國家圖書館藏,索書號:19531。

② 《册府元龜》抄本第 122 册,中國國家圖書館藏,索書號:07562。中國國家圖書館“中華古籍資源庫”共公佈六種《册府元龜》膠卷,餘下四種皆缺卷 606、卷 899。

③ 〔宋〕王欽若等編纂,周勛初等校訂:《册府元龜》卷五九七、七六七,第 6879、8869 頁。

④ “四十卷”顯爲“三十卷”之訛。《史記正義》的卷數,歷代目録著録不同。其中,以《册府元龜》爲最早,宋本《册府元龜》缺 606、607 兩卷,明抄本均作“四十卷”。《新唐書·藝文志》《玉海》《崇文總目》《宋史·藝文志》均作“三十卷”,《直齋書録解題》《文獻通考·經籍考》俱作“二十卷”。

⑤ 〔宋〕王欽若等編纂,周勛初等校訂:《册府元龜》卷八一三,第 9472 頁。此條材料綫索,蘇芃教授曾在 2020 年 4 月 26 日“文獻挖掘整理研究會”主辦的“學術檢索的過去、現在和未來”沙龍中約略提及,參閲《e 時代的文史研究③|學術檢索與文史考據》:https://www.thepaper.cn/newsDetail_forward_8105875。此前周浩賢兄《〈史記索隱〉〈史記正義〉與〈管子注〉雜考》,也已發現并指實這條材料爲張守節。

⑥ 熊少聰:《張守節行實考》。周浩賢:《唐代吴郡“史記學”研究三題》。

⑦ 陳尚君:《漢唐文學與文獻論考》,上海:上海古籍出版社,2008 年,第 563 頁。

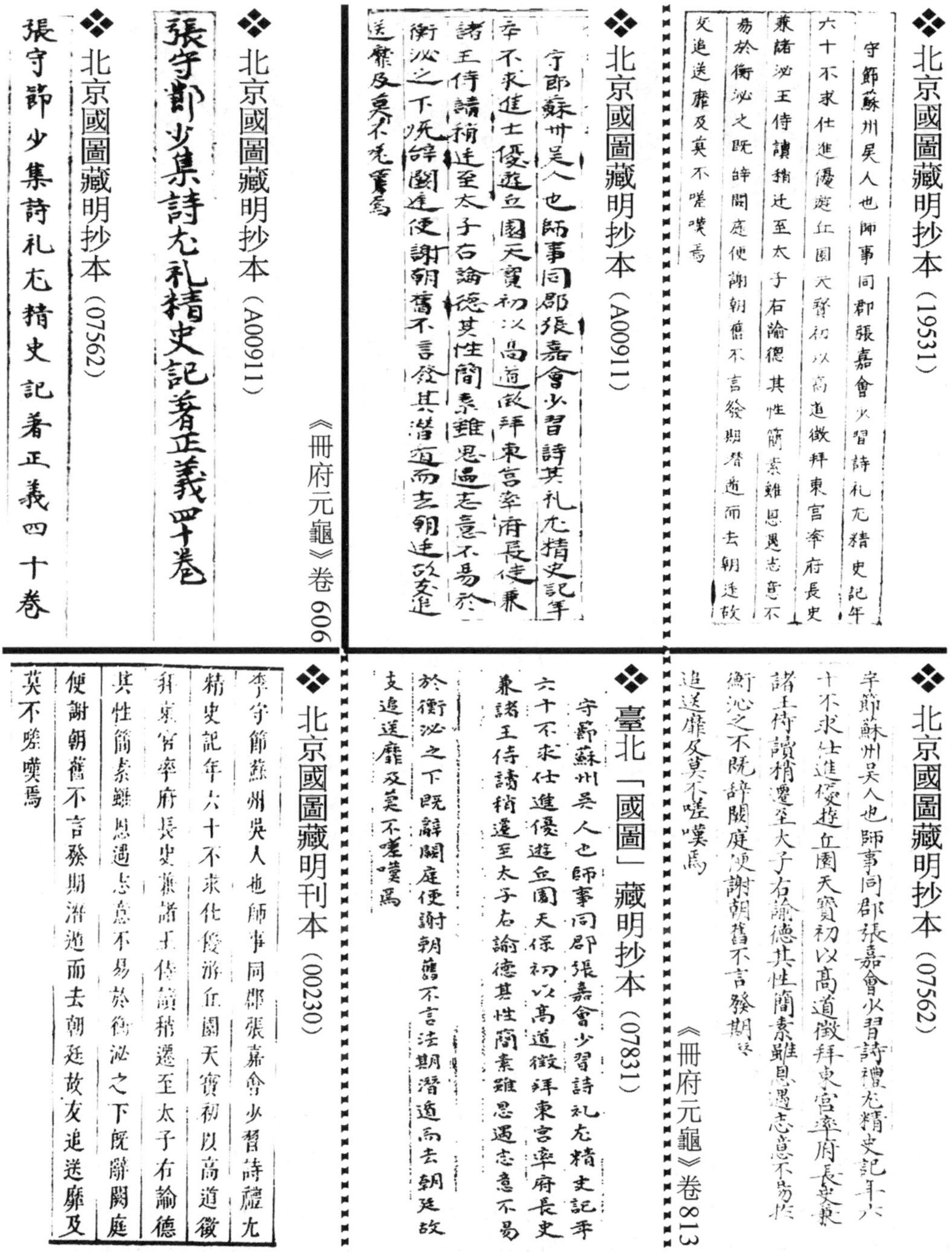

圖 1 《冊府元龜》各明抄本卷 813 載"李守節"及卷 606 載"張守節"①

① 現存《冊府元龜》抄本頗多,可補宋本之闕。青島博物館、日本篷左文庫、京都大學人文科學研究所各藏有一部抄本。青島博物館藏抄本(存 702 卷,卷 25—74、161—200、226—300、310—395、401—600、651—848、871—895、951—978)。京都大學人文科學研究所藏明抄本(以清刻配補),承王孫涵之博士代爲目驗,抄本各册筆迹不一,用紙相同。其中卷 813 此條作"守節,蘇州吴人也。辟事同郡張嘉會。少習《詩》《禮》,尤精《史記》","守"字頂格書寫,前無"李"或"張"字。

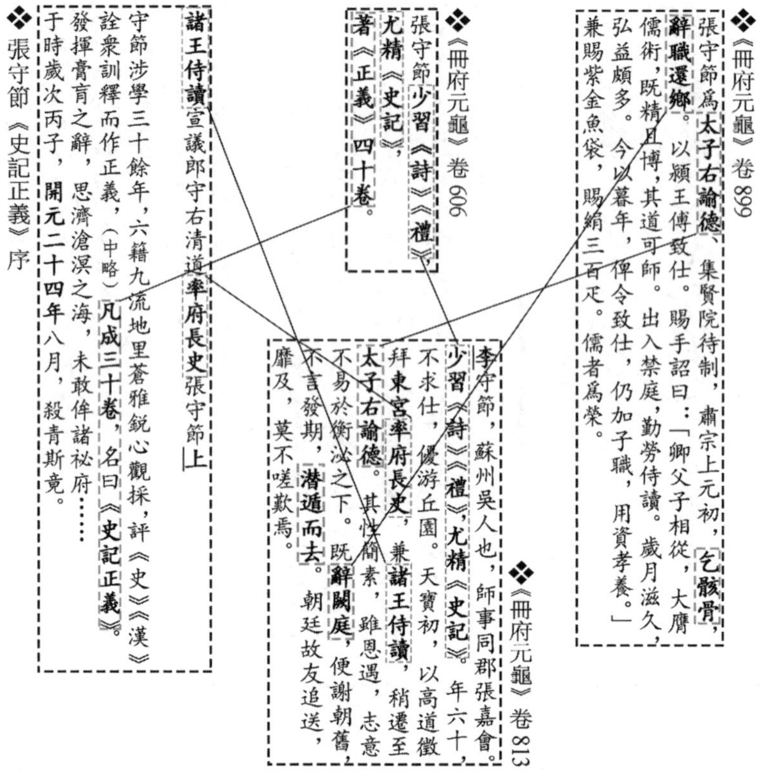

圖 2 《〈史記正義〉序》與《冊府元龜》三條史料關係圖

《〈正義〉序》以外，以上《冊府》中的三處記載，是有關張守節生平更爲詳盡的材料。史料以求真爲尚，在使用這三條材料討論相關議題之前，結合《〈史記正義〉序》從書名、時序、官銜及其學習仕宦經歷等五個方面錯綜考訂，以呈現其緊密關合。

首先，著述書名。《冊府》卷 606 所記張守節“著《正義》四十卷”，與《正義》序“凡成三十卷，名曰《史記正義》”關合，唯卷數異。其次，時序次第。《冊府》卷 899 載張守節“肅宗上元初，乞骸骨，辭職還鄉”。案唐肅宗用“上元”年號凡二年，既云“上元初”，應即肅宗上元元年(760)，這與卷 813“年六十，不求仕，優遊丘園”“天寶初，以高道徵拜東宫率府長史”(742 年或稍後)，及《正義》序中張守節自述“涉學三十餘年”及著《正義》於開元二十四年(736)殺青，於人壽限之中，其時序契合頗爲緊密。其三，仕宦官銜。《冊府》卷 813 所記“東宫率府長史”“諸王侍讀”與《正義》序結銜中的“諸王侍讀”“率府長史”關合，所記“太子右諭德”與同書卷 899“太子右諭德”關合。其四，習學經歷。《冊府》卷 813 所記“少習《詩》《禮》，尤精《史記》”與同書卷 606 所記“少集《詩》《禮》，尤精《史記》”同出一源。與《正義》序“守節涉學三十餘年，六籍九流地里蒼雅鋭心觀採”亦同。其五，辭官隱退。《冊府》卷 813 詳記張守節辭官隱退(“既辭闕庭，便謝朝舊，不言發期，潛遁而去。朝廷故友追送，靡及，莫不嗟嘆焉”)，與同書卷 899 記其“肅宗上元初，乞骸骨，辭職還鄉”同。

《冊府》三處所記，與《〈史記正義〉序》藤蔓瓜葛、錯綜關聯，且可互相證明，已形成扣合緊密的完整證據鏈(圖 2)。《册府》卷 606、813、899 三處所記,均爲《史記正義》作者張守節。

二、張守節之師承、仕宦與交遊

據《正義》序及《册府》卷 606、813、899 所載張守節三條史料,勾勒張守節生平如下:

張守節,蘇州吴人,生於唐高宗永淳元年(682)稍前,卒年遲至唐肅宗上元元年以後。曾與司馬貞師同郡張嘉會,六十歲前,優遊丘園,不求仕進。開元二十四年,於五十六歲左右完成《正義》。天寶初,以高道徵拜東宫率府長史,兼諸王侍讀。期間,曾進呈《正義》。歷官至太子右諭德、集賢院待制,暮年以潁王傅致仕。一生歷經高、中、睿、武周、玄、肅數朝,享年七十八歲以上。唐肅宗曾下詔嘉獎其父子德行云:"卿父子相從,大膺儒術,既精且博,其道可師。出入禁庭,勤勞侍讀。歲月滋久,弘益頗多。今以暮年,俾令致仕,仍加子職,用資孝養。"兼賜紫金魚袋,賜絹三百匹。儒者爲榮。

張守節年近六十尚"優遊丘園",天寶初方"以高道徵拜東宫率府長史",若以天寶元年(742)張守節六十歲計,其生年可逆推至唐高宗永淳元年。考量兩處材料,唐天寶元年,張守節至少已六十歲,則其生年必在唐高宗永淳元年稍前。張守節致仕時,在七十八歲前後。由此推考,唐開元二十四年,張守節完成《正義》時,應在五十六歲左右。

《册府》卷 813 所記"蘇州吴人也,師事同郡張嘉會",知張守節實爲蘇州吴人。這對確認張守節師承、辨析相關文獻及認識《正義》注解蘇州地理都有重要價值,略作論述如下:

首先,這條材料明確驗證了此前日本學者瀧川資言對張守節和司馬貞同師張嘉會的判斷。[①] 三人關係的確認,爲重新思考《索隱》《正義》的關係提供了新視角。張嘉會、司馬貞、張守節,同爲吴人,雖司馬貞、張守節年齒稍殊,既有同師張嘉會的經歷,應互相知曉。由此對重新審視《正義》《索隱》之關係,也有啓發。其二,張守節爲蘇州吴人這一事實的確定,可將此前看似與張守節相關的文獻剔除。如河南扶溝曾出土一方張守節墓誌,[②] 由籍貫及時間可確認此誌並非《正義》作者張守節。其三,知其人而論其書。張守節爲蘇州吴人,由《正義》内容來看,凡涉蘇州處多詳贍周密,古迹具其里程,多目驗親歷,如注《天官書》"星墜至地,則石也"云:"今吴郡西鄉見有落星石,其石天下多有也。"[③] 再如注釋《周本紀》"太伯",言其奔吴之後,其城在蘇州北五十里長洲無錫縣界梅里村,且其城及冢見存。[④] 又如《東越列傳》注釋"禦兒侯",言"語兒鄉在蘇州嘉興縣南七十里,臨官道也",[⑤] 注距離、方位頗精確。以上

---

① 瀧川資言《司馬貞張守節事歷》業已指出,《正義》提及的"張先生","無乃《索隱》所謂張嘉會乎? 則馬、張二人同其師也"。〔日〕瀧川資言考證,楊海峥整理:《史記會注考證》第 8 册,第 4447 頁。熊少聰《張守節行實新考》。

② 郝萬章:《扶溝石刻》,北京:中國廣播電視出版社,2012 年,第 365—369 頁。

③ 〔漢〕司馬遷撰,〔南朝宋〕裴駰集解,〔唐〕司馬貞索隱,〔唐〕張守節正義:《史記》卷二七《天官書》,北京:中華書局,2014 年,第 1592 頁。

④ 〔漢〕司馬遷撰,〔南朝宋〕裴駰集解,〔唐〕司馬貞索隱,〔唐〕張守節正義:《史記》卷四《周本紀》,第 150 頁。

⑤ 〔漢〕司馬遷撰,〔南朝宋〕裴駰集解,〔唐〕司馬貞索隱,〔唐〕張守節正義:《史記》卷一一四《周本紀》,第 3613 頁。

均爲《正義》目驗親歷、如數家珍詳注吴中地理,與守節爲吴人的具體呼應。且《正義》多引《吴地記》注解考覈,可見張守節對吴中歷史、地理的熟悉。由此角度切入,對把握《正義》在地理注解,尤其是與蘇州相關部分的注釋會有更深理解。

"諸王侍讀、宣議郎、守右清道、率府長史",是唐天寶初年張守節"以高道徵拜東宫率府長史,兼諸王侍讀"後,進呈《正義》時的結銜,進呈《正義》當在天寶初年仕進以後。"諸王"即唐玄宗諸子。侍讀,無常員,掌講導經學,[①]其主要職責是教以經術、禮儀,使知父子君臣之教。[②]《舊唐書》載諸王宅及侍讀云:

> 先天之後,皇子幼則居内,東封年,以漸成長,乃於安國寺東附苑城同爲大宅,分院居,爲十王宅。令中官押之,於夾城中起居,每日家令進膳。又引詞學工書之人入教,謂之侍讀。十王,謂慶、忠、棣、鄂、榮、光、儀、潁、永、延、濟,蓋舉全數。[③]

據此,可揣想當日玄宗諸子侍讀情形。作爲諸王侍讀的張守節,無非輔導讀書、講論經史、進書備問,曾任侍讀的韋綬、陳夷行、馬懷素、褚無量、喬琳、王叔文、賀知章諸人小傳,於研究張守節的侍讀經歷足資參考。[④]以上數人中,褚無量、馬懷素、賀知章唐玄宗開元以後皆曾爲侍讀。尤值得注意,開元十三年,賀知章充皇太子侍讀後,直至天寶三年(744)上疏辭官還鄉。唐肅宗乾元元年(758)末,肅宗還曾賜詔褒獎。[⑤]賀知章辭官歸里之際,恰是張守節應徵入仕之時,二人似應相識。且褚無量也曾受史於張嘉會,[⑥]張嘉會授學門生也是考察張守節交遊的重要綫索。

"宣議郎"則爲散官,從七品下,[⑦]無實權。"右清道率府"是唐所置十率府之一,爲唐太子屬官。清道率府分左、右,"率府長史"則爲正七品上,掌管諸曹府事,如兵仗儀衛、巡警之類,爲諸王保衛官員。[⑧]《册府》所載張守節銜名爲"太子右諭德",其職事爲掌諭太子。《唐六典》卷二十六"太子右春坊"下有"太子右諭德一人"。[⑨]"太子右春坊",爲唐代官署名,下

---

① 〔宋〕歐陽脩、〔宋〕宋祁:《新唐書》卷四九,北京:中華書局,1975年,第1292頁。另,"東宫官"有"貞觀十八年,以宰相兼賓客。開元中,定員四人。太宗時,晉王府有侍讀,及爲太子,亦置焉。其後,或置或否。開元初,十王宅引辭學工書者入教,亦爲侍讀",同書第1292頁。

② 〔宋〕王溥:《唐會要》卷四,北京:中華書局,1955年,第47頁。《舊唐書》引此段略有不同"凡侍讀者,當以經義輔導太子,納之軌物"。〔後晉〕劉昫等:《舊唐書》卷一六二,北京:中華書局,1975年,第4244頁。

③ 〔後晉〕劉昫等:《舊唐書》卷一百七,第3271頁。

④ 分見《舊唐書》第4244、4494—4495、3164、3167、3576、3733、5033頁。

⑤ 〔後晉〕劉昫等:《舊唐書》卷一九〇,第5033—5055頁。

⑥ 〔唐〕蘇頲:《贈禮部尚書褚公神道碑》,〔清〕董誥等編:《全唐文》卷二五八,北京:中華書局,1983年,第2611頁。

⑦ 〔後晉〕劉昫等:《舊唐書》卷四二,第1784頁。

⑧ 《舊唐書》"職官志""正第七品上階"下有"太子左右衛司御清道率府長史",爲文職事官。〔後晉〕劉昫等:《舊唐書》卷四二,第1797頁。

⑨ 〔唐〕李林甫等:《唐六典》卷二六,北京:中華書局,1992年,第658頁。

設右庶子、中舍人、右諭德等職,掌行令書令旨及表啓諸事。[①] 是書同卷又云:“太子右諭德一人,正四品下;龍朔二年置,職擬右散騎常侍。”[②]“職擬右散騎常侍”,案《唐六典》卷九“右散騎常侍二人,從三品。故事已詳於左省。顯慶二年置,龍朔二年改爲右常侍,咸亨元年復故。右散騎常侍掌如左散騎常侍之職”。[③] 另,據《唐六典》門下省卷第八記“左散騎常侍”自秦至唐之沿革,及“左散騎常侍掌侍奉規諷,備顧問應對”[④]具體描述,可知任太子右諭德的張守節,有出入禁中之便,兼掌文書、備顧問等職。關於“集賢院待制”,集賢院的前身爲乾元院、麗正院。其産生,與唐開元、天寶年間校書活動關係頗密切。後來,亦設修纂、待詔、侍讀等職。集賢院待制,其職爲起草詔書。

由以上官銜切入,可對天寶年間張守節高道應徵之後以東宫、集賢院等處爲中心的交遊圈再做探研。除了褚無量、賀知章,唐玄宗天寶以後,待制集賢院的杜甫等人,[⑤] 都可能與張守節相識。此外,肅宗手詔“卿父子相從,大膺儒術”“仍加子職”也頗有可玩味之處。這與賀知章辭官情形類似,天寶三年,賀知章上疏請求辭官歸里,唐玄宗許之。也曾拜其子爲典設郎,又爲會稽郡司馬,以資孝養。[⑥] 張守節此子事迹,未得確考。[⑦] 爲考證張守節家世,曾篩檢美國猶他家譜學會、中國國家圖書館、上海圖書館、浙江省圖書館等處近十萬册家譜,所見有限幾種蘇州張氏族譜,也僅溯至北宋張載,唐代史迹仍渺茫難尋。

三、《史記正義》成書、進呈與早期流佈

《〈史記正義〉序》不僅保存了張守節進書時的結銜,且記述撰著《正義》的宗旨及過程,還反映了《正義》進呈等細節,《册府》中的三條材料既已考實,現重理《正義》成書、進呈及早期流佈。

由序末“於時歲次丙子開元二十四年八月,殺青斯竟”,知《正義》成書及撰寫此序應均在唐開元二十四年。[⑧]《正義》殺青時,張守節仍未仕進,尚未任諸王侍讀、宣議郎等職。若《册府》“優遊丘園”四字寫實,張守節撰著《正義》當在吴地,似非長安。此前,日本學者瀧川資言曾據《正義》殘存二注,證張守節曾與司馬貞同師張嘉會。今增《册府》“師事同郡張嘉會”一條,其師承學脉,更無疑義。吴郡張嘉會爲唐代傳承《史記》舉足輕重的人物,雖於《史記》

---

① 〔後晋〕劉昫等:《舊唐書》卷四四,第 1909 頁。
② 〔唐〕李林甫等:《唐六典》卷二六,第 671 頁。
③ 〔唐〕李林甫等:《唐六典》卷九,第 277 頁。
④ 〔唐〕李林甫等:《唐六典》卷八,第 245、246 頁。
⑤ 〔宋〕歐陽脩、〔宋〕宋祁:《新唐書》卷二〇一,第 5736 頁。蒙周浩賢先生提示。
⑥ 〔宋〕王欽若等編纂,周勛初等校訂:《册府元龜》卷八二二,南京:鳳凰出版社,2006 年,第 9567 頁。
⑦ 據周勛初等校訂《册府元龜》末附人名索引,張萬起編《新舊唐書人名索引》,結合籍貫及職官性質,逐一檢讀覈對,或有機會將其考出。
⑧ 陳振孫《直齋書録解題》卷四云:“《史記正義》三十卷唐諸王侍讀張守節撰。開元二十四年作序。”〔宋〕陳振孫:《直齋書録解題》上册,上海:上海古籍出版社,2015 年,第 106 頁。

無注義,[1] 湛溉司馬貞、張守節而成《索隱》《正義》,其旨“殆絶而不絶矣”。[2]

瀧川資言指出的,《史記》卷五八《梁孝王世家》云:“張先生舊本有‘士’字,先生疑是衍字,又不敢除,故以朱大點其字中心。”[3] 卷一一〇《匈奴列傳》卷前《正義》云:“此卷或有本次平津侯後,第五十二。今第五十者,先生舊本如此,劉伯莊《音》亦然……”[4] 是張守節撰著《正義》,不僅師承張嘉會,且其撰著《正義》時,手上竟有張嘉會説解點讀之舊本。同郡同姓,且有師承授受之誼,二人關係引人遐想。

撰著《正義》之時,張氏尚未入仕,故其徵引典籍出自唐室藏書的可能性較小,從《索隱》《正義》引書數量也能看到這種差别。雖《正義》删略頗多,《正義》引書種數(約 200 種)仍明顯少於《索隱》(約 420 種)。[5] 且從二書所引同書内容看,《正義》有源本類書者。[6]

考現存最早三家注合刻南宋黄善夫本《史記》,書前冠以《集解》《索隱》《正義》三序(另有司馬貞《補史記序》),附《正義》論例、謚法解等。爲便討論,迻録合刻本《〈史記正義〉序》所署銜名及論例、謚法解等如下:

史記正義序

諸王侍讀宣議郎守右清道率府長史張守節上

……

《史記正義》論例、謚法解

諸王侍讀宣義郎守右清道率府長史張守節上

論史例……

論注例……[7]

張守節《〈史記正義〉序》所署銜名一行與裴駰、司馬貞略異。黄善夫本書前《集解》《索隱》二序署名及銜分别爲“裴駰”“朝散大夫國子博士弘文館學士河内司馬貞”,獨《正義》張守節結銜及署名後,較前二書多一“上”字(圖 3),“《史記正義》論例、謚法解”署名、銜亦同。合刻本所據《正義》底本原書狀貌雖不可考,但由此殘存的“上”字,知其所據底本應源出唐

---

① 〔唐〕司馬貞:《〈史記索隱〉後序》,〔漢〕司馬遷撰,〔南朝宋〕裴駰集解,〔唐〕司馬貞索隱,〔唐〕張守節正義:《史記》,第 4046 頁。

② 〔清〕梁玉繩撰,賀次君點校:《史記志疑》卷三六,北京:中華書局,1981 年,第 1489 頁。

③ 〔漢〕司馬遷撰,〔南朝宋〕裴駰集解,〔唐〕司馬貞索隱,〔唐〕張守節正義:《史記》第 6 册,第 2538 頁。

④ 〔漢〕司馬遷撰,〔南朝宋〕裴駰集解,〔唐〕司馬貞索隱,〔唐〕張守節正義:《史記》第 9 册,第 3483 頁。

⑤ 王濤:《元前〈史記〉詮釋文獻研究》,北京:綫裝書局,2014 年,第 111、113 頁。

⑥ 周浩賢《〈史記索隱〉〈史記正義〉與〈管子注〉雜考》指出,二書同引《管子》,《索隱》所引近白文本系統,而《正義》所引則源出類書。

⑦ 〔唐〕張守節《〈史記正義〉序》,〔漢〕司馬遷撰,〔南朝宋〕裴駰集解,〔唐〕司馬貞索隱,〔唐〕張守節正義:《史記》,第 4057—4080 頁。

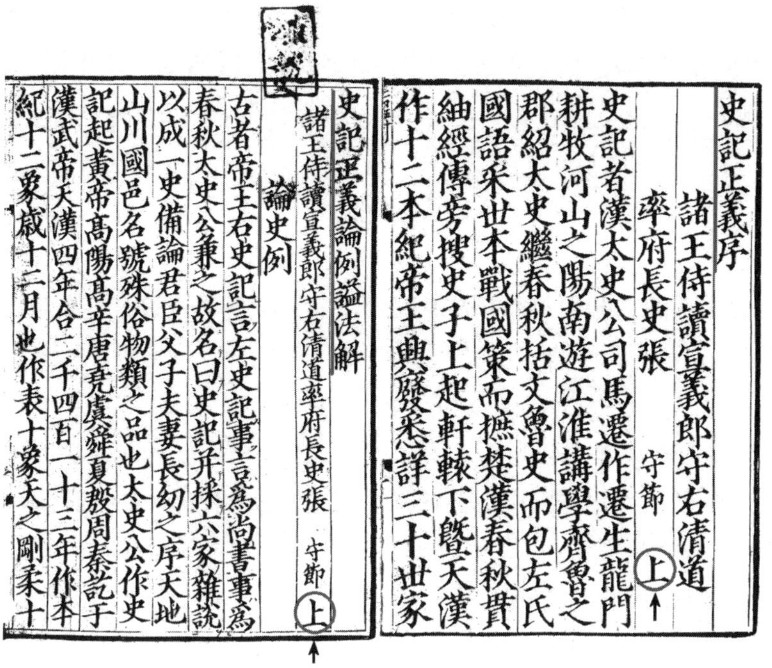
史記正義序
諸王侍讀宣義郎守右清道
率府長史張　守節　上
史記者漢太史公司馬遷作遷生龍門
耕牧河山之陽南遊江淮講學齊魯之
郡紹太史繼春秋括文魯史而包左氏
國語采世本戰國策而摭楚漢春秋貫
紬經傳旁搜史子上起軒轅下暨天漢
作十二本紀帝王興廢悉詳三十世家

史記正義論例謚法解
諸王侍讀宣義郎守右清道率府長史張　守節　上
論史例
古者帝王右史記言左史記事言為尚書事為
春秋太史公兼之故名曰史記并採六家雜說
以成一史備論君臣父子夫妻長幼之序天地
山川國邑名號殊俗物類之品也太史公作史
記起黄帝高陽高辛唐堯虞舜夏殷周秦訖于
漢武帝天漢四年合二千四百一十三年作本
紀十二象歲十二月也作表十象天之剛柔十

圖 3　黄善夫刻本張守節署名結銜

室藏書中的張守節進呈本。

《正義》進呈後,並未迅速廣泛流通。管見所及,南宋以前,尚少人徵引。唐人著作,僅杜佑《通典》約略引及,① 蓋其位極將相,勤勉嗜讀,② 有博覽皇家藏書之便。而成書於日本寬平三年(899)的《日本國見在書目》,其中"正史家"著録《史記》相關著作如《史記音》《史記音義》《史記索隱》《史記新論》《太史公史記問》等五種,也未著録《史記正義》。由此側面,也可見《正義》在北宋以前,並未廣泛流佈,其影響所及,應僅限於上流讀書階層。

北宋以後,徵引《正義》的著作頗多,且散於各地,蓋其輾轉傳抄,見者既多。如《吴郡志》,曾引及《正義》二十餘條,多有不見於三家注合刻本者,③ 其源出《正義》單本無疑。此外,南宋吕祖謙《大事記》《大事記解題》、王應麟《玉海》《通鑑地理通釋》《詩地理考》、胡三省《新注資治通鑑》均曾引及《正義》,且多有遭三家注合刻本删削的文字。④

綜合歷代目録及唐宋文獻引文,《正義》自成書單行,至南宋慶元年間黄善夫合刻三家注,期間無明確版刻記録。凡引張氏《正義》者,無論是唐代的杜佑,還是南宋范成大、吕祖謙、王應麟、胡三省,皆儒林、文苑一時之選。且除胡三省,均曾有任職朝廷中樞之經歷,有觀覽皇家藏書之便。南宋宫廷藏書中,仍有藏《正義》單本。除此而外,單本《正義》還曾傳至日

① 杜佑《通典》卷五四"望秩于山川"下引"張守節云:'乃以秩望祭東方諸侯境内名山大川也。言秩者,五岳視三公,四瀆視諸侯也。'"三家注合刻本亦存此條。〔唐〕杜佑撰,王文錦等點校:《通典》卷五四,北京:中華書局,1988年,第1499頁。
② 〔宋〕歐陽脩、〔宋〕宋祁:《新唐書》卷一六六,第5089頁。
③ 〔清〕張文虎:《校刊史記集解索隱正義札記》,北京:中華書局,2012年,第369、370、372、373、414、416頁。
④ 袁傳璋:《宋人著作五種徵引〈史記正義〉佚文考索》,北京:中華書局,2016年,第2頁。

本,雖無書志明文記載,瀧川資言等研究者所輯與以上南宋諸家著作所引《正義》多有契合,是單本《正義》曾流佈日本之證。《正義》早期流佈情形大抵如是。或正因《正義》没有板刻,自三家注刊行,單本遂亡。

四、餘論

《索隱》《正義》二書之關係,以往的争論頗多,楊海峥教授曾在《漢唐〈史記〉論稿》總結道:

> 《史記索隱》雖成書在《史記正義》之前,但没有足够的證據説明張守節見過《史記索隱》,所以《索隱》與《正義》的關係是後代學者不斷争論的一個焦點問題。如錢大昕説:"按守節撰正義,成於開元二十四年。小司馬索隱則《唐書·藝文志》注云:貞,開元潤州別駕。是兩人生於同時,而其書不相稱引。"完全否定了兩書的關係。邵晉涵則認爲:"守節涉學三十餘年,蓋積一生精力爲之。故能通裴駰之訓辭,折司馬貞之同異。"與錢氏意見完全相反。直到現在,這一問題仍無定論。[①]

表 1 司馬貞、張守節生平比對表

司馬貞	張守節
崇文館學士張嘉會,獨善此書,而無注義。貞少從張學,晚更研尋。(《史記索隱》序)	守節涉學三十餘年,六籍九流地里蒼雅鋭心觀采,……於時歲次丙子開元二十四年八月殺青斯竟(《史記正義》序)
貞實吴人,不聞別有城邑曾名句吴。(《史記·吴世家》"索隱")父太公,母媪。《索隱》曰:今近有人云母温氏,貞時打得班固泗水亭長古石碑文,其字分明作温字,云母温氏。貞時與賈膺徐彦伯、魏奉古等執對,反復沉歎云云。(《史記·高祖本紀》"索隱")	张守節,蘇州吴人也,師事同郡張嘉會。少習《詩》《禮》,尤精《史記》。(《册府元龜》卷606) 張守節少習《詩》《禮》,尤精《史記》,注《正義》四十卷。(《册府元龜》卷 813)
開元初,嘗議《孝經》鄭氏學非康成注十二條左證,其謬,當以古文爲正。《易》無子夏傳,《老子》無河上公注,請王弼學。宰相宋璟等不然其論,奏與諸儒質辯。博士司馬貞等阿意,共黜其言。(《舊唐書·劉子玄傳》)	年六十,不求仕進,優游丘園。(《册府》卷813)
司馬貞《史記索隱》三十卷,注曰:開元潤州別駕。(《新唐書·藝文志》)	天寶初,以高道徵拜東宫率府長史,兼諸王侍讀,稍遷至太子右諭德。其性簡素,雖恩遇,志意不易於衡泌之下。(《册府元龜》卷 813)

① 楊海峥:《漢唐〈史記〉研究論稿》,濟南:齊魯書社,2003 年,第 172、173 頁。

續表

司馬貞	張守節
/	既辭闕庭,便謝朝舊,不言發期,潛遁而去。朝廷故友追送,靡及,莫不嗟歎焉。(《册府元龜》卷899) 張守節爲太子右諭德、集賢院待制,肅宗上元初,乞骸骨,辭職還鄉。以潁王傅致仕。賜手詔曰:"卿父子相從,大膺儒術,既精且博,其道可師。出入禁庭,勤勞侍讀。歲月滋久,弘益頗多。今以暮年,俾令致仕,仍加子職,用資孝養。"兼賜紫金魚袋,賜絹三百匹。儒者爲榮。(《册府元龜》卷813)

司馬貞,字子正,蘇州人,[①]生卒年未詳。少從同郡張嘉會習《史記》,唐開元中官至朝散大夫、弘文館學士,主編纂、撰述和起草詔令等職。著《史記索隱》三十卷,世稱"小司馬"。唐開元初,司馬貞已在唐室爲官,而張氏尚未仕進,《索隱》《正義》於開元年間先後殺青,時間應相去未遠。[②]且天寶初,張守節以高道徵拜東宫率府長史,進呈《正義》即在這段時間。故張氏與司馬貞雖並世同師,而《索隱》《正義》二書未見互相稱引,驗之以《正義》所附"論注例",引及裴氏而未言小司馬。覈以二書撰著時間,也並非難以理解。至於《索隱》《正義》二書重合之處,尤其是《正義》部分文字看似疏解《索隱》處如何解釋,仍有待在盡力輯《正義》佚文、復原其書的基礎上,綜合比勘單刻本《索隱》、三家注合刻本,充分考慮傳抄、刊刻等多重因素對《索隱》《正義》文本的影響,在此基礎上再做深入探研。

此個案對思考文史研究方法、古典文獻學當下及未來工作之側重也有些啓發。因明刻致誤而被淹没在《册府》裏的卷813這條材料,接連被異地三四位研究者注意,實歸功於古籍數字化帶來的查檢便利。像《册府》這樣卷帙浩繁、内容枯燥的大部頭類書,又宋刻殘缺、明刊訛奪,即便懷有特定的問題意識窮力閱讀,也難免迷失於紛繁的文本之中。而如張守節生平事歷這樣懸置多年、尚待考究的重要問題,竟在尚顯粗疏的數字化文本中關聯檢得,可見人力有時而窮,亟待將古典文本做更爲規範的離析、整合,以幫助延展對古代世界的精細認知。

文史研究中類似重要問題的解決路徑,除熟稔材料及洞察敏鋭外,還應充分考慮如何將古典文本從書籍等傳統載體中有序離析出來,以文本爲主軸,關聯目録、版本、校勘,以建立古典知識溯源體系。這一體系一旦建成,問題及解決路徑也會隨之有序化,必將解放研究者

① 《吴太伯世家》,司馬貞《索隱》注"句吴"條云"貞實吴人",司馬遷《史記》卷三一,第1748、1782頁。《索隱》序以郡望代籍里,稱"河内司馬貞"。牛巧紅:《司馬貞籍里考辨》,《大家》2012年第20期,第6、7頁。

② 司馬貞《史記索隱》殺青時間無考,由《舊唐書·經籍志序》"天寶已後,名公各著文章,儒者多有撰述……其徒實繁。臣以後出之書,在開元四部之外,不欲雜其本部,今據所聞,附撰人等傳。其諸公文集,亦見本傳,此并不録",知《經籍志》著録之書皆在天寶以前。又,此序記"至開元九年十一月,殷踐猷等人修成《群書四部録》,右散騎常侍元行衝奏上之",知《索隱》殺青應在其後。司馬貞於《史記索隱序》稱"少從張學,晚更研尋",《索隱》成書在司馬氏晚年,或在開元二十年前後。李梅訓:《司馬貞生平著述考》,《安徽師範大學學報》2000年第1期,第110、111頁。

的時間精力,轉而聚焦攻克更高難度的問題。然而,當下古籍數字化仍存在各方面問題,在知識媒介迅速轉换的當下,如何將以書籍爲主要載體的古典文本科學引渡至新媒介,當然是古典文獻學研究的應有之義。古典文獻學領域理應有部分研究者主動參與此業,以對古典文本最爲切近的理解思考該如何建設古典知識溯源體系,更多重要問題及解決路徑也必將隨著這個體系的日漸完善紛至沓來。

附記:拙文初稿完成於2017年初,爲選修楊海峥教授"《史記》研讀"課程作業的一部分。因當時僅見《册府》卷606、899兩條材料,未及留意卷813所載"李守節"條,推考張氏生平簡陋,乃棄之篋中,羞於示人。時隔三年,在文獻沙龍"學術檢索的過去、現在和未來"對談中,蘇芃教授偶提及考索張守節生平事。先後承周浩賢、熊少聰兄惠賜大文,斟酌詳略,删存同異,對舊稿重作董理。覈對日本京都大學人文科學研究所藏《册府》抄本,曾承業師劉玉才先生及日本京都大學人文科學研究所王孫涵之博士幫助。文中討論唐代職官部分,承中華書局編審張忱石先生匡正。又承蘇芃、李林芳、杜以恒、夏寅諸師友不吝賜正,拙文據以完善。特此鳴謝!

(高樹偉,北京大學中文系博士研究生)

唐代吴郡“史記學”研究三題

周浩賢

［摘　要］ 司馬貞、張守節之生平與陸善經《史記决疑》尚有討論餘地。據考證，可知司馬氏與張氏曾先後師從吴郡張嘉會。前者入仕較早，並以其“史記學”揚名當世。後者永淳元年（682）左右生人，相比前者尤得張嘉會真傳。至天寶元年（742）方入朝爲官，並成爲肅宗心腹，得以待制集賢院。至上元元年（760）辭職返鄉，其後屢遭艱難，事迹遂不可考。而陸善經之説雖僅得吉光片羽，但尚可證明係作於《索隱》之後。而三人都隸籍吴郡，頗堪注意。

［關鍵詞］ 史記學；司馬貞；張守節；陸善經；吴郡

稽考史志，玄宗開元、天寶之際爲《史記》注者計有五家：司馬貞、徐堅、李鎮、張守節、陸善經。[①] 其中以裴駰《集解》爲本者，恰爲今日所能見之司馬、張、陸。[②] 若論其籍貫，則皆爲吴人，[③] 信爲一獨特的現象。就此三人三書而言，司馬貞《索隱》、張守節《正義》及陸善經之生平，前人成果豐碩，似無增補之餘地。[④] 但司馬、張之生平，陸之《决疑》，則稍嫌未備，試討論如下。

一、司馬貞生平補正

近代討論司馬貞生平者，基本不出清儒錢大昕所論。此非後人智不逮、力不足，實因材料所限，不得不如此。兹列錢氏結論如下：

一、小司馬開元初阿意宋璟，與劉知幾論難（《新唐書・劉子玄傳》）。

二、小司馬任弘文館學士當在開元七年以後（據司馬貞《補史記序》《新唐書・劉子玄傳》）。

三、小司馬年輩在張守節前，與賈膺福、徐彦伯諸人切磋學術在中、睿之世（《高祖本紀》

① 〔宋〕歐陽修、〔宋〕宋祁撰：《新唐書》卷五八《藝文志》二，北京：中華書局，1975 年，第 1456—1458 頁。案，陸善經其書不見中外官私目録著録，只以讀者批注形式存世。至於其人之生平，參虞萬里：《唐陸善經行歷索隱》，《榆枋齋學術論集》，南京：江蘇古籍出版社，2001 年，第 804 頁。其書之内容，詳〔日〕水澤利忠：《陸善經史記注佚文拾遺》，《史記會注考證校補》第 9 册，史記會注考證校補刊行會，日本昭和四十五年（1970），第 165—181 頁。

② 案徐、李之本不見後世稱引，當亡於安史之亂，故其書之具體情形，不得而知。然二書都爲一百三十卷之鴻篇巨製，似爲《史記》新注，不以《集解》爲本。而不獨《史記》，《孝經》之玄宗注、《文選》之五臣注都成於當時，蓋新注舊籍乃當時潮流。

③ 虞萬里：《唐陸善經行歷索隱》，《榆枋齋學術論集》，第 804 頁。關於張守節之籍貫及生平，見下文。

④ 有關《索隱》之研究情況，參王璐：《〈史記索隱〉研究回顧與展望》，《西安石油大學學報（社會科學版）》2019 年第 2 期，第 91—100 頁。至於《正義》之研究情形，中、日兩國都有不少，不一一羅列。

“母劉媪”條《索隱》《新唐書·公主傳》、同書《徐彦伯傳》)。

四、小司馬終官於潤州别駕任上(據《新唐書·藝文志》)。[①]

首尾相接,遂爲後人立論之框架。本文亦不能自外,請參以新近研究,[②]就錢氏未及措意處,加以補證。

其一,籍貫問題。《吴太伯世家》“奔荊蠻,號句吴”條《索隱》云:“貞實吴人,不聞别有城邑曾名句吴”,[③]故程金造先生言司馬貞乃“吴人”。案陸機《吴趨行》云:“八族未足侈,四姓實名家”,李善注引張勃《吴録》曰:“八族,陳、恆、吕、竇、公孫、司馬、徐、傅也”,[④]則其人或爲吴郡舊家之後。

其二,交游問題。《高祖本紀》“母媪”條《索隱》云:

> 今近有人云“母温氏”。貞時打得班固泗水亭長古石碑文,其字分明作“温”字。貞時與賈膺復、徐彦伯、魏奉古等執對反覆,深嘆古人未聞。[⑤]

“賈膺復”,錢大昕謂是“賈膺福”之訛。[⑥]揣摩文意,四人似屬同輩親故,故得以切磋學術,商榷是非。然進而細究其人之政治傾向,可知賈、徐同屬睿宗、太平公主陣營,[⑦]故因先天政變,或誅或辭。[⑧]而變後,唐室“窮治公主枝黨”,《通鑑》卷二一〇云:

> 百官素爲公主所善及惡之者,或黜或陟,終歲不盡。[⑨]

---

① 以上據〔清〕錢大昕撰,陳文和主編:《嘉定錢大昕全集(增訂本)》第7册,《十駕齋養新録》卷六“司馬貞”條,南京:鳳凰出版社,2016年,第172—173頁。

② 如程金造據單行本《索隱》卷十《吴太伯世家》注云“貞實吴人”,以爲司馬貞實乃吴人(見其《史記索隱引書考實》自敘,北京:中華書局,1998年,第1頁)、李梅訓先生據《唐尚書省郎官題名考》,考得司馬貞與諸人談議在景龍元年(707)至先天元年(712)間[見其《司馬貞生平著述考》,《安徽師範大學學報(人文社會科學版)》2000年第1期,第110頁]。此外進展不多,甚至異説頻出,徒生疑惑。故趙望秦、王璐二氏總結此前研究之餘,又致力於糾正錯亂。見其《論〈史記索隱〉的成書及版本流傳與遞嬗關係》,《歷史文獻研究·總第43輯》,揚州:廣陵書社,2019年,第198—217頁。

③ 〔唐〕司馬貞撰,王璐、趙望秦整理:《史記索隱》卷十《吴太伯世家》,西安:陝西師範大學出版總社,2018年,第154—155頁。

④ 劉躍進著,徐華校:《文選舊注輯存》卷二八,南京:鳳凰出版社,2017年,第5261頁。

⑤ 〔唐〕司馬貞撰,王璐、趙望秦整理:《史記索隱》卷三《高祖本紀》,第48頁。

⑥ 〔清〕錢大昕:《十駕齋養新録》卷六,第173頁。案宋乾道七年(1171)蔡夢弼東塾刻本(第1a頁),淳熙三年(1176)張杅桐川郡齋刻,八年耿秉重修本(第1b頁)均作“賈膺復”。

⑦ 雷聞:《唐長安太清觀與〈一切道經音義〉的編纂》,《唐研究·第十五卷“長安學”研究專號》,北京:北京大學出版社,2009年,第204—205頁。案此二人職銜相近,則四人年歲或亦相當。其職銜分别爲:銀青光禄大夫,右散騎常侍,昭文館學士,權檢校左羽林將軍,上柱國,高平縣開國公,臣徐彦伯。銀青光禄大夫,右散騎常侍,昭文館學士,權檢校右羽林將軍,上柱國,壽昌縣開國侯,臣賈膺福。

⑧ 案賈膺福先天之變當日被斬。〔後晋〕劉昫等:《舊唐書》卷八《玄宗上》,北京:中華書局,1975年,第169頁。而徐彦伯“先天元年,以疾乞骸骨,許之”。同書卷九四《徐彦伯傳》,第3006頁。

⑨ 〔宋〕司馬光撰,〔元〕胡三省注:《資治通鑑》卷二一〇《唐紀》二十六“開元元年”,北京:中華書局,1956年,第6685—6686頁。

想小司馬亦不免被牽及。而現存史料，都絶不見其人受波及之痕迹，殆即爲褚無量所助。案無量爲玄宗潛邸舊臣，屬玄宗親信，[①] 而二人又有同門之誼，《索隱後序》稱：

崇文館學士張嘉會獨善此書，而無注義。貞少從張學，晚更研尋。[②]

而《褚無量神道碑》云：

始吴興沈子山、吴郡曹福授以經，次吴郡張嘉會授之史。[③]

經史並授，似係講肆之屬。[④] 二人既爲同門，自然過從甚密。檢《宋高僧傳》卷十四：

釋曇一……開元五年(717)，西遊長安……刃有餘地，時兼外學，常問《周易》於左常侍褚無量，論《史記》於國子司業馬貞。[⑤]

"國子司業馬貞"，雷聞先生疑即司馬貞，[⑥] 當是。[⑦] 考褚無量開元三年之後有入内侍讀之責，[⑧] 至五年又"充使檢校"乾元殿圖書，[⑨] 當無餘暇專門授業。疑曇一即得司馬貞引薦，得其指點一二，是司馬貞早以其"史記學"揚名於世。又，無量卒於開元八年，則曇一之問學，前後不過四年。

其三，終官問題。《新唐書·藝文志》"《史記索隱》"條注曰"開元潤州别駕"。[⑩] 舊説皆以爲司馬貞確曾别駕潤州，並爲其"終官"。今案，此乃虚職以寄俸禄，實無其事。此例不少，如寶應元年(762)有集賢校理、潤州别駕歸崇敬，其人不曾别駕潤州，而校理集賢院。[⑪] 繩諸

① 雷聞：《唐長安太清觀與〈一切道經音義〉的編纂》，《唐研究·第十五卷"長安學"研究專號》，第205頁。

② 〔唐〕司馬貞撰，王璐、趙望秦整理：《史記索隱》後序，第455頁。

③ 〔宋〕李昉等編：《文苑英華》卷八九六《贈禮部尚書褚公神道碑》，北京：中華書局1966年景宋刻本配明刻本，第4716頁下欄。

④ 程金造曾以司馬貞爲崇文館學生，但《新唐書·選舉志》稱"東宫有崇文館，生二十人。以皇緦麻以上親，皇太后、皇后大功以上親，宰相及散官一品、功臣身食實封者、京官職事從三品、中書黄門侍郎之子爲之"。案無量杭州人，幼孤貧，家近臨平湖，明非貴族。加之其《神道碑》及《舊唐書》本傳置從學在入仕之前，是其學不在京城。則二人皆非崇文館學生，而都受學於吴郡。見〔後晋〕劉昫等：《舊唐書》卷一〇二《褚無量傳》，第3164頁；〔宋〕歐陽修、〔宋〕宋祁：《新唐書》卷四四《選舉志》上，第1160頁；程金造：《〈史記正義〉〈索隱〉關係證》，《文史哲》1962年第6期，第32頁。

⑤ 〔宋〕贊寧撰，范祥雍點校：《宋高僧傳》卷十四《唐會稽開元寺曇一傳》，北京：中華書局，1987年，第352頁。此則材料，係蒙熊少聰先生提示，特此致謝。

⑥ 雷聞：《唐代的"三史"與三史科》，《史學史研究》2001年第1期，第38頁。

⑦ 元僧曇噩述《新修科分六學僧傳》卷五正作"國子司業司馬貞"(CBETA, 2021.Q3, X77, no. 1522, p. 110, a15—16)。

⑧ 〔後晋〕劉昫等：《舊唐書》卷八《玄宗上》，第175頁。

⑨ 〔唐〕韋述撰，陶敏輯校：《集賢注記》卷上，北京：中華書局，2015年，第207頁。

⑩ 〔宋〕歐陽修，〔宋〕宋祁：《新唐書》卷五八《藝文志》二，第1457頁。

⑪ 〔後晋〕劉昫等：《舊唐書》卷二一《禮儀志》一，第836頁；關於本官與使職之研究，參嚴耕望：《唐代府州僚佐考》，《唐史研究叢稿》，香港：新亞研究所，1969年，第103—177頁；賴瑞和：《唐代基層文官》，北京：中華書局，2008年，第150頁。

此例,則潤州别駕爲本官,而弘文館學士乃其實際職務,並不曾爲外官。[①] 而司馬貞至開元九年以後方表獻其書,[②] 則别駕潤州亦應在開元九年之後。[③] 而此别駕之職,亦未必是其終官。前引《宋高僧傳》作"國子司業",官品與潤州别駕同爲從四品下。[④] 考左常侍爲褚無量之終官,則司馬貞之例或當如是觀。不過限於史料,未知孰是。

綜上,司馬貞或爲吴郡舊族。幼從張嘉會學,得以與褚無量同門。故雖與賈膺福、徐彦伯有舊,而不受牽連。而開元九年以後,依然爲弘文館學士,并不曾出任外官。至於其終官雖有"國子司業""潤州别駕"兩種可能,但其以從四品下離職,應無異議。

二、張守節生平鉤沉

張守節,兩《唐書》無傳。據《正義序》題銜,其人開元二十四年時爲"諸王侍讀、宣議郎、守右清道率府長史"。[⑤] 而宋人高似孫記爲"唐開元中諸王侍讀",全襲《序》文,則當時已無從稽考。[⑥] 史書既不載其人,只得徵諸其書。《梁孝王世家》正義云:

> 張先生舊本有"士"字,先生疑是衍字,又不敢除,故以朱大點其字中心。[⑦]

故瀧川資言云"所謂張先生,無乃《索隱》所謂張嘉會乎"。[⑧] 雖不免臆測之譏,但確爲事實。查《册府元龜》卷八一三:

> 李守節,蘇州吴人也,師事同郡張嘉會。少習《詩》《禮》,尤精《史記》。年六十,不求仕,優遊丘園。天寶初,以高道徵拜東宫率府長史,兼諸王侍讀,稍遷至太子右諭德。其性簡素,雖恩遇,志意不易於衡泌之下。既辭闕庭,便謝朝舊,不言發期,潜遁而去。朝廷故友追送,靡及,莫不嗟歎焉。[⑨]

前揭《褚無量神道碑》稱"吴郡張嘉會",此言同郡,明即一人。而此李守節即張守節。同書

① 〔日〕瀧川龜太郎:《史記會注考證》唐司馬貞《史記索隱序》,東京:東方文化學院東京研究所,日本昭和七年,第1頁。
② 《舊唐書·經籍志》不見此書,知獻書在開元九年以後。
③ 據周祝偉研究,開元間别駕潤州者,初年有楊忠梗,十二年八月有源光乘。見其《唐代兩浙州縣職官考——歷代方志所載唐職官新考補正》卷一,上海:上海古籍出版社,2019年,第20—21頁。
④ 潤州爲上州,故其别駕爲從四品下。〔唐〕李吉甫撰,賀次君點校:《元和郡縣圖志》卷二五"潤州"條,北京:中華書局,1983年,第590頁;〔唐〕李林甫等撰,陳仲夫點校:《唐六典》卷三〇,北京:中華書局,1992年,第745頁。而國子司業亦爲從四品下。見同書卷二一,第557頁。
⑤ 〔日〕瀧川龜太郎:《史記會注考證》唐張守節《史記正義序》,第1頁。
⑥ 〔宋〕高似孫:《史略》卷一《史記雜傳》,日本國立公文書館藏宋本,第17b頁。案高氏當時,尚得及見《正義》原本。
⑦ 〔日〕瀧川龜太郎:《史記會注考證》卷五八《梁孝王世家》,第12頁。
⑧ 〔日〕瀧川龜太郎:《史記會注考證》總論《司馬貞、張守節事歷》,第155頁。
⑨ 〔宋〕王欽若等編纂,周勛初等校訂:《册府元龜》卷八一三《總録部》六三《退迹》,第9472頁。

卷八九九：

> 張守節爲太子右諭德、集賢院待制。肅宗上元初，乞骸骨，辭職還鄉，以穎王傅致仕。賜手詔曰：“卿父子相從，大膺儒術，既精且博，其道可師。出入禁庭，勤勞侍讀，歲月滋久，弘益頗多。今以暮年，俾令致仕。仍加子職，用資孝養”。兼賜紫金魚袋，賜絹三百疋。儒者爲榮。[①]

前引《正義序》有“諸王侍讀、守右清道率府長史”字樣。對比三種文獻，可見確爲一人。[②]是守節生於永淳元年左右，乃張嘉會晚年門生、而司馬貞之後輩。[③]以天寶初年六十計，至上元初當年届八十。

細究其官銜，可知守節實爲肅宗腹心。案“東宫率府長史”“太子右諭德”等官位無實際職務，不過爲“諸王侍讀”“集賢院待制”之加官，[④]故肅宗就其“出入禁庭，勤勞侍讀”之舉加以表彰。而集賢院待制爲“以備詢事，考言之問”之職，[⑤]乃天子之顧問。是守節於名於實皆肅宗之側近。

而守節似未出仕安史政權。案肅宗一朝對“貳臣”多有追究，[⑥]而守節竟得以累遷至“太子右諭德”，甚至充爲天子顧問。若其曾任僞職，應無不罰不貶之理。甚至可以揣測，該職實爲對守節亂中行事之褒奬，[⑦]故史云“恩遇”，並“稍遷”而得之。

至於守節之學，相對司馬貞，更得乃師之傳。案守節爲彰師説，不得不商榷《索隱》。雖然今傳本絶無稱引司馬貞説者，但《匈奴列傳》解題曰：

> 此卷，或有本次《平津侯》後，第五十二。今第五十者，先生舊本如此，劉伯莊《音》亦然。若先諸侯而次四夷，則《司馬》《汲鄭》不合在後也。[⑧]

---

① 〔宋〕王欽若等：《册府元龜》卷八九九《總録部》一四九《致政》，北京：中華書局1989年景宋刻本，第3519頁上。案“穎王”即“潁王”之誤。潁王李璬，開元十三年三月甲午封。〔後晋〕劉昫等：《舊唐書》卷八《玄宗本紀》上，第187頁。

② 承南京師範大學蘇芃教授及北京大學高樹偉先生教示：中國國家圖書館藏明鈔本《册府元龜》三種（索書號19531）、（A00911）、（07562）及臺北“國家圖書館”藏明鈔本（07831）都無“李”字。則“李”字爲“張”字之訛。唯“李守節”條言天寶初授官，而張氏開元二十四年已爲侍讀。疑《序》確作於開元，而授官於天寶，即以天寶之職銜，進開元殺青之書。

③ 褚無量以貞觀二十年生（646），未冠而游於吴郡，是張氏其時未得館職。至教授張守節時，已退官歸隱。而司馬貞之年歲，應與褚無量接近。

④ “唐玄宗天寶時期東宫諸曹司主官判知本曹司事務的行政職能逐漸消失，依然設置的東宫職員中，又有相當一部分成爲閒職，有些則成爲擔任地方官或使職差遣的加官”。見任士英：《唐玄宗時期東宫體制非實體化考述——以東宫職員的設置變化爲中心》，《中國史研究》2004年第3期，第79頁。

⑤ 〔唐〕獨孤及：《毘陵集》卷四《諫表》，《四部叢刊》景清趙氏亦有生齋本，第5a頁。

⑥ 仇鹿鳴：《一位“貳臣”的生命史：王伷在安史之亂中的沉浮》，《長安與河北之間：中晚唐的政治與文化》，北京：北京師範大學出版社，2018年，第54—67頁。

⑦ 案肅宗即位後，曾任命部分平亂者爲東宫職員。或守節當時亦奔赴靈武，而得“太子右諭德”之職。但無史料可憑，聊記於此。參任士英：《唐玄、肅之際中樞政局研究》，首都師範大學博士學位論文，北京，2001年，第119頁。

⑧ 〔日〕瀧川龜太郎：《史記會注考證》卷一一〇《匈奴列傳》，第1頁。

張文虎云:"《索隱》本正如此,其述贊次第亦然。"[①] 程金造進而引申其説,以爲乃張氏得見《索隱》之鐵證,[②] 其説誠是。然仔細推敲《正義》所列版本,頗有突兀之處。案劉伯莊《史記音義》并不罕見,引述其書固無不可。但"先生"爲誰,無論《正義序》《論例》都不置一詞,則此注未必爲讀《正義》者預設。考司馬貞即舉劉伯莊、張嘉會以自矜。[③] 是守節見《索隱》已爲世所稱,不得不懲其妄。但司馬貞既是同門,又係前修,故不忍直言而隱其名姓。

而守節之結局,雖無明文可憑,但尚可據相關史料,約略推測。案上元元年十一月,劉展改授江淮都統,未幾起亂,至十二月陷蘇州,[④] 是守節辭職在此前。案肅宗早有圖展之謀,故有改授之舉。[⑤] 守節既爲其心腹,豈有不知之理?疑守節名爲辭官還鄉,實别有要務,故"不言發期,潛遁而去"。而劉展之亂弭平後,吴地又遭毒手:

> 租庸使元載以吴、越雖兵荒後,民産猶給,乃辟召豪吏分宰列邑以重斂之,其州縣賦調,積有逋違,乃稽諸版籍,通校大數八年之賦,舉空名以斂之。其科率之例,不約户品之上下,但家有粟帛者,則以人徒圍襲,如擒捕寇盗,然後簿録其産而中分之,甚者十八九,時人謂之"白著"。[⑥]

以及大旱,乃至大疫:

> 辛丑(761)歲大旱,三吴飢甚,人相食。明年大疫,死者十七八,城郭邑居爲之空虚,而存者無食,亡者無棺殯悲哀之送。大抵雖其父母亦啗其肉而棄其骸於田野,由是道路積骨相交支撑枕藉者彌二千里。[⑦]

想一八十老人,迭遭變故,豈能延年益壽,安享天年?[⑧] 以上雖揣測之語,但守節晚年命運之多舛,信無可疑。

綜上,可略爲小傳如下:

張守節,蘇州吴人,約生於永淳元年。師從同郡張嘉會,尤得其真傳。所著《史記正義》,開元二十四年殺青於吴地。至天寶初,以高道徵,拜諸王侍讀、宣議郎、守右清道率府長史,

---

① 〔清〕張文虎:《校刊史記集解索隱正義札記》卷五,北京:中華書局,1977年,第648頁。
② 程金造:《〈史記正義〉〈索隱〉關係證》,《文史哲》1962年第6期,第35頁。
③ 〔唐〕司馬貞撰,王璐、趙望秦整理:《史記索隱》後序,第454—455頁。
④ 〔宋〕司馬光撰,〔元〕胡三省注:《資治通鑑》卷二二一《唐紀》三十七"上元元年",第7097—7101頁。
⑤ 李碧妍:《危機與重構——唐帝國及其地方諸侯》,北京:北京師範大學出版社,2015年,第439—440頁。
⑥ 〔宋〕宋敏求撰,誠剛點校:《春明退朝録》卷下,北京:中華書局,1980年,第35—36頁。案此係唐沈既濟《劉展亂記》文,而爲宋敏求撮引者。
⑦ 〔唐〕獨孤及:《毘陵集》卷十九《弔道殣文》,第1b頁。
⑧ 凍國棟先生云"遍檢史籍,未見朝廷對這次重大瘟疫有任何明顯的振恤措施"。見其《讀獨孤及〈弔道殣文並序〉書後》,《魏晋南北朝隋唐史資料》第22輯,武漢大學文科學報編輯部,2005年,第71頁。

遂成爲肅宗心腹。後稍遷至太子右諭德。因安史之亂時未任僞職，故爲唐室奬掖。至上元元年，辭職返鄉。其後屢遭艱屯，事迹遂不可考。

三、陸善經《史記决疑》小考

陸善經《史記决疑》，不見歷代公私目録著録。只得日本古代學者摘録百餘條存世。藉此探討其書要旨，實不可能。故此前學者，只得合以陸氏《文選注》一并探討，以收相得益彰之效。① 但始終未見置本書於"史記學"脈絡考察者。因之，本文不揣淺陋，試略作解説。

其一，《决疑》文本往往與《索隱》所舉異字相合。如《秦始皇本紀》"追首高明"條《索隱》：

> 今檢《會稽刻石》文，"首"字作"道"，雅符人情也。②

而陸本即作"道"。③ 又《齊太公世家》"蒼兕蒼兕"條《索隱》：

> 亦有本作"蒼雌"。④

而陸注曰："'雌'音'兕'。蒼兕，取其猛也。"⑤ 又《三王世家》"二君皆來，降其奔師"條《索隱》：

> 案《漢書》作"三十二師降期"。作"降旗"。⑥

而陸注曰："望旗而降驅我師也。"⑦ 據此三例，可知當時《史記》傳本之間差别不多，而於同源文獻頗有異同。疑陸氏刻意選擇《索隱》所舉異文，而不論是否《史記》文字。案陸氏確曾得見《索隱》，並引以爲注。《范雎蔡澤列傳》"貴而爲交者，爲賤也"條《索隱》：

> 以言富貴而結交情深者，爲有貧賤之時，不可忘之也。⑧

---

① 劉紀華：《〈文選集注〉陸善經注研究》，鄭州大學碩士學位論文，鄭州，2011年，第35—40頁。

② 〔唐〕司馬貞撰，王璐、趙望秦整理：《史記索隱》卷二《秦始皇本記》，第36頁。

③ 〔日〕水澤利忠：《陸善經史記注佚文拾遺》，《史記會注考證校補》第9册，第166頁。

④ 〔唐〕司馬貞撰，王璐、趙望秦整理：《史記索隱》卷十《齊太公世家》，第163頁。

⑤ 〔日〕水澤利忠：《陸善經史記注佚文拾遺》，《史記會注考證校補》第9册，第168頁。

⑥ 〔唐〕司馬貞撰，王璐、趙望秦整理：《史記索隱》卷十九《三王系家》，第250頁。

⑦ 〔日〕水澤利忠：《陸善經史記注佚文拾遺》，《史記會注考證校補》第9册，第169頁。

⑧ 〔唐〕司馬貞撰，王璐、趙望秦整理：《史記索隱》卷二〇《范雎蔡澤列傳》，第306頁。

而陸注曰:“言貴而結交者,所以爲賤也。一云:‘富貴而結交情深者,爲有貧賤之時,不可忌之也’。”① 又《滑稽列傳》“以壠竈爲椁”條《索隱》:

案:《皇覽》亦説此事,以“壠竈”爲“礱突”也。②

而陸注曰:“謂竈形高如堈壟也。一云:‘礱突’也。”③ 即其暗引《索隱》入注例。是陸氏見《索隱》爲世所稱,不得不有所參考。又爲便立論,不得不刻意取異。④

其二,陸氏學術淵源與吴地相關。案其書僅引江東方言爲説。如《滑稽列傳》“甌窶滿篝”條陸注云:

甌窶,小皃。今江東猶言器物小狹者爲“甌窶”。⑤

又《老子韓非列傳》“且君子得其時則駕,不得其時則蓬累而行”條陸注云:

駕車而行,謂其道也。蓬累,窮笠也。亦謂之“簦”,虞卿躡蹻擔笠即是。今荊人呼笠爲“累”,江東人呼竹綿弱蓋船者爲蓬。⑥

而查今本《正義》,亦只引江東方言入注。同條云:

蓬,沙磧上轉蓬也。累,轉行貌也。言君子得明主則駕車而事,不遭時則若蓬轉流移而行,可止則止也。蓬,其狀若皤蒿,細葉,蔓生於沙漠中,風吹則根斷,隨風轉移也。皤蒿,江東呼爲斜蒿云。⑦

似即長居吴地者所爲。議論雖異,殊途同歸,蓋即吴郡學術所滋養者。⑧

① 〔日〕水澤利忠:《陸善經史記注佚文拾遺》,《史記會注考證校補》第 9 册,第 175 頁。
② 〔唐〕司馬貞撰,王璐、趙望秦整理:《史記索隱》卷二七《滑稽列傳》,第 434 頁。
③ 〔日〕水澤利忠:《陸善經史記注佚文拾遺》,《史記會注考證校補》第 9 册,第 181 頁。
④ 案陸氏所注《文選》,無論文本乃至注文都務與前人不同。金少華以爲皆李善、公孫羅等名家珠玉在前之故,是陸氏學風如此。金少華:《古抄本〈文選集注〉研究》,杭州:浙江大學出版社,2015 年,第 294 頁。
⑤ 〔日〕水澤利忠:《陸善經史記注佚文拾遺》,《史記會注考證校補》第 9 册,第 181 頁。
⑥ 〔日〕水澤利忠:《陸善經史記注佚文拾遺》,《史記會注考證校補》第 9 册,第 169 頁。
⑦ 〔日〕瀧川龜太郎:《史記會注考證》卷六三《老子韓非列傳》,第 4 頁。
⑧ 案現存陸注之所以與《索隱》《正義》議論不同,是日本學者好奇所致,故與二書相符者,都擯棄不采。以此觀之,則陸注與二書論調一致者極多,是三人之學術淵源,或出於一,亦未可知。

四、結語

綜上所述，司馬貞、張守節俱爲吴人，亦先後師從同郡張嘉會。則二書之要旨可歸於一。所不同者，蓋即司馬貞“晚更研尋”之結果。[①]不過《索隱》開、天之際已流傳於世，今日尚及見其原貌。而《正義》爲後人删并之餘，亦多有改篡，賀次君先生云：

> 張守節是開元時人，去《括地志》成書已一百六十多年，他作《史記正義》引《括地志》，就把原來的名稱，换成開元時的名稱了……至如定州恒陽縣，憲宗元和年間改名曲陽縣；齊州祝阿縣，玄宗天寶時改名禹城縣，俱在張守節以後，却出現在《正義》引《括地志》裏，又是後來讀《史記正義》的人改的。[②]

則守節《正義》早已面目全非，[③]更不可强求二書之關係。

除二人之外，當時曾爲“史記學”之吴郡陸善機，其説與《索隱》《正義》有大不同，不過當時讀者標舉其異而已。總之，大旨應與二書相類，或即與二人同門。

至於曾爲崇文館學士之張嘉會，應爲吴郡“史記學”之奠基者。惜其生平已不可考。但吴郡何以繁育衆多學者，尚可略作檢討。考此地以“殷繁雄富”著稱於時，[④]而吴人素來崇文重學，[⑤]乃至“不學則農”，[⑥]故得以吸引學者，集中此間。

而吴郡除“史記學”外，尚有研究《孟子》者。宋人孫奭《孟子音義》，曾枚舉趙岐以後爲《孟子》注者，有陸善經、張鎰、丁公著三人，[⑦]開宋人風氣之先。而此三人皆唐代之吴郡人。則此後研究唐代學術變遷者，尤不可忽略此地之作用。

附記

本文原係尼山學堂2019—2020年度學年論文《〈史記索隱〉〈史記正義〉引〈管子〉攷》之一部分，經杜澤遜教授指導，特申謝忱。後抽出增補其第一部分，是爲本文。撰作及修改期間，得到校内外諸多師友批評指正。蘇芃教授更是啓牖發蒙，尤其感激。

---

① 〔唐〕司馬貞撰，王璐、趙望秦整理：《史記索隱》後序，第455頁。

② 〔唐〕李泰等著，賀次君輯校：《括地志輯校》前言，北京：中華書局，1980年，第4頁。

③ 袁傳璋先生最近從五種宋人著作輯得《史記正義》佚文，其中就有不少不見於日本學者所輯者。見其《宋人著作五種徵引〈史記正義〉佚文考索》，北京：中華書局，2016年。

④ “東吴舊邦，實唯姑蘇。殷繁雄富，首出諸郡”。《祁連郡王李公墓志銘》，轉引自黄樓：《〈祁連郡王李公（元淳）墓志銘〉考釋》，《碑誌與唐代政治史論稿》，北京：科學出版社，2017年，第21頁。

⑤ “人尚文”，“吴人多儒學”。〔宋〕朱長文：《吴郡圖經續記》卷一《風俗》，第11b頁。

⑥ “此邦之人，不學則農，苟爲（原注：爲字疑作違）二業，必自他邑”。〔宋〕李昉等：《文苑英華》卷八九四《碑》五一《故中書舍人吴郡朱府君神道碑》，第4507頁下欄。

⑦ 〔宋〕孫奭：《孟子音義》序，《景宋蜀刻本孟子趙注》，桂林：廣西師範大學出版社，2018年，第500頁。

《漢書·諸侯王表》校讀札記

戎輝兵

［摘　要］本文就《漢書·諸侯王表》一卷比勘北宋景祐本、南宋慶元本、宋末元初白鷺洲書院本、元大德本、明正統本、明汲古閣本、清武英殿本、清金陵書局本等古本八種,以本書前後互證,旁核《史記》《通鑑》諸書,參以各家校詁考訂成果,就前人未及或其論尚有遺義者,撰成札記凡32條。

［關鍵詞］漢書　諸侯王表　校勘　考訂

筆者近年有幸得見《漢書》宋元以來諸多善本。現就《漢書·諸侯王表》,將各本比勘一過,校以《史》《漢》《通鑑》諸書相關内容,參以各家校詁考訂,就諸家未及或其論尚有遺義者,董理成札記,以求教于方家。

文中對校《漢書》各本爲:北宋刻遞修本(舊稱"景祐本"),簡稱北宋本;宋慶元元年(1195)建安劉元起刻本,簡稱慶元本;宋末元初白鷺洲書院刻本,簡稱白鷺洲本;元大德九年(1305)太平路儒學刻明成化正德遞修本,簡稱大德本;明正統八年(1443)刻本,簡稱正統本;明崇禎十五年(1642)毛氏汲古閣刻十七史本,簡稱汲本;清乾隆四年(1739)武英殿刻本,簡稱殿本;清同治八年(1869)金陵書局刻本,簡稱局本。文中條目《漢書》正文及顔注文字,爲中華書局1962年版點校本,並一一標明頁、行、欄、格,以便稽覈。

1. 然天下謂之共主,彊大弗之敢傾。(頁391,行6)

"主",北宋本、慶元本、白鷺洲本作"王",大德本、正統本、汲本、殿本、局本作"主"。"共主"習見,《史記·楚世家》:"夫弒共主,臣世君,大國不親;以衆脅寡,小國不附。"① 司馬貞《索隱》:"共主、世君,俱是周自謂也。共主,言周爲天下共所宗主也;世君,言周室代代君於天下。"② 作"王"疑誤。

2. 師古曰:"陵夷,言如山陵之漸平。夷謂頹替也。"(頁392,行10)

"陵夷,言如山陵之漸平。夷謂頹替也。"疑句讀有誤。《漢書·成帝紀》:"帝王之道日以陵夷。"師古曰:"陵,丘陵也。夷,平也。言其頹替若丘陵之漸平也。又曰,陵遲亦言如丘陵之逶遲,稍卑下也。他皆類此。"③《漢書·儒林傳》:"周道既衰,壞於幽厲,禮樂征伐自諸侯出,陵夷二百餘年而孔子興。"師古曰:"陵夷,言漸頹替。"④ 陵夷,或作陵遲,頹替也。故文中

① 〔漢〕司馬遷撰,〔南朝宋〕裴駰集解,〔唐〕司馬貞索隱,〔唐〕張守節正義:《史記》卷四〇,北京:中華書局,2014年,第2088頁。
② 〔漢〕司馬遷撰,〔南朝宋〕裴駰集解,〔唐〕司馬貞索隱,〔唐〕張守節正義:《史記》卷四〇,第2089頁。
③ 〔漢〕班固撰,〔唐〕顔師古注:《漢書》卷一〇,北京:中華書局,1962年,第317頁。
④ 〔漢〕班固撰,〔唐〕顔師古注:《漢書》卷八八,第3589—3590頁。

"夷"字屬上,疑當斷爲:陵夷,言如山陵之漸平夷,謂頹替也。

3. 狙音若蛆反。(頁 393,行 8)

"反",北宋本、慶元本、白鷺洲本無,大德本有,正統本無,汲本、殿本、局本有。"狙"爲精母魚部字,或爲清母;"蛆"一爲精母魚部字,或爲清母,二字音近,故云"狙音若蛆"。以無"反"字爲是。

4. (項羽)[韋昭]曰:"漢封功臣,大者王,小者侯也。"(頁 394,行 7)

"項羽",北宋本、慶元本、白鷺洲本、大德本、正統本、汲本、殿本、局本均作"項羽"。《史記·漢興以來諸侯王年表》"漢興,序二等"裴駰《集解》:"韋昭曰:'漢封功臣,大者王,小者侯也。'"① 朱一新《漢書管見·諸侯王表》:"'項羽'二字,《史記·漢興以來諸侯王年表》集解引作'韋昭',是也。汪本亦誤。"② 檢顏師古《漢書叙例》,舊時注《漢書》者有項昭。陳景雲《兩漢訂誤·諸侯王表》:"項羽疑項昭之誤。"③ 此處作"項羽"誤顯,當爲"韋昭""項昭"二者之一。

5. 師古曰:"《易·睽卦》九四爻辭曰'睽孤,見豕負塗'。"(頁 395,行倒 3)

"九四",北宋本、慶元本、白鷺洲本、大德本、正統本、汲本、殿本、局本均作"九四"。劉光蕡《前漢書校勘札記·諸侯王表》:"按'睽孤,見豕負塗',乃上九爻辭,非九四爻辭也。"④《易·睽卦》:"九四。睽孤。遇元夫。交孚,厲無咎……上九。睽孤。見豕負塗,載鬼一車。先張之弧,後説之弧。匪寇婚媾,往遇雨則吉。"⑤

6. 六年,王戊嗣,二十一年,孝景三年,反,誅。(頁 397,2 欄 5 格)

"王戊",北宋本作"王戊",慶元本、白鷺洲本作"壬戌",大德本、正統本、汲本、殿本、局本作"王戊"。《漢書·楚元王傳》:"(郢客)立四年薨,子戊嗣。"⑥"壬戌"疑形訛,作"王戊"是。

7. 孝景四年,文王禮以元王子平陸侯紹封,三年薨。(頁 398,2 欄 4 格)

"孝景四年",北宋本、慶元本、白鷺洲本、大德本、正統本、汲本、殿本、局本均作"孝景四年"。《漢書·景帝紀》《史記·孝景本紀》《通鑑·漢紀八》皆作"孝景三年"。《史記·漢興以來諸侯王年表》作"孝景四年",疑誤。

"三年薨",北宋本、慶元本、白鷺洲本、大德本、正統本、汲本、殿本、局本均作"三年薨"。《漢書·楚元王傳》作"四年薨"。《通鑑·漢紀八》卷十六云孝景六年楚文王禮薨。文王禮以孝景三年立,故當以"四年薨"爲是。

---

① 〔漢〕司馬遷撰,〔南朝宋〕裴駰集解,〔唐〕司馬貞索隱,〔唐〕張守節正義:《史記》卷一七,第 968 頁。

② 〔清〕朱一新:《漢書管見》卷一,張舜徽主編:《二十五史三編》第 3 册,長沙:岳麓書社 1994 年影印本,第 345 頁上欄。

③ 〔清〕陳景雲:《兩漢訂誤》卷一,徐蜀選編:《二十四史訂補》第 4 册,北京:書目文獻出版社 1996 年影印本,第 1082 頁下欄。

④ 〔清〕劉光蕡:《前漢書校勘札記》,吴平等輯:《〈漢書〉研究文獻輯刊》第 8 册,北京:國家圖書館出版社 2008 年影印陝甘味經刊書處刊本,第 24 頁上欄。

⑤ 〔魏〕王弼注,〔唐〕孔穎達正義:《周易正義》卷四,〔清〕阮元校刻:《十三經注疏》上册,北京:中華書局 1980 年影印世界書局本,第 51 頁上欄—中欄。

⑥ 〔漢〕班固撰,〔唐〕顏師古注:《漢書》卷三六,第 1923 頁。

8. 孝惠七年,哀王襄嗣,十二年薨。(頁398,4欄4格)

"孝惠七年",北宋本、慶元本、白鷺洲本、大德本、正統本、汲本、殿本、局本均作"孝惠七年"。據算及《通鑑·漢紀四》,齐悼惠王薨当在孝惠六年,齊哀王襄嗣立則應于孝惠七年。《漢書·高五王傳》:"齊哀王襄,孝惠六年嗣立。"① 殆誤。

9. 元光四年,厲王次昌嗣,五年薨,亡後。(頁398,5欄6格~頁399,1欄6格)

"四年",北宋本、慶元本、白鷺洲本、大德本、正統本、汲本、殿本、局本均作"四年"。《漢書·高五王傳》云齊懿王壽立二十三年薨,應在元光四年,與本表同;其曰"子厲王次昌嗣"則應在元光五年。白鷺洲本後有校語:劉氏校本云:"據筭及傳當作元光五年。"據此表上格,懿王孝景四年嗣位,二十三年薨,在孝武元光四年,厲王嗣立當在元光五年。《史記·漢興以來諸侯王年表》云懿王壽在位二十二年,卒于元光三年;元光四年厲王次昌嗣位。本表則曰懿王壽在位二十三年,應卒于元光四年,與《史記》異;其曰元光四年厲王次昌嗣王位,則與《史記》同。

10. 孝文二年二月乙卯,景王章以悼惠王子朱虚侯立,二年薨。(頁399,2欄4格)

"二月",北宋本、慶元本、白鷺洲本、大德本、正統本、汲本、殿本、局本均作"二月"。《漢書·文帝紀》:"三月,有司請立皇子爲諸侯王。詔曰:'前趙幽王幽死,朕甚憐之,已立其太子遂爲趙王。遂弟辟彊及齊悼惠王子朱虚侯章、東牟侯興居有功,可王。'乃(遂)立辟彊爲河間王,章爲城陽王,興居爲濟北王。因立皇子武爲代王,参爲太原王,揖爲梁王。"②《史記·孝文本紀》文字同,載封以上諸王在三月。《通鑑·漢紀五》:"三月,有司請立皇子爲諸侯王。詔先立趙幽王少子辟彊爲河間王,朱虚侯章爲城陽王,東牟侯興居爲濟北王;然後立皇子武爲代王,参爲太原王,揖爲梁王。"③ 然本表、《史記·漢興以來諸侯王年表》載立辟彊爲河間王、章爲城陽王、興居爲濟北王、立皇子武爲代王、参爲太原王、揖爲梁王均在二月乙卯。按孝文二年二月癸卯朔,有乙卯;三月壬申朔,無乙卯。下文立興居爲濟北王、辟彊爲河間王、揖爲梁王、武爲代王、参爲太原王之時不贅述。

11. 四年,共王喜嗣,八年,徙淮南,四年,復還,凡三十三年薨。(頁399,2欄5格)

"八年",北宋本、慶元本、白鷺洲本、大德本、正統本、汲本、殿本、局本均作"八年"。據此表算,徙淮南在孝文十一年。《史記·漢興以來諸侯王年表》亦云共王喜嗣八年,孝文十一年徙淮南。《漢書·高五王傳》:"孝文十二年,徙王淮南。"④《傳》徙淮南及復還,晚《表》一年。

"四年,復還",北宋本、慶元本、白鷺洲本、大德本、正統本、汲本、殿本、局本均作"四年復還"。《漢書·高五王傳》:"五年,復還王城陽。"⑤《史記·漢興以來諸侯王年表》載孝文十五

① 〔漢〕班固撰,〔唐〕顔師古注:《漢書》卷三八,第1991頁。
② 〔漢〕班固撰,〔唐〕顔師古注:《漢書》卷四,第117頁。
③ 〔宋〕司馬光編著,〔元〕胡三省音注,標點資治通鑑小組校點:《資治通鑑》卷一三,北京:中華書局,1956年,第453頁。
④ 〔漢〕班固撰,〔唐〕顔師古注:《漢書》卷三八,第1996頁。
⑤ 〔漢〕班固撰,〔唐〕顔師古注:《漢書》卷三八,第1996頁。

年“復置城陽國”,《表》作“四年”,《傳》作“五年”,殆算法不一。

12. 四月丙寅,王賢以悼惠王子武城侯立,十一年反,誅。(頁401,3欄4格)

“城”,北宋本、慶元本、白鷺洲本、大德本、正統本作“成”,汲本作“城”,殿本作“成”,局本作“城”。《漢書·王子侯表》《漢書·高五王傳》作“成”。《史記·漢興以來諸侯王年表》作“城”。王先謙《漢書補注·諸侯王表》:“朱一新曰:汪本‘城’作‘成’。先謙曰:官本作‘成’,《傳》亦作‘成’。”①

13. 十一年十月庚午立,二十三年,孝文六年,謀反,廢徙蜀,死雍。(頁403,1欄3格)

“十一年十月庚午”,北宋本、慶元本、白鷺洲本、大德本、正統本、汲本、殿本、局本均作“十一年十月庚午”。《漢書·高帝紀》《通鑑·漢紀四》俱作“秋七月”。《史記·漢興以來諸侯王年表》作“十二月庚午”。劉光蕡《前漢書校勘札記·諸侯王表》:“《史表》作‘十二月’,《高紀》及《通鑑》俱作‘秋七月’。”②立淮南王長是在高帝十一年秋七月淮南王英布反之後,而漢初以十月爲歲首,立淮南王長不得在十月或十二月,此其一;高帝十一年七月甲寅(或乙卯)朔,庚午十七(或十六)日,而十月己丑朔、十二月戊子朔,均無庚午,亦證應作“七月”。

14. 四月丙寅,王賜以厲王子陽周侯立爲盧江王,十二年,徙衡山,(三)[四]十三年,謀反,自殺。(頁403,2欄4格)

“(三)[四]十三年”,北宋本作“三十四年”,慶元本、白鷺洲本、大德本、正統本、汲本、殿本、局本作“三十三年”。《史記·漢興以來諸侯王年表》作“三十二年”。《漢書·武帝紀》:“元狩元年……十一月,淮南王安、衡山王賜謀反,誅。”③王先謙《漢書補注·諸侯王表》:“先謙曰:淮南、衡山同時發覺、自殺。‘三十三’當作‘四十三’年。”④夏燮《校漢書八表·諸侯王表》:“按安、賜以同月立,俱以反誅,亦在元狩元年。《表》云十二年徙衡山,爲孝景之四年。又自徙封之年,推至元狩元年,爲三十二年,《表》中下三字又當爲二字之誤。”⑤劉光蕡《前漢書校勘札記·諸侯王表》:“《史表》作‘三十二年’,《武紀》:‘元狩元年衡山王賜謀反,誅。’孝文十六年,賜立爲盧江王,其十二年爲孝景四年,下距元狩元年,即合首尾兩年計之,亦衹三十二年,未有三十三年也。《史表》是。”⑥《史表》、夏説、劉説當是,王説疑非。原點校本校勘記引王説可商。

15. 孝景六年,成王胡嗣,五十四年薨。(頁403,3欄5格)

“成王”,北宋本、慶元本、白鷺洲本、大德本、正統本、汲本、殿本、局本均作“成王”。《漢書·淮南衡山濟北王傳》作“式王”。《史記·漢興以來諸侯王年表》作“武王”。夏燮《校漢

---

① 〔漢〕班固撰,〔清〕王先謙補注,上海師範大學古籍整理研究所整理:《漢書補注》第2册,上海:上海古籍出版社,2008年,第531頁。

② 〔清〕劉光蕡:《前漢書校勘札記》,吴平等輯:《〈漢書〉研究文獻輯刊》第8册,第24頁上欄。

③ 〔漢〕班固撰,〔唐〕顔師古注:《漢書》卷六,第174頁。

④ 〔漢〕班固撰,〔清〕王先謙補注,上海師範大學古籍整理研究所整理:《漢書補注》第2册,第531頁。

⑤ 〔清〕夏燮:《校漢書八表》卷二,〔清〕梁玉繩等:《史記漢書諸表訂補十種》,北京:中華書局,1982年,第187—188頁。

⑥ 〔清〕劉光蕡:《前漢書校勘札記》,吴平等輯:《〈漢書〉研究文獻輯刊》第8册,第24頁上欄。

書八表·諸侯王表》:"按'成王',《傳》作'式王'。證之《王子侯表》中書'式王子',則此'成'字當爲'式'字,形似之誤。"[①] 蓋未檢《史記·漢興以來諸侯王年表》,其説可商。王先謙《漢書補注·諸侯王表》:"先謙曰:《傳》作'式',《王子侯表》同。《史表》作'武'。"[②]

16. 孝文二年(二)[三]月乙卯,文王辟彊以幽王子立,十三年薨。(頁405,3欄4格)

"二月乙卯",北宋本作"一月乙卯",慶元本、白鷺洲本、大德本、正統本、汲本、殿本、局本作"二月乙卯"。《漢書·文帝紀》:"三月,有司請立皇子爲諸侯王。詔曰:'前趙幽王幽死,朕甚憐之,已立其太子遂爲趙王。遂弟辟彊及齊悼惠王子朱虚侯章、東牟侯興居有功,可王。'乃(遂)立辟彊爲河間王,章爲城陽王,興居爲濟北王。因立皇子武爲代王,參爲太原王,揖爲梁王。"[③]《史記·孝文本紀》文字同,封以上諸王在三月。《通鑑·漢紀五》封以上諸王在三月。然《漢書·諸侯王表》《史記·漢興以來諸侯王年表》載立辟彊爲河間王、章爲城陽王、興居爲濟北王、立皇子武爲代王、參爲太原王、揖爲梁王均在二月乙卯。按孝文二年二月癸卯朔,是月有乙卯,一月、三月皆無乙卯。朱一新《漢書管見·諸侯王表》:"《紀》作'三月',汪本亦作'三月',此誤。"[④] 可商。原點校本校勘記引朱説亦可商。

17. 二年二月乙卯立爲代王,三年,徙爲淮陽王,十年,徙梁,三十五年薨。(頁406,4欄3格)

"三年",北宋本、慶元本、白鷺洲本、大德本、正統本、汲本、殿本、局本均作"三年"。《漢書·文三王傳》:"武爲代王,四年徙爲淮陽王。"[⑤] 白鷺洲本録劉氏校本云:"據《傳》四年徙淮陽。"按:此《表》所云"三年",乃劉武爲代王三年;《漢書·文三王傳》所云"四年",乃孝文四年。武初封爲代王在孝文二年,至孝文四年,合三年。故此《表》不誤,劉氏校本所云殆以《漢書·文三王傳》所云"四年"爲武居代王之年,而不知其爲孝文四年。

18. 孝景中六年五月丙戌,王明以孝王子桓邑侯立,七年,建元三年,坐殺中傅,廢遷房陵。(頁407,2欄3格)

"中傅",北宋本、慶元本、白鷺洲本、大德本、正統本、汲本、殿本、局本均作"中傅"。《漢書·武帝紀》:"濟川王明坐殺太傅、中傅廢遷防陵。"[⑥]《史記·漢興以來諸侯王年表》"明殺中傅,廢遷房陵"裴駰《集解》引徐廣曰:"一作'太傅'。"[⑦]《漢書·文三王傳》:"七年,坐射殺其中尉,有司請誅。"[⑧]《史記·梁孝王世家》:"七歲,坐射殺其中尉,漢有司請誅。"[⑨] 白鷺洲本録劉氏校本云:"據《傳》作中尉。"

---

① 〔清〕夏燮:《校漢書八表》卷二,〔清〕梁玉繩等:《史記漢書諸表訂補十種》,第188頁。
② 〔漢〕班固撰,〔清〕王先謙補注,上海師範大學古籍整理研究所整理:《漢書補注》第2册,第534頁。
③ 〔漢〕班固撰,〔唐〕顔師古注:《漢書》卷四,第117頁。
④ 〔清〕朱一新:《漢書管見》卷一,張舜徽主編:《二十五史三編》第3册,第346頁上欄。
⑤ 〔漢〕班固撰,〔唐〕顔師古注:《漢書》卷四七,第2207頁。
⑥ 〔漢〕班固撰,〔唐〕顔師古注:《漢書》卷六,第158頁。
⑦ 〔漢〕司馬遷撰,〔南朝宋〕裴駰集解,〔唐〕司馬貞索隱,〔唐〕張守節正義:《史記》卷一七,第1020頁。
⑧ 〔漢〕班固撰,〔唐〕顔師古注:《漢書》卷四七,第2213頁。
⑨ 〔漢〕司馬遷撰,〔南朝宋〕裴駰集解,〔唐〕司馬貞索隱,〔唐〕張守節正義:《史記》卷五八,第2539頁。

19.元鼎四年,頃王緩嗣,十七年薨。天漢四年,孝王慶嗣,四十(七)[三]年薨。(頁409,3欄6格、7格)

"綬""十七年",北宋本、慶元本、白鷺洲本、大德本、正統本、汲本、殿本、局本均作"緩""十七年"。"四十七年",北宋本、慶元本、白鷺洲本作"四十二年",大德本、正統本、汲本、殿本、局本作"四十七年"。《漢書·景十三王傳》:"子頃王授嗣,十七年薨。"①白鷺洲本録劉氏校本云:"據《傳》名綬。據算及下王嗣,合十六年,傳並誤。"王先謙《漢書補注·諸侯王表》:"先謙曰:《傳》'緩'作'授',《史表》同。孝王天漢四年嗣,此以三年薨,乃十六年也,'七'字誤。"②按:此處作"十七年"與《傳》合,未必如劉氏校語及王説爲誤。《漢書·景十三王傳》:"子孝王慶嗣,四十三年薨。"③王先謙《漢書補注·諸侯王表》:"先謙曰:天漢四年至五鳳三年,是四十三年,非四十七也。'七'當作'三',《傳》是,此誤。"④元鼎四年至五鳳三年,計五十九年,爲頃王、孝王年數,頃王十七年,則孝王四十二年。疑河間頃王本薨于天漢四年,孝王慶亦必于是年嗣位,依常例,下一格應記天漢五年孝王慶嗣位,而誤記作天漢四年,遂有上下兩年之差。若頃王以天漢四年薨,則頃王在位十七年,孝王在位四十二年,恰與北宋本、慶元本、白鷺洲本作"四十二年"相合。

20.三月甲寅,立爲淮陽王,二年,徙魯。二十八年薨。(頁410,3欄3格)

"二十八年",北宋本、慶元本、白鷺洲本、大德本、正統本、汲本、殿本、局本均作"二十八年"。《漢書·景十三王傳》:"魯恭王餘……二十八年薨。"⑤《漢書·武帝紀》:"元朔元年……魯王餘、長沙王發皆薨。"⑥《通鑑·漢紀十》亦云元朔元年魯共王餘薨。《史記·漢興以來諸侯王年表》載景帝前元二年三月甲寅,初王餘元年,爲淮陽王。景帝前元三年六月乙亥淮陽王徙魯元年,是爲恭王。元光六年,魯共王餘薨,爲魯王二十六年。《史記·五宗世家》:"魯恭王餘,以孝景前二年用皇子爲淮陽王。二年,吴楚反破後,以孝景前三年徙爲魯王。好治宫室苑囿狗馬。季年好音,不喜辭辯。爲人吃。二十六年卒,子光代爲王。"⑦夏燮《校漢書八表·諸侯王表》:"按下行安王光之嗣在武帝元朔元年,則共王之薨在元光六年。自景帝二年推之,實止二十七年。"⑧朱一新《漢書管見·諸侯王表》:"當作二十六年薨。即合爲淮陽王時計之,亦僅二十七年也。此'八'字誤。"⑨王先謙《漢書補注·諸侯王表》:"先謙曰:自前二年至元光六年止二十七年,朱説是,《傳》亦誤作'八'。"⑩楊樹達《漢書窺管·諸侯王表》:"樹達按:

① 〔漢〕班固撰,〔唐〕顔師古注:《漢書》卷五三,第2411頁。
② 〔漢〕班固撰,〔清〕王先謙補注,上海師範大學古籍整理研究所整理:《漢書補注》第2册,第540頁。
③ 〔漢〕班固撰,〔唐〕顔師古注:《漢書》卷五三,第2411頁。
④ 〔漢〕班固撰,〔清〕王先謙補注,上海師範大學古籍整理研究所整理:《漢書補注》第2册,第540頁。
⑤ 〔漢〕班固撰,〔唐〕顔師古注:《漢書》卷五三,第2413頁。
⑥ 〔漢〕班固撰,〔唐〕顔師古注:《漢書》卷六,第170頁。
⑦ 〔漢〕司馬遷撰,〔南朝宋〕裴駰集解,〔唐〕司馬貞索隱,〔唐〕張守節正義:《史記》卷五九,第2550頁。
⑧ 〔清〕夏燮:《校漢書八表》卷二,〔清〕梁玉繩等:《史記漢書諸表訂補十種》,第190頁。
⑨ 〔清〕朱一新:《漢書管見》卷一,張舜徽主編:《二十五史三編》第3册,第347頁上欄。
⑩ 〔漢〕班固撰,〔清〕王先謙補注,上海師範大學古籍整理研究所整理:《漢書補注》第2册,第541頁。

《武紀》書餘於元朔元年薨,安王光當以元朔二年嗣位。朱、王但據下格之元朔元年逆推,不檢《紀》文,遂云八字爲誤,殊爲疏矣。且餘與江都易王非、長沙定王發同年封,又同薨于元朔元年,彼文皆云二十八年薨,不誤,此二十八年焉得爲誤邪?夏燮校亦與朱、王同誤,皆坐不校《紀》文也。”[①] 按:若以下格安王光嗣在武帝元朔元年逆推及《史記·漢興以來諸侯王年表》載,共王餘元光六年薨,餘爲淮陽王及魯王合計二十七年,則夏校與朱、王之説不誤;若以《漢書・武帝紀》載“元朔元年……魯王餘、長沙王發皆薨”,餘爲淮陽王及魯王合計二十八年,則《表》《傳》作“二十八年薨”不誤。楊説殆未檢《史表》。

21. 元朔元年,安王光嗣,四十年薨。(頁 410,3 欄 4 格)

“元朔元年”,北宋本、慶元本、白鷺洲本、大德本、正統本、汲本、殿本、局本均作“元朔元年”。《漢書·武帝紀》:“元朔元年…… 魯王餘、長沙王發皆薨。”[②] 白鷺洲本録劉氏校本云:“據《紀》共王元朔元年薨,後王合于二年嗣位。”此條校語在下格,誤。今移至此格。《通鑑・漢紀十》亦皆云元朔元年魯共王餘薨。《史記・漢興以來諸侯王年表》云元光六年魯共王餘薨,元朔元年安王光嗣位。

“四十年薨”,北宋本、慶元本、白鷺洲本、大德本、正統本、汲本、殿本局本均作“四十年薨”。《漢書・景十三王傳》作“四十年薨”。若共王確如武帝紀所云于元朔元年薨,則安王合于二年嗣位,在位疑似應作三十九年,此處恐作“三十九年薨”。

22. 二月甲寅,立爲廣川王,四年,徙趙,六十三年薨。(頁 412,2 欄 3 格)

“二月”,北宋本、慶元本、白鷺洲本、大德本、正統本、汲本、局本作“三月”,殿本作“二月”。《漢書・景帝紀》:“春三月,立皇子德爲河間王,閼爲臨江王,餘爲淮陽王,非爲汝南王,彭祖爲廣川王,發爲長沙王。”[③] 此表上文所及其他諸王之立,亦在三月。殿本及點校本作“二月”誤。

23. 征和元年,頃王昌嗣,十九年薨。(頁 412,2 欄 4 格)

北宋本、慶元本、白鷺洲本、大德本、正統本、汲本、殿本、局本各本文字均同。《漢書・武帝紀》:“征和元年 …… 三月,趙王彭祖薨。”[④]《漢書・景十三王傳》:“彭祖以征和元年薨,謚敬肅王……上……遣使者立昌,是爲頃王,十九年薨。”[⑤] 楊樹達《漢書窺管·諸侯王表》:“樹達按:昌嗣當在征和二年。”[⑥]《通鑑·漢紀十四》:“征和元年 …… 三月,趙敬肅王彭祖薨。彭祖取江都易王所幸淖姬,生男,號淖子。時淖姬兄爲漢宦者,上召問:‘淖子何如?’對曰:‘爲人多欲。’上曰:‘多欲不宜君國子民。’問武始侯昌,曰:‘無咎無譽。’上曰:‘如是可矣。’遣

① 楊樹達:《漢書窺管》卷二,上海:上海古籍出版社,2006 年,第 101 頁。
② 〔漢〕班固撰,〔唐〕顔師古注:《漢書》卷六,第 170 頁。
③ 〔漢〕班固撰,〔唐〕顔師古注:《漢書》卷五,第 141 頁。
④ 〔漢〕班固撰,〔唐〕顔師古注:《漢書》卷六,第 208 頁。
⑤ 〔漢〕班固撰,〔唐〕顔師古注:《漢書》卷五三,第 2421 頁。
⑥ 楊樹達:《漢書窺管》卷二,第 102 頁。

使者立昌爲趙王。”[①] 云趙王彭祖薨即年、征和元年立昌爲趙王。楊説可商。

24. 中五年三月丁巳立,三十二年薨。(頁 417,3 欄 3 格)

“三月”,北宋本、慶元本、白鷺洲本、大德本、正統本、汲本、殿本、局本均作“三月”。《漢書·景帝紀》:“五年夏,立皇子舜爲常山王。”[②] 白鷺洲本録劉氏校本云:“舜五年夏立,今言三月,疑誤。”中五年三月辛酉朔,無丁巳。

“三十二年”,北宋本、慶元本、白鷺洲本、大德本、正統本、汲本、殿本、局本均作“三十二年”。《漢書·景十三王傳》作“三十三年薨”。《漢書·武帝紀》載常山王舜薨在元鼎三年。王先謙《漢書補注·諸侯王表》:“先謙曰:中五年至元鼎二年,三十一年也。此作‘三十二’,《傳》作‘三十三’,並誤。”[③] 楊樹達《漢書窺管·諸侯王表》:“樹達按:《武帝紀》:舜以元鼎三年薨。中五年至元鼎三年,正是三十二年,不誤。傳作三十三,乃誤耳。勃立而即廢,《紀》亦系於元鼎三年。”[④]《漢書·武帝紀》:“元鼎三年……常山王舜薨。子教嗣立,有罪,廢徙房陵。”[⑤]《史記·漢興以來諸侯王年表》亦載元鼎三年常山王薨,爲王三十二年,子爲王。《通鑑·漢紀十二》:“常山憲王舜薨,子勃嗣,坐憲王病不侍疾及居喪無禮廢,徙房陵。”[⑥] 可證楊是王非。

25. 元鼎三年,頃王平以憲王子紹封,二十五年薨。(頁 417,4 欄 4 格)

“三年”,北宋本、慶元本、白鷺洲本、大德本、正統本、汲本、殿本、局本均作“三年”。《漢書·地理志》:“真定國,武帝元鼎四年置。”[⑦]《史記·漢興以來諸侯王年表》:“(元鼎四年,常山)更爲真定國。頃王平元年。”[⑧]《史記·漢興以來將相名臣年表》:“(元鼎四年)立常山憲王子平爲真定王,商爲泗水王。”[⑨]《史記·五宗世家》:“真定王平,元鼎四年用常山憲王子爲真定王。”[⑩] 王念孫《讀書雜志·漢書第二·諸侯王表》:“念孫案:‘三年’,皆當爲‘四年’,此涉上文‘元鼎三年,王勃嗣’而誤。《武紀》云:元鼎四年,立常山憲王子商爲泗水王。《地理志》云:真定國,武帝元鼎四年置。泗水國,故東海郡,武帝元鼎四年别爲泗水國。《史記·漢興以來諸侯表》云:元鼎四年,思王商元年,頃王平元年。《漢興以來將相名臣表》云:元鼎四年,立常山憲王子平爲真定王,商爲泗水王。《五宗世家》云:真定王平,元鼎四年,用常山憲王子爲真定王。泗水思王商,元鼎四年,用常山王憲王子爲泗水王。皆其證。”[⑪] 劉光蕡《前

---

① 〔宋〕司馬光編著,〔元〕胡三省音注,標點資治通鑑小組校點:《資治通鑑》卷二〇,第 725 頁。
② 〔漢〕班固撰,〔唐〕顏師古注:《漢書》卷五,第 148 頁。
③ 〔漢〕班固撰,〔清〕王先謙補注,上海師範大學古籍整理研究所整理:《漢書補注》第 2 册,第 548 頁。
④ 楊樹達:《漢書窺管》卷二,第 102 頁。
⑤ 〔漢〕班固撰,〔唐〕顏師古注:《漢書》卷六,第 183 頁。
⑥ 〔宋〕司馬光編著,〔元〕胡三省音注,標點資治通鑑小組校點:《資治通鑑》卷二〇,第 659 頁。
⑦ 〔漢〕班固撰,〔唐〕顏師古注:《漢書》卷二八下,第 1631 頁。
⑧ 〔漢〕司馬遷撰,〔南朝宋〕裴駰集解,〔唐〕司馬貞索隱,〔唐〕張守節正義:《史記》卷一七,第 1034 頁。
⑨ 〔漢〕司馬遷撰,〔南朝宋〕裴駰集解,〔唐〕司馬貞索隱,〔唐〕張守節正義:《史記》卷二二,第 1349 頁。
⑩ 〔漢〕司馬遷撰,〔南朝宋〕裴駰集解,〔唐〕司馬貞索隱,〔唐〕張守節正義:《史記》卷五九,第 2558 頁。
⑪ 〔清〕王念孫:《讀書雜志》,南京:江蘇古籍出版社 1985 年影印本,第 191—192 頁。

漢書校勘札記·諸侯王表》引王説。《漢紀·孝武皇帝紀四》《通鑑·漢紀十二》繫于元鼎三年,疑誤。

26.本始三年,孝王(由)[申]嗣,(二十二)[三十三]年薨。建昭元年,安王雍嗣,十六年薨。(頁417,4欄6格、7格)

"由",北宋本、慶元本、白鷺洲本、大德本、正統本作"申",汲本作"由",殿本作"申"。局本作"由"。"二十二年",北宋本、慶元本、白鷺洲本、大德本作"三十三年",正統本、汲本、殿本、局本作"二十二年"。"十六年",北宋本、慶元本、白鷺洲本、大德本、正統本、汲本、殿本、局本均作"十六年"。《漢書·景十三王傳》:"子孝王由嗣,二十二年薨。子安王雍嗣,二十六年薨。"[①] 白鷺洲本録劉氏校本云:"孝王本傳名由,二十二年薨。據筭,烈王征和四年立,十八年,本始二年薨,孝王本始三年立,至黄龍元年薨,實二十三年。疑《傳》以二十三爲二十二,《表》以二十三爲三十三也。安王初元元年立,疑誤初元爲建昭。據《傳》,安王二十六年薨,即陽朔二年。共王普三年立,十五年薨,即綏和二年。如此,則上下與《表》相合。"王先謙《漢書補注·諸侯王表》:"先謙曰:自本始三年至永光五年,計三十三年,非二十二也。《表》與《傳》俱誤。'由',閩本、汪本、官本並作'申',《傳》作'由'。"[②] 王先謙云"自本始三年至永光五年,計三十三年,非二十二也。《表》與《傳》俱誤",殆未見白鷺洲本録劉氏校本之校語。

27.元鼎二年,思王商以憲王少子立,十五年薨。(頁418,1欄4格)

"二年",北宋本、慶元本、白鷺洲本作"三年",大德本、正統本、汲本、殿本、局本作"二年"。《漢書·武帝紀》:"(元鼎)四年……立常山憲王子商爲泗水王。"[③]《漢書·地理志》:"泗水國,故東海郡,武帝元鼎四年别爲泗水國。"[④]《史記·漢興以來將相名臣年表》:"(元鼎四年)立常山憲王子平爲真定王,商爲泗水王。"[⑤]《史記·五宗世家》:"泗水思王商,以元鼎四年用常山憲王子爲泗水王。"[⑥]《通鑑·漢紀十二》:"元鼎四年……秋,立常山憲王子商爲泗水王。"[⑦]《漢書·景十三王傳》:"勃王數月,廢,國除。月餘,天子爲最親,詔有司曰:'常山憲王早夭,后妾不和,適孽誣争,陷于不誼以滅國,朕甚閔焉。其封憲王子平三萬户,爲真定王;子商三萬户,爲泗水王。'"[⑧]《漢書·武帝紀》《漢書·地理志》《史記·漢興以來將相名臣年表》《史記·五宗世家》及《漢紀·孝武皇帝紀四》《通鑑·漢紀十二》均謂元鼎四年立商爲泗水王,加之《漢書·景十三王傳》又云二人同時奉詔受封,故應作"四年"爲是。

"十五年",北宋本、慶元本、白鷺洲本作"五十年",大德本、正統本、汲本、殿本、局本作

① 〔漢〕班固撰,〔唐〕顔師古注:《漢書》卷五三,第2435頁。
② 〔漢〕班固撰,〔清〕王先謙補注,上海師範大學古籍整理研究所整理:《漢書補注》第2册,第548頁。
③ 〔漢〕班固撰,〔唐〕顔師古注:《漢書》卷六,第185頁。
④ 〔漢〕班固撰,〔唐〕顔師古注:《漢書》卷二八下,第1638頁。
⑤ 〔漢〕司馬遷撰,〔南朝宋〕裴駰集解,〔唐〕司馬貞索隱,〔唐〕張守節正義:《史記》卷二二,第1349頁。
⑥ 〔漢〕司馬遷撰,〔南朝宋〕裴駰集解,〔唐〕司馬貞索隱,〔唐〕張守節正義:《史記》卷五九,第2558頁。
⑦ 〔宋〕司馬光編著,〔元〕胡三省音注,標點資治通鑑小組校點:《資治通鑑》卷二〇,第662頁。
⑧ 〔漢〕班固撰,〔唐〕顔師古注:《漢書》卷五三,第2435頁。

"十五年"。《漢書·景十三王傳》:"泗水思王商立十[二]年薨。"[①]汲本、局本作"十年",北宋本、慶元本、白鷺洲本、大德本、殿本作"十二年"。《史記·五宗世家》:"泗水思王商,以元鼎四年用常山憲王子爲泗水王,十一年卒。"[②]《史記·漢興以來諸侯王年表》:"(太初二年,思王商)薨。子哀王安世元年。即戴王賀元年。"商以元鼎四年立,下距太初二年,合十一年。

劉光蕡《前漢書校勘札記·諸侯王表》:"《地理志》作'四年',《武紀》同。此'二'字誤。十五年,本傳作'十二年'。案:商以元鼎四年立,下距太初二年哀王安世嗣,即合首尾兩年計之,亦衹十一年。此及《傳》俱誤。"[③]王先謙《漢書補注·諸侯王表》:"先謙曰:元鼎二年,當作'三年'。'十五年'當作'十一年',當太初元年也。《傳》作'十年',亦誤。"[④]王先謙云"元鼎二年,當作'三年'。'十五年'當作'十一年',當太初元年也",可商。

28.元延二年,靖王守以孝王子紹封,十七年薨。(頁419,3欄5格)

"十七年",北宋本、慶元本、白鷺洲本、大德本、正統本、汲本、殿本、局本均作"十七年"。《漢書·武五子傳》:"成帝復立孝王子守,是爲靖王,立二十年薨。"[⑤]王先謙《漢書補注·諸侯王表》:"先謙曰:《傳》作'二十年',皆誤。元延二年至居攝元年,十八年。"[⑥]據算,元延二年至居攝元年,合十七年,《表》不誤。《漢書·哀帝紀》:"待詔夏賀良等言赤精子讖,漢家曆運中衰,當再受命,宜改元易號。詔曰:'漢興二百載,曆數開元。皇天降非材之佑,漢國再獲受命之符,朕之不德,曷敢不通!夫基事之元命,必與天下自新,其大赦天下。以建平二年爲太初(元將)元年。號曰陳聖劉太平皇帝。漏刻以百二十爲度。'"[⑦]建平二年、太初元將元年實一年。王説可商,殆以建平二年、太初元將元年爲二年,故有"元延二年至居攝元年,十八年"之誤。

29.天漢四年六月乙丑立,十一年薨。(頁420,2欄3格)

"十一年",北宋本、慶元本、白鷺洲本、大德本、正統本、汲本、殿本、局本均作"十一年"。《漢書·武五子傳》:"昌邑王髆天漢四年立,十一年薨。"[⑧]《漢書·武帝紀》:"後元元年春正月……昌邑王髆薨。"[⑨]白鷺洲本録劉氏校本云:"據《紀》,髆天漢四年立,後元元年薨,得十年。《表》《傳》皆誤。"夏燮《校漢書八表·諸侯王表》:"按昌邑王封於天漢四年四月,見《本紀》。薨在後元二年,是十一年也。"[⑩]云"薨在後元二年",據下格"始元元年,王賀嗣"逆推而得,殆失檢《武帝紀》言髆之薨年,可商。楊樹達《漢書窺管·諸侯王表》:"樹達按:髆薨于

---

① 〔漢〕班固撰,〔唐〕顔師古注:《漢書》卷五三,第2436頁。
② 〔漢〕司馬遷撰,〔南朝宋〕裴駰集解,〔唐〕司馬貞索隱,〔唐〕張守節正義:《史記》卷五九,第2558頁。
③ 〔清〕劉光蕡:《前漢書校勘札記》,吴平等輯:《〈漢書〉研究文獻輯刊》第8册,第25頁上欄。
④ 〔漢〕班固撰,〔清〕王先謙補注,上海師範大學古籍整理研究所整理:《漢書補注》第2册,第549頁。
⑤ 〔漢〕班固撰,〔唐〕顔師古注:《漢書》卷六三,第2763頁。
⑥ 〔漢〕班固撰,〔清〕王先謙補注,上海師範大學古籍整理研究所整理:《漢書補注》第2册,第551頁。
⑦ 〔漢〕班固撰,〔唐〕顔師古注:《漢書》卷一一,第340頁。
⑧ 〔漢〕班固撰,〔唐〕顔師古注:《漢書》卷六三,第2764頁。
⑨ 〔漢〕班固撰,〔唐〕顔師古注:《漢書》卷六,第211頁。
⑩ 〔清〕夏燮:《校漢書八表》卷二,〔清〕梁玉繩等:《史記漢書諸表訂補十種》,第198頁。

後元元年,當云十年薨,此云十一年,誤。傳亦誤作十一年。"[1] 當是。

30.(元始)[始元]元年,王賀嗣,十二年,徵爲昭帝後,立二十七日,以行淫亂,廢歸故國,予邑三千户。(頁420,2欄4格)

"三千户",北宋本、慶元本、白鷺洲本、大德本、正統本、汲本、殿本、局本均作"三千户"。《漢書·武五子傳》:"廢賀歸故國,賜湯沐邑二千户。"[2]《漢書·霍光金日磾傳》:"太后詔歸賀昌邑,賜湯沐邑二千户。"[3] 白鷺洲本録劉氏校本云:"邑,本傳作四千户。"校語殆誤。

31.甘露二年十月乙亥立,三十二年薨。(頁421,2欄3格)

"十月",北宋本、慶元本、白鷺洲本、大德本、正統本、汲本、殿本、局本均作"十月"。《漢書·宣帝紀》:"(甘露二年)秋九月,立皇子宇爲東平王。"[4] 甘露二年九月丁亥朔,無乙亥;十月丁巳朔,有乙亥。《宣紀》作"九月"疑誤。

32.初元二年二月丁巳,立爲清河王,五年,徙中山王,十三年薨,亡後。(頁423,2欄3格)

"徙中山王十三年薨","中山"下之"王",北宋本作"王",慶元本、白鷺洲本作"三",大德本、正統本、汲本、殿本、局本作"王"。《漢書·宣元六王傳》:"中山哀王竟,初元二年立爲清河王。三年,徙中山,以幼少未之國。建昭四年,薨邸,葬杜陵,無子,絶。"[5] 據《傳》及算,初元二年至建昭四年,合十三年。慶元本、白鷺洲本"中山"下之"三"疑爲衍文。又,援文例,立某某王,後徙至某地爲王,蓋作"立爲某某王,某年,徙某某",後徙之地下殆無"王"字。如楚孝王囂,"十月乙亥,立爲定陶王,四年,徙楚";定陶共王康,"永光三年三月,立爲濟陽王,八年,徙山陽,八年,河平四年四月,徙定陶"。皆其類。故北宋本、大德本、正統本、汲本、殿本及局本"中山"下之"王"亦衍。

(戎輝兵,金陵科技學院古典文獻學系副教授)

① 楊樹達:《漢書窺管》卷二,第103頁。
② 〔漢〕班固撰,〔唐〕顔師古注:《漢書》卷六三,第2765頁。
③ 〔漢〕班固撰,〔唐〕顔師古注:《漢書》卷六八,第2946頁。
④ 〔漢〕班固撰,〔唐〕顔師古注:《漢書》卷八,第270頁。
⑤ 〔漢〕班固撰,〔唐〕顔師古注:《漢書》卷八〇,第3326頁。

上海圖書館藏沈欽韓《漢書》校讀本研究
——兼論其遞抄本之流傳

陸駿元

［摘　要］ 上海圖書館藏沈欽韓《漢書》校讀本三十二册，揭示了清儒治學從校勘至著述的具體歷程：沈氏首次批校在嘉慶九年（1804），校録了陳景雲、李光地、何焯等人之校語，吸收了清初學者的校勘成果；第二次校讀在嘉慶十九年（1814），是其撰作《漢書疏證》的前置工作。沈校本不僅反映《疏證》的成書細節，更可補浙江官書局本之闕漏。另外，沈校本在同治、光緒間的傳抄，形成了上海圖書館藏陳倬校本、復旦大學圖書館藏王慎本、王祖詢校本等傳承有序的遞抄本脉絡，反映出沈欽韓的《漢書》研究對晚清《漢書》學發展的持續影響。
［關鍵詞］ 沈欽韓　漢書疏證　校讀本　遞抄本　清代漢書學

沈欽韓（1775—1831），字文起，號小宛。友人包世臣（1775—1855）言其"淹通群經，尤長《禮》與《春秋》；擘孯諸史，尤熟於志，旁及百家"。[①] 沈氏於四部皆有著述，尤以《左傳補注》稱名。而在史部方面，其自信所著《漢書疏證》有"發蒙啓覆""鉤稽貫串"之功。[②] 晚清學者對此書評價甚高，莫友芝（1811—1871）論曰："沈氏掊擊小顔，詞氣未免過當，然補正處繁多，十九皆精確，即起小顔於今日，幾無以自解也。"[③] 充分肯定沈氏的研究成果。王先謙（1842—1917）《漢書補注》亦多援引沈説，足見當日學者的重視。關於《疏證》之成書，包世臣曰：

> （欽韓）乃覃思廿年，遠搜故籍，爲《兩漢書疏證》七十四卷，……共二百餘萬言，於以正謬補闕，盡之矣。[④]

據包言，自沈欽韓研治《漢書》至其草成《疏證》，過程逾二十年。然則，沈欽韓是因何種原因開始攻治班書？其治學方法與考證方向又是甚麼？由於沈氏大部分著作生前均無緣出版，這些問題無法找到答案。不過，沈欽韓在述作之前，曾先將《漢書》校讀一過，王欣夫（1901—

① 〔清〕包世臣：《江蘇吴縣木瀆鎮沈欽韓年五十七狀》，《藝舟雙楫》卷四，《續修四庫全書》第1082册，上海：上海古籍出版社2002年影印清道光二十六年白門倦遊閣安吴四種本，第662頁。
② 〔清〕沈欽韓：《答包慎伯書》，《幼學堂文稿》卷七，《清代詩文集彙編》第514册，上海：上海古籍出版社2010年影印道光八年本，第385頁。
③ 張劍：《莫友芝年譜長編》，北京：中華書局，2008年，第436頁。
④ 〔清〕包世臣：《江蘇吴縣木瀆鎮沈欽韓年五十七狀》，《藝舟雙楫》卷四，第662頁。

1966)《蛾術軒篋存善本書録》曰:

> 先是,文起竭數十年精力成《兩漢書疏證》,卷帙浩繁,存稿待刊,别有校讀之本,係據陳少章臨葉石君校宋,並何義門、李安谿評,而自加案語。[①]

王欣夫提到的沈氏《漢書》"校讀之本"爲明崇禎十五年(1642)汲古閣本,裝訂爲三十二册,今藏上海圖書館。[②]卷首鈐有"臣潤庠奉敕審定　内府經籍金石書畫"朱文方印、"陳氏滄趣樓藏"白文方印、"合衆圖書館藏書印"朱文長方印、"卷盦六十六以後所收書"白文長方印、"小懷鷗舫所藏金石書籍印"朱文長方印,目録鈐"武林葉氏臧書印"朱文長方印、"文起"白文方印、"上海圖書館藏"朱文長方印,卷一鈐"吴縣許玉瑑讀書記"朱文長方印、"欽韓曾讀"朱文方印,全書卷末有"玉瑑讀過"白文方印、"彊翁鑑藏"朱文方印等藏書印。此校讀本從微觀反映了沈氏治班書之學術軌迹,並與《疏證》之成書關係密切。今本《疏證》闕《地理志》全篇,沈欽韓曾述其由:"歲在丁丑,復當大比,親故責以禄養,乃暫輟業,故《地理志》猶缺焉。"[③]迫於家人催促參加科考,小宛只得中輟疏證,其後始終未能完成地志。今校讀本筆墨燦爛,吾人可據《地理志》中校語窺得其校閲意見,補足《疏證》之闕。另外,晚清吴地流傳沈校本的多種抄本,王欣夫曰:"余别得數本,與此同出一源。"[④]經筆者調查,此"數本"遞抄本多保存於復旦大學圖書館。然則,沈校本之遞抄本的基本情況爲何?其相互間的傳承關係又是如何?這些均爲本文所欲深入挖掘的議題。

光緒二十五年(1899),王先謙撰成清代《漢書》研究集大成之作的《漢書補注》,所用材料多爲成書專作,並未涉及清儒的《漢書》批校本。由於清儒以校書爲治學根本,其校語藴藏豐富的學術信息。[⑤]職是之故,本文擬對沈欽韓《漢書》校讀本進行初步探究,第一節首先梳理沈氏校讀《漢書》的時間進程,結合校本與文集,釐清其校證、疏證班書之時間節點;第二節具體介紹校本内容以及考辨方法;第三節通過對比《疏證》稿本與校讀本的異同,探繹沈欽韓從校讀到疏證的修改之迹,並呈現部分《地理志》校語之内容;第四節利用上海圖書館、復旦大學圖書館所藏沈校本之遞抄本,梳理其流傳綫索,以及同治、光緒年間,其對吴地

① 王欣夫:《蛾術軒篋存善本書録》癸卯稿卷二,上海古籍出版社,2002年,第858頁。

② 〔漢〕班固:《漢書》,明崇禎十五年汲古閣本(沈欽韓校,藏上海圖書館),索取號:T09122-53。

③ 〔清〕沈欽韓:《幼學堂文稿》卷六,第367頁。

④ 王欣夫:《蛾術軒篋存善本書録》癸卯稿卷二,第858頁。

⑤ 關於沈欽韓及其《漢書疏證》的研究,學界頗有創獲,分爲三個部分:首先,沈欽韓的生平與交遊研究,以黄英傑《沈欽韓學記》(高雄師範大學碩士論文,高雄,2013年)最爲詳實。而張師素卿《清代"漢學"與〈左傳〉學》(臺北:里仁書局,2007年)第四章《〈左傳〉古義之學術脉絡與發展趨勢》第四節,雖着眼於《左傳補注》,但對其生平與學術淵源頗有探析;其次,關於《漢書疏證》的研究,除零星單篇論文外,學位論文以許軍《沈欽韓〈漢書疏證〉研究》(南京師範大學碩士論文,南京,2017年)討論較爲詳細,許文以浙江官書局本《疏證》爲研究内容,對其版本、流傳、以及學術内容均有揭示,論文主體部分選取有關考辨《漢書》條目進行考辨,發掘其對當代《漢書》文本校勘的價值與意義,值得參考。不過,在外部研究部分,由於論文的論述對象爲浙江書局本,因此對《疏證》稿本及諸遞抄本的探究則略焉。

士子的影響與作用。

一、校讀《漢書》的時間與進程

沈欽韓一生主要有三期校讀《漢書》的經歷，分别爲青年求學時期的閱讀，中年精研班書並欲爲撰寫《疏證》準備之校讀，以及晚年辭任安徽寧國府訓導並歸家的點讀。[①]其中，由於嘉慶十九年（1814）校讀完畢後旋即展開《漢書疏證》的撰寫工作，因此以第二期最爲重要，而上圖藏沈校本正是此期考訂的産物。

上圖藏沈氏校本卷首有三段題識，其中兩段揭示第二期校讀《漢書》的時間，文曰：

> 甲戌年三月，葉石君將大字宋刻本校起。
>
> 嘉慶甲子冬，從陳氏校宋本，有李安溪相國、何義門學士勘正文字。從之者則著之，其別有攷證，加"按"字以别之。　沈欽韓[②]

這兩段文字並非同時所書，甲子爲嘉慶九年（1804），是年沈欽韓三十歲，沈氏據陳景雲（1670—1747）校宋本過録，陳本上已有李光地（1642—1718）、何焯（1661—1722）批校，沈欽韓過録其從校語説者，而又自加案語；第二次則是甲戌年以葉本覆校之點勘，"葉石君"乃葉樹廉（1619—1685），葉氏所處年代中僅其十歲時爲甲戌年，故知此題"甲戌"者爲沈氏所處之嘉慶十九年（1814），恰爲"甲子冬"後十年。校本中另有兩處注明批校日期，《律曆志上》卷末題曰："甲戌又二月十八日校畢　欽韓。"是小宛校至此卷之時間；全書卷末（即《叙傳下》卷末）題曰："甲戌立夏前三日，沈欽韓點勘畢。"[③]則甲戌歲之點勘在嘉慶十九年立夏前三日校畢。沈氏云其以葉氏校本校起在甲戌三月，然閏二月明已點至《律曆志》，是"三月"蓋記憶之誤。沈欽韓用葉本起校時間應在嘉慶十九年閏二月十八以前，終於立夏前三日，根據進度，若將其起校點定在閏二月，則此次校閲歷時一月有餘。

沈氏兩次點讀此本，除與其得到陳校本、葉校本之先後順序有關外，亦與其治學經歷及

---

① 江澄波在《吴門所見古書録（三）》中過録了沈氏另一部《漢書》校讀本上的題識，揭示其閲讀《漢書》的三段經歷，文曰："欽韓家世寒苦，所漸染又辟陋。年二十，始得汪文盛本《漢書》讀之，嗜好之深，讀輒至深夜也。念自唐以前治此書者，皆有專門大師。此學今絶，間有通人。不過涉獵所及，以未遇良師質正也。探索既久，時有一得。汪本既失去，中年得陳氏所録何義門焯校本，其句讀則李安谿光地所定，間有不可從者，大略近之矣。甲戌，杜迹家弄。先爲許布衣兆熊點定，亦間附考證，今不附記憶。嗣是十年之内，克成《兩漢書疏證》若干卷。今年吏隱之隙，復點定此本。《疏證》文字頗多，不能録於上方也。……道光七年四月初六日記。"（《上海高校圖書情報學刊》1994年6月15日第2期，第58頁。）

② 〔清〕沈欽韓《漢書》校本，卷首。

③ 〔清〕沈欽韓《漢書》校本，卷二十一上，第十七葉下；卷一百下，第十五葉下。

《疏證》緣起有密切關聯,尤其甲戌歲之校讀,實爲其杜門撰述《漢書疏證》做準備工作。[①] 沈欽韓早年傾心於文學詞章,與陽湖古文家、常州詞派均有交誼,其後漸棄詩文而轉治經、史,沈氏回憶早年與文學之徒遊曰:

> 年二十四五,逢自稱袁氏弟子者,不憙與語,私嘗譏彈。袁氏敗缺,稍稍流佈,爲若輩所嗛,出力末殺。僕一短褐少年,不勝其壓,坐是轗軻家巷者數年。年益長,遂欲究心經史,于詩彌不暇。…… 真知之者,惟包慎伯耳。[②]

沈欽韓年少時以文學爲業,多致意於詩文,當時鄉里以沈德潛(1673—1769)、袁枚(1716—1798)二家爲宗尚,然頗有唊名之徒,"彼之願不過欲多徒黨,取快一時",[③] 沈氏於二十四、五歲時遇自稱袁氏弟子者,因言語不合,意見相違,終見嫌於時人,遂"轗軻家巷數年",後逐漸轉向而"究心經史"。其所以轉攻經史者,除思慮以"學"爲根本之外,實由與包世臣相識之故。包氏與沈欽韓初識於嘉慶七年(壬戌,1802),其《謗説壽小宛五十》曰:

> 嘉慶壬戌,小宛年以二十有八, …… 是歲世臣至吴,知名士畢集,問難蠭起,小宛獨默默,至暮乃一言,世臣知諸公學識遠出小宛下,乃與小宛齒。以小宛先生三十有三日,兄事之甚謹。[④]

嘉慶七年,包世臣至吴,與吴中人士相聚論學,因佩服沈欽韓之學識,故與其相交,待以兄弟之義。包氏爲朱珪(1731—1807)幕僚,論學以經術、小學爲根柢,鋭意於經世致用之學,對沈氏治學産生一定影響。二人相識在沈氏二十八歲時,正是其遭"袁氏弟子"排擠而"轗軻家巷數年"之際,後二年,沈欽韓得陳景雲校本而開始第二期的點讀。此前讀汪文盛本,"嗜好之深",已頗啓其端緒,如今而立之年,得名儒點讀,指示方向,又有好友相伴論學,自是不同。自此,沈氏治學由文學辭章而轉入經史考據,有代表性意義。

若以嘉慶九年爲其精讀經、史之始,嘉慶十九年則是其開始著述之年。沈欽韓暮年自述爲學進程,云:

> 早年彫琢詞章,與輕薄之徒角逐。中稍自悔,始治經,誦《禮》十七篇、《春秋》十二經,通大略,能言其要。汎濫于諸子、羣史,好兩《漢書》尤篤,自甲戌歲始瑣科

① 前文揭道光七年(1827)沈欽韓在另一本《漢書》之題識曰:"甲戌…… 先爲許布衣光熊點定,亦間附考證。…… 嗣是十年之内,克成《兩漢書疏證》若干卷。"與上圖校讀本所敘合,許兆熊爲沈氏至交,蓋此本於甲戌年之點讀與考證,最初有爲友人點讀、批閲之目的,然則嗣後旋即撰作《漢書疏證》,不免成爲《疏證》的前置作業。

② 〔清〕沈欽韓:《答潘望之書》,《幼學堂文稿》卷七,第385頁。

③ 〔清〕沈欽韓:《答潘望之書》,《幼學堂文稿》卷七,第385頁。

④ 〔清〕包世臣:《小倦遊閣集》卷九,《續修四庫全書》第1500册,上海:上海古籍出版社,2002年,第481頁。

條之，惡顔師古之凡猥舛謬與范蔚宗之踈漏，糾之、補之，歲月既久，積成七十四卷，名《兩漢書疏證》。又爲《左傳補注》十二卷，惡杜預之粗沽末殺，爲發明《傳》義，推究禮經。復以餘暇成《三國志補注》《水經注疏證》若干卷……[①]

自其轉攻經史，沈欽韓即通讀《禮》與《春秋》，並泛覽子、史。又傾力撰成《兩漢書疏證》。嘉慶二十二年（1817）撰定後，復登堂經部，全力考訂、起撰《左傳補注》，並大致完成於道光元年（1821）。[②]後更續有著述，可謂通貫四部。文中提到的"甲戌歲"，不僅是沈欽韓始注《漢書》之時，更是其戮力著述的關鍵性一年。根據黄英傑《沈欽韓學記》鋪排之沈君年譜，[③]嘉慶十二年（1807）秋，沈欽韓舉於鄉。第二年，赴京師參加禮部會試，不第，多有懷才不遇之感。[④]沈氏《答潘望之書》云："然年近四十，心力漸耗，所志未就，不復從事於詩文五、六年矣。"[⑤]所謂"不從事詩文五六年"，若以沈氏此信書於彼三十九歲之時，則自其三十三、四歲時已止筆於文，與嘉慶十三年會試落第之時若符合節。嘉慶十六年（1811）會試又不第，[⑥]沈欽韓屢滯春官，因有絶意科場之心。嘉慶十八年（1813）夏，沈氏編定古今詩十卷、文集四卷，由友人出資出版。之後雖其續有文章，然《詩文稿》十四卷，正是對其年輕時期好爲文學的階段性總結，此後沈欽韓更專心於經、史之學，最終於其四十歲之時决心發憤著述。嘉慶十九年雖又值大比之年，沈氏有感於仕途阻滯，反而杜門著書而不赴科考。

沈氏於《漢書疏證序》中總述其研治孟堅書，並爲之疏證的歷程，云：

---

① 〔清〕沈欽韓：《幼學堂文稿》卷七，第394頁。

② 嘉慶十四年（1809）春，沈欽韓至揚州，因前已與包世臣相交，故漸次得識梅花書院劉文淇（1789—1854）、包世榮（1784—1826）諸君，由是在經學研究上更上一層。其《清故揀選知縣道光辛巳舉人包君墓表》敘與好友包世榮之交曰："及壬申、癸酉之間，予假館鮑通政家，與季懷相去不三、四里。每過從，必及今古制度文爲、因革之故，自故明上溯秦漢，以推本于《周官》。予爲逐事剖析，季懷領受與駁難間發，久久則有相説以解之樂。"（收入包世榮《毛詩禮徵》卷首，《續修四庫全書》第69册，上海：上海古籍出版社，2002年，第105頁。）壬申、癸酉爲嘉慶十七、十八年，是時，沈氏疏記《漢書》已頗有成，翌年遂校讀《漢書》，並動筆撰《疏證》。其與包氏所談古今制度、因革源流，其材料應出自研究班書所得，後著明於《疏證》。同一時段，沈欽韓亦用功於《左傳》，嘉慶二十二年至道光元年所撰《左傳補注》，又影響劉文淇治經方向的轉變。（關於沈氏與梅花書院學者之交往，詳見拙作《劉文淇〈春秋左氏傳舊疏考正〉撰作考述——兼論道光戊子二劉新疏之約》，《文史》第4輯，2021年12月。）

③ 黄英傑：《沈欽韓學記》第二章，高雄師範大學碩士學位論文，高雄，2013年，第9—62頁。

④ 沈氏《立秋前一日夜坐感懷寄申耆翰風》詩曰："學道撫躬惕，文史浩千萬。真心爲尋覓，勤力尚無成。"（《幼學堂詩稿》卷九，第130頁。）爲文《九吟》曰："《九吟》者，沈子悼屈原之厄，旁《九辨》之義而作也。人情悲哀鬱結，無以自舒，長言之不足，則咏歌嗟嘆之，其亦有所不能已也。……余生三十四年，爛漫無成，出處兩窮，饑寒日迫。"（《幼學堂文稿》卷三，第301頁。）均作於是年，蓋爲落第而發。

⑤ 〔清〕沈欽韓：《幼學堂文稿》卷七，第386頁。

⑥ 嘉慶二十二年，沈欽韓大挑入二等，黄英傑《沈欽韓學記》是年條下按曰："丁丑大挑入二等，道光壬午選授安徽寧國縣學訓導。可知先生中舉後，經十年之久，始得授官，期間生計落魄可知矣。據劉兆璸《清代科舉》：乾隆十七年，爲疏通壅滯，創立'舉人大挑'制度，凡舉人三科會試不第者，不許再會試，可應六年舉行一次之舉人大挑。……而先生於嘉慶十二年中舉，距大挑之期已届十年之久，若先生十年中三次會試皆參加，又屢未中第，可知先生於其時已不能再參加會試，僅能尋他途授官。"（第51頁）以黄氏尋繹之清代科舉資料，沈氏於丁丑大挑入二等，則其三次會試均落第可知，其中嘉慶十九年乃其未赴科考，倒推之，其於十六年應參加會試而未第。

> 竊不自量,十數年來,疏記條貫,甲戌之歲,不赴計偕,屏迹窮巷,發篋濡毫,雖盛寒暑不輟。先成《後漢書疏證》三十四卷,繼成《漢書疏證》三十六卷,卷率四十葉。歲在丁丑,復當大比,親故責以禄養,乃暫輟業,故《地理志》猶缺焉。①

據自述,沈欽韓先成《後漢》而繼成《前漢》,又明云"十數年來,疏記條貫",可知其著書之始雖在"甲戌",然而前此"十數年來",已然展開蒐集、疏記相關資料的工作。嘉慶二十二年,因家人催促參加科考以顧及家中生計,沈氏結束《疏證》的撰寫。自嘉慶九年至二十二年,共十四年,正與"十數年來"的記述相合。《兩漢書疏證》初成,沈欽韓隨即投入《春秋左氏傳補注》的撰述工作,由治史而繼以窐經。沈氏之《漢書》學,始於企慕實學而悟於科場困頓,惟繼以十數年之校讀、疏記,而終於告成。

二、校讀本的内容與歸趨

沈欽韓校讀《漢書》始於移録汲古閣本所未載之三劉校語,同時過録何焯、陳景雲批校,凡其以爲校語之是者、或繼校語有所評騭者,皆採取之。沈説本於版本字句而通於小學,一以"古義"爲依歸,並多可與清代學者之説互相參證,校語涉及之研究面向亦廣。要之,校讀本滿足了通釋《漢書》的基本需求,不啻爲《疏證》的先行成果。

(一)衆校畢集而過之

沈校本過録之主體爲前人校語,包括宋代三劉《刊誤》、宋祁校語,以及清初顧炎武(1613—1682)、何焯、陳景雲等人之校勘,據筆者統計,校本過録清儒校語,顧説34條、何説117條、李説18條,合計169條;另外,過録宋人校語,三劉共111條,宋祁15條,合計126條,可謂衆校畢集、燦爛繽紛。清儒歷來於三劉校語評價甚高,以其爲北宋早期校勘成果之故。沈欽韓亦然,校本卷首識語極稱三劉之是,並引以爲模範,文曰:

> 三劉之于學,無所不窺,故其《兩漢刊誤》奏刀砉然,洞中湊理。雖有小疵,要亦通人之過當,洵有益于讀是書者也。吴仁傑後起,乃欲訾謷之,究觀其《補遺》,義解支離曼衍,使初學小生增一重雲霧,而無益于班、范二家也。余深信三劉而于吴氏無取,後之讀是書者,惟顧亭林爲善曉人,固不待煩言耳。舉似臯舟居士以爲何如?　立夏前一日,欽韓又記②

① 〔清〕沈欽韓:《幼學堂文稿》卷六,第368頁。
② 〔清〕沈欽韓《漢書》校本,卷首。

“鳧舟居士”即沈氏好友許兆熊。所謂“奏刀砉然，洞中湊理”，贊譽三劉《刊誤》切中肯綮，爲校勘《漢書》之要津，故沈欽韓云其“深信三劉而於吴氏無取”，重在《刊誤》有所判斷，裁斷亦有援據，因此直以其爲準則。《膠西于王傳》：“端心慍，遂爲無訾省。”蘇林曰：“爲無所省録也。”師古曰：“訾，訾財也。省，視也，言不視訾財也。”① 顔監讀“訾”如“貲”，訓爲財，與蘇説異。沈氏旁録劉奉世之説並申其説曰：

> 劉奉世曰：“無訾省，猶今不藉賴。忿，故爲此。顔失之。”欽韓按：顔氏解此“訾”字通作“貲”，尋文則云無財省，不成義。《吕覽·知度篇》云：“訾功丈而知人數矣。”注云：“訾，相也。相功力丈尺，而知用人數多少。”又，《韓非子·亡徵篇》：“發心悁忿而不訾前後者，可亡也。”亦是“相”義。此文無訾省，蓋不相視也。②

沈氏以“財”義代入語句，前後不可通，遂引《吕氏春秋》《韓非子》之注，訓“訾”爲相，故謂“不相視也”。《疏證》補《國語》《禮記》之訓，以“訾”爲量、爲相、爲思，進一步完善其説。③ 此處叙膠西于王劉端行爲乖戾，在其國爲所欲爲，朝廷議削其國之半以爲懲罰，端由是生忿，故無所忌憚。沈氏以先秦典籍並兩漢古訓爲説，較劉説精省而確切，且證蘇林舊説爲是，駁斥顔説更臻完備。④ 校本徵引劉氏校語數量頗多，據筆者統計，沈氏在校讀本中以案語增補《刊誤》説者，即有 45 條以上，足見其研讀《漢書》時對三劉校勘成果的重視。

沈校本又擇取過録何焯、陳景雲校語，吸收本朝的校勘成果。沈氏所録清人校語頗可稱者有二：第一，校語存李光地説。李光地説《漢書》者罕見，似録自何焯校本。李氏專精於曆法、律書，故批校多集中於志，今沈校本中，以《律曆志》《禮樂志》中爲多。如《律曆志上》：“制十二筩，目聽鳳之鳴。其雄鳴爲六，雌鳴亦六，比黄鐘之宫而皆可目生之，是爲律本。”顔氏無注，沈欽韓録李光地説云：

> 此管另爲一器，非十二律中之黄鐘也。與京房之準、梁武之通，正相似耳。長亦九寸，而以三分之法穴其旁吹之，若今簫笛之類，可據以爲準而定諸［律］。故六律、六吕，此器皆可以生之而爲律本也。《月令》十二月皆有所由之律，中央夏季，律黄鐘之宫，蓋謂此耳。緣今《吕覽》錯互“三”“九”二字，讀者遂不得其解，只細讀漢《志》此條見。⑤

---

① 〔清〕王先謙：《漢書補注》卷五十三，北京：中華書局 2007 年影印虚受堂本，第七頁下。

② 〔清〕沈欽韓《漢書》校本，卷五十三，第五葉上。

③ 〔清〕沈欽韓《漢書疏證》卷二十八，《續修四庫全書》第 266 册，上海：上海古籍出版社，1996 年，第 809 頁。

④ “訾”確有財義，《漢書·司馬相如傳》：“以訾爲郎，事孝景帝，爲武騎常侍，非所好也。”顔《注》訓訾爲財，是也。此處乃緣後文“府庫壞漏，盡腐財物，目鉅萬計，終不得收徙”而誤，小顔以前後兩句相關致誤。

⑤ 〔清〕沈欽韓《漢書》校本，卷二十一上，第二葉下。

李説鈎稽典籍,辨此"十二筩"非十二律中之黄鐘,並明析《月令》與《吕氏春秋》中相關記載,論説詳明,實爲專家之學。今《補注》於此引畢沅(1730—1797)、錢大昭(1744—1813)、王念孫(1744—1832)等學者之説,[①]然論述零碎,無如此條通貫全面,李説足補《補注》之闕。第二,沈校本中所録何焯校語,頗有出於今《義門讀書記》以外者,試舉一例,《郊祀志上》:"而使博士諸生刺六經中作《王制》。"沈校本引何焯説曰:

《史記索隱》載劉向《七録》云:"文帝所造書,有《本制》《服制》篇。"明非今《禮記》中之《王制》。[②]

何説以《史記索隱》辨此處《王制》與《禮記》中的不同,王鳴盛(1722—1798)説與何氏同,其《十七史商榷》卷十三"文帝王制"條曰:"司馬貞《索隱》引劉向《七録》云:'文帝所造書,有《本制》《兵制》《服制》篇。'《本制》《兵制》《服制》篇者,即《封禪書》所謂《王制》也,而非今《禮記》中所有《王制》,盧植妄以當之。……"[③]王先謙《補注》全引之。《義門讀書記》中何焯校語雖多執意於版本,然猶有頗多議論,今以沈校本而校覈,未必如此,其後乾嘉諸儒考辨甚析的内容,已有先見於何校者,且部分校語已深入至顔《注》與舊注在訓釋、解釋方面的諸多差異。

沈欽韓以汲古閣本爲研習本,增補宋人校語以補汲本之闕。校讀本又添加顧炎武、李光地、何焯、陳景雲等人校語,諸校涉及版本、文字、史事等各方面,沈氏在此基礎上考辨、論按,校録本身即延續前輩學人的學術脉絡,推進校勘成果,並逐漸形成自身的考據風格。

(二)以古義説《漢書》

沈欽韓治《漢書》,研究徑路踵繼惠棟(1697—1758)、錢大昕(1728—1804)等乾嘉諸老,訓解依準先秦兩漢經典之古訓,匡正顔《注》不遺餘力,其"述古"的校勘理念在在體現於校語中。首先,沈氏强調以古義説《漢書》,《高帝紀上》:"沛公不先破關中兵,公巨能入乎?"服虔曰:"巨音渠,猶未應得入也。"顔師古曰:"服説非也,巨讀曰詎,詎猶豈也。"[④]對於顔師古駁服之説,沈校曰:

《荀卿書》多稱"庸渠"字。按:服言是古訓,師古作豈字解,非也。楊倞曰:"渠,遽也。"[⑤]

---

① 王先謙《漢書補注》亦採李光地之説,在"斷兩節間而吹之,目爲黄鐘之宫"句下,然與此條不同,説曰:"黄鐘長八寸一分,應鐘長四寸二分,此三寸九分,即二律相較之數。"

② 〔清〕沈欽韓《漢書》校本,卷二十五上,第十葉下。

③ 〔清〕王鳴盛:《十七史商榷》卷十三,上海:上海書店出版社,2005年,第90—91頁。

④ 〔清〕王先謙:《漢書補注》卷一上,第二十一頁下。

⑤ 〔清〕沈欽韓《漢書》校本,卷一上,第十葉下。

沈氏明云“服言是古訓”，蓋巨與渠同，引《荀子》楊倞注證之。《疏證》進一步完善，曰：

> 服虔音渠，此古義也。《荀子·修身篇》：“渠渠然。”注：“渠讀爲遽。”“渠”“遽”古字通。《張儀傳》：“蘇君在，儀寧渠能乎？”注：“渠音詎。”《列子·黄帝篇》：“范氏之黨以爲偶然，未詎怪也。”《楚策》：“臣以爲王鉅速忘矣。”是“渠”“巨”“鉅”字通，師古俗儒，乃解爲豈。[①]

沈欽韓在《荀子》例證的基礎上，又增《史記》《列子》《戰國策》等史、子部典籍例證，明“渠”“巨”“鉅”字通，先秦兩漢確實訓“巨”爲“遽”，以駁顔氏之説。此處沈氏再次申述“服説乃古義也”，直以古訓爲依歸，强調漢魏舊注在解釋上的優越性。

沈欽韓在其校讀與《疏證》中，反覆致意於“以古義説《漢書》”之理念，如《高帝紀》“令郎中有罪耐㠯上”，沈氏以“耐”爲古“能”字，《疏證》曰：“按，應劭、如淳説皆古義，師古兩不得其讀。”[②]《文帝紀》“服臨者皆無踐”，沈氏是伏儼以翦爲斬衰之説，《疏證》曰：“此漢人古義，魏晉而下即有所不知，師古何足論乎？”[③]《景帝紀》“四年春三月，起德陽宮”，沈訓宮爲廟，批校曰：“謂廟爲宮，此正古禮，《春秋經》及《詩傳》皆然。瓚不通經而妄説。”[④]而古義之優越性，在於漢儒所處時代較早，説解名物容更爲貼切、允洽。《元帝紀》：“元帝在太子宮生甲觀畫室，爲世嫡皇孫。”應劭曰：“甲觀在太子宮甲地，主用乳生也。畫堂畫九子母。”蓋以甲觀畫室爲宮中生産之所，顔師古認爲甲觀畫室是普通的畫室，而譏應劭之泥。[⑤]對此，沈氏校曰：“所産之舍，自非尋常彩畫之室也。應劭在漢世，必能曉其故事。師古以臆説斷之，非也。”[⑥]以“應劭之必曉故事”較“師古以臆説斷之”，應劭説自然有更高的價值。注解强調古訓，注重注家時代之先後，是惠棟倡“《漢書》用古注”以來乾嘉學者的一貫思路，惠校本中亦屢云漢魏六朝之舊注家親爲目見，[⑦]論證邏輯如出一轍。檢覈乾嘉以來清儒之説《漢書》者，可見沈欽韓校讀與前人論説多有相近者，如《高帝紀》“亦視項羽無東意”，沈視“以視爲示”爲古義，是如淳説；《劉向傳》“兄弟據重，宗族磐互”，顔《注》“字或作牙”，沈以爲“牙”應爲“乑”之誤，此等例證，惠校本中皆言之；前引《高帝紀》“巨”訓爲遽，《陸賈傳》：“使我居中國，何遽不如漢？”王念孫《讀書雜志》遍引先秦兩漢典籍，證“渠”與“遽”“詎”通用，與沈説亦

---

① 〔清〕沈欽韓：《漢書疏證》卷一，第 7 頁。
② 〔清〕沈欽韓：《漢書疏證》卷一，第 12 頁。
③ 〔清〕沈欽韓：《漢書疏證》卷二，第 25 頁。
④ 〔清〕沈欽韓《漢書》校本，卷五，第四葉下。
⑤ 〔清〕王先謙：《漢書補注》卷十，第一頁上。
⑥ 〔清〕沈欽韓《漢書》校本，卷十，第一葉上。
⑦ 《漢書·宣帝紀》：“池籞未幸者，假與貧民。”惠棟申服虔、臣瓚注而駁小顔，曰：“服、薛二説似目見者，師古唐人，焉得知之？”（惠棟《漢書》校本，卷八，第九葉；臺灣“國家圖書館”藏，索書號：01378）所謂“服、薛二説似目見者”與小宛云“應劭在漢室，必能曉其故事”論證理路相合。

相合。[①]隨著清代學者對小學研究的不斷深入,諸儒校證結果的契合,亦是前赴後繼的必然結果。

字詞之訓釋,並不僅限於字義層面,釋義背後更蘊含制度與社會背景。沈欽韓解釋《漢書》詞句,在悉依經典古訓的基礎上,更綰合字詞背後的歷史情境與禮制内涵,表現了注家豐富的學識。《霍光傳》:"(昌邑王)服斬縗,亡悲哀之心,廢禮誼,居道上不素食,使從官略女子載衣車,内所居傳舍。"顏師古曰:"素食,菜食無肉也。言王在道常肉食,非居喪之制也。而鄭康成解《喪服》'素食'云'平常之食',失之遠矣。素食,亦見《王莽傳》。"[②]顏氏解"素食"爲"菜食無肉",甚爲簡明。其云"亦見《王莽傳》",今檢莽《傳》:"每有水旱,莽輒素食。"顏師古曰:"素食,即菜食也,解在《霍光傳》。"[③]知顏氏似有詳盡解釋,然注釋倉促,雖有互見之意,竟悉省略。對於"菜食無肉"的説法,惠棟校本已有批校云:

漢以前未聞以不茹葷爲素者,師古駮之,非是。[④]

惠棟直言漢以前未有以"素"爲不如葷之義,暗示顏《注》以釋典入中國以後之禮俗説漢俗,未能體認時空背景之差異。沈欽韓校語直承惠氏之意,曰:

按,鄭注《喪服》不以佛法之素食解《儀禮》之素食,此是通儒不苟下意處。竊師古不尋《喪服》上下文義而妄譏之,亦妄矣。[⑤]

其批校《王莽傳》亦曰:

按,此素食之始,蓋班史成于佛法入中國之後。[⑥]

沈氏借鄭玄注《喪服》未曾牽合佛法,譏顏師古注《漢書》不以《禮經》爲訓,在《霍光傳》中又一再重複致意。《疏證》結合禮制詳加分析曰:

按:《喪服傳》:始死至葬,朝一溢米,夕一溢米,既虞,食疏食。水飲,既練,始食菜果,飯素食。蓋葬前裁令毋絶粒餓死而已。既葬,始惡食,不取飽。至練後哀殺,乃復其故,量取飽而止,補飲酒食肉。若侍於尊者,亦食之矣。通計前後,故鄭《注》:

① 〔清〕王念孫:《讀書雜志》志四之九,南京:江蘇古籍出版社2000年影印王氏家刻本,第三頁下。
② 〔清〕王先謙:《漢書補注》卷六十八,第七頁上。
③ 〔清〕王先謙:《漢書補注》卷九十九上,第八頁上。
④ 〔清〕惠棟《漢書》校本,卷六十八,第七葉。
⑤ 〔清〕沈欽韓《漢書》校本,卷六十八,第五葉下。
⑥ 〔清〕沈欽韓《漢書》校本,卷九十九上,第七葉上。

"素猶故也，謂復平生所食也。"子夏作《傳》時，安知佛法所謂葷素之食？顔籀以鄙俗習聞輕訾先儒經訓。至此《傳》稱不素食，又别一義。《管子·禁藏篇》："果蓏素食，當十石。"注："果蓏不以火化而食，故曰素食。"《墨子·辭過篇》："古之民未知爲飲食，素食而分處。"然則居喪之禮，亦不火食，只以糒糗、菜果爲膳。讀如《春秋》"獻素"之"素"，亦不當以釋氏説爲解。①

顔監既譏鄭《注》之誤，則沈氏疏解先以《儀禮》爲説。《喪服傳》述自死至葬的居喪之制，云："歠粥，朝一溢米，夕一溢米。寢不脱絰帶。既虞，翦屏柱楣，寢有席，食疏食，水飲，朝一哭、夕一哭而已。既練，舍外寢，始食菜果，飯素食，哭無時。"②沈欽韓認爲居喪之制，在卒哭以内，早晚喝粥，既虞，則可開始食"稷米"；而既練，方可食菜果，米恢復平日所食的種類，不復食"稷"。據此來解"素食"，則素爲平素之"素"，而"食"的指涉限定在"米"的範圍，因此鄭《注》不誤，反觀顔氏並不通禮，故沈欽韓批評曰"顔不當以鄙俗習聞輕訾先儒經訓"。鄭《注》背後有其禮制儀節和内涵，不能僅以"鄙俗習聞"來理解經文大義，直斥顔師古淺薄。然而，小顔注釋時，對典物與禮制並非無深入、詳慎之思考，其《匡謬正俗》解"素食"云：

案：素食，謂但食菜果糗餌之屬，無酒肉也。禮家變節，漸爲降殺，始喪三日，不食；卒哭之内，朝夕各一溢米，爲粥而已；既虞，疏食水飲。"疏食"謂麤疏之飯、單率之菜。食不復粥，又非止一溢也。既練，遍食菜果酸鹹，但無酒肉之屬；既除喪，始食乾肉，飲酒，然後乃復平生時食耳。此是《禮經》明文，安得始練便復平生故食乎？又，班書《霍光傳》載，光奏昌邑王過失云："典喪服斬衰，無悲哀之心。廢禮誼，居道上不素食。"《王莽傳》云："……聞公菜食，憂民深矣。今秋幸孰，公勤於職，幸以時食肉。"據此，益知"素食"是無肉之食，非平生食也。今俗謂"桑門齋食"爲"素食"，蓋古之遺語焉。③

此段論述分爲兩個層次，首先是《禮》經的解釋：其引《儀禮·喪服傳》及《禮記·喪大記》所載之儀節，還原居喪之制的整體流程。既練，可食菜果，而除喪以後，方可食乾肉、飲酒，於是乃復平日所食。顔氏强調，若以鄭《注》解"素食"爲"平生之食"，則練以後、除喪以前就可恢復平日所食，此明違經文。顯然此處顔師古以"平生之食"涵蓋米、菜食、酒肉，並不限於米；第二，在經、史對照層面，《霍光傳》《王莽傳》俱載"素食"之説，可互證其爲"菜食"之意。觀《王莽傳》太后詔語中"聞公菜食"之説，則"素食"可知無肉。既然莽《傳》之"素食"有無肉義，《霍光傳》之情况也應相同。顔氏的論證表達了他結合《禮》經與《漢書》不同記

① 〔清〕沈欽韓：《漢書疏證》卷三十一，《續修四庫全書》第267册，第56頁。
② 〔清〕胡培翬：《儀禮正義》卷二十一，南京：江蘇古籍出版社，1993年，第1346—1347頁。
③ 〔清〕顔師古：《匡謬正俗》卷三，臺北：藝文印書館，1968年，第6頁下。

載的完整看法。與此相對，沈欽韓之意顯然承自程瑶田（1725—1814）《儀禮喪服文足徵記》，程氏《疏食素食》云：

> 疏食者，稷食也，不食稻粱黍也。素食，鄭《注》云："素猶故也，復平生時食也。"余謂平生時食者，黍稷也。賤者食稷，然豐年亦得食黍。……（顔氏）難鄭《注》，不知《注》據"飯素食"飯字之義，蓋指米而言，非飲酒食肉之謂。……又云居喪飲食變除之節，初唯歠粥，直不飯食，已而飯疏食，稷食也。練然後飯素食，《注》所謂復平生時食也。平生時，唯子卯稷食，否則兼得飯黍，黍稷兼飯，平生之常，故曰"飯素食"也。然而不食粱肉，佐以菜果而已。故《喪大記》曰："練而食菜果，祥而食肉。"明乎未祥，雖飯素食，不飲酒食肉也。①

程氏面對《匡謬正俗》中的質疑提出回應，他認爲"疏食"者指的是不食"稻粱黍"。所以鄭玄所謂"復平生之食"者，指的是米，並非飲酒食肉的意思。如此整合《儀禮》《禮記》，居喪期間，初唯喝粥，其後食"稷米"；練以後恢復平日所食之米，即所謂兼食黍米與稷米，而佐以菜果。既祥，方可食肉飲酒。程瑶田的解釋，與顔説有微異，而觀其論證理路，實更細膩。沈欽韓《疏證》引程説，自然包含對《匡謬正俗》的駁正。

另一方面，程、沈對小顔在鄭《注》上的歧義，並不代表《漢書》之詮釋必須與《儀禮》同。沈欽韓注意到了顔師古在《王莽傳》中提到的内證，因此沈氏又云："至此《傳》稱不素食，又别一義。"對《霍光傳》中的解釋，仍然不用《王莽傳》"菜食"之義，而是引《管子》《墨子》《春秋》之文獻證據，認爲"素食"乃"未火食"之意，沈氏以爲"居喪之禮，亦不火食"，俱依禮制訓解。實際上，《霍光傳》中"素食"之解，顔《注》未必爲非，而沈氏以"火食"與否解"素食"，認爲此爲古禮之"别義"，略顯牽强。②然而沈欽韓仍依循《儀禮》及上古群書中之解釋，而不循班書正文"菜食"之意，反映其欲挑戰顔師古《注》的解釋地位的意圖。③

沈欽韓依循先秦兩漢典籍中之古訓以説《漢書》，並由訓詁而考典禮制度，挖掘古訓背後的歷史情境與禮俗内涵，多得精實之説，足以匡補顔《注》。而此一詮釋徑路始於沈氏校讀班書之時，並在其撰述《疏證》時得以延續完善。

---

① 〔清〕程瑶田：《儀禮喪服文足徵記》卷七，《續修四庫全書》第 95 册，上海：上海古籍出版社，2002 年，第 220—221 頁。

② 楊樹達（1885—1956）《漢書窺管》即引顔師古對比二《傳》之説云："顔《注》不誤，若如沈説，元后亦知釋氏之説乎？"（上海：上海古籍出版社，2006 年，第 529 頁。）楊氏以爲，因爲同書《王莽傳》中有元后"菜食"之説，正可解"素食"之意，較沈欽韓引《儀禮》之説遠爲允當，由此贊同顔《注》之説。胡培翬在《儀禮正義》中，亦更正程瑶田説，云："今案：程氏'疏食素食'之説，以解《喪服傳》可備一義。若以解《論語》之'疏食'則未可。"（卷二十一，第 1362 頁。）胡氏認爲，程説固有助於疏通《儀禮》《禮記》記載之扞格，但抛開《禮》經語境，意義容有變化。由此觀《漢書》中例，未必須援引《儀禮》等書證明。

③ 觀《霍光傳》《王莽傳》中沈欽韓之校語，知方其校讀班書之時，尚未注意到顔師古在《匡謬正俗》中綿密之思考，故兩校語均提及佛法如中國之禮俗先後問題，并未關注《王莽傳》中之内證。及沈氏撰《疏證》，似已知顔氏提出之内證，不得已而再拈出"又别一義"之言，亦以"未火食"釋"素食"，堅定其反對小顔之立場。

（三）勝義紛陳的校讀

沈欽韓校讀《漢書》基於對字、詞、句的疏通，立足點在於對文意的理解。然而，《漢書》作爲史書，其在史事、地理等諸方面尤須學者考正。沈氏校讀本頗涉及於是，其考校成果亦多與前、後儒相合，可謂勝義紛陳。

沈氏校本有考辨地名者，如《郊祀志上》："霸、産、豐、澇、涇、渭、長水，皆不在大山川數。"顔師古曰："霸、産出藍田，豐、澇出鄠；長水者，言其源流長也。"[①] 顔《注》以"長水"非水名，沈校曰：

> 按，《史記索隱》云："《百官表》有長水校尉，沈約云：'營近長水，因以爲名。'《水經注》曰：'長水出白鹿原，今之荆溪水是也。'顔氏之注謬。"[②]

沈欽韓以《史記索隱》校勘，司馬貞引三種文獻證明"長水"爲水名，證顔《注》之謬。今《史記・封禪書》此句作"灞、産、長水、灃、澇、涇、渭，皆非大川"，"長水"在前，正可爲水名之旁證。沈氏《疏證》補充二證："《長安志》：'萬年縣荆溪，《兩京道里記》曰：荆谿本名長水，後秦姚興避諱，改。'《通典》：'先天二年十月，講武于驪山之下，征兵二十萬，列大陣於長川。'即此。"[③] 齊召南（1703—1768）《前漢書考證》引證與沈氏略同，王先謙《補注》採齊説，並補二證於後。[④]

沈欽韓考辨史事之詳明，多與前後學者暗合。如《鼂錯傳》："後十餘日，丞相青翟、中尉嘉、廷尉藍劾奏錯曰……"沈欽韓以爲丞相當是"陶青"，校語曰：

> 按，"青"下衍一"翟"字。《百官表》："二年六月，丞相嘉薨，八月丁未，御史大夫陶青爲丞相。至七年六月乙巳，青免，太尉周亞夫爲丞相。"此景帝三年，則丞相是陶青，非莊青翟。[⑤]

沈氏檢覈《百官公卿表》，漢景帝三年時，陶青任丞相，此傳作"青翟"者，蓋衍"翟"字而誤爲莊青翟也。此事錢大昕亦言之，《廿二史考異》曰："是時開封侯陶青爲丞相，'翟'字衍文也，因武帝時有丞相嚴青翟，相涉而誤。《景帝紀》'元年遣御史大夫青翟'，誤與此同。"[⑥] 考辨過程，沈氏爲詳。《疏證》補充曰："此與荀悦《漢紀》皆訛爲青翟。（《文苑英華》蕭綸《陶隱居碑》

---

① 〔清〕王先謙：《漢書補注》卷二十五上，第十五頁上。
② 〔清〕沈欽韓《漢書》校本，卷二十五上，第八葉上。
③ 〔清〕沈欽韓：《漢書疏證》卷十八，第512頁。
④ 〔清〕王先謙：《漢書補注》卷二十五上，第十五頁上。
⑤ 〔清〕沈欽韓《漢書》校本，卷四十九，第十五葉下。
⑥ 〔清〕錢大昕：《廿二史考異》卷八，上海：上海古籍出版社，2004年，第151頁。

云:“陶舍子青翟,位至丞相。”則知其誤已在六朝傳本矣。)”[①] 小注已深入蠡測至産生訛誤之年代,可謂細膩。

今於校讀本多見“小字宋本作某”“宋本作某”等語,又參考汪文盛本、監本;沈欽韓於班書諸表所載,一字一言皆與《史記》諸表之相關者詳細校對,有相異者輒加考證,此亦校本之一端;校讀本多作日常習讀之用,沈氏亦時添評論其上,如《張良傳》載良與商山四皓之事,沈評曰:“平生志趣于良口中述之,便明興祚。”[②]《張湯傳》沈氏論湯曰:“只謁居一事,湯之罪可死,以三長史償之,復以丞相,益之亦太偏矣。湯之奸佞,結武帝之知,亦可見矣。”[③] 又,《霍光傳》言昌邑王劉賀貶爲海昏侯,後又爲揚州刺史奏不法事,沈曰:“此等小人所爲,固是逢迎常態。然賀卒得善終者,以去古未遠,而宣帝猶有人心者故耳。”[④] 沈氏批校於《藝文志》復多考辨經籍,時録閻若璩辨《古文尚書》之説;於《司馬遷傳》中言及《春秋》説者,曰:“按,此太史公述董生之言耳。董氏習《公羊春秋》,故與其師説言則有數萬也。所謂三科九旨,凡例委然如牛毛,此則《公羊》之義云爾。”[⑤] 辨章學術亦時有之。

沈欽韓校讀《漢書》,在移録前人校語的基礎上,依準三劉《刊誤》而諟正顔《注》,並結合乾嘉以來以古義古訓爲依歸的治學方法,成績斐然。又校語涉及史事考辨、地理名物、辨章學術等面向,均言之有物,奠定了其全面疏證《漢書》的基礎。

三、從校讀到疏證

比勘校讀本與《疏證》,知《疏證》於校讀本多有利用。沈欽韓對校讀本之利用分爲四種情況:一、校語略而《疏證》詳者;二、《疏證》增改校語以合注釋體例者;三、校語詳而《疏證》略者;四、校語與《疏證》大體一致而徑用校語者。今校讀本中《地理志》校語甚夥,可一補《疏證》之闕。以下就上述五個方面分述之。

(一)校語略而《疏證》詳者

《疏證》詳於校讀本者,是例證增多、考辨加審的結果,反映沈欽韓持續增訂《漢書》的過程。今《疏證》中衆多條目爲校本所無,其所以詳於校本者,亦是撰述之常態,《高帝紀》:“五星聚于東井。”[⑥] 沈氏校語曰:

按,《北史·高允傳》:“允曰:‘按《星傳》金、水二星常附日而行。冬十月,日在

① 〔清〕沈欽韓:《漢書疏證》卷二十八,第796頁。
② 〔清〕沈欽韓《漢書》校本,卷四十,第七葉上。
③ 〔清〕沈欽韓《漢書》校本,卷五十九,第四葉下。
④ 〔清〕沈欽韓《漢書》校本,卷六十三,第十三葉上。
⑤ 〔清〕沈欽韓《漢書》校本,卷六十二,第五葉下。
⑥ 〔清〕王先謙:《漢書補注》卷一上,第十九頁上。

尾箕，昏没于申南，而東井方出于寅北二星。二星何因背日而行？是史官欲神其事，不復推之于理。'"①

校語僅引《北史·高允傳》，申述"史官欲神其事，不復推之於理"之言。《疏證》較之詳細，曰：

《魏書·高允傳》："允曰：'按《星傳》金、水二星常附日而行。冬十月，日在尾箕，昏没于申南，而東井方出于寅北。二星何因背日而行？史官欲神其事，不復推之於理。'"按，張耳爲陳餘所敗，甘公曰："漢王之入關，五星聚東井，張耳因此歸漢。"甘公，星家之祖，當時已有此言，非史官神其事，且金、水二星雖云附日，亦有逆伏之差。若云決無背日，則孝景元年正月癸酉，金、水不當合於婺女也。《唐書·厤志》："《大衍厤議》曰：'五星聚東井，從歲星也。'"《宋書·天文志》："《星傳》曰：四星若合，是謂太陽，其國兵喪並起。君子憂，小人流。五星若合，是謂易行，有德受慶，故立王者，奄有四方。無德受罰，離其國家，滅其宗廟。"今按，遺文所存五星聚者有三，周、漢以王，齊以霸，齊則永終。侯伯卒，無更紀之事。是五星聚亦有不易行者矣。②

沈氏將高説之文獻，由《北史》改爲早出的《魏書》，並增補若干材料以辨"史家欲神其事"之語。先叙甘公當日評論已言及"五星聚東井"，藉以駁高允説爲非，後復引《舊唐書》《宋書》曆、天文諸志，明五星聚時亦有不易行者，據文獻而駁高允説。較校語加詳，其意實與校語之意相反，而叙述更爲明確。③

凡注釋詳而校語略者，《疏證》中多有例證，兹不贅言。

（二）《疏證》增改校語以合體例者

雖沈氏校讀班書時已對部分問題有詳細考證，然《疏證》仍據校語作適當改寫，以配合其作爲全面性注釋《漢書》的體例。《高帝紀》："令郎中有罪耐目上，請之。"④顔《注》引應劭、如淳説，謂二説皆通，其以應氏"耏，古耐字"之説爲長。校讀本曰：

①按，《禮記·禮運》注："耐，古能字。"疏云"後來能字仍假借鼈三足爲能"，亦有誤。②不安"寸"直作"而"字，則《易·屯·彖》云："利建侯而不寧。"故劉向《説苑》皆"能"字，皆爲"而"也。③攷《説文》："而，頰毛也，象毛之形。"又云"耏罪

① 〔清〕沈欽韓《漢書》校本，卷一上，第九葉上。
② 〔清〕沈欽韓：《漢書疏證》卷一，第6頁。
③ 今浙江書局本云"冬十一月日在尾箕"，衍"一"字。
④ 〔清〕王先謙：《漢書補注》卷一下，第十二頁上。

不至髡也",奴代切,别作"耐"。④然則依鄭訓,則"耐"爲"能"字,與此漢□耐字無涉,所以致混者,以"耐"字亦作"而",與耏罪之耏加"彡"者相近。《說文》又以"耐"爲别解故也。漢之耏罪,自當據《說文》音奴代切,不當作"而"音,不爲"能"音。⑤應劭、師古之説皆誤。[①]

沈氏注班書時,其考證與校語大致相當,除細化部分例證外,對叙述方式做了一定的調整,《疏證》曰:

⑤按,應劭、如淳説皆古義,師古兩不得其讀。③《説文》:"而,頰毛也。象毛之形。"又,"耏罪不至髡也",奴代切,或作耐,從寸。應劭説與《説文》同,則正宜音乃代反。若依如淳説,則讀爲能。①鄭《禮運》注云:"耐,古能字。"疏云:"後來能字,仍假鼈三足之能爲能。"《釋文》:"能如字,又奴代反。"按,又音非也。亦有誤。②不安寸直作而字,則《易·屯卦》云:"利建侯而不寧。"《釋文》:"鄭讀而曰能,能猶安也。"及劉向《説苑》"能"字皆爲"而"。按,《荀子·修身篇》:"累土而而不輟,邱山崇成。"下"而"字即"能"。《墨子·尚同》:"古者,聖王惟而審以尚同。"④又,鄭《樂記》注:"耐,古能字。"後世變之,此獨存焉。古以"能"爲三台字,此如淳之所本也。【補】然古"耐"爲"能",世已不行,轉讀"能"爲"耐",以協文義。如《趙充國傳》:"漢馬不能冬。"此則以古之耐罪而爲能之别義,俗訓耳。[②]

根據筆者所標示之數字排列校語與《疏證》,知《疏證》不僅改變論證次序,且於例證有所增加,校語顯得較爲凌亂。首先,校語引《禮記》注、疏以及《周易》諸説,乃解釋如淳説之所本,謂古有"能""耐"互通之情況;其次,引《説文》,釋應劭訓本於《説文》,與鄭《注》"古能字有别";第三,解釋應、如之説所以混淆的原因,因"耐"字亦作"而",與"耏"字相近。最後以《説文》之説爲是,案斷應劭、顔師古説爲非。至《疏證》,先云應、如説均本古訓,與顔説不同。改變了批校時以應説爲誤的判斷;其次,明應劭説本《説文》,而如淳説本《禮記》鄭玄《注》;再次,論證鄭《注》所以致誤的原因,並將《周易》《説苑》《荀子》《墨子》等説羅列其下辨之。最後,認爲"然古耐爲能,世已不行",義訓已變以否定如淳之説。在論證過程中,沈欽韓已開始注意論證邏輯。此爲沈氏改定《疏證》時做的調整。

上例爲同一條目下,論證次序上的變化。沈欽韓亦有考慮到全書各卷性質(列傳、表、志)差異,而對校語進行增改者。《百官公卿表》:"成帝綏和元年省内史,更令相治民,如郡太守。"[③]沈氏旁批大段校語,曰:

① 〔清〕沈欽韓《漢書》校本,卷一下,第七葉。
② 〔清〕沈欽韓:《漢書疏證》卷一,第12頁。
③ 〔清〕王先謙:《漢書補注》卷十九上,第二十六頁下。

欽韓按：相治民已久，非緣成帝時也。《何武傳》武言："'郡國守相委任，所以一統。今内史，位卑而權重，臣請相如太守、内史如都尉。'制曰'可'。以内史爲中尉。"蓋中尉本前省，而改内史爲中尉也。攷《張敞傳》："敞拜膠東相，自謂治劇郡，非賞罰無以勸善懲惡。"又："敞弟武拜爲梁相，是時，梁王驕貴，民爲豪强，號爲難治。"又《循吏傳》："王成爲膠東相，以勞來不怠，流民自占八萬餘口。"此成帝以前王國相治民明甚。大約綏和以前，内史雖佐相治民，尚不如太守、都尉有明制耳。表中云"更令相治民"，此言失之。[1]

校語引《何武傳》《張敞傳》《循吏傳》等内證，考證漢成帝前，王國相治民之例，非緣成帝始也，故云表失。今此考證改入《百官公卿表》"丞相"條，其文曰：

諸王封，漢惟爲置相。高帝以陳豨爲代相國，監趙、代邊兵；趙王張敖有相貫高、趙午，則置左右丞相也。酈商得代丞相，程縱守相，郭同又、傅寬爲右丞相。孝惠元年，除諸侯國相法，更以齊相國曹參爲丞相；齊哀王起兵，相召平自殺。齊王以其舅駟鈞爲相。淮南厲王不用漢法及所置吏，以其郎中春爲丞相。此則常法，漢爲置相之徵也。景帝改丞相曰相，事從貶削，《賈子·等齊篇》："諸侯之相，號爲丞相，黄金之印，尊無異等。"然猶在郡守之上。汲黯以諸侯相秩居淮陽，《繁露·止雨篇》："二十一年八月甲申，朔。丙午，江都相仲舒告内史中尉。"則相統其國二千石也。元帝元初三年，"令諸侯相位在郡守下"。此但言王所都之國耳，若他郡雖屬王國，仍名太守。《表》云："綏和元年，省内史，更令相治民。"按，何武言"郡國守相，委任所以壹統。今内史位卑而權重，臣請相如太守、内史如都尉"，"制曰可，以内史爲中尉"。蓋中尉本前省而改内史爲中都尉也。然張敞膠東相，自謂治劇郡，非賞罰無以勸善懲惡。又，敞弟武拜梁相，是時梁王驕貴，民多豪强，號爲難治。又王成爲膠東相，以勞來不怠，流民自占八萬餘口。則相國本治民，無俟綏和時申明訓也。大約綏和以前内史與相參職不如太守、都尉之有明制耳。《表》于此頗不分明。[2]

此段疏釋"丞相"之職，故詳叙其事。"省内史更令相治民"句後，始將校語之考證轉録於注下，對比可知，沈欽韓撰寫《疏證》時，考慮到疏證注釋《漢書》的體例，將校語中的有關考證進行增補修改。

---

① 〔清〕沈欽韓《漢書》校本，卷十九上，第十葉。

② 〔清〕沈欽韓：《漢書疏證》卷五上，第154—155頁。

(三)校語詳而《疏證》略者

今校讀本有校語考證詳細,而《疏證》反而簡略的情況,細觀校語,知沈欽韓撰作《疏證》時,偶有所失,或未能全面觀照校讀本。現舉兩例以補《疏證》之未及。《蕭望之傳》:"除爲功曹,遷謁者,使匈奴副校尉。"① 沈氏批校曰:

> 按,此傳云"使匈奴副校尉",下云"爲中郎將使匈奴"。及下成《傳》云"爲中郎將使匈奴",《傳》又云"使匈奴副校尉",則使匈奴中郎將之官在宣帝後已設,《百官表》不載,而《續志》又只云"主護南單于"。《光武紀》:建武二十六年,"始置使匈奴中郎將。"則似專爲南單于設此官。細尋此傳及《匈奴傳》,云"綏和元年,漢遣中郎將夏侯藩、副校尉韓容使匈奴";及哀帝時,又云"遣中郎將丁野林、副校尉公乘音使匈奴"。其後王莽時,言中郎將、副校尉者不一,此必呼韓邪單于款塞後使命往來,故專設其官,猶西域都護之比,實不始於建武二十六年也。其云中郎將者,猶諸都護西域以騎都尉也;其云使匈奴副校尉者,猶西域副校尉爲都護之副也。然則蕭育爲副校尉,乃中郎將之副,非副他校尉也。顔注殊謬。②

沈欽韓此處考證"匈奴副校尉"乃專設之官,非如顔監所言"令校尉爲使於匈奴",爲之副使,統稱匈奴副校尉。其考證尋繹本傳、《匈奴傳》及《後漢書·光武紀》而得,謂專設此官似"款塞後使命往來故事",梳理詳盡。而在今《疏證》中,僅云:

> 此專設之官,爲使匈奴中郎將之副,亦如西域副校尉爲都護之副也。取《匈奴傳》證之自明,師古殊謬。詳《百官志》。③

解釋殊略,觀其自注"詳《百官志》",似詳細考證已移於《後漢書疏證》中,由於《後漢書疏證》稿本刊刻入浙江官書局本中時,整理、校刊均頗混亂,因此此一部分並未面世。以注釋《漢書》的立場言之,校語有關"匈奴副校尉"之考證由於涉及駁正顔《注》,故理應收入《漢書》中,今沈氏《漢書·百官公卿表》中亦無此考證,因此宜表而出之也。

又,《西南夷傳》:"始楚威王時,使將軍莊蹻將兵循江上,略巴、黔中以西。"④ 沈欽韓以爲"楚威王"應爲"楚頃襄王",校語曰:

---

① 〔清〕王先謙:《漢書補注》卷七十八,第十二頁下。
② 〔清〕沈欽韓《漢書》校本,卷七十八,第十葉上。
③ 〔清〕沈欽韓:《漢書疏證》卷三十二下,第 108 頁。
④ 〔清〕王先謙:《漢書補注》卷九十五,第一頁下。

按，《史記·楚世家》："頃襄立二十二年，秦復拔我巫、黔中郡。"威王乃頃襄王之祖，不應於襄王時始完而□歸也。疑上文"威王"誤，常璩《華陽國志》正作"頃襄王"。[①]

今《疏證》簡化之，曰："《華陽國志》作'頃襄王'，與秦取楚、黔中郡事合。詳《古今人表》。"沈氏既云"詳《古今人表》"，則詳細考證似在表中，又檢《古今人表》之疏證，"楚威王""楚頃襄王"條下均無秦取楚、黔中郡事之考辨，[②] 蓋沈欽韓撰《疏證》時遺漏。

（四）校語與《疏證》大致相同者

《疏證》又有徑用校語，而未有大幅度改寫者，此例亦多。如《高帝紀》"魏咎自立爲魏王"條、《藝文志》"樂記二十三篇"條、《五行志》"長樂宫，成帝母王太后之所居也"條、《楚元王傳》"殷商無葬處"條、《趙充國傳》"失此二册，羌人故敢爲逆"條，校語均與《疏證》相同，[③] 沈欽韓僅對個别字句進行了修改，此即沈氏利用校讀本以成《疏證》之明證，可明清人讀書始於校勘，並非虛語。

（五）《地理志》校語

今浙江官書局本《漢書疏證》中並無《地理志》，檢上圖藏《疏證》稿本亦無。今校讀本中《地理志》朱墨燦爛，校語豐富，多移録全祖望（1705—1755）、何焯説，其自加案語者，又多比勘《水經注》，其中頗有可補王先謙《漢書補注》者。

沈欽韓校語考辨地理甚析，有足超越錢坫（1744—1806）等精於地志學者之考證者。《地理志上》"蜀郡"下有班氏自注，曰："秦置，有小江入，并行千九百八十里。《禹貢》：'桓水出蜀山西南，行羌中，入南海。'莽曰導江，屬益州。"[④] 錢坫《新斠注地里志》推測此桓水爲大金沙江，即今之雅魯藏布江，陳澧《漢書地理志水道圖説》意同，[⑤] 沈欽韓看法不同，校語曰：

按，《禹貢》云："西傾因桓是來，浮于潛，逾于沔。"與此"行羌中，入南海"者異，恐此别是一水，不當指爲《禹貢》之桓水也。《水經注》云："蜀山、西傾，俱有桓水。"以和夷之和爲蜀山桓水，以因桓之桓爲西傾桓水。然和夷、因桓俱在梁州。《班志》

---

① 〔清〕沈欽韓《漢書》校本，卷九十五，第一葉下。

② 〔清〕沈欽韓：《漢書疏證》卷十下，第335—336頁。

③ 沈校本卷一，第四葉下，《疏證》卷一，第8頁；沈校本卷三十，第六葉上，《疏證》卷二十四，第663頁；沈校本卷二十七上，第十一葉下，《疏證》卷二十一，第591頁；沈校本卷三十六，第十四葉下，《疏證》卷二十七，第761頁；沈校本卷六十九，第十葉上，《疏證》卷三十一，第60頁上。

④ 〔清〕王先謙《漢書補注》卷二十八上（三），第六十六頁下。

⑤ 〔清〕錢坫注，〔清〕徐松集釋：《新斠注地里志集釋》卷十一，北京：北京出版社，2000年，（收入《四庫未收書輯刊》第六輯，第10册），第285—286頁；〔清〕陳澧：《漢書地理志水道圖説》（收入《四庫未收書輯刊》第八輯，第4册），卷五，第56頁。

又明云《禹貢》桓水,似非有二處。"南海"之"南",恐是"西"字之譌耳。①

沈氏以《水經注》校《地理志》,以爲《禹貢》所言"桓水"與此志所指應爲兩水。《水經注》明言岷山(即沈氏所言蜀山)、西傾山均有桓水,一音"和夷之和",和讀曰桓,一音"因桓之桓"。由於二水皆在梁州,故沈欽韓徑疑《禹貢》《漢書·地理志》中"南海"之"南"爲"西"之訛字。錢、陳二氏所以云桓水爲"大金沙江"者,皆因相信典籍"入於南海"之語。沈氏已疑"南海"之記載有誤,勝過錢、陳二人,校語認爲應有兩水,且皆在古梁州(今四川、雲南)境內。王先謙《補注》未見沈説,然所論與沈氏相近,先列《水經注》之説,後加案語曰:

先謙案:道元舉《禹貢》和夷之桓水以實《志》文,而以出西傾之桓水爲别一水,故云"二水别名,兩川通稱"。其實蜀郡之水皆入江,不入南海。錢坫、陳澧、成蓉鏡諸人推測之詞,今皆不録。②

王先謙指出,蜀郡之河皆流入江,並不流入南海,因此《補注》不再列錢、陳以及成蓉鏡三人推測之説。王、沈二人在没有實際進行地理考察的情况下,對文獻之辨别與判斷審慎,其結論止步於此,亦是常理。成蓉鏡《禹貢班義述》認爲桓水非大金沙江,乃是《水經注》所言"白水"者,即今白水江。③ 今人通過實地考察,認爲古桓水乃是今白龍江,而成氏所謂"白水"乃今白水江。白水江與白龍江在文縣碧口鎮碧口水庫匯流,"出水庫後合成白龍江,至四川昭化縣流入嘉陵江"。④ 因此,沈欽韓、王先謙並未像其他學者做出過於大膽的推測,考辨較爲審慎。

又,沈氏校語考辨前人之説。《地理志》"廣漢郡"下之"涪",班氏自注曰:"有孱亭,莽曰統睦。"顔《注》引應劭曰:"涪水出廣漢,南入漢。"⑤ 校本引何焯説並自加案語曰:

何云:"涪下應《注》與剛氏道班《注》互異,疑有誤。"按,非誤也。《水經》云:"涪水出廣漢涪縣西北。"此應劭與之同也。酈氏《注》又云:"涪水出廣漢屬國剛氏道。"此承班氏之言也,一則詳其源,一則著其流,但師古不當復引應氏耳。⑥

何焯指出"涪"下應劭注與"剛氏道"班固自注不同,"剛氏道"班《注》曰:"涪水出徼外,南

① 〔清〕沈欽韓《漢書》校本,卷二十八上,第二十五葉上。
② 〔清〕王先謙《漢書補注》卷二十八上(三),第六十六頁下。
③ 〔清〕成蓉鏡:《禹貢班義述》卷中,《續修四庫全書》第 55 册,上海:上海古籍出版社,2002 年,第十六頁。
④ 漆子揚:《古桓水與白水水系考析》,《西北成人教育學報》2001 年第 4 期,第 32—34 頁;另,譚其驤《中國歷史地圖集》亦持桓水爲白龍江説(北京:中國地圖出版社,1982 年)。
⑤ 〔清〕王先謙:《漢書補注》卷二十八上(三),第六十四頁下。
⑥ 〔清〕沈欽韓《漢書》校本,卷二十八上,第二十四葉下。

至墊江入漢，過郡二，行千六十九里。”一曰“出徼外”，一曰“出廣漢涪縣西北”，似有異。沈欽韓彌合班、應二説之歧義，根據《水經》之記載，涪水確出廣漢郡涪縣，因此應劭云“涪水出廣漢”，酈道元《水經注》曰：“涪水出廣漢屬國剛氐道。”此説與班氏同，明涪水之源在剛氐道，因此班、應二人並不相違。《水經・涪水注》：“涪水出廣漢屬國剛氐道徼外，東南流逕涪縣西。……潺水歷潺亭而下注涪水。涪水又東南逕綿竹縣北，……涪水又東南逕江油戍北，……逕江油、廣漢者也。……涪水又南，枝津出焉，西逕廣漢五城縣爲五城水，又西至成都入于江。”① 按酈説，涪水源出剛氐道，而後流經廣漢，最後入於江，沈校所謂“一則詳其源，一則著其流”，其言是也。沈欽韓在諟正何説的同時，頗注意於著書之體例。

清儒肆力《漢書》校勘，成績頗豐，其中能深入追尋至文本的歷史層次者，王念孫有之，沈欽韓、王先謙亦有之。沈氏校正《地理志》，措意於文本致誤之年代。《地理志》“代郡　且如”班固自注曰：“于延水出塞外，東至寧入沽，中部都尉治。”② 沈校曰：

> 按，《水經注》“入沽”亦作“漯”。全祖望曰：“《志》‘沽’字當作‘入治’。”《水經注》引此文云：“東至廣寧，如沽。”此脱一“廣”字。又《水經注》：“于延水東南流，注于漯水。”漯即治水，則“沽”字當作“治”，道元亦言作“沽”之非，則其字在六朝時已訛。③

沈欽韓校語爲全祖望校勘的擴大版，以《水經注》“東至廣寧”之句，校《漢志》脱一“廣”字，今據《水經・㶟水注》，知《水經》所載“㶟水”即治水，則前《水經注》《漢志》之“沽”字當均作“治”。酈道元書已譌，則六朝時文本已作“沽”矣。今王先謙《補注》用王念孫説，曰：

> “寧”上脱“廣”字。此“沽”及下文“平舒祁夷水北至桑乾入沽”，“沽”皆當爲“治”字之誤。上文“陰館，累頭山，治水所出”，即此水也。《㶟水注》云：“㶟水一曰治水”，又云“東左得于延水口。《地理志》云‘于延水東至廣寧入治’，非矣”。是于延水入治，非入沽也。④

王念孫後尚有大段考證，《補注》所以引《讀書雜志》，以其考辨詳審，年代在前故也。清儒校書多有暗合者，沈氏校讀之辨亦由是而知，若當日疏證《地理志》成，同樣有功於《漢書》。

沈欽韓校讀《地理志》，於地理、史事、文本考證多有允當之處，對前人之説亦有駁正或申説者。以上例證已可證沈氏之功，詳勘沈校與王先謙《補注》，其説多與前儒合。王先謙補注

---

① 〔北魏〕酈道元注，陳橋驛校證：《水經注校證》卷三十二，北京：中華書局，2007年，第756頁。
② 〔清〕王先謙：《漢書補注》卷二十八下(一)，第三十九頁下。
③ 〔清〕沈欽韓《漢書》校本，卷二十八下，第六葉上。
④ 〔清〕王先謙：《漢書補注》卷二十八下(一)，第三十九頁下—第四十頁上。

《地理志》,除集諸家釋地之語於一編外,於前人未辨處,多有細膩詳審之考證,今觀沈校有多條與王氏相合,若王先謙撰書時得沈校本,則亦應當視爲珍寶。

沈欽韓《漢書疏證》之稿本於今猶存,[①]其間雖有部分增删之迹,但無法據以考知其撰述過程。今詳驗校本與疏證之異同,可明其前後變化,猶可相互驗證而補《疏證》之未備。

四、校讀本之遞藏與傳抄

晚清最後一波《漢書》研究熱潮之興起,實爲學者回應沈欽韓《漢書疏證》之産物,周壽昌(1814—1884)、李慈銘(1830—1894)、王先謙等人在研習班義、考辨班書之時,競爲傳抄《疏證》,並及時申發、駁正沈説。與此同時,沈氏《漢書》校讀本於其身後輾轉各藏書家之手,並多爲時人倩假遞抄,成爲吴中士人習讀《漢書》的基礎,因此具有一定的影響力。本節再據校本所示印章與數種遞抄本爬梳校讀本傳承軌迹。

(一)校讀本遞藏軌迹

校讀本上印章燦爛,今以遞藏順序述之。沈氏校本首先爲許玉瑑所得,校讀本卷末有許氏藍筆題跋,題跋曰:

> 同治戊辰七月六日,借寶生宗伯所得桐城姚惜抱先生圈點度一過。宣武城南時將束裝南歸。[②]

同治戊辰爲七年(1868),是時其書已在許氏手中。卷首有“吴縣許玉瑑讀書記”朱文長方印、卷末又有“玉瑑讀過”白文方印,是其藏印。據題跋,知許氏曾點讀是書。檢校本,亦偶見許氏批校,多爲蠅頭小楷,書於地脚,有以殿本校本文者,又時録王念孫《讀書雜志》之説。玉瑑號鶴巢,爲沈欽韓至交許兆熊(號皃舟)之子。前沈氏已云“先爲許布衣兆熊點定”,蓋校畢予許氏觀閲。後《疏證》撰定,或即贈予許氏。

許玉瑑(生卒年不詳,同治三年舉人)爲陸潤庠(1841—1915)之師,是以此書後歸陸潤庠所有,卷首所鈐“臣潤庠奉敕審定　内府經籍金石書畫”朱文方印、“小懷鷗舫所藏金石書籍印”朱文長方印蓋是其印。陸書散出以後,復歸陳寶琛(1848—1935)所有,卷首及《景帝紀》葉一所鈐“陳氏滄趣樓藏”白文方印、校本卷末“弢翁鑑藏”朱文方印即爲其證。今不可知陳氏何時購入此書,然結合陸氏卒年,知其書之散出應在陳氏歸隱螺洲以後。傅增湘《藏

---

① 沈欽韓《兩漢書疏證》稿本今藏上海圖書館,由於稿本於沈氏身後爲多人遞抄,分爲兩帙入上海圖書館,其一爲稿本二十四册,有《漢書疏證》二十一卷,《後漢書疏證》二十卷,索取號:綫善777881-904;其二爲稿本十八册,有《漢書疏證》卷二十七至四十,《後漢書疏證》十五卷,《後漢志證》三十一卷,索取號:綫善26931-48。

②〔清〕沈欽韓《漢書》校本,卷末。

園群書經眼録》中又記載有陳氏書散出時之情形，文曰："尚有《後漢書》，與《前漢》全同，亦沈氏手校，據二書鈐印，知歷藏元和陸氏、吴縣許氏鶴巢及閩中陳氏。近日弢庵前輩新逝，藻玉堂書坊從其家購出。乙亥五月二十七日携來求售。"[①] 傅氏云此沈校本在陳寶琛過世後，爲家人賣與北京藻玉堂書店，書店曾欲售與傅增湘與其他買家。校讀本卷首又有"卷盦六十六以後所收書"白文長方印、目録頁鈐"武林葉氏臧書印"朱文長方印，俱爲葉景葵（1874—1949）藏書印。蓋葉氏繼陳寶琛之後獲得此書，此中細故因葉氏《卷盦藏書記》等未有記載，故不得而知。[②] 1937 年"八一三事變"之後，爲保護收藏之古籍善本不受日本人破壞、掠奪，葉景葵與張元濟（1867—1959）等人商議籌建合衆圖書館，1939 年圖書館落成，校讀本遂由葉氏藏書轉而入藏合衆圖書館。1949 年以後，合衆圖書館併入上海圖書館，最後校讀本歸上海圖書館庋藏。

沈欽韓身後，其《漢書》校讀本先後輾轉於郁松年、許玉瑑、陸潤庠、陳寶琛、葉景葵手中，最後入上海圖書館，其遞藏次序井然，行迹可考。

（二）遞抄本之情況

由於校讀本歷藏藏書家手中，多數並未提供傳抄，故得以面世之機會甚鮮。然而，沈氏校讀本在光緒間曾有一定的傳播，其緣故部分是因校本藏許玉瑑處時，爲後人所抄，且陳倬亦過録出一本校讀本，而又爲吴縣士子所傳抄，於是形成了相當的影響。

陳倬，字培之，長洲人，咸豐二年（1852）壬子舉人，九年（1859）以二甲四十二名進士及第。倬爲陳奂入室弟子，精熟於《文選》之學，有《選注》三十卷，今已不存，又有《文選筆記》六卷存世。陳倬雅好班書，凡前儒之考證班義者，輒過録於其本。今上海圖書館藏陳倬《漢書》校本，其中移録沈欽韓校本與張惠言校本之校語，並抄録王念孫《漢書雜志》、錢大昭《漢書辨疑》二書之考證而匯於一編。今復旦大學圖書館藏光緒間諸本《漢書》批校本之祖本應是此陳倬本（詳文後）。[③] 陳氏於全書卷末有四段題跋，分别代表了其於同治九年（1870）十一月、十二月，十一年（1872）、光緒五年（1879）、六年（1880）對《漢書》的五次校讀，其中過録沈、張二人校本之題識曰：[④]

> 此朱筆亦小宛先生校本也，其跋云……（筆者按：此爲沈欽韓卷首題識，此從略）臯舟爲許鶴巢孝廉之尊人，沈先生至好也。同治庚午十一月漏三鼓録畢，陳倬識。是日丁未交小寒節。
>
> 既又從蔣子良給諫彬蔚許借得武進張臯文先生惠言校本，張原跋云："余以甲

---

① 傅增湘：《藏園群書經眼録》第 2 册史部，北京：中華書局，1983 年，第 189—190 頁。
② 柳和城《葉景葵年譜長編》（上海：上海交通大學出版社，2017 年）亦未有相關記載。
③ 〔清〕陳倬《漢書》校本，上海圖書館，索取號：綫善 T38784－99。
④ 同治十一年以後之題識乃抄録王念孫、錢大昭之專書考證，此從略。

寅點閲此書,未幾南還,此書留京師。越七年,嘉慶庚申于役遼左,迺及竟之。帝紀十二卷及列傳第一至第三十八,前所點也,爲朱、黄别異;表、志及列傳趙充國以下,後所點也。惟朱圈點而已,義例亦不能畫一。”案,此校於書法、文法每所致意,考證則略焉。今并其圈點録直者易之以尖,悉用藍筆。同治庚午臘月初旬先立春七日倬又識。[①]

陳倬過録沈跋用朱筆,張跋用藍筆,題識後均有“臣陳倬印”白文方印、“培之”朱文方印二印。同治庚午爲九年,是時沈校本已在許玉瑑所,陳倬未言過録所承,故不知是否假自許氏。陳倬之過録張校在同治十一年,乃從蔣彬蔚處借得張校。

陳倬此一校本成爲光緒間吴中士子争相過録校讀本之祖本,吴中《漢書》批校本另一廣爲傳抄者爲惠棟校本,光緒間士子之遞抄本往往合惠本與陳本而併録之,如是可最大程度地獲得前儒的批校手澤。此批遞抄本今均藏於復旦大學,王欣夫《蛾術軒篋存善本書録》爲吾人提供了初步的描述,筆者結合赴復旦大學圖書館古籍部的訪書情況,勾勒陳倬本(含沈校本)於光緒間的流傳脉絡。[②]

陳倬本之同源遞抄本共有三部:其一,張茂鏞本;其二,王慎本本;其三,王祖詢本。三本皆曾著録於王欣夫《蛾術軒篋存善本書録》,而今復旦大學圖書館所藏者爲王慎本本與王祖詢本。[③]其中張茂鏞及王慎本本過録較全,情況相似,王祖詢本則稍略之,姑兹以前述順序叙之。

A. 張茂鏞本 王欣夫《書録》庚辛稿卷二著録清吴縣張茂鏞手校,並臨元和惠棟、吴縣沈欽韓、元和陳倬等校並跋,底本爲同治八年金陵書局覆刻汲古閣本。《書録》云:

> 茂鏞字鼒盦,號申伯,光緒辛卯舉人,與先君同年,官終知縣。著有《鼒盦集》。此本諸校分朱、緑、藍、墨四色,究其淵源,似出自陳培之本,而陳本所據,一係惠定宇本,一係沈文起本。惠校多用墨筆、藍筆,沈校多用朱筆、緑筆。然亦往往各色混淆,不易辨認。……陳校則標“倬案”,自校則標“茂鏞案”。中附夾簽署式之者,長洲章鈺也。署程儀許者,元和程鑣也,著有《師許齋經義偶鈔》。署漢槎者,吴縣孫宗華也,光緒戊子舉子。又有署雍者,濟者,伯和者,均同時人而失其姓。[④]

據王氏言,茂鏞爲光緒十七年(辛卯,1891)舉人,與王欣夫之父王祖詢同年,後以知縣終官。

---

① 〔清〕陳倬《漢書》校本,卷末。

② 關於惠棟《漢書》校本之研究,詳見拙作:《惠氏家藏〈前漢書〉批校考》,《經學文獻研究集刊》第十六輯(2016 年 12 月),第 193—217 頁。

③ 兩本均爲同治八年金陵書局刊本,上海:復旦大學圖書館藏,王慎本本索書號:(2899);王祖詢本索書號:(2926)。

④ 王欣夫著,徐鵬點校:《蛾術軒篋存善本書録》庚辛稿卷二,第 74 頁。

張氏著有《㚟盦集》，其中有詩、詞、文各一卷。王欣夫推測張氏所據似爲陳倬本。是本兼容惠棟校本與沈欽韓校本，故用朱、緑、藍、墨四種筆記過録，惠校多用墨、藍，沈校多以朱、緑，“然亦往往各色混淆，不易辨認”；又以“倬案”標培之校，“茂鏞案”標自校。此本中有章鈺、程鑣、孫宗華及名爲雍、濟與伯和者之簽條若干，應爲同時參閲是本者，由是可知，茂鏞過録陳本對當時吴地有小範圍的影響。[①]

B. 王慎本本　王慎本本的情況與張茂鏞本所叙相近，亦以多種色彩筆迹録之，乃吴縣王慎本臨元和惠棟、武進張惠言、吴縣沈欽韓、元和陳倬校。卷一首有“復旦大學圖書館藏”朱文長方印。王欣夫疑其與張茂鏞本同出一源，《書録》曰：

> 此本藍、墨、朱、緑各校筆，與前張茂鏞臨本同出一源，末册夾有紅格一葉，録張、沈二氏跋，而附云“此吴子實學士借許鶴巢孝廉本校，本從子實姪孫錫蕃晉元借得。慎本識”一行，知臨者名慎本而佚其姓。考《蘇州府長元吴三邑科第譜》，光緒六年吴縣有王慎本，字菊初，辛卯舉人，即其人也。每卷中附夾籤，於校語及句讀有脱誤，考證極詳。所據有稱静本、菊本、漢本者，署名有曰雍、曰和、曰栻、曰式之、曰康侯者。案，菊疑指葉菊裳昌熾，漢爲吴縣孫宗華字漢槎，光緒戊子舉人，瑞金知縣。式之爲長洲章鈺，康侯爲吴縣孔昭晉，皆光緒癸卯進士，他無可考。當時吴中舊學多有傳本，此又博採諸本，參互考訂，可謂不苟。惜夾籤易致零落，讀者宜加注意。……學士名寶恕，爲余外王父，翰林院侍講學士。俞樾《春在堂集》有傳。其手校本曾遇之書肆，爲人捷足先得。錫蕃諸生。[②]

是本卷首有王欣夫 1966 年 4 月 4 日題識，後有“欣夫”朱文方印，其所言與《書録》略同，蓋《書録》據題識改寫。王氏據《蘇州府長元吴三邑科第譜》，查出此“慎本”爲王慎本，比對校本情況，認爲與張茂鏞臨本“同出一源”，其言是也。檢此本批校筆迹，亦分藍、墨、朱、緑四種顏色。據筆者目驗，朱筆多爲惠士奇校語，墨筆多爲惠棟校語，然卷中亦有非惠棟校語而不知何人之墨筆；緑筆多爲沈欽韓校語，其中有“倬案”者爲陳倬校，沈校又有用藍筆者，似緑筆墨水用盡而改以藍筆，然諸色亦未涇渭分明，頗有混淆者，此應爲遞抄過程中之改誤。王慎本本遞抄諸儒校語雖顏色有與張茂鏞本不合者，其分類之層次蓋一也。又，張茂鏞本中有章鈺、孫宗華之校語，又有署名爲雍、伯和者之批校，而此王慎本者亦有所謂“漢本”，署名有

---

① 筆者疑是本上過録之惠棟校語，似爲章鈺自惠棟原批校本中所抄出，章氏曾與蕭穆（1835—1904）同觀惠校本，蕭穆《記惠半農松厓兩先生閲明北監本〈漢書〉》曰：“己亥秋七月，在吴門小住。武進費屺懷太史慈念，招同祥符周季況星詒、海甯查翼甫燕孫、會稽章石卿壽康、吴縣章式之鈺，閲所藏宋元槧經籍十餘種，中有明北監本《漢書》，乃元和惠氏家藏。”（《敬孚類藁》卷八，第 50 頁，《續修四庫全書》第 1561 册；上海：上海古籍出版社，2002 年）是二人觀閲惠本在光緒二十五年（1899）。章鈺《校宋景祐本漢書跋》亦云：“昔在弱冠之年，曾得惠定宇（棟）、沈小宛（欽韓）兩先生校本，先後移録，頗便研誦。以宋本罕覯，别校此本存之。”（《四當齋集》卷二，第 40 頁，民國二十六年鉛印本。）

② 王欣夫著，徐鵬點校：《蛾術軒篋存善本書録》未編年稿卷四，第 1648 頁。

曰雍、曰和、曰栻、曰式之者,筆者疑王本所謂據"漢本"者即張本中之漢槎,而王本中之"曰和""曰栻"者即張本中之伯和、章鈺。由是觀之,二本有共同的來源,其中皆有章鈺、孫宗華,署名曰雍、曰和之校語,而兩本中之其他校語應是各據别本增添。另外,王欣夫明云張茂鏞爲王祖詢同年(光緒辛卯),此王慎本亦是辛卯舉人,二本中之孫宗華,爲光緒戊子(十四年,1888)舉人,正是辛卯科之前一科。王欣夫又云章鈺(1864—1937)與孔昭晉(校本中之康侯)均爲光緒癸卯(二十九年,1903)進士,後文將要介紹之同源遞抄本又有王祖詢本。綜合以上王欣夫書録中提供之情況,可合理推測張茂鏞、王慎本、王欣夫,以及三本中所提到的諸校勘學者,基本均是吴縣前後中舉或進士的同年關係,因有相同的校本來源,故分别過録校讀,形成三本遞抄本。

筆者今目驗王慎本本,《書録》所云"末册夾有紅格一葉"者,此紅格葉今夾於第一册卷首,跋語録沈欽韓校本題識以及陳倬過録張惠言題跋語,故王欣夫所謂"張跋"實爲陳倬校本題跋,據此可知此本所據校録底本之過録者,曾見過沈欽韓、陳倬兩校本。又,句末云"此吴子實學士借許鶴巢孝廉本校,本從子實姪孫錫蕃晉元借得。慎本識",可知王慎本所據本乃是吴子實過録自許玉瑑處沈校本之遞抄本,而王慎本又得之於吴氏姪孫吴晉元,吴子實從許兆熊處借得校本。據王欣夫《書録》之介紹,吴子實名寶恕,同治七年(1868)戊辰科進士,歷任翰林院侍講學士、廣東學政,爲王欣夫的外祖父。要之,可知前述張茂鏞、王慎本,及後將叙之王祖詢本,皆抄自吴寶恕過録之二傳本,而爲沈校本之三傳本。如《書録》所言,王慎本本中之批校彙集了惠棟、沈欽韓與陳倬諸校語,同時,其中所夾簽條則是光緒間王祖詢諸同年士子校勘之成果,卷四十八葉十上處夾簽條云:"十月十六日看起,每日五頁,限十一月望日看畢。"[①] 似乃王慎本點讀班書之進度提示。又,王欣夫提及之"漢槎""菊本""静本"等校勘,《五行志中之上》:"《左氏傳》曰:鄭子臧好聚鷸冠。"顔師古曰:"鷸,大鳥,即《戰國策》所云'啄蚌者'也。天之將雨,鷸則知之。……《逸周書》曰:'知天文者冠鷸冠。'"[②] 簽條墨筆云:

> 注《戰國策》所謂"啄蚌者"也。〇静本"蚌"字改作"蚌"字,實誤。〇"丰"字上一撇改爲兩點。
>
> 此漢槎所記,故録。[③]

既云"此漢槎所記故録",則此條爲過録無誤。簽條上又有緑筆云:"菊本亦用硃筆填一'寸'字。"其所對應之文,乃是葉七上"昌邑王賀遣中大夫之長安,多治仄注冠",師古注曰:"蔡邕云:高九尺。"有朱筆書"寸"字於旁,味簽條緑筆"亦用硃筆"者,則知謄録原本所書朱筆

① 〔清〕王慎本遞抄本《漢書》,卷四十八,第十葉上。
② 〔清〕王慎本遞抄本《漢書》,卷四十八,第九葉下。
③ 〔清〕王慎本遞抄本《漢書》,卷四十八,第十葉上。

“寸”者與菊本爲兩本。又，關於章鈺之考校，《地理志上》葉七下天頭有緑筆移録沈欽韓校語，云：

按，《水經注》引此云：“滻水出苜陵縣之藍田谷。”又云：“滻水北至霸陵，入霸水。”再引班《志》，“沂”字皆作“滻”字。此作“沂”，而師古音“先歷反”以實之。趙一清曰：“沂水字亦作‘泥水’，見《渭水·注》霸陵縣可知。”本字不誤，其音則非。①

此沈校乃針對正文“南陵”下之注文而言，此頁所夾簽條云：

《地志》七下眉評以傳刻趙本校之，所引《漢志》兩“霸”均有“氵”旁。〇趙氏于所衍“師”字不以爲衍，下云：“一清按，沂有浬音，是宋本《漢書》傳刻之誤。宏麓郡析縣，師古音先歷反，沂與析字形相近，先歷之音于析則是，而沂則非也。”再，沂水字亦作“垽”，“垽”字應作“涅”。

鈺按，眉評而師古云云，語氣未了，或有脱字否？②

此即章鈺之校，校勘詳審。王欣夫曰“每卷中附夾籤，於校語及句讀有脱誤，考證極詳”，今觀簽條内容，所言甚是，如《婁敬傳》：“敬脱輓輅。”蘇林曰：“輅音凍洛之洛。一木横遮車前，二人挽之，一人推之。”孟康曰：“輅音胡格反。”師古曰：“二音同聲也。”簽條録孫宗章批語曰：

注輅音凍洛之洛。静本“凍”字圈去“冫”旁，洛字添作“氵”旁，未識誤否。〇案：洛音，《唐韻》下各切，與孟康所音胡格反聲正相同，若改洛字，則與師古云二音同聲不合。《楚詞·九思》：“冰凍兮洛澤。”洛字不添一點，凍字亦均少□旁。倘實係惠氏所改，則非刊本之誤，而師古之誤也。〇洛又音歷各反，聲亦同洛。

此漢槎所記，故照録之。　當孜。③

孫氏校語從音韻出發，而詳考版本，“倘實係惠氏所改，則非刊本之誤，而師古之誤也”，已深入思考《漢書》文本的層次，可謂深思而細密。王慎本本在詳細過録惠棟、沈欽韓、陳倬三本校語之後，又聚合光緒間士子之考證，或據前儒之校語而再下按語，或已增按語附之，可謂“考證極詳”。

C. 王祖詢本　此本乃王祖詢臨武進張惠言、吴縣沈欽韓校。有“宋沂國公之後”朱文長方印、“臣詢長壽”白文方印、“王”字虎文押，“祖詢”白文方印。王欣夫《書録》曰：

---

① 〔清〕王慎本遞抄本《漢書》，卷二十八上，第七葉下。
② 〔清〕王慎本遞抄本《漢書》，卷二十八上，第八葉上。
③ 〔清〕王慎本遞抄本《漢書》，卷四十三，第六葉下。

> 先君生平熟精班書,此爲所留手澤之一。朱筆臨張皋文校,墨筆臨沈文起校。…… 余別得數本,與此同出一源。培之又臨皋文手校,謂於書法、文法多所致意,考證則略焉。皋文長於古文,其致意於書法、文法固宜,但余別得吴山子臨本,非無考證,且極精碻。此祇及圈點者,或所據本不同耳。中有朱筆細書,署名"瑩"者,爲叔祖父星卿公諱寶瑩,公晚官漣水知事,博學多通,尤精金石之學。先君中年謝世,著書未成。……①

欣夫言是本朱筆臨張惠言校、墨筆臨沈文起校,筆者目驗原書,校語均書於天頭而用墨筆,均乃沈欽韓校語,故所謂朱筆臨張惠言校者,僅録其句讀而不及校語也,是以《書録》云"此祇及圈點"。校本據張校者,實移録自陳倬校本。全書卷末有王祖詢臨陳倬校語,即本節叙陳本時所引卷末題識,包含沈、張二人之跋,由是可知王祖詢此本所據,均出自陳倬本,細校文字,不見倬案,知王祖詢專門致力於録入沈校。綜合而觀,王欣夫雖云"余別得數本,與此同出一源",此言大致爲是而猶須辨之:"同出一源",蓋同出陳倬過録本,此爲是;其異者,前張茂鏞、王慎本二本皆過録惠棟校語,此似爲章鈺過録而添加者,故爲王祖詢本所無;另外,王慎本明云據吴寶恕遞抄之沈欽韓原校,故其校本有沈本之文獻依據,而非徑從陳倬本過録沈校也。王祖詢雖爲吴寶恕之婿,似未親見吴本,②故其録沈欽韓跋乃是據陳倬題識轉録,其格式非抄自沈校也。因此,張茂鏞、王慎本、王祖詢三本雖均有陳倬本之共同淵源,然張本、慎本文本關係更近。王欣夫又云是本有零星朱筆細書,爲其叔祖父吴寶瑩之筆,今檢原書,如《西南夷傳》:"始楚威王時,使將軍莊蹻將兵循江上,略巴、黔中以西。"沈校以爲"威王"當爲"頃襄王",本文第三節之第三小節曾引其例,此本亦抄録之。③後有吴寶瑩批語曰:"當璩應作常璩,譔《華陽國志》者也。"審之,乃校正過録沈欽韓校語者。④

陳倬過録沈欽韓校讀本之同源過録本即爲以上數本,今列表顯示王欣夫《書録》提及,且仍藏於圖書館之吴中地區沈欽韓《漢書》校本及其遞抄本的流傳情況:

表-1

批校者	籍貫	版本	批校内容	批校年代	所據校本
沈欽韓 綫善T09122-53	蘇州府吴縣	明崇禎十五年(1642)毛氏汲古閣刻本	沈欽韓按語+陳景雲本選録之内容	嘉慶甲子年(1804)	葉石君校宋本,陳景雲過録顧炎武、李光地、何焯説。

① 王欣夫著,徐鵬點校:《蛾術軒篋存善本書録》癸卯稿卷二,第858頁。
② 王欣夫云其外祖父之本於書肆曾見之,後被人捷足先登。知吴寶恕本早已流出市面。
③ 〔清〕王慎本遞抄本《漢書》,卷六十五,第一葉下。
④ 據沈校本,吴寶瑩批語爲是。

續表

批校者	籍貫	版本	批校内容	批校年代	所據校本
陳倬 綫善T38784－99	蘇州府元和縣	清同治八年(1869)金陵書局刊本	陳倬按語+沈欽韓、張惠言校本内容(附録錢大昭《辨疑》、王念孫《雜志》説)	同治庚午年(九年,1870)	/
張茂鏞	蘇州府吴縣	清同治八年(1869)金陵書局刊本	張茂鏞自校；章鈺校；程鑣、孫宗華等人校語+沈、張、陳校本内容	光緒中期 光緒辛卯舉人	沈欽韓校本、陳倬校本某一遞抄過録本
王慎本(2899)	蘇州府吴縣	清同治八年(1869)金陵書局刊本	葉昌熾、孫宗華、章鈺、孔昭晉校語+沈、張、陳校本内容	光緒中期 光緒辛卯舉人	吴寶恕抄沈欽韓校本原本陳倬校本某一遞抄過録本
王祖詢(2926)	嘉興府秀水縣	清同治八年(1869)金陵書局刊本	/	光緒中期 光緒辛卯舉人	陳倬校本某一遞抄過録本

雖然今所得見或有記載之光緒間遞抄本有惠氏父子校本，然所列舉之三本同源校本均有沈欽韓批校，可見沈氏校讀本的影響力。由表列可知，沈欽韓校讀《漢書》之本在其以後的兩個世代中有連續的傳承，陳倬本與吴寶恕本所據悉爲沈校原本，過録似在同治期間，爲王欣夫之祖父輩。張茂鏞、王慎本、王祖詢均爲光緒辛卯（十七年）進士，其所據之本，亦是沈校本之二傳本以及陳倬本之遞抄本，時間當在光緒中後期，由於祖詢即欣夫之父，故乃其父輩，若以同治九年（1870）與光緒十七年（1891）爲兩個時間標準點，則二代校本之間相差適二十一年，其中題跋之一致而有可相互參證者，正可明沈校本之傳承有序。王先謙編撰《漢書補注》固然無法得見沈氏校本，然沈校本於晚清吴地士子習讀《漢書》有持續且穩定之影響。王欣夫對沈欽韓校本流傳之熱絡嘗有所感慨，曰：

> 於此一書之傳校互勘，可見當日吴中學風之盛、師友之雅，而今渺不可得矣。余讀王葵園《漢書補注》，服其彙集之功，而微憾各家校本及筆記、脞録尚未搜采。……即此諸校本，皆葵園所未見也。①

誠哉斯言，沈氏校讀本之影響與價值，據此可見。

五、結語

沈欽韓之《漢書疏證》對晚清同治、光緒年間的《漢書》研究有著相當程度的影響，從周壽昌至王先謙諸人，均不同程度地運用沈書之材料，形成晚清《漢書》研究的高峰。然而，沈

① 王欣夫著，徐鵬點校：《蛾術軒篋存善本書録》庚辛稿卷二，第74頁。

欽韓疏證之前别有校讀之本，揭示了沈氏研治班書之具體軌迹，以及其由校閲至注釋的變化歷程。另外，校讀本之流傳與遞抄，亦直接影響吴中士子研讀《漢書》的風氣與方向，反映了晚清《漢書》研究在微觀層面的活躍動態。本文就沈氏《漢書》校讀本之批校歷程、具體内容與方法，以及沈校本之傳抄和影響進行了辨析與梳理，兹得結論如下：

第一，沈欽韓校閲此《漢書》分爲兩次：第一次在嘉慶九年冬，主要過録陳景雲校宋本文字，陳本有李光地、何焯之校語與考證，沈氏凡從之者則過録之，並别加案語以考證；第二次在嘉慶十九年，沈氏以葉樹廉校宋本而校讀之，是年閏二月十八日校至《律曆志上》，立夏前三日校畢，歷時一月有餘。兩次校讀均反映其學術歷程之轉變：第一次當其三十歲時，治學由文學進而轉向經史；第二次當其四十歲時，歷經科考失利而决意發憤著述，繼而撰述《漢書疏證》。

第二，沈校本過録之内容，包含汲古閣本所未載之三劉校語，並有顧炎武、李光地、陳景雲、何焯等清初學者的批校，其中李光地、何焯部分校語有不見於今所流傳者。沈氏在校讀過程中延續清儒匡正顔《注》的考證理念，依準先秦兩漢經典之古訓而注釋《漢書》，由訓詁而進於禮制。同時，在文本校勘、史事辨析、政制地理等多方面皆有深究。質言之，其《漢書疏證》所秉持的研究方向與校本一脉相承。

第三，沈校本體現了沈欽韓從批校到注釋《漢書》的過程。對比兩者，沈氏疏證班書時，將校讀時所提及之考證與辨析加詳，表現在例證增多、考辨加審兩個方面，反映持續考訂、學問精進的過程。同時，沈欽韓又改寫校語以符合《疏證》的注釋體例。而其徑用校語的情況亦多，反映出校讀本對沈氏疏證全書的重要作用。

第四，由於沈欽韓大致完成《疏證》的撰稿工作後即赴科考，其後研究亦轉向其他典籍，《疏證》並未完全結稿。校讀本恰能提供《疏證》所未完成的《地理志》部分的原始材料，且紀、表、志、傳中校語亦有部分詳於《疏證》條目者，可據校本補《疏證》之闕漏。

第五，沈校本之遞藏與傳抄推動了晚清《漢書》研究的熱潮，並影響了吴中士子研讀班書的風氣與方向。校讀本原書歷經許玉瑑、陸潤庠、陳寶琛、葉景葵等人之收藏，最後由葉氏入藏上海私立合衆圖書館。1949 年以後，合衆圖書館歷經改組、更名，校讀本遂成爲上海圖書館之藏書。沈校本在同治年間，曾爲陳倬、吴寶恕抄出兩本，成爲光緒間吴地士人遞抄的兩個祖本；光緒辛卯科舉人張茂鏞、王慎本、王祖詢分别遞抄沈校本之二傳本及陳倬之再傳本，形成了同時包含沈校本、陳校本、惠校本、張惠言校本以及陳倬校本的同源複合校本，互有詳略，反映出沈欽韓校讀本在晚清傳承之有序，亦見沈校本對晚清普通士子研讀《漢書》的影響。

（陸駿元，上海交通大學人文學院博士研究生）

沈炳震《唐書合鈔》與《舊唐書》殿本品質之形成

李　玲　武秀成

[摘　要]　清乾隆初武英殿重刊《舊唐書》,是爲後世之通行本。殿本之形成,頗得力於沈炳震之《新舊唐書合鈔》。《合鈔》重"《舊書》詳備",編纂以《舊唐書》爲主而《新》《舊》兼取,對《舊唐書》傳本中"觸手而是"的"舛訛脱漏"多所訂正,直接影響了武英殿本文本的面貌。殿本提升了聞人本整體文本的品質,但由於對《合鈔》異文的性質認識不清,又沿襲了《合鈔》無據輕改的那些錯誤文字,在一定程度上破壞了《舊唐書》的原貌。今點校本之底本亦出自殿本系統,學人采用當警醒焉。

[關鍵詞]　沈炳震　唐書合鈔　舊唐書　殿本

正史中的《舊唐書》,其傳播歷程可謂一波三折。自歐陽修、宋祁之《新唐書》出,《舊唐書》便日趨衰微,至明朝中葉則幾乎絶於天壤。嘉靖間餘姚聞人詮欲刻《舊唐書》,多年搜尋而難覓一部完本做底本。待聞人詮刻本出,方改變了《舊唐書》命懸一綫的狀況。但聞人本流傳並不廣,至清初又成稀見之本,當時北京國子監也不見收藏,僅有一部可能出自聞人本的抄本。有鑒於此,乾隆初國子監奏刻"十三經注疏"與"二十一史",始有連帶請刻《舊唐書》之舉。① 隨著武英殿版"二十四史"的問世,《舊唐書》由"幾等稗野"而回歸正史,各地官府、書局以及私家不斷據之翻刻。從殿本與聞人本及今存南宋紹興間越州殘刻本比勘的異文看,殿版《舊唐書》的底本就是聞人本或上揭的那個國子監舊抄本,但却展示了乾隆官刊的顯著特點,刊刻精美,校改繁多,形成了一個嶄新的版本,成就了此後流傳最廣、影響最大的殿本系統。今中華書局點校本實質上亦出自殿本。② 而這個殿本的形成,與清初學者沈炳震有著極其密切的關係。

沈炳震,字寅馭,自號東甫,浙江歸安(今湖州市)人。生於清聖祖康熙十八年(1679)正月十四日,卒於高宗乾隆二年(1737)。東甫自幼穎敏,讀書勤奮,用心極細,記憶百無一失。且"家世藏書最富,適能副其所嗜,穿穴殆遍"。但其一生先後八次鄉試,却未能一中。嘗自嘆曰:"吾知盡言無隱而已,得失何問哉!"③ 是其失不在學識,而在於直言。後來决意放棄科考,專志於考據,尤好涉覽紀傳年月、世系,他人所不措意者,必默識之。同時,他又深於史學,於經史子集多丹黄鈎纂,考訂博辨,撰寫了《九經辨字瀆蒙》十二卷、《二十四史四譜》五

① 《清高宗實録》卷七六"乾隆三年"九月三日壬子載:"再國子監奏:有寫本《舊唐書》一部,亦請刊刻,以廣流傳。"(《清實録》第10册,北京:中華書局,1985年,第201頁)

② 按:《舊唐書》中華書局點校本之底本爲翻刻武英殿刻本的道光間揚州岑建功懼盈齋刻本。

③ 〔清〕吴斯洺:《徵君沈東甫傳》,〔清〕錢儀吉:《碑傳集》,北京:中華書局,1993年,第3971頁。

十卷、《唐書·宰相世系表訂訛》十二卷等多種學術著作,而影響最大的還是他的《新舊唐書合鈔》。

《新舊唐書合鈔》又名《唐書合鈔》,凡二百六十卷。該書合編《新》《舊》二書之文字,折衷二書之異同,重新審訂,增補糾誤,積十數寒暑而成書,蔚爲巨觀。該書"乍脱稿,即謂其子曰:'吾費十餘年心力成此書,雖幸卒業,然恐犯昔賢固陋自用之戒,將攜書入都,就正於名公巨卿以自信。'其所以得被太倉王公及臨川詹事李公之以鴻博薦者,實以嘆服此書,交口獎賞之故。後雖不與選,然書已價重雞林矣"。[①] 沈氏與《舊唐書》之密切關係,正緣於此書。

沈氏《唐書合鈔》的紀傳部分乃據《舊唐書》爲大字正文,因無别本可用,只能依據這個聞人詮刻本,但沈氏認爲《合鈔》不當"承訛襲謬,列於全書,貽誤後賢",[②] 因此在編纂鈔録時對兩書的訛謬之處,也多所校訂。是故沈氏《合鈔》的學術價值,不僅在於"改編"與"合鈔",在於善於剪裁與比勘異同,也在於祛疑補闕,是正訛謬,以成有唐一代之書。

《合鈔》的比勘異同,是正訛謬,一方面表現在"隨文改正"中,一方面體現在其注文中。采取"隨文改正"的方式,主要是因爲舊本"舛訛脱漏,觸手而是",若依"古人謹慎"之法,"存其訛字,别注校正","則繁瑣間斷,幾至不可句讀。故其誤之顯著者,隨文改正,不復詳注"。[③] 對於《合鈔》之編纂,這種處理方式是有其可取之處的。采用注文説明,則是傳統的校訂形式。《合鈔》正文,紀、傳主要采自《舊唐書》,志書部分雖然大多采自《新唐書》,而部分志書仍以《舊志》爲主,史表則全采自《新書》;小字注文,則標明《新唐書》或《舊唐書》所載不同之文字,即歧異或多出之内容,其志書注文有一部分主要采自《通典》,大凡數萬條。同時,《合鈔》注文還對歧異或疑誤處進行了考證校訂。從其内容性質説,注文可分爲三大類:一類爲補充,即將兩《唐書》所載歧異或多出之内容附載於相關正文之下;一類是考史,即考辨兩《唐書》内容歧異之是非;一類是校史,即比勘兩《唐書》文字之異同及訂正文字的訛誤。三類注文,後兩類屬於考據校勘,最有學術含量,而從數量上説,這兩類注文的絶大部分屬於文字校勘,數量多達萬餘條,故此專就第三類的校史注文與殿版《舊唐書》的關係略作檢討。

這類校史注文,從其校考結果和表現形式看,有三大類:一類是訂誤,一類是疑誤,一類是校異。這三類中"校異"數量最爲豐富,大約近萬條,詳細刊列出新、舊兩《唐書》特定内容的文字異同,而最能顯現殿本《舊唐書》與《合鈔》淵源關係的還是前兩類注文。

我們對比沈德潛奉敕所撰殿本《舊唐書考證》與沈炳震《唐書合鈔》之注文(大多爲校勘記),除了《考證》中大量徵引"沈炳震曰"之外,還有很多未標注出處的校考文字,實際上

---

① 〔清〕吴斯洺:《徵君沈東甫傳》,第3972頁。

② 〔清〕沈炳震:《唐書合鈔例》,《新舊唐書合鈔》卷首,楊家駱主編:《國學名著珍本彙刊·正史新編之一》第1册,臺北:鼎文書局,1973年,第6頁。

③ 〔清〕沈炳震:《唐書合鈔例》,《新舊唐書合鈔》卷首,第6頁。

也出自《合鈔》，甚至這部分承襲的内容文字，比標注了“沈炳震曰”的條目更多。如《舊唐書》卷七後附《考證》凡五條[①]：

1.《中宗本紀》九月戊戌，太子賓客韋巨源爲禮部尚書，依舊知政事。○《新書》癸巳，罷知政事。《綱目》亦書韋巨源罷。

2.景龍四年三月甲子夏四月。○“甲子”下闕文，書日不書事也。

3.《睿宗本紀》十月丁未，姚元之爲中書令。○《新書》在十一月戊申，《綱目》亦同《新書》。

4.二年五月，改昌隆公主爲玉真公主。○昌隆，《新書》作“崇昌”。

5.三年六月庚申，幽州都督孫儉等與奚首領李大輔戰於硎山，爲賊所敗，没於陣。○孫儉，《新書》作“孫佺”，《綱目》亦同。硎山，《新書》作“冷陘山”。

《唐書合鈔》卷七與上文相應的各條注釋（原爲小注，今以括弧表示）如下：

1.《中宗本紀》神龍元年九月：戊戌（《新書》“癸巳”），太子賓客韋巨源爲禮部尚書、依舊知政事（《新書》“罷知政事”）。（第72頁）

2.《中宗本紀》景龍四年三月：壬戌，賜宰臣已下内宴。甲子（下闕文。○以河源九曲予吐蕃）。夏四月丁亥，上遊櫻桃園。（第77頁）

3.《睿宗本紀》景雲元年十月：丁未（《新書》“十一月戊申”），姚元之爲中書令，兼檢校兵部尚書。（第80頁）

4.《睿宗本紀》二年五月：辛酉，改西城公主爲金仙公主；昌隆（《新書·公主傳》作“崇昌”）公主爲玉真公主。（第81頁）

5.《睿宗本紀》三年六月：庚申（《新書》“甲子”），幽州都督孫儉（《新書》作“佺”）率左驍衛將軍李楷洛、左威衛將軍周以悌等將兵三萬，與奚首領李大輔戰於硎山（“冷陘山”），爲賊所敗，儉没於陣。（第82頁）

兩相比較，《考證》五條文字，皆未説明出自《合鈔》，一般又只是《新書》異文，武英殿校刊官亦可對校《新紀》而得，似乎與《合鈔》無關，但考核其文，實際上全不出《合鈔》注文範圍（其間僅增補了一種後出的史料《通鑑綱目》，實當捨《綱目》而直接補《通鑑》爲證），而從《考證》第4條校“昌隆，《新書》作崇昌”看，更可知武英殿校刊官乃直接襲用《合鈔》注文，而非從對校《新書》所得，因爲《舊紀》此條内容，《新紀》並無記載，而是改入了《新唐書·諸帝公主傳》，若非《合鈔》標明來源，因原文校讀無礙，《考證》很難抉發其誤。此外，還可知《考證》多有遺漏未采者（五條之外，《合鈔》本卷還有更多注釋被《考證》删削者）。

再隨機挑選一卷，《舊唐書》卷一六一所附《考證》有兩條，[②] 文字如下：

1.《李光進傳》“肅宗自靈武觀兵”至“觀者如堵”。○臣酉按：“肅宗去憲宗，閱世者五，

---

① 〔後晉〕劉昫等：《舊唐書》卷七《中宗睿宗本紀》附《考證》，清武英殿刻本。

② 〔後晉〕劉昫等：《舊唐書》卷一六一《李光進傳》及《石雄傳》附《考證》，清武英殿刻本。

光進薨於元和七年(筆者按:本傳言元和十年七月卒,此蓋字誤),其不及從郭子儀破賊也明矣。此乃光弼弟光進事,錯簡於此。"

2.《石雄傳》:遷河中尹、河中晉絳節度。〇沈炳震曰:"按《紀》雄拜河中,在劉稹既平之後,非從諫未死之前,當從《新書》在下。"

《合鈔》卷二一二《李光進傳》注文(括弧中文字)如下:

1.《李光進傳》:"肅宗自靈武觀兵,光進從郭子儀破賊,收兩京,累有戰功。至德中,授代州刺史,封范陽郡公,食邑二百户。上元初,郭子儀爲朔方節度,以軍討大同、横野、清夷、范陽及河北殘寇,用光進爲都知兵馬使。尋遷渭北節度使。永泰初,進封武威郡王。大曆四年,檢校户部尚書,知省事。未幾,又轉檢校刑部尚書、兼太子太保。是歲冬十月,葬母於京城之南原。將相致祭者凡四十四幄,窮極奢靡。城内士庶,觀者如堵。"(案:自"肅宗自靈武觀兵"以下,皆李光弼弟光進事,非此阿跌光進也。此屬錯簡,當删。)(第 2478 頁)

2.《合鈔》卷二一二《石雄傳》:"累遷檢校左僕射、河中尹、河中晉絳節度使。"(案:《紀》雄拜河中在劉稹既平之後,非從諫未死之前,當從《新書》在下。)(第 2491 頁)

此兩條皆爲考證史實兼校史文者,第一條《考證》與《合鈔》實質一樣,《考證》從年代的角度補充了理據,但《合鈔》斷定此爲"李光弼弟光進事,非此阿跌光進也"的背後依據正是由於事迹發生的年代與傳主不合,故兩家考誤並無不同,而其相異者,在校勘結果的處理上。《考證》對原文未作移改,《合鈔》則對《舊傳》原文做了錯簡處理:既在卷一二《李光進傳》(即《阿跌光進傳》,賜姓李)原文下注明"此屬錯簡,當删",又在卷一六一《李光弼傳》附《李光進傳》中分兩處迻録此文,一則曰:"案自'肅宗自靈武'以下,舊本錯簡在《阿跌光進傳》,校正録此。"一則曰:"案自'永泰初'以下,舊本錯簡在《阿跌光進傳》,校正録此。"(第 1982—1983 頁)。此類因傳主同名而事迹混載的史官疏誤,若非嫻於唐代史事者實難抉擿,應該説首發之功在《合鈔》。第二條《考證》已注明"沈炳震曰",引文亦與《合鈔》完全一致。於此可見,《考證》對《合鈔》注文考校成果的襲用。

這些校勘成果,因有文字呈現,其采入《考證》,或明或暗,是是非非,容易發現。但對《合鈔》那些没有注文説明而"隨文改正"的文字的襲用,殿本《舊唐書》則完全不留痕迹,若不與舊本即殿本所據之底本加以比較,則無從得知其文字改易之情形。現略舉數例以見之。如《舊唐書》卷一《高祖本紀》[①]:

1.(義寧二年三月)唐國置丞相以下,立皇高祖已下四廟於長安通義里第。(第 5 頁)

皇高祖,聞人本誤作"皇帝祖",沈氏《合鈔》改作"皇高祖",殿本改從之。按:"皇帝祖"語義不明。本書同卷下文云:"(六月)己卯,備法駕,迎皇高祖宣簡公已下神主,祔於太廟。"《新唐書·高祖本紀》云:"己卯,追謚皇高祖曰宣簡公,皇曾祖曰懿王,皇祖曰景皇帝,廟號太

① 〔後晉〕劉昫等:《舊唐書》,北京:中華書局,1975 年。按:其下舉例所引《舊唐書》,文字準武英殿刻本,同時標注點校本頁碼,以便案覆。

祖。"《資治通鑑·唐紀一》亦云："己卯，祔四親廟主，追尊皇高祖瀛州府君曰宣簡公，皇曾祖司空曰懿王，皇祖景王曰景皇帝，廟號太祖。"此蓋沈氏改字所據。又《太平御覽》卷一〇八《皇王部三十三·唐高祖神堯皇帝》引《唐書》云："唐國置丞相以下，立皇高祖以下四廟于長安通義里第。"又云："乙卯（當作"己卯"），備法駕，迎皇高祖宣簡公已下神主入太廟。"《册府元龜》卷三〇《帝王部·奉先第三》亦云："唐高祖以隋恭帝義寧元年封唐王。二年三月己巳，立四親廟。武德元年五月甲子即位，六月己卯，追尊皇高祖瀛州府君曰宣簡公，皇曾祖司空曰懿王，皇祖景王曰景皇帝，廟曰太祖，陵曰永康。"皆稱"皇高祖"，均可證。

2.（二年五月）戊午，隋帝詔曰："……在昔虞、夏，揖讓相推，苟非重華，誰堪命禹。"（第5頁）

命，聞人本誤作"今"，沈氏《合鈔》改作"命"，殿本從之。按："誰堪今禹"不成句義，沈氏蓋據文義改。檢《隋書》卷五《恭帝紀》、《太平御覽》卷一〇七引《唐書》載此文皆作"命"，正合，蓋形近致訛。

3.（武德元年九月）宇文化及至魏州，鴆殺秦王浩，僭稱天子，國號許。（第8頁）

天子，聞人本誤作"太子"，沈氏《合鈔》改作"天子"，殿本從之。按：《新唐書·高祖本紀》云："（武德元年九月）辛未，宇文化及殺秦王浩，自稱皇帝。"《資治通鑑·唐紀二》云："於是鴆殺秦王浩，即皇帝位於魏縣，國號許。""自稱皇帝"即"僭稱天子"，沈氏蓋據此而改。《太平御覽》卷一〇八引《唐書》即云："宇文化及至魏州，鴆殺秦王浩，僭稱天子，國號許。"正作"天子"，是爲確證。

4.（四年秋七月）置山東道行臺尚書省於洺州。（第12頁）

十一月甲申，於洺州置大行臺，廢洺州都督府。（第12頁）

五年春正月丙申，劉黑闥據洺州，僭稱漢東王。（第12頁）

三月丁未，秦王破劉黑闥於洺水上，盡復所陷州縣，黑闥亡奔突厥。（第12頁）

各條中"洺州""洺水"之"洺"，聞人本皆誤作"洛"，沈氏《合鈔》俱改作"洺"，殿本從之。按：本書卷三九《地理志二·河北道四》云："洺州望，隋武安郡。武德元年，改爲洺州，領永年、洺水、平恩、清漳四縣。二年，陷竇建德。四年，建德平，立山東道大行臺，又立曲周、雞澤二縣。五年，罷行臺，置洺州大總管府，管洺、衛、巖、相、磁、邢、趙八州。"此爲四年、五年事，六年九月始改東都爲洛州（見《舊唐書·高祖本紀》），是皆當作"洺"。《新唐書·高祖本紀》皆作"洺"，《資治通鑑·唐紀五》載武德四年事亦作"洺"，其下胡三省注曰："杜佑曰：洺州，春秋赤狄之地。洺，彌并翻。"又《太平御覽》卷一〇八《皇王部三十三·唐高祖神堯皇帝》引《唐書》亦作"洺"，皆可證。

5.（九年）夏五月辛巳，以京師寺觀不甚清浄，詔曰："……全真守一，是謂玄門，驅馳世務，尤乖宗旨。"（第16—17頁）

宗旨，聞人本誤作"宗音"，沈氏《合鈔》改作"旨"，殿本從之。按：唐釋道宣《廣弘明集》卷二五有唐高祖《出沙汰佛道詔》，正作"宗旨"。

6. 史臣曰:……洎謳謡允屬,揖讓受終,刑名大劃于煩苛,爵位不逾於薖軸。(第18—19頁)

薖軸,聞人本誤作"邁鞧",沈氏《合鈔》改作"薖軸",殿本從之。按:"薖軸",出自《詩經·衛風·考盤》:"考盤在阿,碩人之薖,獨寐寤歌,永矢弗過。考盤在陸,碩人之軸,獨寐寤宿,永矢弗告。"鄭玄箋:"薖,飢意。軸,病也。"又《文選·王融〈三月三日曲水詩序〉》:"沉冥之怨既缺,薖軸之疾已消。"李善注:"謂賢人隱居而離困病也。"吕延濟注:"沉冥、薖軸,皆疾病也。"又引申指在野的賢士。如《晉書·華譚傳》云:"史臣曰……朝廷屬意於求賢,薖軸有懷於干禄。"《舊傳》史臣之語亦此意也。若作"邁鞧",則殊爲不詞。

7. 一旦兵交愛子,矢集申孫。(第19頁)

劉文淇《校勘記》卷一云:"聞本'孫'作'生',沈本作'孫',殿本從之。張氏宗泰云:上文已云'獻公遂間於申生',此不應復,當爲'奚齊'之誤。"今按:"申孫"爲箭名。《國語·晉語四》云:"乾時之役,申孫之矢集於桓鈎。"韋昭注:"乾時戰在魯莊九年。申孫,矢名。鈎,帶鈎也。"是此處當作"申孫",《合鈔》所改甚確。此疑淺人不解"申孫"之語,乃據上文"獻公遂間於申生"而妄改。

再看卷一〇《肅宗本紀》:

8. (二年正月)丙寅,武威郡九姓商胡安門物等叛,殺節度使周佖,判官崔稱率衆討平之。(第245頁)

武威郡,聞人本誤作"武郡",沈氏《合鈔》"武"下補"威"字,殿本從之。按:唐代無"武郡",本卷下文有"武威郡九姓"之稱,《新唐書·肅宗本紀》亦作"武威郡",《資治通鑑·唐紀三十五》則稱"武威九姓",可證《合鈔》是。

9. 二月戊子,幸鳳翔郡。文城太守武威郡九姓齊莊破賊五千餘衆。(第245頁)

五千,聞人本誤作"五十",沈氏《合鈔》改作"五千",殿本從之。按:叛賊作亂,好張聲勢,少則數百,多則千萬,而破賊邀功,亦多虚報。作亂者若僅爲五十餘人,太守擊破之,似不足以彰顯其功績,也難以進入國史的視野,而作"五千"則較合情理。今補一證:《册府元龜》卷六九四《牧守部·武功第二》云:"武齊莊("武"下當有脱文)爲文城太守,破賊安定遠等五千餘衆,盡獲其軍資器械。"[①] 正作"五千"。《合鈔》全文未曾採用《册府元龜》,沈氏改字蓋據唐代一般平亂之情勢與傳寫訛變之規律,而亦若合符契,其於兩《唐書》用功之深,於此亦可窺一斑。

10. (乾元二年七月)丁亥,以兵部尚書、潞州大都督府長史、潞沁節度、霍國公王思禮兼太原尹,充北京留守、河東節度副大使;刑部尚書王璵爲蒲州刺史,充蒲、同、絳三州節度使。(第256頁)

---

① 此據《宋本册府元龜》卷六九四,北京:中華書局,1989年,第2430頁。按:明刻本《册府元龜》"文城"作"交城"。前人對《舊紀》本條地名、人名、官名皆有質疑,此略。

沁，聞人本誤作“泌”，沈氏《合鈔》改作“沁”，殿本從之。按：《資治通鑑·唐紀三十七》云：“（乾元二年七月）以潞沁節度使王思禮兼太原尹，充北京留守、河東節度使。”《新唐書·王思禮傳》亦云：“（思禮）尋兼潞沁等州節度。”可證。唐代中後期有沁州而無泌州（唐初有泌州，後改名唐州），此沁州與潞州爲鄰，故“潞沁”連稱，合爲藩鎮。

11.（乾元三年閏四月己卯）時大霧，自四月雨至閏月末不止。（第259頁）

大霧，聞人本誤作“大露”，沈氏《合鈔》改作“大霧”，殿本從之。按：本書卷三六《天文志下》云：“（三年四月）是時，自四月初大霧，大雨至閏四月末方止。”卷三七《五行志》云：“乾元三年閏四月，大霧，大雨月餘。”《新唐書·五行志》云：“上元元年閏四月，大霧。”《太平御覽》卷一一二引《唐書》云：“時大霧，自四月雨至閏月末不止。”皆可證“大露”字誤。

12.（上元元年八月）丁丑，以太子賓客吕諲爲荆州大都督府長史、澧朗硤忠五州節度觀察處置等使。（第259頁）

荆州，聞人本作“□州”，闕一字，沈氏《合鈔》補作“荆州”，殿本從之。按：本書卷一八五下《吕諲傳》《新唐書·吕諲傳》及《册府元龜》卷八二〇《總録部·立祠》載此事皆作“荆州”，本書卷三九《地理志二》亦云：“上元元年九月，置南都，以荆州爲江陵府，長史爲尹，觀察、制置，一準兩京。以舊相吕諲爲尹，充荆南節度使，領澧、朗、硤、夔、忠、歸、萬等八州。”是此作“荆州”無疑。

13.（元年建巳月庚戌朔）壬子，楚州刺史崔侁獻定國寶玉十三枚：……七曰紅靺鞨，大如巨栗，赤如櫻桃。（第262—263頁）

赤，聞人本誤作“亦”，沈氏《合鈔》改作“赤”，殿本從之。按：此處介紹寶玉的名稱、形狀、大小、顔色等，上已狀大小，此言“如櫻桃”當指顔色，作“赤”正合文義。《太平廣記》卷四〇四引《杜陽雜編》載：“其二曰紅靺鞨，大如巨栗，赤爛若朱櫻，視之可應手而碎，觸之則堅重不可破也。”又《册府元龜》卷二五《帝王部·符瑞第四》云：“七曰靺鞨，大如巨粟（當作“栗”），赤如櫻桃。”是當補“赤”字。

從上面兩卷的文字比較看，殿本《舊唐書》承襲了大量的《合鈔》校改的文字（一些明顯的形誤字，如“官”與“宫”、“潁”與“穎”、“今”與“令”、“孤”與“狐”等字的改正，皆未視作《合鈔》的影響而羅列在此），使得《舊唐書》的文本品質有了大幅提升。但校刊官沈德潛的學識和校勘經驗多有不足，因此《合鈔》還有不少頗具識力的校語没有被殿本吸收。如卷九《玄宗本紀》天寶九載十一月：“辛丑，立周武王、漢高祖廟于京城司置官吏。”《合鈔》於“京城司”下注曰：“（字疑誤或衍）”。今按：以“京城司”或“司置”爲讀皆費解。《百官志》曰：“（天寶）九載，置周武王、漢高祖廟署。”沈氏憑著他對唐代制度與語言的感覺，“京城司”未見用例，實不成詞，“司置官吏”亦頗費解，敏鋭地感覺到“司”字有誤，但又没有找到可以參校的異文，故僅在“司”字下出了一條“疑誤”校記。沈校雖無證據，但極有啓示性，後嘉慶間丁子復撰《唐書合鈔補正》，受此啓發，從《唐會要》中找到了一條珍貴的材料，其卷二二

《前代帝王》載:“九載十一月十六日,周武王、漢高祖于京城内各置一廟,並置官吏。”[①] 據諸家曆表,天寶九年十一月丙戌朔,十六日即爲辛丑,所載與《舊紀》吻合。《會要》作“京城内”,施於《舊紀》,疑礙盡去,且“内”“司”二字形近易訛,故《補正》校曰:“‘司’當作‘内’。”[②] 再聯繫《舊唐書》卷二四《禮志四》文:“(九載)十一月,敕唐承漢後,其周武王、漢高祖同置一廟並官吏。”《册府元龜》卷一七四:“九載十一月,周武王、漢高祖于京城同置一廟,並置官吏。”此兩條書證,亦可證“司”字訛誤。因有語境限制,《唐會要》自當作“内”,《舊志》與《册府元龜》自當作“同”,《舊紀》“司”校作“内”近是,若作“同”屬下亦可通,則此可校誤而存異。這個誤字的抉發,雖然歸功於丁氏,但沈氏“疑誤”的啓迪,也有著不可忽略的作用,它正是後續研究的成功階梯。可惜殿本《考證》完全忽略了沈氏這條“疑誤”校記。今點校本以“司置官吏”爲句,簡直是“後出轉拙”了。

殿本對《合鈔》的采摘,最大的缺陷不在於有所遺漏,也不在於抉擇不精,而在於對《合鈔》異文性質的忽略和盲目的襲用,由此導致了對《合鈔》一些校改訛誤的沿襲。今舉一例以明之:

> 《舊唐書》卷一五八《鄭澣傳》:“文宗登極,擢爲翰林侍講學士。上命撰《經史要録》二十卷,書成,上喜其精博,因摘所上書語類,上親自發問,翰(“澣”字之誤)應對無滯,錫以金紫。”(第4167頁)

按:“摘所上”三字,聞人本原作“以十九”。“以十九書語類”,語義晦澀,似有訛誤。清羅士琳等《舊唐書校勘記》引張宗泰校云:“一本‘摘所上’作‘以十九’,非是。”劉毓崧校亦云:“案《册府》六百一、六百二(今按:《册府元龜》卷六〇二不載。蓋卷六〇一《辯博》《恩賞》兩門皆載此文,校者誤《恩賞門》爲另一卷之故)、六百七皆作‘以十九’,似非誤字。惟文義不甚明析,當考。”[③] 羅氏等雖然有了《册府元龜》三處文字作旁證,但仍不敢作肯定語,原因正在於其“文義不甚明析”。檢《玉海》卷五八《藝文·録》“唐《經史要録》”條引《舊史》云:“鄭澣爲侍講學士,文宗命撰《經史要録》二十卷,書成,上喜其精博,因以十九書語類,上親自發問,澣應對無滯,錫以金紫。”[④] 又《玉海》卷五四《藝文·類書》“唐《十九部書語類》”條引《舊史》亦作“以十九書語類”。《玉海·藝文》所引《舊史》即《舊唐書》,是宋本《舊唐書》亦作“以十九書語類”。舊本及《册府元龜》所引唐國史(《册府元龜》所載中唐以前的文字一般采自唐實録與國史)既然皆作“以十九”,可見原文本當如此。那殿本的“摘所上”三字

① 〔宋〕王溥:《唐會要》,上海:上海古籍出版社,1991年,第502頁。
② 〔清〕丁子復:《唐書合鈔補正》卷一,楊家駱主編:《國學名著珍本彙刊·新舊唐書合鈔并附編十六種》第7册,臺北:鼎文書局,1973年,第3282頁。
③ 〔清〕羅士琳、〔清〕劉文淇等:《舊唐書校勘記》卷五三,《二十五史三編》第6册,長沙:岳麓書社,1994年,第891頁。
④ 〔宋〕王應麟:《玉海》(合璧本),〔日本〕京都:株式會社中文出版社,1977年,第1163頁。

又從何而來呢？武英殿重刊《舊唐書》采用的底本即聞人詮刻本或其抄本，用以校勘的文獻只有《新唐書》《通鑑綱目》《通典》《通志》《文獻通考》《文苑英華》《唐文粹》及《新舊唐書合鈔》等數種。[①]沈德潛氏校改所據的這些文獻，除了《通志》《通考》年代稍晚、内容限於志書方面外，最可議的就是沈氏《合鈔》，而殿本采用最多的偏偏就是《合鈔》，其他幾種其實采用並不多。檢核此條，"摘所上"正是來自《合鈔》。我們考察《合鈔》的這一訂正，與該書其他多處異文一樣，没有别本可用，也没有其他任何文獻依據，而只是沈氏不解文義所臆改的結果。殿本見舊本文字似不可解，而《合鈔》則文從字順，遂不加辨析而遽從之，完全不考慮《合鈔》異文的來源與性質，不顧及異文之間的訛變痕迹，其校改之輕率亦可見一斑。那麽"以十九書語類"到底指什麽呢？其實也簡單，"十九書語類"只是一個書名，它是唐代開元時是光乂編撰的一部書，《崇文總目》卷三、《新唐書·藝文志三》、《宋史·藝文志六》皆有著録（《崇文總目》《宋志》著録書名無"部"字。又《宋志》著者作"晁光乂"，"語類"作"類語"，誤），屬類書。《玉海》卷五四"唐十九部書語類"條引《集賢注記》云："開元二十二年十一月，秘書正字是光乂上《十九部書語類》，敕留院修撰（原注：《崇文目》十卷）。"[②]《新唐書·藝文志三》著録略同。其書今不傳，但據其類别及書名推測，當是選取十九部重要典籍，分類摘抄而成的一部圖書。因其涵蓋面廣，故文宗以此考問鄭澣，鄭澣應對無誤，正可見其淵博，故《册府元龜》卷六〇一《辯博》門采録此文。若從沈氏所改，雖然表面文義顯豁，但以鄭澣本人所撰二十卷書而試之，其"應對無滯"，恐怕也不足爲奇。

此條誤校昭示的意義，不在於殿本的采摘不精，也不在於他們的以不誤爲誤，而在於沈氏《合鈔》文本性質的認識。《合鈔》在編纂與校勘方面都取得了重要成績，但作爲《舊唐書》的一個版本，却有著嚴重的不足，即《合鈔》的文字並無别本來源，其所校改，多採用兩《唐書》和依據唐代制度、地理以及上下文義，是正舊本文字訛脱錯簡者甚夥，但亦夾雜不少僅憑文義而輕改者。沈氏如是編纂《合鈔》，《合鈔》成爲了一個便捷優秀的兩《唐書》讀本，此類輕改並不易凸顯其校勘的弊端，而沈德潛校刻殿版《舊唐書》，但見《合鈔》校改之嫻熟，不考察其異文來源，不推尋其訛誤痕迹，而視之爲一個可以依賴的善本，對其異文一味盲從，往往據之而徑改，此爲令人堪憂之所在。以"以十九"改爲"摘所上"而視之，如此毫無關係的兩組詞，却在毫無文獻依據的條件下實現了悄然替代，那麽殿本《舊唐書》又將展現給人們什麽樣的一個面貌呢？

討論至此，我們要説：從編纂學上説，沈氏《合鈔》堪稱爲兩《唐書》的一個優秀讀本，但從版本學上説，《合鈔》並不是一個善本。而從校勘學上説，沈德潛校刻殿版《舊唐書》，大量

---

① 武英殿刻本卷尾附沈德潛《校刊〈舊唐書〉考證跋語》："姚江聞人詮視學江南，遍訪遺籍，得紀、志于吴中王氏，得列傳于吴中張氏，殘編斷簡，匯而成帙，其書復行於世。然志多闕略，表全散軼，且紀、志中多前後訛舛之文，不能復還其舊也。臣等奉敕校勘，合之《新書》以覈其異同，徵之《通鑑綱目》以審其裁製，博求之《通典》《通志》《通考》與夫《英華》《文粹》諸書，以廣其參訂。而歸安沈炳震《唐書合鈔》一書亦資採取之助。參錯者更之，謬誤者正之，其辭義可疑而無從證據者，俱仍原文，凡以存闕疑、闕文之意也。"

② 〔宋〕王應麟：《玉海》（合璧本），第 1079 頁。

吸收《合鈔》校改的文字,整體上提升了《舊唐書》文本的品質;但其不考《合鈔》異文的來源,錯誤地把《合鈔》視作一個善本,沿襲了《合鈔》中一些無據輕改的文字,在一定程度上又破壞了《舊唐書》原本的面貌,而其遺毒至今還基本保留在《舊唐書》點校本中(因底本即殿本之翻刻本),則學人當警醒焉。

(李玲,江蘇商貿職業學院副教授;武秀成,南京大學文學院教授)

廢止讀經百年的沉思——《史記·禮書》四句暗引經文的注釋何以今不如古？

吕友仁

［摘　要］《史記·禮書》太史公曰的“大路越席，皮弁布裳，朱弦洞越，大羹玄酒”四句，句句暗引經文。裴駰《集解》已經言簡意賅地一一指出了出典，而我們當代三位令人敬仰的《史記》研究名家，不知是没有看懂，還是視而不見，竟然連連失誤，落在古人後面。嘆惋之餘，不禁反思，客觀原因是廢止讀經一個多世紀了，已經有三四代人與經學隔膜了。如果這種局面不改觀，長此下去，不知伊於胡底。百年來也不乏先知先覺者。吕思勉説：“要治古史的，于經學，必不可不先知門徑。”《顧頡剛讀書筆記》第四册有一篇題爲《研究中國古史必由經學入手》的筆記，可謂要言不煩。本文也論證了在遵守學術規範方面的今不如古。

［關鍵詞］　史記·禮書　暗引經文　吕思勉　顧頡剛

《史記·禮書》太史公曰：故大路越席，皮弁布裳，朱弦洞越，大羹玄酒，所以防其淫侈，救其彫敝。①

按：本文所説的四句暗引經文即指“大路越席，皮弁布裳，朱弦洞越，大羹玄酒”而言。四句話，十六個字，較之《史記》一百三十卷，實在微不足道，見微知著可也。

本文所説的“古”，是指南朝宋裴駰《史記集解》。裴駰，《三國志》作者裴松之之子。裴松之，《宋書》有傳。據梁廷燦等《歷代名人生卒年表》，裴松之的生卒年是372年—451年，按照“三十年爲一世”來計算，裴駰大約生於公元400年左右，然則裴駰是大約一千六百年前的一位古代學者。裴駰生活的時代，是士人以讀經爲常課的時代。知者，《宋書·百官志》記載“國子祭酒一人，國子博士二人，國子助教十人。《周易》《尚書》《毛詩》《禮記》《周官》《儀禮》《春秋左氏傳》《公羊》《穀梁》各爲一經，《論語》《孝經》爲一經，合十經”。②

本文所説的“今”，是指當代三位研究《史記》卓有成就的學者，代表了當代研究《史記》的最高水平。他們是：張大可先生《史記全本新注》，三秦出版社，1990年出版（簡稱“張著”）；《全注全譯史記》，天津古籍出版社，1995年出版（姑簡稱“吴著”，蓋此書“前言”出自吴樹平先生手筆也）；韓兆琦先生《中華經典名著全注全譯叢書·史記》，中華書局，2010年出版（簡稱“韓著”）。以上三位學者所處的時代是廢止讀經的時代。民國元年，蔡元培先生以中華民國臨時政府教育總長的身份在《全國臨時教育會議開會詞》（1912年7月10日）中説：“普

① 〔漢〕司馬遷撰，顧頡剛等點校，趙生群等修訂：《史記》（修訂本）第4册，北京：中華書局，2013年，第1366—1367頁。
② 〔南朝梁〕沈約撰，王仲犖點校，丁福林修訂：《宋書》（修訂本），北京：中華書局，2018年，第1228頁。

通教育,廢止讀經;大學校廢止經科,而以經科分入文科之哲學、史學、文學之門。”① 以此爲起點,國民教育進入了一個廢止讀經的時代,迄今已經一個多世紀了。按照三十年一代來計算,已經有三四代人與經學隔膜了。李學勤先生評論此舉説:“當時由於强調接受西學,在這種情況之下,蔡元培先生做了這樣的一個决定。對於這一問題怎麽評價,大家可以見仁見智。可是經學被取消後,幾十年之後我們回過頭來看,確實發現了問題,那就是經學在很長一段時間成了禁區,很少有人願意去研究它,很少有人願意去碰它。”②

本文所説的“今不如古”是指在下列兩個方面的比較:第一,在遵守注釋學術規範方面今不如古。第二,在注釋學術質量方面今不如古。

先説第一個方面,在遵守注釋學術規範方面今不如古。

我國的注釋學術規範源遠流長。《禮記·曲禮上》:“毋勦説。”鄭玄注:“勦,猶擥也,謂取人之説以爲己説。”③ 據王鍔《〈禮記〉成書考》:“《禮記·曲禮》成篇于春秋末期、戰國前期。”④ 如此説來,兩千四百多年前,我國的注釋學術規範就已經問世了。這也是世界上最早的學術規範,它比美國 1906 年初版的《芝加哥手册——寫作、編輯和出版指南》(The Chicago Manual of Style: The Essential Guide for Writers, Editors & Publishers)早了兩千多年。⑤

“毋勦説”三字並没有僅僅停留在紙上,它是一切嚴肅認真的古今學者都恪遵無二的準則。請看:

(1)東漢許慎《説文解字序》:“今叙篆文,合以古籀。博采通人,至於小大,信而有證。”⑥

(2)三國魏何晏《論語集解序》:“今集諸家之善,記其姓名,有不安者,頗爲改易,名曰《論語集解》。”⑦

(3)晉范甯《春秋穀梁傳序》:“今撰諸子之言,各記其姓名,名曰《春秋穀梁傳集解》。”⑧

(4)南朝宋裴駰《史記集解序》:“采經傳百家並先儒之説。”張守節《正義》:“采,取也。或取傳説,采諸子百家,兼取先儒之義。先儒,謂孔安國、鄭玄、服虔、賈逵等是也。”⑨ 按:筆者利用《史記》的電子版作了一個調查,《史記》共有《集解》6683 條,每條《集解》都明言是採取某家之説。謂予不信,可覆按也。

(5)清顧炎武《日知録》卷二十《述古》條下説:“凡述古人之言,必當引其立言之人。古

① 高平叔編:《蔡元培全集》第二卷,北京:中華書局,1984 年,第 262—264 頁。
② 李學勤:《國學的主流是儒學,儒學的核心是經學》,載《中華讀書報》2010 年 8 月 4 日第 15 版。
③〔漢〕鄭玄注,〔唐〕孔穎達正義,吕友仁整理:《禮記正義》,上海:上海古籍出版社,2008 年,第 57 頁。
④ 王鍔:《〈禮記〉成書考》,北京:中華書局,2007 年,第 110 頁。
⑤ 楊玉聖、張保生主編:《學術規範讀本》,開封:河南大學出版社,2004 年,第 188—189 頁。
⑥〔漢〕許慎:《説文解字》,北京:中華書局,1963 年,第 316 頁。
⑦〔三國魏〕何晏集解,〔宋〕邢昺疏:《論語注疏》,北京:北京大學出版社,1999 年,第 7 頁。
⑧〔晉〕范甯注,〔唐〕楊士勛疏:《春秋穀梁傳注疏》,北京:北京大學出版社,1999 年,第 14 頁。
⑨〔漢〕司馬遷撰,顧頡剛等點校,趙生群等修訂:《史記》(修訂本)第 10 册,第 4010—4011 頁。

人又述古人之言，則兩引之，不可襲以爲己説也。”①

⑹清人陳澧《東塾續集》卷一《引書法》：“前人之文，當明引不當暗襲，《曲禮》所謂‘必則古昔’，又所謂‘毋勦説’也。明引而不暗襲，則足見其心術之篤實，又足徵其見聞之淵博。若暗襲以爲己有，則不足見其淵博，且有傷於篤實之道。明引則有兩善，暗襲則兩善皆失之也。”②

⑺梁啓超《清代學術概論》稱贊清代“正統派之學風”説：“凡採用舊説，必明引之，勦説認爲大不德。”③

今人嚴格遵守這條注釋學術規範者也大有人在，姑舉三例：

⑴范文瀾《文心雕龍注·例言》的第四條説：“凡有徵引，必詳記著書人姓氏及書名卷數。”④

⑵裴學海《古書虛字集釋》之《凡例》七：“凡所采前修及時賢之説，其出自何人或何書，皆見於注語中；唯普通之義，爲人所習知者，則間未之及，蓋以無掠美之嫌故也。”⑤

⑶楊伯峻《春秋左傳注·凡例》云：“注釋儘量採取前人及今人研究成果。前人解説，論證可信而文字不繁者，則引用原文。若于原文有所删削，便注明‘詳’某人某書；若于原文略有增改，則注明‘見’某人某書；若因前人之説啓我之心，論證多自己出，則注明‘本’某人某書；若于原説並不全用，則注明‘参’某人某書。至融合前人之説，其論證爲前人所常見，或爲著者之心得，概不注明。注明者，示非剽竊；不注明者，示學術爲公器。”⑥

再説第二個方面，在注釋學術質量方面的今不如古。

先看裴駰《史記集解》對《史記·禮書》這四句暗引經文的注釋：

【集解】⑴服虔曰：“大路，祀天車也。越席，結括草以爲席也。”

【集解】⑵《周禮》曰：“王視朝則皮弁之服。”鄭玄曰：“皮弁之服，十五升白布衣，素積爲裳也。”

【集解】⑶鄭玄曰：“朱弦，練朱絲弦也。越，瑟底孔。”

【集解】⑷鄭玄曰：“大羹，肉湆不調以鹽菜也。”“玄酒，水也。”⑦

首先，《集解》四條注釋的徵引出典，每條都是明引，明白道出是何家之説，驗證了裴駰《史記集解序》所言不虛。

其次，筆者認爲，《集解》的四條注釋都注到了點子上。話雖不多，但對於生活在讀經時代的士子來説，基本上够用了。而對於生活在廢止讀經百年後的我們來説就顯得不够用了。

---

① 〔清〕顧炎武：《日知録》，《景印文淵閣四庫全書》第 858 册，第 849 頁。
② 〔清〕陳澧：《東塾續集》，《近代中國史料叢刊(77)》，臺北：文海出版社，1966 年，第 28 頁。
③ 梁啓超：《清代學術概論》，上海：上海古籍出版社，1998 年，第 47 頁。
④ 范文瀾：《文心雕龍注》，北京：人民文學出版社，1958 年，第 4 頁。
⑤ 裴學海：《古書虛字集釋》，北京：中華書局，1954 年，第 2 頁。
⑥ 楊伯峻：《春秋左傳注·凡例》，北京：中華書局，1990 年，第 2 頁。
⑦ 〔漢〕司馬遷撰，顧頡剛等點校，趙生群等修訂：《史記》(修訂本)第 4 册，第 1366—1367 頁。

但也不要緊，只要我們按照《集解》指引的路子走下去，順藤摸瓜，最後也會滿意而歸。這話是啥意思呢？意思是説，如果我們對《集解》徵引的經文注文没有完全看懂，我們還可以往下看唐人的疏文呀，我們現在有這個有利條件呀。讓我們來試試看。

先看【集解】(1)，服虔是東漢學者，《後漢書·服虔傳》説他"作《春秋左氏傳解》，行之至今"。[①] 按：《後漢書》作者范曄是南朝宋人，所謂"行之至今"的"今"即指南朝宋，所以裴駰能够看到服虔此書。但《隋書·經籍志》説："晉時，杜預又爲《經傳集解》，《左氏》服虔、杜預注俱立國學。至隋，杜氏盛行，服義浸微，今殆無師説。"[②] 就是説，到了隋代，《左傳》一家，立於國學的服虔注已經被杜預注所取代。今傳世之服注，有清人輯本多種，日本學者重澤俊郎輯本一種。不過，不要緊，杜預的《左傳注》，是參考了服虔注的。《左傳·桓公二年》："大路越席。"杜預注："大路，玉路，祀天車也。越席，結草。"比較服、杜兩家之注，何其相似乃爾！《左傳·桓公二年》的"大路越席"四字就是《史記·禮書》"大路越席"的出典。然則，"大路"的意思就基本明白了。或曰：既然是"車"，幹嘛叫做"路"呢？我們可以往下看《左傳·桓公二年》孔穎達疏："路訓大也，君之所在，以大爲號。門曰路門，寢曰路寢，車曰路車，故人君之車，通以路爲名也。《周禮·春官·巾車》：'掌王之五路。'鄭玄云：'王在焉曰路。'彼解天子之車，故云'王在'耳。其實，諸侯之車亦稱爲路。"看了這段孔疏，我們就獲得了對"大路"一詞的完整認識：大路，也叫玉路，是天子或國君祭天時乘坐的車。至於"越席"，我們看了服虔注、杜預注，可能還不够明白，我們也可以看孔穎達疏："越席，結蒲爲席，置於玉路之中以茵藉，示其儉也。"[③] 至此，"越席"的意思我們也基本明白了：就是結蒲草爲席，當作車墊來用。"越席"的"越"字怎樣讀，《集解》没説，是個小遺憾。唐人張守節《史記正義》作了彌補："按：越，户括反。"[④] 即讀作huó。

次看【集解】(2)，根據《集解》提供的《周禮》這一綫索，我們可以很快地找到出典《周禮·春官·司服》："視朝則皮弁服。"鄭玄注："皮弁之服，十五升白布衣，積素以爲裳。"[⑤] 看了這幾句《周禮》的經文和注文，對於不讀經的我們可能還是不太明白：什麽是皮弁？什麽是十五升白布？什麽是積素？一連串的問號。且讓筆者試作回答如下：皮弁是用白鹿皮製作的冠。十五升白布是古代密緻的布。古代布幅的寬度是二尺二寸，八十縷爲一升，十五升就是一千二百縷。而斬衰喪服用的則是三升白布，只有二百四十縷，是最稀疏的布，是孝子極度悲哀的一種外在表示。積素，也叫"素積"，古人上衣下裳，素積就是腰間有皺褶的素裳。我的上述試答，一般的讀者可以通過查閲《漢語大詞典》《漢語大字典》就能解決問題；對於要做深入研究的學者來説，則可以通過閲讀《周禮·春官·司服》的賈公彦疏得到綫索，然後根

① 〔南朝宋〕范曄：《後漢書》，北京：中華書局，第2583頁。
② 〔唐〕魏徵等撰，汪紹楹、陰法魯點校，吴玉貴、孟彦紅修訂：《隋書》第4册，北京：中華書局，2019年，第933頁。
③ 〔晉〕杜預注，〔唐〕孔穎達正義：《春秋左傳正義》，北京：北京大學出版社，1999年，第160頁。
④ 〔漢〕司馬遷撰，顧頡剛等點校，趙生群等修訂：《史記》（修訂本）第4册，第1366頁。
⑤ 〔漢〕鄭玄注，〔唐〕賈公彦疏：《周禮注疏》，北京：北京大學出版社，1999年，第650頁。

據綫索再去順藤摸瓜，窮追到底，就原原本本地徹底弄清楚了。如果你是個有心人，你還會進一步去看看孫詒讓《周禮正義》是怎樣説的，這可是《周禮》研究的頂峰之作，你將會看到這樣的話："依鄭、賈説，則皮弁服白布衣，而以素繒爲裳也。而《史記·禮書》則云'皮弁素裳'，是謂裳亦用布。"[①] 這不就驗證了你的思路是完全正確的嗎！

至此，我們明白了"皮弁布裳"的意思是：皮弁服是天子、國君上朝時的服裝，具體地説，就是頭戴白鹿皮製作的冠，上身是白色的上衣，下身是腰間有皺褶的白色的下裳。

次看【集解】(3)，根據《集解》提供的鄭玄注這條綫索，我們也可以很快地找到出典《禮記·樂記》："《清廟》之瑟，朱弦而疏越，壹倡而三嘆，有遺音者矣。"鄭玄注："《清廟》，謂作樂歌《清廟》也。朱弦，練朱弦，練則聲濁。越，瑟底孔也，畫疏之，使聲遲也。"[②] 按：鄭注簡約，請允許我根據孔穎達疏稍加解釋。《清廟》是《詩經·周頌》中的一篇，小序説："《清廟》，祀文王也。"[③] 所謂"練朱弦"，意思是把瑟上使用的紅色絲弦煮熟，以便達到聲濁的效果。那個"越"字，不讀yuè，而讀huó，意思是瑟底的孔。或曰：《史記》的"洞越"與《禮記》的"疏越"意思一樣嗎？我的回答是："一樣。"因爲"洞"與"疏"是同義詞。《現代漢語詞典》"洞"字的一個義項是"穿透"，[④] 穿透不就是"通"嗎。而"疏"字有"通"的意思，用不着查字典，"疏通"一詞我們今天還經常使用。至此，我們明白了"朱弦洞越"的意思是：演奏《清廟》這首祭祀祖先的詩歌所用的瑟，上面用的是煮熟後的朱色的絲弦，下面的瑟孔是通的。

最後看【集解】(4)，根據《集解》提供的鄭玄注這條綫索，我們也可以很快地找到兩處出典。一處是《禮記·樂記》："大饗之禮，尚玄酒而俎腥魚，大羹不和，有遺味者矣。"鄭玄注："大饗，袷祭先王，以腥魚爲俎實，不臑熟之。大羹，肉湇，不調以鹽菜。"[⑤] 另一處是《禮記·鄉飲酒義》："尊有玄酒，教民不忘本也。"鄭玄注："大古無酒，用水而已。"[⑥] 找到了出處，"大羹、玄酒"的意思也隨之浮出水面：合祭先王時所用的祭品大羹不過是没有任何調料的肉汁而已，所用的玄酒不過是清水而已。

按照裴駰《集解》給出的綫索，筆者對"大路越席，皮弁布裳，朱弦洞越，大羹玄酒"四句作出了上述的現代解釋。如果没有裴駰《集解》的啓示，讓筆者從頭摸索，其難度勢必加大，而結果則很難預料。

下面讓我們看看當代三位學者對《史記·禮書》此四句的注釋。

先看張著的四條注釋：

(1)大路：裝飾樸質的天子用車。越席，蒲草席。

(2)皮弁：鹿皮帽。布裳：白色麻衣。

---

① 〔清〕孫詒讓撰，王文錦、陳玉霞點校：《周禮正義》，北京：中華書局，1987年，第1639頁。
② 〔漢〕鄭玄注，〔唐〕孔穎達正義，吕友仁整理：《禮記正義》，第1458頁。
③ 〔漢〕毛公傳，〔漢〕鄭玄箋，〔唐〕孔穎達正義：《毛詩正義》，北京：北京大學出版社，1999年，第1503頁。
④ 《現代漢語詞典》（第七版），北京：商務印書館，2016年，第315頁。
⑤ 〔漢〕鄭玄注，〔唐〕孔穎達正義，吕友仁整理：《禮記正義》，第1458頁。
⑥ 〔漢〕鄭玄注，〔唐〕孔穎達正義，吕友仁整理：《禮記正義》，第2300頁。

⑶朱弦洞越:《禮記·樂記》:“清廟之瑟,朱弦而疏越。”越,瑟的底孔。

⑷大羹:不調五味的肉湯。玄酒,以水代酒。[①]

按:首先,張著的四條注釋,僅有一條明引,在注釋學術規範上就落在古人後面。其次,其注釋學術質量可議者有四:

第一,“大路:裝飾樸質的天子用車”的注釋,是錯誤的。大路雖然使用了蒲草席,但那只是一種象征,並不意味着大路就是“裝飾樸質的天子用車”。知者,《周禮·春官·巾車》:“王之五路,一曰玉路,鍚,樊纓十有再就,建大常,十有二斿,以祀。”鄭玄注:“王在焉曰路。玉路,以玉飾諸末(車上每一部件的末端都以玉爲飾)。鍚,馬面當盧,刻金爲之,所謂鏤鍚也。樊,讀如鞶帶之鞶,謂今馬大帶也。纓,今馬鞅。玉路之樊及纓,皆以五采罽飾之。”[②]看這架勢,又是“以玉飾諸末”,又是“刻金爲之”,又是“皆以五采罽飾之”,何“裝飾樸質”之有?難怪《左傳·桓公二年》孔疏説:“玉路雖文,亦以越席示儉。”[③]張著這條注釋之所以錯誤,是因爲没有真正找到出典。裴駰《集解》已經明示出典所在,而等閒視之,輕輕放過,令人嘆息。對於徵引的《周禮·巾車》的經文、注文、疏文也没有看懂。

第二,其“布裳:白色麻衣”的注釋,意義含混不明。與裴駰《集解》相比,相差甚遠。裴駰《集解》近在眼前而視而不見,令人嘆息。

第三,“朱弦洞越”,張著指出出典,是一亮點。但僅僅指出出典而不加解説,不要説對於今天的讀者,就是對於南朝宋時代的讀者,怕也不好理解。裴駰《集解》還要帶上鄭玄的注。

第四,“玄酒,以水代酒”的注釋容易讓人産生誤會:酒是有的,出於某種原因,臨時代之以水。而實際上,正如上文徵引鄭玄注:“大古無酒,用水而已。”裴駰《集解》:“玄酒,水也。”相比之下,又遜古人一籌。

其次看吴著的四條注釋:

⑴“大路”,即大輅,天子乘用的禮車。“越席”,越音huó,蒲草編的席。

⑵“皮弁”,古冠名,用白鹿皮製作的禮冠,帝王臨朝時所戴。“布裳”,白麻布做的下裳。上爲衣,下爲裳。裳不是褲子,形制略如長裙。但分爲前後兩片,先繫後片遮後,再繫前片蔽前,男女都穿用。

⑶“朱弦”,瑟上所張的紅色絲弦,據説絲弦經紅色煮染,發音較渾厚。“洞越”,越是瑟底小孔,洞越是將底孔貫通瑟面,爲了使瑟聲低沉。

⑷“大羹”,大音tài,不加調料的肉湯。“玄酒”,其實就是清水,禮中將清水放進空酒樽裏,與酒樽並設,且尊稱之爲玄酒,而設位又在酒樽之上。用大羹、玄酒,都爲了表示不忘古。[④]

按:首先,吴著的四條注釋,均不言其出典,可以説完全忘掉了注釋學術規範。其次,其

① 以上四條注釋,皆見張大可《史記全本新注》第696頁。
② 〔漢〕鄭玄注,〔唐〕賈公彦疏:《周禮注疏》,第838頁,
③ 〔晉〕杜預注,〔唐〕孔穎達正義:《春秋左傳正義》,第160頁。
④ 以上四條注釋,皆見《全注全譯史記》,第1102頁。

注釋的亮點有二：一是“越音huó”的注音，二是“大羹，大音tài”的注音。而其注釋學術質量可議者有二：

第一，“大路，即大輅”的表述欠妥。按：《説文·車部》：“輅，車軨前横木也。”段玉裁《説文解字注》：“《婁敬傳》：‘脱輓輅。’蘇林曰：‘輅，一木横遮車前，二人挽之，一人推之。’若近代用‘輅’爲‘路車’字，其淺俗不足道也。”[①] 張舜徽《説文解字約注》：“徐灝曰：‘軨’字疑衍。軨者，車轖前横木，輅不得言‘軨前’也。”[②] 質言之，“輅”字的本義是“車前横木”，不要輕易地以“輅”釋“路”。

第二，顯而易見，“布裳，白麻布做的下裳”的注釋錯了。對比裴駰《集解》可知，此不復贅。之所以錯了，就是由於不知出典。

最後看韓著的四條注釋：

⑴大路越席：謂大路之中用蒲草之席爲茵藉，示節儉。下三句與此相對成文，用意略同。大路，裝飾質樸的大車。路，即“輅”，古代天子車的一種，用以祀天。《周禮·春官·巾車》稱王有五路，即玉路、金路、象路、革路、木路。木路爲最樸素之車，以木爲之，不覆以革，唯漆之而已。玉路爲最華貴之車，既覆以革，又以玉飾諸末。越席：結蒲草所成之席。

⑵皮弁素裳（cháng）：爲王者視朝的常服。皮弁，古冠名，同白鹿皮制作。布裳：白布做的下衣。上衣爲衣，下衣爲裳。古稱裙爲裳，男女皆穿。

⑶朱弦：樂器上的紅色絲弦。洞越：謂瑟底兩孔相通，使瑟聲遲重。越，瑟底孔。

⑷大羹：古代祭祀時所用不調五味的肉汁。大，同“太”，亦通“泰”。玄酒：上古時祭祀所用代酒之水。[③]

按：首先，韓著的四條注釋，僅有一條明引，在注釋學術規範上也落在古人後面。其次，其注釋的學術質量可議者有三：

第一，“大路，裝飾質樸的大車”的注釋，其錯誤與張著同，此不復贅。“路，即輅”的表述，誤與吴著同，此亦不復贅。更要緊的是，韓著雖然徵引了《周禮·春官·巾車》，講了他的理解。但韓先生並没有看懂。《史記·禮書》的“大路”，與《周禮·春官·巾車》掛鈎的應是五路中的玉路，而韓先生却讓它與木路掛鈎，焉得不誤？

第二，韓著“布裳：白布做的下衣。古稱裙爲裳，男女皆穿”的注釋顯然與《周禮·巾車》鄭玄注大相徑庭，是錯誤的。其正確解釋見裴駰《集解》，此不復贅。

第三，其“玄酒：上古時祭祀所用代酒之水”的注釋也有語病，其誤與張著同，上文已有分解，此不復贅。

行文至此，筆者認爲，當代三位學者對《史記·禮書》這四句暗引經文的注釋，不僅在注釋的學術規範方面比起裴駰《集解》還有不小的差距，而且在注釋的學術質量方面也有不小

---

① 〔清〕段玉裁：《説文解字注》，上海：上海古籍出版社，1981年，第722頁。

② 張舜徽：《説文解字約注》卷二十七，鄭州：中州書畫社，1983年，第54頁B面。

③ 以上四條注釋，皆見韓兆琦《中華經典名著全本全注全譯叢書·史記》，第1852頁。

的差距。在有裴駰《集解》導夫先路的情況下,我們竟然視而不見,以至於失誤迭出,導致"今不如古"的怪像發生,原因何在?

筆者認爲,這既有客觀原因,也有主觀原因。從客觀原因來説,經學廢止一個多世紀了,在這樣的時代背景下,整個史學界,除了少數頭腦清醒的學者外,大多數都成了經學的外行,成了不懂經學的史學家。孔子説:"以不教民戰,是謂棄之。"① 如此説來,打敗仗也在情理之中。從主觀原因來説,恐怕有不少史學家對經史關係還缺乏認識。質言之,不明白"二十四史"中有大量的經學存在,不明白一個優秀的史學家必須首先要有深厚的經學功底的道理。今不揣譾陋,摘録若干古人今人的論述,以資共勉:

⑴劉勰《文心雕龍·史傳》:"立義選言,宜依經以樹則;勸戒與奪,必附聖以居宗。"王運熙、周鋒《文心雕龍譯註》之《史傳》解題云:"第三部分論史書的體制與寫作。指出史書記載王朝的盛衰興廢,要寫出一代的制度和政治演變,表現勸誡與奪之旨,必須徵聖、宗經。"② 如此説來,劉勰這四句話不啻告訴我們,史書中不僅有經學,而且是居高臨下、處於指導思想地位的經學。縱覽"二十四史",事實也正是如此。

⑵張之洞《書目答問》云:"由經學入史學者,其史學可信。"③ 而我們面對的現實是,這一個多世紀以來是廢止經學的時代,但史學研究成果却層出不窮,都可信嗎?

⑶吕思勉先生《中國史籍讀法》:"要治古史的,于經學,必不可不先知門徑。"④

⑷熊十力先生《讀經示要》:"經爲常道,不可不讀。夫學不本於經,即無根柢。"⑤ 熊十力先生雖然是畢生研究哲學,但"夫學不本於經,即無根柢"兩語,何嘗不適用于史學!

⑸《顧頡剛讀書筆記》第4册有一篇題爲《研究中國古史必由經學入手》的筆記。⑥ 又,顧頡剛《擬印行十三經新疏緣起》:"吾國文化,發端絶早,史官紀載,合爲《六經》。凡欲審識我先民締造之歷程與夫古今學術之根源者,燦然之迹,咸在乎是。後代商討,實舉其數爲十三。二千年中,一切政治制度、道德思想無不由兹出發。故《十三經》者,吾國文化之核心也。近世外患日亟,舉國駭驚,喪其所守。自科舉廢而遂謬謂經學無與於人事,大師凋落,後學彷徨。苟由此道而不改,再歷數十年,經學固淪胥以亡,我民族精神其能弗涣離其本耶?"⑦

⑹饒宗頤《新經學的提出——預期的文藝復興工作》:"'五四'以來,把經學納入史學,只作史料來看待,不免可惜!經書是我們的文化精華的寶庫,是國民思維模式、知識涵蘊的基礎;亦是先哲道德關懷與睿智的核心精義、不廢江河的論著。"⑧

① 〔三國魏〕何晏集解,〔宋〕邢昺疏:《論語注疏》,第205頁。
② 王運熙、周鋒:《文心雕龍譯注》,上海:上海古籍出版社,1998年,第139頁、第127頁。
③ 張之洞撰,范希曾補正:《書目答問補正》,上海:上海古籍出版社,2001年,第258頁。
④ 吕思勉:《中國史籍讀法》,《吕思勉全集》第18册,上海:上海古籍出版社,2016年,第374頁。
⑤ 熊十力:《熊十力全集》,武漢:湖北教育出版社,2001年,第558頁、第691頁、第800頁。
⑥ 顧頡剛:《顧頡剛全集·顧頡剛讀書筆記》第4册,北京:中華書局,2011年,第268頁。
⑦ 顧頡剛:《顧頡剛全集·顧頡剛寶樹園文存》卷一,北京:中華書局,2011年,第12頁。
⑧ 饒宗頤:《饒宗頤二十世紀學術文集》卷四,北京:中國人民大學出版社,2009年,2009年,第6頁。

(7)李學勤《我對“國學熱”的幾點看法》：“儒學中最核心的部分則是經學。儘管有人認爲經學不切實際，但無論如何不能否認其在中國傳統學術文化和整個儒學中的核心地位，這也是國學研究最中心、最關鍵的所在。如果不對經學作深入研究，就無從把握中國整個傳統文化的特點。從學術史角度來看，歷史上各個時期的著名學者雖然主張不同，但都要通過經學來表達自己的觀點。因此，對於中國傳統文化的研究不能離開經學的研究，但對經學的研究正是今天國學研究中最薄弱的環節。”①

（吕友仁，河南師範大學文學院教授）

① 李學勤：《我對“國學熱”的幾點看法》，《杭州（下半月）》，2011 年第 3 期。

禮學視野下的三老五更與三老鄉官

葉國良

[摘　要] 華夏人士自古敬老尚齒,此一風尚在後世更衍生出兩種制度。一爲朝廷大老之備受敬重者,即三老五更。一爲應受敬重的地方五十歲以上之基層鄉官三老(類似職官尚有有秩、游徼)。此兩者在社會上均被視爲應受尊敬之人。綜考中國歷代制度,無有勝於漢代者,東漢風俗尤多美談,蓋當時確有足資贊揚者,觀本文所列者即是也。

[關鍵詞] 三老五更　三老鄉官

一、前言

敬老自來爲華夏民族所提倡,《禮記·祭義》論自古尚齒云:

> 昔者有虞氏貴德而尚齒,夏后氏貴爵而尚齒,殷人貴富而尚齒,周人貴親而尚齒。虞、夏、殷、周,天下之盛王也,未有遺年者。年之貴乎天下久矣,次乎事親也。[①]

蓋中華文化推崇長輩,以年長者具經驗及智慧,故世人尊敬之也。於是敬老寖假而形成禮俗,然莫能確定起於何時,但知戰國時代趙國有所謂"國三老"[②]之稱,"三老"之名始見於此。蓋因受人尊重,故人尊稱之也。

後世敬老之俗持續發展,寖假而發展爲兩種具制度性之禮儀:一種即天子所養三老五更,另一種演化爲鄉官中的鄉三老(亦有縣三老、國三老之職)。兹整理禮書及史籍所見資料,以見此禮之發展脉絡如下。

二、論天子之養三老五更

竊以爲尚齒同於尊師之法,亦源起於遠古,尚齒則易趨於尚賢、尚智、尊師也。此事首見於戰國禮書者,有《大戴禮·武王踐阼》,該文載武王登基後,欲求萬世之法,問於諸大夫,對

---

① 〔漢〕鄭玄注,〔唐〕孔穎達正義,吕友仁整理:《禮記正義》卷五十六,上海:上海古籍出版社,2008 年,第 1849 頁。

② 《史記·趙世家》:"(趙)武靈王……,國三老年八十,月致其禮。"見〔漢〕司馬遷《史記》卷四十三《趙世家》,北京:中華書局,1963 年,第 1803 頁。

曰："未得聞也。"於是求之前代文獻：

然後召師尚父而問焉，曰："黄帝、顓頊之道存乎意，亦忽不可得見與？"師尚父曰："在丹書。王欲聞之，則齊矣。"三日，王端冕，師尚父亦端冕，奉書而入，負屏而立。王下堂，南面而立。師尚父曰："先王之道，不北面。"王行西，折而南，東面而立。師尚父西面，道書之言，曰："'敬勝怠者吉，怠勝敬者滅；義勝欲者從，欲勝義者凶。凡事不彊則枉，弗敬則不正，枉者滅廢，敬者萬世。'藏之約，行之行，可以爲子孫恒者，此言之謂也。且臣聞之，以仁得之，以仁守之，其量百世；以不仁得之，以仁守之，其量十世；以不仁得之，以不仁守之，必及其世。"①

上言武王以師道事師尚父，故武王下堂，南面而立。師尚父曰："先王之道，不北面。"故王行西，折而南，東面而立，對師。"師尚父西面，道書之言"。此爲古代文獻上罕見之拜師記載。此事對後世事師之禮有所影響，對後世朝廷養大老爲"三老五更"之文化有傳承關係，而對漢代地方基層之"鄉官"則無影響。（詳下）

《禮記》一書言養老，指朝廷在"太學"中養"三老、五更"。如《祭義》云：

祀乎明堂，所以教諸侯之孝也。食三老五更於大學，所以教諸侯之弟也。②

又言養三老、五更之法云：

食三老、五更於大學，天子袒而割牲，執醬而饋，執爵而酳，冕而揔干，所以教諸侯之弟也。③

此養三老、五更之法，又見《禮記·樂記》，其效果則爲"是故鄉里有齒，而老窮不遺，强不犯弱，衆不暴寡"，而且，明言"此由大學來者也"。④故《祭義》對天子之養三老五更，乃將其提升至對待帝王師的層次。以上所引，吾人不妨視爲戰國儒家語，屬於先秦儒者議論階段之言，當時未必已發展爲具體禮典。漢初，亦有熱情的學者倡議天子將之行於太學。賈山《至言》曰：

天子之尊，四海之内，其義莫不爲臣。然而養三老於大學，親執醬而餽，執爵而

① 〔清〕王聘珍撰，王文錦點校：《大戴禮記解詁》卷六，北京：中華書局，1983年，第103頁。
② 〔漢〕鄭玄注，〔唐〕孔穎達正義，吕友仁整理：《禮記正義》卷五十六，第1854頁。
③ 〔漢〕鄭玄注，〔唐〕孔穎達正義，吕友仁整理：《禮記正義》卷五十六，第1854頁。
④ 〔漢〕鄭玄注，〔唐〕孔穎達正義，吕友仁整理：《禮記正義》卷五十六，第1854頁。

> 酳,祝鐘在前,祝鯁在後,公卿奉杖,大夫進履。……故以天子之尊,尊養三老,視孝也。[①]

此所謂"視孝",雖可解爲"比照孝道",但解爲"示人以孝道"之意,亦無不可,總之,并非視三老爲父。既强調"師事之",則非"父事之"。

除此之外,漢代鄉官之中特設"三老"一職,以倡導優良風俗,尤爲德政。《漢書·高帝紀》載,漢高祖二年,"舉民年五十以上,有修行,能帥衆爲善,置以爲三老,鄉一人。另擇鄉三老一人爲縣三老,與縣令丞尉以事相教,復勿繇戍。以十月賜酒肉"。[②]《高后紀》:"二月,賜民爵,户一級,初置孝弟力田二千石者一人。"[③]《文帝紀》元年三月頒養老詔曰:"老者非帛不煖,非肉不飽。今歲首,不時使人存問長老,又無布帛酒肉之賜,將何以佐天下子孫孝養其親?今聞吏稟當受鬻者,或以陳粟,豈稱養老之意哉!"[④]又十二年詔:"孝悌,天下之大順也。力田,爲生之本也。三老,衆民之師也。廉吏,民之表也。朕甚嘉此二三大夫之行。今萬家之縣,云無應令,豈實人情?是吏舉賢之道未備也。其遣謁者勞賜三老、孝者帛人五匹,悌者、力田二匹,廉吏二百石以上率百石者三匹。及問民所不便安,而以户口率置三老、孝悌、力田常員,令各率其意以道民焉。"[⑤]均見照顧百姓之心。

東漢之初,光武帝雖於中元元年起明堂、辟雍、靈臺等硬體宮殿建築,猶未暇行養老禮。及明帝即位,乃積極推動禮樂教化。明帝永平二年春正月辛未,宗祀光武帝於明堂,帝及公卿列侯冠冕行事,禮畢,登靈臺,使尚書令持節詔驃騎將軍及三公宣佈重大行政方針。二年冬十月壬子,幸辟雍,初行養老禮,且當場賜三老李躬二千石禄以養終厥身,另賜其師桓榮爵關内侯,食邑五千户,尊榮可謂極矣。蓋儒家文化至此時已藴釀成熟,故當時下詔曰:

> 光武皇帝建三朝之禮,而未及臨饗。眇眇小子,屬當聖業。閒暮春吉辰,初行大射;令月元日,復踐辟雍。尊事三老,兄事五更,安車輭輪,供綏執授。侯王設醬,公卿饌珍,朕親袒割,執爵而酳,祝哽在前,祝噎在後。升歌《鹿鳴》,下管《新宫》,八佾具脩,萬舞於庭。朕固薄德,何以克當?《易》陳負乘,《詩》刺彼己,永念慚疚,無忘厥心。三老李躬,年耆學明。五更桓榮,授朕《尚書》。《詩》曰:"無德不報,無言不酬。"其賜榮爵關内侯,食邑五千户。三老、五更皆以二千石禄養終厥身。其賜天下三老酒人一石,肉四十斤。有司其存耆耋,恤幼孤,惠鰥寡,稱朕意焉。[⑥]

---

① 〔漢〕班固:《漢書》卷五十一《賈鄒枚路傳》,北京:中華書局,1962年,第2330頁。
② 〔漢〕班固:《漢書》卷一《高帝紀》,第33頁。
③ 〔漢〕班固:《漢書》卷三《高后紀》,第96頁。
④ 〔漢〕班固:《漢書》卷四《文帝紀》,第113頁。
⑤ 〔漢〕班固:《漢書》卷四《文帝紀》,第124頁。
⑥ 〔南朝宋〕范曄撰,〔唐〕李賢等注:《後漢書》卷二《顯宗孝明帝紀》,北京:中華書局,1965年,第102頁。

至此，明帝等重視傳統儒家禮儀始出，且朝廷與地方并重而設之，此當是依據光武帝所制定之禮儀行之，故可與《後漢書》李賢注所載内容相覆核：

> 養三老、五更之儀，先吉日，司徒上太傅若講師故三公人名，用其德行年耆高者，三公一人爲三老，次卿一人爲五更，皆服絺紵大袍單衣，皁緣領袖中衣，冠進賢，扶王杖。五更亦如之，不杖。皆齋于太學講堂。其日乘輿先到辟雍禮殿，坐于東廂，遣使者安車迎三老、五更。天子迎于門屏，交拜，導自阼階，三老自賓階升，東面。三公設几杖。九卿正履。天子親袒割俎，執醬而饋，執爵而酳。五更南面，三公進供，禮亦如之。明日皆詣闕謝，以其於己禮太隆也。①

明帝永平二年冬十月詔乃朝廷第一次明文且實質針對當時六千多個“鄉”級及縣、郡、國、道以上的三老的賞賜，亦是實質的局部“大酺”，② 及實質的“養老”。明帝在位時期，對天下臣民仍時有賞賜，如永平十五年：“賜天下男子爵，人三級；郎、從官二十歲已上帛百匹，十歲已上二十匹，十歲已下十匹，官府吏五匹，書佐、小史三匹。令天下大酺五日。乙巳，大赦天下，其謀反大逆及諸不應宥者，皆赦除之。”③ 章帝享國日短，但元和二年因黄龍、鸞鳥時見，大賜天下：“其賜天下吏爵，人三級，高年、鰥、寡、孤、獨帛，人一匹。……加賜河南女子百户牛酒，令天下大酺五日。賜公卿已下錢帛各有差；及洛陽人當酺者布，户一匹，城外三户共一匹，賜博士員弟子見在太學者布，人三匹。令郡國上明經者，口十萬以上五人，不滿十萬三人。”④ 又，章和元年秋：“令是月養衰老，授几杖，行糜粥飲食。其賜高年二人共布帛各一匹，以爲醴酪。”⑤ 此令規模雖小，章帝照顧人民之心大足珍惜。章帝之後，皇帝享年多不永，國家亦疲弱，雖或因孝和帝永元三年皇帝加元服，有所賞賜及大酺，⑥ 或因八年“立貴人陰氏爲皇后，賜天下男子爵，人二級，三老、孝悌、力田三級，民無名數及流民欲占者一級；鰥、寡、孤、獨、篤癃、貧不能自存者粟，人五斛”。⑦ 然終東漢之世，寖假而粟漸少，次數亦漸少。

關於東漢學界之論養三老、五更，皇帝與學界之觀點有與後世相異者。前有班固《白虎通》，後有蔡邕《獨斷》。班固《白虎通》卷四云：

---

① 見《後漢書·明帝紀》李賢注引《續漢志》，此當是依據《續漢書·禮儀志》。〔南朝宋〕范曄撰，〔唐〕李賢等注：《後漢書》卷二《顯宗孝明帝紀》，第 103 頁。

② 大酺者，公家允許民衆公開飲酒數日之謂，漢制多則五日，少則二三日，漢時五日休沐一次故也。唐時旬休，而高宗時大酺有至七日者，則天時亦有至九日者，以示普天同慶，亦示當時國家富强之意。其事除見中國史籍外，亦見韓、日、越諸國史籍，如《日本書紀》《高麗史》《大越史記全書》等。

③ 〔南朝宋〕范曄撰，〔唐〕李賢等注：《後漢書》卷二《顯宗孝明帝紀》，第 119 頁。

④ 〔南朝宋〕范曄撰，〔唐〕李賢等注：《後漢書》卷三《肅宗孝章帝紀》，第 152 頁。

⑤ 〔南朝宋〕范曄撰，〔唐〕李賢等注：《後漢書》卷三《肅宗孝章帝紀》，第 157 頁。

⑥ 〔南朝宋〕范曄撰，〔唐〕李賢等注：《後漢書》卷四《孝和孝殤帝紀》，第 171 頁。

⑦ 〔南朝宋〕范曄撰，〔唐〕李賢等注：《後漢書》卷四《孝和孝殤帝紀》，第 181 頁。

王者父事三老、兄事五更者何?欲陳孝悌之德,以示天下也。故雖天子,必有尊也,言有父也;必有先也,言有兄也。天子臨辟雍,親袒割牲,尊三老,父象也。謁者奉几杖,授安車輭輪,供綏執授。兄事五更,寵接禮交,加客謙敬,順貌也。《禮記·祭義》曰:"祀于明堂,所以教諸侯之孝也。享三老、五更于太學者,所以教諸侯悌也。"不正言父、兄,言老、更者何?老者,壽考也,欲言所令者多也。更者,更也,所更歷者衆也。即如是,不但言老,言三何?欲言其明於天地人之道而老也。五更者,欲言其明於五行之道而更事也。三老、五更幾人乎?曰:各一人。何以知之?既以父事,父一而已,不宜有三。①

又卷六云:

王者有暫不臣者五:謂祭尸、受授之師、將帥用兵、三老、五更……不臣三老、五更者,欲率天下爲人子弟。《禮》曰:"父事三老,兄事五更。"②

又《獨斷》云:

天子父事三老者,適成於天地人也。兄事五更者,訓於五品也。更者,長也,更相代至五也,能以善道改更己也。又三老,老謂久也、舊也、壽也,皆取首妻男女完具者。古者,天子親袒割牲,執醬而饋,三公設几,九卿正履,使者安車輭輪送迎而至其家,天子獨拜於屏。其明旦,三老詣闕謝,以其禮過厚故也。又五更或爲叟,叟老稱,與三老同義也。③

以上二文,内容强調"父事""兄事",而論述頗扭曲,故多不爲後人所接受歟?晉司馬彪撰、梁劉昭注補《後漢書志》云:

《孝經援神契》曰:"尊三老者,父象也。謁者奉几,安車輭輪,供綏執授,兄事五更,寵以度,接禮交容,謙恭順貌。"宋均曰:"三老,老人知天、地、人事者。奉几,授三老也。安車,坐乘之車。輭輪,蒲裹輪。供綏,三老就車,天子親執綏授之。五更,老人知五行更代之事者。度,法也。度以寵異之也。"鄭玄注《禮記》曰:"皆年老更

---

① 〔漢〕班固:《白虎通德論》卷四《鄉射》,《中華再造善本》影印元大德九年無錫州學刻本,北京:北京圖書館出版社,2005年,第14頁b。原本"謁者"作"竭忠","輭"作"濡","供"作"恭","諸侯悌"上無"教"字,"老更"作"五更","歷"作"曆",皆據盧文弨校刻本《白虎通》改,盧校本見《抱經堂叢書》,民國十二年直隸書局影印清盧氏抱經堂刻本。
② 〔漢〕班固:《白虎通德論》卷六《王者不臣》,《中華再造善本》影印元大德九年無錫州學刻本,第一頁b。
③ 〔漢〕蔡邕:《獨斷》卷之上,明萬曆二十年新安程氏輯刻《漢魏叢書》本,第七頁a。

事致仕者也。名三、五者，取象三辰五星，天所因以照明天下者。”玄又一注：“皆老人更知三德五事者也。”應劭《漢官儀》曰：“…… 三老、五更，皆取有首妻，男女完具。”①

據上所引注，《孝經援神契》、宋均、鄭玄、應劭之注，知“三老、五更均有首妻，男女完具”，則“尊三老者，父象也”。僅是“父象”，并不父事之。

入晉以後，學界之論養三老、五更，又恢復天子以師道事之之主張。《晉書・王祥傳》載曹魏時天子（即齊王芳）幸太學，王祥以師道自居：

天子幸太學，命祥爲三老。祥南面几杖，以師道自居。天子北面乞言，祥陳明王聖帝君臣政化之要以訓之，聞者莫不砥礪。②

北魏孝文帝太和十六年，“司徒尉元以老遜位。己酉，以尉元爲三老。游明根爲五更。又養國老、庶老”。③ 其具體禮典見《魏書・尉元傳》及《游明根傳》。《尉元傳》述魏孝文帝優詔致禮許其謝老。八月，詔曰：

“元年尊識遠，屢表告退。朕以公秉德清挹，體懷平隱，仁雅淵廣，謀猷是仗，方委之民政，用康億兆，故頻文累札，仍違沖志。而謙光逾固，三請彌切，若不屈從高謨，復何以成其美德也。已許其致仕，主者可出表付外，如禮申遂。”元詣闕謝老，引見於庭，命昇殿勞宴，賜玄冠素服。④

朝廷既然接受其辭，乃順勢推行三老、五更相關禮典：

又詔曰：“夫大道凝虛，至德沖挹，故后王法玄猷以御世，聖人崇謙光而降美。是以天子父事三老，兄事五更，所以明孝悌於萬國，垂教本于天下。自非道高識博，孰能處之？是故五帝憲德，三王乞言，若求備一人，同之古哲，叔世之老，孰能克堪？師上聖則難爲其舉，傅中庸則易爲其選。朕既虛寡，德謝曩哲，更、老之選，差可有之。前司徒、山陽郡開國公尉元，前大鴻臚卿、新泰伯游明根并元亨利貞，明允誠素，少著英風，老敷雅迹，位顯台宿，歸終私第。可謂知始知卒，希世之賢也。公以八十之年，宜處三老之重；卿以七十之齡，可充五更之選。”

---

① 〔晉〕司馬彪撰，〔南朝梁〕劉昭注補：《後漢書志》第四《禮儀上》，〔南朝宋〕范曄撰，〔唐〕李賢等注：《後漢書》，第 3108 頁。
② 〔唐〕房玄齡等：《晉書》卷三十三，北京：中華書局，1974 年，第 988 頁。
③ 〔北齊〕魏收：《魏書》卷七下《高祖紀第七下》，北京：中華書局，1974 年，第 170 頁。
④ 〔北齊〕魏收：《魏書》卷五十《尉元傳》，第 1114 頁。

於是養三老、五更於明堂,國老、庶老於階下。高祖再拜三老,親袒割牲,執爵而饋;於五更行肅拜之禮,賜國老、庶老衣服有差。既而元言曰:"自天地分判,五行施則,人之所崇,莫重於孝順。然五孝六順,天下之所先,願陛下重之,以化四方。臣既衰老,不究遠趣,心耳所及,敢不盡誠!"高祖曰:"孝順之道,天地之經,今承三老明言,銘之于懷。"明根言曰:"夫至孝通靈,至順感幽,故詩云:孝悌之至,通於神明,光於四海。如此則孝順之道,無所不格。願陛下念之,以濟黎庶。臣年志朽弊,識見昧然,在於心慮,不敢不盡。"高祖曰:"五更助三老以言至範,敷展德音,當克己復禮,以行來授。"禮畢,乃賜步挽一乘。

詔曰:"夫尊老尚更,列聖同致;欽年敬德,綿哲齊軌。朕雖道謝玄風,識昧叡則,仰稟先誨,企遵猷旨。故推老以德,立更以元,父焉斯彰,兄焉斯顯矣。前司徒公元、前鴻臚卿明根并以沖德懸車,懿量歸老,故尊公以三,事更以五。雖更、老非官,耄耋罔禄,然况事既高,宜加殊養。三老可給上公之禄,五更可食元卿之俸,供食之味,亦同其例。"①

至於與游明根相關者,其傳云:"其年,以司徒尉元爲三老,明根爲五更,行禮辟雍。語在《元傳》。賜步挽一乘,給上卿之禄,供食之味,太官就第月送之。"② 按:上文有"父事三老,兄事五更"之語,又有"父焉斯彰,兄焉斯顯"之言,然孝文帝既言"雖更、老非官,耄耋罔禄,然况事既高,宜加殊養。三老可給上公之禄,五更可食元卿之俸,供食之味,亦同其例",是仍以臣子視之,并非真以父、兄事之。然自漢代以來,真切者唯此一例而已。

北周時,亦有養三老故事。《周書·于謹傳》載:保定二年,謹以年老,上表乞骸骨,詔留之。三年四月,詔以爲三老。謹上表固辭,詔答不許,又賜延年杖。③《周書·武帝紀》載:"戊午,幸太學,以太傅、燕國公于謹爲三老而問道焉。"④ 高祖親幸太學以食之。《周書·于謹傳》載該次禮典云:

三老入門,皇帝迎拜門屏之間,三老答拜。有司設三老席於中楹,南向。太師、晉國公護升階,設几於席。三老升席,南面憑几而坐,以師道自居。大司寇、楚國公寧升階,正舄。皇帝升階,立於斧扆之前,西面。有司進饌,皇帝跪設醬豆,親自袒割。三老食訖,皇帝又親跪授爵以酳。有司撤訖。皇帝北面立而訪道。三老乃起立於席後。皇帝曰:"猥當天下重任,自惟不才,不知政治之要,公其誨之。"三老答曰:"木受繩則正,后從諫則聖。自古明王聖主,皆虛心納諫,以知得失,天下乃安。

① 〔北齊〕魏收:《魏書》卷五十《尉元傳》,第1114頁。
② 〔北齊〕魏收:《魏書》卷五十五《游明根傳》,第1215頁。
③ 〔唐〕令狐德棻等:《周書》卷十五《于謹傳》,北京:中華書局,1971年,第249頁。
④ 〔唐〕令狐德棻等:《周書》卷五《武帝紀上》,第68頁。

> 唯陛下念之。”又曰：“爲國之本，在乎忠信。是以古人云去食去兵，信不可失。國家興廢，莫不由之。願陛下守而勿失。”又曰：“治國之道，必須有法。法者，國之綱紀。綱紀不可不正，所正在於賞罰。若有功必賞，有罪必罰，則有善者日益，爲惡者日止。若有功不賞，有罪不罰，則天下善惡不分，下民無所措其手足矣。”又曰：“言行者，立身之基，言出行隨，誠宜相顧。願陛下三思而言，九慮而行。若不思不慮，必有過失。天子之過，事無大小，如日月之蝕，莫不知者。願陛下慎之。”三老言畢，皇帝再拜受之。三老答拜焉。禮成而出。[①]

此一對話，所述皇帝、三老堂上方位、面向等禮典較《隋書·禮儀志》尤爲詳明，足以爲據，三老“升席，南面憑几而坐，以師道自居”無疑也。至於君臣問答，雖爲常言，仍爲有國者須念兹在兹者。然自兹而後，史上更無養三老五更之事。

蓋清代乾隆皇帝對歷代皇帝禮敬“三老五更”一事，特撰文反對，認爲天子本自有父，若再父事三老，乃是二父，違反倫常，遂命將其文刻於辟雍碑陰，收入《清朝通志》卷四十三。乾隆對“父事三老，兄事五更”之説極爲在意，故其批駁均集中於此事，而對古人其他記載及相關文獻則不太在意，蓋僅對其捍衛專制政權之私心辯護而已。故其《御製三老五更説》云：

> 三老五更之説，不見於《詩》《書》，其見於《禮記》者，蓋出於漢儒，非孔子之言。惟《左傳》“三老凍餒”之文爲最古，然《傳》謂公聚朽蠹，而三老反不見養遇，非與五更相提并論也。注三老、五更者多矣，或謂上、中、下壽，或謂工、商、農，而不及五更，或謂明天、地、人與五行之事，或謂取象三辰、五星，或謂知三德、五事者，各以臆度，不堪僂指矣。至蔡邕《獨斷》，乃有父事、兄事之説，而《白虎通》之謬，直以爲老、更各一人，且曰“父一而已，不宜有三”，吁！可怪哉！天子養老，即所以教孝於天下，何至以父事之？且即其説“父一而已”，則天子已自有父，今復事一人，是非二父乎？腐儒執虚文而謬大義，真不直一噱耳。邕復解“更”爲“叟”，謂豕、亥之訛。夫叟與老同，既有老，又何藉“叟”爲哉！予以謂三者，天、地、人之數，養老自以三舉其數耳。若夫“五更”，則“更事”之説爲近，而五倫、五常莫不具於此，人數不必其備，行之以敬誠愷悌，則中和位育將在是矣。後儒一切穿鑿之論，何足數哉！[②]

其實史上對三老五更之禮，多言“師事之”，言“父事之”者較少。對於乾隆此説，筆者曾撰文批評之云：

① 〔唐〕令狐德棻等：《周書》卷十五《于謹傳》，第249頁。
② 〔清〕官修：《清朝通志》卷四十三，《文淵閣四庫全書》本。

乾隆强爲之説云:既本有父,又父事三老,是二父也,非禮。然則乾隆維護帝王絶對權力之心,昭昭可鑒。蓋養國老事,隨中古以來帝權之擴張而愈不能實行矣。①

三、論朝廷之養三老鄉官

以上養老之論,其實應分爲兩事,一爲天子養三老五更,二爲朝廷養三老鄉官(地方父老)。西漢之時漢高祖設三老鄉官,吕后之時又設孝悌、力田,同爲性質相近之鄉官,對西漢政權之穩定大有助益。《後漢書·百官志》云:

鄉置有秩、三老、游徼。本注曰:有秩,郡所署,秩百石,掌一鄉人,其鄉小者,縣置嗇夫一人。皆主知民善惡,爲役先後,知民貧富,爲賦多少,平其差品。三老掌教化,凡有孝子順孫,貞女義婦,讓財救患,及學士爲民法式者,皆扁表其門,以興善行。游徼掌徼循,禁司姦盗。又有鄉佐,屬鄉,主民收賦税。②

明帝以國家禮典之規格,除在太學養三老、五更外,實質上仍時以爵位、米糧、牛酒犒勞鄉官,成爲國家常典。直至國力衰微,仍不絶如縷,此乃國史上史官應大加褒揚之事也。③

《後漢書·孝明帝紀》載明帝即位之初即注意照顧下層官吏庶民:中元二年夏四月丙辰,詔曰:"……其賜天下男子爵,人二級;三老、孝悌、力田人三級;爵過公乘,得移與子若同産、同産子,及流人無名數欲自占者人一級;鰥、寡、孤、獨、篤癃粟,人十斛。"④至於章帝,《後漢書·孝章帝紀》:元和二年,九月壬辰,詔:"鳳皇、黄龍所見亭部無出二年租賦。加賜男子爵,人二級;先見者帛二十匹,近者三匹,太守三十匹,令、長十五匹,丞、尉半之。《詩》云:'雖無德與汝,式歌且舞。'"⑤優賜頗隆。

據上,東漢皇帝照顧人民之方式,基本上如章帝建初四年夏四月戊子立皇子慶時之措施:"賜爵,人二級;三老、孝悌、力田人三級;民無名數及流人欲自占者,人一級;鰥、寡、孤、獨、篤癃、貧不能自存者粟,人五斛。"⑥粟的多寡自然是以朝廷財政的寬窘決定之。之所以發展出這個方法,是因一般人很少有爵位超過"公乘"的,而人給三老、孝悌、力田各三級的話,

① 葉國良:《讀史零札四則》,收入《居愚居文獻論叢》,臺北:大安出版社,2011年,第202頁。

② 〔晉〕司馬彪撰,〔南朝梁〕劉昭注補:《後漢書志》第二十八《百官五》,〔南朝宋〕范曄撰,〔唐〕李賢等注:《後漢書》,第3624頁。

③ 學界對於三老的研究,一般認爲:"縣一級的三老在兩漢時大量存在,而郡三老却屈指可數,且武帝的賜帛詔書中也只提到縣、鄉三老而無郡三老,説明武帝時的王賀爲郡三老的可能性非常低。"易言之,吾人對漢代三老鄉官制度仍有未解處。見張寅瀟《西漢王賀三老層級考析》,文載《中國典籍與文化》2019年第3期(總第110期),第126—130頁。

④ 〔南朝宋〕范曄撰,〔唐〕李賢等注:《後漢書》卷二《顯宗孝明帝紀》,第96頁。

⑤ 〔南朝宋〕范曄撰,〔唐〕李賢等注:《後漢書》卷三《肅宗孝章帝紀》,第153頁。

⑥ 〔南朝宋〕范曄撰,〔唐〕李賢等注:《後漢書》卷三《肅宗孝章帝紀》,第137頁。

可以鼓勵人民實心務農，若子弟不幸犯法，也可以用來抵罪。[①]因此，東漢皇帝對百姓的照顧，可謂用心而實惠。直到漢末天下大亂，根本乃開始動摇。《後漢書·孝靈帝紀》云：光和元年，“初開西邸賣官，自關内侯、虎賁、羽林，入錢各有差。私令左右賣公卿，公千萬，卿五百萬。”[②]漢之敗壞，至此遂無法聞問矣。魏、晉以後，中土雖仍施行舊法，然遠不及兩漢矣。

結　論

漢語所謂養老，指應善待年長之人而言。其概念在後世則衍生爲應善待兩類人物：一爲善待備受尊崇之朝廷大老，一爲善待地方五十歲以上之基層鄉官三老（有秩、游徼），此兩者均被視爲應受尊敬之人。綜考中國歷代制度，無有勝於漢代者，東漢風俗尤多美談，蓋當時確有足多者，觀上文所羅列，則知之矣。

此外，朝廷所養三老、五更，在歷史上，有《大戴禮記・武王踐阼》師事之説，後漢明帝時有師事之實，《白虎通》及《獨斷》有父事三老、兄事五更之説，《晉書・王祥傳》則云：“命祥爲三老。祥南面几杖，以師道自居。天子北面乞言。”王祥雖以師道自居，但南面几杖，與先秦禮儀不同。北魏天子父事三老，兄事五更，父事者尉元，兄事者游明根。北周則“三老升席，南面憑几而坐，以師道自居”，于謹既以師道自居，又南面憑几，并不以父道。以上所述，可不計乾隆，以北周以來，早已不行此禮，乾隆僅是舊案重提而已，而亦見歷代禮儀有所不同。

（葉國良，山東大學文學院教授）

① 漢律今亡，零星流傳，無完整者。今人可見之最早者爲《唐律疏議》，其内容姑舉兩條以供類推：“官爵五品以上，犯死罪者，上請，流罪以下，減一等。”“諸七品以上之官及官爵得請者之祖父母、父母、兄弟、姊妹、妻、子孫，犯流罪已下，各從減一等之例。”見劉俊文《唐律疏議箋解》卷二，北京：中華書局，1996年，第119頁、第127頁。

② 〔南朝宋〕范曄撰，〔唐〕李賢等注：《後漢書》卷八《孝靈帝紀》，第342頁。具體賣官之例見《後漢書》卷五十二《崔駰列傳》。

《周禮》五路構建與後世沿革探究

佟 雪

[摘 要] 五路是古代天子專用禮儀性車駕,首見於《周禮》。秦漢未見五路使用記載。晉代開始,五路復盛。後世多依《周禮》增改五路形制。唐宋時期,五路成爲大駕鹵簿核心内容;元明二代,五路式微;清代五路復興,陳列於鹵簿前端,實用性喪失,僅爲禮儀性標誌,後隨皇帝制度一同消亡。從《周禮》構建到後世沿革,五路在車旗顔色、車箱紋飾、升乘方式、車後建旗、功能地位等方面均發生改變,最終名存實異。

[關鍵詞] 五路 鹵簿 實用性 禮儀性

五路即玉路、金路、象路、革路、木路之統稱。首見於《周禮·巾車》,鄭注:"王在焉曰路。"賈疏:"路,大也。王之所在,故以大爲名,諸侯亦然。"[①]則"路"意爲大型車駕。天子與諸侯皆有路。五路爲天子專用禮儀車輛,天子對其有使用權和賜予權。後世多假作"五輅"。《説文》云:"輅,車軨前横木也。"段玉裁注:"近代用'輅'爲'路車'字,其淺俗不足道也。"[②]故本文作"五路"。

關於路車形制及結構的研究成果相對豐富,本文主要關注五路沿革過程,《周禮》五路構建與後世實踐差異,以及五路在鹵簿中功能與地位的轉變。

一、《周禮》五路構建

《周禮》是現存最早論述五路的經典,有王之五路,王后之五路。後代大多沿襲前者,王后車路類型多變。本文所謂五路,實指"王之五路"。按鄭注,五路皆因其諸末[③]所飾而得名。然其形制記載並不明晰:

> 王之五路:一曰玉路,鍚,樊纓十有再就,建大常,十有二斿,以祀;金路,鉤,樊纓九就,建大旂,以賓,同姓以封;象路,朱,樊纓七就,建大赤,以朝,異姓以封;革

---

① 〔漢〕鄭玄注,〔唐〕賈公彦疏,彭林整理:《周禮注疏》中册,上海:上海古籍出版社,2010年,第1029—1030頁。

② 〔漢〕許慎撰,〔清〕段玉裁注,許惟賢整理:《説文解字注·車部》,南京:鳳凰出版社,2007年,第1253頁下欄。

③ 關於"諸末"之意,賈疏:"言諸末者,凡車上之材,於末頭皆飾之。"孫詒讓則認爲:或飾五末。參見〔清〕孫詒讓撰,王文錦、陳玉霞點校:《周禮正義》卷五十二《春官·巾車》,北京:中華書局,1987年,第2145頁。《後漢書志》引徐廣説,以五末指"一轅及衡端、轂頭",參見〔晉〕司馬彪撰,〔梁〕劉昭注補:《後漢書志》卷二十九《輿服志上》,北京:中華書局,1965年,第3647頁。孫機先生提出:多轅車取代獨輈車,則諸末指轅端、轂頭、衡端。參見孫機:《兩唐書輿(車)服志校釋稿》卷一《總序、車輿》,《中國古輿服論叢》(增訂本),上海:上海古籍出版社,2013年,第354頁。

路,龍勒,條纓五就,建大白,以即戎,以封四衛;木路,前樊鵠纓,建大麾,以田,以封蕃國。①

現結合經注疏,將《周禮》五路形制及用法整理如下。

表 1 《周禮》五路形制及用法

<table>
<tr><td></td><td>玉路</td><td>金路</td><td>象路</td><td>革路</td><td>木路</td></tr>
<tr><td rowspan="2">車飾</td><td>鞔革,玉飾諸末</td><td>鞔革,金飾諸末</td><td>鞔革,象飾諸末</td><td>鞔革,漆白</td><td>漆黑</td></tr>
<tr><td colspan="5">軫之方也,以象地也;蓋之圜也,以象天也;
輪輻三十,以象日月也;蓋弓二十有八,以象星也。</td></tr>
<tr><td rowspan="2">馬飾</td><td>鏤錫當盧</td><td>金鉤飾纓</td><td>朱勒</td><td>白黑韋雜色龍勒</td><td>無龍勒</td></tr>
<tr><td>五采樊纓十二就</td><td>五采樊纓九就</td><td>五采樊纓七就</td><td>絛絲樊纓五就</td><td>淺黑樊鵠白纓五就</td></tr>
<tr><td rowspan="2">建旗</td><td>大常十二斿</td><td>大旂九斿</td><td>大赤七斿</td><td>大白五斿</td><td>大麾五斿</td></tr>
<tr><td>絳帛畫日月</td><td>絳帛畫交龍</td><td>通帛</td><td>白</td><td>黑</td></tr>
<tr><td rowspan="2">用法</td><td>以祀</td><td>以賓</td><td>以朝</td><td>以戎</td><td>以田</td></tr>
<tr><td></td><td>封同姓</td><td>封異姓</td><td>封四衛</td><td>封蕃國</td></tr>
</table>

《周禮》五路禮制特點鮮明:

其一,尊卑有序。玉路最尊,金路次之,象路又次,革路再次,木路最後。五路裝飾及纓就、旗斿數目皆依次遞減。此等次序,直到明清才發生改變,主要表現爲木路地位提升。

其二,車色無差。按經注所言,五路以車飾命名,馬飾與建旗等級明顯,車體顏色並無差別。而《禮記·月令》"五時之路",以五色分屬五時,並不可與《周禮》五路强行傅合。五路車色各依方色蓋始於北魏,歷代多有調整。

其三,用法明確。按《周禮·典路》,大祭祀、大喪、大賓客皆陳五路於庭。惟祭祀乘玉路,它事不出,亦不賜諸侯。天子會同、軍旅、吊于四方,專乘一路,玉路外其他三路並從。② 後世至晚自隋唐始,天子大駕祭天,五路俱出;大朝會,五路並陳。

在車後建旗方面,清代金榜、孫詒讓等人與鄭注頗異。金氏據《考工記》之文,認爲玉路建太常,畫日月,十二斿;金路建大旂,畫交龍,九斿;象路建大赤,畫鳥隼,七斿;革路建大白,畫熊虎,六斿;木路建大麾,畫龜蛇,四斿。孫詒讓贊同其説,另提出天子所乘之車皆建太常,而陳列五路時,爲表事,各建它旗。③ 以上争論,並非限於清代,歷代五路沿革中均有討論。自晉以降,車後皆建"左旗右戟";北宋短暫改爲"旂常並建";明清則於竿首設戟形。旗面所繪圖形更是複雜多變。

《周禮》本就頗具宏觀理想色彩,且目前並未發現反映周代五路形象資料,五路是否存在尚待證實。但《書·顧命》《左傳》《禮記》等文獻多有提及"大路""綴路""次路"等車,漢唐禮家注疏釋爲"玉路""金路""象路"之類。後世亦多以《周禮》爲本增改五路形制,主要體

---

① 〔漢〕鄭玄注,〔唐〕賈公彥疏,彭林整理:《周禮注疏》中册,第 1029—1033 頁。
② 〔漢〕鄭玄注,〔唐〕賈公彥疏,彭林整理:《周禮注疏》中册,第 1051—1052 頁。
③ 〔清〕孫詒讓撰,王文錦、陳玉霞點校:《周禮正義》,第 2142、2155、2158 頁。

現在車旗顏色、車箱紋飾、升乘方式、車後建旗等方面。

二、五路從經典走向真實

秦漢大駕,天子乘金根車,並非五路。其以金爲飾,根源於古桑根車(一曰山車),即殷代大路、周代木路。基於此,金根車形制與五路並不存在本質差别。

至於五路何時復盛、晉代是否已有五路諸問題,目前學術界争論不一。

黄楨先生認爲《晉書·輿服志》五路記載並非晉代車輅情況,而是初唐史官雜糅周代及南北朝資料而成。[①]且《宋書·禮志》載"秦改周輅,制爲金根,通以金薄,周匝四面。漢、魏、二晉,因循莫改,逮于大明,始備五輅"[②]之語;另大明四年(460),孝武帝改南郊乘車云:"舊儀乘金根車,今五路既備,依《禮》玉路以祀,亦宜改金根車爲玉路。"[③]皆否定晉代存在五路。

《通典》云:"晉武帝設五輅,爲法駕,旗旍悉取周制,因金根車增其飾;法駕行,五輅各有所主。"[④]以此解釋緣何"中朝大駕鹵簿"不見五路。又云:"東晉元帝始建大輅、戎輅各一,因金根車飾,皆駕黑騮,是爲玄牡。"[⑤]東晉倉促建國,新造車駕在情理當中,其與西晉有無五路並不構成確切關聯。《宋書·禮志》云:"舊有大事,法駕出,五路各有所主,不俱出也。大明中,始制五路俱出。"[⑥]縱其所謂"舊"不知何時,但《宋書》於五路存在之事前後牴牾,必有一非。更有《隋書·禮志》引徐爰[⑦]《釋疑略》曰:"天子五輅,晉遷江左,闕其三,唯有金輅以郊,木輅即戎。宋大明時,始備其數。"[⑧]據此,則"大明始備五路"之語頗具歧義:一曰之前全無,至此齊備五路;二曰之前殘缺,至此齊五之數。其真實含義,尚待進一步推敲。

細考《晉書》五路形制,除繼承《周禮》之外,亦有新創造,且多被沿襲。一是兩車箱後加玳瑁製鵾翅,並以金銀雕飾,後世多稱爲"金鳳翅";二是加棨戟於車後右側,韜以黻繡,上爲亞字,形成車後"左旗右戟"建制。此二點,於《洛神賦圖》中均可找到例證。然其所繪並非五路,且在"重蓋""車輻"等細節之處仍存在諸多難以理清之處。

《周禮》《晉書》所載五路均無實證,其是否已由經典走向真實尚不可定。目前可知最早製造五路的記載,源自《宋書》:"宋孝武大明三年(459),使尚書左丞荀萬秋造五路。"[⑨]荀氏

---

① 黄楨:《中古天子五輅的想象與真實——兼論〈晉書·輿服志〉車制部分的史料構成》,《文史》2014年第4期,第55—73頁。

② 〔梁〕沈約:《宋書》卷十八《禮志五》,北京:中華書局,1974年,第525頁。

③ 〔梁〕沈約:《宋書》卷十八《禮志五》,第523—524頁。

④ 〔唐〕杜佑撰,王文錦、王永興、劉俊文、徐庭雲、謝方點校:《通典》卷第六十四《禮二十四·天子車輅》,北京:中華書局,1988年,第1790頁。

⑤ 〔唐〕杜佑撰,王文錦、王永興、劉俊文、徐庭雲、謝方點校:《通典》卷第六十四《禮二十四·天子車輅》,第1790頁。

⑥ 〔梁〕沈約:《宋書》卷十八《禮志五》,第495頁。

⑦ 徐爰歷仕宋孝武帝、明帝,曾著《宋書》,爲沈約《宋書》底本。

⑧ 〔唐〕魏徵等:《隋書》卷十《禮儀志五》,北京:中華書局,1973年,第208頁。

⑨ 〔梁〕沈約:《宋書》卷十八《禮志五》,第495頁。

直以金根車爲金路,所造五路更接近秦漢制度,與晉制不相關。顯著變化在於車後建旗:玉路、金路建青旂,象路、革路建赤旂,木路建赤麾,爲一朝特例。另改五路駕四馬,與前代不同。

劉宋享國日短,君王也未必稱得上賢明,然其成功將五路從經典引向真實,開啓了南北朝的五路變革,使五路進入歷史上發展最迅速也最混亂的時期。

南朝齊的五路改制最具想象力。顯著變化有:一、車箱上加望板,上帖金博山,爲後世沿襲;二、車後建"左旗右戟",但無黻繡;三、革路如大路形制,建大麾。

齊武帝曾對玉路形制做出重要變革:"永明初,加玉輅爲重蓋,又作麒麟頭,采畫,以馬首戴之。"竟陵王子良以"蓋員象天,軫方法地,上無二天之儀"等理由反對,至明帝建武年間方省重蓋。[①]此不過十數年之事,且當世則知於禮不合,僅憑皇帝一人喜好而定。類似情況在南北朝屢見不鮮。南朝梁初遵南齊制,武帝天監三年(504),依據其所尚之色,改五路旗同用赤而旒不異。[②]

南朝陳經梁末王琳縱火之亂,於世祖天嘉元年(560),令守都官尚書到仲舉造五路及五色副車。[③]《隋書》記其形制,與《晉書》頗相似,故黄楨先生認爲《晉書》有抄襲此時資料之嫌。文獻闕如,無從定論。

相比於南朝,北朝五路發展更具隨意性和創造性。北魏孝文帝太和年間儀曹令李韶詳定車制,唯備五路,各依方色。這是繼《月令》之後,五路車色隨方色的最早記載。孝明帝熙平年间[④]改五路駕五馬,於禮無據。

北周的五路變革,堪稱歷史最複雜。皇帝與皇后之路各分十二等。王之十二路除五路外,新增蒼路、青路、朱路、黄路、白路、玄路、碧路,皆以顔色命名。其制多依《周禮》,分類極其詳細。特别之處在於:一、同劉宋制度,駕四馬;二、車後建旗多以方色,玉路建三辰之常,碧路建青龍之旗,金路建朱鳥之旟,象路建黄麟之旌,革路建白獸之旗,木路建玄武之旐;三、車後右建棨戟改爲闟戟,披以黻。

北周歷五帝,共二十四年,不僅上溯《周禮》,還將"五行學説"發揚光大。然如此繁複的十二路禮制,其實行並非易事,恐理想成分遠大于現實應用,在歷史上如曇花一現,後世基本不用。

三、五路禮制發展的高峰

隋代享國僅三十八年,却將五路禮制推向繁榮。隋之五路既是對《周禮》的回溯,也沿

① 〔梁〕蕭子顯:《南齊書》卷十七《輿服志》,北京:中華書局,1972年,第334—335頁。
② 〔唐〕魏徵等:《隋書》卷十《禮儀志五》,第191頁。
③ 〔唐〕魏徵等:《隋書》卷十《禮儀志五》,第194頁。
④ 按《隋書·禮儀志》記爲"熙平九年",然考北魏孝明帝元詡熙平年號僅三年。《魏書·禮志》記載此事爲熙平年事,但無駕五馬的明確説法。則《隋書》此句真僞擬另作文辯證。詳見〔唐〕魏徵等:《隋書》卷十《禮儀志五》,第195頁;〔北齊〕魏收:《魏書》卷一百八之四《禮志四》,北京:中華書局,1974年,第2814—2818頁。

襲了歷史發展過程中副車制度、五行學説、方色理論以及金鳳翅、"左旗右戟"等形制。《通典》對隋代五路評價甚高,認爲其"遠酌周禮,旗旍藻飾;近約漢制,文質相半"。[①]開皇元年(581),文帝從内史令李德林奏請,廢棄北魏、北周車制,僅保留北魏李韶所制五路。[②]煬帝大業元年(605)詔尚書令楊素、吏部尚書牛弘等改定五於路,增設五副路。

隋代重視五路車身顔色設置,玉路青質、金路赤質、象路黄質、革路白質、木路黑質,使其與所駕六馬用色統一。車後建旗方面:其左,玉路建太常,畫升龍日月;金路建旜,畫飛隼;象路建旌,畫緑麟;革路建旗,畫騶虞;木路建旐,畫玄武。其右,沿襲北周建闟戟,繡黻文,惟廣幅不同。

另有重要變革,在於開啓皇帝坐乘玉路先例。《隋書·何稠傳》記載:舊制,五輅於轅上起箱,天子與參乘同在箱内。稠曰:"君臣同所,過爲相逼。"乃廣爲盤輿,别構欄楯,侍臣立於其中。於内復起須彌平坐,天子獨居其上。[③]此事發生在大業初年,無疑具有劃時代意義。

隋之前的路車形象幾乎難見正史禮圖傳世。敦煌莫高窟中雖有"龍鳳路""牛路""四馬路"畫像,但北朝與隋差别並不明顯,且神話色彩濃重,可信度頗低。其中420窟所繪跪坐乘路車人物形象清晰可見,或可爲佐證。

唐代五路全面繼承隋制,惟車蓋發生重要改變。《新唐書·車服志》載玉路:"青蓋三層,繡飾。上設博山、方鏡,下圓鏡,樹羽。"[④]何爲"青蓋三層"?孫機先生認爲唐路蓋仍爲一重,蓋上所裝自博山演變而成的耀葉却有三層;"三層"指耀葉,"三重"指車蓋。[⑤]這是其與耕根車"青質,三重蓋"的區别。《宋史》記唐顯慶路,即"頂輪三層,外施銀耀葉",[⑥]印證了孫先生説法。

唐代玉路至尊地位更加突出。大駕鹵簿中,皇帝所乘玉路前設傘扇、御馬,護衛衆多;後則跟隨餘四路,再次爲五副路。南北朝及隋大駕記載稀少,就現有資料可知,至晚自隋起,祭天鹵簿則五路並出。五路成爲鹵簿核心内容。

唐代顯慶玉路,製作精良,最具盛名。然高宗不喜乘路,大禮"御輦來往";玄宗以"輦不中禮",開元十一年(723)南郊時"乘輅而往,騎而還"。[⑦]此後皇帝皆騎行鹵簿中。由於皇帝不乘,五路短暫失去其實用性,直至宋代恢復。

考古發現,陝西乾縣懿德太子墓道東西兩壁各繪三輛路車,形制基本符合唐史記載,爲難得的唐代金路圖像資料。然其車後"左旗右戟"正好相反,兩壁皆是。擬推測其爲墓葬鹵簿,與吉凶相變存在關聯,更多證據尚待挖掘。

---

① 〔唐〕杜佑撰,王文錦、王永興、劉俊文、徐庭雲、謝方點校:《通典》卷第六十四《禮二十四·天子車輅》,第1794頁。
② 〔唐〕魏徵等:《隋書》卷十《禮儀志五》,第201頁。
③ 〔唐〕魏徵等:《隋書》卷六十八《何稠傳》,第1597—1598頁。
④ 〔宋〕歐陽修、〔宋〕宋祁:《新唐書》卷二十四《車服志》,北京:中華書局,1975年,第511頁。
⑤ 孫機:《輅》,《中國古輿服論叢》(增訂本),第83頁。
⑥ 〔元〕脱脱等:《宋史》卷一百四十九《輿服志一》,北京:中華書局,1977年,第3479頁。
⑦ 〔後晉〕劉昫等:《舊唐書》卷四十五《輿服志》,北京:中華書局,1975年,第1933頁。

敦煌莫高窟148窟爲盛唐作品,其阿闍世王車路單蓋形制顯然與北朝及隋窟所繪不同,其車箱與懿德太子墓金路甚爲相似。與隋代明顯不同,阿闍世王並非跪坐乘路,車箱内寶座極易辨識。

宋代是鹵簿制度最爲繁榮時期。天子於鹵簿内皆乘路。五路作爲鹵簿核心,在隋唐基礎上走向發展的高峰。兩宋五路改制次數爲歷史最多。宋初五路沿用唐制,而將象路車色改爲淺黄,革路改爲黄,其餘三路不變。元豐年間,禮文局上奏改革車後建旗,去除“右闟戟”等制,是北宋五路變革一大要點:

近制,金輅不以金飾諸末,象輅不以象飾諸末,革輅不鞔,木輅不漆,請改飾四輅。太常則繪三辰,加升龍、降龍,大旂則繪交龍、大赤鳥隼、大白熊虎、大麾龜蛇而去其雲龍,使之應禮。又古者,五輅皆載旗,謂之“道德之車”。《考工記》車戟崇於殳,酋矛崇於戟,各四赤,戟矛皆插車騎,謂之“兵車”。戰國尚武,故增插四戟,謂之“闟戟”。則知德車、武車,固異用矣。漢鹵簿,前驅有鳳凰闟戟,猶未施於五輅。江左以來,五輅乃加棨戟於車之右,韜以黼繡之衣。後周司輅,左建旗,右建闟戟,闟戟方六尺,而被之以黼,皆戾於古。請去五輅闟戟,以應“道德”之稱,而建太常於車後之中央,升輅則由左。①

此次車後建旗討論,與後世金榜等人觀點一致,所據爲《考工記》之説。然神宗並未完全採納如上建議,仍保留闟戟。② 直至政和四年(1114)徽宗詔修正副五路,才正式將延續數百年的“左旗右戟”改爲“旂常並建”。

政和四年,詔改修正副輅,討論製造金、象、革、木四輅,並依新修玉輅制度。旂、常並建,各與輅一色;除去闟戟。改車箱兩轓龜文、鵰翅、左龍、右虎之飾,並用�龍。增蓋弓、博山、流蘇等數,軾衡加和鸞,以合於古。③

同時,晉代以來的“金鳳翅”等紋飾也被改爲蟉龍紋。北宋改制總體目標在於復興《周禮》。關於此,《文獻通考》有更詳細記載:

旂常之制,自漢以來制度殘缺,唐禮五輅皆左建龍旂,右載闟戟,譌謬滋甚。元豐改定郊廟禮文,五輅所載悉如《巾車》之職,又以闟戟非古。政和間禮官請玉輅以太常、大旂建於左右,而去闟戟。厥後郊廟五輅及副車皆建太常。一日並出,觀

① 〔元〕脱脱等:《宋史》卷一百四十五《儀衛志三》,第3405頁。
② 〔元〕脱脱等:《宋史》卷一百四十五《儀衛志三》,第3406頁。
③ 〔元〕脱脱等:《宋史》卷一百四十九《輿服志一》,第3482頁。

者駭焉。至是,造五輅悉倣《周禮》之制。玉輅後左太常,繡日、月、星辰;右龍旂,繡交龍,皆用青羅表裏文繡,下有網鬚謂之茀頭,用青飾,建竿,插於輅後兩柱傍金環之内,竿首飾以鍍金螭頭,垂以金鈸青纓各六,謂之旒繻。竿以桐木,剖竹外護,固以筋膠,布以漆,飾以青藻。旗勢稍重,六人各執叉托之,以助旗力。①

北宋對五路改制最頻繁、最徹底者非徽宗莫屬。宋徽宗鋭意復古,政和三年(1113)至四年(1114)間,先後三次詔改五路顔色及建旗,進一步統一車、馬、旗三者用色。最後一次改制除車色外,最貼近《周禮》,旗縿所繪用《考工記》説法。然實際應用情况無從得知。

圖像資料爲宋代天子五路改制提供佐證。現存最早鹵簿圖,即國家博物館所藏北宋《大駕鹵簿圖書》。據陳鵬程先生考證,其繪於宋仁宗皇祐五年(1053)。②伊沛霞(Patricia B. Ebrey)教授將其與《宋史》記載進行對讀,提出該圖採取了不同方式的簡化。③然圖中五路車蓋施三層耀葉,用色依次爲青、赤、黄、白、黑,車後右建闟戟,車箱以金鳳翅裝飾,確爲北宋政和四年(1114)前形制。

北宋曾多次組織能工巧匠修造玉路。據《夢溪筆談》載,宋仁宗慶曆年間,玉路雖成,但動摇不安;宋神宗元豐年間,玉路亦成,但不慎砸毁。④故北宋一世,仍用唐路。如此,則《大駕鹵簿圖書》所繪玉路,即煊赫一時的"顯慶路"。

除圖畫資料外,現藏遼寧省博物館的北宋皇家鹵簿鍾亦有路車形象。據王明琦先生考證,此鍾爲政和八年(1118)懸掛於改建後宣德樓上的北宋朝鍾。⑤其中路車具有如下特點:車蓋施三層耀葉;車箱裝飾金鳳翅;車後左建旗,右建闟戟;駕四馬;人力前引。此乃政和四年(1114)改制詔令正式實行前之制。由此可推,一則此鍾始造於政和四年(1114)之前;二則徽宗改制並未付諸實踐,路車沿襲不改。但若此鍾爲朝鍾,須遵守天子政令方合情理。此外,宋代圖像資料,如多版本《孝經圖》,所繪路車常駕四馬。此路亦然,並不合天子禮制。至於人力牽引路車的方式起於何時,現有資料未有説明。

北宋五路皆爲金所掠,並未被南宋承繼。宋高宗紹興十二年(1142),新玉路造成;次年又造金、象、革、木四路,而不設副路。

---

① 〔元〕馬端臨:《文獻通考》卷一百十七《王禮十二》,杭州:浙江古籍出版社影印,1988年,第1059頁下欄。

② 學術界就此圖年代、作者及真僞的争議,至今未有定論。吕樹芝先生認爲繪於宋太祖建隆四年(963);陳鵬程先生認爲繪於宋仁宗皇祐五年(1053);陳克雙先生認爲其反映的是宋代大駕出行情况;國家博物館朱敏先生則以其爲"元大駕鹵簿圖卷"。考察圖卷人物、器物、旗幟等元素,宋代特徵更明顯。然雖《文獻通考》有宋太祖建隆四年議定大駕鹵簿之制的記載,史料中并未提及"建隆鹵簿圖"。文獻與傳世北宋鹵簿圖八種之多,其發展演進參見拙作《鹵簿圖演變歷程及譜系研究》,而關於此圖之年代劃定仍待考證。

③ 〔美〕伊沛霞撰,段曉琳譯:《大駕鹵簿:皇家勝景和北宋開封的視覺文化》,中國歷史文獻研究會編:《歷史文獻研究·總第40輯》,2017年,第131—155頁。

④ 〔宋〕沈括:《夢溪筆談》卷十九《器用》,上海:上海書店出版社,2009年,第165頁。另,《玉海》有宋仁宗景祐五年修飾玉金路并慶曆七年親閲新作金玉路,且於皇祐二年明堂法駕乘新玉路往,乘顯慶路還之事。〔宋〕王應麟輯:《玉海》卷第七十九《車服·車輿·慶曆金玉輅》,揚州:廣陵書社影印本,2003年,第1465頁上欄。

⑤ 王明琦:《鹵簿鍾年代研究》,《遼海文物考辨》,瀋陽:遼寧大學出版社,2000年,第196頁。

南宋五路形制與前代差别較大。主要表現在：一、車色轉换。隋以降，金路多爲赤，象路多爲黄。而紹興五路改金路黄，象路赤。蓋欲與車後旗色相同。同時，革路改爲銀褐色。二、規模與形制爲歷史之最。紹興玉路車高一丈九尺，駕士二百三十八人。車轅有鳳辕、推轅、壓轅。行進時，駕六馬，前有衛士推助馬力，後需衛士壓取平衡。三、車箱中設御座。北宋用顯慶路，車箱上置平盤，布褥設几。南宋則以黄香木爲御座設於正中，龍紋裝飾。四、車後建兩旗。左建旗依《周禮》制，旗縿所繪依《考工記》；右則建龍旗。與前代均不相同。遼寧省博物館所藏《鹵簿玉輅圖》即爲"紹興路"形象資料，其與北宋改飾的"顯慶路"差别顯見。

四、五路式微與復盛

遼代在保留本民族輿服制度同時，直接承襲唐代五路，並未受北宋頻繁改制影響。金代則仿宋制爲多。其本就得遼之儀物，滅北宋後又盡得宋之車路。"顯慶輅"仍是金天子行禮的主要車駕，兼具實用價值與禮儀價值。

元代是五路式微的起點。文獻中雖有五路形制記載，僅玉路造成而已。英宗至治元年（1321）崇天鹵簿[①]中惟玉路和腰輿。後雖下令造餘四路，終未成乃罷。[②]考察其對五路形制的構想，車色與駕馬沿用唐制；車箱中設龍椅，依南宋制；車後左建太常十二斿，旗色與車、馬統一，右建闟戟九斿，繡黻文。蓋於唐宋車制皆有借鑒。

明代是五路發展的停滯期。明太祖爲吴王時便注重節儉，車服尚質，曾考《周禮》五路，認爲"玉路太侈"，提倡以木路祀天，雖遭參政張昶反對，仍以"祀在誠敬，豈泥儀文"[③]固持己見。洪武元年（1368）令以銅飾乘輿，六年（1373）命禮官考五路形制，造木路二乘，其一丹漆以祭祀，其一皮鞔以行幸。以上觀點直接改變了五路禮制的命運。至洪武二十六年（1393）始定鹵簿大駕時，僅存玉路，另加大路。明成祖永樂三年（1405）更定鹵簿大駕，設大路、玉路、大馬輦、小馬輦、步輦、大涼步輦等車駕。

明代路輦以紅漆爲主，不飾金玉，近《周禮》木路之制。萬斯同《明史》云："至明用木路，施彩髹，去珠玉之飾，非復前代之浮靡矣。"[④]而其與前代的變革關係，萬氏亦有論及：

> 按輅之建太常旗，用唐五輅建旗之制也；天輪者，即宋五輅之頂輪上有輪三層，以象天圓，中有四柱，以象地方，監乎宋宣和玉輅之制也；平盤、耀葉及黄屋，

① 《新元史》載：延祐七年十二月，英宗即位，始造鹵簿。平章政事拜住進鹵簿圖，帝以唐制用萬二千三百人爲耗財，定大駕爲三千二百人，法駕二千五百人。至治元年，鹵簿成，其目曰儀仗，曰崇天鹵簿，曰外仗，曰儀衛。參見柯紹忞：《新元史》卷九十六《輿服志二·儀仗》，上海：開明書局，民國廿四年（1935），第221頁第3欄。

② 〔明〕宋濂等：《元史》卷七十八《輿服志一》，北京：中華書局，1974年，第1946頁。

③ 〔清〕張廷玉等：《明史》卷六十五《輿服志一》，北京：中華書局，1974年，第1598—1599頁。

④ 〔清〕萬斯同：《明史》卷一百二十九《輿服志一》，上海：上海古籍出版社影印清抄本，2008年，第196頁上欄。

托必推竿之式,監乎宋顯慶輅之制也;帉錔則宋建隆中大輦之飾;幰衣則宋明遠車用之,而繡以瑞羊者也;黄屋瀝水及勾欄,監乎元五輅之制也;門之有簾,輅中有椅,亦因元制。然簾止緣以青綺,視銷金紵絲雲龍簾,則儉矣;椅惟丹漆,視金塗鍮石較碾玉龍椅,則儉矣;架以行馬,自顯慶輅用銀裝行馬始也,明用丹漆,亦以昭其儉爾。①

萬氏説法尚有可商榷之處。如,明代路輦後建太常旂二,形制與唐代"左旗右戟"並不相同;且車箱中設椅,本南宋制度,非始於元代。然其論及車制尚儉之處,誠然。

明代路輦改革有三大特點最爲顯著:一是"前左右"設門,改變前代自後升路的方式。二是車後並建太常,以黄綫羅爲之,十有二斿,每斿内外繡升龍;左旂腰繡日月北斗,竿首設龍首,右旂腰繡黻字,竿首設戟。無疑是對"左旗右戟"的變相恢復。三是大路、玉路駕二象。早在漢代即有象車,但多用於鼓吹。前代五路多駕六馬,駕象自明代始,清代沿用。

現有文獻多記載明前期路輦形制,後世皇帝變革資料寥寥無幾。這顯然與實際不符。臺北故宫博物院藏明《出警入蹕圖》,所繪爲神宗万历十一年(1583)出京謁陵的大駕鹵簿。其路輦形制與明初文獻並不相符,則明中後期必有變革。《春明夢餘録》記明末大朝會陳列鹵簿,不僅路輦名稱改變且數量更減,但其形制終不可曉:

左爲玉輅,右爲大輅。玉輅前爲步輦,大輅前爲朱紅輦。戟氅外,左右設馬二十四,仗下左右鳴鞭各三,馴象各三。此立仗之儀也,至于出行鹵簿大略同,前稍引而長之。②

墓葬考古曾發現明代親王象路。一爲山東濟寧魯荒王墓出土一大一小兩輛木質象路,一爲四川成都蜀王世子墓出土陶質象路。考其形制,則紅漆車身,青飾路蓋,寶珠頂、天輪三層、圓盤、方亭、紅漆椅等車飾均符合明初規定。惟未見車後九斿紅旗。以上出土實物爲瞭解明代親王象路形制,逆推皇太子金路乃至皇帝玉路提供了重要佐助。

與唐代相似,明代鹵簿内雖設豪華路輦,但皇帝多不乘坐。《出警入蹕圖》顯示,明神宗謁陵騎馬前往,乘舟而返。路車自此成爲皇權身份的禮儀性象徵,失去實用價值,伴隨功能轉變漸漸遠離鹵簿核心。

清代是五路的復盛期,也是最後使用五路的朝代。清初路輦基本沿襲明制,直到高宗乾隆八年(1743)才發生轉變。乾隆皇帝改明代路輦名稱,五路之名得以恢復。十三年(1748)新造玉輦,並再次改定車路名稱,最終形成清朝定制。現將明清車路改名關係展示於下:

① 〔清〕萬斯同:《明史》卷一百二十九《輿服志一》,第 197 頁上欄。
② 〔清〕孫承澤著,王劍英點校:《春明夢餘録》卷七《正殿・鹵簿》,北京:北京古籍出版社,1992 年,第 109 頁。

表 2　明清車輅對應關係

明代		清代	
玉路	→	玉路	五輅
大路	→	金路	
大馬輦	→	象路	
小馬輦	→	革路	
香步輦	→	木路	
		玉輦	二輦
涼步輦	→	金輦	
大儀轎	→	禮輿	三輿
大轎	↘（至步輿）	輕步輦	
明轎		步輿	
折合明轎	↗（至輕步輦）		

清代五路兼采唐、宋、明制度,亦不乏當朝創造。顯著特點爲:

其一,木路位次提升。《清史稿》叙五路,先木路,再革路,木路升至第四位;清《三通》叙五路,先木路,再象路,木路升至第三位;現存清代鹵簿圖亦皆將木路繪於第三位。此項改變,文獻並無説明。然《周禮》木路最質,同於殷大路,其余四路均在木路基礎上增飾而成。南朝劉宋時,便將木路與其他四路相區分。明太祖更曾以木路祀天。擬推測清代正是基於此提升木路位次。

其二,車蓋成爲標誌。《周禮》五路以諸末之飾得名,清代則以車蓋飾命名。五路車身皆木質朱漆,不同之處表現於車蓋裝飾及用色。玉路蓋衔玉,青色;金路蓋衔金,黄色;象路蓋红饰衔象牙,紅色;木路蓋黑饰衔花梨木,黑色;革路泥银饰黄羊革,白色。更接近南宋五路用色。

其三,車後建旗變革。其左依《周禮》建旗,然獨創繡紋。太常縿繡日月五星,斿繡二十八宿;大旗各繡金龍;大赤各繡金鳳,大麾各繡神武;大白各繡金虎。其右建旗十二斿,繡升龍。左右竿首設龍頭與戟,沿襲明制。

其四,功能地位轉變。自乾隆十三年(1748)改南郊乘玉輦,創制皇帝乘輿新系統後,五路便只陳列於皇帝大駕、法駕鹵簿中。大駕則居前部,不同於宋以前居鹵簿中後部。蓋前代玉路上載皇帝,是鹵簿核心;明清皇帝不乘路,五路實用性消失,並逐漸邊緣化,僅作爲皇權的禮儀象徵。

清代包含五路形象的圖繪資料異常豐富,有《大駕鹵簿圖》《法駕鹵簿圖》《騎駕鹵簿圖》《乾隆大駕鹵簿圖》,丁觀鵬繪《鹵簿圖》,《康熙南巡圖》《乾隆南巡圖》,康熙六旬《萬壽盛典圖》,乾隆《八旬萬壽盛典圖》,《崇慶皇太后萬壽圖》以及光緒《大婚典禮全圖册》等繪畫、版畫。故宫博物院仍藏有清代五路實物,雖已破損,但風采依然。

《康熙南巡圖》所繪五路反映清初形制,基本繼承明代。然車後左旗繡黻字,竿首用戟,與康熙朝《大清會典》[1]恰好相反,却合乎《清史稿》記載,出現此類錯置的原因尚待進一步研究。

① 〔清〕伊桑阿等纂,關志國、劉宸纓校點:《康熙朝》卷一百三十四《工部·都水清吏司·儀仗一》,楊一凡、宋北平主編:《大清會典》,南京:鳳凰出版社,2016 年,第 1760 頁。

故宫博物院藏丁觀鵬《鹵簿圖》所繪五路頂蓋裝飾近似相同,車後兩旗同爲明黄色。按《大清會典則例》,乾隆十三年(1748)改車後建旗各依五路體色。[①] 據此推測丁圖繪製於乾隆十三年(1748)之前;又據圖注亦用五路之名,則又在乾隆八年(1743)之後。此時尚未更定鹵簿等級,所以圖卷僅以《鹵簿圖》爲名,其實爲乾隆初期的大駕鹵簿圖。

國家博物館所藏清《南郊大駕鹵簿圖卷》、遼寧省博物館所藏清《乾隆大駕鹵簿圖卷》、故宫博物院藏清人繪《法駕鹵簿圖》及其余諸圖反映乾隆改革後的五路形制。

圖文並史,以上圖卷形象直觀地展現了乾隆十三年(1748)前後,清代五路的沿革。

結語

縱觀五路沿革脉络,從《周禮》最初構建,到後世走向真實,五路在車旗顔色、車箱紋飾、升乘方式、車後建旗等方面均不斷變異。同時,其在鹵簿中的功能與地位也發生轉换。最終清代五路較《周禮》五路而言,可謂名存實異。

從根源上講,《周禮》五路發展自殷之大路(即木路);秦漢金根車爲金飾的桑根車,亦即殷之大路。二者同源,無質的差别。南北朝在金根車基礎上,按照《周禮》制度進行增飾,並未改變其本質。隋代起,五路與其最初形制漸行漸遠。

車旗顔色方面,《周禮》五路車色不設差别。北魏始將車色與方色相聯繫,後世多有調整。僅玉路青色、木路黑色較爲固定。隋代將車、馬用色統一,宋代擴展至車、馬、旗三者顔色一致。

車箱紋飾方面,晉代於車箱後增金鳳翅,隋唐改爲車箱紋飾,北宋政和年間去除,恢復《周禮》蟉龍紋。

升乘方式方面,前代自後升路,明代路輦前左右設門,改爲自側升路;前代五路立乘,隋代車箱中起平坐,天子獨居其上,南宋車箱設御坐,元則置龍椅。

車後建旗方面,晉及南北朝右加棨戟,韜以黻繡;北周改爲闟戟,繡黻文;兩宋恢復"旂常並建";元又建闟戟;明代右旗繡黻字,竿首設戟形;清則只設戟形。

功能地位方面,唐之前,天子行禮均乘五路,減損後亦可頒賜皇太子及王公大臣。唐高宗與玄宗後不乘路,北宋即恢復。天子所乘玉路居鹵簿中後,爲核心内容,兼具實用性與禮儀性。明清天子多不乘路。五路居鹵簿前端,起引導作用,爲邊緣内容,僅具禮儀性。清代五路惟用於皇帝大駕與法駕鹵簿,皇后及親王皆不可用。

(佟雪,清華大學人文學院歷史系博士研究生)

---

① 《大清會典則例》卷一百三十八《工部·製造庫》,〔清〕紀昀、〔清〕永瑢等編纂:《景印文淵閣四庫全書》第 624 册,臺北:臺灣商務印書館,1986 年,第 350 頁上欄。

釋《禮記·月令》律吕長度换算

葉静燕

［摘　要］《禮記·月令》記載六律六吕之名，鄭玄注以律數，孔穎達疏以推律過程，疏文簡質，常省步驟，徑言分子，算法靈活，閱讀不易。文章立足鄭注孔疏，梳理律吕演算，以釐清律吕相生之關係。

［關鍵詞］月令；禮記；六律六吕；三分損益法

"律"是定音竹管，十二根長度不同的竹管（律管）可定音之高低，又稱十二律。古人以陰陽區分十二律，陽管謂"律"，陰管謂"吕"，故十二律又稱六律六吕，律、吕以一定比例間隔相生。本文基於《禮記·月令》記載，梳理孔穎達疏文之律吕長度换算過程。

一、律、吕及長度换算之法則

孔穎達疏《月令》"律中大蔟"曰：

> 黄鍾初九也，下生林鍾之初六，林鍾又上生大蔟之九二，大蔟又下生南吕之六二，南吕又上生姑洗之九三，姑洗又下生應鍾之六三，應鍾又上生蕤賓之九四，蕤賓又上生大吕之六四，大吕又下生夷則之九五，夷則又上生夾鍾之六五，夾鍾又下生無射之上九，無射又上生中吕之上六。[①]

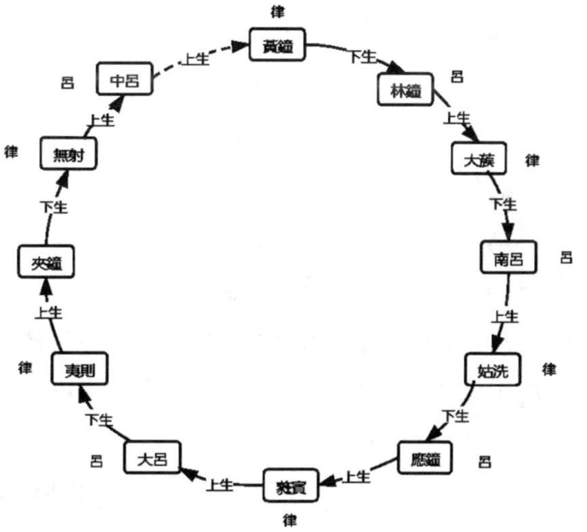

圖一　律吕相生圖

疏文以陽爻標"律"，陰爻標"吕"。則六律爲：黄鐘、大蔟、姑洗、蕤賓、夷則、無射；六吕爲：林鐘、南吕、應鐘、大吕、夾鐘、中吕。"律""吕"以"上生""下生"方式相連接，如圖一所示。

① 〔清〕阮元校刻：《十三經注疏》（上），北京：中華書局，2003 年，第 1354 頁，上一中欄。

"上生"指"三分益一","下生"指"三分損一"。"三分益一"和"三分損一"是兩種推律方法,合稱"三分損益法"。"三分"指律管長度三等分,"損一"即去掉其中一分,使長度變爲原來的三分之二,"益一"即新加一分,使長度變爲原來的三分之四。律管"三分益一"後變長,"三分損一"後變短,故"上生"可理解爲短律向上派生長律,"下生"理解爲長律向下派生短律。十二律的具體律管數值(下簡稱"律數")如表一所示。

表一　十二律數

六律	黄鐘	大蔟	姑洗	蕤賓	夷則	無射
律數	9 寸	8 寸	7 寸 + $\frac{1}{9}$ 寸	6 寸 + $\frac{26}{81}$ 寸	5 寸 + $\frac{451}{729}$ 寸	4 寸 + $\frac{6524}{6561}$ 寸
六吕	林鐘	南吕	應鐘	大吕	夾鐘	中吕
律數	6 寸	5 寸 + $\frac{1}{3}$ 寸	4 寸 + $\frac{20}{27}$ 寸	8 寸 + $\frac{104}{243}$ 寸	7 寸 + $\frac{1075}{2187}$ 寸	6 寸 + $\frac{12974}{19683}$ 寸

依十二律數,可繪製"'三分損益'生律圖"如圖二:

律、吕是兩兩一對的相生關係,每對生律關係中,總有一個作爲出發點的始發律和一個作爲生律對象的所生律。"始發律"和"所生律"以"三分損益法"聯繫在一起,首尾銜接,構成十一對[①]生律關係:

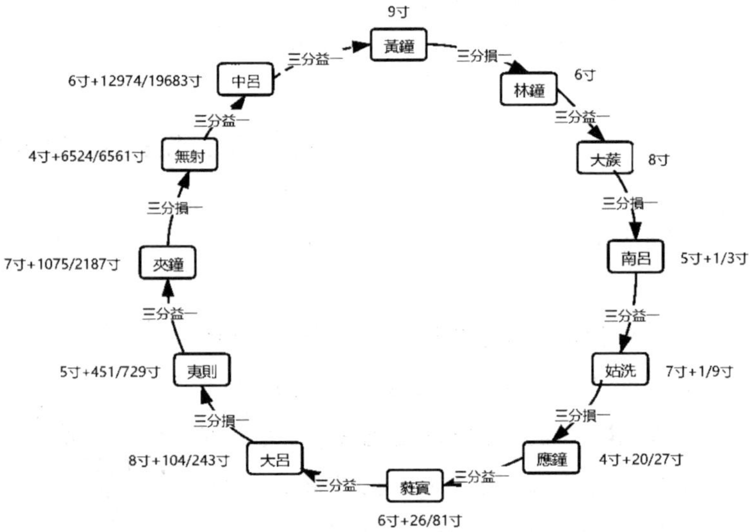

圖二　"三分損益"生律圖

第一,黄鐘生林鐘;第二,林鐘生大蔟;第三,大蔟生南吕;第四,南吕生姑洗;第五,姑洗生應鐘;第六,應鐘生蕤賓;第七,蕤賓生大吕;第八,大吕生夷則;第九,夷則生夾鐘;第十,夾鐘生無射;第十一,無射生中吕。

二、孔穎達疏推律詳釋

孔疏雖然詳細解釋了律吕長度的换算方法,但閱讀不易,原因有三:第一,律數本身隨

① 依據古人設計,中吕最後返歸黄鐘。"中吕生黄鐘"比較特殊,是歷來律學家爭論所在,《月令》疏文僅解釋十一對生律關係。

著推律的深入而變得複雜，增加了計算難度；第二，疏文常省言分母，與今人習慣不同；第三，孔穎達推律形式不定，算法靈活，無形中增添了閱讀難度。因孔疏是理解律呂换算的關鍵，無法迴避，故本文逐次討論十一段律呂長度换算，討論前先列《月令》相關記載，以明出處。

（一）黄鐘生林鐘

《月令》："律中林鍾。"

鄭注："林鍾者，黄鍾之所生，三分去一，律長六寸。"

孔疏："按《律曆志》'黄鍾長九寸'，三分去一，下生林鍾，故林鍾長六寸。"①

《月令》載林鐘，鄭玄注以林鐘和黄鐘的推律關係。黄鐘9寸，利用"三分損一"②的數學法則推出林鐘6寸，生律關係如圖三：

圖三　黄鐘生林鐘

"三分損一"含兩步驟：

第一，"黄鐘三分"：9寸÷3=3寸。

第二，"損一分生林鐘"：9寸－3寸=6寸。

"黄鐘生林鐘"是典型的"三分損一"生律計算，推導步驟如圖四：

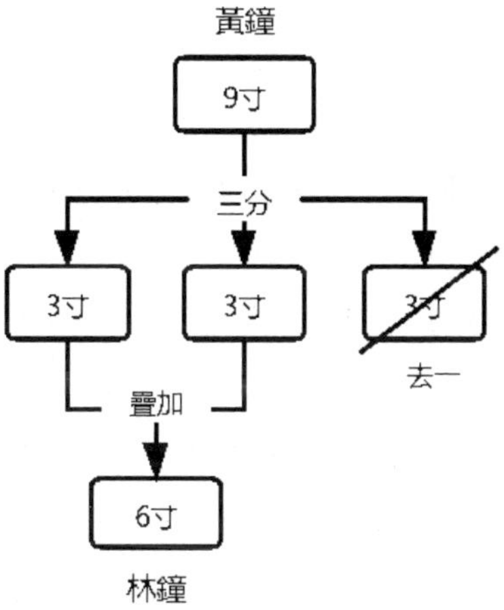

圖四　黄鐘"三分損一"生林鐘

（二）林鐘生大蔟

《月令》："律中大蔟。"

鄭注："大蔟者，林鍾之所生，三分益一，律長八寸。"③

鄭玄注解"大蔟"和"林鐘"的推律關係。已知林鐘6寸，利用"三分益一"法推出大蔟8寸。生律關係如圖五：

圖五　林鐘生大蔟

"三分益一"含兩步驟：

第一，"林鐘三分"：6寸÷3=2寸。

第二，"益一分生大蔟"：6寸+2寸=8寸。

"林鐘生大蔟"是典型的"三分益一"生

① 〔清〕阮元校刻：《十三經注疏》（上），第1370頁，下欄。

② "三分損一"即疏文"三分去一"。

③ 〔清〕阮元校刻：《十三經注疏》（上），第1354頁，上欄。此段孔穎達未解釋推律步驟。

律計算,推導步驟如圖六:

“黄鐘生林鐘”“林鐘生大蔟”分别是“三分損一”和“三分益一”兩種數學方法在推律中的經典應用。作爲推律起點的“黄鐘”和“林鐘”均能整除3。根據這一現象,孔穎達總結出“三分損益”的運算前提:能整除3的整數。

大蔟而下的律數均不能整除3,爲滿足前提,利用“三分損益法”生出新律,孔穎達先從律數裏拆出能整除3的整數,投入推律運算。再用假設、整理新分數等方式變形剩餘律數,以繼續投入運算,兩次結果疊加便爲新律。

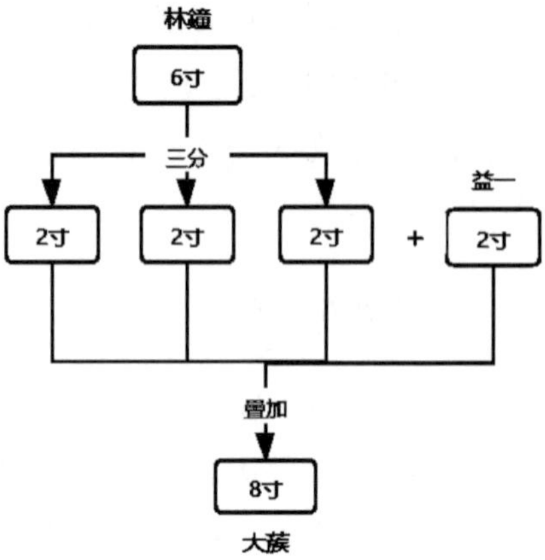

圖六　林鐘“三分益一”生大蔟

(三)大蔟生南吕

《月令》:“律中南吕。”

鄭《注》:“南吕者,大蔟之所生,三分去一,律長五寸三分寸之一。”①

孔《疏》:“大蔟長八寸,三分去一,下生南吕。三寸去一寸,六寸去二寸,得四寸。又有整二寸在,分一寸作三分,二寸爲六分,更三分去一,餘有四分在。以三分爲一寸,益前四寸爲五寸,仍有一分在,故云‘南吕律長五寸三分寸之一’也。”②

據鄭注,南吕生於大蔟。大蔟律長8寸,以“三分損一”法下生南吕“5寸+$\frac{1}{3}$寸”,生律關係如圖七:

圖七　大蔟生南吕

大蔟8寸,孔穎達先拆出6寸“三分損一”:

6寸 ÷ 3=2寸,6寸 − 2寸=4寸

故疏文曰:“六寸去二寸,得四寸,又有整二寸在。”4寸暫置,留待最後疊加。

因餘下2寸不能整除3,故孔氏假設1寸=3分,推出2寸=6分。則2寸可以6分形式“三分損一”:

$$6分 \div 3=2分,6分-2分=4分$$

故疏文曰:“又有整二寸在,分一寸作三分,二寸爲六分,更三分去一,餘有四分在。”“4分”非最簡式,當繼續整理:

$$4分=3分+1分=\frac{3分}{3分/寸}+\frac{1分}{3分/寸}=1寸+\frac{1}{3}寸$$

---

① 古人“某分寸之某”的“分”實際上是説分數綫的意思,“某分寸之某”與“‘某分之某’寸”等效,所以“三分寸之一”寫成公式就是“$\frac{1}{3}$寸”。下文皆依此例,如“九分寸之一”等同“‘九分之一’寸”,寫成“$\frac{1}{9}$寸”。

② 〔清〕阮元校刻:《十三經注疏》(上),第1373頁,中欄。

則 2 寸通過假設變形律數，進入“三分損一”運算得“1 寸 + $\frac{1}{3}$寸”，將此結果與前所得 4 寸疊加，得“5 寸 + $\frac{1}{3}$寸”，是爲南吕之律。故疏文曰：“以三分爲一寸，益前四寸爲五寸，仍有一分在，故云‘南吕律長五寸三分寸之一’也。”此句省言，完整表述當爲：

以三分爲一寸，（則四分爲一寸又一分），（一寸）益前四寸爲五寸，仍有一分在，（一分爲三分寸之一，益前五寸），故云“南吕律長五寸三分寸之一”也。

推導步驟如圖八：

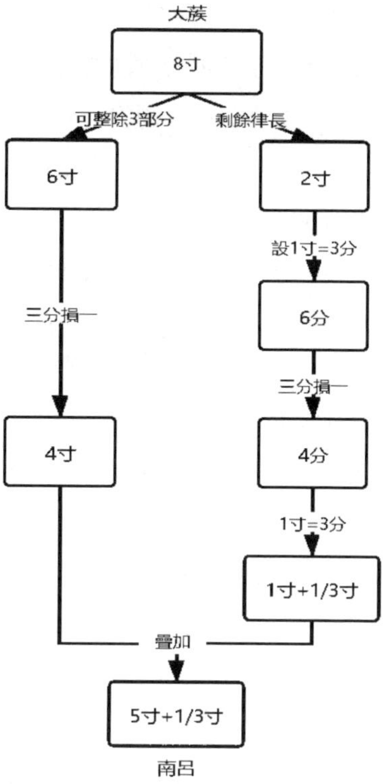

圖八　大蔟“三分損一”生南吕

（四）南吕生姑洗

《月令》：“律中姑洗。”

鄭《注》：“姑洗者，南吕之所生也，三分益一，律長七寸九分寸之一。”

孔《疏》：“南吕長五寸三分寸之一。就南吕三分益一，取三寸，益一寸爲四寸。餘有整二寸三分寸之一，整二寸者各九分之，二九爲十八分，寸[①]之一者爲三分，總二十一分。三七二十一，三分益一，更益七分，總二寸[②]八分。以九分爲一寸，二十七分爲三寸，益前四寸爲七寸，餘有一分在，故云‘律長七寸九分寸之一’。”[③]

據鄭注，姑洗生於南吕。南吕律長“5 寸 + $\frac{1}{3}$寸”，以“三分益一”法上生姑洗“7 寸 + $\frac{1}{9}$寸”，生律關係如圖九：

圖九　南吕生姑洗

“5 寸 + $\frac{1}{3}$寸”先拆出 3 寸“三分益一”：

3 寸 ÷ 3 = 1 寸，3 寸 + 1 寸 = 4 寸

故疏文曰：“就南吕三分益一，取三寸，益一寸爲四寸。”

再變形剩餘律長“2 寸 + $\frac{1}{3}$寸”，假設 1 寸 = 9 分，推出：2 寸 + $\frac{1}{3}$寸 = 2 寸 × 9 分/寸 + $\frac{1}{3}$寸 × 9 分/寸 = 18 分 + 3 分 = 21 分

① 據計算，“寸”前脱“三分”二字，當補，詳下。
② 據計算，“寸”爲“十”之訛，當改，詳下。
③〔清〕阮元校刻：《十三經注疏》（上），第 1363 頁，上欄。

故疏文曰:“餘有整二寸三分寸之一,整二寸者各九分之,二九爲十八分,寸之一者爲三分,總二十一分。”據計算,“之一者爲三分”前脱“三分”二字,當補。“2 寸+$\frac{1}{3}$寸”變形爲“21 分”進入“三分益一”運算:

$$21\text{ 分} \div 3 = 7\text{ 分},21\text{ 分} + 7\text{ 分} = 28\text{ 分}$$

故疏文曰:“三七二十一,三分益一,更益七分,總二寸八分。”據計算,“寸”爲“十”之誤,當改。“28 分”非最簡式,當繼續整理:

$$28\text{ 分} = \frac{28\text{ 分}}{9\text{ 分}/\text{寸}} = \frac{27\text{ 分}+1\text{ 分}}{9\text{ 分}/\text{寸}} = \frac{9\text{ 分}\times 3}{9\text{ 分}/\text{寸}} + \frac{1\text{ 分}}{9\text{ 分}/\text{寸}} = 3\text{ 寸} + \frac{1}{9}\text{寸}$$

故疏文曰:“以九分爲一寸,二十七分爲三寸,益前四寸爲七寸,餘有一分在,故云‘律長七寸九分寸之一’。”此句省言,完整表述當爲:

> 以九分爲一寸,二十七分爲三寸,益前四寸爲七寸,餘有一分在,(一分當九分寸之一,益前七寸),故云“律長七寸九分寸之一”。

則“2 寸+$\frac{1}{3}$寸”變形爲 21 分後進入“三分益一”運算得“3 寸+$\frac{1}{9}$寸”,將此結果與前所得 4 寸累加,得“7 寸+$\frac{1}{9}$寸”,是爲姑洗之律。推導步驟如圖十:

大蔟而下,推律步驟變多。我們産生如下疑問:“三分損益法”是否隨著推律的深入變複雜了呢?爲便於説明,列圖如圖十一、圖十二。由圖可知,“三分損益”推律運算對應黑框

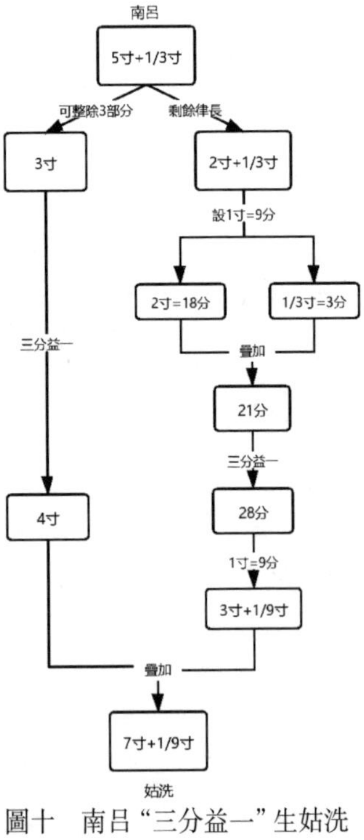

圖十　南呂“三分益一”生姑洗

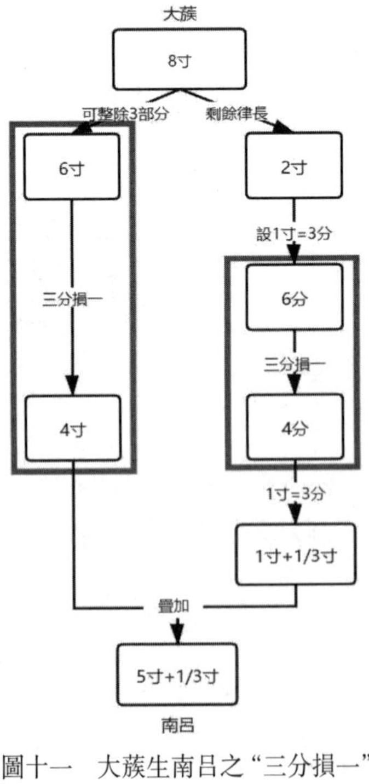

圖十一　大蔟生南呂之“三分損一”

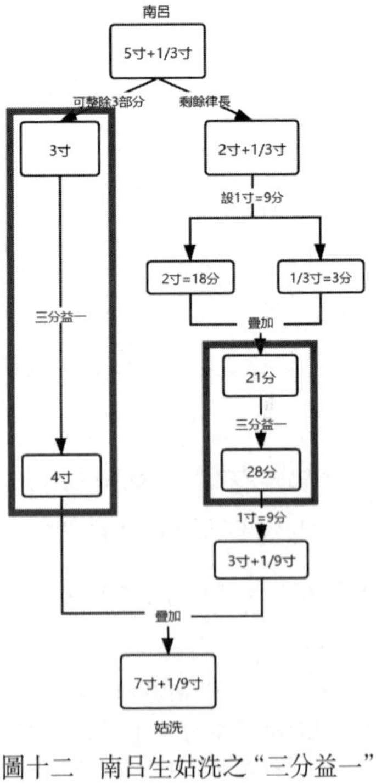

圖十二　南呂生姑洗之“三分益一”

内步驟，框外步驟並不參與運算，目的是變形律數進入“三分損益”運算。隨著推律的深入，律數變得複雜：“大蔟”至“南吕”，律數從整數變爲分數；“南吕”至“姑洗”，整數和分數數值均增大。當律數複雜到一定程度，便與孔穎達對“三分損益法”的前提認識矛盾。要解決這個矛盾，需變形律數，孔穎達先之以“拆律法”：如圖十一從 8 寸中拆出 6 寸，圖十二從“5 寸 + $\frac{1}{3}$寸”中拆出 3 寸；又續之以“假設法”：如圖十一、十二通過假設將“2 寸”“2 寸 + $\frac{1}{3}$寸”轉爲“6 分”“21 分”。這也是爲什麽用“三分損益法”推律，步驟愈來愈多的原因：在“整除 3 的整數”這一前提下，孔穎達不得不犧牲計算的簡潔，用增冗步驟的方式將律數變形爲“整除 3 的整數”，以滿足條件進入“三分損益”運算，故黑框外的步驟隨著推律的進行變多。黑框内的核心步驟實際並未改變，但内外交織，容易模糊視綫。因此，有必要將“三分損益”運算和變形律數的步驟剥離，换言之，明晰黑框内外邊界才能較好釐清疏文的生律邏輯。

（五）姑洗生應鐘

《月令》：“律中應鍾。”

鄭《注》：“應鍾者，姑洗之所生，三分去一，律長四寸二十七分寸之二十。”

孔《疏》：“姑洗之律長六[①]寸九分寸之一。三分去一，則六寸去二寸，有四寸在。餘有整一寸九分寸之一，更三分，一寸爲二十七分，九分寸之一爲三分，并二十七分，總爲三十分。三分去一，去其十分，餘有二十分在，故云‘應鍾律長四寸二十七分寸之二十也’。”[②]

據鄭注，應鐘生於姑洗。姑洗律長“7 寸 + $\frac{1}{9}$寸”，以“三分損一”法下生應鐘“4 寸 + $\frac{20}{27}$寸”，生律關係如圖十三：

圖十三　姑洗生應鐘

姑洗拆出 6 寸“三分損一”，得 4 寸。

再變形剩餘律數“1 寸 + $\frac{1}{9}$寸”，疏曰：

餘有整一寸九分寸之一，更三分，一寸爲二十七分，九分寸之一爲三分，并二十七分，總爲三十分。

這句話不太容易理解，“更三分”的“三分”和“三分損益法”的“三分”意思相同嗎？“一寸”“九分寸之一”如何通過“三分”的方法變成“二十七分”“三分”？“二十七分”“三分”具體指什麽？爲什麽要相加得三十分？

---

① 據上段疏文及本段疏文的計算，“六”爲“七”之訛，當正。

② 〔清〕阮元校刻：《十三經注疏》（下），北京：中華書局，2003 年 2 月，第 1380 頁，下欄。

要釐清這些疑問,有必要先理解孔穎達"三分損益法"認識的變化。一開始,"三分損益法"的運算前提是"整除 3 的整數",故孔穎達假設條件將"整數+分數"結構的律數變形爲"整除 3 的整數",後將分數納入運算範圍,"三分損益法"的前提因而擴大爲"整除 3 的數,包括分數"。"1 寸+$\frac{1}{9}$寸"也因此得以變形爲"能整除 3 的分數"。"整數+分數"這類結構存在一條數字邏輯:整數所需分母是分數分母的三倍。則"1 寸+$\frac{1}{9}$寸"的變形順序是:先算 1 寸所需分母是$\frac{1}{9}$寸分母的三倍:$9\times3=27$。1 寸對應分子 27,$\frac{1}{9}$寸對應分子 $1\times3=3$,分子總和 $27+3=30$。

則疏文"更三分"的"三分"實際上指"乘以三倍",和"三分損益法"的"三分"指"除以三倍"不同;"一寸爲二十七分,九分寸之一爲三分"中的"二十七分""三分"分别指 1 寸和$\frac{1}{9}$寸的對應分子。"總爲三十分"中的"三十分"是分子總和。

將"1 寸+$\frac{1}{9}$寸"轉爲分母 27,分子 30 的新分數,再對分子"三分損一":

$$30\div3=10,30-10=20$$

故疏文曰:"三分去一,去其十分,餘有二十分在。"20 與新分母 27 組裝得$\frac{20}{27}$寸。則"1 寸+$\frac{1}{9}$寸"變形爲$\frac{30}{27}$寸後進入"三分損一"運算得$\frac{20}{27}$寸,將其與前所得 4 寸疊加,得"4 寸+$\frac{20}{27}$寸",是爲應鐘之律。推導步驟如圖十四:

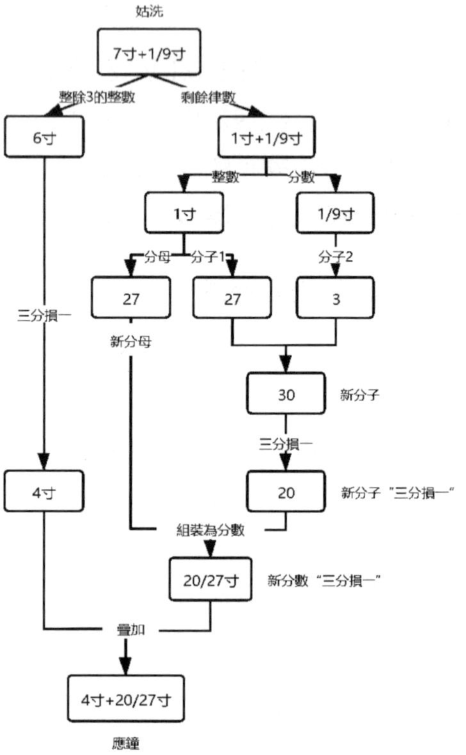

圖十四　姑洗"三分損一"生應鐘

"姑洗生應鐘"是典型的分數轉化例,將拆律剩下的"整數+分數"結構的律數變形爲"能整除 3 的分數",變形順序是先"同":找出公分母(新分母)爲分數分母的 3 倍,變形後,整數部分和分數部分的分母都變爲了這個公分母(新分母);再"分":分别算整數和分數的對應分子;最後"和":疊加得新分子。定好分母後,對新分子"三分損一",將"三分損一"結果與新分母組裝爲分數,即爲剩餘律數的推律結果。這樣的步驟從實際出發,先定好分母擱置一旁,然後去算分子。通過此例的律吕推演,可窺悉古人如何進行分數運算。以下所有生律計算,孔穎達都用這種辦法變形拆律剩下的律數。

(六)應鐘生蕤賓

《月令》:"律中蕤賓。"

鄭《注》:"蕤賓者,應鍾之所生,三分益一,律長六寸八十一分寸之二十六。"

孔《疏》：“應鍾律長四寸二十七分寸之二十，上生蕤賓。三分益一，取應鍾三寸，更益一寸爲四寸。其二十七分寸之二十各三分之，則一寸分爲八十一分也，二十七分寸之二十則爲八十一分寸之六十，其整寸一爲八十一分，又以六十分益之，總爲一百四十一分。更三分益一，一分有四十七，更以四十七益前一百四十一分，總爲一百八十八分，是爲積分之數。除之爲寸，除八十一分，則一百六十二分爲二寸，益前四寸爲六寸，餘有二十六分，不成寸，故云‘蕤賓長六寸八十一分寸之二十六’也。”①

據鄭注，蕤賓生於應鐘。應鐘律長“4寸+$\frac{20}{27}$寸”，以“三分益一”法上生蕤賓“6寸+$\frac{26}{81}$寸”，生律關係如圖十五：

圖十五　應鐘生蕤賓

應鐘拆出3寸“三分益一”，得4寸。

再變形剩餘律長“1寸+$\frac{20}{27}$寸”，疏文曰：

其二十七分寸之二十各三分之，則一寸分爲八十一分也，二十七分寸之二十則爲八十一分寸之六十，其整寸一爲八十一分，又以六十分益之，總爲一百四十一分。

這句話的意思是：1寸所需分母依$\frac{20}{27}$寸而定。$\frac{20}{27}$寸的分子、分母要乘以三倍。則1寸所需分母：$27\times3=81$，對應分子81；$\frac{20}{27}$寸對應分子$20\times3=60$，分子總和$81+60=141$。則“1寸+$\frac{20}{27}$寸”被轉爲分母81，分子141的新分數。

新分子“三分益一”：

總爲一百四十一分，更三分益一，一分有四十七，更以四十七益前一百四十一分，總爲一百八十八分，是爲積分之數。

列式爲：$141\div3=47$，$141+47=188$。與新分母組裝得$\frac{188}{81}$寸。$\frac{188}{81}$寸非最簡式，繼續整理：

$$\frac{188}{81}\text{寸}=\frac{162+26}{81}\text{寸}=\frac{162}{81}\text{寸}+\frac{26}{81}\text{寸}=\frac{81\times2}{81}\text{寸}+\frac{26}{81}\text{寸}=2\text{寸}+\frac{26}{81}\text{寸。}$$

即“1寸+$\frac{20}{27}$寸”變形後進入“三分益一”運算，得“2寸+$\frac{26}{81}$寸”，將其與前所得“4寸”累加，得“6寸+$\frac{26}{81}$寸”，是爲蕤賓律長。故疏文曰：“總爲一百八十八分，是爲積分之數。除之爲寸，除八十一分，則一百六十二分爲二寸，益前四寸爲六寸，餘有二十六分，不成寸，故云

① 〔清〕阮元校刻：《十三經注疏》(上)，第1369頁，上欄。

‘蕤賓長六寸八十一分寸之二十六’也。”此句省言,完整表述當爲:

總爲一百八十八分,是爲積分之數。除之爲寸,除(分母)八十一分,則(分子)一百六十二分爲二寸,益前四寸爲六寸,餘有(分子)二十六分,不成寸,(爲八十一分寸之二十六,益前六寸),故云“蕤賓長六寸八十一分寸之二十六”也。

推導步驟如圖十六:

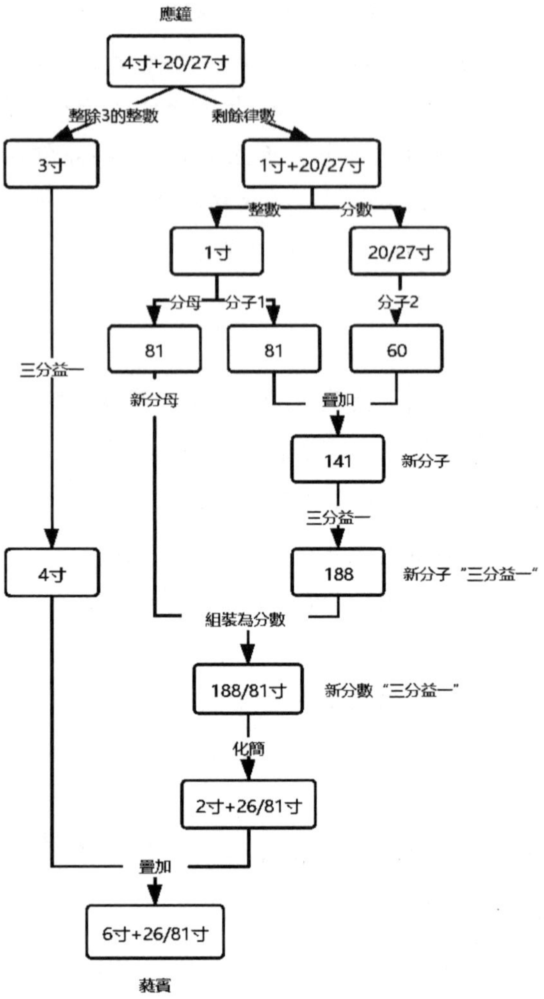

圖十六　應鐘“三分益一”生蕤賓

(七)蕤賓生大吕

《月令》:“律中大吕。”

鄭《注》:“大吕者,蕤賓之所生也,三分益一,律長八寸二百四十三分寸之百四。”

孔《疏》:“按蕤賓長六寸八十一分寸之二十六,上生大吕。三分益一,三寸益一寸,六寸益二寸,故爲八寸。其八十一分寸之二十六,各三分之,則爲七十八分,三分益一,更益一箇二十六,則一百四,故云‘律長八寸二百四十三分寸之一百四’也。”①

據鄭注,大吕生於蕤賓。蕤賓律長“6 寸 $+\frac{26}{81}$寸”,以“三分益一”法上生大吕“8 寸 $+\frac{104}{243}$寸”,生律關係如圖十七:

圖十七　蕤賓生大吕

蕤賓拆出 6 寸“三分益一”:

$$6\text{寸} \div 3 = 2\text{寸}, 6\text{寸} + 2\text{寸} = 8\text{寸}$$

再對剩餘的$\frac{26}{81}$寸“三分益一”,分子、分母需乘以三倍,則新分母爲 $81 \times 3 = 243$。新分子爲 $26 \times 3 = 78$,“三分益一”:

① 〔清〕阮元校刻:《十三經注疏》(下),第 1383 頁,下欄。

$$78 \div 3 = 26, 78 + 26 = 104$$

將其結果與新分母組裝爲$\frac{104}{243}$寸，則$\frac{26}{81}$寸通過變形進入“三分益一”運算，得$\frac{104}{243}$寸，將其與前所得 8 寸疊加，得“8 寸 + $\frac{104}{243}$寸”，是爲大吕之律。故疏文曰：

其八十一分寸之二十六，各三分之，則爲七十八分，三分益一，更益一箇二十六，則一百四，故云“律長八寸二百四十三分寸之一百四也”。

此句省言，完整表述當爲：

其八十一分寸之二十六，各三分之，（則分母爲二百四十三），（分子）爲七十八，三分益一，更益一箇二十六，則一百四，（即二百四十三分寸之一百四，益前八寸），故云“律長八寸二百四十三分寸之一百四也”。

推導步驟如圖十八：

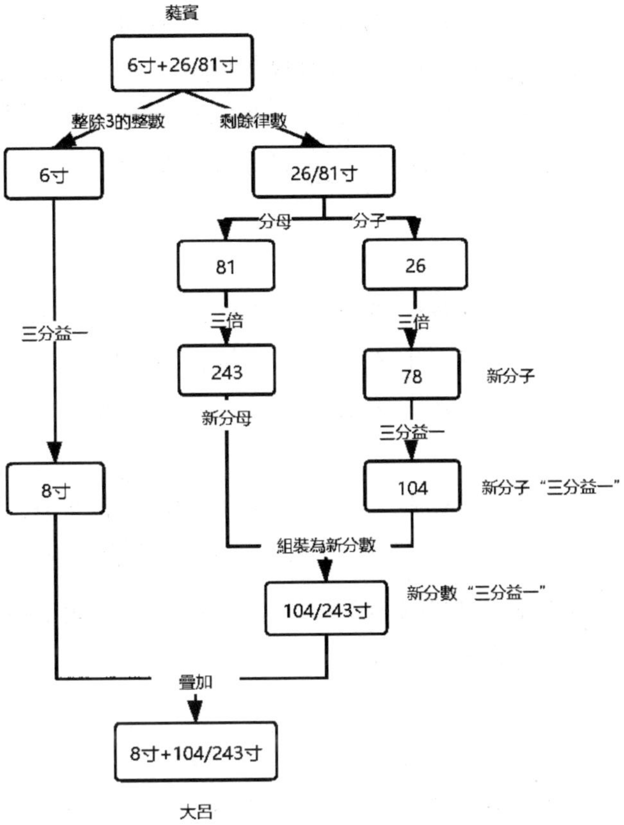

圖十八　蕤賓“三分益一”生大吕

（八）大吕生夷則

《月令》：“律中夷則。”

鄭《注》：“夷則者，大吕之所生也，三分去一，律長五寸七百二十九分寸之四百五十一。”

孔《疏》：“大吕長八寸二百四十二[①]分寸之一百四，三分去一，下生夷則，故夷則律長五寸七百二十九分寸之四百五十一也。六寸去二寸，餘有四寸在。又大吕一寸爲二百四十三分，今每寸更三分之，則一寸爲七百二十九分，兩个整寸總有一千四百五十八分，其大吕二百四十三分寸之一百四，每又三分之，此一百四爲三百一十二分，益前一千四百五十八，則總爲一千七百七十分。下生三分去一，分作三

① 據上段疏文及本段疏文的計算，“二”爲“三”之誤，當改。

分,則每一分得五百九十,去其一分五百九十,餘有一千一百八十在,是其積分。以七百二十九分爲一寸,益前四寸爲五寸,餘有四百五十一分在,故云‘夷則律長五寸七百二十九分寸之四百五十一’也。”①

據鄭注,夷則生於大吕。大吕律長“8 寸+$\frac{104}{243}$寸”,以“三分損一”法下生夷則“5 寸+$\frac{451}{729}$寸”,生律關係如圖十九:

圖十九　大吕生夷則

大吕拆 6 寸“三分損一”,得 4 寸。

需將剩餘“2 寸+$\frac{104}{243}$寸”變形,疏文曰:

又大吕一寸爲二百四十三分,今每寸更三分之,則一寸爲七百二十九分,兩个整寸總有一千四百五十八分,其大吕二百四十三分寸之一百四,每又三分之,此一百四爲三百一十二分,益前一千四百五十八,則總爲一千七百七十分。

這段話的意思是:2 寸所需分母依$\frac{104}{243}$寸而定,$\frac{104}{243}$寸需分子、分母同時乘以三倍,故分母爲 243 × 3=729。2 寸=1 寸+1 寸,1 寸對應分子 729,則 2 寸對應分子爲 729 × 2=1458。$\frac{104}{243}$寸對應分子 104 × 3=312,分子總和爲 1458+312=1770。

新分子“三分損一”:

總爲一千七百七十分,下生三分去一,分作三分,則每一分得五百九十,去其一分五百九十,餘有一千一百八十在,是其積分。

列式爲:1770 ÷ 3=590,1770-590=1180。將此結果與新分母組裝得$\frac{1180}{729}$寸。$\frac{1180}{729}$寸非最簡式,當繼續整理:

$$\frac{1180}{729}\text{寸}=\frac{729+451}{729}\text{寸}=\frac{729}{729}\text{寸}+\frac{451}{729}\text{寸}=1\text{ 寸}+\frac{451}{729}\text{寸。}$$

則“2 寸+$\frac{104}{243}$寸”變形後進入“三分損一”運算,得“1 寸+$\frac{451}{729}$寸”,將其與前所得 4 寸疊加,得“5 寸+$\frac{451}{729}$寸”,是爲夷則之律。故疏文曰:“以七百二十九分爲一寸,益前四寸爲五寸,餘有四百五十一分在,故云‘夷則律長五寸七百二十九分寸之四百五十一’也。”此句省言,完整表述當爲:

① 〔清〕阮元校刻:《十三經注疏》(上),第 1372 頁,下欄。

以七百二十九分爲一寸，益前四寸爲五寸，餘有(七百二十九分寸之)四百五十一在，(益前五寸)，故云"夷則律長五寸七百二十九分寸之四百五十一"也。

推導步驟如圖二十：

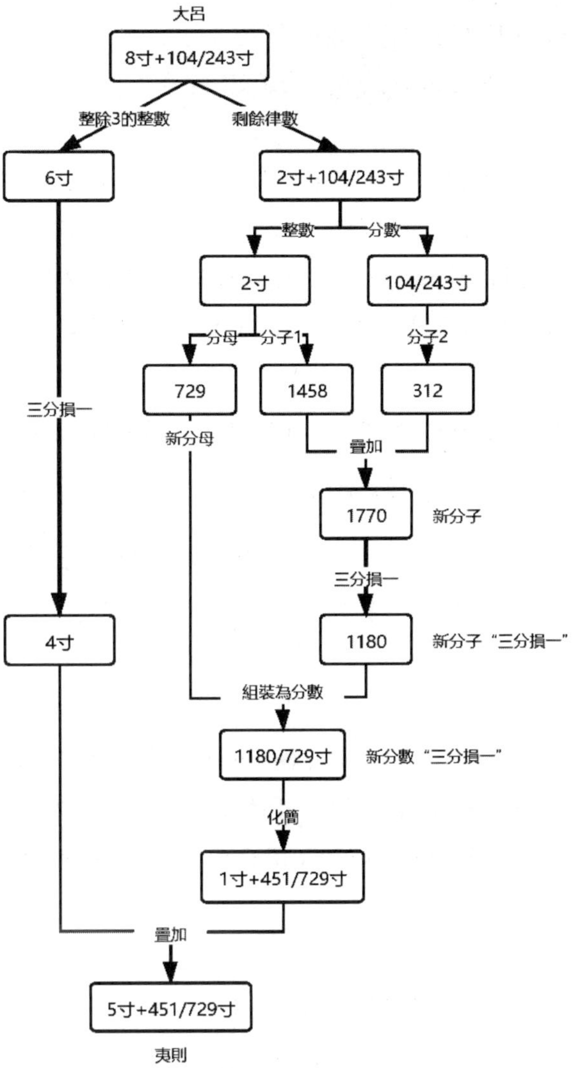

圖二十　大吕"三分損一"生夷則

(九)夷則生夾鐘

《月令》："律中夾鍾。"

鄭《注》："夾鍾者，夷則之所生，三分益一，律長七寸二千一百八十七分寸之千七十五。"

孔《疏》："夷則長五寸七百二十九分寸之四百五十一，今上生夾鍾。當三分益一，就夷則五寸之中取三寸，更益一寸爲四寸。餘有整二寸，又於七百二十九分寸之中，有細分四百五十一，此細分各三分之，於是一寸分爲二千一百八十七分，有四百五十一者，爲一千三百五十三，則是二千一百八十七分寸之一千三百五十三也，以整二寸各二千一百八十七分，則二寸總有四千三百七十四分，益前一千三百五十三，總爲五千七百二十七，爲實數。但上生者三分益一，以實數更三分之，各有一千九百九分，以三分益一，則益一分一千九百九，併前五千七百二十七，總爲七千六百三十六，爲積分總數也。然後除之爲寸，一寸用二千一百八十七，則三寸總用六千五百六十一，以三寸益前四寸，爲七寸，餘有一千七十五分，不成寸，是爲夾鍾長七寸二千一百八十七分寸之千七十五也。"①

據鄭注，夾鐘生於夷則，夷則律長"5寸+$\frac{451}{729}$寸"，以"三分益一"法上生夾鐘"7寸+$\frac{1075}{2187}$

① 〔清〕阮元：《十三經注疏》(上)，第1361頁，上一中欄。

寸",生律關係如圖二十一:

圖二十一　夷則生夾鐘

夷則拆 3 寸"三分益一",得 4 寸。

再變形"2 寸+$\frac{451}{729}$寸",疏文曰:

> 餘有整二寸,又於七百二十九分寸之中,有細分四百五十一,此細分各三分之,於是一寸分爲二千一百八十七分,有四百五十一者,爲一千三百五十三,則是二千一百八十七分寸之一千三百五十三也,以整二寸各二千一百八十七分,則二寸總有四千三百七十四分,益前一千三百五十三,總爲五千七百二十七,爲實數。

這段話的意思是:拆律剩下的律數是"2 寸+$\frac{451}{729}$寸",2 寸所需分母依$\frac{451}{729}$寸而定,$\frac{451}{729}$寸需分子、分母同時乘以三倍,則新分母爲:729 × 3=2187。2 寸=1 寸+1 寸,1 寸對應分子 2187,則 2 寸對應分子 2187 × 2=4374,$\frac{451}{729}$寸對應分子 451 × 3=1353,疊加得新分子 4374+1353=5727。對新分子"三分益一":

> 總爲五千七百二十七,但上生者三分益一,以實數更三分之,各有一千九百九分,以三分益一,則益一分一千九百九,併前五千七百二十七,總爲七千六百三十六,爲積分總數也。

列式如下:5727 ÷ 3=1909,5727+1909=7636。將新分子"三分益一"的結果與新分母組合得$\frac{7636}{2187}$寸,因其非最簡式,繼續整理:

$$\frac{7636}{2187}\text{寸}=\frac{6561+1075}{2187}\text{寸}=\frac{2187\times3}{2187}\text{寸}+\frac{1075}{2187}\text{寸}$$
$$=3\text{ 寸}+\frac{1075}{2187}\text{寸}$$

故"2 寸+$\frac{451}{729}$寸"變形進入"三分益一"運算,得"3 寸+$\frac{1075}{2187}$寸",將其與前所得 4 寸疊加,得"7 寸+$\frac{1075}{2187}$寸",是爲夾鐘之律。推導步驟如圖二十二:

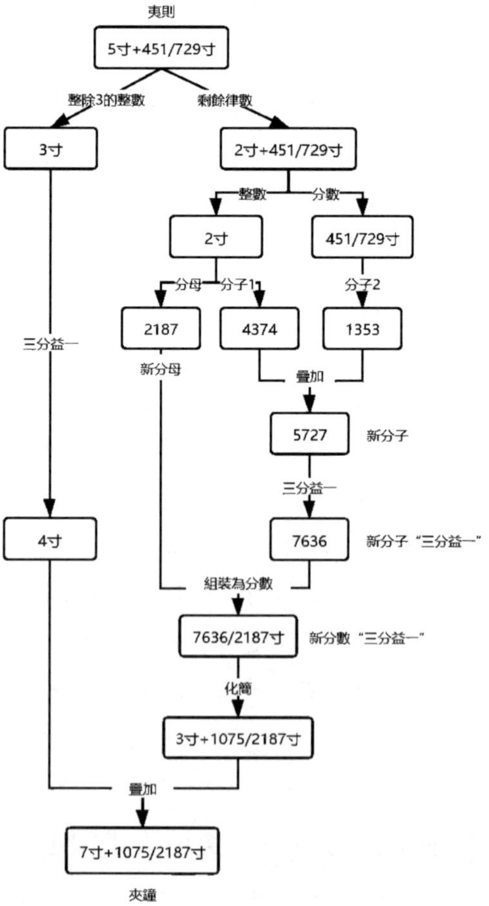

圖二十二　夷則"三分益一"生夾鐘

（十）夾鐘生無射

《月令》："律中無射。"

鄭《注》："無射者，夾鍾之所生，三分去一，律長四寸六千五百六十一分寸之六千五百二十四。"

孔《疏》："按夾鍾之律長七寸二千一百八十七分寸之千七十五，下生者三分去一。今夾鍾七寸，取六寸，三分去一，有四寸在。夾鍾以一寸爲二千一百八十七分，今更三分之，則一寸者分爲六千五百六十一分，夾鍾二千一百八十七分寸之千七十五者，又三分之，則爲三千二百二十五，其夾鍾整寸有六千五百六十一，又以三千二百二十五益之，總爲九千七百八十六分。三分去一，則去三千二百六十二，餘有六千五百二十四在，故云'無射律長四寸六千五百六十一分寸之六千五百二十四'也。"①

據鄭注，無射生於夾鐘，夾鐘長"7 寸 + $\frac{1075}{2187}$寸"，以"三分損一"法下生無射"4 寸 + $\frac{6524}{6561}$寸"，生律關係如圖二十三：

圖二十三　夾鐘生無射

夾鐘拆出 6 寸"三分損一"，得 4 寸。

再變形剩餘律數"1 寸 + $\frac{1075}{2187}$寸"，疏文曰：

> 夾鍾以一寸爲二千一百八十七分，今更三分之，則一寸者分爲六千五百六十一分。夾鍾二千一百八十七分寸之千七十五者，又三分之，則爲三千二百二十五。其夾鍾整寸有六千五百六十一，又以三千二百二十五益之，總爲九千七百八十六分。

這段話的意思是：1 寸所需分母依$\frac{1075}{2187}$寸而定，$\frac{1075}{2187}$寸需分子、分母同時乘以三倍，則新分母爲 $2187 \times 3 = 6561$，1 寸對應分子 6561。$\frac{1075}{2187}$寸對應分子 $1075 \times 3 = 3225$。疊加得新分子 $6561 + 3225 = 9786$。

新分子"三分損一"：

> 總爲九千七百八十六分，三分去一，則去三千二百六十二，餘有六千五百二十四在。

列式爲：$9786 \div 3 = 3262$，$9786 - 3262 = 6524$。將新分子"三分損一"的結果與新分母組裝得

① 〔清〕阮元：《十三經注疏》（下），第 1379 頁，上欄。

“$\frac{6524}{6561}$寸”,即“1寸+$\frac{1075}{2187}$寸”變形進入“三分損一”計算,得$\frac{6524}{6561}$寸,將其與前所得4寸疊加,得“4寸+$\frac{6524}{6561}$寸”,是爲無射之律。

推導步驟如圖二十四:

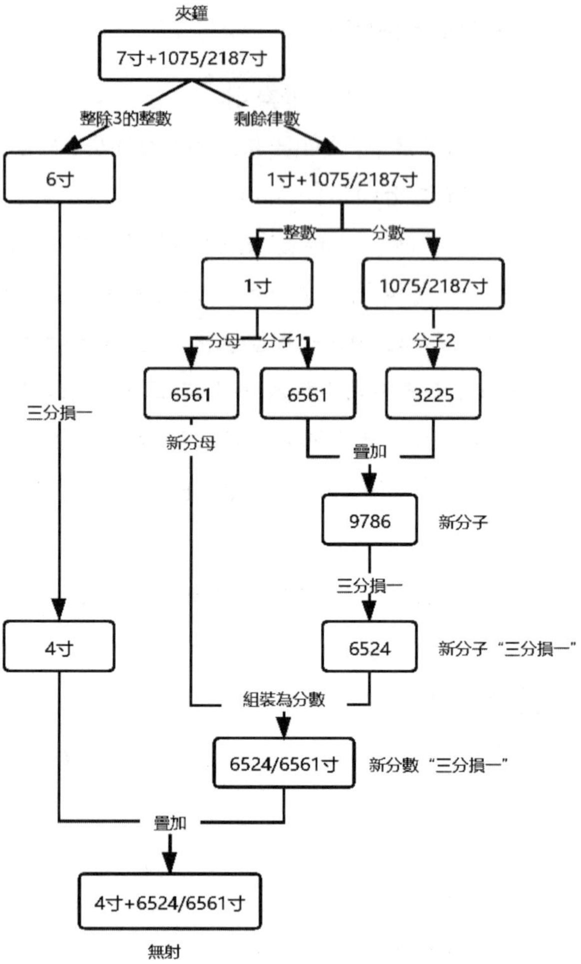

圖二十四　夾鐘“三分損一”生無射

(十一)無射生中吕

《月令》:“律中中吕。”

鄭《注》:“中吕者,無射之所生,三分益一,律長六寸萬九千六百八十三分寸之萬二千九百七十四。”

孔《疏》:“無射之律,長四寸六千五百六十一分寸之六千五百二十四,三分益一,以生中吕。於無射四寸之内取三寸,益一寸爲四寸。餘有整寸一,又有六千五百六十一分寸之六千五百二十四,以六千五百六十一各三分之,則一寸分爲一萬九千六百八十三分也,六千五百二十四分各三分之,則爲一萬九千五百七十二,又整一寸分爲一萬九千六百八十三,併之,總爲三萬九千二百五十五也。更三分之,一分有一萬三千八十五,上生者三分益一,以一萬三千八十五益上之數,總爲五萬二千三百四十,爲積分之數。然後除之爲寸,一寸除一萬九千六百八十三,則二寸除二[①]萬九千三百六十六,爲二寸,通前爲六寸,餘有一萬二千九百七十四,不成寸,是‘中吕長六寸萬九千六百八十三分寸之萬二千九百七十四’也。”[②]

據鄭注,中吕生於無射,無射長“4寸+$\frac{6524}{6561}$寸”,以“三分益一”法上生中吕“6寸+$\frac{12974}{19683}$寸”,生律關係如圖二十五:

圖二十五　無射生中吕

無射拆出3寸“三分益一”,得4寸。

① 據計算,“二”爲“三”之誤,當改,詳下。
② 〔清〕阮元:《十三經注疏》(上),第1364—1365頁,下—上欄。

再變形"1 寸 + $\frac{6524}{6561}$寸"，疏文曰：

以六千五百六十一各三分之，則一寸分爲一萬九千六百八十三分也。六千五百二十四分各三分之，則爲一萬九千五百七十二，又整一寸分爲一萬九千六百八十三，倂之，總爲三萬九千二百五十五也。

這段話的意思是：1 寸所需分母視$\frac{6524}{6561}$寸而定，$\frac{6524}{6561}$寸需分子、分母同時乘以三倍，則新分母爲 6561 × 3 = 19683。則 1 寸對應分子 19683，$\frac{6524}{6561}$寸對應分子 6524 × 3 = 19572，疊加得新分子 19683 + 19572 = 39255。

新分子"三分益一"：

總爲三萬九千二百五十五也，更三分之，一分有一萬三千八十五，上生者三分益一，以一萬三千八十五益上之數，總爲五萬二千三百四十，爲積分之數。

列式爲：39255 ÷ 3 = 13085，39255 + 13085 = 52340。將其與新分母 19683 組合，得新分數"三分益一"結果$\frac{52340}{19683}$寸，$\frac{52340}{19683}$寸非最簡式，繼續整理：

$$\frac{52340}{19683}\text{寸} = \frac{39366+12974}{19683}\text{寸} = \frac{19683\times2}{19683}\text{寸} + \frac{12974}{19683}\text{寸}$$

$$= 2\text{寸} + \frac{12974}{19683}\text{寸}$$

則"1 寸 + $\frac{6524}{6561}$寸"通過變形進入"三分益一"運算，得"2 寸 + $\frac{12974}{19683}$寸"，將其與前所得 4 寸疊加，得"6 寸 + $\frac{12974}{19683}$寸"，是爲中呂之律。疏文曰："然後除之爲寸，一寸除一萬九千六百八十三，則二寸除二萬九千三百六十六，爲二寸，通前爲六寸，餘有一萬二千九百七十四，不成寸，是'中呂長六寸萬九千六百八十三分寸之萬二千九百七十四'也。"據計算，"二萬"之"二"爲"三"之誤，當改。

推導步驟如圖二十六：

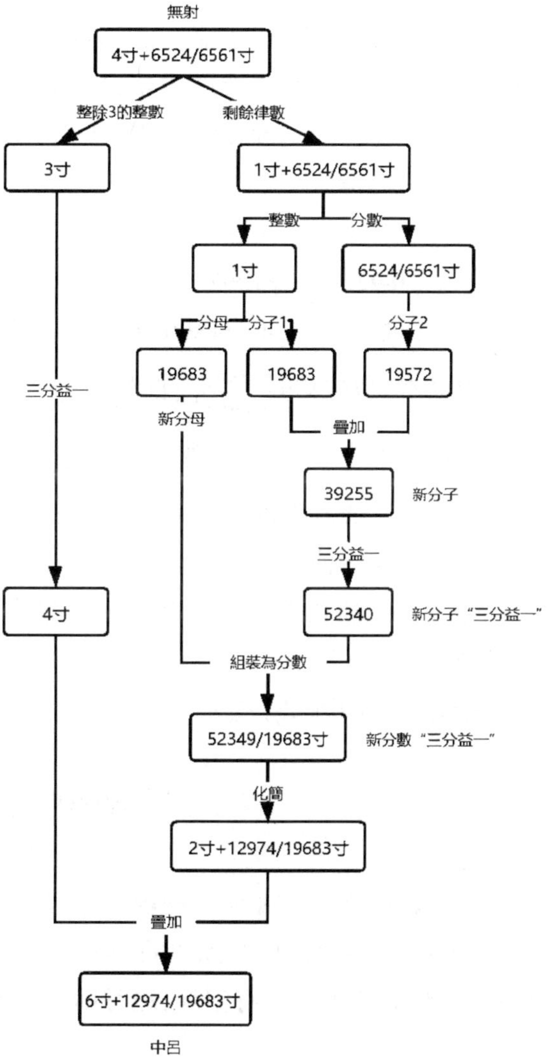

圖二十六　無射"三分損一"生中呂

(十二)中吕生黄鐘

《月令》未載中吕如何推回黄鐘,下試作推算。已知黄鐘長 9 寸,爲十二律之始,中吕長“6 寸+$\frac{12974}{19683}$寸”,爲十二律之終。在古人設計中,中吕最後返歸黄鐘,使十二律成爲一組循環相推的生律關係。中吕短于黄鐘,故中吕返歸黄鐘,需“三分益一”。仿疏文,中吕中拆出 6 寸“三分益一”:

6 寸÷3=2 寸,6 寸+2 寸=8 寸

要對“$\frac{12974}{19683}$寸”三分益一,需先將分數的分子、分母同時乘以三倍,則新分子爲 12974×3=38922,新分母爲 19683×3=59049。

新分子“三分益一”:

38922÷3=12974,

38922+12974=51896

與新分母組裝得$\frac{51896}{59049}$寸,即$\frac{12974}{19683}$寸通過變形進入“三分益一”運算,得$\frac{51896}{59049}$寸≈0.88 寸。將其與前所得 8 寸疊加,得 8.88 寸。這是由中吕“三分益一”推出的黄鐘律長,與 9 寸的黄鐘本律存在約 0.12 寸的差值,中吕無法通過“三分益一”返歸黄鐘本律,其間存在微小缺口。故孔穎達曰:“其實十二律終於仲吕。還反歸黄鍾,生於仲吕,三分益一,大略得應黄鍾九寸之數也。”①

推導步驟如圖二十七:

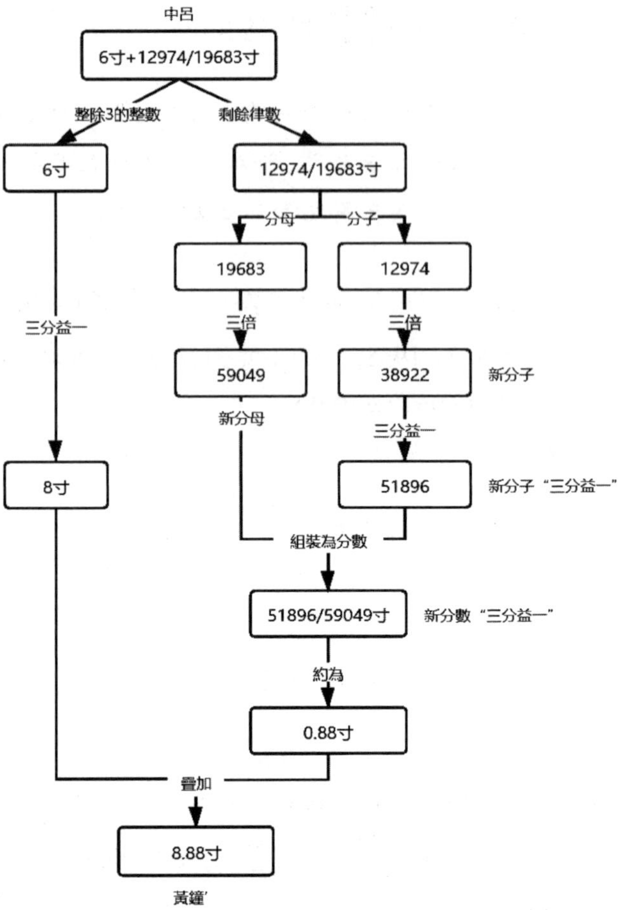

圖二十七　中吕返歸黄鐘

三、“整體”與“局部”運算小議

十一段疏文中,“姑洗生應鐘”至“無射生中吕”的七段推律,孔穎達均將“整數+分數”結構的律數變形爲“能整除 3 的新分數”,以進入“三分損益”運算。這是理解疏文的關鍵,但古今懸隔,今人讀疏有窒礙,這種陌生感或源自運算習慣的差異,下面以大吕剩餘律數“2

① 〔清〕阮元校刻:《十三經注疏》(上),第 1354 頁,上欄。

寸$+\frac{104}{243}$寸”變形爲$\frac{1770}{729}$寸爲例説明。

（一）整體運算的思維

今人習慣整數運算。變形“2 寸$+\frac{104}{243}$寸”時，先將分數的分子、分母同乘三倍：$\frac{104\times3}{243\times3}$寸$=\frac{312}{729}$寸。再將整數化爲同分母分數$\frac{1458}{729}$寸，疊加得$\frac{1770}{729}$寸後再“三分損一”得$\frac{1180}{729}$寸。步驟如圖二十八：

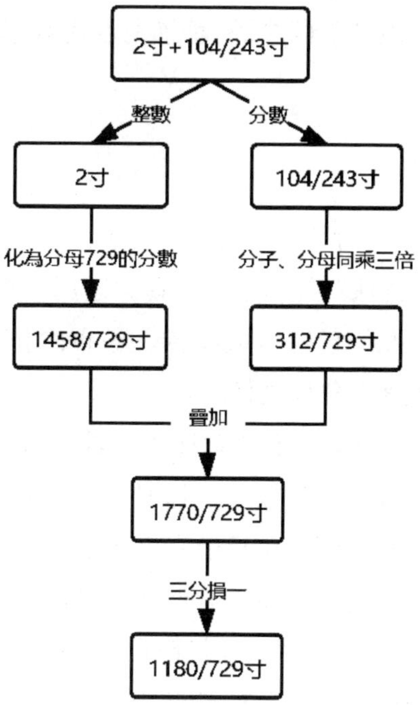

圖二十八　今人的可能處理

這樣從分數變形至整數，分數作爲一個整體被計算。

（二）部件運算的思維

古人更傾向部件思維，分數並非最小單位，可繼續拆解爲分子和分母。基於“整數＋分數”這類結構存在的内部聯繫：整數所需分母是分數分母的三倍。

“2 寸$+\frac{104}{243}$寸”可從分母入手算至分子。第二部分已討論，變形後的分母爲 729，定好後擱置一旁，再算得 2 寸對應分子爲 1458，$\frac{104}{243}$寸對應分子爲 312，分子總和 1770，“三分損一”得 1180。對分子“三分損一”後再和分母 729 拼接爲分數$\frac{1180}{729}$寸，如圖二十九所示：

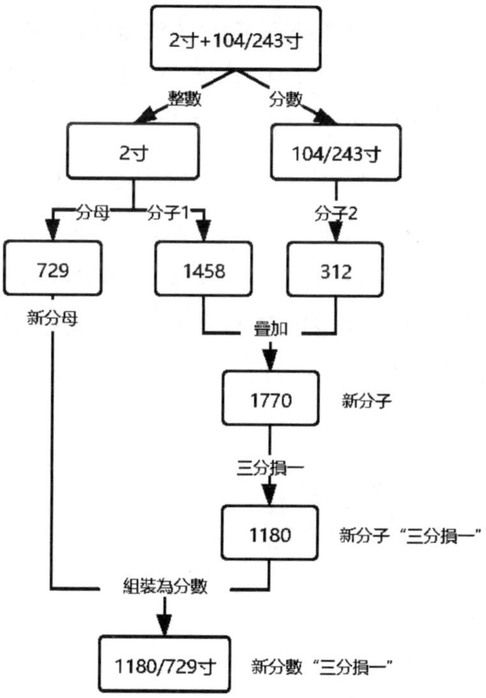

圖二十九　孔穎達的處理

無論是從分數入手變形至整數，還是由分母入手變形至分子，結果都是一樣的。兩種都可以理解，但乍看之下，從分數入手至整數的變形似乎更順、更自然。這是因爲我們離孔穎達的時代很遥遠，將分數拆成分母和分子再計算的方式對我們來説比較陌生。若思考兩種運算思維的差異，或許孔穎達“從分母入手變形至分子”的部件運算思維更經濟實用。這是因爲，分數運算實際發生在分子間，分母並不參與，若每步都列出分母，不僅繁瑣，而且也没有實際意義。且古無分數綫，分子和分母本就可以自由拆分與組合，反不必像今人拘泥繁瑣形式。

只有先承認古今運算思維的差異，才能較爲客觀地理解疏文。十一段疏文的律吕長度計算方式並不複雜,但古今計算結果的殊途同歸易導致以今釋古,從而忽視古代數學表達實用性和經濟性的特征,讀者宜辨。

結論

《月令》記載各律之名,鄭玄注以律數及相應的“三分損益法”,孔穎達則詳細疏解“三分損益法”在推律中的具體運用。要理解古人如何推律,疏文不可迴避,然疏文常省言分母,對今人的理解造成障礙。經實際推算,我們發現疏文若言分數,單言者必分子,十一段疏文未見單言分母之例。

孔穎達依“黄鐘生林鐘”和“林鐘生大蔟”兩例,總結出“三分損益法”的使用前提:能整除 3 的整數。但律數結構隨推律深入而變得複雜,爲繼續利用“三分損益法”生律,需將律數變形。孔穎達先拆出律數中能整除 3 的整數以“三分損益”生律,再假設條件將剩餘律數轉爲能整除 3 的整數,以進入“三分損益”運算,但假設條件受具體數字限制較大:如“大蔟生南吕”的假設條件 1 寸=3 分無法適用“南吕生姑洗”。因此,孔穎達改變前提認識,轉而將剩餘律數變形爲“能整除 3 的分數”。剩餘律數多爲“整數+分數”結構,基於“整數所需分母是分數分母三倍”這一内在聯繫,他先將分數分母乘以三倍作爲新分母,定好分母後再算分子,並將新分子“三分損益”的結果與新分母組裝爲分數,此分數即爲剩餘律數的推律結果,與一開始拆律推出的結果相加,總和就是新律。

十一次推律運算中,僅“黄鐘生林鐘”“林鐘生大蔟”單獨運用“三分損益法”推律。“大蔟生南吕”“南吕生姑洗”兩例,孔穎達先拆律以輔助推律,後假設條件變形剩餘律數,以進入“三分損益”運算。剩下七次推律,孔穎達延續拆律的方式,却將拆律剩下的律數轉爲整除 3 的分數,以進入“三分損益”運算,變形律數的方法前後稍有調整。拆律、假設條件或化分數等方式並不屬於推律運算,却與“三分損益”的推律脉絡交錯相織。讀者需將二者剥離,才能較好釐清疏文,從而深入理解律吕長度换算。又,疏文省言不參與運算的分母,將分子與分母歸置兩處計算後再合併,這些都體現了古代數學實用性的特征,與今人習慣出入,理解時需警惕以今釋古。

(葉静燕,南京師範大學文學院博士研究生)

楊大堉補纂《儀禮正義》考論*

陳功文

［摘　要］ 胡培翬的《儀禮正義》是古代《儀禮》學研究的集大成之作，也是清人引以爲豪的十三經新疏之一。此書《士昏禮》等五篇十二卷疏文，是經胡肇昕及楊大堉相繼參與補纂才最終完成的。楊大堉在補纂時，所做的工作主要是補充疏文，添加案語，改動胡肇昕的案語。楊大堉補充疏文、添加案語多襲他説，改動胡肇昕案語亦有抄襲之嫌，致使其補纂章節在解經方面存在引據他書，隱去出處；剽竊他説，以作案語；羅列他説，失於裁斷；不遵體例，失於統一；引據疏漏，疏文失當等不足。造成諸多不足的主要原因在於刊刻者陸建瀛急欲成書。

［關鍵詞］ 胡培翬　儀禮正義　楊大堉　補纂

胡培翬的《儀禮正義》，皇皇四十卷，是古代《儀禮》學研究的集大成之作，也是清人引以爲豪的十三經新疏之一。胡氏撰著該書歷時四十餘年，可惜去世前未完成該書的撰著任務，其中《士昏禮》《鄉飲酒禮》《鄉射禮》《燕禮》《大射儀》等五篇十二卷疏文，經族侄胡肇昕及學生楊大堉相繼參與補纂，才使得該書最終得成完帙。胡、楊二人的補纂工作是不同的。胡肇昕補纂《儀禮正義》是在胡培翬生前，是應胡培翬之邀才參與的，並得到胡培翬的授意，做了"采輯諸説，鱗次排比，如有已見，並令附後"[①]的工作。而楊大堉是在胡培翬去世後，受陸建瀛之托，在胡肇昕初稿的基礎上增補、校勘並加以聯綴成篇，以完成補纂任務。相較而言，胡肇昕的補纂工作是清晰的，而楊大堉在補纂時所做的工作到底是什麽，該如何評價他的補纂工作，都是值得深入研究的。

胡肇昕與楊大堉補纂章節，在解經方面與胡培翬撰著的章節存在差異，二者不可混爲一談。對楊大堉的補纂情况進行研究，不僅可以還原楊大堉所補的實際情况，而且能了解其補纂章節的經解特點，還能看出其與培翬解經之差距。

* 本文是河南省教育廳人文社會科學研究一般項目資助性計劃"胡培翬研究"（2018-ZZJH-388）、河南省哲學社會規劃項目"胡培翬經學研究"（2019BZX014）的階段性成果。

① 〔清〕胡培系：《族兄竹村先生事狀》，〔清〕胡培翬：《研六室文鈔補遺》，清光緒六年（1880）刻本。

一、楊大堉的補纂工作

(一)改動胡肇昕案語

楊大堉在補纂時,曾改動胡肇昕補纂時所下的案語“胡氏肇昕云”的内容。對此,清人趙之謙有過評價,他在給胡培翬叔父胡秉虔作傳時提及胡肇昕,並稱:“肇昕字曉庭,諸生。師事竹村户部,性澹泊,不慕榮利,無競心。雖處窮困,閉門著書,中怡怡然。户部之撰《儀禮正義》也,未成而感疾,命之補作,及書成,爲户部刊之。攜摹至江寧,户部弟子楊大堉實任校讎,及刻成,則某竊君案語爲己有,君見之夷然不問也。”① 趙之謙提及“則某竊君案語爲己有”的結論,顯然是認爲楊大堉在補纂時曾剽竊胡肇昕案語爲己有,而胡肇昕後來對此事的態度是“夷然不問”。關於楊大堉竊胡肇昕案語爲己有,張文博士曾撰文進行論述,他通過羅振玉《雪堂類稿》所收趙之謙致胡培系的手劄,分析趙之謙下此結論是與胡培系有關,認爲趙之謙是在與胡培系的信件往來中而獲知楊大堉在補纂《儀禮正義》中竊胡肇昕案語爲己有的事實,所以後來趙之謙在撰寫《國朝漢學師承續記》時結論曰“則某竊君案語爲己有”。另外,張文博士在這篇文章中,根據胡肇昕《〈儀禮正義〉正誤》之内容進行了分析,並認爲楊氏襲取之迹有:改竄原稿,將胡肇昕的論説據爲己有;抹去胡肇昕之名,巧爲掩飾,將胡肇昕之説變爲己有等情況,並推測楊大堉襲取胡肇昕之論斷而没去其名者定然不少。② 張文的分析是有道理的。

下面結合胡肇昕《〈儀禮正義〉正誤》之内容,我們來梳理一下楊大堉對胡肇昕案語的改動情況。

據胡肇昕《〈儀禮正義〉正誤》,我們知道在《儀禮正義》刊成後,胡肇昕曾對全書進行了校勘,寫下了校勘記録,並在有些校勘記録後添加了案語。從其中的一些案語中確實也能看出楊大堉對胡肇昕輯本的改動情況。如胡肇昕在校勘《大射》篇時曾有如下案語:

1. 十三之二“大射儀”:“案末引蔡氏説,當在愚説之中,故末有‘是也’二字。今楊君乃以褚説夾於愚説與蔡氏説之中,而末‘是也’二字不删,誤甚。”

2. 十三之二十“公降立”:“‘胡氏肇昕曰’五字當置於‘誤衍者’下。以自‘以下云’皆愚説也,至此處當云‘案,卿爲上大夫’云云,方合。又‘經既云云’下‘云’字當作‘公’。”

3. 十五之十七“上射揖”:“考《射義》云,‘考’字當改‘胡氏肇昕曰’五字。

① 〔清〕趙之謙手稿,漆永祥整理:《國朝漢學師承續記》,漆永祥:《國朝漢學師承記箋釋》,上海:上海古籍出版社,2006 年,第 968 頁。

② 張文:《〈儀禮正義〉補纂問題考論》,《中國典籍與文化》2014 年第 2 期。

以上是愚斷語。”[①]

通過分析以上案語，可以大略窺見楊大堉對“胡氏肇昕云”內容的改動情況，大致包括三方面：

1. 在胡肇昕案語中插入他説，將原案語割裂開來，如例1。楊大堉主要是通過在胡肇昕案語之中插入褚説，而插入的地方恰好選在“己見”及蔡德晉説之間，將原案語分割開來，却未將句末的“是也”二字删去。楊大堉這種做法，很容易讓人誤解爲褚説和蔡説都是胡肇昕案語。楊大堉在此處所插入的褚寅亮説，學界已有人譏之：“然褚氏之説本爲申述鄭注而發，完全據鄭《目録》所言諸侯將祭擇士之射爲説，與敖氏、盛氏、胡肇昕和蔡德晉諸家之説完全不合，置於此處尤非所宜。而楊大堉既變亂胡肇昕原稿之文，以褚氏之説列之於前，又不删去句末‘是也’二字，則似爲引據蔡氏之説以證褚氏之説，而全然不覺二説之矛盾紛歧，宜乎胡肇昕譏斥其爲‘誤甚’！”[②]

2. 保留胡肇昕案語之部分内容，將其餘内容視爲疏文，如例2。卷十三《大射》：“公降立於阼階之東南，南鄉。小臣師詔揖諸公卿大夫，諸公卿大夫西面北上，揖大夫，大夫皆少進。”注：“詔，告也。變爾言揖，亦以其入庭深也。上言大夫，誤衍耳。”《正義》曰：

> 云“上言大夫，誤衍耳”者，以下云“揖大夫”，則上止揖公卿，故《燕禮》亦上止言爾卿，無大夫。以彼决此，知上文“公卿”下，兩誤衍“大夫”字也。郝氏曰：“言‘揖諸公、卿、大夫’，又言‘揖大夫’者，卿爲上大夫也。”胡氏肇昕曰：“卿爲上大夫，經既云公卿，不得復云大夫。蓋卿可稱上大夫，不得連稱卿大夫也。郝説非是。”[③]

據胡肇昕的校勘案語，則此段疏注之文均爲“胡氏肇昕曰”的内容。楊大堉在胡肇昕輯本基礎上，擅自將原案語一分爲二，只將部分内容視爲胡肇昕之案語，抹殺了胡肇昕之功勞。

3. 直接去掉“胡氏肇昕曰”字樣，將胡肇昕案語均視爲疏文，如例3。此處，楊大堉將“胡氏肇昕曰”直接改爲“考”，讓讀者難以裁决考證的作者到底是誰。楊大堉的做法不僅完全抹去了胡肇昕的功勞，也授人以口實，讓知情者胡培系直接譏之爲剽竊；而且趙之謙得知後也以之爲不屑，説“某竊君案語爲己有”，替胡肇昕鳴不平。

由於胡肇昕《〈儀禮正義〉正誤》所保存的校勘案語較少，我們對楊大堉改動胡肇昕案語的情況也只能知道這些了。由楊大堉的改動情況來看，我們認爲，一方面他對胡肇昕案語的改動並不僅僅限於這三種情況；另一方面，楊大堉對胡肇昕輯本的其它疏文估計也有不少改動，只是資料有限，難以確考罷了。

---

① 〔清〕胡肇昕：《〈儀禮正義〉正誤》，北京大學圖書館藏民國九年（1920）木活字本。
② 張文：《〈儀禮正義〉補纂問題考論》，《中國典籍與文化》2014年第2期。
③ 〔清〕胡培翬著，段熙仲點校：《儀禮正義》，南京：江蘇古籍出版社，1993年，第815—816頁。

(二)添加"堉案"

楊大堉補纂時,也增添了自己的見解,這些内容主要以"堉案"的形式列在書中,這樣的案語有24條。其實,胡、楊補纂的五篇十二卷中標注以"案"的内容,多數也應該屬於楊大堉的案語,這可以從這些章節的署名中得以印證。胡、楊補纂章節,最終署名只有楊大堉(受業江甯楊大堉補)。由於楊大堉做了書稿的收尾工作,而他又是受陸建瀛囑托進行補纂的,因此,楊大堉既可以己意更改胡肇昕之案語,並常將自己的案語置於"胡氏肇昕曰"之前;也可以添加自己的見解。他在添加見解時,分别以"堉案""大堉案""案"等不同的方式表現出來。

關於"堉案"的内容,張文博士認爲這些案語存在嚴重問題,從内容來源來看,這些案語全部照抄自《儀禮義疏》。他還認爲"堉案"形式上可以分爲兩類,共計22條,皆原原本本鈔撮《儀禮義疏》之文,並無楊氏本人的案斷之語。[①]張文的説法是正確的。此處需要説明的是,"堉案"在多數的情況下雖抄襲《義疏》,但並未標明出處,很容易讓人誤以爲出自楊氏之手。如卷八"司射東面立於三耦之北,搢三而挾一个"。鄭注:"爲當誘射也,固東面矣。復言之者,明却時還。"此節經、注之疏文末端有"堉案":

> 堉案:司射本位在三耦之東北,至是將誘射,故就射位,立於三耦之北,及射畢,搢撲反位,則反於本位,不復向射位,兩位蓋各自别。[②]

其實,此處之"堉案",乃原封不動地抄自《儀禮義疏》卷四十五《禮節圖一》中的内容,楊大堉亦未標明出處,很容易讓人産生誤解。當然,也有極少數"堉案"不是抄自他書的,如卷八《鄉射禮一》:"乃納射器,皆在堂西。賓與大夫之弓,倚於西序,矢在弓下,北括。衆弓倚於堂西,矢在其上。"正義曰:

> 敖氏云:此以弓位之上下見尊卑也。下文云東序東,則此序下似脱一西字也。序西堂西之弓,其亦皆北上與?堉案:敖説是也。堂西者,西堂下也。東序東者,東夾之東也。西序西者,西夾之西也。即東垂,西垂。衆弓倚於西堂下,而矢在堂廉,賓主人大夫之弓則倚于東西堂廉之上,故下文曰主人堂東袒决遂執弓,賓於堂西亦如之,謂賓主人各在堂下,取弓于堂廉而執之也。卒射,賓序西,主人序東,皆釋弓,謂釋於故處也。則賓與大夫之弓在西序西明矣。若西序則西夾之墻,不應賓與大夫之弓獨在堂既在堂,賓何以在西堂下執弓?自唐石本始脱,各本因之。[③]

---

① 張文:《〈儀禮正義〉補纂問題考論》,《中國典籍與文化》2014年第2期。
② 〔清〕胡培翬:《儀禮正義》,第508頁。
③ 〔清〕胡培翬:《儀禮正義》,第501—502頁。

這段疏文中的"堉案"非抄自他書，而是屬於楊大堉自己的案語，實際上代表了楊大堉在此書中的解經水準。可惜，這樣的"堉案"是很少的。

（三）補充疏文

根據"堉案"原原本本鈔撮《儀禮義疏》疏文之現象，可以推測出胡、楊補編章節中所引據的《儀禮義疏》之文，很多是楊大堉後來所增補的，只是未以"堉案"標明而已。這可以從《儀禮正義》全書引用《儀禮義疏》的情況加以證明。通過檢索《儀禮正義》全書，標明"《義疏》曰"或"《義疏》云"凡出現 56 次，占全書十分之三的胡、楊補編章節就出現了 50 次（其中以"堉案"形式出現的凡 8 次，直接標明"《義疏》曰"或"《義疏》云"的凡 42 次），而占全書十分之七的培翬撰著章節僅出現 6 次。這只能説明楊大堉在補纂時曾直接將《義疏》之文增補到了疏文中，從而使這些章節頻繁出現"《義疏》曰"或"《義疏》云"等内容。當然，在補纂章節中，以"堉案"形式引用《儀禮義疏》的凡 8 次，顯然是楊大堉直接補充的。那些標明"《義疏》曰"或"《義疏》云"的 42 次引文又如何呢？本文認爲，既然胡培翬親自撰著的章節中較少引用《儀禮義疏》之内容，那麽後來他在授意胡肇昕"采輯諸説，鱗次排比"時，也不大可能讓胡肇昕較多采輯《儀禮義疏》之内容的。所以，這部分章節中標明"《義疏》曰"或"《義疏》云"的引文，也可以斷定是楊大堉增補的。其實，楊大堉對《儀禮義疏》曾有深入研究，並著有《三禮義疏辨正》一書。這就能解釋他在補纂時多次引據《儀禮義疏》的緣由了。

二、楊大堉案語之特色

（一）襲成説以解經，較少裁斷

"堉案"分爲兩部分，一部分是抄自《儀禮義疏》的，這部分占絶大多數；另一部分是出自大堉之手的。抄自《儀禮義疏》的"堉案"，其實就是引據《義疏》疏文以解經而較少裁斷。如卷九《鄉射禮二》："司射適堂西，命弟子設豐。"《正義》曰：

> 敖氏繼公云：命設豐乃不搢扑者，以尊者亦當飲此豐上之觶故也。褚氏寅亮云：敖説非也。賓主大夫之飲，固執爵者酌授于席前，卒觶而授執爵者也，不在豐。堉案：設豐不言面位，據《大射儀》司宫士奉豐由西階升，北面，坐設於西楹西，則此亦北面設之也。[①]

此處"堉案"實抄自《儀禮義疏》卷四十五。楊大堉解此節經文，先羅列敖繼公與褚寅

① 〔清〕胡培翬：《儀禮正義》，第 574 頁。

亮兩家之説,然後抄撮《義疏》之文以案語的形式附于敖、褚二説之後以完事。釋經文時,敖、褚觀點並不一致,褚寅亮明確提出敖氏之説不確,而楊大堉在案語中並未對此加以裁斷,只是引據《儀禮義疏》之文另立一説敷衍了事。

(二)以己見解經,間有案斷

"堉案"中以己見解經的畢竟占少數,但這類"堉案"間有案斷。我們不妨先來看一下本文第一部分中所指出的代表楊大堉解經水準的那條案語。在這條案語中,大堉先對敖繼公之説進行案斷,緊接著逐一疏解經文及敖説中的"堂西""東序""西序",然後集中篇幅疏解"弓位"。釋"弓位"時,不僅指明了賓、主人、大夫之弓倚放之位置,也指明了卒射後賓、主人釋弓之處。因禮有貴賤,賓主不能相混,歷來釋禮者都比較重視這一點。楊大堉此段疏解,既有案斷,論説也甚爲明晰,申述經注之義明矣。

再如卷三《士昏禮》:"贊者徹尊冪,舉者盥,出除冪,舉鼎入,陳于阼階南,西面北上,匕俎從設。"鄭注:"執匕者,執俎者,從鼎而入,設之。"《正義》解此注引據吴廷華之説:

> 吴氏廷華云:上尊有冪,徹之,待酌也,設匕俎,待載也,亦徹豆巾。《儀禮》大概,右人於鼎東西面匕,左人於鼎西,俎南北面載。《士虞禮》鼎在西階下,故匕者東面,而載者則仍北面也。賈疏以《特牲》右人鼎北南面,左人鼎西俎南北面,何也?據《特牲》"加匕"注云"左人北面",疏亦以爲鼎西北面,猶與此疏合也。但彼注又云"加匕東柄",疏亦云然。夫東柄者,以匕者在鼎東西面,故東其柄以便其匕耳。若右人鼎北南面,則當東(筆者案:"東"字誤,應爲"南")柄,不當東柄也。①

是"右人西面匕",還是"右人南面匕",吴廷華在疏注時並未進行裁斷,楊大堉補纂時注意到了這一問題,他給出了自己的看法:"堉案:賈疏云:右人於鼎北南面匕,左人於鼎西俎南北面載。考《特牲》注,則右人既錯,西面俟,左人北面,當是右人西面匕,非南面也。"② 楊大堉的此條案語出於己見,非抄襲《儀禮義疏》的。在這條案語中,楊大堉根據《儀禮》賈疏及《特牲》注進行分析後,斷爲"右人西面匕",顯然有理有據。可惜這樣的案語數量有限。由於楊大堉所附之案語多屬襲陳説以解經,這就使得"堉案"的解經特色顯得較爲單一,缺乏新意,在解經方面比不上胡肇昕補纂時所附的案語"胡氏肇昕云"之内容,更毋庸説與胡培翬解經相提並論了。

---

① 〔清〕胡培翬:《儀禮正義》,第 179—180 頁。
② 〔清〕胡培翬:《儀禮正義》,第 180 頁。

三、楊大堉補纂章節解經平説

楊大堉所補章節與胡培翬親自撰著的章節不可同日而語，此也早已引起學界之關注。曹元忠《讀胡氏〈儀禮正義〉》認爲："其門人楊大堉所補，非爲曲解，既多違失。校之農部《正義》，大相懸絶，讀者病焉。加之陳徵君奐校刊時，轉托他手，殊多脱文訛字，故定海黄元同師曾有校本。"[①] 范文瀾《儀禮讀法》指出："若胡培翬《儀禮正義》，雖詳而太繁，楊大堉所補，多違古義，與原書不合，不便學者誦習。"[②] 黄侃先生甚至認爲此書補纂部分讀之無味，據《黄季剛先生年譜》載：一九三二年五月七日，黄侃讀《儀禮正義》，覺得"楊大堉於禮學殊疏，未足以補其師書"；五月九日連日看楊大堉所補《儀禮正義》，感覺"甚無味"。[③] 彭林先生也指出，胡、楊補纂章節"猶如高鶚所續之《紅樓夢》，理應區别對待"，其"仔細披閲楊、胡之所補，殊覺失望"。[④] 可見，楊大堉補纂章節在學界並不被看好。正因爲如此，一些有識之士有校勘這些章節之舉，如前文提及的曹元忠《讀胡氏〈儀禮正義〉》曾指出，晚清禮學大師黄以周（黄元同）曾校勘此部分章節。另外，杭州振綺堂藏晚清汪曾唯批註《儀禮正義》本，多對補纂章節下筆著墨，此舉"無疑是想補胡培翬未完稿之遺憾，力補楊大堉輯補卷的學力不足、識力之遠不及（培翬），努力欲將此清代禮學名著初刊本批注成爲精善之本"。[⑤] 細閲全書，楊大堉補纂章節在解經方面存在以下幾方面的不足。

（一）引據他書，隱去出處

楊大堉補纂時，引據他書，却往往隱去出處，很容易讓讀者産生誤會，誤認爲這些内容屬於楊大堉本人的見解。就《士昏禮》一卷而言，楊大堉引據其文而隱去出處的就有敖繼公《儀禮集説》、張爾岐《儀禮鄭注句讀》、蔡德晉《禮經本義》、盛世佐《儀禮集編》、韋協夢《儀禮蠡測》、褚寅亮《儀禮管見》、李如圭《儀禮集釋》、吴廷華《儀禮章句》以及賈公彦《儀禮疏》等。從具體引文來看，可以分爲以下兩種情況。

1. 引用一人之説，並隱去出處

《士昏禮》："婦車亦如之，有裧。"《正義》曰："婦車，壻家往迎婦之車，亦執燭前馬也。裧、襜通，車衣也。"[⑥] 此節疏文完整地抄録蔡德晉《禮經本義》。

《士昏禮》："婦餕姑之饌，御贊祭豆、黍、肺，舉肺、脊。乃食，卒，姑酳之，婦拜受，姑拜送，坐祭，卒爵，姑受，奠之。"《正義》曰："《内則》：'子婦佐餕，既食恒餕。'則舅食婦餕，其常也。

① 〔清〕曹元忠：《箋經室遺集》卷九，民國三十年（1941）王氏學禮齋刊本。
② 范文瀾：《范文瀾全集》第一卷，石家莊：河北教育出版社，2002年，第201頁。
③ 黄焯：《黄季剛先生年譜》，黄侃：《黄侃日記》，南京：江蘇教育出版社，2001年，第1142頁。
④ 彭林：《評楊大堉、胡肇昕補〈儀禮正義〉》，《清華大學學報（哲學社會科學版）》2007年第2期。
⑤ 彭令：《誰使振綺堂九野皆知——兼述汪曾唯批注本〈儀禮正義〉四十卷的重要意義》，《收藏家》2015年第9期。
⑥ 〔清〕胡培翬：《儀禮正義》，第171頁。

此辭者,未授使代,尚行賓禮也,然婦則自率其常禮而已。醬爲饌本,既經指呩,不易則於尊者爲褻,故易之,猶《燕禮》不敢褻君爵之義也。舅尊而姑親則易矣,故特言餕姑之饌以明之。下祭及食,則又合兩饌而言也。賈疏謂'不餕舅餘',先儒又謂'易醬爲易姑之醬而餕其饌',並與《内則》之義不符。"① 此節疏文基本上是完整地抄録吴廷華《儀禮章句》的,只是在抄録時改動了個别字,如"未授使代",原書爲"未受室使代";"尚行賓禮也",原書爲"尚行賓禮故也"。其它均直接抄録原書。

2. 同時引用多人之説,並隱去出處

《士昏禮》:"主人揖入,賓執雁從,至於廟門。揖入,三揖,至於階,三讓。主人升,西面,賓升,北面奠雁,再拜稽首,降出。婦從,降自西階,主人不降送。"《正義》曰:

> 奠贄而拜稽首,壻有子道也。案:主人揖入之後,當有每曲揖之節,不言者,文略。主人不降送,父無送女之禮也。注云"禮不参者",據凡行禮者言也。此壻迎女而女從之,是壻女二人爲禮矣,故主人不参之。②

此段疏文引録了三家之説,其中,"奠贄而拜稽首,壻有子道也",引自李如圭《儀禮集釋》;中間案語部分引自韋協夢《儀禮蠡測》;從"注云"到結尾,引自敖繼公《儀禮集説》。楊大堉均未標明出處。

再如《士昏禮》:"請期,用雁。主人辭,賓許,告期,如納征禮。"《正義》曰:

> 壻家得吉,乃不敢直以告女家而必請之者,示聽命於女家,尊之也。案:此遞言三禮同節,皆如納采,惟雁與皮帛爲異耳。③

此段疏文,案語之前的内容引自敖繼公《儀禮集説》;案語之"遞言三禮同節,皆如納采",引自張爾岐《儀禮鄭注句讀》;案語之"惟雁與皮帛爲異",引自吴廷華《儀禮章句》。楊大堉補纂時仍均未標明出處。

古人引書也講究規範,反對襲他説以爲己説,如顧炎武曾説:"凡述古人之言,必當引其立言之人。古人又述古人之言,則兩引之,不可襲以爲己説也。"④ 陳醴也説:"前人之文,當明引不當暗襲。《曲禮》所謂'必則古昔',又所謂'毋勦説'也。明引而不暗襲,則足見其心術之篤實,又足征其見聞之淵博。若暗襲以爲己有,則不足見其淵博,且有傷於篤實之道。明

① 〔清〕胡培翬:《儀禮正義》,第 195 頁。
② 〔清〕胡培翬:《儀禮正義》,第 176 頁。
③ 〔清〕胡培翬:《儀禮正義》,第 165 頁。
④ 〔清〕顧炎武:《述古》,〔清〕顧炎武著,〔清〕黄汝成集釋,欒保群、吕宗力校點:《日知録集釋》,上海:上海古籍出版社,2006 年,第 1162 頁。

引則有兩善，暗襲則兩善皆失之也。"[①] 而楊大堉引據他説，基本上都是完整地抄録原文，同時也均未標明出處。這種行爲就是襲他説以爲己説，不符合治學之規範。而這種情況，在《士昏禮》的疏文中顯得很普遍，在補纂的其它章節中也有類似情況，只是相對較少罷了。楊大堉這種很不嚴謹的疏經態度，與其老師胡培翬不可相提並論。

（二）剽竊他説，以作案語

楊大堉經常引據他説作爲案語，除以"堉案"的形式出現外，其餘則直接標注爲"按"或"案"。考察這些案語，其實就是在剽竊他説。如《士昏禮》："主人玄端，迎於門外，西面再拜。賓東面答拜。"鄭注："賓，壻。"《正義》在引用敖繼公之後下案語曰：

> 案：賓爵弁服，以攝盛故也。主人不必攝盛，故祇服玄端。[②]

此條案語實完全抄襲于韋協夢的《儀禮蠡測》。也有案語是抄襲多人之説，屬拼凑而成的，如《士昏禮》："壻御婦車，授綏，姆辭不受。"鄭注："壻，御者，親而下之。綏，所以引升車者。《曲禮》曰：'僕人之禮，必授人綏。'"《正義》疏解時，在依次引據李如圭、沈彤、敖繼公諸家之説後下案語曰：

> 案：婦不親辭者，夫婦始接，情有廉耻，姆道其志也。姆既辭則壻當舍綏，姆執綏以授女矣。[③]

此案語由兩句話組成，前一句"婦不親辭者，夫婦始接，情有廉耻，姆道其志也"，抄襲于盛世佐《儀禮集編》；後一句"姆既辭則壻當舍綏，姆執綏以授女矣"，抄襲于韋協夢《儀禮蠡測》。

再如《士昏禮》："婦徹于房中，媵御餕，姑酳之，雖無娣，媵先。於是與始飯之錯。"《正義》在疏解時先有一段案語：

> 案：此當媵御徹之，曰婦者，蓋姑親酳，婦亦親徹也。其設之當略如同牢禮，御亦得酳，未必甚賤。此酳亦酌外尊。[④]

此條案語拼凑了多人之説，依次爲："此當媵御徹之，曰婦者，蓋姑親酳，婦亦親徹也"，出

---

① 〔清〕陳醴：《引書法示端溪書院諸生》，黄國聲主編：《陳澧集》第 6 册，上海：上海古籍出版社，2008 年，第 232 頁。
② 〔清〕胡培翬：《儀禮正義》，第 176 頁。
③ 〔清〕胡培翬：《儀禮正義》，第 177 頁。
④ 〔清〕胡培翬：《儀禮正義》，第 196 頁。

自吴廷華《儀禮章句》;“其設之當略如同牢禮”,出自敖繼公《儀禮集説》;“御亦得酳,未必甚賤”,出自褚寅亮《儀禮管見》;“此酳亦酌外尊”,出自敖繼公《儀禮集説》。

(三)羅列他説,失於裁斷

作爲一種集大成形式的研究專著,在疏解時不僅要羅列衆説,而且還應善於折中裁斷,正如彭林所説的“凡以《正義》爲名者,都有集大成之意,唐人《五經正義》是如此,清人群經正義更是如此。所謂集大成者,必須彙集衆説,折中裁斷。彙集衆説是基礎,折中裁斷是指歸。如果僅有前者,便是羅列資料,而非學術研究”。[①] 縱觀楊大堉所補章節,確實没有處理好羅列衆説與折中裁斷之關係,以至於常彙集衆説而失於裁斷,未能形成定論。

比如《士昏禮》對“疑立”的疏解。《正義》先引據盛世佐《儀禮集編》之説:“疑、凝通。鄭讀爲‘仡然從于趙盾’之‘仡’。疑立者,不偏倚不摇動之意。《玉藻》云‘立容德’是也。立於此者,俟贊者酌醴而出也。立時少久,故特著其容。”當然,《正義》在引據時,不僅略去了這段話的出處,還對《儀禮集編》原文有所改動,原文是“鄭讀爲‘仡然從于趙盾’之‘仡’,非”,補纂者却略去“非”字。此外,疏文還引用了孔廣森《儀禮雜議》中的一段話:“當讀如《士相見》篇‘不疑君’之‘疑’。疑立者,斜向舅姑立也,於君以不敢斜向爲敬。獻酢則又必向所與行禮者爲敬。若《鄉飲酒》‘賓西階上疑立’,是向主人立也。‘主人阼階東疑立’,是向賓立也。《周禮》曰:‘不正其主面,亦不背客。’此疑立之道乎?大抵足以定位,而面無定矚,隨其所敬轉向之,是之謂疑立。今人行禮時,亦惟習於此節,斯敬賓之意達矣。”[②]

今案:此處,《正義》引用了兩家之説來解釋“疑立”。首先,兩家分别給出了“疑”字的不同讀音。前者認爲“疑、凝通”,顯然是認爲“疑”讀若“凝”,而補纂者在隨後的引文中却又略去“非”字,顯得文意很不連貫。“疑”還有另一種讀法,“鄭讀爲‘仡然從于趙盾’之‘仡’”,其中“仡然從于趙盾”,文出於《公羊傳·宣公六年》,原文是“仡然從乎趙盾而入”,段玉裁《説文解字注》釋“仡”爲“魚訖切”,讀從《公羊》。[③] 可見,鄭玄讀“疑”爲“魚訖切”。盛世佐認爲這種讀音是不確的。另外,孔廣森認爲“疑”讀如“不疑君”之“疑”。這樣“疑”就有了兩種讀音,到底哪種讀音更切近,補纂者並未進行裁斷。

其次,對於“疑立”涵義的疏解,兩説也不一致,補纂者也未加以裁斷。其實,“疑立”在《儀禮》中曾多次出現,補纂者始終未予裁斷。如《士昏禮》“主人受醴,面枋,筵前西北面”節,鄭注:“主人西北面疑立,待賓即筵也。”《正義》疏解時引吴廷華之説:“疑立者,無事而立。”[④] 在《鄉飲酒禮》“賓西階上疑立”節,鄭注:“疑,‘仡然從于趙盾’之‘仡’。疑,正立自定之貌。”《正義》疏解時先後引據段玉裁《説文解字注》及胡承珙《儀禮古今文疏義》,認爲“疑”

① 彭林:《評楊大堉、胡肇昕補〈儀禮正義〉》,《清華大學學報(哲學社會科學版)》2007 年第 2 期。
② 〔清〕胡培翬:《儀禮正義》,第 192 頁。
③ 〔清〕胡培翬:《儀禮正義》,第 369 頁。
④ 〔清〕胡培翬:《儀禮正義》,第 161 頁。

作“𠂤匕”，“疑爲𠂤匕之假借，鄭讀‘疑’爲‘疑然’之‘疑’者，恐人誤認爲‘疑惑’之‘疑’，故讀從《公羊》，以明字之假借也”。同時還引據胡承珙案語云：“案：《公羊傳》上言‘疑然’，下言‘立’，與此經‘疑立’同意，亦止立自定之貌。何氏謂‘仡然，勇壯貌’，《鄉射禮》注‘疑，止也，有矜莊之色’，勇壯與矜莊，義亦相近。”①《鄉飲酒禮》“介西階上立”節，鄭玄認爲“立”爲“疑立”，他説：“不言疑者，省文。”補纂者疏解時引李如圭《儀禮集釋》云：“凡事未至者皆疑立。案：疑立者，致敬也。賓疑立，介下賓，不得不疑立。”②不難發現，補纂者對“疑立”的疏解，在不同的地方引用了不同的説法，但始終未加以裁斷以求得一致。

（四）不遵體例，失於統一

培翬撰《正義》之體例有四：“曰補注，補鄭君注所未備也。曰申注，申鄭君注義也。曰附注，近儒所説，雖異鄭恉，義可旁通，附而存之，廣異聞，佉專己也。曰訂注，鄭君注義偶有違失，詳爲辨正，别是非、明折衷也。”（羅椒生《儀禮正義序》）。③此體例貫通培翬所撰各篇，是其疏解《儀禮》之綱領。楊大堉補纂章節却常常不遵胡氏既定體例，對鄭注時有不疏之處，使全書疏解失於統一。細閲此部分章節，大致存在以下兩種情況。

1. 對鄭注不置一詞。如《燕禮》：“不以樂志。”鄭注：“辟不敏也。”《正義》曰：“敖氏曰：‘古文志、識通。不以樂志者，言其每發不以樂之節爲識，而必欲應之者，此亦優君也。’盛氏曰：‘不以樂志者，謂雖不與鼓節相應，亦得釋算也。凡射者不鼓不釋，而君獨否，所以優之也。’”④此段疏解，引敖繼公、盛世佐二氏之説全爲疏解經文“不以樂志”，而忽視了鄭注“辟不敏也”，對其不加理會，不作任何解釋。

2. 僅疏解鄭注中不重要的語句，而忽視其中關鍵字句。如《士昏禮》：“贊洗爵，酌酳主人，主人拜受。贊户内北面答拜。酳婦，亦如之。皆祭。”鄭注：“酳，漱也，酳之言演也，安也。漱，所以潔口，且演安其所食。酳酌内尊。”《正義》曰：

> 賈疏云：“壻拜當東面，婦拜當南面。《少牢》‘篹答拜’注云：‘在東面，席者東面。拜在西面，席者南面拜。’故知婦南面拜。若贊答婦拜，亦於户内北面也。”敖氏云：“洗爵，洗於庭也。酳之言繼也，其字從酉，蓋既食之而復繼之以酒，取其酒食相續之義也。此拜受者，皆在席户内，户内之西也。祭謂祭酒，凡酳皆坐受爵。”案：注“漱以潔口”，蓋頤養之道應爾也。⑤

---

① 〔清〕胡培翬：《儀禮正義》，第306—307頁。
② 〔清〕胡培翬：《儀禮正義》，第338頁。
③ 〔清〕胡培翬：《儀禮正義》卷首。
④ 〔清〕胡培翬：《儀禮正義》，第778頁。
⑤ 〔清〕胡培翬：《儀禮正義》，第185頁。

此處僅針對鄭注中的"漱,所以潔口"進行了疏解,對"酳,漱也,酳之言演也,安也"及"酳酌内尊"等關鍵語句,均避而不談。其實,"酳"在《儀禮》不同篇章中曾反復出現,鄭注都是不一樣的,如《特牲饋食禮》:"主人洗角,升,酌,酳尸。"鄭注:"酳猶衍也,是獻尸也。謂之酳者,尸既卒食,又欲頤衍養樂之。"又《少牢饋食禮》云:"主人降,洗爵,升,北面酌酒,乃酳尸。"鄭注:"酳猶羡也,既食之而又飲之,所以樂之。"《士虞禮》:"主人洗廢爵,酌酒酳尸。"鄭注:"酳,安食也。"既然鄭玄注"酳"在不同的章節含義不同,那麽,補纂者在此處就應該進行疏解,當年賈公彦撰《儀禮疏》時就没有回避這部分鄭注。楊大堉補纂不僅忽視了賈疏,對此也不置一詞,讓人深以爲憾。

(五)引據疏漏,疏文失當

補纂章節在疏經解注時,常常是該引據的不引據,造成不必要的遺漏,致使疏文失當。如《士昏禮》:"若異邦,則贈丈夫送者以束錦。"鄭注:"贈,送也。就賓館。"《正義》曰:"士卑不嫌外娶,先儒俱有明説。敖氏以此例大夫,泥矣。贈錦又在酬錦外。"[①]其實,此疏解是引用褚寅亮《儀禮管見》的,但補纂者並未指明。此條疏解既然裁斷"敖氏以此例大夫,泥矣",那麽,補纂者就應該在疏解之前先引據敖氏之説,讓讀者不僅知道敖氏是如何立説的,也能據此來判斷褚寅亮的裁斷。可惜,補纂者没有做到這一點,僅以敷衍成文,造成了不必要的疏漏。

再如《士昏禮》:"納徵,玄纁束帛儷皮,如納吉禮。"鄭玄注引《周禮》曰:"凡嫁子取妻入幣,純帛無過五兩。"針對此注中的"純"字,補纂者僅以沈彤《儀禮小疏》疏文中所引《周禮·媒氏》鄭注"純實緇字,古緇以才爲聲"爲據。其實,後人多認爲此注有誤,如張爾岐《儀禮鄭注句讀》認爲:"鄭注《周禮》以純爲緇,故疏以緇爲庶人之禮。陳氏祥道云:'《蘇秦傳》"錦繡千純",裴駰注曰:"純,端名。"則《周禮》所云"純帛"者,匹帛也。鄭改純爲緇,誤矣。'"[②]盛世佐《儀禮集編》:"古紂字多訛爲純,鄭注《周禮》改純爲緇,不爲無據。"[③]上述二説,均爲訂鄭注之訛的,胡、楊補纂時却無意徵引,亦未加以裁斷,造成疏漏,致使疏文失當,實屬不該。稍後的禮學大家黄以周就曾明確指出:"純帛之純,不必改緇。"[④]不難看出,補纂者的學力還是有所欠缺的。

總之,楊大堉補纂章節存在諸多不足,這固然與補纂者自身學力因素有關,更多的是與後期倉促成書有關。由於培翬在晚年非常希望能够在有生之年著成《儀禮正義》,爲了實現這個願望,加快著書進度是避免不了的。此時,培翬不僅自己全身心投入到著書中,即使患病,也不輟勞作;而且還邀請胡肇昕參與編纂《士昏禮》等章節,幫助自己早日完成全書的疏

① 〔清〕胡培翬:《儀禮正義》,第199頁。
② 〔清〕張爾岐:《儀禮鄭注句讀》,《景印文淵閣四庫全書》第108册,臺北:臺灣商務印書館,1986年,第18頁。
③ 〔清〕盛世佐:《儀禮集編》,《景印文淵閣四庫全書》第110册,臺北:臺灣商務印書館,1986年,第143頁。
④ 〔清〕黄以周撰,王文錦點校:《禮書通故》,北京:中華書局,2007年,第251頁。

解任務。受培翬急於成書思想的影響，胡肇昕所做的工作主要是在培翬初擬草稿的基礎上排比諸説，添加己見，没有過多的時間搜集他説並給予甄別、增補。培翬去世後，陸建瀛爲刊刻計，又邀楊大堉參與補纂。此時，陸建瀛更希望早日成書，以便能早日刊成全書。在這種情況下，楊大堉也不可能花更多的時間與精力來校補《士昏禮》等章節，只能在倉促之中連綴諸説，以完成任務。儘管後來陳奐又做了具體的校梓工作，但因刊刻在即，已不可能完全解決其中諸多失誤了。

（陳功文，皖西學院文化與傳媒學院副教授）

《春秋左傳》鄭國“高渠彌”名字解詁*

徐 淵

[摘 要]《左傳》鄭國大夫“高渠彌”名字中“渠彌”二字杜預注、孔穎達疏無説,歷來無訓釋,不可解其義。通過對“鉏”“彌”二字故訓的梳理,可知“彌”即“鑋”之借字,“鉏”“鑋”二字可以互訓。“渠”又借用爲“鉏”,則“高渠彌”實即“高鉏彌”。“高渠彌”與先秦人物名“西乞術”“白乙丙”的組成相同,都是“氏”+“字”+“名”的結構。

[關鍵詞] 高渠彌 鉏 鑋 名字互訓

春秋早期,鄭國莊、厲間大夫高渠彌對鄭國政局走向影響頗深,《左傳》桓公五年秋繻葛之戰,“王以諸侯伐鄭,鄭伯禦之”,“原繁、高渠彌以中軍奉公,爲魚麗之陳”,此役終以“王卒大敗”告終。當是之時,高渠彌似已是鄭莊公卿,亦或莊公因此役高氏之功而封其爲卿。《左傳》桓公十七年有“初,鄭伯將以高渠彌爲卿。昭公惡之,固諫,不聽”。此“鄭伯”指鄭莊公,昭公時爲世子,與高渠彌有隙,故“固諫”鄭莊公,而莊公“不聽”,可見高氏頗受莊公信用。此年,鄭昭公因前一年厲公出奔櫟而回國,踐位稱君。立之不久,高渠彌“懼其殺己”,“弑昭公而立公子亹”。高渠彌與祭仲同執政柄,弑君作亂,擅行廢立。《左傳》桓公十八年,“秋,齊侯師于首止。子亹會之,高渠彌相”,齊襄公由於高渠彌弑君、子亹僭立,故“殺子亹而轘高渠彌”。

高渠彌是春秋早期鄭國重要的歷史人物,以上略述高渠彌事迹。細審“高渠彌”之名,與同時鄭國卿大夫之名“祭足”(祭仲)、“原繁”、“洩駕”皆不類。《左傳》桓公十七年,“公子達曰:‘高伯其爲戮乎!復惡已甚矣。’”高伯即高渠彌,可見高渠彌以“高”爲氏,此項與其他三位鄭國卿大夫“祭氏”“原氏”“洩氏”同。然則“渠彌”何義?杜預注、孔穎達疏皆無説。以下試爲之解詁。

一、先秦人名中“鉏”“彌”互訓

《左傳》中以“鉏”爲名者甚衆,如“强鉏”(莊公十六年,鄭人)、“孔將鉏”(僖公二十四年,鄭大夫)、“公子鉏”(襄公二十一年,齊公族)、隰鉏(襄公二十五年,齊大夫)、雍鉏(襄公二十六年,衛人)、“公孫鉏”(襄公三十年,鄭公族)、“徐鉏”(昭公十六年,郲大夫)、“籍丘子鉏”(定公八年,齊大夫)等。又有以“朱鉏”爲名者數人,如“買朱鉏”(襄公三十一年,莒君)、“析朱

* 本文是國家社科基金重大項目“《春秋》三傳學術通史”(19ZDA252)的階段性成果。

鉏"(昭公二十年,鄭人)、樂朱鉏(哀公二十六年,宋人)。

《説文·金部》:"鉏,立薅所用也。"①《急就篇》卷三"鈐鐁鉤銍斧鑿鉏",顔師古注:"鉏,去草之具也,一名兹基。"《左傳》僖公三十三年"見冀缺耨",杜預注:"耨,鋤也。"《釋文》:"鋤,本又作鉏。"《史記·秦始皇本紀》有"鉏櫌棘矜",《集解》引服虔曰:"以鉏柄及棘作矛槿也。"《史記·齊悼惠王世家》有"非其種者,鉏而去之"。又《楚辭·卜居》"寧誅鋤草茅",洪興祖《楚辭補注》:"鋤,一作鉏。"《爾雅·釋鳥》:"鷺,舂鉏。"《經典釋文》"鉏"作"鋤",云:"字又作鉏。"由上可見,先秦人名中之"鉏"很可能指的就是除草的工具,後世所謂"鋤",即《説文》"立薅斫"②的工具。

王引之《經義述聞》卷二十三《春秋名字解詁下》(以下簡稱《解詁下》)"魯季公彌字鉏、齊犂彌字且"條云:

> "且"即"鉏"之假借也,"彌"讀爲"鑋",《玉篇》:"鑋(亡支切),青州人呼鐮也。"《説文》:"鉏,立薅斫也。""鑋""鉏"皆所以芟夷者,故名"鑋"字"鉏"。③

以《左傳》襄公二十三年"公彌"之字"鉏",證定公九年"犂彌"之字"且"爲"鉏"之假借(《史記·齊太公世家》作"犂鉏"),其説可信。襄二十三年稱"公鉏"者,同年又稱"公彌",杜預《解詁》:"魯季公彌,字鉏"。可見"彌"與"鉏"可以互訓。方炫琛《左傳人物名號研究》(以下簡稱《名號研究》)分析"公彌"名字時説:

> 據《傳》及杜注,公彌即公鉏,《傳》載其父季武子曰:"彌與紇……"稱其子曰彌,則彌,其名也,稱公彌者,魯君之子及三家之後得以公字冠名字上,……謂鉏爲其字,是也。④

至此,王引之説"彌"與"鉏"互訓,"彌"之本字或爲《玉篇》之"鑋"字,⑤訓爲"立薅斫"之具,確屬不刊之論。

二、"公鉏氏""子鉏氏""鉏氏"

方炫琛《名號研究》"公彌"條云:

① 〔東漢〕許慎:《説文解字》,北京:中華書局,1963年,第296頁。

② 《廣韻》引作"立薅斫也",當以《廣韻》爲是。〔北宋〕陳彭年等撰、周祖謨校:《廣韻校本》,北京:中華書局,1960年,第71頁。

③ 〔清〕王引之:《經義述聞》下册,上海:上海書店,2012年,第115頁。

④ 方炫琛:《左傳人物名號研究》,臺灣政治大學博士學位論文,臺北,1983年,第198—199頁。

⑤ "鑋",當是"彌"的後起本字。

公彌字鉏,又稱公鉏者,亦於字上冠與公室有關之"公"字也,同《傳》稱公鉏氏者,謂公鉏家也。因其以鉏爲字稱公鉏,故其子孫以公鉏爲氏。①

《左傳》定公八年有"公彌"之曾孫"公鉏極"。可見"公彌"以"鉏"爲字,後世以"公鉏"爲氏。

《左傳》中又有以"鉏"爲氏者。哀公十四年"叔孫氏之車子鉏商獲麟",杜注:"車子,微者。鉏商,名。"認爲"車子"爲其身份,"鉏商"是其名。孔穎達《疏》引服虔云:"車,車士,微者也。子,姓。鉏商,名。"② 認爲"子"爲其姓,"鉏商"是其名。《孔子家語·辯物篇》有"叔孫氏之車士曰子鉏商",王肅注:"車士,將車者也。子,姓。鉏商,名。"看法與服虔略同。《孔叢子·記問篇》有"叔孫氏之車子曰鉏商",疑襲用杜預之説。王引之《經義述聞》卷十九《春秋左傳下》"叔孫氏之車子鉏商"條辨之甚細,云:

服以車爲車士,是也。《聘禮·記》"肦肉及廋、車",鄭注曰:"廋,廋人也。車,巾車也。二人掌視車馬之官也。"《晉語》"其主朝升之而莫戮其車",韋注曰:"車,車僕也,則主車之人即謂之車。"哀六年《傳》有鮑子之臣"差車鮑點",杜彼注曰:"差車,主車之官。"此《傳》曰:"叔孫氏之車,蓋叔孫氏之差車也。"《元和姓纂》"殷湯子姓"引《風俗通義》曰:"《左傳》有子鉏商。"蓋亦謂車爲車士,故以子屬下讀。是服説長于杜矣,而未盡也。

春秋時,婦人稱姓,男子則稱氏族,以子爲姓,非也。今案"子鉏"蓋其氏,"商"其名也,《傳》凡言"子儀克""子越椒"之類,上二字皆字也;"子服何""子人九"之類,上二字皆以先世之字爲氏也。成十六年及哀五年《傳》皆有"公子鉏",定八年《傳》有"籍丘子鉏",是春秋時多以鉏爲名字,今此"子鉏"知非字者,古人名字相應,"鉏"與"商"不相應故也。③

王引之以爲"子鉏"是氏,非名,舉"子服氏""子人氏"爲例。又進一步説:

《廣韵》"鉏"字注曰:"又姓,《左傳》有鉏麑。"則春秋時有以鉏爲氏者。《漢書·古今人表》有"子鉏商",是"子"屬下讀之明證也。《易林》"訟"之"同人":"子鉏執麟……《春秋》作經。"蔡邕《麟頌》:"庶士子鉏,獲諸西狩。"是"子鉏"連讀之明證也。

① 方炫琛:《左傳人物名號研究》,第198—199頁。
② 〔晉〕杜預注、〔唐〕孔穎達疏:《左傳正義》,北京:北京大學出版社,2000年,第1930頁。
③ 〔清〕王引之:《經義述聞》下册,38—39頁。

其實,《左傳》中以"子某"爲氏的氏族頗多,除了上舉魯子服氏、鄭子人氏以外,可考者還有魯子家氏、齊子淵氏等。

子服氏是魯仲孫蔑之子、仲孫它之後,屬仲孫氏,名"它",字"服"。"服"字前冠以美稱,故後世以"子服"爲氏。子人氏是齊僖公母弟公子人之後,公子人名語,字人,以美稱"子"冠其前,故後世以"子人"爲氏。魯公孫歸父名歸,字家,以美稱"子"字冠字上爲稱,曰"子家",而後人即以"子家"爲氏。齊國"子淵捷",《名號研究》分析其名字云:

> 《左》昭八"逐子成、子工、子車",杜注:"三子,齊大夫……子車,頃公之孫捷也。"《左》昭十"反子城、子公、公孫捷",即稱"子車"爲"公孫捷"。又《左》昭二十六"齊子淵捷從洩聲子……子車曰……",杜注:"子車即子淵捷。"則子車、公孫捷、子淵捷一人也。
>
> 《通志·氏族略》第三:"子泉氏,姜姓,《世本》'齊頃公之子公子湫子泉之後也。'又子泉捷,齊大夫,見《新序》。"《左通補釋》二十七謂此"子泉"之"泉"當作"淵",從唐諱作"泉",并引《潛夫論·志氏姓》"齊之子淵氏,姜姓也"以爲證。然則據鄭樵之説推之,公孫捷父當字淵,以"子"配字曰"子淵",爲通行之名號,而公孫捷因以爲氏者也。《傳》稱公孫捷、又稱子車者,《解詁》云:"齊公孫捷,字子車。"以捷爲其名,子車爲其字。[①]

由上可見,所謂"子某氏"之"子",皆是作爲氏的字前美稱"子"的遺留。所謂"子某氏"之"某",與先秦其他氏的主要來源——本族始祖"公子""公孫"之字——無别。"某氏"與"子某氏"二者的區别,唯前加"子"而已。在表示氏的"字"前加行輩"伯""仲""叔""季",加表示公室所出的"公"字,與加表示美稱的"子"字,都是先秦氏名組成的常例。"子鉏氏""公鉏氏""鉏氏"的祖先可能皆以"鉏"爲字。羅福頤編《漢印文字徵》所收漢印文字中即有以"鉏"爲姓的例子,如"鉏詩""鉏壽"等,[②]皆是其例。由是可知,先秦時人以"鉏"爲字者,可謂衆矣。

三、"高渠彌"即"高鉏彌"

《史記·孔子世家》有"宦者雍渠參乘出"。雍渠爲衛國宦臣,有寵於衛靈公。時孔子在衛,見雍渠與靈公及夫人南子同車參乘,招摇過市,憤而離衛赴曹。先秦文獻中,"雍渠"又作"雍疸"[③](《戰國策·趙策三》)、"雍鉏"(《左傳》《韓非子·難四》)、"癰疽"(《孟子·萬章上》)、"雍

① 方炫琛:《左傳人物名號研究》,第187頁。
② 羅福頤編:《增訂漢印文字徵》,北京:紫禁城出版社,2010年,第622頁。
③ "雍疸"當是"雍疽"之字誤。

雎”(《説苑·至公》)。以上四名,實同一人,清翟灝《四書考異》云:“均爲聲同通借耳。”①

《黄帝内經·靈樞經》有《癰疽篇》云:“當其癰下,筋骨良肉皆無餘,故命曰疽。”《正字通》:“癰之深者曰疽,疽深而惡,癰淺而大。”又馬王堆帛書《五十二病方》有“雎”病條,整理者認爲“雎”應讀作“疽”。②《孟子》稱“雍渠”爲“癰疽”,《説苑》稱之爲“雍雎”,顯然都是用諧聲詞來表示對“雍渠”的輕蔑厭惡,將之比作衛國的“癰”與“疽”。實際上,“雍鉏”才是其本名,“雍鉏”即“雍渠”。

根據對“雍渠”的分析,再來看“高渠彌”的名字釋義。關於“高渠彌”名字歷來無説,《名號研究》“高渠彌”條認爲:

> 《左》桓五“原繁、高渠彌以中軍奉公”,《左》桓十七謂“高渠彌弑昭公”……“渠彌”蓋其名也,“高”則其氏也,故《左》桓十七公子達稱其爲“高伯”,楊注:“高伯,伯蓋渠彌之字,所謂五十以伯仲也。”③

以上分析蓋因襲成説,不能令人信服。我們認爲,“高渠彌”之“彌”就是前述“公彌”之“彌”,是“高渠彌”的名,訓作“青州人呼鐮也”的“鑋”。“渠”則是“高渠彌”的字,借“渠”表“鉏”,其例與“雍鉏”文獻又稱“雍渠”同。“高渠彌”的名字結構爲“氏”+“字”+“名”。

“高渠彌”,《史記·秦本紀》作“高渠眯”。《左傳》宣公二年、宣公六年有“提彌明”,《史記·晉世家》並作“示眯明”。《史記索隱》引鄒誕云:“示眯爲祁彌也,即《左傳》之提彌明也。以眯爲彌,亦音相近耳。”④可見《左傳》中“彌”字作人名用時,在《史記》多改寫作“眯”,可能是受秦系文字使用習慣的影響,其字本當作“彌”。

戰國晚期的“上郡守道戈”(秦器),有銘文“十九年上郡守道造,高工師竈,丞造,工隸臣渠”,⑤這是“渠”字在先秦用作人名的實例。先秦出土文獻中不見“鉏”字,有論者認爲《上博六·慎子曰恭儉》中的“樝”字用作“鉏”,⑥可備一説。由於“鑋”是後起字,因此“高渠彌”很可能反映了先秦人物姓名本來的某種實際用字情況。

① “渠”,群母魚部字;“鉏”,牀母魚部字。群母爲牙音,牀母爲齒頭音,二字韻部雖同,但聲母還有一定距離,具體通用的原因還待細考。

② 裘錫圭主編:《長沙馬王堆漢墓簡帛集成》第 5 册,北京:中華書局,2014 年,第 214 頁。

③ 方炫琛:《左傳人物名號研究》,第 448 頁。

④〔漢〕司馬遷撰、〔南朝宋〕裴駰集解、〔唐〕司馬貞索隱、〔唐〕張守節正義:《史記》(修訂本),北京:中華書局,2013 年,第 2007 頁。“眯”“彌”同爲明母脂部字,聲音相近,上古相通。

⑤ “上郡守道戈”釋文所採用的是劉釗、江小角《安徽桐城出土秦十九年上郡守道戈考》,來源:http://www.gwz.fudan.edu.cn,復旦大學出土文獻與古文字研究中心網站。

⑥ 劉洪濤、劉建民:《上博竹書〈慎子曰恭儉〉》校讀,《簡帛》第 3 輯,上海:上海古籍出版社,2008 年,第 114 頁。

四、先秦名字連言者皆先字後名

與“高渠彌”字名連用相類似的例子在先秦頗爲常見,如“子儀克”“子越椒”“孟明視”“西乞術”“白丙乙”等。子儀克爲宋人,字儀,名克。子越椒,即鬬椒,鬬伯比之孫,名椒,字越,又字伯棼。孟明視,孔穎達《疏》:“《世族譜》以百里孟明視爲百里奚之子,則姓百里,名視,字孟明。”西乞術,《左傳》又稱西乞,術是其名,文公十二年有“秦伯使術來聘”可證。王引之《經義述聞》卷二十二《解詁上》“秦西術字乞”條云:

> “術”讀爲“遂”。文十二年《公羊》經正作“遂”。“乞”讀爲“訖”。遂,終也,竟也。《逸周書·大子晉篇》孔注云:“遂,終也。”《廣雅》云:“遂,竟也。”訖亦終也,竟也。《爾雅》云:“訖,止也。”止亦終也。《漢書·西域傳》顔注云:“訖,竟也。”①

“遂”與“術”通用的例子還有一些。《禮記·月令》“審端經術”,鄭玄注:“‘術’,《周禮》作‘遂’。”《禮記·學記》“術有序”,鄭玄注:“術當爲遂,聲之誤也。”術爲牀母物部字,遂爲邪母微部字,聲母俱屬齒頭音,韻部爲陰入對轉關係,聲音接近,故“西乞術”即“西乞遂”,以西爲氏,名術,字乞。白乙丙,《左傳》又稱“白乙”。春秋時,以干支爲名者多有,如鄭石癸字甲父,衛夏戊字丁,楚公子午字子庚,楚公子壬字子辛,魯泄柳字子庚,皆是其例。王引之《經義述聞》卷二十三《解詁下》“秦白丙字乙”條云:

> 丙,火也,剛日也;乙,木也,柔日也。名丙字乙者,取火生於木,又剛柔相濟也。②

故白乙丙,以白爲氏,名丙,字乙。與夏戊字丁義同。王引之《經義述聞》卷二十三《解詁下》附“魯泄柳字子庚”條云:

> 《孟子·告子篇》“子柳、子思爲臣”,趙注曰:“子柳,泄柳也。”《説苑·雜言篇》“子柳”作“子庚”。
>
> 錢氏廣伯曰:“柳”亦當讀爲“丣”。引之案:“丣,古文酉。”《淮南·時則篇》云:“仲秋之月,招摇指酉,其日庚午,故名酉字庚。”③

王氏之説,本《説文解字》“古文酉從丣”。睡虎地秦簡《日書乙種·六月》:“酉(柳),百

① 〔清〕王引之:《經義述聞》下册,112頁。
② 〔清〕王引之:《經義述聞》下册,112頁。
③ 〔清〕王引之:《經義述聞》下册,123頁。

事吉。"[①] 馬王堆帛書《五行·説》:"酉(柳)下子輕思於翟。"[②] 北京大學藏西漢竹書《堪輿》第六簡:"酉(柳)、七星、張。"[③] 以上皆是傳世文獻"柳"原作"酉"之證。

"孔父嘉""華父督"也是《左傳》中字名連言的顯證。孔父嘉,孔子先祖,名嘉,字孔,父是尊稱。華父督,宋戴公之孫,好父説之子,名督,字華,宋國華氏之祖。

《左傳》僖公三十二年"召孟明、西乞、白乙"孔穎達《疏》總結説:"古人之言名字者,皆先字後名。"[④] 從以上的例子看來無疑是正確的。高渠彌以高爲氏,名彌,字渠,正與例合。《左傳》中的"西乞術""白丙乙"與"高渠彌"名字的結構全同,皆是"氏"+"字"+"名"。

《左傳》史料來源繽紛,其中人名的組成靈活多樣,故"高渠彌"之名未經整齊化[⑤] 毫不足怪。後人由於既不知"渠"爲"鉏"之借,又不了解"彌"可與"鉏"互訓,故誤以爲"渠彌"乃高伯之名,遂使"渠彌"之名不得其解。

(徐淵,同濟大學人文學院中文系副教授)

① 睡虎地秦墓竹簡整理小組編:《睡虎地秦墓竹簡》,北京:文物出版社,1990 年,第 237 頁。

② 裘錫圭主編:《長沙馬王堆漢墓簡帛集成》第 4 册,第 70 頁。

③ 北京大學出土文獻研究所編:《北京大學藏西漢竹書(伍)》,上海:上海古籍出版社,2014 年,第 103 頁。

④ 〔東漢〕何休注、〔唐〕孔穎達疏:《左傳正義》,北京:北京大學出版社,2000 年,第 541 頁。

⑤ 如《左傳》僖三十二年"召孟明、西乞、白乙",僖公三十三年"獲百里孟明視、西乞術、白乙丙以歸",所舉人名皆不整齊。

戰國金文“冶”字構形的幾點新見*

崔智博

［摘　要］基於對戰國金文“冶”字構形的全面整理，本文糾正已有關於“冶”字構形的部分認識。“⿰刀旦”非韓國“冶”字的典型構形樣式，分佈地域廣泛，可能有較早的構形來源。“⿱⿰刀二土”是韓、魏兩國“冶”的主流構形，“火”“土”同時參與構形是魏國“冶”的獨有特點。“冶”字的各類構形總體上多地共見，真正具備地域特徵的構形少見。

［關鍵詞］冶　構形　戰國文字　分域

戰國“冶”字構形繁雜，寫法很多，以往的研究對“冶”字的構形已有相對清楚的認識，但“不同程度地存在著字形分類繁瑣、個別資料國別判斷有誤，以及‘冶’字摹寫不準確等不足之處”，[①] 這導致對“冶”字構形的部分認識有誤。“冶”字是戰國文字分域研究的一個重要的方面，本文基於對戰國金文“冶”字構形進行全面的整理分析研究，嘗試對“冶”字構形提出幾點新見。

一、戰國金文“冶”字構形的重新分類

黄盛璋先生首先梳理了“冶”字的四類九種構形樣式，並進行分國探索（爲敘述方便，下稱“黄文”）。[②] 林清源先生舉證器銘一百三十件，詳細地整理出“冶”字的十一類五十八種構形樣式，分析構件之間的組合關係，考察了十一類構形的區域特徵（下稱“林文”）。[③] 蘇輝先生編制了《三晉紀年兵器“冶”字表》，按國別分列各種構形（下稱“蘇文”）。[④] 下田誠先生在蘇文字表的基礎上，增補材料，整理了 174 件兵器上的“冶”字，按照國別分别列表。[⑤] 吴良寶先生將“冶”分爲AB 兩類，考察兵器地名地望、時代與“冶”的國別構形特徵的關係（下稱“吴文”）。[⑥]

各家的“冶”字構形樣式分類繁簡不一，分析其原因，主要有三點。第一，以往分類多是

---

*　本文是華東師範大學優秀博士生學術創新能力提升計劃項目（YBNLTS2019－062）的階段性成果。

① 吴良寶、徐俊剛：《戰國“冶”字新考察》，《古文字研究》第 31 輯，北京：中華書局，2016 年，第 205 頁。

② 黄盛璋：《戰國“冶”字結構類型與分國研究》，《古文字學論集初編》，香港：香港中文大學，1983 年，第 425—439 頁。

③ 林清源：《戰國“冶”字異形的衍生與制約及其區域特徵》，《第二屆國際中國古文字學研討會論文集續編》，香港：問學社有限公司，1995 年，第 333—374 頁。

④ 蘇輝：《秦、三晉紀年兵器研究》，中國社會科學院研究生院碩士學位論文，北京，2002 年，第 4—5 頁。

⑤ ［日］下田誠：《再論三晉“冶”字》，《古文字研究》第 27 輯，北京：中華書局，2008 年，第 334—340 頁。

⑥ 吴良寶、徐俊剛：《戰國“冶”字新考察》，第 205—210 頁。

以摹寫的字形爲依據,分類的多少與摹寫字形準確與否有很大關係,形體摹寫失誤則會導致構形分析有誤。如黃文所分列的樣式(11)和(12),分別摹寫作“”和“”,實際上這兩個構形左側的“二”是“刀”的誤摹,字形見於(《集成》11385,五年鄭令戈);黃文把“只見於魏器”的(29)摹寫作“”,看似是一個陌生的構形,但實際上該字作(《集成》11341,四年咎奴蓸令戈),左側所從非“工”形,而是“火”的變體,可隸定爲“㓚”。林文所列構形的第一式,字形摹寫作“”,看似構形複雜,實際上是“冶句”兩個字,“句”是鑄造者之名,而這一構形的“冶”是目前趙國常見的形體,因此不應該單獨分列一類;再如第十八式“”,該式漏收於所歸納的十一類中,實際上該字形作(《集成》2611,卅五年鼎),左側下方的構件是“口”而非“刀”形,可隸定爲“”,該構形是趙國常見的構形之一。

第二,以原形字作爲構形分類的依據使分類樣式過多,分類結果冗餘。黃文中的樣式(1)作“”,(2)作“”,“僅配合位置稍異”而分作兩種樣式,實際上二者在構形上的差異並無絶對區别,可以認同爲一種構形方式;再如(5)作“”,(6)作“”,二者分作兩式則僅是由於“火”的形體稍有不同。“冶”字中參與構形的“火”“刀”形體樣式豐富,“火”或作“”“”,或作“土”形,有“”“”“”等形態,“刀”也有不同變體,而各構件位置、方向也多有變化,若每種變化皆作一種樣式則“冶”字構形必然類型繁多,而在有關構形類型討論時,如(《集成》11376,十八年戈)和(《集成》11693,卅三年鄭令劍),(《集成》11545,七年邦司寇矛)和(《集成》11213,洓𨛭戈),實則可以分别認同爲一種構形樣式。爲避免摹寫的差異和原形構件形體多樣而造成分類有誤,本文以“冶”字的隸定構形統領“冶”字原形,對不影響構形類别的構件差異不作區别,如“”可以統領(《集成》11693,卅三年鄭令劍)、(《集成》11565,廿三年司寇矛)、(《集成》11590,鄭武庫劍)等,“”可以統領(《集成》11312,三十三年業令戈)、(《集成》11545,七年邦司寇矛)等。

第三,各家的分類標準不統一,過於繁瑣則構形類别間存在交叉,而過於減省則使一些類别被遺漏。黃文按照構件數量和構件的類型差異進行分類,這樣做的好處是可以全面地反映戰國“冶”的構形情況,但遺憾的是分類原則不統一,如把樣式(5)“”和(6)“”分作兩類,而把樣式(8)“”和(9)“”、(11)“”等歸爲一類,而樣式(12)未作歸類。林文按照“口、刀、火、二”四個構件參與構形的增減情況歸類,展示了構形之間的關係,分類過於繁複,而有的樣式却未納入所分的類别中。蘇文按國别分列“冶”的不同構形,未作構形分類。吴文采用兩重分類原則,先根據構形是否從“土”形分爲A、B兩組,兩組之下再根據構件“口”或“火”的有無各轄不同形體,這種分類方式抓住了“冶”字構形的主要特點,但過於籠統,部分構形不能包含其中。

我們對戰國金文中207見①的字形清晰、國别可靠的“冶”字進行隸定、梳理,得到“冶”的二十六種構形樣式。根據組合構形的構件數量,戰國“冶”分别有四要素、三要素和二要

① 剔除拓片模糊不清者、僞作者,得到戰國金文“冶”字207見,大部分分布在三晉地區,少量見於齊、楚和秦三地。

素組合的方式。四要素組合的有十種構形，分別是炲、炶、刟、𤇮、詔、𠛰、炶、𤎼、𤇷、坓；[1] 三要素組合的有十三種，分別是坕、坓、坙、炶、烮、炃、刭、斱、肊、𠛃、𠛃、炡、冶（𠛅），二要素組合的有三種，分別是炨、坰、炁。根據構件類型特點可歸納爲以下十類。

（一）以“二、火、口、刀”爲組成構件，“炲、炶、刟、𤇮、詔、𠛰”，構件的位置、方向等組合方式不同，“刀”或作“刂”形，或作“刃”；

（二）以“二、火、土、刀”爲組成構件，“𤎼、𤇷”，“火”“土”同時參與構形。

（三）以“二、土、刀”爲組成構件，“坓、坕、𤇮、坙”，受同化影響，其中“坓”，增加一“刀”形，“坙”的“二”爲“刀”所替换，“刀”或作“刃”；

（四）以“二、火、口”爲組成構件，“炶、炶”，減省“刀”；

（五）以“二、火、刀”爲組成構件，“烮、炃、刭、斱”，減省“口”，“刀”或作“刃”，或作“斤”；

（六）以“二、口、刀”爲組成構件，“肊、𠛃、𠛃”，減省“火”，“刀”占據構形左側，或作“刃”；“冶（𠛅）”，構件位置與前者不同；

（七）以“二、火、土”爲組成構件，“炡”，減省“刀”，“口”不參與構形；

（八）以“火、刀”爲組成構件，“炨”，減省“二”“口”；

（九）以“土、刃”爲組成構件，“坰”，減省“二”“口”；

（十）以“二、火”爲組成構件，“炁”，減省“刀”“口”。

在“冶”字構形中，最繁的構形是四要素組合，三要素組合的構形樣式更多。“二、火、口、刀”或“二、火、土、刀”，四要素常常變换位置和方向；“二”“刀”是幾乎不減省的構件，“刀”常爲“刃”所替换；“口”和“土”從不同時參與構形，“土”與“火”同時參與構形的只見於“𤎼、𤇷、炡”三種構形。

二、韓國“冶”的主要構形樣式是“坕”；“肊”見於齊、楚、韓、魏多地，非韓國“冶”的特徵字

黄文指出韓國“冶”大多是三要素組合的Ⅲ和Ⅳ兩類，以(11)(12)爲主，四要素組合只1例，作“𤇮”。上文已經指出(11)(12)摹寫有誤，構形所從的是“刀、二、土”。韓國“冶”62見，有“坕、肊、坓、刭、𠛃、坙、𤇮、𠛰、坓、炃、炨、坰”十二種構形樣式，包含(一)(三)(五)(六)(八)(九)六種構形類型，見下表：

一		三				五		六		八	九
𤇮	𠛰	坓	坕	坓	坙	炃	刭	肊	𠛃	炨	坰
1	1	1	39	2	2	1	2	8	3	1	1

---

① 每類下轄構形可參看附録部分，下同。除金文外，“冶”也見於其他戰國材料，爲全面展示戰國“冶”的全貌，古陶文、貨幣文等材料中的構形情况也一併列出。

黄文的Ⅲ類就是本文的構形類型(三),Ⅳ類就是本文的構形類型(五)。由上表可知,(三)的占比是71%,(五)只占4.8%。類型(三)不僅占比最高,且構形樣式最多,毫無疑問是韓國"冶"的主要構形類型。類型(三)中,尤其以"坓"的占比最高,是韓國"冶"的主流構形。由此可知,黄文所謂的(五)實際上不是韓國"冶"的主要構形類型。此外,四要素組成的構形在韓國"冶"的構形中所占很少,只有"𥔉"和"㓞"兩種,而非黄文指出的1例。

蘇文指出韓國"冶"以"[illegible]""[illegible]"和"[illegible]"三種寫法爲主,認爲"[illegible]"是比較獨特的寫法,可作爲分國的依據。"[illegible]"可隸定作"坙",是主流構形"坓"的變體,受同化影響,"二"爲"刀"所代替。目前該構形只見於韓國,由上表可知韓國只有2見,非蘇文所認爲的主要寫法之一。

"[illegible]"可以隸定作"㓟",屬於構形類型(六),占比是17.7%。在三晉地區,該類型的"冶"也見於魏國,或"二"和"口"位置互换,構形作"㕯"。在三晉以外的地域,該類構形也見於齊、楚、秦三地。齊金文4見,皆作"㓟",錢幣和陶文中的"冶"作"㕯"。楚國"冶"構形獨特,李學勤先生率先釋出"冶"字,指出從人、火、口、二,[①]後王人聰先生指出"人"乃"刀"誤。[②]楚金文"冶"作"㓟",12見,也有構形作"㕯"。秦金文"冶"1見,"刀"在"口"上。目前三晉地區可以確定絶對年代的"㓟",韓國主要見於韓桓惠王時期,魏國見於魏襄王時期。構形類型(六)分佈地域廣泛,覆蓋材料種類多樣,推測可能有比較早的來源。綜上,"㓟"不是韓國"冶"的特殊寫法,不能作爲韓國的特徵字形。

三要素組合是韓國"冶"的主要構形方式。韓國"冶"多減省構件"口",構件"火"多作"土"形;"坓"見於戰國中期到晚期的韓器,在韓桓惠王以後,"坓"成爲韓國"冶"的主流構形,占比是62.9%。目前只見於韓國的構形是"㘸、坙、㓟、𡊄",由於這些構形所見頻次低,暫不能作爲兵器國别判斷的主要依據。

三、"坓"是魏國"冶"相對主流的構形,"火"與"土"同時構形是魏國"冶"的特點

魏國"冶"52見,構形多樣,但並非黄文指出的魏器"幾乎各種樣式皆有"。在戰國"冶"的二十六種構形樣式中,魏國有"坓、𡊸、炅、𡋞、㓞、𥔉、𤇮、㓟、𤆍、𥑗、𡍱、𤆵、𤌙、𡉆、㕯、𤆄"等十六種構形樣式。目前只見於趙國的"𤇯、𡋞、𤇰、焐",只見於韓國的"㘸、坙、㓟、𡊄",以及趙、韓共見的"炨"均不見於魏國。因此黄文所謂的"趙、韓所用,魏國皆有"這一説法不可靠。

黄文認爲"[illegible]""[illegible]""[illegible]""[illegible]"是魏器獨有的構形。上文已經指出"[illegible]"是摹寫之誤,所

---

① 李學勤:《戰國題銘概述(下)》,《文物》1959年第9期,第60頁。
② 王人聰:《關於壽縣楚器銘文中"冶"字的解釋》,《考古》1972年第6期,第46頁。

屬爲韓國。構形“⿱刃口”源自安邑下官壺(《集成》9707),拓本作⿰刃⿱土口,目前可見的魏器“冶”未見“人”形參與構形,吴振武先生將該字改釋爲“加”,[①] 湯志彪先生有詳細的申説,[②] 當可信從。

蘇文指出魏國“冶”寫法比較多,未見主流寫法。我們整理後發現,在魏國“冶”的衆多多構形中,“⿱刅土”是相對主流的構形。具體見下表:

一				二		三		五				六		七	十
炤	⿱刅口	⿰石⿱刀火	⿱刅巳	⿱刅⿰土巳	⿰⿱石土⿱刀火	⿱刅土	⿱召土	⿱刃火	⿱刅火	⿰⿱火口刃	⿰⿱火土斤	⿰月⿱刃巳	⿸厂⿱刃口	⿰火⿱刃土	⿱二⿱刃火
9	6	1	2	1	1	15	1	6	2	1	2	2	1	1	1

相比趙、韓兩國,魏國“冶”構形樣式最豐富,構形類型最多,其中“⿱刅土”的占比相對較高,是28.8%,其次是“炤”,占比是17.3%。這兩種構形也分别是韓、趙兩國的主流構形。“⿱刅土”“炤”最早見於魏惠王時期,相比於韓、趙,在可以確定絶對年代的兵器中,目前魏國所見的構形更早。

魏國“冶”的特點是“刀”幾乎不被“刃”替换,以“斤”替换“刀”的構形只見於魏國。目前只見於魏國的有“⿱刅⿰土巳、⿰⿱石土⿱刀火、⿱刃火、⿰⿱火土斤、⿰火⿱刃土、⿱二⿱刃火”六種構形,趙、韓兩國的“冶”中“火”與“土”從不同時參與構形,而“⿱刅⿰土巳、⿰⿱石土⿱刀火、⿰火⿱刃土”中“火”與“土”同時構形,這也是目前只見於魏國的特點。

四、趙國“冶”字構形特點

趙國“冶”65見,有“炲、炤、⿰⿱火口刃、⿱刅⿱土口、⿱刅口、⿰火⿱刃口、⿰火⿱土口、⿱刅火、⿱召土、⿱刅巳、⿱刅土、⿸厂⿱刃口”十二種構形樣式,各種構形樣式詳見下表:

一					三		四		五		六
炲	炤	⿱刅口	⿰火⿱刃口	⿱刅巳	⿱刅土	⿱召土	⿱刅⿱土口	⿰火⿱土口	⿱刅火	⿰⿱火口刃	⿸厂⿱刃口
26	19	3	2	1	1	1	2	1	2	6	1

黄文指出趙國“冶”“Ⅰ、Ⅱ式樣皆有,Ⅱ式目前僅見趙器”,“三要素組合僅見Ⅳ式之(15)(18)”。Ⅰ、Ⅱ式即構形類型(一),Ⅱ式即“⿰石⿱刀火”,不見於趙,韓、魏共見,“Ⅱ式目前僅見趙器”,與其前文所述標注的“韓”有出入,可能是“韓器”的筆誤。(15)(18)即“⿰⿱火口刃”和“⿱召土”,由上表可知趙國“冶”的三要素組合有“⿱刅土、⿱召土、⿰火⿱土口、⿱刅火、⿰⿱火口刃”五種樣式,只有兩類的説法並不準確。

蘇文提出趙國“冶”的主要構形是“炤”和“炲”,並指出“炲”在趙器中的占比達到70%。“炲”和“炤”同屬構形類型(一),“炲”的構件“刀”作“ㄐ”形,是“炤”的變體,二者在趙國“冶”的構形中具有重要占比,占比是69.2%,其中“炲”的占比是40%。

吴文指出趙國“冶”不作“⿱刅土”,“⿱刃火”只見於趙、魏,這意味著趙國“冶”字構形中的“火”從不作“土”形。從上表可知,趙國“冶”所從構件“火”從不減省,“火”作“土”形目前有2見,

① 參考吴振武:《關於新見垣上官鼎銘文的釋讀》,《吉林大學社會科學學報》2005年第6期,第6頁。

② 參考湯志彪:《三晉文字編》,吉林大學博士學位論文,長春,2009年,第1038頁。

作"垐、垔"。"垔"是"垐"的變體,二者同屬於構形(三)。"烮"戰國6見,皆見於魏器。趙國"烎"與"烮"同屬於構形(五),而"烎"同見於韓、趙、魏三地。

"𤈦"目前只見於趙國,並且在所有構形中的占比最高,可作爲兵器分國的判斷依據之一。目前只見於趙國的構形樣式有"𤈦、炤、𤆍、炲","𤆍、炲"構形獨特,目前所見皆是摹寫字形。

五、"冶"字各類構形總體上多地共見,真正具備地域特徵的構形少見

目前可作爲國別判斷的構形有趙國的"𤈦"、魏國的"䜣",這類構形在戰國"冶"的用字中比重很小。雖然各地"冶"字構形多樣,但大多是多地共見,只見於一地的構形類型只有(二)(四)(八)(九)(十),占比只有3.9%。除了前文提到的"𠛪"分佈廣泛外,"𠝰、垐、垔、烎、𠞊"都是三晉地區通用的構形;"烎、𠞊"不僅見於趙、韓、魏,也見於中山和東周。隨著出土材料的豐富,那些只見於一地的構形很有可能也會在其他地域文字中被發現。

此外"兩偏旁組成的類型極有可能是魏國文字的特有寫法"[①]的説法也不準確。二要素組合有三種構形樣式,"灱"見於韓,"切"見於韓,"炁"見於魏。三要素組成的構形是戰國金文"冶"的主流構形方式,二要素組成的構形雖然少見,但趙、韓、魏三地皆有分佈。

綜上,"冶"的十種構形類型中(一)(三)(五)(六)見於多地文字,尤其是(一)(三)(五),占比高達77.3%,多見於趙、韓、魏三地;其中(六)分佈的地域最廣,覆蓋的材料多樣,時代跨度較大;趙、韓兩國"冶"字的主流構形在魏國均有比較高的占比。戰國金文"冶"主要見於三晉地區,各國都有相對主流的構形,但專屬一國的構形占比很小,目前可作爲國別判斷的構形更是只見一二。"冶"字構形繁複,是戰國文字分域分國的重要考察對象之一,上述的梳理與分析或許對三晉文字内部差異等問題有新的啓示。

附録:戰國"冶"字構形分類表

金文部分

三晉/190

趙/65

構形類别	頻次
𤈦	26
𤆍	19
𠞊	6

① 林清源:《戰國"冶"字異形的衍生与制約及其區域特徵》,第361頁。

續表

炤	3
⿰火⿱二口、⿰火⿱二召、⿱刀⿱二火	2
⿰⿱刀火⿱口二、⿰火⿱二口、⿱⿰刀⿱二口土、⿱刀⿱二土、⿰⿱刀月⿱口二	1

⿰火台/26 《新收》1481，漁陽鈹|15[①]；《集成》11681，八年建信君鈹|15；《圖像》02387，春平相邦葛得鼎|24；《通鑒》18068，十八年鈹|14；《集成》11391，廿九年相邦趙戈|15；《近出》1232，十九年陳授鈹|14；《文物》1984(03)，二年邢令戈|14；《集成》11680，八年建信君鈹|15；《近出》1233，四年春平侯劍|14；《集成》11712，七年陽安君鈹|16；《集成》11687，三年建信君鈹|15；《集成》02482，四年昌國鼎|10；《集成》11635，相邦鈹|17；《集成》11682，二年春平侯鈹|15；《集成》11679，八年建信君鈹|15；《近出》1231，四年代相樂栈劍|13；《集成》11707，四年春平侯鈹|15；《集成》11669，王立事鈹|14；《集成》10385，司馬成公權|12；《集成》11661，三年鈹|13；《集成》11660，元年劍|14；《集成》11837，八年邦右庫兵器|6；《新出》1494，六年代相史微劍|12；《集成》10465，三年杖首|8；《集成》11686，五年邦司寇劍|14；《金文總集》7733，王立事劍|16[②]。

⿰火⿱⺊口/19 《集成》11366，十七年邢令戈|14；《集成》11714，十七年春平侯劍|17；《故宫》2005(272)，元年安平相邦戈|20；《近出》1235，十六年守相鈹|20；《集成》11701，十五年守相杜波鈹|15；《近出》1180，宜安戈|7；《故宫院刊》2006(2)73 頁圖 18－21，得工戈秘冒|6；《集成》11676，十二年邦司寇劍|16；《集成》11670，守相杜波鈹|12；《集成》11713，十七年春平侯鈹|17；《集成》11715，十七年春平侯鈹|17；《近出》1237，十七年春平侯鈹|16；《近出》1236，十八年平國君鈹|17；《集成》11689，十七年春平侯鈹|17；《集成》11685，十年鈹|18；《集成》11675，三年馬師鈹|17；《集成》11671，六年安平守鈹|14；《集成》11377，十四年武城令戈|16；《新收》1299，房子戈|14。

⿰火刃/6 《珍秦·吴越三晉》207 頁，廿八年陽邑戈|10；《集成》11694，四年春平鈹|17；《續編》1254，廿年榆即戈|13；《新收》1999，六年大陰令戈|14；《集成》11561，搖令趙狽矛|14；《集成》11335，四年邗令戈|13。

炤/3 《新收》1631，二年邦司寇趙或鈹|13；《集成》11390，□年邦府戈|15；《近出》1184，廿年丞藺相如戈|12。

⿰火⿱二口/2 《集成》11657，七年劍|11；《集成》11672，七年劍|16。

⿰火⿱二召/2 《飛諾》，□年大陰令戈|15；《近出二》1219，二年平陶令戈|11。

⿱刀⿱二火/2 《集成》11271，七年戈|16；《通鑒》19482，冶馬童器。

⿰⿱刀火⿱口二/1 《近出二》1340，廿三年得工戈秘冒|6。

⿰火⿱二口/1 《通鑒》02327，相室郭婜鼎|12。

① 字形信息包括“著録、器名、所在位置”。

② 該構形只見於趙國，左下側的“刀”形很可能是“火”，參見漁陽鈹中的“冶”字。

𰰯/1 《集成》11360,元年鄅令戈|13。

𡉰/1 《東南文化》2017(1)87 頁圖 2,東陽上庫戈|11。

肥/1 《近出》1186,十一年戈|16。

韓/62

構形類型	頻次
𡉰	39
肥	8
𠘦	3
坙、𰰯、𠡬	2
𥑹、𡆓、𰰯、𡘋、灱、㘦	1

𡉰/39 《集成》11336,六年鄭令韓熙戈|13;《論叢》第 1 頁,三年鯖大令戈|11;《集成》11559,三年鄭令矛|17;《集成》11563,二年鄭令矛|17;《近出》1175,六年陽城令戈|10;《出土文獻研究》17 輯第 52 頁圖 4,濩澤君戈|11;《珍秦・吴越三晉》259 頁,卅一年鄭令棺活戈戟|18;《集成》11560,卅四年鄭令矛|18;《新收》0583,八年陽翟令矛|17;《集成》11554,七年鄭令矛|18;《簡帛》10,□陽令戈|18;《新收》0368,宜陽戈|13;《集成》11693,卅三年鄭令劍|18;《集成》11356,廿四年郇陰令戈|14;《珍秦・吴越三晉》237 頁,七年王子戈|9;《集成》11351,十六年喜令戈|14;《集成》11384,四年鄭令戈|17;《集成》11590,鄭武庫劍|4;《集成》11327,六年格氏令戈|11;《集成》11373,廿一年鄭令戈|17;《集成》11372,二十年鄭令戈|17;《集成》11389,十六年鄭令戈|18;《集成》11388,十五年鄭令戈|18;《集成》11397,六年鄭令戈|18;《集成》11385,五年鄭令戈|17;《集成》11499,格氏矛|3;《集成》11553,五年鄭令矛|18;《新收》1919,宜陽戈|13;《集成》11551,九年鄭令矛|17;《新收》0571,郑戈|11;《集成》11376,十八年戈|14;《集成》11357,王三年鄭令韓熙戈|14;《集成》11565,廿三年司寇矛|21;《近出》1195,十年洱陽令戈|16;《集成》11564,四年武雍令矛|19;《古》27,二年梁令長戟束|15;《集成》11387,十四年鄭令戈|18;《集成》11371,十七年鄭令戈|19;《集成》11386,八年鄭令戈|18。

肥/8 《集成》11355,十二年趙令戈|16;《古》27,廿年冢子戈|18;《近出二》1246,十八年冢子韓矰戈|17;《集成》11382,十七年彘令戈|18;《圖像》17350,六年冢子韓政戈|24;《近出》1200,廿七年安陽戈|20;《集成》11546,七年宅陽令矛|14;《集成》11338,三年槩令戈|10。

𠘦/3 《集成》11375,王三年馬雍令戈|15;《新收》1976,馬雝令戈|9;《飛諾》,五年茅□大命戈|14。

坙/2 《近出》1196,六年襄城令戈|17;《集成》11552,元年鄭令矛|17。

𰰯/2 《集成》11317,三年修余令韓譙戈|11;《集成》11318,三年修余命韓譙戈|11。

𠡬/2 《珍秦・吴越三晉篇》240 頁,廿二年屯留戟|24;《集成》11319,三年修余令韓譙戈|11。

𠘧/1 《集成》11345，八年新城大令戈|13。

𠩺/1 《集成》11322，七年侖氏戈|11。

𡈼/1 《近出》1179，十一年皋落戈|15。

𡚞/1 《新收》1978，十一年令少曲慎录戈|12。

灱/1 《新收》1782，上皋落戈|14。

㘳/1 《集成》11341，四年咎奴蓸令戈|13。

魏/52

構形類別	頻次
坙	15
䛗	9
𣳾、𣴎	6
𠩺、䜣、胆、𡚞	2
𡚰、𣴎、𠘧、𣳾、𡈼、𧺆、𡉏、𣲦	1

坙/15 《集成》11269，十四年州戈|7；《集成》11337，六年令戈|12；《飛諾》，四年大卯（留）命戈|9；《飛諾》，王之一年戈|12；《江漢》2016（2），廿八年雍丘令戈|10；《集成》02590，十三年上官鼎|13；《近出二》1223，廿四年言令州膈戈|16；《新出》1377，汝陰令戈|11；《近出》1176，廿四年晉□戈|11；《三編》1511，廿三年戈|11；《考古》2011（11）96頁圖四，三年奣令戈|8；《集成》11330，卅三年大梁戈|11；《集成》11324，廿五年戈|11；《集成》11301，廿三年下丘啬夫戈|12；《集成》11344，八年搊令戈|14。

䛗/9 《集成》11213，涑鄒戈|6；《集成》11312，三十三年業令戈|12；《珍秦·吴越三晉篇》96、97頁，廿一年安邑戈|14；《珍秦·吴越三晉篇》96、97頁，廿一年安邑戈|9；《古研27》，廿七年涑戈|14；《古研27》，廿七年涑戈|9；《集成》11349，五年龏令思戈|13；《集成》11545，七年邦司寇矛|14；《集成》11549，十二年邦司寇矛|16。

𣳾/6 《近出》1172，芒陽守令戈|8；《集成》11321，卅四年頓丘戈|11；《集成》11313，九年戴丘令癰戈|9；《珍秦·吴越三晉篇》117頁，廿八年工師愈戟|8；《珍秦·吴越三晉篇》145頁，圁陽戈|3；《珍秦·吴越三晉篇》125頁，卅年工師愈戟|7。

𣴎/6 《集成》02481，二年寧鼎|7；《集成》02577，十七年平陰鼎蓋|13；《珍秦·吴越三晉篇》109頁，廿七年頓丘令𥈮酉戟|15；《集成》02527，卅年鼎|9；《通鑒》17301，五年□令不者戈|13；《集成》11306，廿一年啟封令癰戈|11。

𠩺/2 《新收》0994，九年丞𠤪鼎|13；《珍秦·吴越三晉篇》139頁，十七年相邦瘗戈|11。

䜣/2 《集成》11302，廿九年高都令戈|12；《集成》11303，廿九年高都令戈|12。

胆/2 《集成》11347，十三年□陽令戈|14；《通鑒》17302，八年首垣令不𡍮戈|11。

𡚞/2 《近出》1181，七年大梁司寇綬戈|12；《珍秦·吴越三晉篇》296頁，卅三年工師𡨦戈|7。

𡚰/1 《集成》11135，陰晉左庫戈|5。

䂇/1 《集成》11348,五年龔令思戈|13。

𥓏/1 《集成》02611,卅五年鼎|11。

翊/1 《近出》1183,廿八年戈|15。

𥘅/1 《集成》11266,四年右庫戈|5。

社/1 《集成》02773,信安君鼎|11。

𢓜/1 《集成》11299,廿三年部令戈|11。

𠀝/1 《近出》1177,十八年莆阪令戈|11。

東周/2

㚇/3 《集成》02701,公朱左師鼎|22;《集成》02701,公朱左師鼎|27。

中山/3

翊/3 《集成》09683,十茉扁壺|3;《集成》10257,八茉匜|3;《集成》10328,八茉鳥柱盆|3。

國别未定/6

《中國文字研究》24輯第59頁,高城戈|3;《集成》11314,二年皇陽令戈|12;《立書道圖》14,城進戈|6;《集成》11159,敓命長足戈|5;《集成》11307,九年戈|9;《集成》11284,嗇夫戈|6。

齊/4

𦙶/4 《集成》11183,穀𡰥造戟|5;《近出》1168,郙左戈|5;《新收》1167,齊城戈|4;《新收》1983,齊城左戟|4。

楚/12

𦙶/11 《集成》10941,冶瘪戈|1;《集成》02309,□府鼎|5;《集成》12040,陳共車飾|1;《集成》09932,秦苛膽勺|1;《集成》09931,秦苛膽勺|1;《集成》00977,冶紹圣匕|1;《集成》00976,但盤埜匕|1;《集成》00975,但盤埜匕|1;《集成》02794,楚王酓忎鼎|26;《集成》10158,楚王酓忎盤|28;《集成》02794,楚王酓忎鼎|60。

𢓜/1 《集成》11358,羕陵公戈|13。

秦/1

冶/1 《集成》11405,十五年上郡守壽戈|17。

錢幣部分

晉/9 《貨系》253|1;《貨系》254|1;《貨系》255|1;《貨系》256|1;《貨系》259|1;《貨系》260|1;《先秦編》121|1;《貨系》257|1;《貨系》258|1。

齊/15 《齊幣》346背|2;《齊幣》374背|2;《齊幣》375背|2;《貨系》3785背|2;《貨系》

3786背|2；《貨系》3792背|2；《貨系》3793背|2；《貨系》3794背|2；《齊幣》376背|2；《貨系》3784背|2；《貨系》3788背|2；《貨系》3789背|2；《貨系》3790背|2；《貨系》3791背|2；《貨系》3797背|3。

陶文部分

齊/6 《圖録》3·399·6|1；《圖録》3·399·5|1；《圖録》3·399·4|1；《圖録》3·399·3|1；《圖録》3·399·2|1《圖録》3·399·1|1。

材料來源的繁簡名稱對照表：

《圖録》，王恩田編著：《陶文圖録》，濟南：齊魯書社，2006年。《古研27》，中國古文字研究會編：《古文字研究》（第二十七輯），北京：中華書局，2008年。《貨幣文集》，黄錫全編著：《古文字與古貨幣文集》，北京：文物出版社，2009年。《貨系》，汪慶正主編：《中國歷代貨幣大系1·先秦貨幣》，上海：上海人民出版社，1988年。《集成》，中國社會科學院考古研究所編：《殷周金文集成》（修訂增補本），北京：中華書局，2007年。《通鑒》，吴鎮烽編著：《商周金文資料通鑒》（光盘），2013年。《圖像》，吴鎮烽編著：《商周青銅器銘文暨圖像集成》，上海：上海古籍出版社，2012年。《續編》，吴鎮烽編著：《商周青銅器銘文暨圖像集成續編》，上海：上海古籍出版社，2016年。《三編》，吴鎮烽編著：《商周青銅器銘文暨圖像集成三編》，上海：上海古籍出版社，2020年。《近出》，劉雨、盧岩編著：《近出殷周金文集録》，北京：中華書局，2002年。《近出二》，劉雨、嚴志斌編著：《近出殷周金文集録二編》，北京：中華書局，2010年。《新收》，鍾柏生等編：《新收殷周青銅器銘文暨器影彙編》，臺北：藝文印書館，2006年。《新出》，胡長春編：《新出殷商青銅器銘文整理與研究》，北京：線裝書局，2008年。《珍秦·吴越三晉篇》，蕭春源輯：《珍秦齋藏金·吴越三晉篇》，澳門：澳門基金會，2008年。《飛諾》，宛鵬飛編：《飛諾藏金》，中州古籍出版社，2012年。《立書道圖》，《台東區立書道博物館圖録》，日本：二玄社，2004年。《論叢》，鄒芙都編著：《商周青銅器與先秦史研究論叢》，北京：科學出版社，2017年。

（崔智博，華東師範大學中國語言文學系博士研究生）

漢代封泥中的"自封""聯鈐"與"雜封"

吕　健

[摘　要] 梳理漢代封泥資料時可以發現,有幾種較特殊的現象非常值得關注,即封泥中的"自封""聯鈐"與"雜封"。這幾類現象並非孤立存在,而是漢代封泥在特定條件下的使用狀態。"自封印"是指墓葬内出現的與隨葬印章同文的封泥遺物;"聯鈐"則是同一方封泥上出現了官印和私印共存的現象,"雜封"則是指同一枚封泥上出現三方以上不同印文的職官印。文章結合新近發現的資料,嘗試解讀這幾類特殊的封泥的使用狀況以及意義所在。

[關鍵詞] 漢代封泥　印章　自封　聯鈐　雜封

一、自封印

所謂"自封印",是指在基本可以確認墓主身份的情況下,在墓葬中發現了與墓主姓名或官職相同印文的封泥。這種發現相對較少,目前可見的材料中有四例,其信息的完整程度又不太一致,現將具體情況分述如下。

這一類别最早的發現當屬日本學者於二十世紀三十年代在中國的發掘,即山西陽高古城堡墓葬群。據報告,該墓群的M12爲漢代土坑木槨墓,墓内出土青銅印章"耿嬰"及同文封泥,根據墓中出土耳杯上的"耿"字刻銘等現象推知,墓主人即爲"耿嬰"。① 只是比較遺憾的是,報告没有公佈封泥的拓片及具體出土位置、所封何物等信息。

第二例是長沙馬王堆三號漢墓,報告推斷該墓的墓主是軑侯利倉的兒子,嗣位軑侯利豨的兄弟而非利豨本人。② 該墓編號爲附94的封泥匣中殘存一塊封泥,孫慰祖先生對其筆畫進行復原後認爲該封泥係一方漢代玉印抑出,文字爲"利豨",從而推定該墓主人即爲第二代軑侯利豨本人。③ 對此,筆者非常贊同,並可以認爲馬王堆三號墓也存在墓主"自封印"的現象,只是那枚私印没有一起隨葬,據發掘報告,此封泥封緘的物件是一個裝有成品"糖"

① 〔日〕東方考古學會:《陽高古城堡——中國山西省陽高縣古城堡漢墓》,《東方考古學叢刊》乙種第八册,六興出版,1990年,第78頁。

② 湖南省博物館、湖南省文物考古研究所:《長沙馬王堆二、三號漢墓》,北京:文物出版社,2004年,第238頁。

③ 孫慰祖:《馬王堆三號墓墓主之争與利豨封泥的復原》,《上海文博論叢》第2輯,上海:上海辭書出版社,2002年,第40—43頁。此外,還有一些學者根據隨葬器物、棺制等因素分析該墓應爲第二代軑侯,詳見傅舉有:《關於長沙馬王堆三號漢墓的墓主問題》,《考古》1983年第2期,第165—172頁;劉曉路:《馬王堆漢墓雜考》,《湖南省博物館文集》第4輯,湖南:《船山學刊》雜志社,1998年,第98—110頁。

的竹笥。[①]

第三個是廣州象崗南越王墓的發現，該墓墓主爲南越王，西漢早期稱“帝”，墓内出有“文帝行璽”“帝印”等印章，同時還出土有“帝印”“眛”字印封泥數枚。“帝印”封泥兩枚分别出土於一件銅匜及銅傘柄飾近旁，[②]該封泥的尺寸與玉質“帝印”印章不符，故發掘者推斷墓主生前至少擁有兩枚同文“帝印”印章。“眛”字封泥兩件，係從墓室淤土中篩出，因此原來所封何物不明。[③]“眛”被發掘者推斷爲南越王的名字，即《史記》等史料記載的“南越文帝趙胡”。

第四個則是江蘇徐州土山寺漢墓發現的印章與封泥。土山寺漢墓位於徐州市東郊，是一座西漢中期的豎穴洞室墓。該墓出土的印章爲銀質、螭虎鈕、印臺方形，印面文字爲陰刻鳥蟲書“□□之璽”。[④]因爲目前尚未能對印文釋讀形成統一意見，我們先將這一點擱置不予討論。比較重要的是，該墓還在棺床附近出土了一枚暗紅色泥質的封泥，經比對，封泥印面文字與印章完全一致，從封泥外觀來看，可知在緘封物品時使用了封泥匣，上下兩端平齊，泥兩側呈斜坡狀，泥背有横向繩紋。從以上信息可以看出，該墓的墓主即爲印章的所有者，隨葬品中也包含了使用墓主印章緘封的物品，只是由於該墓被盜，緘封物品種類也不得而知。

土山寺M1出土印章　　印面　　印文拓片　　同出封泥

圖1　徐州土山寺M1出土印章及同文封泥，現藏徐州博物館

筆者認爲，可以將以上諸例視爲“自封印”這一緘封的獨特類别，除了南越王墓的“帝印”以外，其餘均應爲墓主私人使用的印信。[⑤]雖然徐州土山寺漢墓的“□□之璽”還難以讀出全部印文，但暫且可以將其視爲一方特殊的印信。鈐蓋封泥所用的印章都是墓主所擁有的，問題就在於這些封泥是墓主生前就已造就，還是身後其他人代勞的呢？也就是説，這些使用墓主印信緘封的隨葬品是墓主生前自備的，還是死後家臣爲其緘封的呢？

漢代重視送死，有官私印章隨葬是普遍現象，無非是用來表明墓主身份地位，在此不再

① 湖南省博物館、湖南省文物考古研究所：《長沙馬王堆二、三號漢墓》，第187、190頁。
② 廣州市文物管理委員會、中國社會科學院考古研究所、廣東省博物館：《西漢南越王墓》上册，北京：文物出版社，1991年，第142頁。
③ 廣州市文物管理委員會、中國社會科學院考古研究所、廣東省博物館：《西漢南越王墓》上册，第143頁。
④ 該墓葬的完整資料迄今尚未發表，關於這方印章的印文，筆者曾請教過多位古文字專家，意見不一，但是對後兩個字一致認定爲“之璽”則無問題。
⑤ 對於稱帝者本身來説，“帝印”也應當算作私人物品。

展開討論,筆者重點關注的是墓主本人的私印封泥出現在墓葬中這一現象。綜合以上所舉諸例,這類封泥是附屬於緘封好的隨葬品之上的,也就是説,最大的可能即這些帶有墓主私印封泥的隨葬品是墓主生前已爲自己預備好的。

我們知道,漢代的皇帝、諸侯王生前爲自己預作壽陵,至於一般人,也可見到爲自己預作壽藏的記載,至於立下遺囑的就更多了。如《後漢書・趙岐傳》:"……(趙岐)建安六年卒,先自爲壽藏,敕其子曰:我死之日,墓中聚沙爲牀,布簟白衣,散髮其上,覆以單被,即日便下,下訖便掩。"[①] 趙岐不僅預先爲自己準備好壽藏,還立下遺書交代了後人如何將自己下葬。史料中還可見明確要求隨葬何種物品的,《後漢書・周磐傳》:"建光元年,(周磐)年七十三,歲朝會集諸生,講論終日。因令其二子曰:'吾日者夢見先師東里先生,與我講於陰堂之奥。'既而長嘆:'豈吾齒之盡乎!若命終之日,桐棺足以周身,外槨足以周棺,斂形懸封,濯衣幅巾。編二尺四寸簡,寫《堯典》一篇,並刀筆各一,以置棺前,示不忘聖道。'其月望日,無病忽終,學者以爲知命焉。"[②] 周磐作爲一代大儒明確要求隨葬刀筆及儒家經典,以示自己不忘聖道而爲時人稱譽。又如桓譚在其《新論》中記載了一則這樣的故事:"陽城子姓張,名衡,蜀郡人,……及寢疾,預買棺槨,多下錦繡,立被發塚。"[③] 這個叫張衡的蜀郡人可能是位巨富,在死前不僅買好了棺槨之類的壽材,還預備了大量昂貴的錦繡用以隨葬,但《新論》想告誡人們的是他"立被發塚"的事實,勸導時人薄葬。

筆者舉這些例子意在説明,漢人在生前有爲自己準備身後之物的習慣,這些若從考古資料觀察也有一些踪迹,例如近些年經常被討論的海昏侯劉賀墓。劉賀墓中除了大量黄金及漢代習見器物之外,還發現了一些春秋戰國時期的青銅器、玉器等。[④] 按常理推論,這些"古物"屬於昌邑王劉髆或劉賀本人舊藏,埋入墓中的最大可能就是墓主對這些器物有特殊的喜好,生前即有相關安排或遺令。回到我們要討論的話題,以上所舉各例的墓主地位都不一般,南越王的身份自不待言,其餘幾個也是漢代的列侯或者具有較高地位者,其在生前對身後之事有所安排是不難理解的,尤其是對自己有所癖好之物,不能排除死後要以其隨葬的可能。最有力的證明就是墓主使用自己的印信提前將這類物品緘封牢固,同時安排好家臣或家人在其死後將之葬入。因爲埋藏環境或是墓葬被盗等因素的干擾,我們並不十分清楚這類隨葬品有何特别之處,退一步説,即使擁有足够的信息,我們也未必能够理解墓主爲何要在生前將之緘封準備隨葬。要言之,這類使用墓主印信緘封的隨葬品對於墓主來説必然是有獨特意義的,也許將來此類資料還會有更多發現,屆時也許會有其他相關的新發現。

---

① 〔南朝宋〕范曄撰、〔唐〕李賢等注:《後漢書》卷六四《趙岐傳》,北京:中華書局,1965 年,第 2124 頁。

② 〔南朝宋〕范曄撰、〔唐〕李賢等注:《後漢書》卷三九《周盤傳》,第 1311 頁。

③ 〔漢〕桓譚:《新論》,上海:上海人民出版社,1976 年,第 17 頁。

④ 首都博物館、江西省文物考古研究所編:《五色炫曜——南昌漢代海昏侯國考古成果》,南昌:江西人民出版社,2016 年,第 95—98 頁。

二、聯鈐與雜封

傳世封泥中有一類一泥多印的現象，即在一枚泥團上鈐有兩方或以上不同印文的印章。[①] 這類遺物還可以細分爲兩類，其一爲“官印＋私印”模式，一般爲一方官印與一方私印並存；其二爲“官印＋官印”模式，表現爲兩方或以上官印同時鈐於一枚封泥。

第一種現象，孫慰祖先生很早就予以關注，他指出建德周氏舊藏“臨淄丞印”封泥，邊沿抑一“夏何”的私印，另一“騶丞之印”也在邊緣抑有私印。對於這種現象，孫先生認爲私印是時任丞職的個人之印，是一種更爲鄭重的封印形式，表明在特定的時間内擔任該職的個人對所封之物的專屬責任。[②] 對於所封之物負有責任，筆者較爲認同，但對於私印屬於擔任丞職的個人印信，筆者看法稍有不同。徐州土山二號漢墓封土内發現的封泥中也有此種類别，據筆者瞭解目前至少有 3 枚，均爲“官印＋私印”模式，官印印文皆爲“内史省印”，私印各不相同，其中的兩枚分别爲“陳固”“隋□”，另一枚文字磨滅難以釋讀。這類私印封泥小於一般規制，印面僅有 0.8 厘米見方，可以看作是一種專用的私信。内史省是西漢楚國的官署，内史一職在西漢諸侯王國一度大權獨攬、執事繁多，其内必然吏員衆多，所以在緘封文書時有必要讓經辦的低級吏員加蓋私人印信，以示責任明確。從發現的私印印文來看，私印的持有者也不會是擔任内史丞的官吏，衛宏《漢官舊儀》：“國中漢置内史一人，秩二千石，治國如郡太守、都尉職事，調除吏屬……相置長史，中尉及内史令置丞一人，皆六百石。”[③] 王國内史有丞一人且秩級較高，其任職時間相對低級掾史來説是較長且穩固的，這與土山發現的多方私印不符。

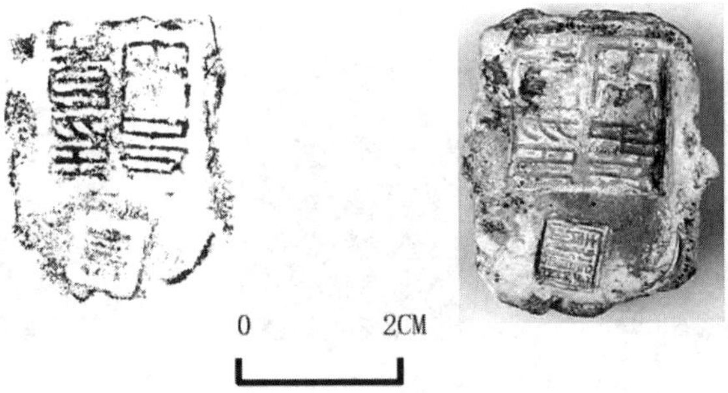

圖 2　土山漢墓出土的“官印＋私印”封泥，現藏徐州博物館

以上討論的是諸侯王國的範圍，而依照漢代制度，政府任命的官吏只到縣令長丞這一級别，其人數也是固定的，衛宏《漢官舊儀》：“縣户口滿萬，置六百石令，多者千石。户口不滿萬，

---

① 這裏我們主要討論有官印存在的封泥，同一枚泥團上有多方同文私印的一般是爲了封物更加嚴密而形成的，不在本文討論之列。

② 孫慰祖：《封泥：發現與研究》，上海：上海書店出版社，2002 年，第 61 頁。

③ 〔清〕孫星衍等輯，周天游點校：《漢官六種》，北京：中華書局，2008 年，第 48 頁。

置四百石、三百石長。大縣兩尉,小縣一尉,丞一人。”[①] 可見不管大小縣,丞只有一人,丞、尉是漢代任命官吏的最低級别,之下的辦事吏員由縣的長官來徵募。正如居延簡中很多“以私印行某某事”的低級小吏一樣,這些人身份不高而且没有自己的官印,只能使用私印行事,這其中主要表明了自身對緘封文書或辦理事項的責任。[②] 再來看孫先生提到的兩枚“丞印”封泥就容易理解了,同時鈐於泥上的私印應爲縣丞招募的辦事員,並非時任丞職的官吏。

對於這種官印和私印同時加蓋的封泥,目前還没有統一稱謂,筆者認爲,根據其封印特點,可以將其稱爲“聯鈐”或“聯封”封泥。

第二種情況則是“官印+官印”模式,錢存訓先生較早對此有所關注,他談到芝加哥大學遠東圖書館收藏有十餘枚封泥,其中一枚泥丸鈐有兩方印章,印文分别爲“頜陽丞印”及“都水丞印”。[③] 這種現象確實值得注意,雖然目前經過考古調查與發掘出土的漢代封泥中還未見到這一品類,但在魏晉時期的遺址中發現過相似遺物,即新疆民豐大沙漠中的“尼雅廢墟”,考古隊採集到一函未啓封的木牘,上下並有封泥兩塊,大小印記三處。[④] 仔細觀察圖片,可以發現其中的一塊封泥至少鈐有兩處印記,只是印文爲佉盧文。

雖然目前的考古發現中未見此類漢代遺物,但這種現象無疑存在於漢代社會,值得我們加以關注。在傳世封泥中還可以見到此類現象,如許雄志先生《鑒印山房藏古封泥菁華》著録的一枚封泥,泥團長方形,正面有三處印記,分别爲“淮陽都水”“漆園”及“庫□”,筆者推斷“庫□”當爲“庫印”。從泥背形態來看,這是一枚用於緘封物品的封泥,封印的機構有三處,據印文分别爲淮陽(國或郡)的都水官、漆園官及庫官。這種現象與錢存訓先生提及的那枚封泥類似,只是鈐印還多出了一處。這種多方對文書或物品封印的現象在史料中還是有迹可循的。

圖3 “淮陽都水”“漆園”及“庫□”三印雜封封泥,採自《鑒印山房藏古封泥菁華》頁55

《睡虎地秦墓竹簡》的“倉律”對這種多印封緘的現象有明確記述:“入禾倉,萬石一積而比黎之爲户。縣嗇夫若丞及倉、鄉相雜以印之,而遺倉嗇夫及離邑倉佐主廩者各一户以氣,

① 〔清〕孫星衍等輯,周天游點校:《漢官六種》,第49頁。

② 以私印行事的人多爲低級吏員,因爲本身的秩級低而不能擁有或使用官印,這一現象大庭脩先生很早就已注意到,詳見〔日〕大庭脩著、徐世虹譯:《漢簡研究》“私印封泥的含義”章節,廣西:廣西師範大學出版社,2001年,第192—196頁。

③ 錢存訓:《書於竹帛:中國古代的文字記録》,上海:上海書店出版社,2004年,第46頁。

④ 新疆維吾爾自治區博物館考古隊:《新疆民豐大沙漠中的古代遺址》,《考古》1961年第3期,第119頁。

自封印，皆輒出，餘之索而更爲發户。嗇夫免，效者發，見雜封者，以題效之，而復雜封之，勿度縣，唯倉自封印者是度縣。”[①] 簡文中的“相雜以印之”就是指縣令或縣丞，與倉官及鄉官一起進行緘封的行爲，所謂的“雜封”則指鈐有不同職官印章的封泥。漢承秦制，在漢代的語境下“雜”也具有“共同”的意思。如《漢書·杜周傳》：“會赦，侯史吴自出繫獄，廷尉王平與少府徐仁雜治反事。”顔師古注：“交雜同共治之也”[②]；《漢書·楚元王傳》：“（劉）德字路叔，少修黄老術，有智略。少時數言事，召見甘泉宫，武帝謂之‘千里駒’。昭帝初，爲宗正丞，雜治劉澤詔獄。”師古曰：“雜，謂以他官共治之也。”[③] 漢代朝廷在遇有難以決斷之事時還會召集公卿“雜議”，如《晁錯傳》：“遷爲御史大夫，請諸侯之罪過，削其支郡。奏上，上令公卿列侯宗室雜議，莫敢難，獨竇嬰争之，繇此與錯有隙。”[④] 可見，在秦漢時期，“雜”確爲官府行爲中的“共同”之意。據此，筆者認爲，這種鈐有兩方或兩方以上官印的封泥可以稱爲“雜封”或“並封”封泥，以區别於上文討論的“聯鈐”封泥，此類遺物的特點是印面文字皆爲官印，表明了不同官方機構共同的責任。

三、結語

本文對於漢代封泥遺存中的一些特殊現象進行了初步的探討，主要關注點是“自封”“聯鈐”與“雜封”。“自封印”與漢代重視送死的喪葬觀念直接相關，同時是喪禮過程中一個重要的環節，值得我們繼續關注此類材料的發現；“聯鈐”與“雜封”關係到漢代政府的官文書運行機制，本文提出的定名方法是一種嘗試，或許對封泥研究的相關問題具有一定的推動作用。

“封泥”雖爲小小的黏土塊，但其承載的歷史信息是不容忽視的，一些學界關注的熱點問題或許能從這方面尋找突破，諸如西漢諸侯王是否設置陵邑、漢代中央與王國官制異同等，或許這類問題會隨著封泥相關研究的不斷深入而得到更明確的解答。

（吕健，江蘇師範大學歷史文化與旅游學院副教授）

---

① 睡虎地秦墓竹簡整理小組：《睡虎地秦墓竹簡》，北京：文物出版社，1978年，第35—36頁。
② 〔漢〕班固：《漢書》卷六〇《杜周傳》，北京：中華書局，1962年，第2662頁。
③ 〔漢〕班固：《漢書》卷三六《楚元王傳》，第1927頁。
④ 〔漢〕班固：《漢書》卷四九《晁錯傳》，第2300頁。

甘肅古代寫本文化論稿*

伏俊璉

[摘　要] 在印刷術盛行之前,文字主要是通過抄寫的形式得以流傳的。中國的寫本時代可分爲簡牘寫本和紙寫本兩個時期。中華文明最主要的元典,都是以寫本的形式生成并傳播了千年以上。甘肅保存了寫本時期(宋代之前)各個朝代的寫本實物,這在全國是獨一無二的。從史前天水大地灣遺址中 7800 年前的地畫符號,到各個時期彩陶上的刻畫符號,到鐘鼎銘文,到秦漢簡牘,到漢晉碑刻,再到六朝至唐五代的敦煌寫本,每一個時代的寫本實物都能在甘肅找到典型的標本。尤其是七萬多枚秦漢簡牘和七萬多件敦煌紙寫本,是研究中華文明傳播史、文化史、文學史和書籍史的珍貴資料,是中國寫本時代無可替代的瑰寶。

[關鍵詞] 寫本時期　碑石　甘肅簡牘　敦煌寫本

一、寫本文化概説

文字是記載和傳播人類文明的主要工具,在印刷術盛行之前,文字主要是通過抄寫的形式得以流傳的。從這個意義上説,我們可以把中國的文字傳播史分爲寫本時代、刻本時代和電子文本時代。從時間上講,殷商到北宋初期,主要是寫本時代。《尚書·多士》記載:"惟殷先人,有典有册。"① 説明殷商時期已經使用簡册了。商代的簡册還没有出土的實物,迄今出土最早的簡册是戰國早期的曾侯乙墓竹書,但典籍所記載商代使用簡册應當是不容置疑的。商周時期,還有刻在龜甲及牛骨上的文字,鑄造的鐘鼎等禮器上文字,稍後還有刻石文字。但甲骨以承載卜辭類文字爲主,同時甲骨自身也是占卜工具,甲骨文是占卜儀式後敬獻給神靈的。金文的情况類似,青銅器是本體,銘文是青銅器的附加物,金文主要是祭祀儀式上歌功頌祖的。石壁(碑)是載體,上面的刻字則是爲了銘記功勛,昭告天地。因此甲骨、青銅器、石壁(碑)並不是適合於社會書寫的載體,它們都不是作爲社會交流媒介,因而不能作爲一種特定的文字載體時代。

簡牘和紙可以作爲社會交流的媒介,可稱爲常規載體,因爲它們可以滿足各種性質文獻的書寫需要。戰國以來,有諸多文獻書寫在絹帛上,西漢時劉向、劉歆整理群籍,就把整理好的文獻抄録在帛上。東漢以後,素、簡、紙三類文字載體並用,可見帛書在一個時期内是很盛

*　本文是國家社科基金重大項目"5—11 世紀中國文學寫本整理與研究"(16ZDA175)的階段性成果。

① 〔唐〕孔穎達:《尚書正義》卷十八,《十三經注疏》,北京:中華書局 1980 年影印本,第 468 頁。

行的，但由於絹帛爲昂貴的材質，不可能爲一般人交流書寫使用，是一種高端禮品書，或"中秘"典藏書。還由於絹帛容易朽爛，即使官府使用的帛書也很難保存至今，所以我們現在見到的實物很少，出土的帛書以長沙馬王堆西漢帛書最爲著名。因此，可以用簡牘寫本時代作爲這一階段的稱謂。簡牘寫本時代的下限以東晉元興年間（402—404）的一件大事爲節點。這一年，當時的主政者桓玄曾下令："古無紙，故用簡，非主於敬也。今諸用簡者，皆以黄紙代之。"[①] 從此以後，簡牘才退出了歷史舞臺，進入了紙寫本時代。概括地講，大約從公元前15世紀到公元11世紀，爲中國文化的寫本時期，其中前15世紀到公元5世紀，是簡帛寫本時期，公元5世紀到公元11世紀，是紙寫本時期。寫本時代結束了，但寫本還大量存在，像《永樂大典》和《四庫全書》那樣的大型圖書，也是寫本形式，大量的文書檔案也是寫本形式。但這一時期書籍的傳播以刻本爲主，因此，我們稱它們爲刻本時期的寫本。

特别要指出的是，簡牘寫本和紙寫本至少並用了三百年以上的時間。根據田野考古的出土實物，早在西漢時期就可以造紙了。"西漢初期造紙術從一開始起就首先用作新型書寫材料，當然也可作包裝材料等用。在首都長安所在的今陝西關中地區，成爲最早的造紙基地，所造的紙因用途不同而有高下之分。較好的麻紙可部分代替帛、簡，如文、景時用以繪製地圖的放馬灘紙類型者。較次的紙用作包裝材料，如武帝時用於襯墊銅鏡的灞橋紙類型者。"[②] 由於氣候的乾燥和交通的便利，甘肅保存了我國最早的紙張，天水放馬灘漢墓出土了西漢早期文帝景帝時代的麻紙，[③] 敦煌懸泉置遺址也出土了漢成帝時期（前32—前6）較爲完整的紙張。[④] 與簡牘和絹帛相比，紙既輕便又廉價，方便遠距離的信息傳遞。東漢時期，紙的使用更爲廣泛。"光武車駕徙都洛陽，載素、簡、紙經凡二千輛。"[⑤] 可見，東漢初年宫廷中，或者社會上層中，素、簡、紙已經在廣泛運用，從運輸的車達二千輛來推測，簡牘恐怕占的比重較大。史籍記載東漢的蔡倫是對紙張的改進做了大貢獻的人，從此之後，紙在很多場合開始使用，我們看《後漢書》的記載，很多是紙簡並用。東漢和帝的鄧皇后喜愛文字書寫，"是時萬國貢獻，競求珍麗之物。自后即位，悉令禁絶，歲時但供紙、墨而已。"[⑥] 鄧皇后醉心典籍，最感興趣的是紙和墨，可見紙已經成爲重要的書寫材料了。

漢末三國以來，造紙術得到進一步改進，纖維紙更爲柔韌平展。從界綫分明、限制重重且堅硬艱澀的簡牘寫本，到柔軟舒卷的紙寫本，作家的創作潛力得到極大發揮，文學的自覺程度極大提高。西晉傅咸《紙賦》寫道："既作契以代繩兮，又造紙以當策。猶純儉之從宜，

① 〔唐〕徐堅等：《初學記》卷十一引《桓玄僞事》，北京：中華書局，1962年，第256頁。

② 潘吉星：《中國造紙史》，上海：上海人民出版社，2009年，第94頁。

③ 甘肅省文物考古研究所、天水市北道區文化館：《甘肅天水放馬灘戰國秦漢墓群的發掘》，《文物》1989年第2期。李曉岑：《甘肅天水放馬灘西漢墓出土紙的再研究》，《考古》2016年第10期。

④ 甘肅省文物考古研究所：《甘肅敦煌漢代懸泉置遺址發掘簡報》，《文物》2000年第5期；李曉岑：《甘肅漢代懸泉置出土古紙的考察和分析》，《廣西民族大學學報》2010年第4期；李曉岑、王暉、賀超海：《甘肅漢代懸泉置遺址出土古紙的時代和相關問題》，《自然科學史研究》2012年第3期。

⑤ 〔漢〕應劭撰，吴树平校釋：《風俗通義校釋》，天津：天津人民出版社，1980年，第408頁。

⑥ 〔南朝宋〕范曄撰，〔唐〕李賢等注：《後漢書・皇后紀上》，北京：中華書局，2000年，第421頁。

亦惟變而是適。夫其爲物,厥美可珍。廉方有則,體潔性貞。含章蘊藻,實好斯文。取彼之弊,以爲此新。攬之則舒,舍之則卷,可屈可伸,能幽能顯。若乃六親乖方,離群索居。鱗鴻附便,援筆飛書。寫情於萬里,精思於一隅。"[①] 紙張的卷舒隨意、伸屈自如、幽顯因時,與魏晉文人追求個性解放、自然疏放的思想相契合。紙媒介使文人有更廣闊的背景在作品中反思生命的有限性與情感的價值,在伸展自如的物體上表現自己對美的追求,絢麗多姿却又自然生動的六朝書法和文人花箋只有在紙的普及之後才爲學人所追求。查屏球説:"作者突破了'慎重落筆'的心理障礙,寫作思維更加自然流暢,作者可以用最快的手段捕捉到瞬間的心理反應與創作衝動,其内在之'意'向外在之'文'的轉换變得更加直接與方便,這除了擴大了作品的容量之外,更擴大了創作思維的自由度,釋放了作者的内在情思。"[②] 因此,紙寫本比簡牘寫本更易於表現製作者的情感,給文章的結集帶來了新的變化。到南朝的時候,形成了紙的一統天下。梁宣帝蕭詧曾情不自禁地寫了《詠紙詩》:"皎白猶霜雪,方正若布棋。宣情且記事,寧同魚網時。"[③]《隋書·經籍志》記載的集部著作,大多是南朝編纂而成的,而梁朝編輯的最多,説明紙寫本的普及極大推動了文章結集。

寫本時期,除了簡帛寫本和紙寫本外,還有其他質地的,如陶片題字、磚志、瓷器題詩、壁題,尤其是漢末到唐五代,有大量的碑刻面世,據不完全統計,見于著録的這一時期的石刻近兩萬通。它們是否可以納入寫本的研究範圍呢?我們認爲,石刻具有雙重性,既是寫本,也是刻本,它和宋以後刻本不完全相同,它和寫本的關係很密切:碑文大多是按照寫本的格式刻上去了,它在很多情況下反映了寫本的面貌。同時,碑刻在筆法上也反映了書寫者的特質。程章燦先生曾用寫本、刻本、拓本與印本這樣的"四本"來概括石刻文獻的四種流傳形態,他認爲,寫本是石刻文獻的上游源頭,是原本或底本;刻本即石刻的實物形態,是石刻文獻的主體;拓本是石刻的另一存世方式,是照相印刷術發明之前石刻文獻傳播的主要方式;印本即石刻文獻的録文印刷本,是石刻文獻的純文本傳播方式。如果説寫本是石刻文獻的前生的話,那麼刻本與拓本就是石刻文獻的現世流存方式,而印本則是石刻文獻的一種再生方式。從石刻"四本"産生的方式來考察,則"寫本"的作者至關重要,但是石刻的"寫本"極少傳世,偶見有寫而未刻或刻而未竟的石刻"寫本",是研究石刻"寫本"的第一手資料。刻本是刻手或工匠對石刻"寫本"的再創作,"刻"也是一種特殊的"寫"。[④] 曾毅公先生《石刻考工録·自序》説:"相傳曹魏時的大書法家鍾繇,每有得意作品,就親手刊刻。唐代顔真卿所書寫的碑刻,則是出自他兩個精于鎸刻的侍從(也有傳説是顔自刻的,恐非事實),所以顔碑没有刻碑人的名字。……李邕所書碑文,《少林寺戒壇銘》的刻者爲伏靈芝,《娑羅樹碑》爲元省已,《麓

① 〔清〕嚴可均編:《全上古三代秦漢三國六朝文》卷五一,北京:中華書局,1958 年,第 1752 頁。
② 查屏球:《紙簡替代與漢晉魏初文學新變》,《中國社會科學》2005 年第 5 期。
③ 逯欽立輯校:《先秦漢魏晉南北朝詩·梁詩》卷二十七,北京:中華書局,1983 年,第 2105 頁。
④ 程章燦:《"四本"論——對石刻版本與文本諸問題的思考》,2020 年 10 月 11 日西華師範大學"寫本學講堂"演講。

山寺碑》爲黄仙鶴。他們都是北海自己的化名。”[1] 書法家在紙上是用毛筆寫，在石上則是用刻刀寫。東晉著名書畫家戴逵也是親自刻碑，《晉書》卷九十四本傳記載：“少博學，好談論，善屬文，能鼓琴，工書畫，其餘巧藝，靡不畢綜。總角時，以雞卵汁溲白瓦屑作《鄭玄碑》，又爲文而自鐫之，詞麗器妙，時人莫不驚嘆。”[2] 唐代的書法家兼刻工者也不少，如《拓本匯編》所録《張惟及妻王氏合祔墓誌》的撰、書、刻三項，都出于屈賁一人之手；《李惟書墓誌》是孫漢章書丹并鐫刻而成的。《隋唐五代墓誌銘·洛陽卷》所録《唐監察御史華公妻張夫人墓誌》刻、書皆出自韓師復之手。屈賁、孫漢章、韓師復都是書法家兼刻工。所以，我們從優秀的碑刻作品中，能感覺到書法家的運筆甩袖的風聲，能傾聽到刻工的鋼刀鑿擊石頭的清脆悦耳的節奏聲和他們呼吸時快時慢的强弱節拍聲。正如梁啓超所説：“南帖爲圓筆之宗，北碑爲方筆之祖。遒健雄渾、峻峭方整，北派之長也。”[3] 至於陶片題字、磚志、瓷器題詩等，都具有寫本的特點，但由於只發現於個别地方，或數量不多，不具有普遍性。

二、甘肅寫本文化概説

甘肅寫本文化在中國文化史上具有舉足重輕的地位。甘肅保存了寫本時期（宋代之前）各個朝代的寫本實物，這在全國是獨一無二的。從史前天水大地灣遺址中 7800 年前的地畫符號，到各個時期彩陶上的刻畫符號，到鐘鼎銘文，到秦漢簡牘，到漢晉碑刻，再到六朝至唐五代的敦煌寫本，每一個時代的寫本實物都能在甘肅找到典型的標本。

遠古地畫符號和彩陶上的刻畫，學者多認爲它與文字有關，是文字的雛形，可以説是寫本的萌芽。甘肅保存了没有中斷的各個發展時期的彩陶，從老官臺彩陶，大地灣早期彩陶，馬家窖彩陶的馬家窖類型、半山類型、馬廠類型，齊家文化彩陶，辛店文化彩陶，寺窪文化彩陶，沙井文化彩陶，其中保存在彩陶的綫描符號也是成系統，爲後來文字書寫做了充分的準備。青銅器銘文也具有寫本的性質。出土於慶陽的商代晚期“父癸梁卣”，口沿内側有“父癸作”三個字，筆劃粗細如一，書寫的力度表現得很清楚。1967 年在平涼靈臺西周早期墓葬中出土的青銅器中，有銘文的器物達 24 件，如“㬟伯勾珥簋”内壁有“㬟伯作寶尊彝”六字，“對夔紋筒形卣”腹壁内有“潶伯作寶彝尊”六字。書法史家評其“結體疏密有致，疏處不空，密處不擠，從容有度，有一種剛勁清秀之氣”。出土於寧縣的西周晚期“中生父鬲”，内沿有一周銘文：“中生父作井孟姬寶鬲其萬年子孫子孫永寶用。”此鬲是西周貴族中生父送給大女兒的陪嫁寶鬲，她嫁到了井國，祝福她健康多子，瓜瓞綿綿。寫法上轉折自然流暢，結構安排匀當，使用對稱原則，大度而自然。天水禮縣一帶，是秦人的發祥地，出土了大量的青銅器，呈現了秦人的書寫風格。禮縣的大堡子山，是秦人的西垂舊地，這裏秦公墓出土了數以百計的

---

① 曾毅公：《石刻考工録》自序，北京：書目文獻出版社，1987 年，第 3 頁。
② 〔唐〕房玄齡等：《晉書》卷九十四《戴逵傳》，北京：中華書局，1974 年，第 2457 頁。
③ 梁啓超：《中國地理大勢論》，見《飲冰室合集》第 4 册《飲冰室文集之十》，北京：中華書局，2015 年，第 944 頁。

青銅器,在十多件鼎、簋、鎛上有銘文,其中銅镈的鼓部有銘文六行26字,用筆圓潤而有力,字體挺拔俊美,字的大小錯落有致,是自覺追求書寫之美的體現。

1919年出土於天水西南的秦公簋(現藏於中國歷史博物館),其上的銘文更像是佈局合理、頗具美感的寫本。秦公簋爲青銅質,高19.8厘米,口徑18.5厘米,腹徑23厘米,足徑19.5厘米。蓋和器身兩部分,均飾瓦紋。器蓋銘文10行,50字,又合文1,重文3。器身銘文5行,50字,又重文1。銘文隸定釋讀如下:"秦公曰:丕顯朕皇且,受天命,鼏宅禹迹,十又二公,在帝之坯,嚴恭寅天命,保業厥秦,虩事蠻夏。余雖小子,穆穆帥秉明德,剌剌桓桓,萬民是敕。咸畜胤士,藹藹文武,鎮静不廷,虔敬朕祀。乍尋宗彝,以邵皇且,其嚴御各,以受屯魯多釐,眉壽無疆,畯疐在天,高弘又慶,竈囿四方。宜。"銘文大意是秦景公自述:秦國在大禹開闢的地方建都已十二代,威名大震。表示自己要繼承祖先事業,永保四方土地。銘文中的"十又二公"從哪位君主算起,學術界頗有争議。嬴秦君主稱"公",是從襄公開始的,莊公是襄公對其父的追謚。從秦襄公算起,十二公之後即爲景公。從秦莊公算起,十二公之後即爲桓公。景公説已成學界的共識。秦公簋的器主應該是秦景公(前576年—前537年在位)。秦公簋銘文用筆方圓兼備,字體、筆勢承襲了石鼓文的風格,已具備秦篆的基本特徵。秦公簋不僅在早期秦史研究上具有重要價值,其獨特的字體,在研究中國字體變遷史上也極具意義。

東漢、五涼、北朝時期,甘肅的石刻最有特色,如東漢摩崖,五涼時期的墓表、石塔,北朝的造像碑等。那些造像石塔大多還刻有經文或發願文,造形、造像和文字相互配合,在佛事活動中,可以造成立體和平面、静止和轉動、視覺和聽覺的交錯效果。這裏介紹最爲著名的成縣摩崖《西狹頌》。《西狹頌》全稱《漢武都太守漢陽阿陽李翕西狹頌》,又稱《李翕碑》或《李翕頌》。《西狹頌》刻於東漢建寧四年(171)六月十三日,縱横各145厘米,包括額、頌、圖、題名四部分:篆額"惠安西表",正文《頌》陰刻隸書20行,行20字,計385字,字徑5厘米。《頌》右側刻有黄龍、白鹿、嘉禾、木連理和承露人,是爲"邑池五瑞圖"。《頌》之左爲題名,隸書12行,計142字。《西狹頌》刻於魚竅狹懸崖之南壁,周邊崖面上蒼松翠苔雜草蔥蘢,摩崖離地面約4米,下有一潭,水呈黄色,相傳有黄龍自潭底飛出。這裏青山對峙,飛瀑相接,溪流潺潺,群潭如珠。《西狹頌》記載武都太守李翕生平,歌頌其修復西狹棧道爲民造福的政績。其佈局圖文結合,疏朗有致,把摩崖的大氣和碑刻隸書的典雅很好地結合起來,與山川地勢融爲一體,梁啓超以"雄邁而静穆"進行概括,可以説恰如其分。

簡牘寫本和敦煌唐寫本是我國寫本時期最珍貴的實物遺存。1925年7月,王國維給清華學校暑期學校做了一次講演,題目是《中國近二三十年來新發見之學問》,開始即開宗明義説:"自漢以來,中國學問上之最大發見有三:一爲孔子壁中書;二爲汲冢書;三則今之殷虚甲骨文字,敦煌塞上及西域各處之漢晉木簡,敦煌千佛洞之六朝及唐人寫本書卷,内閣大庫之元明以來書籍檔册。"[①] 殷墟甲骨文,敦煌塞上及西域各地之簡牘,敦煌千佛洞六朝唐人

① 王國維:《中國近二三十年來新發見之學問》,見《學衡》第2卷第45期;收入《王國維全集》第十四卷,杭州:浙江教育出版社、廣州:廣東教育出版社,2010年,第239頁。

經卷三項皆爲寫本時期的材料，其中敦煌居延之漢簡和莫高窟之經卷，都是在甘肅發現的寫本。

1907 年英國考古學家斯坦因在敦煌西北的長城烽燧中挖掘出 700 多枚漢簡，另有 2000 餘枚削衣柿片，這是敦煌漢簡的第一次大規模集中發現，也是甘肅簡牘的第一次集中出土。這批漢簡年代可考者有近百枚，最早爲漢武帝天漢三年（前 98），最晚至東漢順帝永和二年（137）。著名學者羅振玉在法國漢學家沙畹和中國學者王國維的協助下完成《流沙墜簡》一書（1914），成爲簡牘學的奠基之作。王國維還利用這批漢簡材料，結合斯坦因的考察地圖和考古報告，深入系統地考證了漢代敦煌境内的長城遺址、漢代玉門關的關址、海頭城的位置和西域長史的設置等問題，繪製了烽燧位置草圖，把相關簡牘係於每一烽燧之下。這種將田野考古與文獻資料相結合的考證方法，是對清代以來文獻考據學的一個重大突破，也將清代以來興起的西北史地之學推進到一個新的高度，影響深遠。魯迅於 1922 年 11 月曾在《熱風·不懂的音譯》一文中稱贊道："中國有一部《流沙墜簡》，印了將有十年了。要談國學，那才可以算一種研究國學的書。開首有一篇長序，是王國維先生做的，要談國學，他才可以算一個研究國學的人物。"[①]

甘肅簡牘的第二次大發現是居延漢簡的出土。1930 年 4 月，"西北科學考察團" 在額濟納河流域（黑河下游）首次發現漢簡，隨後在此流域進行了大規模的考古發掘，出土漢代簡牘共計 10000 餘枚，是 20 世紀上半葉出土古代簡牘數量最多的一次。從此以后，地不愛寶，甘肅不斷有珍貴的簡牘出土，主要有：①武威漢簡（1959）。主要包括《儀禮》簡、王杖簡和醫藥簡，共計 570 多枚。②居延新簡。1972—1974 連續發掘所獲，近 20000 多枚漢簡。③敦煌漢簡。1979 年在敦煌馬圈灣考古發掘所獲，共出土漢簡 1217 枚。④天水放馬灘秦簡。1986 年出土，共計 461 枚竹簡，另有木板地圖 7 幅。⑤懸泉漢簡。1990—1992 年出土於今瓜州至敦煌間的漢代敦煌懸泉置遺址，共出土木簡 35000 多枚。⑥水泉子漢簡。2008 年出土於永昌縣境内大黄山脚下的水泉子漢墓，共計 1000 餘枚。一百年來，甘肅陸續出土了簡牘 30 多批，總數 60000 枚以上。

甘肅簡牘多爲木質，除了常見的簡劄尺牘之外，還多見木觚（柧）、木柿、露檄、名刺、木楬、符券、封檢等實物形態，豐富了人們對秦漢簡牘物質形態的認識。木觚是一種多面（有三面、五面、七面的）體書寫小木棒，作爲學童誦讀習字之用，一般由老師書寫範本，學童持以誦讀或摹寫，在觚的每個面上寫字，寫完了之後把墨迹刮掉，然後在新面上再繼續寫。消掉的這層木片叫削衣，又叫做柿片。露檄是把警示或懲罰性的文本寫在比較長的簡或觚上，居延新簡中保存了一件長 82 釐米的四面木觚（兩面有字），對某一位失職的官員通報批評，並"督五十"。督五十所用的棍子，可能就是這根"觚"。名刺是致問、拜謁時的憑信或請柬，其中有懸泉漢簡中的"浮屠簡"，是一個住在敦煌浮屠里名叫譚堂的人，請朋友到他家吃飯喝酒。

① 《魯迅全集》第二卷，北京：人民文學出版社，1973 年，第 120 頁。

木楬是用以標示物品名稱數量的標籤,甘肅漢簡中的木楬,大多爲文書楬,即標示文書名目,目的是易於檢索,相當于後世的"標籤"或"題籤"。符券是契約合同,通常剖判爲二或一式多份,分持於不同人之手,以合符或合券作爲信用。封檢是書信的封口,將信牘用繩子綁定,將放于凹槽的繩結以封泥封閉,然後加蓋印章。

甘肅簡牘是歷史留存在這片熱土上的文化寶藏,是中華文明的重要組成部分,是當之無愧的甘肅歷史文化名片。甘肅也因而是簡牘學研究的重鎮,也是人們尋訪簡牘遺踪的故里。

1909年6月22日,敦煌莫高窟的道士王圓箓發現了一個寬約8平方米、高約2.3米多的石窟(窟門在今編號16窟甬道北面的墻壁,今編號17窟),裏面堆滿了寫本(少數刻本)、絹畫、紙畫等。這就是舉世聞名的敦煌大發現。當時國家積貧積弱,而英、法、俄、美等國家的考古探險正集中在中亞和我國新疆地區,於是敦煌文書一經發現,便陷入歐美等列强的掠奪之中。

1907年,英國考古學家斯坦因來到敦煌,用欺騙和賄賂的手段買通王道士,運走了一大批敦煌文書,加上他1914年又一次從王道士手中騙得的文書,合計劫得漢文文書約13600件,吐蕃文、梵文、佉盧文、粟特文、于闐文、吐火羅文、突厥文、回鶻文等文字的文書約2000件,此外還有絹畫、紙畫等藝術品。1908年,法國考古學家伯希和來到莫高窟,從王道士手中騙得文書8000多件,其中漢文文書近4000件,吐蕃文、梵文、焉耆文、于闐文、回鶻文、西夏文等文書4000多件,此外還有絹畫、紙畫及絲織品。伯希和雖比斯坦因晚一年到莫高窟,但由於他精通漢文及一些西亞文字,又得到王圓箓的同意進入藏經洞進行挑選,所以他得到的文書都是莫高窟藏品中的精華。

1910年,劫餘的敦煌文書由莫高窟運送北京,一路上除了押運者送人、被盗、遺失等情況外,到北京後,押運負責人新疆巡撫何彦昇指使其子何震彝將敦煌文書運送到自己家中,夥同其岳父、著名文獻學家李盛鐸竊取了其中數百卷精品。最後送到京師圖書館(今中國國家圖書館的前身)的有近14000多件。在後來的幾十年間,北京圖書館又多方收藏了數以千計的敦煌文書,使其藏品總數達到16000餘件。

1912年,日本大谷探險隊第三次來到中國西北探險(第一次在1902年,第二次在1908年,這兩次都没有到敦煌),隊員橘瑞超和吉川小一郎同時到了敦煌會合,從王道士手中買到一批文書。吉川小一郎於1914年又從新疆返回敦煌,也搞到了一批文書。這兩批劫得的文書數量不是很清楚。後來又流散到中國東北、韓國漢城(今首爾)和日本京都等地。流散到中國東北的那一部分在上世紀50年代經旅順博物館轉交北京圖書館(今中國國家圖書館),流散到漢城的那一部分今藏在首爾國立中央圖書館。日本藏的敦煌文書收藏比較零散,主要收藏單位有龍谷大學、大阪杏雨書屋、大谷大學、東京大學、三井文庫、京都國立博物館、東京書道博物館、京都國立博物館、藤井氏有鄰館、天理圖書館、大東急紀念文庫、奈良唐昭提寺、國立國會圖書館、寧樂美術館、東京女子圖書館、佼成圖書館、九州大學等,還有一些在私人手中。日本收藏的敦煌文書在2000件以上,其來源除了大谷探險隊所劫取的以外,還有何彦昇、李盛鐸監守自盗後倒賣給日本的，還有一些是通過各種管道從中國購得的。

俄國人奥登堡曾率領探險隊於1906年和1914年兩次到中國西北"科考"。第二次來華期間，奥登堡曾來敦煌進行了較長時間的考察活動，包括爲莫高窟繪製平面圖，爲所有洞窟編寫目録提要，拍攝圖片等。他們也獲得了大量的敦煌文書，其具體數量不詳，今俄羅斯收藏的敦煌文書總數達17400餘件，其中主要部分應當是奥登堡劫取的。因爲當時他們還對藏經洞的垃圾進行了徹底清理，篩選出了數以千計的文書碎片。

1910年，雖然甘肅地方政府對莫高窟的藏品進行了清理和運送。但王道士事先私自轉移隱藏了很多精品。所以後來斯坦因、奥登堡、橘瑞超、吉川小一郎等都能從他那裏得到諸多精品。1919年，甘肅省教育廳又一次組織人力對莫高窟進行了清查，獲得了大量的吐蕃文書和一部分漢文文書。其大宗運往省城蘭州，現存甘肅省圖書館。其餘部分現藏於敦煌研究院、敦煌市博物館以及河西地區的有關文化單位。

敦煌文書面世後，除了收藏於英、法、俄、日及中國國家圖書館的之外，還有數量不少的文書流散到國内和世界各地，收藏在9個國家的80多個博物館、圖書館及一些私人手中。其精確的數字很難核查，大約總數超過7萬件。

敦煌文書流散世界各地，催生了一門世界性的學問"敦煌學"，而西方國家在保護敦煌文獻方面所做的大量卓有成效的工作也值得我們去借鑒。我們聊感欣慰的是，這些流散國外的珍貴文書，並没有受到人爲的損毁。

敦煌寫本以漢文抄寫爲主，也保存了其他民族文字抄寫的文書。據不完全統計，古藏文文書有8000多件，回鶻文文書50多件，于闐文文書30多件，粟特文文書20件，還有數件梵文抄寫的佛教典籍。

敦煌漢文寫本的抄寫年代，最早的是后涼麟嘉五年（393）后涼王相高所寫的《維摩詰經》，現藏上海博物館，編號爲01（2404），有題記："麟嘉五年六月九日王相高寫竟疏拙見者莫論也。"最晚的是俄藏ф32《大般若波羅蜜多經》，其經帙題記曰："維大宋咸平五年壬寅歲（1002）七月十五日記。"[①] 這就是説，近七萬件敦煌文書的時間跨度近七個世紀。

敦煌文書的内容十分豐富，就其中的漢文文書來説，百分之八十五左右爲宗教典籍，而以佛教文獻爲大宗，其次還有數量不等的道教、景教、摩尼教、祆教典籍。在百分之十五的世俗文書中，内容更是龐雜豐富，傳統典籍分類中的經、史、子、集四部都有較多的保存。更爲可貴的是，有大量的歷史地理類文書，如官府公文，唐代的法律文書，户籍、差科簿、契約等經濟文書，西北民族史料、地方志；社會史文書，如氏族譜、書儀、社邑文書、寺院文書（什物歷、施舍疏、入破歷、齋文等）；俗文學文獻，尤其以講唱文學最有特色，像講經文、變文、俗賦、曲子詞、白話詩、話本、詞文等；還有科技文獻，像醫藥、天文曆法、算書等。可以説藏經洞文書

① 英藏S.4358抄有《李相公嘆真身》，這個寫本没有題記，陳祚龍《敦煌學園拾零》考證，此詩實爲宋仁宗趙禎天聖九年（1031）所作（臺北：臺灣商務印書館，1979年，第66頁）。

是中國中古社會的百科全書。

敦煌文書的價值是多方面,其中最大的價值是填補學術史的空白,敦煌佛經寫本中保存了不少的古佚經,可以補足宋以後各藏的不足;相關的佛教史料,可以更全面地瞭解佛教發展史,比如敦煌發現的三階教典籍,對我們研究中國佛教史上已經湮没的這一重要宗派,意義重大。再比如,敦煌禪宗資料則彌補了早期禪宗經典散佚帶來的諸多空白。禪宗史上還有一些重要的人物,沉没在歷史泥沙中,已無人知曉,而敦煌禪宗史料讓他們重現於世。

安史之亂后,隴右河西等地區爲吐蕃等所割據占領,九世紀中葉,蒙古高原上的漠北回鶻大批西遷,進入河西走廊和今新疆東部地區。幾乎同時,吐蕃王朝内亂,吐蕃在今甘肅和新疆地區的統治土崩瓦解。從此之後,這一地區就出現了諸多割據勢力政權,如以敦煌爲中心的漢族歸義軍政權,以張掖爲中心的甘州回鶻政權,以吐魯番爲中心的西州回鶻政權。規模略小的,武威一帶由吐蕃支系嗢末部控制,于闐地區成爲小月氏遺種仲雲人的天下。中原王朝無力顧及西北邊塞,所以正史有關唐五代西北歷史的記載是鳳毛麟角,其他流傳至今的史料中有關西北的記載也很少。敦煌發現有這批史料,爲我們探討那個時期西北地區的社會生活、民族變遷提供了豐富的原始材料,可以説揭開了晚唐五代宋初西北史的新篇章。

敦煌寫本中的文學資料也非常珍貴。我們過去看到的大量的古代文學資料,是經過歷代文人篩選過的,嚴格意義上説是上層文學。敦煌出土的文學,正是中古社會中下層民衆的原生態文學。通過這些文學資料,我們發現,敦煌民衆運用文學,並不是作爲案頭讀物,而是作爲各種生活儀式的組成部分。比如,婚禮上由伴郎、伴娘和儐相人員口誦對答的唱詞《下女夫詞》,女兒出嫁時母親訓導的唱詞《崔氏夫人訓女文》,鬧新房時的《祝願新郎新娘文》,年終驅儺求福的《兒郎偉》等。敦煌流行著"俗講",由俗講僧向世俗聽衆通俗講解佛經,"俗講"所用的底本就是講經文,敦煌講經文大約有24篇。敦煌還流行"轉變","轉變"就是轉唱變文,由藝人對著圖畫講唱故事,圖畫是故事中最精彩的部分或瞬間。敦煌寫本中保存的20多篇變文在敦煌文學中最有特色,因而對中國文學史研究極具意義。像《廬山遠公話》《韓擒虎話本》等"話本",更是宋元白話小説的先河。敦煌曲子詞是宋詞的源頭,其中有宴飲場合的歌辭,打鬼驅儺的歌辭,還有七月七日乞巧儀式上唱詞,婚儀上的調侃詞。它們與宫廷儀式、民間儀式的關係非常密切。敦煌文學是民間自生自爲的文學,它雖不是原始文學,但其特殊性却具有和"考古學資料"和"現存原始部族的民族學資料"一樣的價值。

上述敦煌寫本文獻的價值,已經有了豐碩的研究成果。但是,敦煌寫本是典型的紙寫本時期的産物,作爲與刻本不同的文獻載體,學術界對其價值還認識不够,下文專門討論這個問題。

三、敦煌寫本的特點和價值

人類文明的傳播形式,除了口耳相傳外,最重要的就是文獻傳播。寫本作爲文獻的主要載體，在中國歷史上至少有兩千年的歷史。中華文明最主要的元典，如四書五經、諸子百家等，都是以寫本的形式生成的。但是，我們看到的典籍，幾乎都是宋元以來以刻本的形式流傳下來的。所以當敦煌寫本出土後，人們還是以刻本的眼光和方法看待它，對它的獨特價值認識不够。下面我們結合具體寫本，探討其不同於刻本的文化價值。

1. 敦煌寫本所用的紙和筆

敦煌寫本的用紙，各個時期不一樣。北魏到隋代的寫本，紙色呈白色，没有潢染。唐前期，河西地區與中原的交流通暢，產於内地的紙可以比較方便地運送到敦煌。紙質纖維細密，大部分經過潢染。安史之亂後，吐蕃截斷了絲綢之路，敦煌成爲孤島，敦煌的用紙主要用於自產，由於原材料和製造技術的相對落後，敦煌生產的紙質粗糙。藏經洞早期的寫經一部分來自長安等地，一部分爲敦煌經生自己抄。寫本所用紙張，以麻紙最多，其次有楮紙、桑皮紙等。麻紙又分爲白麻紙、黄麻紙。據研究，白麻紙直接從紙槽抄出後經烘乾而成，未作進一步加工處理。其色較白，故有此稱。白麻紙經過若干加工處理後形成一種黄色熟紙。處理方法有兩種：一種爲用黄檗染色，其效用爲防蛀、可用雌黄塗改、有莊重感。在敦煌寫本中，隋唐以前的寫經，以白麻紙居多。隋唐時以黄麻紙爲主的黄紙盛行，成爲寫經慣用紙，但白麻紙作爲一般用紙仍大量使用。P.2089《摩訶衍經卷第四十三》，爲白麻紙，總長 664 釐米，寬 27.7 釐米，共 16 紙，尾有原裝木軸，軸長 31.6 釐米。黄麻紙中有一類經黄檗染色後，再在紙上均匀塗蠟，經砑光後，制成硬黄紙。稱“硬黄”或“黄硬”。其質地硬密光亮，呈半透明狀，防蛀抗水，千年如新，最爲名貴。敦煌出土唐朝七世紀宫廷寫經，所用紙均爲上品硬黄紙。如S.4209《妙法蓮華經卷第三》，P.2195《妙法蓮華經卷第六》。此外P.2106《大智度論卷第八》，亦爲硬黄紙，共 15 紙，總長 753.2 釐米，寬 26 釐米。楮紙是用楮樹皮製成的一種手工紙。敦煌寫經中所見，有隋開皇二十年(600)寫卷《佛説仁王護國般若波羅蜜經卷下》(BD 14483)，總長 305 釐米，寬 25 釐米。P.3532《慧超往五天竺國傳》殘卷，羅振玉《敦煌石室遺書》著録爲“楮紙寫本”，共 9 紙，總長 358.6 釐米，寬 28.8 釐米。

值得一提的是，敦煌寫經中的什色紙寫經，一個寫卷由不同顔色的紙張組成。如S.4324《金剛般若波羅蜜經》，屬敦煌寫經中之珍稀品。該寫卷由十二張、八種顔色的紙黏連而成，色彩斑斕，風格獨特。根據《翟林奈目録》著録，其顔色依次爲：(1)棕黄色；(2)灰褐色；(3)淺米黄色；(4)黄色；(5)棕黄色；(6)濃翠緑色；(7)淡米黄色；(8)淡翠緑色；(9)米黄色；(10)淡翠緑色；(11)米黄色；(12)淺褐黄色。其中 1 和 5 同色，3 和 7 同色，8 和 10 同色，9 和 11 同色。卷子全長 428.7 釐米，寬 26.2 釐米。①

敦煌寫本，大部分是用毛筆抄寫的，也有一部分用硬筆寫。這部分硬筆寫本，多爲紙本，少量是絹本；有漢文，又有佉盧文、粟特文、梵文、突厥文、波羅謎文、于闐文、吐蕃文、回鶻文、

① 這兩段紙張的描述，爲法國國家圖書館羅棲霞女士所補充。

叙利亞文等多種文字的寫本。據李正宇先生統計,敦煌硬筆寫本有近兩萬頁。比如俄羅斯藏卷中有 Дx.10298、Дx.2999、Дx.3058、Дx.11210、Дx.5898 五個可綴合的碎片抄有《李嶠雜詠注》,就是用硬筆行書抄寫的,字體平正,筆劃粗細均匀,與毛筆的綫條不同。再如P.3402爲唐人抄寫的《論語卷第六》,正文爲毛筆抄寫,末尾"論語卷第六"爲硬筆書寫,尤其是"六"字的最後的捺筆分岔,是瓣筆尖特有的分岔飛白現象。

敦煌硬筆書寫在中國書寫史上具有重要意義,它證明硬筆書寫在中古時期的使用是比較普遍的,填補了我國硬筆書寫史的一大段空白,否定了過去以爲硬筆源於西方、1840年以後才傳入中國的觀點。硬筆書寫將毛筆的面性筆劃改造成綫性筆劃,將毛筆的横、豎、折、撇、捺、點、鈎、挑等各自不同的書寫筆劃加以合併,簡化爲短綫、長綫和曲綫等少數筆劃,壓縮了筆劃的寬度和頓逗,使寫字更爲實用。從審美的角度説,從毛筆書法的追求筆劃的面性渲染,以體現形態、氣韻之美,轉變爲硬筆書法之追求綫條流暢活潑,綫條之間的合適搭配、相互照應,以體現整體律動的和諧。

敦煌的硬筆,據出土情況,主要有竹錐筆(1991年敦煌西北哈喇淖爾湖東南漢代高望烽燧遺址出土)、單尖葦管筆(吐魯番唐代遺址出土)、紅柳木筆(新疆麻扎塔格遺址出土)、雙瓣合尖竹管筆(武威張義堡西夏遺址出土)等。

2. 敦煌寫本的裝幀形式

敦煌寫本中最多的是卷軸裝。正式的寫經是抄録完畢後,把一張一張的紙粘接起來。開端一般要加粘一層紙,作爲封面,並粘上細木條。末端一般截成梯形,卷動粘上粗一點的木軸。這樣可由左向右卷動起來,在封面外面寫上標題,稱爲"外題"。在外題下面鈐藏書印,並寫明編號和序數。一個完整的寫卷就完成了。每10個卷子用絲綢或布匹的包皮包裹起來,這種包皮稱爲"帙"或"巾"。每帙寫經一般是按照佛經目録《千字文》字序編寫的,但與《開元釋教録》(730年成書)有差異。經帙在序號及數字之後,再加上供養寺院簡稱,如"土"(净土寺)、"界"(三界寺)、"顯"(顯德寺)等。

册頁裝也是敦煌寫本的主要裝幀形式。將若干紙按頁疊齊,用綫或紙撚縫合右側,第一頁是封面,封面有時加厚。册頁裝主要是實用性較强文書,隨身携帶方便。除卷軸裝、册頁裝外,敦煌寫本中還有蝴蝶裝、經折裝、梵夾裝等。蝴蝶裝,是把一張紙對折,字在外,然後把這些對折的紙疊放一起,用漿糊粘住中縫的背面。翻閲時,如蝴蝶的雙翅展開。經折裝是把粘成長幅的紙折成適當的頁片,簡稱折裝。當代翻檢敦煌寫本最多的學者方廣錩多年來留心敦煌漢文寫本的裝幀形態,他指出,能看到的有卷軸裝、梵夾裝、縫綴裝、粘葉裝、混合裝、經折裝、旋風裝、棍夾裝、單葉粘邊裝、單葉裝等形式,並對這十種裝幀方式的起源和在敦煌寫本中的存在形態進行了考察和具體説明。①

① 方廣錩:《從敦煌遺書談中國紙質寫本的裝幀》,《文獻》2018年第1期。

3. 敦煌寫本的抄寫者

敦煌寫本留下了不同階層的抄寫者：①官府書手，如隋文帝時期的郁文善（甘博 135），唐太宗時期的郗玄爽（P.3709），唐高宗時期的袁元悊（P.2195）、趙文審（S.4209）、孫玄爽（S.1456）、吴元禮（S.0036）、成公道（S.1048）、任道（S.2637），宋太宗時期的李福延（P.3604）等。②士大夫階層，如唐太宗時期（629）敦煌教授令狐衰抄録《鶡冠子》（傅增湘舊藏），唐高宗時期（663）亭長婁思惲抄録《春秋穀梁傳》（P.2486），武則天時期（700）寧遠將軍鄧守進抄録《大般涅槃經》（甘博 29 號），唐中宗時（708）成州同谷縣令薛崇徽抄録《大涅槃經》（S.2136），唐玄宗時（751）道學博士索肅林抄録《文子》（P.2768），唐懿宗時期（862）衙前通引並通事舍人范子盈抄録《陰陽書》（P.2675），後晉高祖時期（939）孔目官嚴物成抄寫《漢八年楚滅漢興王陵變一鋪》（P.3627），宋太宗時（985）押衙唐文興抄録《佛説賢劫千佛名經》（S.4601）等。③寫經生，如北魏宣武帝時期（513）經生張顯昌抄《大樓炭經》（S.341），北魏孝明帝時（521）敦煌經生李道胤抄《十地論初歡喜地》（S.4832）、張鳳鸞抄《維摩詰經》（上圖 81244），隋文帝時（602）經生張牙抄《中阿含經》（S.3548），唐高宗時（672）經生王思謙抄《妙法蓮花經》（P.2644）等。④學郎、學仕郎，如唐肅宗時（759）義學生王老子抄録《古文尚書》（P.2643），唐宣宗時（850）學生安文德抄録《太公家教》和《開蒙要訓》，唐懿宗時（863）學生王文訓抄録《論語集解》（P.3193），唐昭宗時（905）金光明寺學仕郎張龜抄録《秦婦吟》（P.3381），後梁末帝時（920）龍興寺學郎張安人抄録《二師泉賦》等（P.2712），净土寺學郎薛安俊抄録《大目乾連冥間救母變文並圖一卷》（S.2614）。⑤僧侣，如唐玄宗時（743）超俗寺僧靈暉抄《大乘起信論》（S.316），唐僖宗時（888）三界寺比丘法信抄《受戒十文》（S.1824），後晉高祖時（938）净土寺法律大力抄《王梵志詩卷第三》（P.2914），後晉高宗時（944）净土寺釋門法律願榮抄《破魔變一卷》（P.2187）。⑥道士，如梁元帝時（554）道士朱世元抄《太上洞玄靈寶録經》（京博 253），武則天時（695）神泉觀道士氾思莊抄《太玄真一本際經》（P.2806），唐中宗時（709）敦煌縣平康鄉修武里神泉觀道士索澄空抄《道教文約》（甘博 17）。除上述六類外，還有一般民衆，也有一些女性，如索八娘（P.2900）、張氏（P.2884）、扈十娘（敦煌研究院 324 號）等。

敦煌寫本大多數是名不見經傳的書手所寫，或者有其名而其事不可考，但也留下來了一些重要人物的手迹。據張舜徽《愛晚廬隨筆》記載，1946 年秋他拜訪甘肅著名學者慕壽祺，慕氏講，前年初夕，他家來了一位寒士，手裏拿著一個完整的寫經，請慕老觀看。在油燈下，慕老看得很仔細，娟秀的筆迹深深吸引了這位年過古稀的老學者。他目驗過很多敦煌唐人寫經，憑直覺，他斷定這是唐人宫中寫本。當卷軸完全展開，末尾的題記更讓他倒吸了一口氣："大唐某年月日，玉環爲三郎寫經。"是楊貴妃爲唐玄宗祈福所抄！慕氏"爲之伸舌太息，舌久不能收"。精明的商人看清了老人的表情，要價很高，而慕氏又没有餘財，惟長歎累日而已。張舜徽堅信"慕翁爲人誠厚，所言宜不誣"，所以在蘭州四處尋訪，還是没有下落。《愛晚廬隨筆》寫道："蓋歷時已久，早爲有力者所得而秘藏之，或爲外國人攫取矣！"唐代宫女抄經供養於佛寺之中祈福,爲一時風尚,宋真定大曆寺藏經殿藏有唐代宫女所抄經,其中就有一卷的題記是"善女人楊氏爲大唐皇帝李三郎書"。可見敦煌發現楊貴妃所抄經是完全可能的。

張議潮於公元848年推翻吐蕃在敦煌的統治,建立歸義軍政權。張議潮在寺學讀書時的作業,還保留在藏經洞寫本中,使我們得以一見這位膽略超群的勇士學郎時的生活情景。法國藏P.3620寫本是由四張紙粘合而成的卷子本,抄録了《封常清謝死表聞》《諷諫今上破鮮于叔明令孤峘等請試僧尼及不許交易書》《無名歌》三篇文章,卷末有題記:"未年三月廿五日學生張議潮寫。"題記中有"學生",説明是張議潮讀書時學習的教材(圖1)。《封常清謝死表聞》是唐朝大將封常清兵敗後自知不能免死,上表申述自己忠於朝廷,願自己死後有知,"結草軍前,回風陣上",爲驅除逆胡盡一份自己的微薄之力。《諷諫今上》勸德宗不要聽信鮮于叔明、狐孤峘之言而删汰僧道、請試僧尼等事。《無名歌》反映了吐蕃統治下社會矛盾加劇,農業賦税嚴重,農民苦不堪言,只好背井離鄉的現狀。學生時代的張議潮就懷有建立功勳、報效祖國的雄心壯志,故抄此三篇以自抒胸臆。另外,P.3126還存有張議潮寫給張淮深的信,是與唐大中十二年(858)夏秋之際歸義軍出兵攻打涼州的軍事行動密切相關的一件歷史文獻。

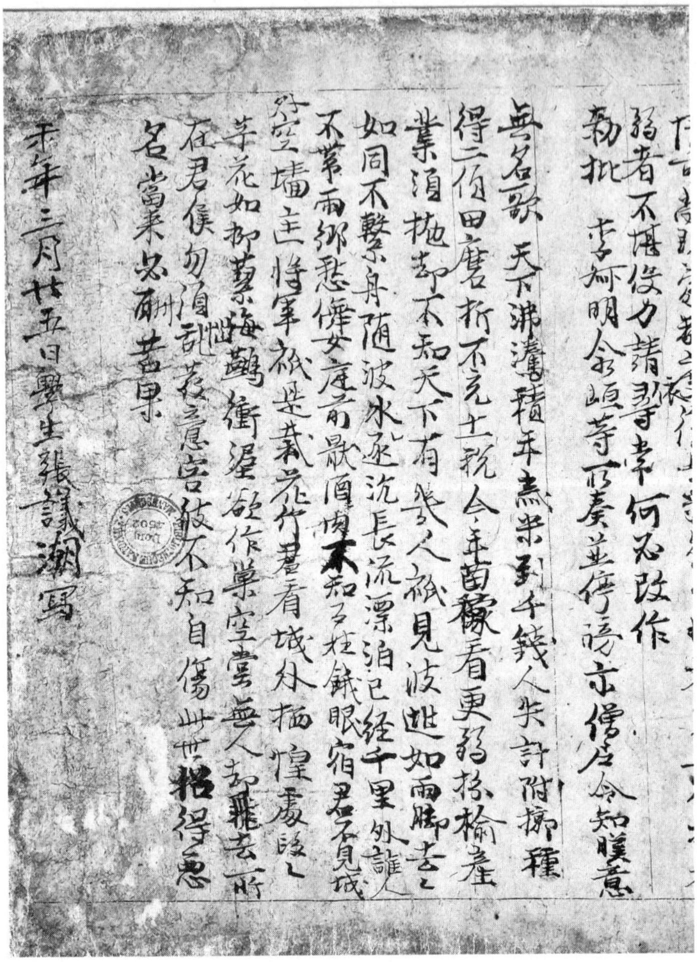

圖1　P.3620張議潮抄本局部

張球是敦煌最重要的文人,敦煌寫本中不僅留下他創作的大量詩文,還留下了他不同時期的寫經。敦煌寫本中有十四條署名"八旬老人"的寫經題記,時間跨度爲905—911年,包括天復五年(905)的S.5443+S.5534、S.5444、S.5965+S.6250+Дх00088+Дх00099+Дх06054+Дх11040,天祐三年(906)的敦博053、S.5451、S.5669、P.2876、Дх11043、Дх01976+Дх02741+Дх05126+Дх10954+Дх11041+Дх11651、丁卯年(907)的BD08888、辛未年(911)的BD08872+D08890+BD08892+BD08894+BD08895+BD10900+BD10902+Дх00091+Дх00097、年代不詳的S.5450、S.5544和羽73。這些寫經的内容主要是《金剛經》和《閻羅

王受記經》，其中署年最晚的是BD 10902（L1031）《金剛經》後題記："辛未年(911)七月廿日，八十八老人手寫流通。"經楊寶玉在前賢研究基礎上的考證，這位八十八歲的老人就是張球。[①]

4. 敦煌寫本中的稿本

稿本，指作者的原稿，亦稱"草稿本"，即著作及文章的底稿，包括起草、修改階段的稿本和未刊刻的定本。一般分爲手稿本、清稿本兩類。手稿本指作者親筆所書，帶有塗抹、勾改痕迹的原稿；清稿本指根據手稿謄清的文本，又稱"謄清稿本"。稿本能反映文章或著作原貌，展現作者的構思、寫作、修改過程，是研究作者思緒發展及作品形成過程的珍貴材料，具有較高的參考與學術價值。敦煌寫本中所見，如BD 14129《（三界寺）見一切入藏經目録》，係敦煌三界寺道真和尚編撰該寺藏經目録的草稿，歸義軍時期(934)寫本，首尾完整，此件爲初稿。另有英藏S.3624《三界寺見一切入藏目録》，是三界寺藏經目録的修訂稿。又如P.2038、P.2039及P.2122三號係法成《瑜伽師地論分門記》稿本，爲唐三藏法師法成在大中年間（847—860）於沙州開元寺對《瑜伽師地論》所作講解，由弟子談迅、福慧隨堂筆録。卷中佈滿朱筆、墨筆修訂，有朱筆句讀、朱筆與墨筆行間加字、加行、塗抹等痕迹，可見此後他們依據記録比對進行了補充、校正。日本《大正新修大藏經》將該三號録文收入第85卷。再如BD 14682《博望坊巷女社規約》，首全尾缺，共1紙。從原件塗抹甚多可知該文係草稿。上有題記："丙申四月廿日，博望坊巷女人因爲上窟燃燈，衆坐商儀（議），一齊發同心，限三年願滿……。"故知此爲有關婦女結社之文稿。

近年網絡流傳的李白手稿、白居易手稿的説法是誤傳，正確的説法是唐人李白詩寫本、唐人白居易詩寫本。但敦煌寫本中確有唐代詩人的手稿本，這裏舉一例子，即晚唐詩人翁皓的西北紀行詩手稿。

這部手稿分散成三個編號，分别藏在英國和法國：S.6234，爲兩張紙粘合而成，大小約26釐米×45.70釐米，首尾俱殘，正反面抄寫，正面抄詩9首：缺題兩首、《因國十一求幹脯》《問友人疾》《酒泉太守》《秋日茂葵》《玩月》《西州》《酒泉》。背面抄《正月一日河西都防御判官將仕郎試弘文館校書郎何成狀》二通、《甘州》詩和"雜寫（如來藏經等）"等。P.5007僅存一張紙，約27釐米×21.5釐米。正面抄詩4首，其中第一首詩上接S.6234卷末《酒泉》，有該詩的最後五句，接著抄《敦煌》《壽昌》《僕固天王乾符三年(876)四月廿四日打破伊州□去［下缺］》。背面有5行殘書劄，未有署名。P.2672由三張紙粘合成而成，約27.6釐米×71.6釐米。正面依次抄寫了11首詩、兩殘句：《胡桐樹》《焉耆》《番禾縣》《金河》《閑吟》《平涼堡》《嘉麟縣》《鐵門關》《自述》《塞上逢友人》《特牛沙》等。背面抄《都防御判官將仕郎試弘文館校書郎何慶狀》，狀後名字上鈐有"河西都防御使印"，狀文後抄《重陽》、《自述》、

① 楊寶玉：《敦煌寫經題記中八旬老人身份考索》，中國社會科學院歷史所：《隋唐宋遼金元史論叢》第九輯，上海：上海古籍出版社，2019年，第93—108頁。

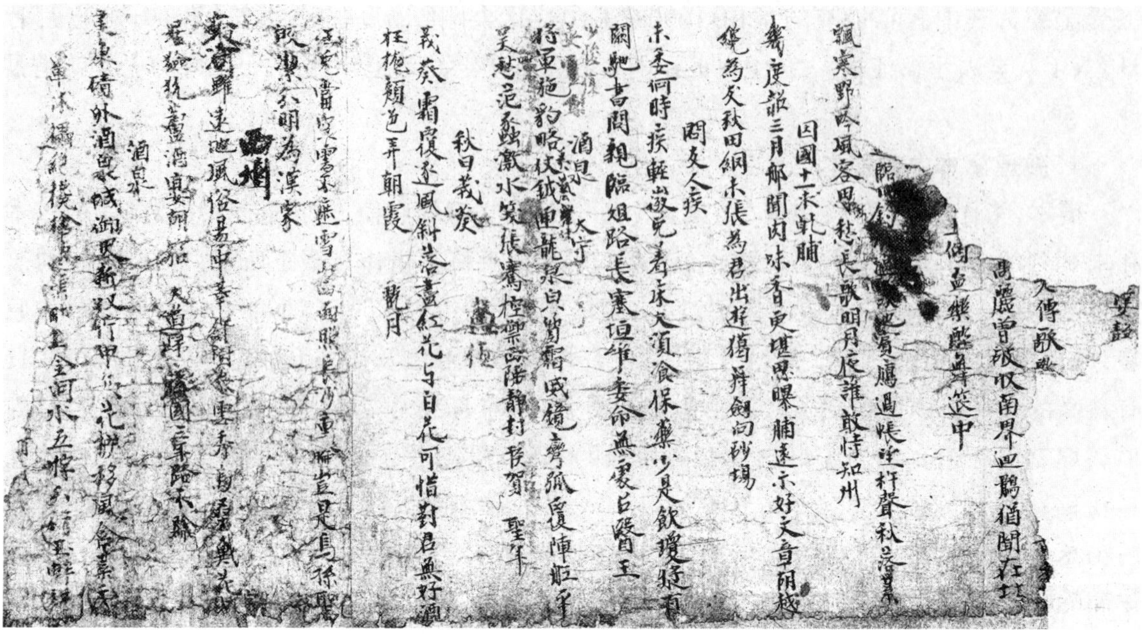

圖 2　S.6234 局部

缺題二首。這三個寫本，S.6234 與 P.5007 可綴合，P.2672 雖不能綴合，但字體相似，當爲同一寫本而撕裂分置者。[①]（圖 2）

這組寫本共抄詩 30 首(其中正面 25 首，背面 5 首)，還有殘損不完整的句子。背面抄有 4 篇狀文。從筆迹看，所有詩都是一人所抄，背面的狀與詩不是一人所抄，但 4 篇狀中第一篇、第三篇、第四篇爲同一人所抄，是寫給一位判官的，第三篇有署名“都防御判官將仕郎試弘文館校書郎何慶狀”，内容是一般的問候，書寫很工整。第二篇爲另一人抄，内容也是久不相見的問候，而且説收到對方寄來詩集後，反復吟誦，音韻和諧，朗朗上口，要好好加以保存，“永爲筐笥之珍”，署名也是“慶”。也就是説，背面抄寫的四篇狀都是何慶寄來的，可能一篇爲何慶自己所書，另三篇爲他人所書。第四篇(P.2672 第二篇)落款處發現鈐有“河西都防御使印”，那麼，説明抄寫款式嚴格、字體工整的第一篇、第三篇、第四篇爲官文書。第三篇則爲何慶自己抄寫的信件。這幾篇狀之間没有内容上的關聯，都是何慶寫給某判官的狀。雖然没有標明時間，但可以肯定，是不同時間寫給判官的。這樣我們就明白了，這些信狀原來是一篇一張紙，各自獨立。後來這位判官用這些不用的官文書抄寫詩，他先是在狀文一面空白處寫詩，後來又把這些紙粘起來，在另一面按照統一的格式認真抄寫詩篇，如詩題占一行，字體工整。按一般的情理推斷，信劄是不會隨意交給其他人的，所以，何慶狀的收受者，即這位判官，應當就是這個詩集的作者或者編者。

那麼，這位判官是誰呢？因爲第四篇(P.2672 第二篇)狀文的落款處鈐有“河西都防御

① 徐俊:《敦煌詩集殘卷輯考》，北京：中華書局，2000 年，第 650 頁。

使印”，而另一件敦煌寫本P.3863《中和四年（884）河西都防御招撫押蕃落等使翁氏牒》也鈐有同樣規格的“河西都防御使印”，榮新江先生由此考證，S.6234+P.5007、P.2672寫本背面四篇狀的收受者，就是涼州都防御使判官翁郜，他也是寫本詩集的創作者和編集者。[①]翁郜字季宅，晚唐長安人。唐懿宗咸通十二年（871）爲河西都防御判官。唐僖宗乾符三年（876），爲甘州刺史。中和四年（884），爲河西都防御招撫押蕃落等使。唐昭宗龍紀元年（889），爲河西節度使。唐亡後，爲逃避戰亂，他攜家眷來到福建建陽。事迹見《京兆翁氏族譜》、《十國春秋》卷九七。這組詩當是翁郜在龍紀元年（889）前後彙編而成的。

項楚先生在《敦煌詩歌導論》中提出S.6234寫本是作者的手稿，而不是他人的抄本。我們同意項楚先生的意見，認爲這組寫本是詩人自己的手稿本，主要根據是寫本中的修改情況。如《酒泉太守》開頭“將軍施豹略，仗鉞匣龍泉”兩句，右邊有小字改爲“少俊復英傑，美藝舞龍泉”。《西州》詩原詩題作“交河”，第一句作“輪臺雖遠地”，後以粗筆改詩題爲“西州”，改“輪臺雖遠地”爲“交河雖遠地”。《壽昌》詩原題寫作“受昌”，後大字改“受”爲“壽”，詩中句子“受昌”亦改爲“壽昌”。“沙漠霧深鳴故雁”，“漠”原寫爲“暮”，又點去下端“日”字，於左側添三點爲“漠”。“草枯猶未及重陽”，原寫成“由未”，後點去“由”寫成“猶”。《重陽》“飛觴偶聚征西將”，原寫作“飛觴不多逢年少”，後塗去，改寫於右側。“書了未能憑旅雁”，原寫作“旅雁信來歌大磝”，後塗去，於右側改寫。這些修改的筆迹墨迹較淡，但字體與已寫詩集文字一樣。這自然是作者本人的修改，抄寫人是不會代作者修改原稿的。

公元九世紀的後半葉，在河西節度府任職的長安人翁皓，開始了較長時間的考察或者旅行，大約從涼州出發，一路向西。大漠戈壁，雪山茫茫，黃雲籠罩，風沙怒號。經過數十年的戰亂，河西地區人烟稀少，破敗荒涼。憂愁、孤單，對家鄉的思念，作爲一個行政官員的責任，交織在他心裏。詩人懷著矛盾痛苦的心情，也滿懷著新官上任的責任和信心。一路上，他拿出已經廢棄了的公文信劄，在這些單頁信劄的空白處寫下了詩的初稿，回到驛站，他又對詩稿進行修改。考察結束了，他把廢棄的公文單頁紙粘合起來，成爲一個長卷，在背面整理他這次出行的詩作。他挑選那些自己滿意的詩先謄清，因而詩集就没有按時間順序。我們不清楚他第一次粘連的寫卷用了幾張紙，但我們知道，他右邊放著粘連好的寫卷，左手處則是單頁詩稿。他整理著，謄抄著，當寫卷抄完了，又續粘上幾張紙，他還不小心把草稿的單頁也粘在寫卷上。這樣就出現了我們看到的詩稿一共四頁，在兩頁的背面也寫了幾首詩，且修改塗抹，與正面的詩稿字體雖一致，而更加淩亂。更巧的是，我們看到的這些單頁，剛好是他的朋友何慶寫給他狀文。

不知什麽原因，這部詩集寫本被人帶到了莫高窟，也許在道真收集歸藏三界寺的時候就已經斷裂，因爲不是佛典，没有引起道真的關注。千年之後，藏經洞打開，藏品又遭到嚴重的

① 榮新江：《唐人詩集的抄本形態與作者蠡測——敦煌寫本S.6234+P.5007、P.2672綜考》，《項楚先生欣開八秩頌壽文集》，北京：中華書局，2012年，第141—158頁。李軍則認爲此稿的作者是張球，見《敦煌本〈唐佚名詩集〉作者再議》，《敦煌學輯刊》2017年第1期，第101—107頁。

破壞,這件寫本又斷裂開了,被斯坦因和伯希和挑選而去,漂洋過海,分别庋藏在英國和法國。歲月流逝,這個稿本已經很殘破,前後殘損,中間斷裂,看不清的地方很多。翁皓是不幸的,也是幸運的。作爲一個熱愛文學的人,一個不管條件多麼艱苦,也不停創作的文人,《全唐詩》《全唐文》中却没有留下他的隻言片語。但敦煌石室不僅保存了30多首詩作,還留下他的墨寶。翁氏的身軀早已化爲灰燼,但通過他的這部手稿,他的詩作,他的字迹,他的情感,他的行踪,都比較清晰地展現在我們面前。

從長安到河西的翁皓,雖爲地方行政官員,但當時唐王朝已日落西山,氣息奄奄;歸義軍政權的鼎盛期已過,原先控制的州郡失去了泰半,朝廷對歸義軍政權又極不信任;其控制的範圍内,民族關係極爲複雜,僅翁皓任刺史的甘州,當時就居住著吐蕃、退渾、龍家、羌、通頰等多家部落,盜殺搶奪時有發生,"彎弓射虜隨蕃醜,叫鼓鳴更宿戍樓",一路上可以説戰戰兢兢,謹慎小心。

我們雖然知道翁皓曾擔任過河西都防御判官、甘州刺史、河西都防御招撫押蕃落等使,加右散騎常侍等官職,明顯帶有武官的職責。朝廷給他的加官牒文也説:"分吾憂寄,禦彼邊陲。積粟訓兵,安人和衆。威望遠同於頗牧,機謀動合於孫吴。致夷狄絶貪婪之患,垣墻無戰伐之勞"。[①] 然而,這部詩稿表現了翁皓一個時期的心路歷程,真實地再現了他性格的一個方面,我們由此感到:他是一個詩人氣質濃厚的柔情男兒,他想建功立業,但審時度勢,他選擇了追求平穩的生活。也許這次回來,他就卸甲歸鄉,當感到家鄉也是亂象横生時,他毅然領著家眷,千里迢迢,到了大山環繞的閩西建陽。

這是一個有生命運動的詩集寫本。榮新江先生説:無論如何,這個詩集寫卷使我們看到,一個任職邊塞的詩人,獨自一人,或者率領著自己的部下,在匆匆忙忙的旅行當中,仍不忘吟詠。拾起幾張廢棄的公文,把自己的詩句記録下來,時不時地反復修改。透過敦煌保留下來的這幾片殘紙,我們似乎看到了詩人的身影,看到了唐朝詩歌創作、記録、保存、傳抄、流行的整個過程。這個個案,除了文學史的意義外,對於書籍成立史的研究,也提供了很好的例子,而作者的確定,又可以讓我們透過詩的内容,去探討晚唐河西乃至西域那些朦朧不清的若干歷史片段。

以上分四個方面,從敦煌寫本的紙張、書寫工具、書寫者、寫本的製作、寫本的形態和寫本中的稿本等方面的進行了簡要論説。敦煌寫本與早期文獻"結集"的問題,是很重要的學術問題:它使我們認識"寫本時代"文獻結集的方式和特點,與"刻本時代"有哪些不同;它使我們認識"民間文本"的結集與"經典文獻"有何不同。對此,徐俊先生有過深入的論述,[②]

① 翁忠言、翁金水編:《加翁皓朝請大夫檢校尚書右僕射白麻》,見《京兆翁氏族譜》,同族譜編修委員會,1994年,第186頁。

② 徐俊:《身臨其境的詩壇——關於敦煌詩歌寫本特徵、内容及整理方法的考察》,收入氏著《鳴沙習學集》,北京:中華書局,2016年,第313—368頁。

我也有具體的討論，[1]這裏不再涉及。敦煌寫本的俗字、校勘等方面，都與刻本文獻有較大不同，是寫本學的重要内容。但對於敦煌俗字的研究，已成專門之學，有重要成果面世，本文不再進行討論。

綜上所述，甘肅的寫本文化，源遠流長，特點鮮明，尤其是秦漢簡牘、敦煌寫本是中國寫本時代無可替代的瑰寶。即使到了刻本時代，甘肅的寫本文獻也有在國内具有重要地位，如肅府本《淳化閣帖》，明萬曆四十三年（1615），由著名金石摹刻專家温如玉、張應召等，採用陜西富平銅磐石摹刻，歷時七載，完成兩面刻文的帖石共 144 塊。最大程度地保存了宋代以前書法藝術之真迹。這套刻石是如今尚存的時代最早、品質最好、保存最完整的一部淳化閣帖刻石。藏於甘肅省圖書館的文溯閣《四庫本書》共收書 3578 種、36315 册、79891 卷，比文淵閣《四庫本書》多收書 108 種，多 237 册 875 卷，在現存四部《四庫全書》中數量最多。抄寫所用的紙張均爲潔白堅韌的上等開化榜紙，文字工楷墨書，字體娟秀典雅，開卷令人心曠神怡。

（伏俊璉，西華師範大學寫本研究中心教授）

① 伏俊璉：《寫本時期文學作品的結集——以敦煌寫本 Дx3871+P.2555 爲例》，《文學評論》2018 年第 6 期，第 193—201 頁。伏俊璉：《唐五代時期文學寫本的"集部"性質》，中國歷史文獻研究會編：《歷史文獻研究·總第 45 輯》，揚州：廣陵書社，2020 年，第 168—175 頁。

唐宋"委曲"文書考*

王使臻

[摘　要] 本文以唐宋時期歷史文獻,尤其是域外漢籍和出土文獻裏的"委曲"體文書爲研究對象,結合現存唐宋時代"委曲"文書實物,探討了"委曲"體文書的格式特征、應用範圍及内容特色,並分析"委曲"文體的得名由來及其文體淵源。文章認爲唐宋"委曲"文體與前代的誡子書存在着密切的文體淵源繼承關係。

[關鍵詞] 委曲　誡子書　文書

一、問題和材料

歷史文獻顯示,在唐五代宋初時期,社會習俗將一類長輩(尊者)對晚輩(卑者)下達的、内容有訓誡性質的下行文書,稱之爲"委曲"。但是,由於世遠時異的關係,以及社會習俗的轉變,這種"委曲"文體從北宋之後便漸漸消失。當今天我們從傳世文獻裏看到這些被唐宋時期的人稱之爲"委曲"的文書材料時,由於資料的相對缺乏或者不完整性,往往莫名其妙,對於"委曲"體這一唐宋文書的性質、功能、使用範圍與場合、文體淵源等等問題存在諸多疑惑。要解决這些問題,離不開新材料的發現,以及對舊材料進行新視角的審視與判斷。

就目前來看,傳世的《柳宗元集》中較早提到了"委曲"文書。在柳集卷三五有《謝襄陽李夷簡尚書委曲撫問啓》,啓文中言:"當州司馬李幼清傳示尚書委曲,特賜記憶,過蒙存問"。① 文中的"委曲"即指書劄一類文書。據易新鼎點校的《柳宗元集》宋版書中有夾注稱:"元和六年四月,以户部侍郎李夷簡檢校禮部尚書,爲山南東道節度使。啓云'襄州',即此時也,公在永州"。② 宋人注柳集時認爲前件啓文寫於元和六年(811),時代背景是柳宗元在"永貞革新"後被貶永州司馬時,山南東道節度使李夷簡以"委曲"體書劄予永州司馬柳宗元,表示慰問。

南宋人岳珂編撰的《寶真齋法書贊》是對岳氏家藏的晉、唐宋人書法作品,尤其是法帖的跋語及贊,重在介紹書法作品的藝術鑒賞、來歷、印識、裝裱等内容。《寶真齋法書贊》卷五中收録有唐"段文昌《秋氣帖》":

---

* 本文是國家社科基金重大項目"5—11 世紀中國文學寫本整理與研究"(16ZDA175)、西華師大科研啓動項目(412800)、西華師大地方檔案與文獻研究中心重點課題(DAWXB1904)的階段性成果。

① 〔唐〕柳宗元:《柳宗元全集》卷三五,上海:上海古籍出版社,1997 年,第 286 頁。

② 〔唐〕柳宗元著,易新鼎點校:《柳宗元集》,北京:中國書店,2000 年,第 470 頁。

總不得書,何爲如此?秋氣稍冷,不知當如何也?有華陽消息,可報委曲。十四日。報。[1]

因爲上文中出現了"委曲"二字,岳珂在此帖後的按語中認爲,前帖實質是唐士大夫家族以上達下時所使用的一種文書文體——委曲:

唐世縉紳家以上達下,其制相承,名之曰委曲,蓋今之批示也。迨於國初,猶多用之。史傳所書,如高駢輩類,不止一見。此帖蓋當時授其家隸者……唐世士大夫委曲之達下者多矣,而曰此獨存。[2]

段文昌,兩《唐書》皆有傳,主要爲官在唐憲宗、穆宗、文宗三朝時。其子段成式約於唐懿宗咸通初出爲江州刺史,著有筆記《酉陽雜俎》,筆記中提到憲宗朝西川節度使劉辟曾下達"委曲"文書令其部屬宰殺耕牛。[3] 暫先不論岳珂所論段文昌《秋氣帖》是否屬於"委曲"文體,循其所論"史傳所書,如高駢輩類,不止一見",我們從史傳中找到《資治通鑑》中有兩條關於"委曲"文書的記載:

第一條,見《資治通鑑》卷二五七"光啓三年夏四月條":黄巢舊將畢師鐸投降淮南節度使高駢之後,與高駢手下寵將吕用之産生矛盾,常恐被加害。高駢之子利用畢、吕二人之間的矛盾,欲假畢師鐸之手而除掉吕用之。"會高駢子四十三郎者素惡(吕)用之,欲使(畢)師鐸帥外鎮將吏疏用之黑惡,聞於其父,密使人紿之曰:'用之比來頻啓令公,欲因此相圖,已有委曲在張尚書所,宜備之'"![4] 這條史料正是岳珂所論"高駢輩類"以上達下之"委曲"。南宋末元初人胡三省在注《通鑑》時釋"委曲"爲"當時機密文書謂之委曲"。

第二條,見《資治通鑑》卷二九〇"廣順元年春正月條":此年後漢監國郭威發動政變稱帝,後漢大將鞏廷美、楊温等在徐州拒守抵抗。郭威派鞏、楊舊主劉贇寫信勸降,但鞏、楊害怕生命安全得不到保證而不敢投降。爲此,郭威親自給劉贇傳達手令。"帝復遺(劉)贇書曰'爰念斯人盡心於主,足以賞其忠義,何由責以悔尤?俟新節度使入城,當各除刺史!公可更以委曲示之'"。[5] 胡三省在此處釋"委曲"爲"唐末主帥以手書諭示將佐,率謂之委曲"。

胡三省注解《資治通鑑》時釋"委曲"文書既是一種機密公文,又是私人手劄,都是隨文注釋,前後有矛盾。表明在南宋末、元初之時,當時人包括岳珂、胡三省在内,可能已經不清楚唐五代時常見的"委曲"文書具體所指究竟是什麽。這大概與"委曲"文書已經在北宋中

---

① 〔宋〕岳珂:《寶真齋法書贊》,〔清〕紀昀等編:《四庫全書》第813册,上海:上海古籍出版社1987年影印文淵閣本,第615頁上欄。
② 〔宋〕岳珂:《寶真齋法書贊》,第615頁。
③ 〔唐〕段成式著,方南生點校:《酉陽雜俎》,北京:中華書局,1981年,第268頁。
④ 〔宋〕司馬光編著,〔元〕胡三省音注:《資治通鑑》卷二五七,北京:中華書局,1956年,第8349頁。
⑤ 〔宋〕司馬光:《資治通鑑》卷二九〇,第9452頁。

後期完全在社會生活中消失不見有關。

岳珂又説,"迄於國初,猶多用之",説明在北宋初年,"委曲"體文書應該比較常見。據政書所載,北宋初時,邊境地方長官下文書給境内的少數民族首領,也被稱爲"委曲"文書,見於《文獻通考》引石湖范氏《桂海虞衡志》:

> 故事:安撫經略使初開幕府,頒鹽綵遍犒首領。以公文下教,謂之"委曲",大略使固守邊界,存恤壯丁云。①

從所引《桂海虞衡志》文意看,"委曲"文書是官文書中的一種,下達的是官府長官的一種教戒,它承擔了邊境地方長官勉勵少數民族首領鞏固邊防、愛恤人民的功能。"委曲"文書下達時還要按照歷史慣例給予當地部族食鹽、布匹等生活物資的賞賜,以籠絡邊境少數民族人心。但這是否就是"委曲"文書所承擔的所有功能,由於材料極其有限,還不能完全得出判斷和結論。與此條材料類似,北宋宰相文彦博的文集——《潞公文集》卷二十九"奏鬼章事"中也有一條北宋邊州主官以"委曲"體文書回報蕃部首領之子的材料,大約類同於《桂海虞衡志》中的記載。

那麽,據前述史傳中所記委曲體文書,不僅屬於唐五代宋初地方邊鎮公文,也是縉紳士大夫家庭以上達下的私人書劄,兼具了公文和私劄兩種文書的功能。驗之以北宋初年宋人所收藏的唐五代時期的"委曲"文書,可證確實。如宋人黄伯思《東觀餘論》記宋太醫丞樂某手中珍藏有一件唐人書法真帖,是唐光啓年間平盧節度使王敬武給其兒子王師範的書劄,②利用陝虢節度使王珙寫給王敬武書狀的封皮紙(類似於今日之信封)的背面而寫成的"委曲"文書。在此文書紙末有"委曲付師範"的封題,黄伯思根據唐史,結合帖中内容判斷這件"委曲"文書是王敬武寄給其子王師範的私人家書。又,宋人沈括家藏五代吴國楊溥給宣州下屬軍將方某的"委曲書"四紙,紙劄精善,翰墨印記極有次序,文書押署姓名的地方或稱"使"或稱"吴王"。③沈括認爲"委曲"文書是地方長官手教或是手令一類的文書,這類文書由上級長官下達給手下將領,上有長官的親筆押署及印鑒。

唐五代的委曲文體,流傳至北宋初,依然流行。傳世典籍中就有司馬光所修撰的《司馬氏書儀》(又稱《温公書儀》)一書,書中纂集了宋代士大夫家族之間書疏往來時應該遵循的書劄禮儀和格式。其中就專門記載了"委曲"文書的書寫格式及範文,證明當時社會對這一書劄體的重視,也表明委曲體書劄在北宋初年社會生活中的廣泛應用。《司馬氏書儀》中記録了二種格式的"委曲"文書,適用於士大夫家庭内部的對象:一是《與僕隸委曲》,二是《與子孫書》。第一類是官僚士大夫之家給其僕隸的書劄,格式上開頭書僕隸姓名,末尾以"委曲

① 〔元〕馬端臨:《文獻通考》卷三三〇,北京:中華書局,1986年,第2589頁上。
② 〔宋〕黄伯思:《宋本東觀餘論》,北京:中華書局,1988年,第124—125頁。
③ 〔宋〕沈括:《夢溪筆談》卷三,上海:上海書店出版社,2009年,第22—23頁。

付姓名”結尾；第二類是父祖等長輩給子孫等晚輩的家書，格式上開頭爲“告(或報)〔子孫〕名”，結尾以“父(翁)告〔子孫〕名省”和“委曲付(子孫)名、翁(父同)封”爲封題格式。這些格式特征成爲判斷委曲文體的重要依據。但是司馬光《書儀》中僅收録家庭内部的書儀格式，並没有收録如史傳中所録唐宋地方長官給下屬官吏的委曲體文書的格式，對後一類委曲體文書的認識，還需要新的更詳細的材料。

相比較於傳世文獻裏的記録語焉不詳，傳世文物裏的委曲體文書材料則較爲具體，保存了委曲體文書的一些細節信息。尤其是在中國傳世典籍和現存文物裏記載較少或較簡略的委曲體文書材料，却在中國周邊的日本、朝鮮等國家中保存得較多，格式也較爲完整和詳細。可以通過這些域外所存漢籍材料，對比國内傳世材料，互相參證，以更全面地認識“委曲”文書的特征。

(1)日本：約在公元九世紀初期，日本留學僧空海和尚(774—835)回到日本之後撰《高野雜筆集》。該集下卷收録一件唐人書劄，是唐明州人徐公祐寫給其侄子胡婆的，請空海和尚捎往在某處的侄子。根據書劄末尾題署有“叔公祐委曲分付胡婆省”，结合前述司馬光《司馬氏書儀》中有關“委曲”文書格式的記録，不難判斷出它是一件“委曲”文書。此文書雖然不是原件，但抄録的格式完整，信息充分，現録全文如下：

> 别汝已久，憶念殊深。吾六月初發明州，廿之(六)到鴻盧(臚)館。州宅中婆萬福，汝父母並萬福，弟妹已下亦蒙平善。不審汝在彼如何？家中將渴(褐)衣服來與汝，汝且辭和尚，蹔來鎮西府一轉，不妨多日。見汝在即，餘留面處分，不具。叔公祐委曲分付
>
> 六月卅日
>
> 胡婆省　　後寬[①]

日本傳世文獻中所存“委曲”文書材料，還見於日本僧人圓仁所著的《入唐求法巡禮行記》。[②]圓仁日記中所録唐代“委曲”文書材料，或是節録内容，或是文書專稱，都没有完整地抄録“委曲”文書的格式。如卷三中記載唐武宗會昌二年(842)五月廿五日，圓仁收到圓載和尚(圓仁的上師)於會昌元年十二月十八日的書狀及“委曲”。《行記》中先是節録圓載書狀的内容，最後才抄録圓載的“委曲”文書：“(圓)載上人委曲云：‘僧玄濟將金廿四小兩，兼

① 《高野雜筆集》抄本原屬於日本學者神田喜一郎舊藏，現收藏於日本大谷大學博物館，在其博物館的網站可以看到影印照片：http://web.otani.ac.jp/museum/kurashina/syoseki_index.html。此書劄見第28頁，網址是：http://web.otani.ac.jp/museum/kurashina/01_koya/all_b28.html。此件書劄信息是由日本學者山本孝子博士提供，特致謝忱。

② 從文書、文體、詞匯等角度研究的有：董志翹：《〈入唐求法巡禮行記〉詞匯研究》，北京：中國社會科學出版社，2000年。齊會君：《日僧圓仁〈入唐求法巡禮行記〉所載文書研究——兼與圓珍文書、敦煌文書比較》，鄭州大學碩士學位論文，鄭州，2014年。

有人人書狀等,付於陶十二部歸唐。此物見在劉慎言宅。'"[①] 可見,"委曲"文書與一般的書狀還是有不同,它在承擔傳遞信息的功能上,似是告知收信人一些重要的物品信息(在本例中就是黄金與書狀)。結合《高野雜筆集》中的徐公祐付侄胡婆委曲中提到的衣物信息,可知"委曲"文書有傳遞較爲重要且保密的物品信息功能。

(2)朝鮮半島:唐僖宗時期新羅(今韓國)人崔致遠任職於淮南節度使幕府,回國後他所自編的詩文别集《桂苑筆耕集》是韓國現存最古老、最完整的漢文典籍之一。該文集中收録了崔致遠在淮南節度使高駢幕府内任職期間所作的公私文書和詩文,保存了許多我國正史失載的原始材料,是研究唐代歷史的第一手資料。[②]《桂苑筆耕集》中保存的"委曲"文書多達二十首,數量上遠遠超出了我國傳世文獻和文物中的"委曲"文書材料,内容豐富,是重新認識唐代"委曲"文書的重要史料。[③] 但是由於時代久遠,當朝鮮人徐居正在明成化十四年(1478)編纂李氏朝鮮初期第一部專選東國詩文的選本文獻《東文選》時,曾感嘆"今《桂苑筆耕》多有不解處,恐當時氣習如此,或東方文體未如古也"。研究學者已經指出,徐居正的"不解"主要集中在《桂苑筆耕集》收録的"委曲"和"别紙"類文體上,[④] 原因是徐居正等人發現他們所參考的前代中國文獻選本中並無委曲文體,因而視委曲文體爲唐代所風行的一種獨特文體。《桂苑筆耕集》中的"委曲"文書是崔氏代淮南節度使高駢所作,下達對象主要是淮南節度下屬的軍將和官吏,文書的格式開頭都以"報某某"的格式爲特征,正好可以彌補前述司馬光《書儀》中所闕收的史傳中所録唐宋地方長官給下屬官吏的委曲體文書的格式。

在朝鮮半島,除《桂苑筆耕集》之外,五代南唐僧人應之於南唐元宗時期(約 943—961 年)編纂的《五杉練若新學備用》(簡稱《五杉集》)也曾經傳入到朝鮮半島,作爲佛學史料而流傳於世。在《五杉集》卷中《僧俗五服圖》之後,專門記載有一些寫作書信時的參考樣式,其中明確記録有《和尚委曲樣》《父母委曲樣》等"委曲"文書的範文。[⑤] 由《和尚委曲樣》可知,委曲體文書也適用於寺院内業師向徒弟告報消息時所用,與前引日僧圓仁《入唐求法巡禮行記》中所抄録其師圓載和尚付其弟子的"委曲"文書的應用範圍是一致的。

---

① 〔日〕圓仁:《入唐求法巡禮行記》,桂林:廣西師範大學出版社,2007 年,第 127 頁。

② 〔新羅〕崔致遠撰,党銀平校注:《桂苑筆耕集校注》,北京:中華書局,2007 年,郁賢皓序第 1 頁。

③ 自唐光啓二年崔致遠編成文集之後,此書一直在朝鮮國内流傳,直到 19 世紀 40 年代才由朝鮮傳回中國,對於這樣一部具有很高歷史文獻價值的文集,中國學術界歷來很少有人研究。目前對《桂苑筆耕集》進行文字校注研究的有党銀平《桂苑筆耕集校注》。另有學者對文集中的某一部分文書有研究,如梁太濟:《"别紙""委曲"及其它——〈桂苑筆耕集〉部分文體淺説》,《唐宋歷史文獻研究叢稿》,上海古籍出版社,2004 年,第 35 頁。林嵩:《〈桂苑筆耕集〉所見"委曲"探賾》,《中國典籍與文化》2010 年第 2 期。

④ 陳彝秋:《論中國選本對朝鮮〈東文選〉文體分類與編排的影響》,《南京師範大學學報》(社會科學版)2010 年第 3 期,第 135 頁。

⑤ 〔韓〕朴鎔辰:《應之の〈五杉練若新學備用〉編纂とその佛教史的意義》,《印度學佛教學研究》第五七卷第 2 號,2009 年,第 51—57 頁。《五杉練若新學備用》從中國傳入朝鮮,現收藏在日本駒澤大學圖書館。這條材料由日本學者山本孝子博士提供,在此表示感謝。《五杉練若新學備用》一書目前已由中國臺灣學者王三慶整理出版。王三慶:《中國佛教古佚書〈五杉練若新學備用〉研究》,臺北:新文豐出版公司,2018 年。

總合上述材料，傳世文獻所見唐宋時期“委曲”文書給人的大概印象是，“委曲”作爲以上達下的一種書劄文體，其應用有一個共同的特點：都是尊長者對卑下者使用的一種下行的私人性質的書劄。“委曲”的應用範圍基本上有兩類：一類見於官僚體系内長官對其下屬官吏所用，一類見於普通社會民衆中長輩對晚輩所用（如父母對子侄、寺院内的業師對其徒弟）。雖然這兩類“委曲”文書可能在格式上還有一些差别，但“委曲”文書的基本内容反映了地位較高（血緣關系或官銜）的人對地位較低的人的一種教誡、勸諭和勉勵，同時也會傳達一些較爲機密的私人信息。

二、唐宋“委曲”文書實物及其特點

出土文獻中的“委曲”文書材料遠比傳世文獻和文物中的“委曲”文書要真實和原始。在新疆庫車縣都勒都爾·阿護爾遺址墓葬中所獲的唐代文書和敦煌莫高窟藏經洞文獻裏都已經發現了十幾件唐宋時期的“委曲”文書的實物，内容豐富，可補傳世文獻記載語焉不詳的缺憾。[①]

與前引《桂苑筆耕集》中由地方長官下達給屬吏的“委曲”文書的格式一致、以“報某某”開頭的出土委曲體文書見於法國漢學家伯希和在新疆庫車都勒都爾·阿護爾遺址墓葬中所獲的編號爲D·A 101 號漢文書劄：

> 報娑勒：先言許留粟拾碩，後即對面，亦在恩答。今爲　　長官在白寺，故使吏心奴走取，與好白羊一口，速付，專待，莫令空來。九月十七日。義[②]

新疆庫車都勒都爾·阿護爾遺址，即今天庫車縣渭幹河西面的夏克土爾遺址。劉安志判断此件文書出土於夏克土爾遺址，顯然該地所在機構應即收文單位，則文書書寫地點很可能就在白寺。[③]此地爲唐代龜兹鎮白寺城所在地，據唐史學家陳國燦等人的研究，在唐建中、貞元年間唐安西大都護府仍在龜兹運轉，[④]則此件“委曲”文書的書寫時間最晚在“安西四鎮”之龜兹鎮仍控制在唐朝軍隊的手裏的時候，大約是在8世紀後半期至9世紀初期。這件“委曲”文書以日期和長官的簽名爲結尾，無疑比《桂苑筆耕集》中已經被省略格式的“委曲”文書更多地保留了格式上的特征。就本件“委曲”文書的内容來説，是龜兹白寺城當地的某位漢族官員“義”下達給白寺城下屬的某位官員“娑勒”的，用告諭的口氣，委婉地命令他獻上質

① 在敦煌《書儀》類文書中所见委曲體書信範文有六七件，實用類文書是則已見十餘件。參見王使臻、王使璋、王惠月：《敦煌所出唐宋書牘整理與研究》，成都：西南交通大學出版社，2016年，第277—281頁。

② Eric Trombert, Ikeda On et Zhang Guang - da, Les Manuscrits Chinois de Koutcha, Fonds Pelliot de la bibliothèque Nationale de france, Paris 2000 , pp.91. 原文未見，此處轉引自劉安志：《唐代龜兹白寺城初考》，《敦煌學輯刊》2002年第1期。

③ 劉安志：《唐代龜兹白寺城初考》，《敦煌學輯刊》2002年第1期，第126頁。

④ 劉安志、陳國燦：《唐代安西都護府對龜兹的治理》，《歷史研究》2006年第1期，第38頁。

量好的白羊一只,以招待龜兹都督府來的某位長官,文書中“速付,專待,莫令空來”的委婉叮囑的行文特色十分引人注意。

敦煌文書中則有唐代歸義軍節度使張議潮下達給其侄沙州刺史張淮深的“委曲”文書P.3750《與張淮深委曲》[①]及宋代歸義軍節度使曹延禄下達給蕃部首領的“委曲”文書P.4525(9)V《歸義軍節度使曹延禄報番官首領委曲》。[②]將這兩件唐宋“委曲”文書合觀,會發現一些委曲文體的時代變化。P.3750“委曲”文書的全文是:

> (前原缺)貨□並□□□□□望□傎(鎮)蓼泉人户緣口家在沙州,不肯停住,於官非常不益。汝切須依舊名目並家口,差軍將一二人押領,限七月廿八日已來,並到肅州。張和榮要圖畫障子兼素匠二人,星夜輦程,速須發遣。張善善亦須同來。先,差[redacted][③]催促兵馬兼所取物色,至甚遲違,亦速發遣。昨,七月十九日進奏押衙王敬翼到,兼得　將軍家書,宅内長幼並得平善。前後緣諸城傎(鎮)官吏數多恩賜,汝全不曾得,不是吾入已(己),汝亦得知。今,王敬翼般次到,此度　恩賜並全,於左誠珍邊發遣。待到日,於領衣物一角並銀椀一枚,“封”印全,椀在外。限以軍行,見汝未期,但多憶念,專遣委曲至汝。
>
> [redacted][④]省　(後原缺)

據筆者的考證研究,P.3750“委曲”文書是唐大中十二年(858)夏秋之際張議潮出兵攻打凉州的行軍路上親筆写給其侄子沙州刺史張淮深的,[⑤]“委曲”文書中張議潮除對軍政事務做出安排外,還引人注目地提到了由歸義軍進奏官帶來的唐朝的賞賜物品的數量和特征,與前述《入唐求法巡禮行記》中和尚委曲和《高野雜筆集》中的徐公祐付侄胡婆委曲中告知收信人一些重要的物品信息的功能完全一致。P.4525(9)V《歸義軍節度使曹延禄報番官首領委曲》則是宋太平興國四年(979)敦煌歸義軍節度使曹延禄寫給其境内的蕃部首領的文書:

> □(報)番官首領:夏熱,想汝好在?部族□(亦)得安健否?當道今差使人入貢□(朝)庭,經過路途,到汝部落地界之時,□仰准例,差遣人力防援般次。前□在路,勿至滯留踈失。今賜汝斜褐□條,犛牛尾三株,到可領也。不具。□□(歸義)軍節度使曹(鳥形押)委曲附首領

① 圖版見《法藏敦煌西域文獻》第27册,上海:上海古籍出版社,2002年,第241頁。
② 圖版見《法藏敦煌西域文獻》第31册,上海:上海古籍出版社,2005年,第369頁。
③ 在IDP(國際敦煌項目)數據庫中的彩色圖版上被墨塗去的“陰懷深”三字可辨認。
④ 在IDP數據庫中的彩色圖版上被墨塗去的“淮深”二字清晰可辨。
⑤ 王使臻:《張議潮付張淮深“委曲”書信考》,《敦煌學輯刊》2016年第4期,第18頁。

這件“委曲”文書的格式是“報番官首領”，就其内容來看，是歸義軍長官曹延禄給其轄境内（瓜沙二州）的少數民族部族首領所下達的“委曲”文書。曹延禄擔任歸義軍節度瓜沙等州觀察處置營田押蕃落等使，對其境内部族有監管之權，所以這件文書屬於地方官府裏長官給僚屬的“委曲”文書類型，故其格式和傳世文獻《桂苑筆耕集》中淮南節度使高駢報其下屬官吏委曲、新疆庫車都勒都爾・阿護爾遺址墓葬中出土唐代某地方官給當地部族頭領所下達的《報娑勒委曲》的格式完全一樣，都以“報某某”爲格式特征。在内容上，本件“委曲”文書中叮囑蕃官首領對途經其部族地界而前往中原進貢的使團般次按照慣例派出兵員進行護送，勸諭不可滯留行程或者出現疏忽差錯，並送上了一些禮物進行慰問。這些内容又與傳世文獻如《文獻通考》中所記北宋邊境地區安撫經略使初開幕府時，下達委曲給當地的部族頭領時還要按照歷史慣例進行食鹽、布匹等生活物資的賞賜完全是一致的，證實傳世文獻所記“委曲”文書有慰諭的功能並非虚言。

出土文獻中除了地方官府内長官對其下屬所用的“委曲”文書之外，更多見的是父母對子侄的“委曲”信劄，在敦煌文獻裏至少有十件。筆者現選取最有代表性的一件來展示。這件書劄現藏於俄羅斯，編號爲 Дx.12012[①]：

> 初春尚寒，敬想男行深在彼好否？此吾及内外親姻男女大小等總得平善安泰，幸勿憂慮。但自努力，善伏事軍都，共成公事，莫招敗闕。前者所囑賣買切莫定執，看臨時當價買取，即是能也。切莫貪酒市肉，浪破錢物，在心喂飼畜牲，平善早迴，滿吾心願。准合有附信，緣人使匆忙，寄附不得。因使往次，空附起居，不具仔細。乙未年三月一日慈父委曲達男行深。

上件委曲體文書屬於私人書劄，内容上充滿了對子女的道德教化，如“但自努力，善伏事軍都，共成公事，莫招敗闕”，這是激勵辦好公事；“所囑賣買切莫定執，看臨時當價買取，即是能也”，這是囑托子女在外不要大手花錢；“切莫貪酒市肉，浪破錢物”，更是對子女的勸誡，父母關愛子女之心，躍然紙上。

在傳世保存下來的宋人書劄文物中，正好也有一件司馬光本人親筆寫給其侄子的委曲體文書——《寧州帖》[②] 完完整整地被保存了下來，通過對比解讀這件文物，會有助於全面認識“委曲”文書的諸多特征。

> 十月五日，寧州兵士來，知汝決須赴任。十二日，程暹父來，方知汝竟不曾下侍養文字！彼交代催汝赴任，是何意？豈非要交割大蟲尾？我書書令汝更下一狀，汝

① 圖版見《俄藏敦煌文獻》第16册，上海：上海古籍出版社，2001年，第20頁。

② 這件書法作品，現藏上海博物館，歷來被當作文物來研究，參見徐邦達：《古書畫過眼要録：晉、隋、唐、五代、宋書法》，長沙：湖南美術出版社，1987年。

終不肯。父母年七八十歲,又多疾,况官中時有不測科率,汝何忍舍去!不意汝頑愚一至於此。汝若堅心要侍養時,更何用寧州〈重差〉接人〈來〉?[①] 假使因乞侍養,獲罪於朝廷,乃是孝義之事也,又何妨!何妨!今汝才去,朝旨許令侍養,若本府奏稱本官已赴本任,繳回文字,則朝廷必以爲厥叔强欲差它侍養,它自不願,已到本任,直收殺不行。不惟壞却此文字,深可惜!並光亦爲欺罔之人也。雖知駡得汝不濟事,只是汝太無見識!悶悶悶悶!文字若萬一到寧州,於條便可離任,更休申漕臺取指揮,又被留住。叔光報九承議。

十一月廿九夜

上文是司馬光於元豐八年(1085)冬十一月寫給侄子司馬富的私人信劄的草稿,[②]格式特征完全符合《司馬氏書儀》中所記北宋時期的《與子孫書》委曲體格式。從内容分析,司馬光之前曾經給其侄寫信,勸誡他向朝廷上書請求辭去官職回鄉侍養年高的父母,但其侄司馬富並没有上書朝廷,因此被朝廷官員催促他盡快赴任,且派人接送。鑒於這種尷尬局面,憂心忡忡的司馬光寫了此"委曲"文書,語重心長地給其侄分析官場政治利害關係,批評其侄頑愚不化、缺少政治見識。最後堅决叮囑他一旦到任寧州之後,便可馬上辭官,不可再向上司請示。從"委曲"書信全文語氣來看(如"何妨""深可惜""悶悶悶悶"等處),"委曲"文書委婉叮嚀、深情勸誡特點表現無遺。

綜合以上唐宋時期的"委曲"文書實物,我們發現,"委曲"作爲一種私人書信文體,在傳遞信息的同時,也還承載着特殊的教化功能,表現在書劄裏往往包含着情緒與期望,多藴含勸諭、"勸誡"的意味。同時,"委曲"文書中或多或少地都會傳遞一些不得讓外人得知的秘密信息,或與收寄信物有關聯。由於"委曲"文書的私人書信性質,是真誠地進行思想情感交流的重要手段。故在"委曲"等私書家信中,真摯的感情最容易流露,從書牘相關人物、事件中所反映的歷史、文化、社會變遷等内容便就具有了重要的歷史文化價值,"是社會的一面未扭曲的鏡子"。[③]如崔致遠《桂苑筆耕集》中高駢《報光州李罕之委曲》中言"近奉敕書手詔,無非激勵衆心,兼除王令公充都統、西門軍容充都監,此乃藩鎮功虧,朝廷計盡,遂將大任,專付老儒。雖漫傳聲,必難濟事"。[④] 淮南節度使高駢將朝廷的機密信息毫無保留地告知部將李罕之,目的是勸勉李罕之攻打黄巢軍,早立戰功。又如北宋司馬光給其侄的"委曲"中責怪其侄不願辭官侍養父母的糊塗,言辭坦誠懇切,可見委曲文體所具有的直抒胸臆的鮮明特色。出土敦煌文獻中父母給子女的"委曲"主要是誡子書,叮嚀囑咐子女在外要盡職於公事,

① "重差""來"三個字分别寫在行間,當是後來所加。表明是司馬光在作此書時,由於心情焦急而出現丢字現象,不得不補於行間。

② 從文中"重差""來"三個字分别寫在行間,當是後來所寫,判斷此書劄很有可能是司馬光所做的草稿。但從親筆押寫的草體"光"字和存世的司馬光其他文物上的字體比較,又像是司馬光親書的原件信劄。

③ 趙和平編:《中國家書的源流、體例、禮儀》,《趙和平敦煌書儀研究》,上海:上海古籍出版社,2011年,第98頁。

④ 〔新羅〕崔致遠撰,党銀平校注:《桂苑筆耕集校注》卷一二,北京:中華書局,2007年,第373頁。

不要犯過失。但有時在給子女通報消息時，往往也會傳遞一些的秘密信息，如通過信使寄了什麽禮物、數量多少、禮物是如何包裹的内容，這些内容是不便於讓外人得知的秘密，故要特殊地密封送達，有其特殊的封題方式，如司馬光《書儀》所記録的"委曲付(子孫)名、翁(父同)封"的專門封題格式。

三、唐宋委曲文書的得名及其文體淵源

唐宋"委曲"文書起源於何時，以及它爲什麽被當時人稱作"委曲"？歷史文獻中並不詳載，因此留給了後人和研究學者們許多的疑問和難解。如上所述，從南宋之後到明人，古人已經對這一文書體裁相當隔膜而有疑惑。南宋人岳珂認爲"委曲"文書是士大夫之家所用的書劄，與前述傳世文獻中所見的材料所反映出來的並不限於士大夫家所用有明顯矛盾，可能正是源於此類文體在南宋時已經不再流行於世的社會原因。

由於唐宋委曲文體之名不見於漢晉以來的各種文體所録，學者們只能猜測。一些學者在《文苑英華》《全唐文》等文集、類書中檢索"委曲"關鍵詞，得到幾條材料，[①] 認爲委曲體文書在公元九世紀之前已經流行。還有學者通過檢索，發現在西晉陸雲《國起西園第表啓》文中有"得爾委曲，省以撫然"的辭例，進而推斷早在西晉時可能已經出現委曲文書體，却被另一些學者所駁正。[②] 詳細探查這些文集中的委曲，有的是動詞，[③] 是"委蜿誨諭"之意。有的是名詞，是"詳細的底細"的含義，並不就是專指"委曲"體文書。当代學人梁太濟對"委曲"的本義與書牘文體之專名"委曲"做了區别。他以岳珂《寶真齋法書贊》爲例，認爲《法書》中收録的唐張旭《秋深帖》、唐段文昌《秋氣帖》中提及的"委曲"都是"委曲"一詞的名詞詞義，指"詳細的底細"的含義，而不是指這類書劄文體的專稱——"委曲"文書。[④] 林嵩在研究《桂苑筆耕集》中的二十首淮南節度使致下屬將吏的"委曲"文書時，根據文書的内容而統計爲"存恤""告誡"等八個方面，[⑤] 進而得出兩點結論："委曲"非公文、非機密文書，"委曲"文書以行文多委婉为特征，認爲"委曲"文書産生於唐末藩鎮割據的政治歷史背景之下，是藩鎮體制政治中人際關係的反映。樊文禮和史秀蓮的研究認爲"委曲"文書有教化下

---

① 如《文苑英華》卷五六八有張仲素《賀破賊表》，同書卷六七九有符載《答澤潞王尚書書》，《全唐文》卷七〇三有李德裕《洺州事宜狀》《任畹李丕與臣狀共三道》，參見樊文禮、史秀蓮：《唐代書牘文"委曲"研究》，《中國典籍與文化》2009年第2期，第7頁。

② 樊文禮、史秀蓮：《唐代書牘文"委曲"研究》，《中國典籍與文化》2009年第2期；林嵩：《〈桂苑筆耕集〉所見"委曲"探賾》，《中國典籍與文化》2010年第2期。

③ 如《令狐楚集》卷二《奏差兵馬赴許州救援并謝宣慰狀》："伏奉詔書，兼宣恩旨……伏蒙陛下委曲照臨，丁寧誨諭。"在此例中，"委曲"是動詞，是指唐德宗在詔書中對令狐楚的慰問和叮囑。

④ 梁太濟：《"别紙""委曲"及其它——〈桂苑筆耕集〉部分文體淺説》，原載於《〈韓國傳統文化·歷史卷〉論文集》，北京：學苑出版社，2000年。又收入在氏著《唐宋歷史文獻研究叢稿》，上海：上海古籍出版社，2004年，第35頁。

⑤ 林嵩：《〈桂苑筆耕集〉所見"委曲"探賾》，《中國典籍與文化》2010年第2期，第40—41頁。

屬功能,在宋代隨着地方藩鎮體系的瓦解,伴隨着官場中私人人身隸屬關係的淡化與松弛,[①]地方官府機構内“委曲”文書的教化功能漸漸消失,而僅僅局限在士大夫家族内還有應用,這可能是委曲文書體在北宋之後漸漸退出官僚文書體系的原因。筆者認爲,委曲體文書在南宋時消失不見,與社會歷史環境有關。任何一種文學文體的生成、發展與消亡有一定的規律,離不開具體的歷史環境,受到歷史時期政治、經濟、文化思想諸多因素的制約。雖然在南宋時期的公私社會風俗中,不再使用委曲體書信,但委曲體書信所承擔的教誡功能却被其他書信文體替代了,例如一直就在中國古代社會裏流行的誡子書。

新羅崔致遠在自編《桂苑筆耕集》時,將“委曲”編入在“檄書、書”體之下,宋人司馬光《司馬氏書儀》將“委曲”列入“家書”類,表明在唐宋人的觀念裏,委曲文體應屬“書”體之一,與書信同屬一類,這一點是毫無疑問的。從傳世文獻和出土文獻來看,委曲體文書都出現在唐“安史之亂”之後的八世紀末期,可以説與藩鎮體制的大規模建立基本相一致。但委曲體文書是否一定是伴隨着唐藩鎮體制的建立而才出現的呢?筆者不敢下此斷言,因爲從委曲文體運用於官場和家庭二類來看,它們應該各自有其文體淵源。唐宋時期將這二類書劄均稱爲“委曲”,應該是尺牘文體自然演變的結果。

當我們考察“委曲”一詞的本義時,爲形容詞性的同義複詞。[②]“曲”的本義像器具受物之後使物彎曲的形狀,也有認爲“曲”本義是蠶箔,均有彎曲之義。在《漢語大詞典》中釋“委曲”的本義是形容山水彎曲、曲折之形勢。由此本義,而引申出衆多引申義,如形容聲音悠揚婉轉,形容文詞含蓄、委婉,形容事物細小、瑣碎等義。當“委曲”作爲動詞使用時,既有“遷就、勸諭”的含義,又有“細微、瑣碎、詳盡地告知”等意思。董志翹發現當“委曲”用於“細微、詳盡”的含義而處於主語或賓語位置時,即發生語法引申,成爲名詞,表示“事情的原委”“底細”義,從而引申出書劄之義,[③]成爲一類書劄文體的專用名稱。因此,“委曲”這類書劄文體的命名仍然遵從了由動詞演變爲尺牘文體專有名詞的文體演變的一般性規律。[④]既可以從書寫動作稱爲“書”體,也可以從文體内容專稱爲“委曲”,其文體自有源由,其演變自有一個長期的歷史過程。

決定文體生成、定名和發展的因素都不是單一的,[⑤]經歷了漫長的過程。唐以前雖然並無專稱爲“委曲”的文體,但是肯定存在有其他名稱的、起着和“委曲”文書相同功能的文書體。就官府内長官給下屬官吏的這一類“委曲”文書來説,其文體淵源於秦漢時期。在秦漢

---

① 樊文禮、史秀蓮:《唐代書牘文“委曲”研究》,《中國典籍與文化》2009 年第 2 期,第 9 頁。

② 關於“委曲”“曲”詞義的研究,可參見朱玲:《漢字“曲”的語義系統和曲文體的美學建構》,《南京師大學報》(社會科學版)2006 年第 1 期;董志翹:《〈入唐求法巡禮行記〉詞匯研究》,北京:中國社會科學出版社,2000 年。

③ 董志翹:《〈入唐求法巡禮行記〉詞匯研究》,北京:中國社會科學出版社,2000 年,第 246 頁。

④ 關於古代應用文文體定名的研究,可參見趙逵夫:《先秦文體分類與古代文章分類學》,孫以昭、陶新明主編:《中國古代散文研究》,合肥:安徽大學出版社,2001 年;羅宗强:《我國古代文體定名的若幹問題》,《中山大學學報》(社會科學版)2009 年第 3 期。

⑤ 羅宗强:《我國古代文體定名的若幹問題》,《中山大學學報》(社會科學版)2009 年第 3 期,第 1 頁。

時代，無論是從傳世文獻，還是出土文獻來看，我們經常可以看到體現地方長官行政命令的"公文"與體現教化的長官私人文書——"私教"一並下達給下屬官吏的現象，如秦漢地方官府内大量盛行的語書、記、教等文書就是例子。這種地方長官的私人教令應該就是唐宋"委曲"文書的直接文體淵源之一，它們在書寫格式上、應用範圍上有許多相似之處，有文體繼承性。漢唐之際，官府之内的長官對下屬官吏下達的一種訓誡性質的私人書牘通稱爲"教"，包括官府内的長官給屬吏或是給境内的少數民族首領致書相勸誡，也均稱"教"。如隋代有"手教"，《隋書》卷五六《令狐熙傳》記載：開皇年間，嶺南夷越數爲反亂，以令狐熙爲桂州總管十七州諸軍事，熙至蕃部後大弘恩信，其溪洞渠帥更相謂曰："前時總管皆以兵威相脅，今者乃以手教相諭，我輩其可違乎？"於是相率歸附。到了唐代前期，在國家的律令中嚴格規定將親王、公主所下的文書專稱爲"教"，[①] 於是在官僚機構内日常生活中由長官給下屬的這類以上達下的包含勸誡内容的私人性書劄便不能再稱爲"教"，而專用另一種稱謂，根據其内容委婉、語氣委曲叮嚀的特征而專稱之爲"委曲體"。

另一類，唐宋時期日常生活中由父母長輩給子女晚輩的委曲體書劄，也可能繼承起源於漢代的尺牘文體——誡子書。我國傳統文化裏父母等長輩對於子女的訓誡、教化的行爲，統稱爲"家訓"。這種家訓，雖表現的方式多種多樣，但核心是倫理道德上的各種規範與教導。日本學者守屋美都雄考察了我國古代"家訓"的内容，將家誡、誡子書、遺言、遺令、與子書、與子侄書、遺疏、遺命、幼訓等等都包含進"家訓"的大概念裏，認爲"如果我們不是僅拘泥於'家訓'兩字，並且也不要過於在乎是否採取了著述的形式，如果我們把在訓誡子孫這一目的下所説、所寫的一切内容都包含在'家訓'概念中的話，那麼家訓的源流就應該追溯到更早的時代。流傳至今的具有家訓意義的語言或讀物數量也就會稍稍增加一些"。[②] 西漢東方朔有《誡子》、[③] 劉向有《誡子歆書》、陳咸的《戒子孫文》；東漢樊宏的《戒子》、馬援的《誡兄子嚴、敦書》、鄭玄的《誡子書》等；三國時期有王修、王昶、王肅、殷褒的家戒或誡子書，最著名的誡子書是諸葛亮的《誡子書》，爲世人所熟知。兩晉及以後有羊祜、杜預、陶淵明的誡子書、雷次宗誡子侄書、楊椿的誡子孫書等等，大多數是知名人士，文獻記載明顯增多。東晉以後，有蜀郡太守巴西人黄容作《家訓》，以訓誡子孫，《家訓》一類訓誡子孫的系統性著述才開始形成，直到集大成的北齊顔之推《顔氏家訓》的出現。三國兩晉南北朝時期，隨着文體種類的逐漸增多，劉勰在《文心雕龍·詔策》中舉"漢高祖之敕太子，東方朔之戒子……及馬援已下，各貽家戒"[④] 的例子，來説明漢代時父母給子女的這一類以委婉叮嚀、勸誡爲主的誡子書（也稱爲家戒）的盛行。

---

① 《舊唐書》卷四三《職官志》"尚書都省"條：凡上之所以逌下，其制有六曰：制、敕、册、令、教、符（原注：天子曰制、曰敕、曰册，皇太子曰令，親王公主曰教）。

② 〔日〕守屋美都雄著，錢杭、楊曉芬譯：《中國古代的家族與國家》，上海：上海古籍出版社，2010年，第349頁。

③ 《漢書》卷六五《東方朔傳》文末"贊曰"引用有節略。唐代類書《藝文類聚》卷二三《人部七·鑒誡》中保留下來的文字最爲完整。

④ 周振甫：《〈文心雕龍〉譯注》（修訂本），南京：江蘇教育出版社，2006年，第308頁。

父母對子女的家訓中,有一種形式,用書信體的形式寫成,在古代被稱爲“誡子書”。誡,即勸誡之意。《漢語大字典》等字典對“誡”字的釋義主要是:用作動詞“警告,勸人警惕”,後演變成名詞,成爲古代一種文體的專有名稱。在不同的歷史時期,此文體名稱有演變,如在漢代稱“誡”、稱“敕”、稱“教”;在唐宋時期,因“敕”“教”已經成爲專用公文文體的名稱,時人就根據這種文體所具有的耐心勸誡的特征,而稱其爲“委曲”,成爲唐宋時期名稱獨特的書信文體。兩漢以來的誡子書有固定的程式,如直呼子女名字,句首多用自上往下的“告”“敕”“報”等告語動詞。誡子書所勸誡的内容多與道德修身、社會生活的方方面面有關。前述在唐代律令中雖然嚴格規定將親王、公主所下達的公文書專稱爲“教”,但在普通民衆的日常社會生活中,仍然固執地沿用傳統稱謂,把這一類長輩教誡子女的書劄稱爲“教”。即使在今天的語境裏,人們把尊長者(或是學識勝於己者)對自己的教誨、指教稱爲“受教”或是“賜教”,也應該是源於非常古老的習俗。總之,唐宋時期的家書“委曲”無論從格式上、使用範圍上,還是内容的勸誡特征上,皆與漢代的“戒書”(或誡子書)相同,當有文體淵源繼承關係。

綜上所述,筆者認爲:唐宋時期的誡子書,仍然沿襲了自漢代以來的特點,無論是文體格式上,還是勸誡的内容上。同時,適應社會環境的新的變化,在文體格式上和勸誡内容上繼續有發展。最主要的變化是在文體名稱和文體格式上,適用的範圍也突破了父母與子女之間的家庭血緣關係,而向唐宋藩鎮體制下的長官與僚屬之間的私人依附性關係發展,甚至寺院僧人與弟子之間也適用。兩漢魏晉南北朝稱誡子書,至唐則始稱“委曲”,並在文體格式上突出“委曲”兩字,作爲文體專用名稱,但其本質上淵源自誡子書。教誡之文,論其性質,是中國古代社會家國同構化的結果:通過禮儀秩序的中介聯結,將帝王與臣子之間的關係,類比於家庭内部的父子關係。而官僚政治生活中長官與屬吏之間形成的另一層“君臣關係”,使長官也可以“教誡”屬吏,有“記”或“教”等尺牘文體出現。沿襲演變到唐宋時代,就有委曲體文書的出現,不過是這種觀念的變相反映而已。當然,其中的演變、傳承和消亡却是一個紛繁複雜的歷史動態過程。

附:唐宋“委曲”體文書照片四張

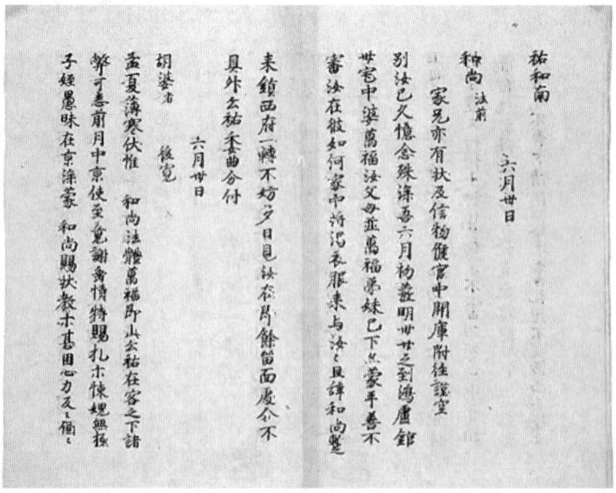

圖 1　日本大谷大學博物館内所藏唐人徐公祐付其侄胡婆委曲書劄

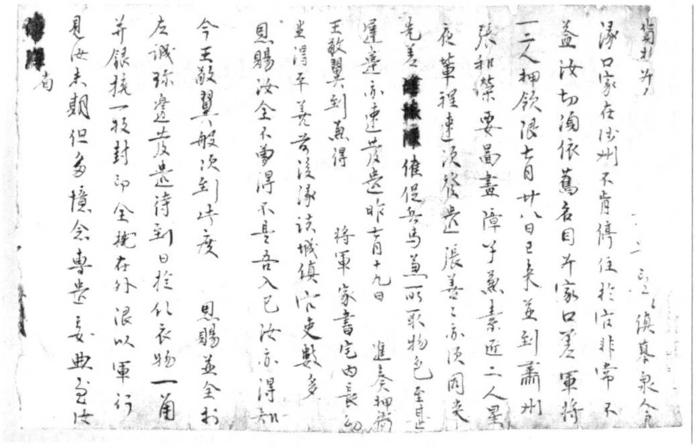

圖 2　敦煌文書 P.3750 唐張議潮付侄張淮深委曲

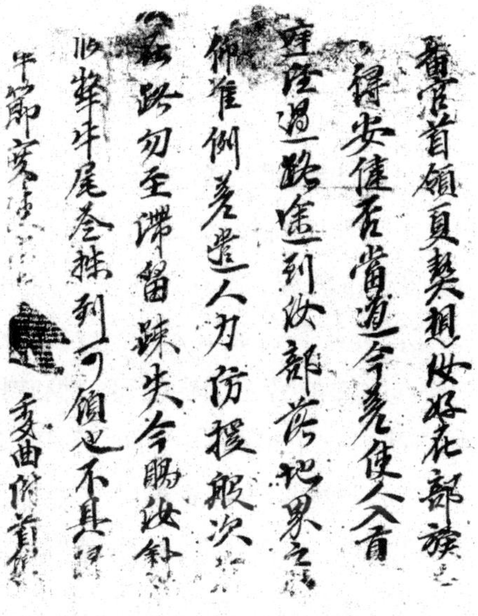

圖 3　敦煌文書 P.4525（9）V 宋歸義軍節度使曹延禄付番官首領委曲

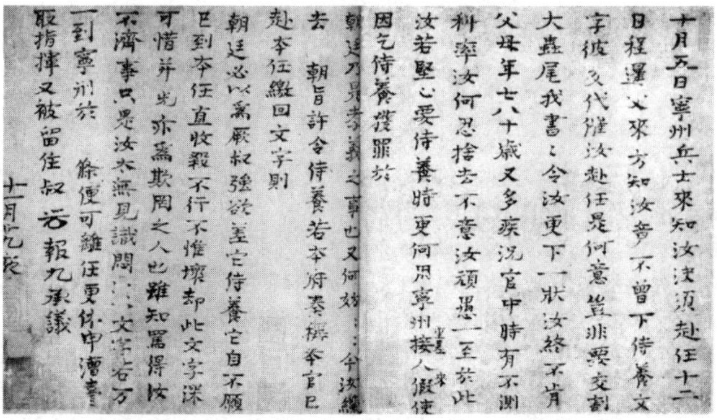

圖 4　北宋司馬光付侄司馬富委曲體書劄

（王使臻，西華師範大學歷史文化學院副教授）

敦煌道教寫本的再利用論析*

朱利華

[摘　要] 敦煌遺書中有近200個道教寫本背面或行間抄有佛經、佛經注疏、佛事應用文、詩歌、賬目及雜寫等内容,這些内容絶大多數抄于吐蕃統治時期,體現了以個人使用爲目的、利用廢紙零星抄寫的特點。道教寫本的再利用有直接書寫、製作長卷、修補綴接三種形式,主要體現在利用"道士文書"和殘破寫本兩個方面。這是在紙張緊缺的情況下,對"無用"的道教文書和殘損道教寫本的充分利用,並非佛教徒的有意破壞,也不能説明道教寫本在吐蕃統治時期被整體廢棄。

[關鍵詞] 敦煌遺書　道教　寫本

敦煌遺書中目前可見道經写本及相關道教文書有800多件,[①] 其中近200件背面或行間抄有佛經、佛經注疏、佛事應用文、詩歌、賬目及雜寫等内容。對於這些寫本保存於藏經洞的原因,法國學者伯希和认为"藏僧遍占敦煌,道士絶迹……則此類道經自爲僧徒狼藉棄置於千佛洞……僧徒利用其紙質厚韌,於其背面繕寫佛經及種種記録"。[②] 姜伯勤先生也指出:"沙州一般居民已不重視道教……此件的另面則在吐蕃管轄時期用作習字。"[③] 國内外其他學者也表達了類似的看法。[④] 他們都提到了道教寫本的再利用,但對於再利用的具體情況,還需作進一步考察和討論。本文在充分吸收已有成果的基礎上,以被利用的初盛唐時期道教寫本(殘卷)爲研究對象,將文本和寫本形態結合,考察道教寫本的具體使用情況,分析道教寫本再利用的特點,兼論吐蕃時期對道教寫本再利用的原因。

* 本文是國家社科基金項目"吐蕃統治敦煌時期的漢藏文化與文學交流研究"(16BZW057)、國家社科基金重大項目"5—11世紀中國文學寫本整理與研究"(16ZDA175)的階段性成果。

① 本文以"道教寫本"統稱。

② 〔法〕伯希和著,陸翔譯《敦煌石室訪書記》,《國立北平圖書館館刊》九卷五號抽印本,1935年,第13頁。

③ 姜伯勤:《沙州道門親表部落釋證》,《敦煌研究》1986年第3期,第6頁。

④ 國内學者姜伯勤、朱越利、饒宗頤、王卡,日本學者大淵忍爾、藤枝晃、池田温有相關論述。〔日〕大淵忍爾:《敦煌道經·目録編》,東京:福武書店,1978年,第6—7頁。姜伯勤:《沙州道門親表部落釋證》,《敦煌研究》1986年第3期。〔日〕藤枝晃:《敦煌遺書的分期》,敦煌吐魯番學會編:《敦煌吐魯番學研究論文集》,上海:漢語大詞典出版社,1990年,第14—15頁。〔日〕池田温著,李德範譯,孫曉林校:《〈中國古代寫本識語集録〉解説(上)》,《北京圖書館館刊》1994年第3、4期。朱越利:《道經總論》,瀋陽:遼寧教育出版社,1995年,第264—265頁。饒宗頤:《法京所藏敦煌群書及書法題記》,《饒宗頤二十世紀學術文集》第八卷,臺北:新文豐出版股份有限公司,2003年,第215頁。王卡:《敦煌道教文獻研究綜述·目録·索引》,北京:中國社會科學出版社,2004年,第7頁。

一、敦煌道教寫本概述

敦煌遺書中的道教文獻包括《道德經》《靈寶經》《上清經》《洞淵神咒經》等道教經典以及道家諸子經論、道教戒律、類書和齋醮儀式文等。從寫有年號的寫本題記來看，目前所見最早爲梁元帝承聖三年（554），最晚爲至德二年（757），①絶大多數抄於初盛唐時期，這與當時中原地區道教的興盛是一致的。唐朝統治者尊崇道教，唐玄宗親自爲《道德經》做注，朝廷設崇玄署，在京城設崇玄學，各地設道教學校。在統治者的大力提倡下，道教在民間十分盛行，即使遠在西北的敦煌地區也不例外。從敦煌文獻記載來看，初盛唐時期沙州一地設有靈圖觀、神泉觀等至少十座道觀，②同時也設立了道學和道學博士。敦煌道教文獻中僅《道德經》就有河上公注、想爾注、成玄英注、李榮注、唐玄宗注等11種注疏本，③足可見當時敦煌地區道教之盛。從書寫地域來看，分爲本地寫本和中原寫本，有的寫本注明爲唐朝皇帝和太子祈福而抄，有的標明原寫於京師長安和雍州等地的宫觀，説明敦煌道教與内地道教的繁榮有密切的關係。④

大約以755年安史之亂爆發爲界，此前爲大批紙張優良、楷書精美的正規道經抄本，此後正規道經愈來愈少，而代以木筆書寫或草書體的文書。這種書寫風格和用紙的差别，恰好反映了敦煌道教盛衰的歷史。⑤廣德二年（764），河西重鎮涼州於吐蕃重圍之下被占。永泰二年（766），吐蕃相繼攻占了甘州、肅州，到貞元二年（786）以“城下之盟”將沙州納入治下，⑥直至大中二年（848）沙州豪强張議潮起義歸唐，其間爲吐蕃攻占河西時期。當時正值吐蕃本土大力興佛之際，作爲新占領區且佛教文化發達的敦煌地區自然成爲吐蕃發展佛教的一個重要基地。吐蕃統治者獨尊佛教，敦煌道教因失去支持而逐漸衰落。吐蕃統治初期，專門成立了一個“道門親表部落”，來安排原有道徒及其内親外戚。⑦隨着吐蕃統治的穩定和深入，這個部落的設置也隨之取消。道觀被取締，大量道教寫本流入寺院。

二、道教寫本背面内容考察

利用道教寫本背面或行間書寫的内容大致分爲兩類：一是佛經及經論、注疏等。二是非佛經文獻，包括佛事應用文、詩歌、公私文書、賬目及雜寫等。

---

① 王卡：《敦煌道教文獻研究綜述·目録·索引》，第10—15頁。
② 李正宇：《敦煌地區古代祠廟寺觀簡志》，《敦煌學輯刊》1988年第1期，第73—74頁。
③ 王卡：《敦煌道教文獻研究綜述·目録·索引》，第27頁。
④ 王卡：《敦煌道教文獻研究綜述·目録·索引》，第9頁。
⑤ 王卡：《敦煌道教文獻研究綜述·目録·索引》，第7頁。
⑥ 陳國燦：《唐朝吐蕃陷落沙州城的時間問題》，《敦煌學輯刊》1985年第1期，第6頁。
⑦ 姜伯勤：《沙州道門親表部落釋證》，《敦煌研究》1986年第3期，第5頁。

(一)佛經文獻

除了那些不知名的佛經和佛經注疏外,利用道教寫本抄寫的主要有以下幾種。

1.《大乘百法明門論開宗義記》《大乘百法明門論開宗義訣》,均是曇曠爲《大乘百法明門論》所撰注疏,可視爲姊妹篇。曇曠本爲河西建康人,後到長安西明寺求學,至遲於寶應二年(763)來到沙州,在敦煌居留達二十多年。[①]據《大乘百法明門論開宗義訣》文前曇曠自序,該文撰於大曆九年(774)六月一日。現存寫本的抄寫時間,P.2161"大乘百法明門論開宗義記一卷"尾題"巳年十一月十九日寫記",爲吐蕃統治時期常見的十二地支紀年,方廣錩先生認爲抄於吐蕃統治時期。[②]P.2576正面抄道經《洞淵神咒經》,背面抄《大乘百法明門論抄一卷》,尾題"戌年二月十四日畢功記",也應抄於吐蕃統治時期。背面抄有《大乘百法明門論》注疏的道經寫本還有金018(7244)、P.2366、P.2423、P.2495、P.2576、P.2750、P.3725、S.6219、S.4314+6193+P.2751等。

2.《大乘稻芉經隨手鏡記》(又稱《大乘稻芉經隨聽疏》),是吐蕃高僧法成爲大乘佛典《大乘稻芉經》所作注疏。吐蕃統治敦煌後,吐蕃高僧法成來到敦煌傳法布教。[③]這部經疏是研究法成思想的重要資料。P.2284《大乘稻芉經隨聽疏》首題"沙門法成集",尾題"永康寺後輩法律比丘福漸受持,並兼通《稻芉》及坐禪,並具足義",是福漸在沙州永康寺聽法成講經的筆記。法成在沙州永康寺講經的時間,據P.2397《大乘四法經論及文釋開決記一卷》可知,該寫本首署"大蕃國大德三藏法師沙門法成集",末署"癸丑年八月下旬九日於沙州永康寺集畢記",蕃占時期的癸丑年即832年。又有北新1558題記云"大蕃國沙州永康寺沙彌於卯年十二月二十五日寫記歸正","卯年"即835年。可知832—835年左右法成在沙州永康寺講授《大乘稻芉經》,隨聽書等即爲聽講僧人的筆記,時爲吐蕃統治後期。背面抄有該注疏的道教寫本還有P.2357、P.2359、P.2436、P.2461、P.2495、P.2639、P.2508、P.3785+P.3786、Дx110等。

3.《辯中邊論》,又名《中邊分別論》《中邊論》,是印度世親爲彌勒所造《辯中邊論頌》而作的注疏,唐玄奘譯,爲唯識宗所主要依據的典籍中所謂"十一論"之一。[④]吐蕃統治時期的高僧法成具有鮮明的唯識宗傾向,他是把唯識宗引進吐蕃佛教,又使唯識宗走出吐蕃佛教的人物,在他身上真正體現出河西佛教與吐蕃佛教的融合,其著述很多都和唯識宗的這十一論有很密切的關係,[⑤]他的藏經目録中就包括了漢、藏文《辯中邊論頌》注疏(北圖新876號,即效76)。背面抄有該經論的道教寫本還有P.2343、羽003+P.2735、[⑥]S.107、S.1061、S.2267、

① 陳海濤:《吐蕃統治時期的河西佛教》,蘭州大學碩士論文,蘭州,1994年。
② 季羨林主編:《敦煌學大辭典》,上海:上海辭書出版社,1998年,第718頁。
③ 王堯:《藏族翻譯家管法成對民族文化交流的貢獻》,《文物》1980年第7期,第51頁。
④ 郭朋:《隋唐佛教》,濟南:齊魯書社,1981年,第417—418頁。
⑤ 陳海濤:《吐蕃統治時期的河西佛教》,蘭州大學碩士論文,蘭州,1994年。
⑥ 劉永明:《日本杏雨書屋藏敦煌道教及相關文獻研究劄記》,《敦煌學輯刊》2010年第3期,第69頁。

S.0602、S.4313等。

4.敦煌文獻中有不少陀羅尼秘典，《六門陀羅尼經》即爲其中一種，漢文存16件，藏文8件。[①] 又有《六門陀羅尼經論》《六門陀羅尼經論廣釋》，均有漢藏兩種文本，其中後者譯於吐蕃統治時期。[②] 明確可知抄於吐蕃統治時期的是P.2404，該寫本正面爲道教經典《太玄真一本際經聖行品卷第三》，首殘尾全，背面依次抄有《六門陀羅尼經》《六門陀羅尼經論》《六門陀羅尼經論廣釋》，尾題"癸丑年十月上旬八日於沙州永康寺集譯訖，故記之也"，據上文北新1558題記，此"癸丑年"當爲吐蕃統治後期的833年。利用道經寫本背面抄寫《六門陀羅尼經論》的還有S.1513、P.2861等。

（二）非佛經文獻

1.賬目、雜寫

P.2469，正面爲道教類書，背面抄賬目、雜寫等，其中有"悉歹悉盈""璆師""潤判官"等吐蕃時期人物。"璆師"即僧人璆琳，陷蕃前曾任"沙州法曹參軍"，寫有《劉金霞和尚遷神志銘並序》（P.3677），該文尾題"蕃中辛巳歲五月一日"，即801年，爲吐蕃統治初期。"潤判官"又見P.3301背面《僧人分配佈施名單》，據考該名單抄於821年前後，[③] 爲吐蕃統治後期。又如Дx.1319（孟目1468），正面抄《太玄真一本際妙經》，背面抄《好風光詞》和雜寫，尾題"申年十一月十八日絲綿部落百姓"，"絲綿部落"是吐蕃統治敦煌初期設立的一個部落。[④]

2.詩文

P.3676，正面爲道教類書。背面共抄詩六首，其中第六首僅存詩題，以下裂失。徐俊先生認爲抄寫於吐蕃攻占時期敦煌道教式微之後，定名爲"餞送達法師詩抄"，[⑤] 經考證第五首詩可能是敦煌文人竇良驥作於822—826年間，時值吐蕃統治後期，[⑥] 該組詩作於同時，抄寫時間當在同時或稍後。

S.1438，正面抄道教教義，首尾均殘。背面抄寫表文、狀、啓、祭文等官私文書共四十件左右，是吐蕃統治時期一位漢人都督的書信彙編。據文中"自敦煌歸化，向歷八年"，"自歸皇化，向歷十年"等綫索，可知部分文書作於敦煌陷蕃後的第八年和第十年之際。以敦煌於貞元二年（786）陷蕃算起，那麼這些書信寫於794—796年或稍後，抄寫彙編大致在此後不久。

P.2255，正面爲《道德經》，尾題："大唐天寶十載歲次辛卯正月乙酉廿六日庚戌敦煌郡敦

① 趙曉星：《吐蕃統治時期敦煌密教研究》，蘭州：甘肅教育出版社，2017年，第96頁。
② 趙曉星：《吐蕃統治時期敦煌密教研究》，第96頁。
③ 鄭炳林《敦煌碑銘贊輯釋》，蘭州：甘肅教育出版社，1992年，第113頁。
④ 參見楊際平、姜伯勤、楊銘等先生相關研究。楊際平：《吐蕃子年左將户狀與所謂"擘三部落"》，《敦煌學輯刊》1986年第2期，第23頁；姜伯勤：《沙州道門親表部落釋證》，《敦煌研究》1986年第3期，第1頁；楊銘：《吐蕃統治敦煌研究》，臺北：新文豐出版公司，1997年，第24頁。
⑤ 徐俊：《敦煌詩集殘卷輯考》，北京：中華書局，2000年，第320頁。
⑥ 朱利華、伏俊璉：《敦煌文人竇良驥生平考述》，《敦煌學輯刊》2015年第3期，第83頁。

煌縣神沙鄉陽沙里神泉觀男生清信弟子索棲嶽……。"背面抄有願文六篇,祭文一篇,文中有"贊普""節兒蕃漢部落使"等語,其中第 2、3、4、5 篇分别又見於 P.2326v、P.2358v。這三個寫本由同一人大致抄於同時,是吐蕃時期僧人收集抄寫的佛事應用文範本。此外,背面抄有"神聖贊普""國相""都督"等内容的道教寫本還有 P.2341、P.2443、P.3770、北圖 8454(地 17)、S.4652+P.4965+S.10605 等。

P.2449,正面抄寫《元始應變歷化經一卷》,背面抄佛事應用文,其中第一篇首句云:"大蕃國中,沙洲(州)境内,厥有授於施主萼啰鹿所請施設意者,爲其亡妻没追念",是吐蕃人萼啰鹿舍施追薦亡妻文,後抄時任瓜州節度使的吐蕃人悉列乞里塞去啰請僧人設齋祈福的文章。寫本用朱墨兩色書寫且多有塗改,是僧人制作佛事應用文的稿本。

以上内容均抄於吐蕃統治時期。還有一些道教寫本正面空隙或背面抄有古藏文,[①] 也體現了這一時代特徵。此外,還有個别確知抄於歸義軍時期的寫本,如 P.3773,正面抄道經《無上秘要》,背面抄《凡節度使新受旌節儀》。從内容來看,"爲當年歸義軍節度使所奉行之典章"。[②] 大中五年(851),唐朝任命張議潮爲歸義軍節度使檢校吏部尚書,[③]《凡節度使新受旌節儀》當抄於大中五年(851)前後,此時爲歸義軍初期。還有一些道經殘紙與歸義軍時期殘卷粘接在一起,詳見下文論述。

三、對殘破道教寫本的再利用

再利用的道教寫本中,絶大多數爲殘破寫本,具體利用方式主要有直接書寫、製作長卷、修補綴接三種。

一是直接利用道教寫本正面行間或背面抄寫,這種情況占大多數。如 P.2495 正面抄《莊子》郭象注,背面抄《大乘百法明門論開宗義訣》,背面墨漬滲到正面,可知利用原卷抄寫。S.0796 正面殘存《莊子》"胠篋篇",卷尾題有"清信佛弟子闞良贊爲亡父寫小鈔一卷,乙巳年三月廿一日於大蕃國沙州永壽寺僧法原寫畢",筆迹和字體大小明顯與前文不同,實爲背面"略抄一本"的題簽,据"乙巳年""大蕃國"可确定寫于寶曆元年(825),時爲吐蕃統治後期。又如 P.3200,首尾均殘,正面抄《長樂經》,有界欄,書法工整,王卡先生認爲與 S.4610 爲同一寫卷但不相連。[④] 但兩殘卷背面所抄内容和字迹不同,P.3200 背面抄 12 首缺題詩,S.4610 背面抄《受八關齋戒文》,可見當時分别利用了已殘斷的寫本。

二是將兩種以上的道經殘卷粘接在一起,製作成新的長卷供背面書寫。如 P.2366,分别

① 利用道教寫本背面抄寫藏文的有 P.2989、P.2426(P.T.0554v)、P.2465(P.T.1028v)、P.2665(P.T.2086)、P.2878、P.2989(P.T.0781v)、P.2990+P.3678、P.3327(P.T.0762)、P.4683、P.5591(P.T.1138v)、P.t.133、P.T.0552、P.T.0560v、Ch.86.iv(IOL.C.101v)等。

② 陳祚龍:《敦煌古鈔"凡節度使新受旌節儀"殘卷校録》,《敦煌學海探珠》下,北京:商務印書館,1979 年,第 247 頁。

③ 榮新江:《歸義軍史研究——唐宋時代敦煌歷史考索》,上海:上海古籍出版社,1996 年,第 78 頁。

④ 王卡:《敦煌道教文獻研究綜述·目録·索引》,第 235 頁。

由《洞淵神咒經》《太上元陽經》《本際經》三種道經粘接，背面抄《大乘百法明門論開宗義記》，《敦煌遺書總目索引新編》云：“以上三種，皆初唐寫本，蓋後人接裱之，以寫背面佛經。”又如P.2445，首尾殘缺，一面爲“《異玄經》之節抄本，或經後人改編的《異玄經》注訣本”，後粘接“《本際經》卷九殘寫本”，[①]兩殘卷之間由一空白紙條粘接在一起，而文字方向相反，可見並非以修補道經爲目的，而是爲了製作成長卷供背面抄寫；背面首行題“□年四月僧法燈書”，後空六行左右抄有佛經《略抄本》，尾題“午年六月十四日記，僧法燈是主”，“法燈”，即吐蕃時期僧人“燈判官”，[②]又見於S.2674《大乘二十二問》尾題“丁卯年(787)三月九日寫畢，比丘法燈書”。P.2445是法燈利用道經殘片製作而成的新卷子，用於抄寫佛經。

另有S.1932，分别由十餘張殘紙粘接而成，包括道經《太玄真一本際經》和佛經《妙法蓮華經》《維摩詰經》《金剛般若波羅蜜經》等，[③]其背面雖未抄寫利用，但據上述諸卷可知爲待用之卷。

三是作爲修補材料使用。如P.3770，正面卷首爲道教《十戒經》，首尾題完整，據題記知抄於“至德二年(757)”，有界欄，後面空10行處粘接紙质粗劣、無界欄的九紙。其中六紙抄有吐蕃時期文範；其後又粘接三紙，中間一紙空白，前後紙分别抄有歸義軍時期《張族慶寺文》《俗講莊嚴回向文》。從字迹來看，九紙内容至少爲三人以上抄寫。《十戒經》背面寫有“此卷尾有出家律榮入道啓或著要檢用”，其後空三行寫有“此卷内蕃漢二代表漢皇帝及吐蕃贊普諸官史(吏)迴向發願及戒懺諸識雜齋文等一卷”，是《十戒經》后面粘接内容的題簽。筆者推斷：《十戒經》因紙張較好，將其粘接於“雜齋文”前面，起到類似於包首的作用。寫卷中有三處騎縫書寫“恒安”二字，字迹與題簽文字相同，恒安是歸義軍初期靈圖寺的知藏，[④]該寫本正是由他修補完成。

除上述寫本外，那些尚未被利用的道教寫本，絶大多數也有不同程度的殘損，以首殘者最多，這與卷子本使用時卷首最易脱落有關。[⑤]

四、對道教文書的再利用

除道教經典外，道教寫本中還有一些道教儀式文書。S.3071正面抄《道家爲皇帝皇后祈福願文》，背面寫有“道士文書並無用處”幾個濃墨大字，大字前後用木筆抄有敦煌各寺借閱佛經的賬目。所抄賬目17行中，有“普光八人觀《佛三昧經》一部”等内容。普光，當爲普光尼寺，據李正宇先生考證：“(普光寺)在城西北宜秋西支渠附近，蕃占期辰年(788)初見其

① 王卡：《敦煌道教文獻研究綜述・目録・索引》，第122頁。
② 見於P.3301v(P.T.1261v)吐蕃統治時期《僧人分配齋儭曆》。
③ 敦煌研究院編：《敦煌遺書總目索引新編》，北京：中華書局，2000年，第58頁。
④ 鍾書林：《五至十一世紀敦煌文學研究》，北京：中國社會科學出版社，2018年，第191頁。
⑤ 榮新江：《敦煌學十八講》，北京：北京大學出版社，2001年，第303頁。

名(S.2729),下至北宋太平興國四年(979)猶存(S.3156)。”[①]

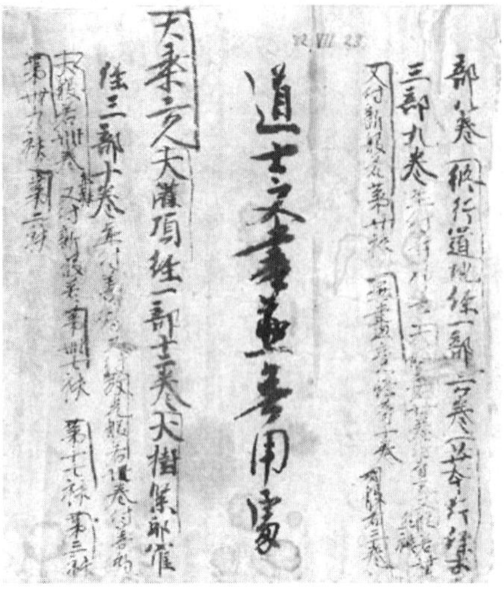

图1　S.3071v

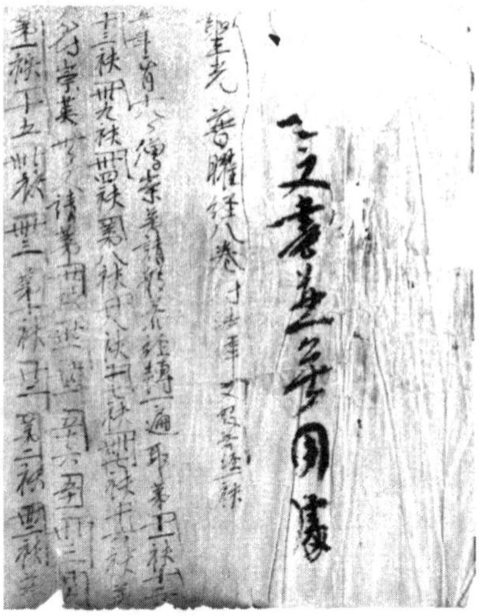

图2　羽673v

無獨有偶,日本杏雨書屋藏敦煌寫本羽673也是這樣一件寫本。該寫本正面抄道教發願文,天頭及行間有藏文雜寫,背面寫有“道士文書並無用處”幾個濃墨大字,字迹與S.3071背面完全相同。這行大字前後同樣也用木筆抄寫了寺院經書賬目,與S.3071背面賬目抄寫者爲同一人。其中有“聖光《普曜經》八卷”及借閱經卷的僧人等内容。“聖光”即“聖光寺”,爲蕃占期至北宋敦煌境内五所尼寺之一,[②]是吐蕃官員尚綺心兒於826年在沙州所建。[③]賬目中提到的僧人有崇英、李教授、陰法律,均見於P.T.1261,出現順序亦同,只是“陰法律”爲“離纏”,正合《陰處士碑》中提及的“弟都法律離纏”。《陰處士碑》作於唐文宗開成四年己未(839),時爲吐蕃統治後期。[④]賬目中的“午年”,當以與《陰處士碑》作時相近的838年爲宜。此外,P.2469正面抄道教類書,背面大字書寫“道士書一通”,前後避開這幾字抄有賬目、狀、經解等,性質與前兩個寫本相同。

從以上寫本推斷,道教寫本流入寺院後,僧人進行了分類處理,“道士文書並無用處”“道士書一通”,都是僧人對“無用”寫本的標記,然後用來抄寫其他内容。從現存其他道教文書來看,雖未見類似標記文字,但也用來抄寫佛教文獻。如P.3755,首尾殘缺,正面前40行爲道教贊頌十方天尊及發願文,41行以下爲禮念十方天尊名號及懺悔文,背面抄《大乘四法經疏釋》。[⑤]P.2989(現編入P.T.781)正面抄頌揚大唐皇帝的祈禱文和金禄齋十方懺文,背面抄佛經和古藏文。另有日本國會圖書館藏本(WB32),正面爲靈寶金齋儀懺悔文詞,宣稱爲“大

---

① 李正宇:《敦煌地區古代祠廟寺觀簡志》,《敦煌學輯刊》1988年第1、2期合刊本,第79頁。
② 李正宇:《敦煌地區古代祠廟寺觀簡志》,《敦煌學輯刊》1988年第1、2期合刊本,第80頁。
③ 馬德:《吐蕃國相尚綺心兒事迹補述——以敦煌本羽77號爲中心》,《敦煌研究》2011年,第44頁。
④ 朱利華、伏俊璉:《敦煌文人竇良驥生平考述》,《敦煌學輯刊》2015年第3期,第84頁。
⑤ 王卡:《敦煌道教文獻研究綜述·目録·索引》,第128頁。

唐皇帝”建立齋醮，懺罪祈福，背面寫佛經目録。[①] 以上都是將道教實用文書作爲廢紙來抄寫利用。

五、敦煌道教寫本再利用的原因

吐蕃統治時期，敦煌與中原之間的正常聯繫被阻隔，書寫材料的來源中斷。如毛筆緊缺，只好使用木筆，硬筆書寫得以在敦煌大爲盛行並長期流行，此後數百年應用不衰。[②] 紙張方面，使用有著“更不正規的結構、更厚的網紋和不同程度的染色”的本地産紙張，[③] 或直接使用紙質很好的道教寫本背面抄寫。正如當時也利用官文書背面抄寫，吐蕃統治下的西域甚至使用木簡書寫，[④] 都是對書寫材料的充分利用。上述P.3770、P.3773爲歸義軍初期利用，也反映了當時紙張的緊缺。

雖然部分道教寫本被再利用，但不能認爲道教寫本在當時被整體作爲廢棄紙張處理。敦煌地區有着源遠流長的道家與道教文化根基，有儒釋道三教合一傳統。[⑤] 吐蕃統治初期仍以尊崇道教來標榜吐蕃統治者對漢文化的重視。如當時的《願文》（P.2255、P.2326、P.2358）云：“則我當今聖神贊普……好老重釋，宗樂佛乘。”同時，一些不願與吐蕃統治者合作的漢人選擇了遁入佛門，他們將世俗學問帶入寺院，使寺學成爲當時傳播學術文化的唯一合法陣地。[⑥] 道教作爲本土信仰，是傳統文化的集中體現，[⑦] 即使後來被吐蕃統治者取締，其經典也理應不會被敦煌僧人廢棄。後來歸義軍時期道教活動得以恢復，[⑧] 當與吐蕃统治時期道教信仰及道教文獻並未被徹底廢除有關。

吐蕃統治時期道教寫本流入佛寺的情形，S.5832《請便佛麥牒》提供了一些信息。牒文載：“龍興經樓，置來時久，舊土地浸濕，基階頽朽……又臺内先日收得道門及諸家舊藏。”李正宇、沙知先生認爲牒文寫於吐蕃統治時期。[⑨] 龍興寺是吐蕃統治時期蕃大德駐錫之寺，爲

---

① 王卡：《敦煌道教文獻研究綜述·目録·索引》，第108頁。

② 李正宇：《敦煌古代硬筆書法——兼論中國書法新史觀》，蘭州：甘肅人民出版社，2007年，第6頁。

③〔法〕戴仁：《敦煌和吐魯番寫本的斷代研究》，〔法〕謝和耐等著，耿昇譯《法國學者敦煌學論文選萃》，北京：中華書局，1993年，第541頁。

④〔日〕藤枝晃著，翟德芳、孫小林譯：《漢字的文化史》，北京：知識出版社，1991年，第32頁、65頁、98頁。榮新江：《敦煌學十八講》，第341頁。

⑤ 參見姜伯勤、馬德、劉永明等先生相關論述。姜伯勤：《道釋相激：道教在敦煌》，陳鼓應主編：《道家文化研究》第13輯，1998年，第25—78頁。馬德：《敦煌文書〈道家雜齋文範集〉及有關問題述略》，陳鼓應主編：《道家文化研究》第13輯，1998年，第226—248頁；劉永明：《論敦煌佛教中的佛道融合》，《敦煌學輯刊》2005年第1期，第46頁。

⑥ 李正宇：《唐宋時代的敦煌學校》，《敦煌研究》1986年第1期，第42頁。

⑦ 胡孚琛：《道教、道教的文化淵源和形成過程》，牟鍾鑒、胡孚琛、王葆玹：《道教通論》，濟南：齊魯書社，1991年，第36—42頁。

⑧ 參見劉永明、顔廷亮先生相關論文。劉永明：《S.2729背〈懸象占〉與蕃占時期的敦煌道教》，《敦煌學輯刊》1997年第1期，第108頁；顔廷亮：《敦煌文化中的道教及文化》，《敦煌研究》1999年第1期，第140頁。

⑨ 李正宇：《敦煌史地新證》，臺北：新文豐出版公司，1996年，第77頁；沙知：《敦煌契約文書輯校》，南京：江蘇古籍出版社，1998年，第100頁。

都司所在地,也是敦煌地區佛典貯存與流通的中心,即便如此,該寺也存在闕經的情況。[①] 文中提到"先日收得道門及諸家舊藏",可見道教文獻是和其它寺院舊藏文獻一起收入經樓保存的。"諸家舊藏"很大可能用于配補流通,道教寫本也並非全當廢紙利用。

綜上所述,我們認爲,吐蕃統治時期因紙張缺乏,僧人對流入寺中的部分道教寫本加以充分利用。這種行爲不能説明對道教寫本的不重視,也不能認爲是佛教徒的有意毀壞,而是在紙張緊缺的情況下,對其中"無用"的、殘破寫本的充分利用。

(朱利華,西華師範大學文學院副研究員)

① 方廣錩:《中國寫本大藏經研究》,上海:上海古籍出版社,2006年,第133頁、140頁。

《李訓墓誌》辨僞*
——以家族墓誌爲主的考察

宋　婷

[摘　要] 2019年12月《日本國朝臣備書丹褚思光撰文鴻臚寺丞李訓墓誌考》出版,因其刊佈的《李訓墓誌》書丹者爲“日本國朝臣備”而廣受關注,也引發學界對《李訓墓誌》真實性的討論。本文通過匯集整理李訓妻王氏,姊蕭君妻李氏,侄子女李佐、李修,同曾祖堂兄妹李晅、鄭曜妻李氏,同高祖堂兄弟李仲珪等僕射房近親墓誌,參以近支姑臧房李亶、李成性、李益、李當等數十通家族墓誌,結合《晉書》《魏書》《北史》等史書,對《李訓墓誌》所涉宗族世系、官制品階、喪葬禮制、行文措辭等方面進行考察,認爲《李訓墓誌》乃僞作。作僞綫索主要有三類:一是移録他人訛誤信息,二是誤解文獻,三是採綴其他墓誌成句。

[關鍵詞] 李訓墓誌　褚思光　辨僞

2019年12月,《日本國朝臣備書丹褚思光撰文鴻臚寺丞李訓墓誌考》出版,隆重推出《李訓墓誌》,强調書丹者“日本國朝臣備”爲遣唐使吉備真備。圍繞此誌,學界有兩種不同聲音:一種直言其假:“載録‘日本國朝臣備’署名的這塊誌石,却毫無疑義是由當代中國人贋造的。”① 另一種肯定其真:“這方19行、328字的墓誌本身,其真實性是不容置疑的。”認爲此誌“填補中日關係史、中日書法史、遣唐使、日本史空白”。② 也有質疑書丹者非吉備真備者,如王瑞來《〈李訓墓誌〉書寫者“朝臣備”是不是吉備真備?》、石曉軍《也説〈李訓墓誌〉中的“朝臣”》。③ 本文定稿時,《朝臣備:〈李訓墓誌〉所見遣唐使名字的書寫問題》在《文獻》2020年第3期刊出,認可該誌爲真。通過梳理李訓家族墓誌等文獻,我們發現《李訓墓誌》的真實性還有繼續討論的必要。本文將《李訓墓誌》與李訓之妻、姊、侄、堂妹、堂弟等家族墓誌進行比勘合校,結合《晉書》《魏書》《北史》等所載李訓先輩李暠、李寶、李沖、李禮成、李元恭等相關文獻,對李訓家世、職官、喪葬等方面進行考察,試圖從學理層面考辨《李訓墓誌》之真僞。不當之處,尚祈方家賜教。

* 本文是國家社科基金重點項目“河洛新出墓誌匯集、整理與研究”(19AZW011)、國家社科基金青年項目“新出土碑誌所見唐東都鄉里村坊資料整理與研究”(18CTQ018)的階段性成果。

① 辛德勇:《由“打虎武松”看日本國朝臣備的真假》,《中國經營網》2020年1月13日:http://www.cb.com.cn/index/show/rw/cv/cv13457191239/p/2.html。

② 王瑞來:《〈李訓墓誌〉書寫者“朝臣備”是不是吉備真備?》,《澎湃新聞》2019年12月29日:https://www.thepaper.cn/newsDetail_forward_5369412。

③ 石曉軍:《也説〈李訓墓誌〉中的“朝臣”》,《澎湃新聞》2020年1月8日:https://www.sohu.com/a/365450016_260616。

一、家世追溯可疑

《李訓墓誌》記載李訓曾祖李亮爲"隋太子洗馬",祖李知順爲"右千牛,事文皇帝",父李元恭爲"大理少卿兼吏部侍郎"。李訓親屬墓誌也有相關記載,兹將《李訓妻墓誌》《蕭君妻李氏墓誌》《李佐墓誌》《李傪墓誌》《鄭曜妻李氏墓誌》《李仲珪墓誌》等相關材料匯録如下:①

墓誌 世系	李訓 墓誌	李訓妻 墓誌	蕭君妻李氏 墓誌	李佐 墓誌	李傪墓誌	李晅墓誌	鄭曜妻 李氏墓誌	李仲珪墓誌
十世祖		興聖皇帝	晉涼武昭王暠		涼武昭王玄盛之後	涼武昭王暠		西涼武昭王暠
七世祖			魏左僕射沖				沖……後魏尚書左僕射	沖,後魏僕射
六世祖							延寔,後魏太尉	
五世祖							彧,後魏侍中、尚書右僕射	
高祖			孝諧,隋襄州總管、絳郡公	禮成,隋禮部尚書、絳郡公		絳郡公禮成	禮成,後魏民部侍郎、陜州刺史、絳郡公	禮誠,隋襄郢等八州刺史,封絳郡公
曾祖	亮,隋太子洗馬		亮,左千牛			太子洗馬世亮	世亮,隋太子洗馬	世規,皇選部郎中,諫議大夫
祖	知順,爲右千牛		知順		如順,皇朝太子洗馬	江州司馬知機	知機,皇江州司馬	同福,中書舍人
父	元恭,大理少卿兼吏部侍郎		元恭……大理寺少卿,判東都吏部侍郎	元恭,皇大理少卿知吏部選事	元恭……歷大理卿,判尚書吏部侍郎	處士,元懿	元懿,皇朝未仕而終	行立,銀青光禄大夫,通、邠等三州刺史
李訓及其兄弟姐妹	訓,字恒	李訓		誦…陳州宛丘縣(尉)	訥,官至太府寺丞			

綜合墓誌及《晉書·李玄盛傳》《魏書·李暠傳》《魏書·李寶傳》《魏書·李沖傳》《魏書·李延實傳》《北史·序傳》《隋書·李禮成傳》等史傳文獻,知李訓世系:十世祖涼武昭王李暠,九世祖酒泉太守李翻,八世祖北魏鎮北將軍李寶,七世祖北魏僕射李沖,六世祖北魏太傅李

① 《李訓墓誌》,閻焰:《日本國朝臣備書丹褚思光撰文鴻臚寺丞李訓墓誌考》,北京:文物出版社,2019 年,第 71 頁;《李訓妻墓誌》,劉蓮芳:《唐〈李訓夫人王氏墓誌〉考釋》,《碑林集刊》第 10 輯,西安:陝西人民美術出版社,2004 年,第 124 頁;《蕭君妻李氏墓誌》,趙文成、趙君平主編:《秦晉豫新出墓誌蒐佚續編》,北京:國家圖書館出版社,2015 年,第 501 頁;《李佐墓誌》,〔宋〕李昉等編:《文苑英華》卷九四四,北京:中華書局,1966 年,第 4963 頁;《李傪墓誌》,〔宋〕李昉等編:《文苑英華》卷九六二,第 5057 頁;《李晅墓誌》,筆者自藏;《鄭曜妻李氏墓誌》,齊運通:《洛陽新獲七朝墓誌》,北京:中華書局,2012 年,第 279 頁;《李仲珪墓誌》,趙文成、趙君平主編:《秦晉豫新出墓誌蒐佚續編》,第 871 頁。

延實,五世祖北魏侍中李彧,高祖隋襄州總管絳郡公李禮成,曾祖隋太子洗馬李世亮,祖唐太子洗馬李知順,父大理少卿判吏部侍郎李元恭。李訓子嗣：右羽林長上果毅李侹、麟遊縣尉李佀、龍栖别將李侁等。李訓兄弟：李訥、李誦等。李訥生武進尉李迅、李傪等,李誦生京兆少尹李佐、監察御史李俛等。家族人物中,李訓妻乃琅琊王氏；李訓姊乃蕭君妻李氏,兄弟乃李訥、李誦等；李訓侄乃李迅、李傪、李佐、李俛等；李訓同曾祖堂弟妹乃李晅、鄭曜妻李氏；李訓同高祖堂弟乃李仲珪。[①]

《李訓墓誌》在追述世系時存在以下問題。一是闕載重要先祖信息。李訓屬李氏僕射房,其十世祖李暠、七世祖李沖、高祖李禮成三人不僅在隴西李氏中成就最高,也是重要房支的始祖。李暠乃隴西李氏始祖、涼武昭王。《晉書·涼武昭王李玄盛傳》:"武昭王諱暠,字玄盛,小字長生,隴西成紀人,姓李氏,漢前將軍廣之十六世孫也……十三年,薨,時年六十七。國人上謚曰武昭王,墓曰建世陵,廟號太祖。"[②]天寶二年(743)唐玄宗追封李暠爲興聖皇帝。貞觀間修《氏族誌》,以李氏爲第一等。"李氏凡十三望,以隴西爲第一。"[③]"言李者稱隴西。"[④]李沖乃僕射房始祖(其兄姑臧公李承爲姑臧房始祖)、北魏僕射。《魏書·李沖傳》:"李沖,字思順,隴西人,敦煌公寶少子也……遷中書令,加散騎常侍,給事中如故……封滎陽郡開國侯,食邑八百户,拜廷尉卿……遷尚書僕射,仍領少傅……旬有餘日而卒,時年四十九……有司奏謚曰文穆。"[⑤]李禮成乃絳郡房始祖、隋襄州總管。《隋書·李禮成傳》:"李禮成,字孝諧,隴西狄道人也。涼王李暠之六世孫。祖延實,魏司徒。父彧,侍中……未幾,徵爲民部中大夫……及受禪,拜陝州刺史,進封絳郡公……歲餘,出拜襄州總管。"[⑥]李暠、李沖、李禮成皆功業卓著,正史有傳,是僕射房族人墓誌推尊的三祖。李訓家族墓誌均或多或少記載三祖勳業,但在掌管外交、禮儀的鴻臚寺六品官員李訓的墓誌中,僅言"天下著姓",却不追溯其以三祖爲代表的顯赫家世,在標郡望、矜門第風氣熾盛的李唐時代,不僅有違社會常識和墓誌寫作慣例,更使《李訓墓誌》在一衆親眷墓誌中顯得另類,可見撰文者並不清楚李暠、李沖、李禮成三祖在隴西李氏僕射房的重要地位,也不了解他們與李訓的關係,這與掌管經籍圖書的秘書省五品官員——《李訓墓誌》撰文者褚思光身份不符。二是李訓祖李知順官職與家族墓誌不合。《李訓墓誌》謂李知順官"右千牛",但《李傪墓誌》記載李知順官"唐太子洗馬"。《李傪墓誌》乃中唐人梁肅(753—793)所撰,載於《文苑英華》卷九六二、《全唐文》卷五二一,向無爭議。三是李訓父李元恭官職非"大理寺少卿兼吏部侍郎"。《李訓墓誌》謂李元恭爲

---

① 《蕭君妻李氏墓誌》所记"九代祖晉涼武昭王暠"應爲"十代祖晉涼武昭王暠"之誤,"六代祖魏左僕射沖"應爲"七代祖魏左僕射沖"之誤;《李傪墓誌》所記曾祖"如順"應爲"知順"之誤;《李佐墓誌》中"陳州宛丘縣"缺"尉"字,據《鄭曜妻李氏墓誌》補;《李仲珪墓誌》"八代祖沖"應爲"七代祖沖"之誤。

② 〔唐〕房玄齡等:《晉書》卷八七,北京：中華書局,1974年,第2257—2267頁。

③ 〔明〕胡應麟:《少室山房筆叢》卷九,北京：中華書局,1958年,第122頁。

④ 〔宋〕鄭樵:《通志》卷二八,北京：中華書局,1987年,第469頁。

⑤ 〔北齊〕魏收:《魏書》卷五三,北京：中華書局,1974年,第1179—1188頁。

⑥ 〔唐〕魏徵等:《隋書》卷五〇,北京：中華書局,1973年,第1316頁。

"大理寺少卿兼吏部侍郎",但前引李訓姊《蕭君妻李氏墓誌》記載李元恭爲"大理寺少卿,判東都吏部侍郎兼掌選事",李訓侄《李佐墓誌》謂李元恭任"皇大理少卿知吏部選事",李訓侄《李修墓誌》謂"歷大理卿,判尚書吏部侍郎"。皆謂李元恭官大理寺少卿,"判""知"吏部侍郎。史籍亦載李元恭爲大理寺少卿,曾掌東都選舉。《册府元龜·銓選部十·貪賄》:"李元恭,中宗時以大理少卿爲長寧、安樂二公主所引用,令知吏部侍郎,分往東都掌選事,亦以贓污聞於天下。"①《新唐書·岑羲傳》:"時崔湜、鄭愔及大理少卿李元恭分掌選,皆以賄聞。"②"知吏部侍郎""判吏部侍郎",即以侍郎名義主持東都選舉,"每試判之日,皆平明集於試場,識官親送,侍郎出問目,試判兩道"。③官員任職"判""知"與"兼"所指完全不同,如《韋承慶墓誌》題署撰者岑羲官職爲"秘書少監兼修國史兼判刑部侍郎上柱國朝陽縣開國子",盧玢曾任"左屯衛將軍、東都留守,兼判左衛及太常卿事",高懲曾任"都水使者,兼判大理、衛尉兩卿",鄭齊丘曾任"著作郎,兼判禮部員外郎"等。④故《李訓墓誌》謂李元恭"大理寺少卿兼吏部侍郎"之説與史實及其他親人墓誌所載信息不合。

二、仕宦經歷異常

《李訓墓誌》叙李訓仕歷:"弱冠以輦脚調補陳留尉,未赴陳留而吏部君亡……服闋,歷左率府録事參軍、太子通事舍人、衛尉主簿、鴻臚寺丞。"此段記述存在問題。一是服闋後的仕歷品階不合常規。從叙事方式看,官職按先後順序和由低到高品階排列,文中未述其遷貶,則後職品階應高於前職。誌文將太子通事舍人列衛尉主簿前,意即其品階低於衛尉主簿。但按《唐六典》,太子通事舍人正七品下,高於衛尉主簿從七品上。二是服闋後無端升階授官。丁憂前爲陳留尉,陳留望縣,其尉從九品上;除服後爲太子左内率府録事參軍,正九品上,無端連上兩階。唐代官員釋服一般依原職位或品階授官,但多異地除授。如杜榮觀"遷三原縣丞。丁内艱……服闋,授咸陽縣丞"。⑤王神授"授梓州郡郪縣主簿,丁憂去職……服闋,授定州望都縣主簿"。⑥丁憂前爲竟陵縣尉,竟陵中縣,其尉從九品上。除服授并州都督府録事,并州都督府乃北都太原府前身,并州都督府録事從九品上,丁憂前後官職品階相同。個别幸運者因皇帝恩典而復原職,盧全操"以材擢通事舍人,承絲布綸,有獻納之美。丁家艱去職,上惜之。服闋,制除舊官"。⑦樊文"檢校洛州陽城縣令。丁内憂去職,杖而後起。哀毁上聞,

---

① 〔宋〕王欽若等編纂,周勛初等校訂:《册府元龜》卷六三八,南京:鳳凰出版社,2006年,第7379頁。
② 〔宋〕歐陽修、〔宋〕宋祁:《新唐書》卷一百二,北京:中華書局,1975年,第3967頁。
③ 〔唐〕李林甫等撰,陳仲夫點校:《唐六典》卷二,北京:中華書局,2014年,第27頁。
④ 周紹良、趙超主編:《唐代墓誌彙編續集》,上海:上海古籍出版社,2001年,第420—423頁。《盧玢墓誌》《高懲墓誌》,北京圖書館金石組:《北京圖書館藏中國歷代石刻拓本匯編》,鄭州:中州古籍出版社,1989年,第20册第127頁、第23册第41頁。《鄭齊丘墓誌》,趙君平主編:《邙洛碑誌三百種》,北京:中華書局,2004年,第200頁。
⑤ 趙君平主編:《邙洛碑誌三百種》,第116頁。
⑥ 趙君平、趙文成主編:《河洛墓刻拾零》,北京:北京圖書館出版社,2007年,第168頁。
⑦ 周紹良主編:《唐代墓誌彙編》,上海:上海古籍出版社,1992年,第1447—1448頁。

敕令起復,還依舊任。服滿逾月,又丁父憂。尋有敕復從追奪,依前檢校”。[①] 前者除服授官,後者奪情起復,皆因皇帝恩典,官復原職,此種情況較少。

當然,亦有服闋超授官職者,多爲特例。主要有四種類型:一是丁憂期“孝極君親”,皇帝加賜。獨孤思貞“秩滿,調補稷州奉天令。未幾,丁家艱,三年齋居,七日不食。載紆綸紱,榮問苫廬,爰命入閣,賜絹、帛、繒、綵三百段,衣裳數襲。禮闋,以孝極君親,量能昭洽,特賜龜,加一階,除乾陵署令”。[②] 丁憂前爲奉天令。奉天屬次赤縣。“武德令:户五千已上爲上縣…… 其赤畿望緊等縣,不限户數,並爲上縣。”[③] 則奉天令爲六品官職。釋服授乾陵署令,從五品上。二是丁憂前因政争遭貶,除服後越級授官。《新唐書・元稹傳》:“元和元年舉制科,對策第一,拜左拾遺。”“當路者惡之,出爲河南尉,以母喪解。服除,拜監察御史。”[④] 元稹制舉上第,拜左拾遺,從八品上。得罪當權者被貶河南尉,從八品下。除服後授監察御史,正八品上。其丁憂前以左拾遺出爲河南尉,由從八品上降爲從八品下,釋服後超擢爲正八品上監察御史,高于被貶前左拾遺,有平反之意。三是除服參加制科考試,超授官職。李懋丁憂前爲雍州乾封主簿:“弱冠明經擢第,調補梓州飛烏尉,歷揚州江都尉、華州華陰丞、洛州河南尉、雍州乾封主簿…… 丁内憂,柴毀過禮。服闋,舉清白尤異,對策昇科,授洛陽丞,除右御史臺殿中侍御史。”[⑤] 乾封乃長安縣分置,屬赤縣,其主簿從八品上。釋服舉清白尤異科上第,授洛陽丞,從七品上。由從八品上乾封主簿,上四階爲從七品上洛陽丞。四是丁憂期未滿,奪情起復,超授官職。陸仁儉“乾封元年,加授遊擊將軍…… 丁母憂,情不勝哀,殆將毀滅,踰年,奪情授寧遠將軍、左衛興樂府折衝”。[⑥] 遊擊將軍從五品下,寧遠將軍正五品下,較丁憂前上兩階授官。類似還有閻虔福“累遷游擊將軍、夏州寧朔府折衝。丁母憂去職,孝思至極,人倫莫比。有制起爲辰州刺史”。[⑦]

唐代地方官升遷不易。“凡居官必四考,四考中中,進年勞一階叙。每一考,中上進一階,上下二階,上中以上及計考應至五品以上奏而别叙。六品以下遷改不更選及守五品以上官,年勞歲一叙,給記階牒。”[⑧] 越級授官,更加艱難:“若都畿、清望,歷職三任,經十考已上者,得隔品授之。不然則否。”[⑨] 地方官考課重點爲户口和賦税,任務很難完成。前引《李問政及妻王氏墓誌》誌主釋巾歷飛烏尉、江都尉、華陰丞、河南尉、乾封主簿,丁憂前多番遷轉,才由從九品上飛烏尉升爲正九品下乾封主簿。李問政釋褐縣尉,兩次丁憂,服闋後皆除縣尉,未能升遷:“解褐扶溝尉。丁艱去職。服闋,調爲陳倉尉。俄以親累,左授金堂尉。丁内艱,免。服闋,

① 周紹良、趙超主編:《唐代墓誌彙編續集》,第 388—389 頁。
② 周紹良主編:《唐代墓誌彙編》,第 920 頁。
③ 〔宋〕王溥編撰:《唐會要》卷七〇,北京:中華書局,1955 年,第 1231 頁。
④ 〔宋〕歐陽修、〔宋〕宋祁:《新唐書》卷一七四,第 5223 頁,第 5227 頁。
⑤ 周紹良主編:《唐代墓誌彙編》,第 1054—1055 頁。
⑥ 周紹良、趙超主編:《唐代墓誌彙編續集》,第 335 頁。
⑦ 周紹良主編:《唐代墓誌彙編》,第 1077—1078 頁。
⑧ 〔宋〕歐陽修、〔宋〕宋祁:《新唐書》卷四五,第 1173 頁。
⑨ 〔唐〕李林甫等撰,陳仲夫點校:《唐六典》卷二,第 27 頁。

授長水尉。"[①]

《李訓墓誌》中陳留尉爲釋褐初仕官職,尚無考績;丁憂期無"孝極君親"表現,無奪情起復情節;服闋後無應制舉等特殊經歷,但誌文叙其除服却不依原職位或品階除授慣例,而是上兩階超授官職,且由縣尉直轉京官"左率府録事參軍",雙重美事,若非皇帝額外加恩,常人不可想像,李訓因何荷此殊榮?

唐人普遍重京官,輕外職。京官外任,類似遷貶:"竊見朝廷物議,莫不重内官,輕外職,每除授牧伯,皆再三披訴。比來所遣外任,多是貶累之人,風俗不澄,實由於此。"[②]外職調京,則視爲登仙:"辛未,以尚書右丞倪若水爲汴州刺史兼河南採訪使。上雖欲重都督、刺史,選京官才望者爲之,然當時士大夫猶輕外任。揚州採訪使班景倩入爲大理少卿,過大梁,若水餞之行,立望其行塵,久之乃返,謂官屬曰:'班生此行,何異登仙!'"[③]任縣令之類地方官被戲稱"畜生道":"議者戲云:'畿尉有六道:入御史爲佛道,入評事爲仙道,入京尉爲人道,入畿丞爲苦海道,入縣令爲畜生道,入判司爲餓鬼道。'"[④]簿尉之類境遇更差。同一職級京官與地方官之别在《舊唐書·李素立傳》充分展現:"自是屢承恩顧。素立尋丁憂,高祖令所司奪情授以七品清要官,所司擬雍州司户參軍,高祖曰:'此官要而不清。'又擬秘書郎,高祖曰:'此官清而不要。'遂擢授侍御史,高祖曰'此官清而復要。'"[⑤]以駐地在京城的"雍州司户參軍"授李素立,尚"官要而不清",京外簿尉更無法與京官相比。按唐人風氣和墓誌寫作慣例,皇帝恩典賞賜之事,屬誌主和家族特殊榮耀,必大書于誌文。《李訓墓誌》未叙恩賜印綬,述其釋服却無端官品升階,由地方縣尉直轉京官。這些問題至少説明撰文者不熟悉唐代職官制度和釋服授官慣例。

三、喪葬安排特别

《李訓墓誌》述李訓初仕職官云:"弱冠以輦脚調補陳留尉,未赴陳留而吏部君亡。"叙李訓卒葬時稱:"以疾終於河南聖善寺之别院,即以其月廿五日權殯于洛陽感德鄉之原。"其中提及李訓父子喪事。兩段叙事皆有問題。丁憂,即遭遇父母等直系尊長喪事,居官者須停職服喪,在墓誌書寫中已固化爲特定詞彙,一般稱丁艱、丁罰、丁内憂、丁外憂等,《苻肅墓誌》:"及再嬰丁罰,知命已過。"[⑥]《郭行節墓誌》:"授泉州龍溪縣令……秩滿,轉撫州南城令,丁艱

① 中國文物研究所、千唐誌齋博物館主編:《新中國出土墓誌·河南卷》第3册,北京:文物出版社,2008年,第102頁。
② 〔後晉〕劉昫等:《舊唐書》卷八八,北京:中華書局,1975年,第2869頁。
③ 〔宋〕司馬光編著,胡三省音注:《資治通鑑》卷二一一,北京:中華書局,1956年,第6716頁。
④ 〔宋〕王讜撰,周勛初校證:《唐語林校證》卷五,北京:中華書局,1987年,第447頁。
⑤ 〔後晉〕劉昫等:《舊唐書》卷一八五上,第4786頁。
⑥ 周紹良主編:《唐代墓誌彙編》,第201—202頁。

不赴。”[①]《薛矩墓誌》:“釋巾冀州衡水縣尉,尋丁父艱去職。”[②]與李訓類似情況,《楊點墓誌》:“遷公爲詹事府丞。未拜命丁先夫人憂。”[③]《李訓墓誌》却述以“未赴陳留而吏部君亡”,與唐人表達方式不同。

李訓無由權殯洛陽却不歸祔洛陽祖塋。《李訓墓誌》稱李訓因病卒於洛陽。《李訓妻墓誌》却云:“李公無狀,卒於鴻臚丞之官舍。”在卒亡信息上夫妻誌相抵牾。《李訓墓誌》出土時地皆不清楚,《李訓妻墓誌》2000年出土於陝西省眉縣常興鎮磚廠,由西安碑林博物館徵集收藏。[④]故《李訓妻墓誌》之説相對可靠。

《李訓墓誌》記述李訓去世五日後權殯洛陽感德鄉。權殯又稱權葬、權厝、權瘗、權窆等,是不能歸葬故土祖塋的臨時性安葬方式,在墓誌書寫中極爲普遍,類似者還有寄葬、假葬、槁葬等。唐人權殯原因主要有四:一是政治原因。楊播曾爲權臣構陷,權殯待祔:“君以直方居性,權臣所忌,帝舅司徒公高肇譖而罪之,遂除名爲民。”“權遷殯於華陰鄉館焉……有詔申雪……卜窆于本縣舊塋。”[⑤]二是亡身異鄉。韓遷因戰亂權殯異地:“屬隋版蕩,權殯東西。”[⑥]劉建卒於異鄉官舍,權殯異鄉:“終于韋城官舍,權殯白馬城東一里。夫人馬氏……同殯白馬縣。”[⑦]盧道助他鄉遇疾身亡權殯:“盧道助,涿郡良鄉人。在洛州遇疾……權殯於洛州河南縣千金鄉老子里。”[⑧]盧公弼地遠家貧,無力歸葬,權厝他鄉:“終于常州無錫縣太平鄉……家貧路遠,猶阻歸祔……權厝於楊州江陽縣江津鄉金檀里舊置莊之封域,禮也。”[⑨]三是權殯待祔。李益妻盧夫人“歿於澤州旅館”“權窆於洛陽城東高阪原”。[⑩]王師忠夫人“魏氏,早先棄世,未遑窀穸,權瘗關中”。[⑪]四是堪輿原因。李修“以是月既望……權窆于正勤佛寺之北原。時不利,不克反葬故也”。[⑫]傅交益“徒以不遇吉辰,未遑窀穸,遂權於洛城權瘗寓塋”。[⑬]

《李訓墓誌》對權殯原因未作交代,無由權殯於洛陽東南郊,却不歸葬洛陽東北方的祖塋。李氏僕射房祖塋位於唐代洛州偃師縣。李訓七世祖、僕射房始祖李沖葬於洛陽。《魏書·李沖傳》:“旬有餘日而卒……葬於覆舟山,近杜預塚。”[⑭]“覆舟山”在洛州偃師縣(今洛陽偃師區)。據《太平寰宇記·河南道五》:“偃師縣,東北七十里……杜預墓,在首陽山南……覆

---

① 周紹良、趙超主編:《唐代墓誌彙編續集》,第326—327頁。
② 趙君平、趙文成主編:《河洛墓刻拾零》,第115頁。
③ 吳鋼主編:《隋唐五代墓誌彙編·陝西卷》第3册,天津:天津古籍出版社,1991年,第154頁。
④ 劉蓮芳:《唐〈李訓夫人王氏墓誌〉考釋》,《碑林集刊》第10輯,第124頁。
⑤ 杜葆仁、夏振英:《華陰潼關出土的北魏楊氏墓誌考證》,《考古與文物》1984年第5期。
⑥ 周紹良主編:《唐代墓誌彙編》,第223—224頁。
⑦ 周紹良主編:《唐代墓誌彙編》,第171—172頁。
⑧ 洛陽市文物工作隊編:《洛陽出土歷代墓誌輯繩》,北京:中國社會科學出版社,1991年,第69頁。
⑨ 周紹良主編:《唐代墓誌彙編》,第2423頁。
⑩ 王勝明、李天道:《李益佚文及其文獻價值》,《文獻》2009年第4期。
⑪ 趙君平主編:《邙洛碑誌三百種》,第66頁。
⑫ 〔宋〕李昉等編:《文苑英華》卷九六二,第5057頁。
⑬ 周紹良主編:《唐代墓誌彙編》,第393頁。
⑭ 〔北齊〕魏收:《魏書》卷五三,第1188頁。

舟山。《九州要記》云:'昔,盧世明登嵩嶽,望覆舟如蟻垤,黄河如帶。'"[①]《蘇氏演義》卷上:"今洛陽石橋店東十里已來,大道之北當高山,山巔有一塚,乃杜預塚也。"[②]以"覆舟山,近杜預塚"描述看,李沖葬地"覆舟山"在唐代洛陽嵩山北。李訓六世祖李延寔葬於洛陽。《魏書·李延寔傳》云:"以延寔外戚,見害於州館。出帝初,歸葬洛陽。"[③]李訓五世祖李彧之弟、北魏通直散騎侍郎李彰亦葬於覆舟山。[④]李訓侄李佐亦歸葬洛陽。"終於長安興仁里……夫人范陽縣君盧氏,奉公之喪,達於洛汭。月日壬午,弟前監察御史俛,承公之喪于告成,從先公居,且曰理命。"[⑤]據"承公之喪于告成,從先公居"之説,則李佐葬於洛州告成縣(今河南省登封市),李訓弟李誦亦葬於此。告成縣爲唐代洛州轄縣,毗鄰偃師。"河南府,洛州,東都……管縣二十六:洛陽、河南、偃師……告成、登封……"[⑥]"告成縣,畿。西北至府一百七十里……萬歲登封元年,則天因封中岳,改名告成……嵩高山,在縣西北三十三里。"[⑦]告成縣"西北至府一百七十里"指縣城到洛陽城的距離,而"嵩高山,在縣西北三十三里",李沖墓所在僕射房祖塋到洛陽城不過百里。

四、行文漏洞頻现

《李訓墓誌》撰文者爲"秘書丞褚思光"。褚思光開元七年(719)制舉"文辭雅麗科"上第,[⑧]屬"可堪著述"的非常之才。"其天子自詔者曰制舉,所以待非常之才焉。"[⑨]太宗拔取的"非常之才"便是"孝悌淳篤,兼閑時務;儒術該通,可爲師範;文辭秀美,才堪著述;明識政體,可委字人;並志行修立,爲鄉閭所推者"。[⑩]"文辭秀美科"與"文辭雅麗科"類似,强調應試者"才堪著述"的特長。又張懷瓘《文字論》云:"其後僕賦成,即往呈之。遇褚思光、萬希莊、包融並會,衆讀賦訖,多有賞激……褚曰:'……其《書斷》三卷,實爲妙絶。猶蓬山滄海,吐納風雲,禽獸魚龍,於何不有。見者莫不心醉,後學得漁獵其中,實不朽之盛事也。'"[⑪]理應頗善辭章,文辭秀美。

秘書省掌管經籍圖書。"祕書監之職,掌邦國經籍圖書之事。"[⑫]包括職官、氏族、先賢人

---

① 〔宋〕樂史撰,王文楚等點校:《太平寰宇記》卷五,北京:中華書局,2007年,第80—81頁。
② 〔唐〕蘇鶚:《蘇氏演義》卷上,北京:中華書局,1985年,第3頁。
③ 〔北齊〕魏收:《魏書》卷八三下,第1837頁。
④ 《李彰墓誌》,筆者自藏。
⑤ 〔宋〕李昉等編:《文苑英華》卷九四四,第4963頁。
⑥ 〔唐〕李吉甫撰,賀次君點校:《元和郡縣圖志》卷五,北京:中華書局,1983年,第129頁。
⑦ 〔唐〕李吉甫撰,賀次君點校:《元和郡縣圖志》卷五,第139頁。
⑧ 〔宋〕王溥編撰:《唐會要》卷七六,第1388頁。
⑨ 〔宋〕歐陽修、〔宋〕宋祁:《新唐書》卷四四,第1159頁。
⑩ 〔後晉〕劉昫等:《舊唐書》卷三,第48頁。
⑪ 上海書畫出版社、華東師範大學古籍整理研究室選編校點:《歷代書法論文選》,上海:上海書畫出版社,1979年,第211頁。
⑫ 〔唐〕李林甫等撰,陳仲夫點校:《唐六典》卷十,第297頁。

物等圖書皆藏於秘書省,“乙部爲史,其類一十有三:……七曰職官,以紀班叙品秩……十曰雜傳,以紀先賢人物……十一曰地理,以紀山川郡國……十二曰譜系,以紀氏族繼序……”[①]這些資料與《李訓墓誌》撰寫有重要關係,如誌文確爲褚思光所撰,其所涉職官、氏族等皆應言之有據,準確少誤。按唐誌文本生成機制,墓誌據家人提供素材撰寫,一般據實書寫,所謂“全忘筆硯之功,奉命紀述,無所辭讓,但直書其事”。[②]《李訓墓誌》不應出現先輩姓名職官,尤其是誌主卒葬信息等大量失誤。且《李訓墓誌》的實際行文水準和措辭能力,却難以將其與“文辭雅麗科”異才相聯系,與其同時代秘書省官員所撰墓誌——秘書少監岑羲撰《韋承慶墓誌》、秘書監劉憲撰《韋泂墓誌》、秘書郎康子元撰《沈嶷墓誌》、秘書少監閻朝隱撰《李全節及妻皇甫氏墓誌》、秘書少監賀知章撰《封禎墓誌》等相比,不啻天壤之别。隨處可見的常識性錯誤、誌主基本信息與其家族墓誌之間的差異乃至抵牾,顯示撰文者並非唐代社會親歷者。

墓誌體制成型於南北朝,完善於唐代,内容一般覆蓋“十三事”,[③]核心内容有四個層次:第一爲墓誌核心要素,即誌主年壽、卒因、卒日、卒地、葬日、葬地等基本信息,第二爲誌主行迹仕歷等,第三爲宗族家庭概况,第四爲誌主亡逝的社會影響等。層次之間,依誌主身份、家世、地位等因素而有增減。但無論體制簡約的誌體墓誌,抑或内容豐富的叙體墓誌,“虚美”之文,一般能做到言之有物,化虚爲實。但《李訓墓誌》與唐人墓誌雅馴之體相悖。主要表現在三方面。

一是避實就虚。《李訓墓誌》綴入大量無效信息,在功能上屬撰文者對亡者的評價和感受書寫,内容與墓主幾無關係,用於填充文本。集中於三處:第一處“禮非玉帛,情豈苴麻”,嵌於服喪情形描寫——“君至性自天,柴毁骨立。禮非玉帛,情豈苴麻。惟是哀心,感傷行路”。對行文與誌主孝道描寫屬無效内容。第二處“以有道之時,當用人之代”,置于婉嘆壽不配才之前:“驥足方騁,龍泉在割,豈不偉歟!而天與其才,不與其壽。”就誌文意義表達而言,“驥足方騁,龍泉在割”一聯意思表達完整,足以寄托感慨,無需再做修飾。這組文字存在的真正目的是强調避諱,以“代”替“世”。類似情况亦見於銘辭:“如何不淑,弃代云亡。”用“代”避“世”。同一文字反復避諱,難免畫蛇添足之嫌。第三處“夫旌以書名,誌以誄行”,以述作銘緣由。但該誌叙其生活行迹極略,有效信息僅涉仕歷,并未彰顯誌主懿德芳猷,基本無“行”可“誄”。

二是言之空洞。《李訓墓誌》以“少有異操,長而介立。好學所以觀古,能文不以曜世。

---

① 〔唐〕李林甫等撰,陳仲夫點校:《唐六典》卷十,第 299 頁。

② 《李珪墓誌》,周紹良主编:《唐代墓誌彙编》,第 2309 頁。

③ “凡墓誌銘書法有例,其大要十有三事焉。曰諱、曰字、曰姓氏、曰鄉邑、曰族出、曰行治、曰履歷、曰卒日、曰壽年、曰妻、曰子、曰葬日、曰葬地,其序如此,如韓文《集賢校理石君墓誌銘》是也;其曰姓氏、曰鄉邑、曰族出、曰諱、曰字、曰行治、曰履歷、曰卒日、曰壽年、曰葬日、曰葬地、曰妻、曰子,其序如此,如韓文《故中散大夫河南尹杜君墓誌銘》是也。其他雖序次或有先後,要不越此十餘事而已,此正例也,其有例所有而不書,例所無而書之者,又其變例,各以其故也。”朱記榮輯:《金石全例》,北京:北京圖書館出版社,2008 年,第 257 頁。

故士友重之,而時人不測也”等三十餘字記述李訓少年時代,儼然超出塵外,不屑仕進的高士之姿,但却“弱冠以輦脚調補陳留尉”,不僅“好學”“能文”虛空,“不以曜世”之論更無著。其後以“豈不偉歟”“天與其才,不與其壽”等感嘆其“才”,却未描述與“才”“偉”相關事迹。

作爲慣例,著姓墓誌一般述及家道門風,誌主稟賦、德性、才情和教育過程等多方面内容。李訓侄《李修墓誌》描寫李修孝仁順毅貞等質性,言行爲學、行道仕進等方面,形象具體:“君承家休緒,少有令聞。孝敬仁順,宏毅貞亮。非禮不言,見善必行。行有餘力,則覃思六經,揭厲百氏。是故淳秀之氣,播爲文章,發於事業。難於進,易於退。道不苟行,位不虚受……君入則從容討論,出則勤慮政事。”[①]李訓姊《蕭君妻李氏墓誌》先述家道門風、家庭教育,次叙婦德婦言等天成女則,再圖繪其出嫁、持家、事夫、睦親等情形,後叙其久婚無子,中年有孕但難産身亡過程:“夫人長自高門,少聞禮則。行敦肅敬,非教於公宫;德表言容,豈聞於師氏。及三星在户,百兩將迎,亦既言歸,宜其家室。怡聲下氣,奉箒承巾,姑嫜悦其仁孝,姒娣欽其輯睦。雖吕榮之勤憂奉養,孟光之躬親舉案,何以過也……年踰知命,忽而有娠,中外相慶,將嗣賢達。暨乎將誕,奄然俱往。”[②]氣質高雅、勤勞善良的人物形象,夫婦情洽、家庭和睦的生活場景,躍然紙上,具體可感。《李訓墓誌》誌文空虚,缺乏有效内容支撑,導致銘辭亦空洞,不追宗族世系、不言行迹、不述仕歷、不頌功業、不美徽猷、不祈永生、不叙營葬、不嘆哀傷。“道之經世,言而有章”之類語意空泛,與誌文内容不諧。

三是文辭不雅馴。除上文提到的“未赴陳留而吏部君亡”辭氣鄙俗外,誌文多處存在諸如“驥足方騁,龍泉在割,豈不偉歟”等意思表達不完整、情感邏輯混亂的地方。以“驥足方騁,龍泉在割”爲例,此句應包含兩個意義單位,即:“驥足方騁+四字句或六字句;龍泉在割+四字句或六字句。”《元振墓誌》:“牛刀方割,驥足未伸。梁木何壞,舟壑斯淪。”[③]《□孝敏墓誌》:“驥足方騁,□梁落構。道窮運促,身歿石存。”[④]但《李訓墓誌》並未將意義表述完整。本意喟嘆“壯志未酬身先死,長使英雄淚滿襟”的人生悲劇,却結以“豈不偉歟”的感嘆,使内在涵意和情感邏輯不諧。“洪惟夫子,灼灼其芳”措辭與李訓性别、身份皆不相合。“洪惟”出自《尚書·多方》:“洪惟天之命,弗永寅念於祀。”[⑤]乃憶及君主朝廷、先君列祖等重要人物時所用發語詞。“洪惟夫子”在文獻中多指孔子、朱子等聖人。《重修紫霞洲朱文公祠堂碑》:“洪惟夫子,祖述孔孟。”[⑥]以“洪惟”指稱以門蔭入仕的李訓,不合身份。又如“灼灼其芳”,本出《詩經·周南·桃夭》:“桃之夭夭,灼灼其華。”[⑦]“灼灼”現諸墓誌,多用於描繪女子容貌艷麗。或直

① 〔宋〕李昉等編:《文苑英華》卷九六二,第5057頁。
② 趙文成、趙君平主編:《秦晉豫新出墓誌蒐佚續編》,第501頁。
③ 周紹良主編:《唐代墓誌彙編》,第1569—1570頁。
④ 周紹良主編:《唐代墓誌彙編》,第36—37頁。
⑤ 〔漢〕孔安國傳,〔唐〕孔穎達疏:《尚書注疏》卷十七,阮元校刻:《十三經注疏》,北京:中華書局,1980年,第228頁。
⑥ 〔清〕彭蘊章:《歸樸龕叢稿》卷五,清同治刻本。
⑦ 〔漢〕鄭玄箋,〔唐〕孔穎達疏:《毛詩注疏》卷一,阮元校刻:《十三經注疏》,第279頁。

言其人,《李桀及妻楊氏墓誌》:"灼灼夫人,雍雍雅度。"[①]《朱守臣妻高嬇墓誌》:"温温恭人,灼灼淑女。"[②] 或贊美其貌,《崔嚴及妻墓誌》:"婉婉淑德,灼灼穠華。"[③]《周君妻成氏墓誌》:"嫋嫋素女,灼灼紅顔。"[④] 間或用於男子,多頌美其彰著才德,潘岳《夏侯常侍誄並序》:"英英夫子,灼灼其儁。"[⑤]《楊温墓誌》:"昭昭世範,灼灼脩名。"[⑥] 但《李訓墓誌》用描摹女子容貌的"灼灼其芳"來贊美男子李訓,與性别不符。此外,前述以"好學所以觀古,能文不以曜世"描述方外人士語彙評述出仕前的李訓,與身份亦不符。

結　論

儘管言辭有虚美,叙事有角度,但作爲當代人的當代事記録,墓誌文獻依然是最爲可靠的一手材料,尤其對職官、地理、制度等相對固化和中性内容的記載與書寫更具當代性和客觀性,往往被用於"補史之缺""正史之誤"。但《李訓墓誌》在家世、職官、喪葬禮制、行文等多個方面皆出現一般墓誌少見的常識性錯誤。若個别現諸其他墓誌,或集中現諸鄉村儒士所撰墓誌,尚有可資採信理由,但若集中出現於一通墓誌,且與撰文者秘書丞褚思光及誌主鴻臚寺丞李訓對接時,則只有一種可能,即作僞。

《李訓墓誌》作僞綫索主要有三類:**第一類,移録他人訛誤信息。**刻立於太極元年(712)的《蕭君妻李氏墓誌》,因蕭氏家族主持撰寫,以字"孝諧"稱高祖"禮成",以"亮"稱曾祖"世亮"。《李訓墓誌》移録其誤,亦作"曾祖亮"。**第二類,誤解文獻。**前述李元恭大理少卿"兼"吏部侍郎之説,即誤以《蕭君妻李氏墓誌》《李佐墓誌》《李倐墓誌》《新唐書·岑羲傳》《册府元龜·銓選部·貪賄》等所載李元恭"判""知"吏部侍郎掌東都選事爲"兼"吏部侍郎。**第三類,採綴其他墓誌成句。**"天與其才,不與其壽",採自《李倐墓誌》"嗚呼!天與之才,天與之器,不與之壽,不與之位,天何言哉";[⑦]"嗚呼,子罕言命,蓋知之矣",採自《李寶會墓誌》"嗚呼!罕言者命,不知者年";[⑧]"其引也,蓋殯也",採自《李成性墓誌》"先公而終,其引盖殯";[⑨]"驥足方騁",採自《李從偃墓誌》"鳳毛日新,驥足方騁";[⑩]"洪惟夫子,灼灼其芳",採自《楊君妻韋檀特墓誌》"英英之秀,灼灼其芳";[⑪]"休聞烈光",拼接自《楊純墓誌》"休聞烈

---

① 周紹良主編:《唐代墓誌彙編》,第93頁。
② 周紹良主編:《唐代墓誌彙編》,第1282—1283頁。
③ 周紹良主編:《唐代墓誌彙編》,第1344—1345頁。
④ 周紹良主編:《唐代墓誌彙編》,第572頁。
⑤ 〔梁〕蕭統編,〔唐〕李善注:《文選》卷五七,上海:上海古籍出版社,1986年,第2450頁。
⑥ 周紹良、趙超主編:《唐代墓誌彙編續集》,第22—23頁。
⑦ 〔宋〕李昉等編:《文苑英華》卷九六二,第5057頁。
⑧ 毛陽光主編:《洛陽流散唐代墓誌彙編》,北京:國家圖書館出版社,2018年,第267頁。
⑨ 〔宋〕李昉等編:《文苑英華》卷九四二,第4956頁。
⑩ 郭茂育、趙水森:《洛陽出土鴛鴦誌輯録》,北京:國家圖書館出版社,2012年,第123頁。
⑪ 周紹良主編:《唐代墓誌彙編》,第681頁。

聲”、[①]《元君妻李娀墓誌》“休有烈光”[②]等。

綜上所述,《李訓墓誌》乃僞作。作僞者對李氏宗族、唐代官制和禮制等缺乏系統研究,照貓畫虎,難免漏洞百出。

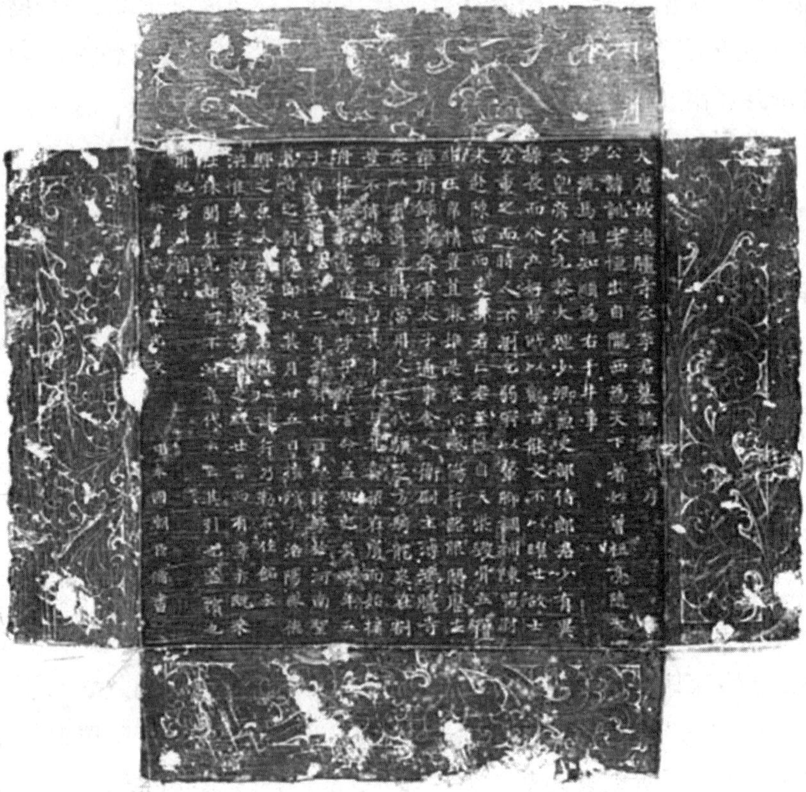

圖1 《李訓墓誌》拓片圖示

(宋婷,西華師範大學文學院副教授,陝西師範大學中國史流動站博士後)

① 周紹良主編:《唐代墓誌彙編》,第1240頁。
② 趙君平、趙文成主編:《河洛墓刻拾零》,第323頁。

制度變遷的文本印迹：開元、天寶墓誌文中的“孝”之書寫*

劉　順　劉　麗

［摘　要］ 進士科的崇重與府兵制的破壞，是玄宗時期重要的制度變遷。在此歷史進程之下，士人與鄉里的制度性關聯相脱離。影響所及，墓誌文中“鄉閭”類語詞衰減。士人孝行的展演在延續孝感傳統的同時，亦認可“孝自天成”的命定觀念。但帝王在權力抬升中對於社會教化責任的承擔以及知識風習的轉變，尤其是禪宗的流行，使得墓誌中孝之書寫更注重後天教化與禮儀規制的影響。制度的變化，在家庭内部的角色分擔上所産生的影響，是對士族女性的德性與治家功績的關注。當“忠”“孝”成爲公私領域最爲根本的倫理規則時，對其策略化的使用，也自然而然地展現於墓誌的文本書寫中。

［關鍵詞］ 制度變遷　墓誌文　士族中央化　鄉里　書寫策略

陳寅恪先生在《唐代政治史述論稿》中以安史亂後，李唐“雖號一朝，實成爲兩國”，[①] 玄宗朝則是前後期的重要分界，而進士科的崇重與府兵制的破壞乃是時局變遷的關鍵。雖然，在中古政治史研究中，對於“階層升降”的關注更易被理解爲陳寅恪先生的治史特色，[②] 但“制度”考察無疑是支撑其歷史判斷的基礎視角。府兵制與科舉制有著同樣的將地方勢力中央化的政治意圖，[③] 乃是王朝調整國家與地方關係的制度設計，階層升降遂爲制度運作的社會結果。在制度變革較爲劇烈的歷史時期，政治話語的變化以及參與者的自我設定與認同均會産生相應的變化，並由之使得文本書寫與行動展演表現出明顯的制度性的特點。而“墓誌”作爲一種特殊的類型化文本，則可展示制度運作過程的某些歷史面向。作爲一種書寫方式，墓誌爲“逝者”追溯譜系、回顧生平，並由之具有了“蓋棺論定”的性質。雖然，在墓誌文的書寫中，譜系與事件及聲譽諸元素的部分失實，乃是此種文體内在的特性，但此種“真僞交織”與書寫的模式化，却使得墓誌成爲觀察一個歷史時期特

* 本文是國家社科基金重大項目“語録類文獻整理與儒家話語體系構建及傳承的研究”（20 & ZD265）、2021 年黑龍江省高校基本科研業務費黑龍江大學專項資金項目“中唐儒學與文學互動關係研究”（人文社科基地研究專項）的階段性成果。

① 陳寅恪：《唐代政治史述論稿》，上海：上海古籍出版社，1997 年，第 19 頁。

② 參見仇鹿鳴：《事件、過程與政治文化——近年來中古政治史研究的評述與思考》，《學術月刊》2019 年第 10 期，第 160—171 頁。

③ “實施府兵制度的關中集團，原本即結合政治力與社會化勢力，用意是使得地方力量走向中央化，隋唐承襲傳統，中央化更形明顯，中軍統率十二軍、十二衛，這是中央集權的具體表現，然而，自隋統一中國以後，對全國（關中、山東、南方）人物最具影響的政策，厥爲廢九品中正，將官吏任用權（包括州郡長吏）皆集中在吏部。”毛漢光：《中國中古社會史論》，上海：上海書店出版社，2002 年，第 104 頁。

定群體自我預期的重要文本。[①] 個體文本上的“失實”,自然是出於書寫者的主動選擇,但其模式化,則確保了此種墓誌中的“人生”作爲一種集體“信仰”的“制度性角色”。[②] 制度是較爲穩定和可重復的行動與思考模式,但其效應與影響,却依賴於“運作”與“過程”,乃是“規範”與“人事”折中的結果。[③] 故而,自“制度性文本”的視角考察墓誌,既可以在不同時期墓誌書寫的模式變遷中,認知制度與社會生活的變動,亦可在具體的文本中感受“規範”與“人事”間的合作、對抗與妥協,進而能够更爲有效地理解制度及其影響下的時代生活。[④]

一、士人“孝譽”與“鄉閭”的疏離

“孝”在儒家的言説脉絡中,既關乎“汝心安否”的個體情感的滿足,同時也是與晨昏定省、三年之喪相關的公共規範,故而有著公共性與個人性的雙重指向。[⑤] 這樣意味著孝不僅發生於家庭内部,同時也處於社會公共輿論與法規體系的規約之下。“孝”也因此具有較高的形式化與展演性的特點。而在墓誌,此一關涉志主生平頗具評價性質的文字中,公共輿論的認可是德行與事功的有效佐證。“孝”所發生於其中的社會空間、人際網络以及其相應的展現方式,也因此會在墓誌的書寫中留下極爲明顯的痕迹。

在個體行爲展演的諸社會空間與人際網絡中,家庭及其所在的地方通常會成爲基本元素。《唐代墓誌彙編》編號永徽〇八八的《大唐故處士何君墓誌》言曰:“君自幼及長,資仁履孝,鄉閭表其素德,朋友歸其忠恕。”[⑥] 此方墓誌中出現的“鄉閭”一詞,在《唐代墓誌彙編》及《唐代墓誌彙編續集》所收録的約五一六四方墓誌中,除貞觀〇二九《故河陰縣主簿南陽張君墓誌》“敷信義於州里”外,[⑦] 最爲早見。但由於墓主的處士身份,其活動空間主要以鄉閭社會爲主,似乎並不具備作爲分析樣本的價值。然而,若以《唐代墓誌彙編》及《續集》爲例,則“鄉閭”“州里”類語詞,主要見於高宗、武則天時期,其後則有明顯的衰减趨勢,此種文本語詞的變化遂由之具有了相應的歷史意義。在高宗、武則天時期的諸方墓誌中,“鄉閭”雖亦

---

① 參見〔北魏〕楊衒之撰,周祖謨校釋:《洛陽伽藍記校釋》卷二,北京:中華書局,2010 年,第 64 頁。

② 羅祎楠:《中國國家治理“内生演化”的學理探索——以宋元明歷史爲例》,《中國社會科學》2019 年第 1 期,第 123—136 頁。

③ 鄧小南:《走向“活”的制度史:以宋代官僚政治制度史研究爲例的點滴思考》,《朗潤學史叢稿》,北京:中華書局,2010 年,第 497—505 頁。

④ 關於中古墓誌的研究可參見陸揚《從墓誌的史料分析走向墓誌的史學分析——以〈新出魏晉南北朝墓誌疏證〉爲中心》(《中華文史論叢》第 84 輯,上海:上海古籍出版社,2006 年,第 95—127 頁)、仇鹿鳴《十餘年來中古墓誌整理與刊佈情况述評》(《唐宋歷史評論》第四輯,北京:社會科學文獻出版社,2018 年,第 2—25 頁)的相關論述。中國語言文學領域的則重要關注文學體式及語詞語義的考察,主要著作有徐海容《唐代碑誌文研究》(北京:中華書局,2018 年)、姚美玲《唐代墓誌辭彙研究》(上海:華東師範大學出版社,2008 年)。

⑤ 參見朱承:《“孝”是公共規範還是個人美德》,《道德與文明》2019 年第 6 期,第 43—50 頁。

⑥ 周紹良、趙超:《唐代墓誌彙編》,上海:上海古籍出版社,1992 年,第 188 頁。

⑦ 周紹良、趙超:《唐代墓誌彙編》,第 28 頁。

用之於有仕宦經歷者，但主要與“處士”高度關聯。其使用情況，列表如下：

出處	篇名	紀年	録文	身份
《唐代墓誌彙編》（永徽一一七，第207頁）	《唐故處士金君墓誌銘並序》	永徽	少而沖寂，故鄉黨稱其有人，宗族許之無二。	處士
《唐代墓誌彙編》（顯慶一五〇，第324頁）	《大唐魏君誌銘》	顯慶	孝友于閨閈，悌順于鄉間。	布衣
《唐代墓誌彙編》（顯慶一五一，第325頁）	《大唐高君墓誌銘並序》	顯慶	德行被於州閭，信義傳於親友。	布衣
《唐代墓誌彙編》（顯慶一五三，第325頁）	佚名	顯慶	四行遍於鄉閭，七德傳於州邑。	布衣
《唐代墓誌彙編》（麟德〇六九，第440頁）	《大唐故張府君墓誌銘並序》	麟德	於是逍遥風月，放曠琴樽，准的後昆，軌儀雅俗。鄉閭仰其風則，遠近挹其徽猷。	布衣
《唐代墓誌彙編》（乾封〇三二，第463頁）	《唐故處士張君墓誌銘並序》	乾封	令譽播於朝野，嘉聲溢於鄉閭。	處士
《唐代墓誌彙編》（乾封〇五二，第477頁）	《大唐故謝君墓誌銘並序》	乾封	僚執敬其信，鄉黨徥其仁。	布衣
《唐代墓誌彙編》（咸亨〇一五，第519頁）	《唐故曹州離狐縣丞蓋府君墓誌銘》	咸亨	州僚縣宰，吊祭成行，鄉里以爲哀榮，咸增悲仰。	縣丞
《唐代墓誌彙編》（咸亨〇七九，第567頁）	佚名	咸亨	雅量洞開，鄉閭望爲規矩。	布衣
《唐代墓誌彙編續集》（咸亨〇二二，第325頁）	佚名	咸亨	君無諱字海生，高昌人也。内懷忠孝，喻及鄉小；外布淳和，名流郡邑。	布衣
《唐代墓誌彙編續集》（儀鳳〇二八，第643頁）	《唐故王君墓誌銘並序》	儀鳳	言行著於鄉鄰，名實傳於遠近。	上儀同陪戎副尉，長居於鄉
《唐代墓誌彙編》（儀鳳〇一二，第236頁）	《唐故處士王君墓誌銘並序》	儀鳳	鄉黨號曰神童，閨族稱其曾子。	處士
《唐代墓誌彙編》（垂拱〇〇八，第733頁）	《大唐故處士河東柳君墓誌銘》	垂拱	鄉里歸其德，僚友稱其悌。	處士
《唐代墓誌彙編》（萬歲登封〇〇三，第885頁）	《大周左監門長上弘農楊君墓誌銘並序》	萬歲登封	鄉黨稱其仁，儕類欽其義。	左監門長上
《唐代墓誌彙編》（景龍〇三五，第1106頁）	《唐南陽居士韓君墓誌銘並序》	景龍	宗族稱孝焉，鄉黨稱悌焉。	居士

在以上諸方墓誌中，有鄉閭稱譽者，雖亦偶見基層官僚，但多爲布衣處士。於此已可看出“鄉里”之譽與官僚特别是中央化的中高層官僚群體的疏離。雖然，《彙編》及《續集》所收録的墓誌截止一九九六年，其後更有大量的唐代墓誌被整理出版，但其絶對數量及墓誌出土的隨機性，却可保證以上樣本選取的有效性。及入玄宗時期，開元二十九年間共有四例（其中一例存疑）。《大唐故特進中書令博陵郡王贈幽州刺史崔公墓誌銘並序》（開元〇二六）：“是故州黨稱其孝也，兄弟稱其仁也，子孫稱其慈也，朋友稱其信也，父子稱其廉也，邦國稱其忠也。”①《唐故左武衛中郎將石府君墓誌銘並序》（開元一九三）：“故得鄉黨稱悌焉，朋友稱義

① 周紹良、趙超：《唐代墓誌彙編》，第1169頁。

焉。"[①]《唐故太中大夫使持節泗州諸軍事泗州刺史琅耶王公墓誌銘並序》(開元二九二):"故鄉黨稱其孝也,僚友稱其悌也。"[②]《大唐故彭州唐興府左果毅上柱國程府君墓誌銘並序》(開元五一一):"朋友許□鄉黨稱仁。"[③]相較於高宗、武則天時期六十年共十五度的出現頻次,玄宗開元時期"鄉閭"的使用,主要用於中高層官僚,其中原因雖然難以遽然斷定,但其出現頻次無疑有了明顯的弱化。而至天寶時期,則未見一例。"鄉閭"在士人典型形象製作中的影響,業已極度邊緣化。

"鄉閭"類語詞在墓誌中,指代志主所屬地域社會的地方輿論。自東漢始,地方輿論在士人入仕中作用顯著,並一度體現出與官方政治導向的高度合拍。[④]中央試圖有效治理地方,對於地方輿論的重視與引導,即成爲一種務實的路徑選擇。但地方輿論在東漢後期逐漸爲名士所操控,由道德評議轉向政治議論,與中央王廷的政治意圖形成對抗之勢。故而,東漢而後,制定有效引導地方輿論的制度路徑,即成爲中央與地方互動的核心問題之一,九品中正制遂應運而生。《晉書·衛瓘傳》曰:"魏氏承顛覆之運,起喪亂之後,人士流移,考詳無地,故立九品之制,粗且爲一時選用之本耳。其始造也,鄉邑清議,不拘爵位,褒貶所加,足爲勸勵,猶有鄉論餘風。中間漸染,遂計資定品,使天下觀望,唯以居位爲貴。"[⑤]九品中正制本爲曹魏整頓社會秩序的産物,其認可鄉論的影響,但又不同於鄉論。作爲一種人才選用制度,九品中正制既有較爲清晰的人物品評標準,同時亦强調人物的出身資歷。故可視爲中央集權與地方世家大族相互妥協的産物。九品中正制在其運行的歷史過程中,"尊世冑,卑寒士",[⑥]强化了士族特權,降低了社會階層間的流動性。由於魏晉南北朝時期,世家大族以鄉里爲其根基,"鄉里"遂成爲士人入仕(士人成士)具有制度影響的特定空間。[⑦]但魏晉以來,士人多兼帶官品與鄉品以標明身份的現象,亦表明中央王廷試圖通過制度手段控制地方社會的政治運作一直未嘗中止。自楊隋再統南北,廢九品中正制,將官吏任用權(包括州郡長吏)收歸吏部,"鄉里"在士人仕宦中已不再充當不可或缺的制度角色。《隋書》卷二十八《百官志》下曰:"(開皇)三年四月……舊周、齊州郡縣職,自州都、郡縣正已下,皆州郡將縣令至而調用,理時事;至是不知時事,直謂之鄉官,别置品官,皆吏部除授,每歲考殿最。"[⑧]《通典·選舉二》論及此開皇新制曰:"自是,海内一命以上之官,州郡無復辟署矣。"[⑨]及煬帝推行科舉,雙重制度變革的壓力之下,理論上,"鄉里"於士人的入仕與仕途遷轉已無制度性影響。士人及其家庭在歷史變局中,不得不以地理空間的移動,尋求新的制度認可及建立與此制度相適應的關係網

① 周紹良、趙超:《唐代墓誌彙編》,第1291頁。(本志姚崇作,一説爲五代墓誌)
② 周紹良、趙超:《唐代墓誌彙編》,第1357頁。
③ 周紹良、趙超:《唐代墓誌彙編》,第1506頁。
④ 卜憲群:《鄉論與秩序:先秦至漢魏鄉里輿論與國家關係的歷史考察》,《中國社會科學》2018年第12期,第176—198頁。
⑤ 〔唐〕房玄齡等:《晉書》卷三十六《衛瓘傳》,北京:中華書局,1996年,第1058頁。
⑥ 〔宋〕歐陽修、〔宋〕宋祁:《新唐書》卷一百九十九《柳沖傳》,北京:中華書局,2003年,第5677頁。
⑦ 王德權:《爲士之道——中唐士人的自省之風》,臺北:政大出版社,2012年,第5—6頁。
⑧ 〔唐〕魏徵:《隋書》卷二十八《百官志》下,北京:中華書局,2002年,第792頁。
⑨ 〔唐〕杜佑:《通典》卷十四《選舉二》,北京:中華書局,2003年,第342頁。

絡。

南朝沈約曾論及漢代士人入仕曰：“頃自漢代，本無士庶之别，自非仕宦，不至京師。罷公卿牧守，並還鄉里。小人瞻仰，以成風俗。且黌校棋布，傳經授業，學優而仕，始自鄉邑。本於小吏幹佐，方至文學功曹。積以歲月，乃得察舉，人才秀異，始爲公府所辟，遷爲牧守，入作臺司。漢之得人，於斯爲盛。”① 在重視鄉論，行察舉征辟的選士制度之下，士人在入仕王廷之前，有長期生活及任職於地方的經歷，並於致仕後重歸鄉里，從而形成了王廷—鄉里—士人之間的良性互動。而在此過程中，由於士人入仕須取得鄉論的認可，故而重視在鄉里空間中德行的展演，即成爲士人成士的必然選擇。士人德行的示範效應，對於鄉里的良序生活亦有不可替代的作用。但楊隋以來的制度變革，却導致了士人成士與鄉里社會的分離。此種變化，不但會帶來士風的失墜，也將形成基層社會治理的新的難題。李唐自高宗時期即引發輿論，垂拱中，納言魏玄同上疏言曰：

> 夫委任責成，君之體也。所委者衆，所用者精，故能得濟濟之多士，盛芃芃之棫樸。裴子野有言曰：“官人之難，先王言之尚矣。居家觀其孝友，鄉黨取其誠信。出入觀其志義，憂難取其知謀。煩之以事，以觀其能；臨之以義，以察其度。始於學校，掄於州里，告諸六事，而後貢之於王庭。其在漢家，尚猶然矣。州郡積其功能，而爲五府所辟；五府舉其掾屬，而升於朝廷。三公得參除署尚書，奏之天子。一人之身，所關者衆，一賢之進，其課也詳。故能官得其人，鮮有敗事。魏晉反是，所失宏多。”子野所論，蓋區區之宋耳，猶謂下不其弊，而況於當今乎！今不待州縣之舉，直取書判，恐非先德行而後言語之意也。②

魏玄同以當今選士任官之法，雖權歸吏部，但難以有效考察士人之德行與能力，而士人萃處京師，奔競仕途亦必然導致士風窳敗。以上議論，在此時期並非異響别調，但在中央—地方格局變遷的歷史趨勢之下，難以贏得皇權的認可。③ 高宗、武則天時期墓誌中，出現“鄉間”類語詞的志主身份主要爲處士，既是因爲未曾出仕的志主主要生活的空間依然是“鄉里”，也同時表明，在士人成士（入仕）的過程中，“鄉里”的認可已不再是必備因素，士人甚至必須脱離鄉里身份方能得到入仕的資格。雖然，在官員身份的墓誌中同樣有“鄉間稱之”的表述存在，但有限的數量，可能只是在選士任官引發輿論關注後的文本痕迹。開元二十九年間所出現的四例已無在鄉的處士而全爲官員，但自志主生平經歷及墓誌上下文的寫法而言，更多只是出於行文的語義與節奏均衡的技法考量。至天寶時，“鄉間”類語詞則未得一見，其原因應是社會諸階層已完成對制度的適應過程，南北士族向兩京的遷徙過程，也大體完成於此一時

① 〔唐〕杜佑：《通典》卷十六《選舉四》，第388頁。
② 〔宋〕王溥：《唐會要》卷七十四，北京：中華書局，1955年，第1336—1337頁。
③ 參見王德權：《爲士之道——中唐士人的自省風氣》，第69—108頁。

期。《新唐書・藝文志》言及殷璠所編《丹楊集》曰:“(包)融與儲光羲皆延陵人;曲阿有餘杭尉丁仙芝、緱氏主簿蔡隱丘、監察御史蔡希周、渭南尉蔡希寂、處士張彦雄、張潮、校書郎張暈、吏部常選周瑀、長洲尉談戭、句容有忠王府倉曹參軍殷遥、硤石主簿樊光、横陽主簿沈如筠,江寧有右拾遺孫處玄、處士徐延壽,丹徒有江都主簿馬挺、武進尉申堂構。十八人皆有詩名。殷璠彙次其詩,爲《丹楊集》者。”[①] 殷璠《丹陽集》編次於開元末年,“止録吴人”,所録諸人也大多活躍於吴地。但至天寶年間,以上諸人大多長期定居甚至營葬兩京地區。盤桓鄉里者,後世多湮没無聞。此一點,也説明開元、天寶之際是江南士族遷徙兩京的節點時段,而遷徙兩京則是維持家族影響的重要選擇。[②] 北方士族向兩京的遷徙,也主要發生於開元年間,並同樣是適應制度變化的主動選擇。[③] 向兩京的遷徙,也由之使得家族葬地發生變化。“自天寶已還,山東士人皆改葬兩京,利於便近。”[④] 山東士人皆改葬兩京,乃是制度變革之下所形成的新的時代風習。士人奔競仕途依然是此時期制度影響下的士人群像,只是玄宗時期較爲安定富足的社會生活一度延緩了危機的到來,指向中央—地方關係的反思風氣的捲土重來,已是安史之亂之後。[⑤]

二、“孝養”模式的變化

政治制度對於個體或集體行動以及其利益與偏好會産生相應的約束與引導,並通過對社會競争性集團權力關係的構造,形塑個體或集體行動模式。[⑥] 選士任官制度的衝擊之下,無論是入仕前的求宦而遊,還是任官後的因宦而遊,唐代士人通常自青年時期始即處於不斷的空間位移之中,其與鄉里及家庭間實際的空間距離,均意味著傳統的生活方式,必須面臨轉變的内在要求。[⑦]

---

① 〔宋〕歐陽修、〔宋〕宋祁:《新唐書》卷六十《藝文志》,第 1609—1610 頁。

② 參見周鼎:《家族、地域與信仰:〈唐潤州仁静觀魏法師碑〉所見唐初江南社會》,《史林》2019 年第 1 期,第 38—46 頁。

③ 毛漢光以十姓爲例分析士族的中央化過程,其中多爲北方大族,其結論如下:“絶大多數著房著支在安史亂前完成‘新貫’,安史之亂或許對未完成新貫的房支有催促作用,但最大的遷徙風潮却在高宗武后及玄宗期間。”據毛漢光先生的統計,數據如下:高宗時九個、武后時四個、中宗時一個、睿宗時一個、玄宗時二十二個。參見毛漢光:《中國中古社會史論》,上海:上海書店出版社,2002 年,第 332 頁。

④ 〔唐〕白居易:《唐故虢州刺史贈禮部尚書崔公墓誌銘并序》,朱金城校注:《白居易集箋校》卷七十,上海:上海古籍出版社,1988 年,第 3749 頁。

⑤ 代宗時,楊綰上疏主張廢科舉,恢復鄉里察舉賈至因而議曰:“四人之業,士最關風化。近代趨仕,靡然同風,致使禄山一呼而四海震盪,思明再亂而十年不復。向使禮讓之道宏,仁義之風著,則忠臣孝子比屋可封,逆節不得而萌也,人心不得而摇也……楊綰所奏,實爲正論。然自典午覆敗,中原板蕩,戎狄亂華,衣冠遷徙,南北分裂,人多僑處。聖朝一平區宇,尚復因循,版圖則張,閶井未設,士居鄉土,百無一二,因緣官族,所在耕築,地望繫數百年之外,而身皆東西南北之人焉。今欲止依古制,鄉舉里選,猶恐取士之未盡也,請兼廣學校,以宏訓誘。”〔唐〕賈至:《議楊綰條奏貢舉疏》,〔清〕董誥等編:《全唐文》卷三百六十八,北京:中華書局,1996 年,第 3735—3736 頁。

⑥ 參見馬雪松:《政治世界的制度邏輯:新制度主義政治學理論研究》,北京:光明日報出版社,2013 年,第 88—89 頁。

⑦ 參見胡雲薇:《千里宦遊成底事,每年風景是他鄉——試論唐代的宦遊與家庭》,《臺大歷史學報》第 41 期,2008 年 6 月,第 65—107 頁。

《大唐故右金吾將軍魏公墓誌銘並序》（開元二四一）追述志主魏靖生平曰：

公諱靖，字昭緒，巨鹿曲陽人。……公即倉曹府君之少子也。含元精之和，立殊俗之操，性與忠孝，天資禮樂。行成於中，退有克家之譽；道應於外，進爲觀國之光。弱冠應制舉，授成武尉，轉鄭縣尉、大理評事、監察御史、殿中侍御史，出爲鄂縣令，又貶爲温州岳城主簿，苻離縣令，幽、冀、郴、蘄、鄭五州司馬，濮、原二州長史，庫部郎中，萬年縣令，慶、沁、易、涇四州刺史，靈、慶、秦三州都督，入爲右金吾將軍。以開元十四年……終於邠州□定驛。[1]

魏靖自弱冠之年便進入仕途，在漫長的仕宦生涯中，足迹遍佈南北，官職亦自基層而至高層，並最終以六十八歲的高齡病逝於官驛。無論是其通過制舉取得入仕資格，還是仕途中的遷謫流轉，與“鄉里”社會之間均難産生高度關聯。雖然，魏靖成功的仕宦生涯，不能爲多數士人所復製，但與鄉里的分離以及與家庭一定的疏離却是大多士人共有的生命經驗。故而，伴隨著“鄉閭”的影響暗淡，孝養將必然要求展現出與社會變化相適應的調整。《通典》卷六十八載《天子諸侯大夫士之子事親儀》曰：

凡爲人子之禮，冬温而夏清，昏定而晨省，出必告，反必面。所遊必有常，所習必有業。恒言不稱老。居不主奥，坐不中席，行不中道，立不中門。聽於無聲，視於無形。不登高，不臨深，不苟訾，不苟笑，不服闇，不登危，懼辱親也。父命呼，唯而不諾，手執業則投之，食在口則吐之，走而不趨。親老，出不易方，復不過時。不有私財。爲人子者，父母存，冠衣不純素；孤子當室，冠衣不純采。父母有疾，冠者不櫛，行不翔，言不惰，琴瑟不御，食肉不至變味，飲酒不至變貌，笑不至矧，怒不至詈，疾止復故。故州閭鄉黨稱其孝，兄弟親戚稱其慈，僚友稱其弟，執友稱其仁，交遊稱其信，此孝子之行也。[2]

爲人子者的事親之儀，本有著明確的外在形式與内在德性的雙重要求。但此種孝行却必須以父子共居爲前提並以鄉里社會作爲人際網絡的主要構成。在士族以鄉里爲權力根基的歷史時期内，晨昏定省以侍親並追求鄉里之譽，乃是士人入仕，參與中央王朝官僚政治的前提，故易於遵行且因制度導向而産生六朝以服喪過禮爲尚的社會風習。[3] 此種風習在唐代依然得到了一定程度的延續，甚而在特定思想觀念的影響之下，具有時間節點意義的開元時期，“誠孝動天”在墓誌中有著極高的出現頻次。

---

① 周紹良、趙超：《唐代墓誌彙編》，第 1323 頁。
② 〔唐〕杜佑：《通典》卷六十八，第 1887—1888 頁。
③ 參見鄭雅如：《親恩難報：唐代士人的孝道實踐及其體制化》，臺北：臺大出版中心，2015 年，第 79—80 頁。

《大唐故蘇州常熟縣令孝子太原郭府君墓誌銘並序》(開元九年)曰:"幽素府君有三子,其季曰我公。俱仁孝絶倫,感通天地。太夫人嘗有疾,思羊肉,時禁屠宰,犯者加刑,日號泣於旻天而不知其所出。忽有慈烏銜肉置之階上,故得以馨潔其膳,猶疑其儻然。他時憶菴蘿果,屬觱發之辰,有類求芙蓉於木末,不可得也。兄弟仰天而嘆,庭樹爲之犯雪霜華而實矣。"① 誠孝動天,故有異象,在永徽而後開元之前的墓誌中零星出現,但開元時期則形成一個類型書寫的高峰:

出處	篇名	時間	録文
《唐代墓誌彙編》(開元〇二六,第1169頁)	《大唐故特進中書令博陵郡王贈幽州刺史崔公墓誌銘並序》	開元三年	所居有胡漢兩燕,更巢乳哺,又兩犬遞相乳養,甘露降於庭樹。
《唐代墓誌彙編》(開元一五九,第1266頁)	《唐故中書令贈荆州大都督清河崔府君妻齊國太夫人杜氏墓誌銘並序》	開元六年	常有白雀靈龜止於座側,當時共加異焉,以爲孝感所致。
《唐代墓誌彙編》(開元一七四,第1277頁)	《大唐故銀青光禄大夫守工部尚書贈荆州大都督清河郡開國公上柱國崔公墓誌銘並序》	開元十一年	丁内憂去職,水漿不入於口者七日,泣血三年,未嘗見齒。又有白鼠馴於廬側,冬筍抽於庭際,人咸以爲孝感所致。
《唐代墓誌彙編》(開元一七六,第1279頁)	《大唐故王府君夫人故贊皇郡太君趙郡李氏墓誌銘並序》	開元十一年	居未幾,而縣東南忽湧一泉,溜吐金沙,波含玉液。太夫人洗心調膳,常汲而取斯,時議所嘉,僉以爲王君孝感之所致也。
《唐代墓誌彙編》(開元二二二,第1310頁)	《唐故太子舍人敬府君墓誌銘並序》	開元十三年	無何,丁太夫人艱,□公秉孝自天,周服逾制,君子憂之以滅性,朝友諭之以死孝。□門有叢竹而冬笋合幹,時人以公之孝感□所致也。
《唐代墓誌彙編》(開元三四七,第1396頁)	《大唐故右領軍上柱國新城縣開國伯薛府君墓誌文並序》	開元二十年	府君稟淳粹之淑姿,含靈和之休氣……冬夏扇枕之儀,晨昏盥潄之敬,既抽鄰笋,復至丁藤。
《唐代墓誌彙編》(開元三六六,第1410頁)	《大唐故苑西面副監孝子房公墓誌銘並序》	開元二十年	青萱緑篠,淩霜雪而抽萌;狡兔野麕,入邱壟而狎義。
《唐代墓誌彙編》(開元五二三,第1515—1516頁)	《大唐故朝議郎行尚書祠部員外郎裴君墓誌銘並序》	開元二十八年	孝感之至,以發皇□,報應之期,有如影響。

除却以上與行孝相關的用例,開元三一四方(開元十八年)用"合冰濟渡"的神迹,同樣爲天人感應的影響提供了文本佐證。② 而天寶時期則僅有一例,且推敲其文義,則更近於修辭技法的使用,而非事實之實録。其詞曰:"侍奉慈母,時不暇仰。於是堅冰魚來,寒園筍植。"③ 因爲没有具體的事例以爲支撑,此處孝感的表述像是隨手撿拾而來的知識模組,也由之缺少

① 周紹良、趙超:《唐代墓誌彙編》開元一三六,第1251頁。

② 周紹良、趙超:《唐代墓誌彙編》,第1374頁。

③ 周紹良、趙超:《唐代墓誌彙編》天寶一五七《唐鄴郡故高君墓誌銘并序》,第1641頁。

取信於人的效果，故而不足以視爲表徵此時期觀念共識的有效文本。[①] 因此，孝感類的書寫，以玄宗朝而言，基本可視爲以開元二十年爲節點的一種書寫風習。與此現象相應的，是在對志主德性的書寫中頗爲强調其德性天生，鐘五行秀氣的特異之處。故如“生而岐嶷”[②]“幼而柔嘉”[③]“丕承慶靈”[④]“稟淳粹之淑姿，含靈和之休氣”[⑤]“稟願五行，資和□氣”[⑥]等類表述極爲流行。德性天成，不學而能，可以視爲因天人感應影響所致，但其語義的另一指向則是對德性的重視以及對孝行後天培養的忽視。

天人感應而有吉凶休咎之變在兩漢以來的政治生活中，本即爲極有影響的公共知識，但反思質疑之音亦不絶於書。唐初時，“天行有常”的觀念在五經注疏中已有清晰表達，天命與人事之間關係，業已呈現出頗爲注重人事的認知取向。[⑤] 武則天後期至開元中所出現的較爲集中的孝感書寫，是“天人感應”在政治生活中再度活躍的表徵。姚崇與張説、張九齡之間政治觀念的分歧，即存有在天人關係理解上的差異。[⑥] 此時期所出現的各類政治讖言、星象、祥瑞與灾變，均是天人感應政治影響的彰顯。畢竟對於應對複雜政局的政治言論而言，依然甚有影響的“天人感應”，無疑更易於進行景觀製作，亦更有資格成爲政治言説更爲便宜的話語資源，且較爲容易赢得底層民衆的認可。但“孝感動天”在開元時期的文本呈現，終究只是一時之現象。對於需要在官僚體系中尋得身份認同與維持家族影響力的李唐士人而言，孝感動天所依賴的過度的形式展演，因爲選士任官制度的約束已難以實現。《唐故絳州司户參軍慕容君墓誌》（咸亨〇七七）曰：“司馬公時爲衛州長史，君以久隔晨昏，深思定省。隆暑之月，駕言遄邁，冒兹炎鬱，遂積疲痾，登涉往來，斬加沉篤，勉力扶曳，歸赴京都，居肓之疾□瘳，負□之歌奄切。以總章元年八十十七日終於宣陽里，春秋卅有二。”[⑦] 時爲絳州司户參軍的慕容知敬，因盛暑探問異地任官的父親，旅途艱難而罹疾以盛年終。雖然，慕容之事只爲個案，但士人與父母家庭間的異地而居却爲常態，這既增加了行孝的行動成本，也實際上使得經典中晨昏定省的行孝如儀已無可能。故而，當時至天寶，士人已逐步適應制度變化所帶來的挑戰，孝養的典範方式也大體確立。《大唐故少府監范陽縣伯張公墓誌銘並序》（天寶一

---

① “孝感”本是儒家教化的方式之一。“余嘗觀六朝高人名士，崇信《孝經》，或以殉葬，或以薦靈。病者誦之輒愈，鬥者誦之輒解，火者誦之輒止，蓋《孝經》之不可思議如是。若使家誦户讀，童而習之，白首而不已焉。上非此無以舉，下非此無以學。孝感所至，能令醴泉出，異草生，犬豕同乳，烏鵲同巢。盜賊馳兵過，而不犯孝子鄉。則《孝經》一卷，未必非吾儒極靈極變之書，何至令浮屠、老子旁行禍福之説於天下？”〔清〕朱彝尊撰、林慶彰等主編：《經義考新校》卷二百二十七，上海：上海古籍出版社，2010年，第4113—4114頁。

② 周紹良、趙超：《唐代墓誌彙編》開元〇一〇《唐故朝議大夫給事中上柱國戴府君墓誌銘并序》，第1157頁。

③ 周紹良、趙超：《唐代墓誌彙編》開元〇一七《大唐故通直郎守武榮州南安縣令王府君墓誌銘并序》，第1162頁。

④ 周紹良、趙超：《唐代墓誌彙編》開元一七四《大唐故銀青光禄大夫守工部尚書贈荆州大都督清河郡開國公上柱國崔公墓誌銘并序》，第1277頁。

⑤ 周紹良、趙超：《唐代墓誌彙編》開元三四七《大唐故右領軍上柱國新城縣開國伯薛府君墓誌文并序》，第1396頁。

⑥ 周紹良、趙超：《唐代墓誌彙編》開元五一一《大唐故彭州唐興府左果毅上柱國程府君墓誌銘并序》，第1506頁。

⑤ 李學勤主編：《十三經注疏·春秋左傳正義》，北京：北京大學出版社，1999年，第1242頁。

⑥ 王德權：《爲士之道——中唐士人的自省之風》，第231—243頁。

⑦ 周紹良、趙超：《唐代墓誌彙編》，第566頁。

一〇)曰:“始公之伯曾祖華州刺史大師、營州都督儉、左衛大將軍延師各以勳庸,荷斯寵禄,朱榮齊列,時人榮之,京師所謂三戟張氏者也。公與元昆左威衛將軍去疑、次兄右衛將軍去惑、弟太僕卿去逸、駙馬都尉去盈,咸能克己勵行,嗣徽前烈,忠孝開國,識金印之猶存;清白傳家,知玉環之不墜。冠蓋之里,以爲美談。”① 無論是維持原有家聲於不墜,還是嘗試提升家族的社會地位,入仕爲官已是不二之途。而官方有意通過制度與觀念,諸如追贈、賵賻、立廟等措施,以推行以忠成孝的治理策略,也是士人群體行孝方式轉變的有力助推。以忠成孝、以榮孝親是更具操作性也更具彰顯度的行孝方式,此種方式的流行也可見出儒家倫理對於制度環境的適應。② 此外,宗教因素的影響,同樣也是天寶時期孝感書寫漸趨消亡不可忽視的原因之一。

《西山廣化寺三藏無畏不空法師塔記》(開元四五五)記載開元時期佛教觀念的變化曰:

> 自大教東流,諸僧間以神異助化,是皆功行成熟,契徹心源,自覺本智,現量發聖,絶非呪力幻術所致也。殆自東晉尸利密已降,宣譯秘呪,要其大歸,不過祀鬼神驅邪妄,爲人禳災釋患而已。其間往往不□無假名比邱,自外國來,挾術驚愚,有所謂羅漢法者,正幺麿邪術下劣之技,亦猶道家雷公法之類也,茲豈高道巨德弘禪主教者齒哉!及開元中,西域金剛智、無畏、不空三大士,始傳密教,以玄言德祥,開佑至尊,即其神功顯効,幾與造化之力均焉。故三大士雖宏密教,抑本智現量發聖與。③

善無畏、金剛智、不空爲唐代密宗三大士,密宗主張身密、言密與意密,對於心性的理解,以如來藏自性清浄爲基礎,近於禪宗。④ 在宫廷及民間則因其儀軌、密咒而頗爲流行,但於中國思想影響有限。⑤ 此塔記對於密宗宗師的評述是否過爲揄揚,雖難斷定,然其對於佛教進入東土以來影響社會多以感應福報之説的描述,則大體不謬。塔記對其予以抨擊,以及“現量”所主張的“現成,一觸即覺,不假思量計較”,⑥ 與儒家天人感應的認知方式及取譬連類的言説模式截然不同——時代的知識興趣與認知方式或許已經展現出轉向的態勢。而若衡以當時流行的佛教典籍,亦可見出此種明顯變化的存在。《續集》麟德〇〇九的一篇灰身塔記,載

① 周紹良、趙超:《唐代墓誌彙編》,第 1608—1609 頁。

② “由於國家介入士人的倫理生活,士人的政治身份在相當程度上改變了家内秩序,并影響士人於家庭所扮演的角色。士人透過仕宦成就取得實踐孝道的資本,官位顯達者,足以厚禄致養,爲母親取得命婦資格,或追贈父母、提升墓葬等級,建立家廟、掌握祭祀權等。其政治身份越過兄弟間嫡、庶、長、幼的倫理秩序,以及相應的責任歸屬,對於家庭角色的承當具有相當影響。”鄭雅如:《親恩難報:唐代士人的孝道實踐及其體制化》,第 352 頁。

③ 周紹良、趙超:《唐代墓誌彙編》,第 1470—1471 頁。

④ 潘桂明:《中國佛教思想史稿》第二卷《隋唐五代卷(上)》,南京:江蘇人民出版社,2009 年,第 524 頁。

⑤ 周一良著,錢文忠譯:《唐代密宗》,上海:上海遠東出版社,2012 年,第 7—8 頁。

⑥ “現者,有現在義,有現成義,有顯現真實義。現在,不緣過去作影。現成,一觸即覺,不假思量計較。顯現真實,乃彼之體性本自如此,顯現無疑,不參虛妄。前五於塵境與根合時,即時如實覺知是現在本等色法,不待忖度,更無疑妄,純是此量。”〔清〕王夫之:《船山全書》第 13 册《相宗絡索》,長沙:岳麓書社,1996 年,第 536 頁。

曰：“相州鄴縣萬春鄉綏德里住段王村劉才戡□才□父灰身塔　父諱□，字寶文。父存之日，敬造□像一帳，禮十萬拜，造涅槃經，讀一七遍；造法華經，讀□九遍；造維摩經，讀十四遍；造金剛波若經並論，讀廿一遍。右並父自造，父□後，才戡等息，爲父敬造楞伽、地治，各轉二遍。今所造功德，具録如前。”① 此灰身塔爲村民爲亡父所立，於此可見其中所言及之佛教經典的流行程度。而經典義理也自然會在文本的流傳中逐步擴大影響。《大唐故泗州刺史瑯耶王妻河東裴郡君夫民墓誌銘並序》（天寶〇七八）：“（夫民）詩書禮樂，無不明閑，手自繕寫法華經，演鈔金剛華嚴涅槃奥義，比廿餘載。志求無上道，外榮華，去滋味，厭服錦繡，不茹薰辛，雖處居常修梵行，每禪家皆多法樂，説經論廣勸童蒙，嘗謂女于氏二娘嗣子涣：吾久依止福寂和上，彼岸者降伏其心，心是道場，如如不遠，伏惟證密行矣，登正覺耶？”② 夫民學佛，主張“降伏其心，心是道場”，乃以明心見性之内心的自證爲第一要義，已屬即心求佛求净土的如來清净禪。由於士族女性佛教信仰的流行以及其在子女教育中的影響，佛教尤其是禪門教義會自然而然地滲入士人的知識圖景之中，並由此影響儒家天人感應及取譬連類的知識傳統。③ 在此趨勢之下，墓誌文中難得一見的孝感書寫，恰恰是在墓誌，這種極能體現儒家義理的文體中，暗示了儒學即將面臨的嚴峻挑戰。

開元、天寶墓誌書寫上在“孝感”上的差異，是儒家思想在中央王朝與地方社會結構關係調整的制度語境中，所作出的回應與適應。於此也可以見出皇權利用制度與輿論對於社會生活的改造。在制度的實踐過程中，士人既改變著對於行“孝”標準形式的認可，也通過家族内部成員角色功能的分化以應對外部生活的巨變。而儒家的制度與觀念同樣生存於充滿競争的知識環境中，以佛教爲代表的思想觀念與儀式，正以更具吸引力的思想與行動影響著士人的知識構成。而女性在此過程中則扮演了重要的角色，由此也可以見出女性在新的歷史時期，在家庭生活中的影響。

三、士族女性的“孝養”模式

在選士與任官的制度壓力之下，唐代的士人常常處於與家庭成員空間分離的狀態之中，日常“孝養”乃至維繫家庭關係的和睦、子女教育、經濟收支諸問題，必然需要適當的承擔者，唐代的士族女性也因此面臨如何應對傳統與變局的要求。唐代女性社會地位的確立，或許存

---

① 周紹良、趙超：《唐代墓誌彙編續集》，上海：上海古籍出版社，2001 年，第 145 頁。

② 周紹良、趙超：《唐代墓誌彙編》，第 1587 頁。

③ “‘感物説’於魏晉時代以降在詩學中出現，實在也是將‘情’提升到近乎哲學的層次之上所當要發生的事。因爲‘感’對個人而言是感情，在宇宙的意義上却是‘感應’。它是區别於西方傳統的‘從屬性思維’之中國‘關聯性思維’的中心概念。由‘感應’，事物之間不再以從屬性的因果關係相聯系：萬物之存在，皆須依賴整個世界有機系統而成爲其構成之部分。它們之間的相互作用，并非由於機械性的推動力或因果關係，而是處於一種神秘的共鳴。”蕭馳：《佛法與詩境》，北京：中華書局，2005 年，第 242 頁。

有胡族遺風的影響,但政治制度以及唐代家庭形態的變化,[1]應是更爲根本的原因。由於墓誌文體特點的限制,漢唐間的墓誌在稱譽志主德行的取向上大體一致,但相近的叙事焦點,甚至相同的語詞表達均可應時代的變化而産生不同理解的可能。

羅新、葉煒《新出魏晉南北朝墓誌疏證》收録一方北齊《李祖牧妻宋靈媛墓誌》,自中可以蠡測北朝女性墓誌書寫的基本模式。其辭曰:

> 夫人遠稟慶靈,近鍾世德。芬芳襲物,光彩映人。縱使朝霞暮雨,比方南國,蓮灼苕華,弗能加美。兼以窺案圖史,規模保傅,六行四德,不肅而成。織紝綺繪之巧,組紃絺絡之妙,自擅婉娩之功,無愧葛覃之旨。率能牢籠衆媛,儀範庶姜,秦晉匹也,欽我令淑,良人言求宋子,乃疲十駕;夫人爰適華庭,率登百兩。及結縭成禮,齊眉展敬,閨壼之内,風教穆如。上下悌恭,中外彝序,共沐仁恩,俱仰慈則。房中牖下之奠,蘋藻荇菜之虔,肅展清祠,祇奉贊裸。至於比興鸚鵡,緣情芍藥,皆能掩映左嬪,呑含蔡琰。故柔閑用顯,貞順克修,初爲梁鴻之妻,終成文伯之母。[2]

宋靈媛墓誌叙其容貌、德行以及文學之才,滿紙琳琅,但少有具體事迹,更像是在確立一個女性立身行事的典範,而非一位女性四十餘年個體人生的紀念文字。雖然,假象過大、詞肥義瘠是六朝乃至唐初碑誌文字的通例,[3]但書寫的格套却恰恰可以證實女性在家庭生活中"適恰"的角色定位與行爲方式。"上下悌恭,中外彝序,共沐仁恩,俱仰慈則",衡以南北朝以來女性多妒,且家庭内部父母及非同産子女之間亦常有紛争的現實生活,[4]可能多爲紙上之具文。而在墓誌中未能出現的家庭成員以及與實際生活有意拉遠距離的寫法,反而會透露出

① "如果稍作深度分析,還有兩個方面的原因需要注意。一是與中古轉型時期家庭形態密切相關。在魏晉南北朝傳統世家大族門閥制度下,或百室合户,或千丁共籍,大家族對於宗族屬黨的蔭庇十分普遍。隋統一後,命令'大功以下,兼令析籍',目的就是要消解世家的勢力。傳統世家大族制度由於隋唐時期的打擊逐漸走向解體,而在宋代'敬宗收族'新的宗族制度建立之前,宗族或家庭中血緣比較近的家庭之間,仍然保持著某種經濟上的密切聯繫是十分自然的。這樣既符合傳統儒家的倫理精神,也符合社會整合與調節的需要。"張國剛:《唐代家庭與社會》,北京:中華書局,2014年,第1頁。

② 羅新、葉煒:《新出魏晉南北朝墓誌疏證》,北京:中華書局,第2005年,第216頁。

③ "按(庾)信集中銘幽諛墓,居其太半;情文無自,應接未遑,造語謀篇,自相蹈襲。雖按其題,各人自具姓名,而觀其文,通套莫分彼此。惟男之與女,撲朔迷離,文之與武,貂蟬兜牟,尚易辨别而已。斯如宋以後科舉應酬文字所謂'活套',固六朝及初唐碑誌通患。"錢鍾書:《管錐編》,北京:中華書局,1979年,第1527頁。另可參見臧克和:《"詞肥義瘠"與"假象過大"——碑板文字語用考察之一》,《中國文字研究》第15輯,鄭州:大象出版社,2011年,第101—110頁。

④ "凡庸之性,後夫多寵前夫之孤,後妻必虐前妻之子,非唯婦人懷嫉妒之情,丈夫有沉惑之僻,亦事勢使之然也。前夫之孤,不敢與我子争家,提攜鞠養,積習生愛,故寵之;前妻之子,每居己生之上,宦學婚嫁,莫不爲防焉,故虐之。異姓寵則父母被怨,繼親虐則兄弟爲仇,家有此者,皆門户之禍也。"[王利器:《顔氏家訓集解》(增補本)卷一,北京:中華書局,2013年,第45頁]另可參見鄭雅如:《情感與制度:魏晉時代的母子關係》,臺北:"國立"臺灣大學出版委員會,2001年,第126—139頁。

家庭生活的真實樣態。南北朝墓誌中對於女性形象的製作，偏重於女性"孝、不妒、正色"。[①] 此種書寫傳統，同樣見於唐初時期的女性墓誌文。《大唐校尉陳公故夫人劉氏墓誌□銘》（貞觀〇五七）："二九早笄，娉歸陳氏，文禪班姬，德邁梁婦，終温且惠，淑慎其身，名全體正，受之父母，遵事□姑，以佐君子，靡□□失，貞順之始也。非姑之制不服，非姑之禮不説，非姑之行不履，非姑之矩不則，非典不言，非法不動，口無詄言，身無誤行，然後贊揚陰德以承宗祀，爲母□□具焉，爲婦之道畢矣。"[②] 女性柔順、敬從乃至曲從之德，是形象構成的主要元素，而婦容與文才已只是連帶而及的部分。此種寫法，已疏遠於《列女傳》將女性能力及德性置於與男性相接近的標準之下予以考量的傳統，而認同《女誡》對於"教順""曲從"的女性標準像的設定。[③] 在武德〇〇四、貞觀〇四三、永徽〇五八等多方墓誌中，均可見此種格套化的書寫。而此種寫法在魏晉而後的女性書寫中，或許最具生命力。但在制度變化的挑戰之下，唐代女性同樣不得不面對新的角色設定的要求。

當男性宦遊他鄉，不能侍奉父母時，爲妻者即面臨著兩難的選擇。《唐縉雲郡司馬賈崇璋夫人陸氏墓誌銘並序》："（夫人）常修梵行，六親取則，尤能字人之孤，果合宜家之道。時賈公轉樂平郡别駕，又除縉雲郡司馬。太夫人在堂，以爲太行孟門，勾吴甌越，天下至險，山乘輿，水乘舟，我不行矣，汝其往哉。無摧北上之輪，罷著東征之賦。夫人曰：'從政爲忠臣，事姑爲孝婦，能割隨夫之貴，躬行孝養之禮，縉雲之役，誓將仍舊。'太夫人曰：'此行令吾子獨往，是益吾憂耳。'嚴命臨户，垂淚首途。"[④] 在轉任縉雲郡司馬之前，賈崇璋已有多年任職他鄉的經歷。因母親不能隨行，留居侍養的責任一直由陸氏承擔。而據墓誌中"尤能字他人之孤"的表述，賈崇璋應與其他女性育有子女，而其養育的責任同樣由陸氏承擔。雖然侍奉父母與教育子女一直是女性的家庭責任，但制度變遷之下，女性家庭内部的壓力必然隨之抬升。在墓誌中更爲具體的描述，可以見出女性參與家庭生活的細節及其在日常生活中所感受的壓力。而陸氏所面對的兩難抉擇與其日常所扮演的角色，應是唐代士族女性生活的常態。《唐故中散大夫榮陽郡長史崔府君故夫人文水縣君太原王氏墓誌》（天寶二一六）：

始笄之歲，歸我先府君。率修閑和，勤勞輔佐，夙夜恭儉，以成婦順，樽節軌範，以正母儀。事姑以孝聞，主饋以義著，蓄無奸貨，散必周急。若乃祭祀賓客之禮，舉而門風行；邕睦仁讓之教，敦而家事理。是以六姻稱禮樂標首，九族爲德義楷模。當府君命爲大夫，而夫人食邑文水，天書褒德，爰降紫泥，地理開封，將分石霈，一時

① 俞士玲曾以魏晉時期史家對曹魏三皇后的不同書寫爲例，考察魏晉社會對女性的三種想像。由於墓誌的文體限制，其對女性的書寫集中於第一類，即"依據后妃之德和女德要素建構的女性，女德要素偏重於極端的孝、不妒、正色，其叙事具戲劇性，人物表演性强，但總能看到過去典範叙事的影子，因而缺乏人物個性和生命力，這類女性其實是依照男性理想而塑造的他者式的女性。"俞士玲：《漢晉女德建構》，北京：人民文學出版社，2017年，第116頁。

② 周紹良、趙超：《唐代墓誌彙編》，第45頁。

③ 參見俞士玲：《漢晉女德構建》，第54—55頁。

④ 周紹良、趙超：《唐代墓誌彙編》天寶二〇〇，第1671頁。

> 榮觀,百代美談。夫人繁衍之慶,成人者有七;出身入仕,訓以忠爲令德;辭家適人,戒以虔恭中饋。故譽稱騁驥,議美乘龍。雖孟母徙鄰,大家垂訓,未之逾也。君子謂府君賢於外而夫人賢於內矣。[①]

王氏墓誌由其子執筆,故筆下含情,對其母王氏在嫁入崔家後的辛勞,能有較爲切近的觀察與理解。王氏事姑訓子、和睦親族、主理收支,家内之事多得其力。其與丈夫"分賢内外"的稱譽,可視爲唐代士人家庭生活的典範。墓誌中言及成人者有七,以唐代兒童的一般死亡率推知,其所養育的子女人數應不止此數。墓誌亦未言及是否有非自己出的子女,然據唐代士人婚姻狀況的常情,則存有極大的可能。墓誌斷斷如此,以之爲婦人之美德,而社會常態恐與此頗成對反。北朝女性多妒,[②]唐代前期女性亦頗存嫉妒之風,[③]男性多有别宅藏婦的現象。"准唐天寶六載五月二十四日敕節文,百姓百官身亡殁後,稱是别宅異居男女及妻妾等,府縣多有前件訴訟。身在縱不同居,亦合收編本籍,既别居無籍,即明非子息。及加推案,皆有端由:或其母先因奸私,或素是出妻棄妾。苟祈僥倖,利彼資財,遂使其真僞難分,官吏惑聽。其百官百姓身亡之後,稱是在外别生男女及妻妾,先不入户籍者,一切禁斷。輒經府縣陳訴,不須爲理,仍量事科决,勒還本居。"[④]男性在家庭之外與異性同居並育有子女,在唐代前期與士大夫妻多妒乃一現象之兩面。此問題進而引發中央王廷關注,並以敕書形式予以裁斷,足以證明墓誌文中對女性形象的書寫,雖有可能出於個體真實,但更多的是傳遞社會的群體預期。大曆而後,女性妒忌之風衰減,與墓誌文本中女性形象的製作應有較高的關聯度。

在承擔侍養雙親、訓育子女的同時,因爲唐代家庭處於魏晉世家大族向與兩宋宗族形態的過渡期,無論是共同抵禦制度風險的壓力,還是出於親親相助的血緣倫理,家族成員間的日常交往與援貧濟困,也是士族女性重要的家庭職責。《唐故中書令贈荊州大都督清河崔府君妻齊國太夫人杜氏墓誌銘並序》(開元一五九):"夫人丕承慶靈,誕茂貞淑,天性純至,寬正仁友……年十七,歸於中書令、贈荊州大都督、清河崔知温。貞順極婦道之美,慈訓備母儀之德,博涉禮經,尤精釋典。時六房同居,和睦上下,撫諸孤侄,有若己子。至於閨門禮法,吉凶儀制,内外遠近,咸取則焉。"[⑤]對於唐代士人而言,同族與姻親是其重要的人脉資源,也是個人乃至家庭對抗風險、維持社會地位的有效方式。對於士族女性而言,協調不同情感與利益關係,以及有意識地培養家族子弟,乃是頗難回應的挑戰。而此外,宗廟與墓地也是凝聚家族認同的重要元素。士族女性不但需要明瞭吉凶儀制,勝任"主中饋"的主婦職責,還有可能需要歸葬殁於異地或暫厝未葬的家族成員。《大唐故十學士太子中舍人上柱國河間縣開

① 周紹良、趙超:《唐代墓誌彙編》,第1682頁。

② 〔唐〕李百藥:《北齊書》卷二十八《元孝友傳》,北京:中華書局,2003年,第385頁。

③ "大曆以前,士大夫妻多妒悍者,婢妾小不如意,輒印面,故有月點、錢點。"〔唐〕段成式:《酉陽雜俎》前集卷八,《唐五代筆記小説大觀》,上海:上海古籍出版社,2000年,第616頁。

④ 〔宋〕竇儀等:《宋刑統》卷一二《户婚律》,北京:中華書局,1984年,第197頁。

⑤ 周紹良、趙超:《唐代墓誌彙編》,第1266頁。

國男贈率更令劉府君墓誌》（開元三〇四）：“及公枉歿南荒，夫人攜幼度嶺，行哭徒跣，扶櫬還鄉，寒暑四年，江山萬里，一朝而止，誰不嗟伏。”[①]《大唐故澤王府户曹參軍裴君墓誌並序》（開元一二五）：“夫人京兆杜氏，晉鎮南將軍當陽成侯預之十一代孫，皇朝汝州郟城縣令立素之季女也……而良人早丁荼毒，兼喪友于，歲月不便，松楸未植，爰始彌留，深相託付。夫人罄竭資産，營求窀穸，四序未周，三墳咸舉。吴逵之婦未足擬儀，皮京之妻豈能連類。道路傷歎，親朋嗟感。”[②]唐代士人歸葬家族塋地的風習，與魏晉以來家族聚居形態所形成的傳統相關，亦與侍死如生的孝養觀念及對死後世界的理解相關。但對於處於轉型期的士人家庭而言，南北漂泊中的家庭成員若欲維繫情感認同，歸葬祖塋即成爲應對成員離散適恰的選擇。甚而當一個家族的主要成員迫於生存壓力，已整體移居異地，亦不忘歸葬祖塋。《唐故右金吾衛倉曹參軍鄭府君墓誌銘並叙》（殘志〇三一）[③]：

> 府君滎陽人，諱魯字子隱……迨絳州、工部相繼凋謝，府君顧謂諸子曰：善自位者，然後爲用。前日家聲不泯，繄吾二仲，而今而後，非我所及。度吾能者；奉先訓，養諸孤，以謹家傣，其殆庶乎？謂京師艱食，終不能衣食婺幼，往歲工部佐戎於荆，嘗植不毛之田數百畝，蕪廢于兹亦一紀矣。府君乃喟然南來，復墾于是，疏卑爲溉，陪高而畝，及今三年，而歲入千斛。是歲分命迓二嫂氏洎諸孤于二京。春三月，絳州夫人盧氏從四子至自京師；秋八月，工部夫人盧氏至自洛陽。噫！府君遇疾於七月……是月十七日，終于江陵縣之東郊别業，享年五十七。明年廿一日，返葬于洛陽，並以十一月四日，窆于邙山之東麓，祔先人之舊域，故夫人之故封焉。[④]

歸葬家族墓地，通常是身處制度性漂泊而有極高可能逝於異地的士人對於身後的安排。但若綜合考量唐代的水陸交通及墓地營護與入葬的諸項費用支出，對於家庭而言，意味著沉重的經濟壓力與較高的安全風險。無論是遵循慣例，歸葬家人，還是另有選擇，實際主持家庭生活的士族女性通常都會面臨著極大的壓力。《唐故試太常寺奉禮郎趙郡李府君墓誌文》（元和〇九四）：“崔嫂以信乎巫神，不護靈旐，可爲痛哉！敢誌於石，用告幽壤。謹誌。博陵不義不順，不奔不護，明神有知，終不得祔。”[⑤]李絳在志文中指責不願護櫬歸葬的崔氏，頗有刻石爲記，留其罵名於千載的決絕。此種寫法雖然只爲墓誌文之特例，但士族女性所面對的親情

① 周紹良、趙超：《唐代墓誌彙編》，第 1366 頁。

② 周紹良、趙超：《唐代墓誌彙編》，第 1241 頁。

③ “按，此志未標明年代，但鄭魯次子鄭緄墓誌有存，收於《唐代墓誌彙編》中，即元和一三八《唐故滎陽鄭氏男墓誌銘并序》。據志，鄭緄元和十五年卒於江陵私第，而在鄭魯墓誌中提到其中男鄭絳‘早損’。鄭絳與鄭緄似爲同一人，鄭魯去世於其子之後，則墓誌應撰於元和十五年之後，鄭魯去世時還居荆州已有三四年，則其卒年或在元和十六年至十九年之間。”張葳：《唐中晚期北方士人主動移居江南現象探析——以唐代墓誌材料爲中心》，《史學月刊》2010 年第 9 期，第 38—46 頁。

④ 周紹良、趙超：《唐代墓誌彙編》，第 2558—2559 頁。

⑤ 周紹良、趙超：《唐代墓誌彙編》，第 2015 頁。

與輿論的壓力於此可見一斑。

和睦家庭、孝養姑舅、訓導子女、歸葬家人以及管理家庭事務,是唐代士族女性日常所要面臨的日常職責。與此同時,因爲選士任官的制度影響,士族女性又極可能會與丈夫異居兩地,進而産生相應的夫妻情感問題。加之唐代士族男性晚婚現象較爲普遍,與妻子之間多有一定的年齡差異,故女性寡居遂成爲常態。在生存挑戰與情感歸屬的雙重壓力之下,佛教乃是女性紓解壓力、安頓身心的一般選擇。《大唐故汝州刺史李府君夫人鄧國夫人韋氏墓誌銘並序》(天寶一六六):"夫人諱小孩,京兆人也……府君早歸才傑,累典藩郡,輿頌美其中和,國風資其内範。至於瀚濯斯保,織紝爲事,躬理節制,動成威儀,左右罕窺其喜怒,宗親益播其聲績。至於恤馭僮僕,保和娣姒,寒燠適性,往來無虞,婦禮益貴於朝廷,褻言不逾於閫閾。故中外怡怡如也。逮府君冥寞朝露,而夫人低徊晝哭,服喪之後,禪悦爲心,嘗依止大照禪師,廣通方便,爰拘有相,適爲煩惱之津;暫證無生,因契涅槃之境。"[①] 韋小孩在丈夫死後選擇皈依佛教,尋求内心的安頓自然是一種合理的意圖。但對於唐代很多需要經歷漫長寡居生活的士族女性而言,選擇佛教或道教作爲信仰,同時也是守貞不嫁的姿態表達。此外,佛道教義對於世俗欲望的態度,也表明宗教信仰與個人德性之間的關聯。而對於個人情感、欲望的克制,於家庭的和睦而言亦頗爲重要。故而,開元、天寶之後,女性皈依佛道尤其是佛教遂成爲其墓誌書寫的基本模式。

四、作爲言説策略的"孝"之書寫

墓誌作爲一種有著"蓋棺論定"意味的特殊文體,其對於志主生命的回顧,既受到文體傳統的限制,亦不免成爲一個時期主流觀念的文本表達。[②] 在開元、天寶時期的墓誌文中,"孝"與"忠"的關係處理,並不違背以此作爲處理父子與君臣關係之倫理原則的認知傳統。但制度的演變及漢晉以來有關"忠孝先後"論争的雙重影響,[③] 却自然使得對"孝"與"忠"的理解,以及兩者關係的處理上有了新的變化,而兩者也在互動的過程中,呈現出作爲言説策略的"實相"。

"孝"作爲報本反始的情感與行動,要求行孝者能够具有相應的物質、情感與榮耀的供給能力。當"鄉里"在士人成士的過程中已不再具有制度性的影響力時,"孝"養越來越依賴於

---

① 周紹良、趙超:《唐代墓誌彙編》,第1647頁。

② 參見鄭毓瑜:《文本風景:自我與空間的相互定義》,臺北:麥田出版社,2005年,第193頁。

③ 由於魏晉中央與地方間的關係結構,忠孝之辨中,頗值關注的一個理論取向是忠之原則的自然合理。如《晉書》所載車胤之論曰:"夫尊尊親親,立人之本,王化所由,二端而已。故先王設教,務弘其極,尊郊社之敬,制越紼之禮,嚴宗廟之祀,厭庶子之服,所以經緯人文,化成天下。夫屈家事於王道,厭私恩於祖宗,豈非上行乎下,父行乎子!若尊尊之心有時而替,宜厭之情觸事而申,祖宗之敬微,而君臣之禮虧矣。嚴恪微於祖宗,致敬虧於事上,而欲俗安化隆,不亦難乎!"〔唐〕房玄齡等:《晉書》卷二〇,第629頁。另可參見陳壁生《孝經學史》(上海:華東師範大學出版社,2015年)第二章至第四章的相關論述;李若暉《久曠大儀:漢代儒學政制研究》(北京:商務印書館,2018年)與劉順《歷史之勢與生民之意:柳宗元政論中的政治與道德》(《北大政治學評論》第7輯)亦有較爲系統的考察。

士人制度性身份的獲取。“孝”以取得鄉論的認可，從而獲取入仕的資格，已實際顛倒爲取得入仕的資格以爲“孝”之前提。《唐故朝散大夫滁州别駕蕭君墓誌銘并序》（開元四二〇）：“公幼而純固，專精學植，傳乃爲癖，詩而能言。年十六，國子明經擢第……滿歲，丁蘭陵府君憂，而泣血過制，誓身不仕。親黨謂之曰：‘揚名不復，非孝也。’亦以蒸嘗或闕，遂起爲蘇州長洲令。”① 揚名顯親與物質供給的壓力，成爲士人入仕的重要因由。也由此，士人群體難以回避忠孝關係中，“忠”之影響抬升的事實。但對於中央王朝的國家治理而言，忠先於孝的觀念，雖然出現於律令格式之中而成爲制度規定。② 但謀反、謀大逆等罪名的規定與日常的政治運行之間畢竟存有明顯的距離，特殊境遇中的倫理問題，可以展現倫理規則的底綫，然而於複雜社會生活而言，忠孝共存中的關係處理更爲常態。但即使在中唐人的認知中，“忠孝”共存的觀念，或許距離群體共識尚有一間。代宗朝曾有一場關於尚書韋涉謚號“忠孝”的争論，太常博士程皓主張謚曰“忠孝”，刑部尚書顔真卿存有異議，以爲“忠孝不並，已爲孝子不得爲忠臣，爲忠臣不得爲孝子”。陳皓進而議曰：“‘夫孝，始於事親，中於事君，終於立身。’此聖人之教也。至於忠孝不並，有爲而言，將由親在於家，君危於國，奉親則孰當問主，赴君則無能養親。恩義相迫，事或難兼。故徐庶指心，翻然辭蜀，陵母刎頸，率令歸漢。各求其志，蓋取諸隨。至如奉慈親，當聖代，出事主，入事親，忠孝兩全，誰曰不可。豈以不仁爲孝，舍親爲忠哉！”③ 陳皓以爲“忠孝不並”只是特殊的境遇使然，而在聖王盛世則可忠孝兩全。陳皓所言，“有司不能駁”，若兼顧顔真卿的駁議，則可推知，在代宗之前，士人群體乃將忠孝不能兩全視爲共識。即使在現實的生活中，出事君、入孝親同樣是慣常現象。但在觀念層面，士人依然持續了魏晉南北朝以來的舊傳統，認爲兩者之間存在著不可消弭的緊張。在此種認識之下，忠先於孝的政治導向即難以被士人所自然接受。陳皓的主張實際上預示著安史之亂後，政治倫理在觀念領域的變革。而在開元、天寶時期，玄宗的努力乃是嘗試借助對於“孝”的强調，以達成對“忠”作爲自然倫理的地位認定。

開元十年及天寶三載，唐玄宗兩次御注《孝經》並頒行天下。相較於鄭注，御注顯著的特點，乃是對於《孝經》原載典禮的删改④ 以及通過增删經文的方式提升忠的倫理位置。⑤ 經過玄宗的兩次御注，《孝經》自孔子教化天下的政書轉而爲時王以聖人之教教化天下的倫理書。⑥ 在御注中有一則疏文頗有意味：“夫人倫正性，在蒙幼之中，導致斯通，壅之斯蔽。故先王慎其所養，於是乎有胎中之教，膝下之訓。感之以惠和，而日親焉；期之以恭順，而日嚴焉。

---

① 周紹良、趙超：《唐代墓誌彙編》，第 1447 頁。

② 《唐律疏議》卷一“十惡”條前三條爲“謀反”“謀大逆”“謀叛”，位置最爲優先。劉俊文：《唐律疏議箋解》，北京：中華書局，1996 年，第 56—57 頁。

③ 〔唐〕封演撰，趙貞信校注：《封氏聞見記校注》卷四《定謚》，北京：中華書局，2005 年，第 34 頁。

④ “鄭君深於禮學，注《易》箋《詩》，必引禮爲證，其注《孝經》，亦援引古禮，此皆則古稱先，實事求是之義。自唐以來，不明此義。明皇作注，於鄭注引典禮，概置不取，未免買櫝還珠之失，而開空言説經之弊。”〔清〕皮錫瑞撰，吴仰湘點校：《孝經鄭注疏》，北京：中華書局，2017 年，第 1 頁。

⑤ 參見朱海：《唐玄宗御注孝經考》，《魏晉南北朝隋唐史資料》第 20 輯，上海：上海古籍出版社，2003 年，第 124—135 頁。

⑥ 陳壁生：《孝經學史》，第 230 頁。

夫親也者,緣乎正性而達人情者也。故因其親嚴之心,教以愛敬之範,則不嚴而治,不肅而成。"[1]玄宗此注强調孝對於後天教化的依賴,也因有此人性觀念,時王教化天下衆民方始自然合理。相較而言,高宗至玄宗早期墓誌中對於性乃天成的描述,則弱化了後天教化的影響,時王教化天下則自無必要。但自開元二十年後,孝乃天成的寫法已難見於墓誌,與孝經御注以及開元末期及天寶初期,玄宗兩道政令的頒佈應存有關聯。

> 如聞百官及庶人家,殯葬頗違古則,無復哀戚,遞相誇尚。富者逾於禮法,貧者殫其資産,無益於死,徒損於生,傷風敗化,斯弊尤甚。自今已後,送終之儀,一依令式。至墳墓所,仍不得聚飲肉食,宜令所繇,嚴加禁斷。更有違者,科違敕罪。——唐玄宗《禁殯葬違法詔》[2]
>
> 古之送終,所尚乎儉。比來習俗,漸至於奢。苟炫於衢路,復何益於泉壤?又凡庶之中,情理多闕,每因送葬,或酣飲而歸,及寒食上墓之時,亦便爲宴樂,在於風俗,豈成禮教。自今已後,其緣葬事有不依禮法者,委所由州縣並左右街使嚴加捉搦,一切禁斷。其有犯者,官人殿黜,白身人所在决一頓。——唐玄宗《禁喪葬違禮及士人干利詔》[3]

"子生三年,而後免於父母之懷","孝"本植根於脆弱與依賴的人類的根本處境,但"孝"需要被感召的事實,也提示"孝"並非本能,亦非人之本性。[4]"孝"的實現與後天的教育及生存環境高度交織且總是面臨著孝道衰落的可能。"孝"的艱難以及孝在國家治理中無可替代的作用,决定了孝同時作爲一種公共德性的位置,以及國家通過制度與輿論等手段予以褒贊與懲處的必要。玄宗在開元末期及天寶初期發佈的關於禁止喪葬違禮的詔令,雖依然是延續漢魏以來,國家通過行政方式强化政治權力的倫理職能,以引導與强化社會結構與秩序的舊傳統。但當行孝需要教化在一個時段内被再次强化時,禮儀規製作爲教化的資源便會被同樣凸顯。《大唐故監察御史趙郡李府君夫人博陵崔氏墓誌銘並序》(天寶一九七):

> 善乎!府君之世,昆弟孝友;夫人之家,上和下睦,内外一體,其教可知。居有孟徙之賢,行有班隨之賦,積善餘慶,議者榮之。自夫人之初笄也,以府君素無怙恃,乃嘆曰:"幸承巾櫛,不逮舅姑,徒習鞶紳之儀,終無奉戴之日。故睦娣姒以申義,和親族以輔仁,喪不逾節,禮也;勤則不匱,智也;能訓諸子,慈也。夫人有伯兄季弟、長姊孤侄,或死生契闊,時命屯否,拯之救懸,常若不及。事不迹而心已行,此胡質

① 〔唐〕李隆基:《孝經注疏》卷五,《十三經注疏》,北京:中華書局,2003年,第2554頁。
② 〔清〕董誥等編:《全唐文》卷二十八,第325頁。
③ 〔清〕董誥等編:《全唐文》卷三十一,第349頁。
④ 王玨:《孝何以是一種美德》,《文史哲》2015年第4期,第12—16頁。

清畏人知，介推文不求顯，此夫人之孝也。”[①]

博陵崔氏的墓誌文中刻意强調了“習韡紳之儀”與“喪不逾節”的生命細節，而禮學知識與制度儀節的隨俗調整與均注重後天教育對於孝行之影響的特點，也自然会合理化政治權力對孝道的指導與約束。

在唐初抬升“忠”之倫理地位的諸多舉措中，借助“孝”作爲天倫的自然倫理特性，將“忠”同樣的自然化在唐律中即有明確的展現。《唐律疏議》卷第一“十惡”條：“一曰謀反。【疏】議曰：按《公羊傳》云：‘君親無將，將而必誅。’謂將有逆心，而害於君父者，則必誅之。《左傳》云：‘天反時爲災，人反德爲亂。’然王者居宸極之至尊，奉上天之寶命，同二儀之覆載，作兆庶之父母。爲子爲臣，惟忠惟孝。乃敢包藏凶慝，將其逆心，規反天常，悖逆人理，故曰‘謀反’。”[②] 唐律對謀反的解讀，將君臣關係視爲“天常”，强調君臣秩序作爲自然法則的地位，“謀反”之罪爲“十惡”之首，乃是其悖反了人間的自然秩序原則。[③] 經此解讀，君臣關係在觀念上已無需再取法自然的父子關係，而同樣成爲至高的自然法則。玄宗時，司馬貞在《史記》中增補《三皇本紀》，正是此觀念的在歷史領域的自然延伸。[④] 當帝王制序成爲歷史的起點時，有父子，然後有君臣即不再是討論君臣關係毋庸置疑的邏輯起點。但自代宗時期顔真卿與程皓之間的論争而言，君臣秩序爲自然法則的觀念，尚未能形成其相對於父子倫理的優位，家與國之間，也尚未形成國事優先的共識。所謂“小孝孝家”“大孝孝國”尚依賴於公、私觀念的結合與轉化，而此過程需至宋儒時方始完成。[⑤] 在開元、天寶之時的墓誌文中，任官能盡其職依舊是“忠”的一般書寫方式。《大唐故通直郎守武榮州南安縣令王府君墓誌銘並序》（開元〇一七）：“君幼而柔嘉，夙懷耿介，雅尚貞懿，恬然虚白。弱冠明經擢第，補崗州司法參軍。南海遐鄙，中典罕及，評刑斷獄，多闕矜慎。持法作吏，屢聞峭刻，我君莅之，樹德斯在。改任泉州録事參軍。貞以從政，清以徇物，遠邦準的，鄰郡規矩。秩滿，授武榮州南安令。下車宣風，闔境潛化，成自於我，政刑於物。訓以昭業，教己逮人，邑杜權回，俗無浮競。脂膏不潤，威惠自居，旬月之間，政聲斯洽，古稱三善，亦奚以加。”[⑥] 王基多年任職南方邊鄙之地，墓誌中稱揚其爲官理政頗得民譽。雖然，墓誌所言未必盡爲實語，但以盡忠職守爲士人忠於國家的展現方式，却可反映是時士人群體的共有理解。而對於孝爲父子天倫的認可，也爲士人的進退出處，提供了一定的話語空間，士人既可因爲禄養或榮養之需而出仕，亦可以“孝乎雖孝，友於兄弟，施於有政，是亦爲政，何必從仕哉！”[⑦] 甚而，在忠孝不能兩全的特定境遇中，依

① 周紹良、趙超：《唐代墓誌彙編》，第 1669 頁。
② 劉俊文：《唐律疏議箋解》，北京：中華書局，1996 年，第 56 頁。
③ 甘懷真：《皇權、禮儀與經典詮釋：中國古代政治史研究》，上海：華東師範大學出版社，2008 年，第 232 頁。
④ 廖宜方：《王權的祭典》，臺北：臺大出版中心，2020 年，第 184—185 頁。
⑤ 任玥：《“孝”與“忠”的雙重變奏》，《政治思想史》2016 年第 4 期，第 29—45 頁。
⑥ 周紹良、趙超：《唐代墓誌彙編》，第 1162 頁。
⑦ 周紹良、趙超：《唐代墓誌彙編續集》開元〇八四《大唐故抱德幽栖舉·部常選天水趙君墓誌銘》，第 511 頁。

然有以盡孝爲首選的可能。[1] 由於“孝”所提供的行動選擇、所能帶來的個人聲譽以及其在與其它社會資本間轉换的能力,“孝”也常常成爲相互指責攻擊的焦點,並産生連鎖的社會與政治效應。兢懼的心態之下,强化倫理道德的勸誡與人生教誨,標顯家法門風,成爲士族回應風險的重要方式。[2]

“孝”作爲言説策略的可能,與行動意圖與行爲方式以及結果與意圖之間的多重關係相關,[3] 也緣於家/國與私/公領域解讀上的對應。而這也説明,儒家理論常常依賴於闡釋解讀的特性。中古時期政治領域的忠孝之争,更多乃是不同的行動者依據相應意圖與理論資源,所作出的策略性的闡釋。[4] 而對於“忠”而言,由於自先秦以來,其内涵需要“國家本身的利益”“天下人民的利益”“合乎道德倫理”三者的支撑,[5] 即使唐代已在律令、經典注疏等層面將“忠”抬升至自然法則的位置,但觀念在日常生活層面的流行,需要社會各階層不同方式的接受,加之人類行動自身的特點,“忠”依然難免作爲話語策略而被使用。只是由於開元、天寶時期的社會生活安定以及墓誌的文體限制,“忠”作爲話語策略在此時期的墓誌中,並無太多的展現。

開元、天寶時期是隋唐中央—地方關係調整制度化之效應逐步展現的特殊時段,南北士族的中央化進程大體完成。士人與鄉里制度性關聯的脱離,展現於墓誌文中,即是鄉閭類語詞的衰減。士人孝行的展演在延續魏晉南朝孝感傳統的同時,也强調孝自天成的命定論。但皇權抬升的歷史趨勢,在讓君臣倫理成爲自然原則的同時,也强化了帝王承擔教化社會的責任。而知識風習的轉變,尤其是佛教禪宗的流行,亦使得墓誌中孝的書寫更注重後天教化與禮儀規制的影響。制度的變遷,在家庭内部的角色分擔上所産生的影響,是對士族女性的德性與治家功績的關注。當“忠”“孝”成爲公私領域最爲根本的倫理規則時,對其策略化的使用,也自然而然地展現於包括墓誌在内的不同的文本書寫中。

(劉順,黑龍江大學文學院教授;劉麗,黑龍江大學文學院古代文學博士研究生)

① 參見仇鹿鳴:《一位“貳臣”的生命史——〈王伷墓誌〉所見唐廷處置陷僞安史臣僚政策的轉變》,《文史》2018年第2輯,第43—70頁。

② 馬新、齊濤認爲中古家族的家規、家法、家訓發達,以勸誡教誨爲主,而近古宗族新式族規,則以約束性條規爲主,有明確的强制性和懲罰性(《試論唐代宗族的轉型》,《文史哲》2014年第2期,第66—78頁)。

③〔唐〕皮日休撰,蕭滌非、鄭慶篤整理:《皮子文藪》卷八《鄙孝議下篇》,上海:上海古籍出版社,2017年,第97頁。

④ 甘懷真:《皇權、禮儀與經典詮釋:中國古代政治史研究》,上海:華東師範大學出版社,2008年,第9頁。

⑤ 參見佐藤將之:《中國古代的“忠”論研究》,臺北:臺大出版中心,2010年,第88—89頁。

唐閻氏昆仲《王會圖》《職貢圖》之著録疏誤考辨*

羅建新

[摘　要] 圖像史料中，關於閻立德、閻立本與《王會圖》《職貢圖》關係的論述多有淆亂：或視立德《王會圖》爲《職貢圖》，或定立本《職貢圖》作《王會圖》，言人人殊。究其緣由，概因諸家未詳考其圖式特徵。《王會圖》採用“面”型結構，摹繪蕃使于京師覲見皇帝之場景，彰顯“萬國來朝”的盛世氣象，具有“昭盛德之事”的宣教功能；《職貢圖》採用“綫”型結構，呈現蕃使行進於朝貢路途的行列，書寫介紹外藩知識之文辭，以留存“四方奉琛，梯山航海”的歷史印記，爲有司查考提供依憑。圖式上這種“面”與“綫”、“場景”與“行列”的不同，既是此兩類圖像在視覺呈現上的顯著差異，亦可作爲區别古代職貢圖像名實差異、考訂史料疏誤的參照依據。

[關鍵詞] 閻立德　閻立本　王會圖　職貢圖　著録疏誤

貞觀、天寶以降，大唐國威顯赫，外蕃異族朝貢頻仍；與之相應，表現“四夷賓獻、遠國歸款”題材的畫作層出累現。[①] 這其中，閻立德、閻立本之作尤值矚目：其圖乃受詔而制，承載“夷夏觀念”與國家意志；圖成後，影寫多本，藏諸秘府、職方，兼具審美與實用功能；圖畫具有範式特徵，多爲後人摹繪詠贊。然而，在流傳過程中，相關史料記載却多有淆亂：《宣和畫譜》、郭若虚《圖畫見聞誌》記載因東蠻謝元深入朝而作《王會圖》者爲閻立德，李廉《王會圖賦(有序)》、王世貞《弇州山人四部稿》、王芑孫《王會考》却定爲閻立本；張丑《真迹日録》、吴升《大觀録》著録的“閻立德《王會圖》”，《石渠寶笈》却作“《職貢圖》”；顧復《平生壯觀》、安岐《墨緣彙觀録》定爲“閻立本《職貢圖》”者，《大觀録》作“《諸夷職貢圖》”，《石渠寶笈》却作“《王會圖》”，等等。如此一來，學界對閻氏昆仲與《王會圖》《職貢圖》關係的認識就産生困惑：閻氏昆仲是否皆作有《王會圖》《職貢圖》？此二圖是否爲“同圖異名”之作？圖中各自描繪何種景象？史料記載中出現何種疏誤？對這些問題進行考察，能釐清圖像史料關於閻氏昆仲藝術創作的記載疏誤，豐富對繪畫史中職貢類作品的認識。鑒於此，本文擬爬梳文獻，參稽圖像遺存，對閻氏昆仲與《王會圖》《職貢圖》關係進行考索，在此基礎上，辨析圖式特徵，明其差異，以釐正圖像史料中的疏誤，爲學界深入研究提供參照。

---

* 本文是國家社會科學基金項目“中國古代職貢圖像文獻整理與研究”(21BZS029)的階段性成果。

① 如尉遲跋質那《六番圖》、閻立德《職貢圖》《王會圖》、閻立本《職貢圖》《職貢獅子圖》《西旅貢獒圖》、韓幹《外國獻名馬圖》、韋無忝《外國獻獅子圖》《職貢獅子圖》、邊鸞《新羅國獻孔雀圖》、韋宗卿等《黠戛斯朝貢圖傳》、周昉《蠻夷職貢圖》等，其中存在“同名多本”現象。

一、閻立德《王會圖》所繪内容考述

貞觀三年(629),東蠻謝元深等入朝,顔師古奏請撰《王會圖》,以宣揚“天下太平,遠國歸款”之聲威,昭顯皇帝聖德無極。太宗從之。而受詔作圖之人,胡璩《譚賓録》卷七記作“立德等”,①《唐畫録》則謂閻立德“爲《王會圖》”。② 嗣後,諸多史料遞相因襲,遂使“閻立德作《王會圖》”説爲諸多學人認同。

其圖雖佚,然所繪内容,尚可借助史料考知大略。顔師古奏言中嘗引武王時制作《王會篇》事,用意當是比太宗爲武王,借追奉“周王”來喻示“當朝”,以求迎合“穆矣熏風茂,康哉帝道昌。繼文遵後軌,循古鑒前王”③ 的聖意。《王會篇》記載“成周之會”盛況:首叙諸宰方位及帳服制度,次言“三服”朝儀及受贄諸事,再述番邦秩序與風俗人情,末以商湯故事收束。④ 這種“大會諸侯及四夷”的描述,正與太宗每每念及的“百蠻奉遐贐,萬國朝未央”“紫庭文珮滿,丹墀衮紱連。九夷簉瑶席,五狄列瓊筵。娱賓歌湛露,廣樂奏鈞天”⑤ 之政治景象契若符節。故閻立德受詔圖繪時,當是依《王會篇》而運思,參佐貞觀時“遠方諸國來朝貢者”的相關情況,彰粉繪之淋漓,渥丹青之炫耀,藝術性地圖寫衆蕃來朝于京師之場景,繪成《王會圖》。

立德所繪“王會”場景,《宣和畫譜》有記載,其文曰:“序位之際,折旋規矩,端簪奉笏之儀,與夫鼻飲、頭飛,人物詭異之狀,莫不備該毫末”。⑥ 可見,圖中除勾勒人物“詭異之狀”外,還繪有外蕃異國使者朝見唐帝時的位置、秩序、禮儀規矩等内容。更詳細的記載見於宋人董逌《廣川畫跋》,據其所言,描摹“唐貞觀所受貢于四海”的閻立德《王會圖》,展現“王者元日受朝”場景:内庭“五輅時陳,百燎夜具”,充具皇家儀仗禮樂器物;庭外依制陳設儀仗麾衛,秩序謹嚴;朝貢之蕃國按“東首”“西首”“南首”“北首”之序排列,由鴻臚等引導,準備覲見皇帝;諸種貢物“瑰奇怪譎,璀璨錯落,爲一時偉觀”。圖還抄寫多本,“其藏在王府,其副留職方,以時參考,盡得四夷服章、物采、名號、姓氏、官爵、謚命,此其所傳也”,⑦ 承載一定的資鑒功能。

要之,閻立德《王會圖》重在描繪外藩異族于京師朝覲皇帝之場景。

---

① 〔唐〕胡璩:《譚賓録》卷七,南京圖書館藏清抄本。

② 〔明〕張丑:《清河書畫舫》卷三下,《四庫全書》第817册,臺北:臺灣商務印書館1986年影印文淵閣本,第109頁下欄。

③ 〔唐〕李世民撰,吴雲,冀宇校注:《唐太宗全集校注》,天津:天津古籍出版社,2015年,第45頁。

④ 黄懷信、張懋鎔、田旭東撰,黄懷信修訂,李學勤審定:《逸周書彙校集注(修訂本)》,上海:上海古籍出版社,2007年,第795—922頁。

⑤ 〔唐〕李世民撰,吴雲、冀宇校注:《唐太宗全集校注》,第34頁。

⑥ 王群栗校點:《宣和畫譜》卷一,杭州:浙江人民美術出版社,2012年,第13頁。

⑦ 〔宋〕董逌撰,張自然校注:《廣川畫跋校注》卷二,鄭州:河南大學出版社,2012年,第134—136頁。

二、閻立德《職貢圖》所繪内容索隱

閻立德作《職貢圖》事，最早見諸朱景玄《唐朝名畫録》，其文曰："閻立德《職貢圖》，異方人物，詭怪之質，自梁、魏以來，名手不可過也。"[①] 則其圖中繪有外藩人物，形貌不類中土，讓人觀之即生詭怪之感。而後，諸多圖像史料皆認同朱景玄説，謂立德作有《職貢圖》。

此圖所繪内容，《石渠寶笈》有載：閻立德《職貢圖》，絹本設色畫，高八寸四分，廣一丈三尺三寸八分，前隔水有"蕉林書屋"印，後隔水押縫有"冶溪漁隱""蒼巖子"印，引首有"蒼巖""棠村審定"印，拖尾康里巎巎跋前有"新安吴廷江邨""長宜子孫""廱和百福"諸印，王餘慶跋後有"蒼巖子""蕉林""觀其大略"印，押縫有"蒼巖"印。凡二十五段，每段節録《職方志》一則，拖尾有康里巎巎、王餘慶跋，並題寫有贊語：

> 粤若稽古，辨方正位。海外有截，王廷斯洎。曰夏曰殷，質文雖異。胥人象人，設官咸置。天子廷燎，萬方來王。侯服采服，執圭執璋。憬彼聲教，爰被殊方。車懸馬束，山梯海航。不彤之城，不灰之木。魚文騣裹，蒲桃苜蓿，扶拔（以下缺），承我乾行，戒示景福。此通元（以下缺）並海無際，陰山接天。遐哉鳥穴，永矣雞田。青雲入吕，黄星出翼。湖開表瑞，河清呈色。尸臣外相，屢觀殊域。記爾風土，國（旁作圖）兹貢職。[②]

《藝文類聚・巧藝部》載梁元帝《職貢圖贊》殘文曰："北通玄兔，南漸朱鳶。交河悠遠，合浦迴邅。兹海無際，陰山接天。遐哉鳥穴，永矣雞田。"[③] 董逌《廣川畫跋・上〈王會圖〉叙録》中亦有"蕭世誠謂'北通玄菟，南漸朱鳶，交河合浦，兹海陰山，鳥穴雞田'"語；而此贊語中恰有"此通元（以下缺）並海無際，陰山接天。遐哉鳥穴，永矣雞田"節文字，其中"此通元"當爲"北通玄"，"此"爲"北"之形訛，"元"爲避"玄"字諱而改寫，故此贊語當爲後人抄録之梁元帝《職貢圖贊》。同時，立德所繪内容"凡二十五段，每段節録《職方志》一則"，與蕭繹《職貢圖》相類：蕭圖亦依次描繪"中天竺、師子、北天竺、曷槃陀、武興番、高昌及建平蜑、臨江蠻"等外藩使者形貌，並於像旁題寫其國地望、物産、風俗等見諸《職方志》之文辭。[④]

概言之，閻立德《職貢圖》係摹自蕭繹《職貢圖》，主要呈現諸蕃行進於朝貢路途之行列。

---

① 〔唐〕朱景玄撰，吴企明校注：《唐朝名畫録校注》，合肥：黄山書社，2016年，第49頁。

② 〔清〕張照、〔清〕梁詩正等編：《石渠寶笈》卷三二，《四庫全書》第825册，臺北：臺灣商務印書館1986年影印文淵閣本，第271頁下欄。

③ 〔唐〕歐陽詢等編：《藝文類聚》卷七四，《四庫全書》第888册，臺北：臺灣商務印書館1986年影印文淵閣本，第546頁下欄。

④ 〔明〕宋濂：《梁元帝〈職貢圖〉》，〔清〕孫岳頒等編：《（内府本）佩文齋書畫譜》卷九十《畫辨證》，杭州：浙江人民美術出版社，2014年，第2850頁。

三、關涉閻立德《王會圖》《職貢圖》之史料疏誤辨正

明、清以來,閻立德《王會圖》《職貢圖》流傳甚廣,摹本及截割續補之作亦多,遂使相關史料記載産生疏誤。

明人張丑《真迹日録》著録"閻立德《王會圖》",[①] 首列"虞□□、芮芮國、波斯國、百濟國、胡密丹、白題國、靺國、中天竺、獅子國、北天竺、陽槃陀、武興國、龜兹國、倭國、高麗國、于闐國、新羅國、宕昌國、狼牙脩、鄧至國、周古柯、阿跋檀、建平蛋、女蛋國"二十四蕃國名,繼而録康里巎巎、王餘慶跋及王肯堂《王會圖贊》。

康里巎巎跋文曰:

> 余觀閻立德所畫《王會圖》,本諸唐貞觀間太宗事,可見古之賢君,以德歸萬國。蓋昔三代盛時,化格昆蟲鳥獸,民俗敦美,周之民從之如歸市。夫帝王之治,順之則歸,逆之則去。後至戰國、暴秦以下,無可觀者。太宗平定之後,以詩書賜外邦,文化所至,率賓遐荒,其庶幾乎!有國家者觀此,孰無感焉?是圖誠爲後世珍鑑,又非庸常繪畫所能以擬也,是宜寶也。

康里巎巎本西域康里部色目人,自幼"受業國學,博通群書",熟諳儒學,嘗於元順帝時,"取郭忠恕《比干圖》以進,因言商王受不聽忠臣之諫,遂亡其國",[②] 帝察其誠,虚己以聽。以此類之,其跋立德《王會圖》,用意當在於借唐太宗"以詩書賜外邦,文化所至,率賓遐荒"事,向元帝宣教"賢君以德歸萬國"的政治思想。是故,其文並未描繪圖中具體内容,而是點透其中的政治"珍鑑"意義。

王餘慶跋文曰:

> 僧蘭谷得故畫《蠻夷二十四國圖》以示余,傅色沉實而筆力能各盡其態,誠可珍玩也。按:唐貞觀三年,東謝蠻酋元深入朝,中書侍郎顔師古請依周太史,爲《王會圖》。會昌中,黠戛斯既破回鶻,其君長阿熱遣使者上書言狀,宰相李德裕亦請爲圖,以示後世。有詔以鴻臚所得續著之。黠戛斯,本堅昆國也。唐制,凡蕃客至,鴻臚訊其國山川風土,爲圖奏之御前,上于職方;殊俗入朝者,圖其容狀、衣服以聞。此所以詔鴻臚也。《宣和畫譜》則以《王會圖》爲閻立德之筆云。又按:宋祥符間,判鴻臚寺張復亦請以朝貢諸國繪畫其衣冠,採録其風俗,爲《四夷述職圖》。注輦國

---

① 〔明〕張丑:《真迹日録》卷三,《四庫全書》第817册,臺北:臺灣商務印書館1986年影印文淵閣本,第555頁上欄。

② 〔明〕宋濂等:《元史》卷一四三,北京:中華書局,1976年,第3414頁。

王羅茶羅乍遣使娑里三文貢方物，而張復復圖其衣冠上之。今者有元大德被海内外，四夷萬國，莫不尊親，來謳來歌，混處無間，孰得而畢狀哉？於乎盛矣。

此中“傅色沉實而筆力能各盡其態”語，當是對《蠻夷二十四國圖》的評價。按語中言及的唐貞觀《王會圖》、會昌《續王會圖》以及宋祥符《四夷述職圖》，乃是援引唐、宋以來圖繪外夷入朝之故實，爲其主張“元際‘四夷萬國，莫不尊親，來謳來歌’，故當圖繪其狀”的觀點提供依據，並非是對閻立德《王會圖》的觀感。再則，王餘慶主要活動在元惠宗元統、至正年間（1333—1370），其時康里巙巙尚在世，餘慶當對康氏所見《王會圖》及其題跋有所知曉，故斷不會于康里巙巙所定“閻立德《王會圖》”中題寫觀《蠻夷二十四國圖》之感。亦即，餘慶此跋是爲《蠻夷二十四國圖》而作，與閻立德《王會圖》無涉。

王肯堂贊語曰：

古先哲王，區分中外。重譯來王，厥德乃大。成周之隆，八方會同。各以其職，來獻鎬宫。丕承武王，垂拱而治。爰作《王會》，貽法厥世。日蜮月蛸，桂海冰天。逾沙軼幕，叩關請前。火齊錯落，浮琛沉羽。道路如織，歸我天府。春王三朝，九夷賓將。庭燎晣晣，璧玉華光。削衽解辮，十百其耦。象胥舌人，繽相先後。施于後世，爰及有唐。貞觀之治，洽于要荒。朝貢紛紜，服章詭異。惟天可汗，是依是庇。乃詔曲臺，乃命鴻臚，乃命良工，繪《王會圖》。咫尺滇池，跬步瀚海。狼居龍堆，滅没擀靄。丹崕礫石，墨水流澌。一幅之間，氣候屢移。龜兹之樂，巴渝之舞，登於縑素，騫其欲舉。昭揭寰宇，以遠休聲。羣公縱觀，劍佩鏘鳴。維圖之設，有勸有戒。悖德允云，蠻夷冠帶。聖皇鑒此，無怠無荒。日益月增，山梯海航。《王會》未書，《職貢》莫紀。時而颺之，以對嘉祉。右余館試《王會圖贊》，吴君携此卷請書，聊爲書之。

王肯堂爲明萬曆己丑年（1589）進士，選翰林院庶起士，授檢討；故其《王會圖贊》當是萬曆壬辰年（1592）應試之作，非爲觀圖後所書題跋。在因抗倭事而告歸鄉里後，他與徽州吴延、吴希元、吴惟明、吴楨等交好，屢爲諸吴題跋；故此文中“吴君”，[①] 當是其中之一；其携以請王肯堂題書者，或爲《王會圖》，然是否出於立德之手，或是後人摹本，皆不能明。

此三跋中，康里巙巙只言及曾觀閻立德《王會圖》，未有一字描述圖之形制、所繪形像、題籤款識等；王餘慶跋係爲《蠻夷二十四國圖》而作，與立德《王會圖》無涉；王肯堂《王會圖贊》乃是應邀在徽州吴氏所携畫卷上題寫的舊作，未曾涉及畫作具體内容。它們之所以出現在同一畫幅上，當是好事者爲增此圖之價，截割補綴所致，斷非閻立德《王會圖》遞相庋藏之

① 《石渠寶笈》卷三二著録“唐閻立德《職貢圖》”，拖尾康里巙巙跋前有“新安吴廷江印”；又著録“唐閻立本《王會圖》”，有王肯堂《王會圖贊》及題署“吴君携此卷請書，聊爲書之，損庵堂”，押“吴廷私印”“吴廷書畫之印”印；則《真迹日録》中之“吴君”，或是吴廷江，或是吴廷，或是臨摹者所僞托，難以征實。

見證。張丑據康里巎巎跋定此圖爲“閻立德《王會圖》”,並斷爲“真迹”,當非。

無獨有偶,清吴升《大觀録》亦著録一本“閻立德《王會圖》”,其文曰:

絹本,高八寸,長一丈二尺二寸,大設色,人物高可六寸,繪入朝番客凡二十六國,冠裳結束,殊俗異製,虬髯碧眼,奇形詭態,國國不同。每一番客後,疏其國名,採録其道里山川風土,皆小楷書,端嚴謹重,具唐人法度,字繁不録,止録國名。第一國前已損失,止存後書十四行,第二國爲波斯,三爲百濟國,四爲龜兹,五爲倭國,六爲高句驪,七爲于闐,八爲新羅,九爲宕昌,十爲狼牙修,十一鄧至國,下爲周古柯、阿跋檀、胡密丹、白題國、靺國、中天竺、師子國、北天竺、朅盤陀、武興番、高昌國、天門蠻、建平蜑、臨江蠻諸番,客則以次而繪而採録焉,子容題在絹尾,壓宋印一方。子容者,蘇頌也,有名於宋。康里子山、王叔善二跋並精妙。[①]

其後有蘇頌題簽:“熙寧丁巳(1077 年),傳張次律國博本。杭州山堂校過,子容題”,爲張丑著録中所無。據此,此圖當是張次律摹本,後經蘇頌校理。

又有康里巎巎、王餘慶跋,與張丑著録大同微異:張丑著録王餘慶跋中“僧蘭谷得故畫《蠻夷二十四國圖》”,吴升改作《蠻夷二十六國圖》,但在描述圖中蕃國時,却只列二十五國名,當爲疏誤所致。

要之,吴升所著録的“閻立德《王會圖》”亦爲“文(題寫蕃國風土人情)圖(繪蕃使形貌服飾)結合”式構圖,所繪蕃國中無張丑所著録的“虞□□”“芮芮國”“女蜑國”,多出“高昌國”“天門蠻”“臨江蠻”,以及已缺損之一國,其餘二十一國名稱相同。而且,二人所録蕃國先後秩序大致可劃分爲相同的四組:(一)波斯國、百濟國;(二)胡密丹、白題國、靺國、中天竺、獅子國、北天竺、朅盤陀、武興國;(三)龜兹國、倭國、高麗國、于闐國、新羅國、宕昌國、狼牙修、鄧至國;(四)周古柯、阿跋檀、建平蜑。是故,二人所著録者,當爲同一圖之不同摹本。因摹者有别,在流傳中又多修補,故出現所繪蕃國順序、拖尾題跋等處差異。

張丑所著録者非閻立德《王會圖》,故吴升著録者亦然。那麽,二人著録之圖,源出何處?倘合《廣川畫跋》《石渠寶笈》觀之,當可見出,此圖在圖式結構上不類董逌所見以“受朝”場景爲表現内容的《王會圖》,却與《石渠寶笈》著録的“圖繪蕃使形貌,文書該國風情”《職貢圖》相同!故可認爲,張丑、吴升所著録者,皆爲《職貢圖》。

亦即,唐人閻立德嘗摹蕭繹《職貢圖》而作《職貢圖》,在流傳過程中,又有據閻立德摹本而再摹者,輾轉流傳間,遂有康里巎巎、王餘慶、王肯堂諸人題跋附著其後者。張丑、吴升之書據康里巎巎跋而將圖定爲“閻立德《王會圖》”,既與唐宋時人著録不符,圖後跋文間又彼此舛誤,當非;《石渠寶笈》編者見出此種錯訛,遂據贊語而將之定爲“閻立德《職貢圖》”,得

① 〔清〕吴升:《大觀録》卷十一,民國九年(1920)武進李氏聖譯廔本。

其本真。

不僅如此，因閻立德、閻立本皆以繪事顯著，且皆有奉詔圖繪外蕃朝貢之舉，故明、清以來的圖像史料中，對閻立本《職貢圖》之記載，亦有疏誤。

四、閻立本《職貢圖》所繪内容鈎沈

李德裕《進黠戛斯朝貢圖傳狀》有“臣伏見貞觀初，因四夷來朝，太宗令閻立本各寫其衣服形貌，爲《職貢圖》”[①]語；據此，立本當作有《職貢圖》，繪貞觀時四夷朝貢使者形貌服飾。唐、宋以降，諸多圖像史料對此皆有記載，文士儒生也有詠贊之作。

至若立本《職貢圖》所繪内容，文獻中亦有描述。蘇軾《閻立本〈職貢圖〉》詩有“音容傖獰服奇厖，横絶嶺海逾濤瀧。珍禽瑰産争牽扛，名王解辮却蓋幢”句，可知圖中當描繪外邦使者容貌服飾，以及其所牽扛之珍禽瑰産等貢物；而就其中“粉本遺墨開明窗”觀之，立本此圖或是參佐蕭繹《職貢圖》之“粉本”《番客入朝圖》而作者。[②]

清人吴升《大觀録》著録一本《閻立本〈職貢圖〉》，其文曰：

> 絹本，高一尺七寸，長五尺五寸，黄素無損，神采奕奕。徽宗墨題“閻立本職貢圖”卷六字，雙龍方璽，“宣”“和”連珠璽鈐縫，後隔水壓縫“大觀”“宣和”“政和”連珠璽，本身前“宣和殿”大方璽，後“悦生”葫蘆印，尾麗箋上壓“内府圖書之印”，末“長”字大方印。地坡下上層疊，著輕緑兼暈赬色，别草長寸餘，夾葉，殆苜蓿也；樹不高，狀類刺棘，人物約五六寸大，設色，氈裘卉服裝飾，隨方采製，馬贏槖它之屬，騎坐者，負戴者，散轡群行者，絡繹長林深谷間。想見貞觀全盛朝，外蕃君長，不遠河山，來王來貢，曠世而下，覽斯圖繪，猶得侈爲美談也。[③]

其所見閻立本《職貢圖》，雖較立德《職貢圖》增加山坡、草木等景物，然在圖式上，仍是採取“綫型”結構，依次描繪蕃使形貌、服飾、行進方式等，並按圖中預設“長林深谷”景象，讓衆蕃使“絡繹”於其間，構成朝貢行列。今臺北“故宫博物院”藏有一圖(圖1)，其題署印璽，多能與吴升著録印證；所繪形象，亦能佐證蘇軾所謂“珍禽瑰産争牽扛”、吴升所謂“騎坐者，負戴者，散轡群行者，絡繹長林深谷間”諸内容，故可認定是閻立本《職貢圖》或摹本。據李

① 〔唐〕李德裕撰，傅璇琮、周建國校箋：《李德裕文集校箋》文集卷第十八，北京：中華書局，2018年，第420頁。

② 據《藝文類聚·雜文部》卷五五《梁元帝〈職貢圖序〉》、張彦遠《歷代名畫記》卷七、《趙蘭坡所藏書畫目録》、李廌《德隅齋畫品》、吴澄《題梁湘東王繹〈貢職圖〉後》諸書可知：蕭繹初任荆州刺史時，諸蕃前往京城朝貢，途經治内，其遂“瞻其容貌，訴其風俗”，繪製《番客入朝圖》。因朝貢諸蕃，時日不一，加之其還曾别加訪採不經過其治内的其他外蕃形貌風俗等，故此圖非成於一時，而是前後持續約十五年，圖有多種粉本。大同七年(541)，武帝君臨天下四十載，蕭繹遂董理諸種粉本，成《職貢圖》。

③ 〔清〕吴升：《大觀録》卷十一。

霖燦先生研究,此圖是描繪唐太宗時南洋婆利、羅剎、林邑國前來朝貢的景象,[①]與貞觀年間東蠻謝元深入朝事無關。然在流傳過程中,却多被混淆爲《王會圖》。

圖1 閻立本《職貢圖》横191.5釐米,縱61.5釐米 臺北"故宫博物院"藏

五、史料所載閻立本《王會圖》當爲《職貢圖》

唐人胡璩《譚賓録》、朱景玄《唐朝名畫録》記"貞觀《王會圖》"事,皆有"命立德等圖畫之"語;其"等"字爲認定閻立本作《王會圖》預設了語境。

是故,文人藝術家多有言及"閻立本《王會圖》"者,如元李廉《王會圖賦(有序)》曰:"唐貞觀三年,天下太平,四夷之國,莫不臣服,各率其部,蟬聯來降……乃命閻立本圖之,以形容萬國朝貢之象,彰教化之效",[②]明韓洽《題李龍眠〈諸夷職貢圖〉》曰:"有唐貞觀萬國寧,殊方異域皆來庭。立本爲圖擬《王會》,詭形怪狀流丹青"[③]語,王世貞《弇州山人四部稿》曰:"貞觀三年,東蠻謝元深朝,顏師古請仿《周書·王會篇》,命閻立本圖之爲《王會圖》。"[④]甚至有認爲閻立本止作《王會圖》而未曾繪《職貢圖》者,如宋人史繩祖《學齋佔畢》曰:"《王會》及《西域圖》乃閻立本也,坡指《職貢》爲閻所圖,誤矣。"[⑤]等等。

但是,諸家雖認爲閻立本作有《王會圖》,然對於此圖所繪内容之描述,却難見及。遍檢群書,所得有二:

其一,張丑《真迹日録》載:"閻立本《王會圖》,絹本大著色,前後凡廿四國,每國標題字頗拙樸,不入真賞。後有康里子山等三跋。"[⑥]同書又著録"閻立德《王會圖》",詳細記載廿四國國名,並録有拖尾三跋文辭,二者相較,可以認爲:此處"立本"當爲"立德"之誤。當然,或别是一畫,與其所定爲的"閻立德《王會圖》"極其相似;爲避重複,張氏將其著録於立本

① 李霖燦:《中國名畫研究》,杭州:浙江大學出版社,2014年,第1—13頁。
② 馬積高、康金聲等編:《歷代詞賦總匯(金元卷)》第5册,長沙:湖南文藝出版社,2014年,第4500頁。
③ 〔明〕韓洽:《寄庵詩存》卷二,《四庫禁毁書叢刊》第149册,北京:北京出版社1997年影印清道光二十年(1840)刻本,第204頁下欄。
④ 〔明〕王世貞:《弇州山人四部稿》卷一五五,臺北:偉文圖書出版社有限公司,1976年,第7080—7081頁。
⑤ 〔宋〕史繩祖:《學齋佔畢》卷二,《四庫全書》第854册,臺北:臺灣商務印書館1986年影印文淵閣本,第25頁下欄。
⑥ 〔明〕張丑:《真迹日録》卷二,第541頁下欄。

名下，亦未可知。亦即，張丑所著録之閻立本《王會圖》，乃誤題，實際當是《職貢圖》。

其二，《石渠寶笈》載有一圖，素絹設色，凡二十四段，每段楷書國名，拖尾有王肯堂《王會圖贊》，因無款識，張照等定爲"閻立本《王會圖》"（圖2）。① 然此圖與張丑《真迹日録》卷三著録之閻立德《王會圖》極似。故可推定，此二圖當出同源，傳至清時，康里巎巎、王餘慶跋文已殘損，故《石渠寶笈》未曾著録。前文業已考訂，張丑所著録者，乃《職貢圖》而非《王會圖》，故《石渠寶笈》亦然。

圖2 "閻立本《王會圖》（局部）" 横238.1釐米 縱28.1釐米， 臺北"故宫博物院"藏

這樣看來，貞觀年間，因東蠻謝元深等入朝，閻立德受詔而作《王會圖》，立本或許参與其間，然却並未單獨作有《王會圖》。其後，又因四夷來朝，皇帝詔令閻立本寫其衣服形貌，作《職貢圖》，而此圖得以廣泛流傳，在典籍著録中，有被誤題爲《王會圖》。亦即，閻立本只作《職貢圖》，未曾作《王會圖》；圖像史料所謂"閻立本《王會圖》"者，實爲《職貢圖》。

六、圖式差異：訂正《王會圖》《職貢圖》著録疏誤之依據

經由以上考察，可以認爲：閻立德創作有《王會圖》《職貢圖》；閻立本止作《職貢圖》，未繪《王會圖》。閻立德《王會圖》係参佐《王會篇》及唐初外蕃朝貢情況而進行的藝術創造，别開生面；而閻氏昆仲的《職貢圖》則是對蕭繹《職貢圖》的模仿。圖像史料中之所以出現有關閻氏昆仲《王會圖》《職貢圖》的疏誤，多因學人只據叙録題跋而下斷語、未曾辨析圖式差異所致。

閻立德《王會圖》描摹外藩異族于京師朝覲皇帝之圖景，宣揚唐時"萬國來朝"之顯赫聲威，在構圖上採用"面"式結構，試圖全方位展現"王者元日受朝"的盛大場景：舉凡蕃使

① 〔清〕張照、〔清〕梁詩正等編：《石渠寶笈》卷三二，第272頁下欄。

容貌服飾、貢物類屬、行列位次,以及皇帝受朝之際的麾衛鴻臚、張設的禮樂儀仗等,於圖中皆有展現,秩序井然,氣象恢弘,能令觀者直接感知“九天閶闔開宫殿,萬國衣冠拜冕旒”的景象,萌生恢宏壯麗的審美體驗與對“當下盛世”的心理認同,發揮“昭盛德之事”的宣教功能。其《職貢圖》則是摹自蕭繹《貢職圖》,主要呈現諸蕃行進於朝貢路途之場景,在構圖上採用“綫”型結構,分國描繪蕃使容貌服飾、貢物,題書介紹諸國風土人情之文辭;圖像之間依次排列,整體上呈現出行列式情景。這種圖景能切合人們的審美獵奇需要、召唤文化自豪感,還能豐沛其外蕃知識構成,具有一定的認知價值。

閻立本《職貢圖》在整體上仍是淵承蕭繹《職貢圖》並有更改:一方面,如立德般仍舊採取“綫”型圖式,將姿態各異的蕃使及其所攜貢物按照特定順序,錯落有致地呈現於不同空間;另一方面,於圖中點綴山坡、草木等景致,增添圖像的層次感,活現出衆蕃使“絡繹”于“長林深谷”間的朝貢行列景象,使得“梯山航海、奉琛走貢”的“職貢”文字叙述,具象化地呈現於目前,從而拉近觀者認知經驗中關於外蕃異國的陌生化距離,增强對當下政治的心理認同。

總體看來,閻立德、閻立本所創作的職貢題材圖像可劃分爲兩種類型:《王會圖》類,採用“面”型結構,重在展示蕃使朝貢于京師之場景,多未曾題書“職方”類文辭;《職貢圖》類,採用“綫”型結構,偏於呈現朝貢蕃使之行列,多於圖中題書介紹諸國風土人情之文辭。這種“面”與“綫”、“場景”與“行列”的不同側重,既是此兩類圖像得以各自命名的因由,更是二者視覺差異的直觀性體現。迨至有清,《萬國來朝圖》《皇清職貢圖》在命名與圖式上的差異,也在一定程度上體現出人們對“王會”類圖像與“職貢”類圖像的不同理解。是故,在區分圖像史料所載《王會圖》《職貢圖》之差異,辨析著録疏誤時,當據其所涉圖式差異定名,難以全然依傍叙録題跋而有先入之見。

(羅建新,西華師範大學文學院教授,南京藝術學院在站博士後)

“訶梨勒”及其多元文化意義

閆　豔　白　霞

[摘　要]“訶梨勒”自晉唐以來,在文獻中多有記載,但長期以來學界對其名源和産地、意義等缺乏系统梳理。“訶梨勒”作爲一種外來植物,有“阿梨勒”“呵梨勒”“河黎勒”“訶梨怛雞”“賀唎怛繫”“額木茵汗”“涩翁”“随风子”等諸多異稱,多數異名帶有鮮明的域外文化烙印。歷史上産地雖然不一,但在進入中原後被廣泛應用與認可,作爲一種藥物和香料,不僅在中國傳統的醫藥史上留下濃墨重彩的一筆,更在佛教生活中發揮了不可忽視的功用。本文系統地揭示了訶梨勒的名源、内涵及功用,有助於全面理解其豐富的文化意義。

[關鍵詞]訶梨勒　藥物　佛教

訶梨勒又稱訶子,是我國重要的外來藥物品種,但當前各字典辭書介紹的比較簡略。《漢語大詞典》對“訶子”“訶梨勒”均單列詞條予以收録,如“訶梨勒”條:“亦作‘訶黎勒’。梵語 harītakī,意譯爲柯子。植物名。常緑喬木,果實可入藥。”[①]“訶子”條:“即訶梨勒。植物名。常緑喬木。産印度、緬甸以及我國的南部,果實可入藥。”[②]《中藥大詞典》“訶子”條:“爲使君子科欖仁樹屬植物訶子和微毛訶子的果實。”[③] 當前學界對訶梨勒的研究多集中於其藥用價值及産地,對其命名的研究,尚未進行系統考證,下文擬從詞源入手,進而探討其所蘊含的豐富文化内涵。

一、關於“訶梨勒”的異稱

訶梨勒最早出現在漢張仲景《金匱要略》一書,在文獻中異稱較多,大致可歸爲以下七種:

(1)訶梨勒、阿梨勒、呵梨勒、河黎勒。漢張仲景《金匱要略·嘔吐噦下利病脉證治第十七》載有“訶梨勒散方”。[④] 宋高承《事物紀原》卷一〇《草木花果部》:“本出南海諸番國,胡人謂之訶梨勒。”[⑤] 高名凱、史有爲等著《漢語外來詞詞典》“訶黎勒”條認爲其“源於阿拉伯

① 羅竹風主編:《漢語大詞典》卷一一上册,上海:上海辭書出版社,2001年,第96頁。
② 羅竹風主編:《漢語大詞典》卷一一上册,第95頁。
③ 南京中醫藥大學編:《中藥大辭典》上册,上海:上海科學技術出版社,2014年,第1421頁。
④〔漢〕張仲景:《金匱要略》,北京:中醫藥科技出版社,2018年,第62頁。
⑤〔宋〕高承撰,〔明〕李果訂,金圓、許沛藻點校:《事物紀原》卷一〇,北京:中華書局,1989年,第553頁。

halileh,一説來自波斯halila”。① 按:訶梨勒,國際音標爲[xɤ^{55}][li^{35}][lɤ^{51}],又因波斯語與阿拉伯語訶梨勒讀音相近,故“訶梨勒”得名於波斯語或阿拉伯語音譯。這種説法符合漢語音譯外來詞過程中將外來詞原詞讀音用漢字表達出來的習慣,故學界持這種看法者居多。

漢語中由於同音字或音近字較多,後代文獻記載中出現了“河梨勒”“呵梨勒”“阿梨勒”等衆多異名。如唐玄應《玄應音義》:“舊言呵黎勒,翻爲天主持來。此果堪爲藥分,功用極多,如此土人參、石斛等也。”② 宋陳元靚《事林廣記》辛集卷三《藥食備用中》“下痢赤白”“脾泄腸滑”有“阿梨勒丸”。③ 丹波康賴《醫心方》卷三《治一切風病方第二·録驗方》云:“帝釋六時服呵梨勒丸方。”④ 按:“訶、呵、河”聲部同屬“曉”母,“阿”屬“影”母,二者爲鄰紐,互爲旁轉,且“訶、河、呵、阿”韻部同屬歌部,發音相近。今《中醫藥通假字字典》:“呵,通‘訶’,‘呵梨勒’即‘訶梨勒’,中藥名。”⑤

阿拉伯—波斯—漢語對音表halileh(阿)、halila(波)

阿拉伯語	波斯語	漢張仲景	唐玄應	宋高承	宋陳元靚	日丹波康賴
ha	ha	訶 *hai 曉母歌部	呵 *hɑ 曉母歌韻	訶 *hɑ 曉母歌韻	阿 *ɑ 影母歌韻	呵 *hɑ 曉母歌韻
li	li	梨 *lĭei 來母脂部	黎 *liei 來母齊韻	梨 *li 來母脂韻		
leh	la	勒 *lək 來母職部	勒 *lək 來母德韻	勒 *lək 來母德韻		

注:上古音採用王力先生的構擬系統,李珍華、周長楫編撰《漢字古今音表》(修訂本),中華書局1999年版。丹波康賴係日本醫者,《醫心方》於永觀二年成書,對應中國爲宋太宗雍熙元年(984)。

阿拉伯語或波斯語的音節ha,諸家多以曉母歌韻字來對音,具體的例字在音韻地位上没有差别,只有陳元靚的記載出現了影母歌韻的“阿”字,這可能是口語裏的俗稱,聲母h在語流中的脱落;阿拉伯語或波斯語的li,諸家所用的對音都是來母字,除玄應用了齊韻字“黎”外,其他均採用脂部字“梨”,但兩部字讀音相近,亦可互通;阿拉伯語leh或波斯語la,諸家擬音俱爲來母德韻的“勒”字,音節的塞尾k對應著阿語音節的韻尾h,二者的發音部位接近,這説明阿拉伯語的halileh更有可能是漢語音譯詞的直接對音來源。

(2)訶梨怛雞、賀唎怛繫、訶梨得枳。唐李珣《海藥本草》卷三《木部·訶梨勒》:“故梵云:

① 劉正埮等編:《漢語外來詞詞典》,上海:上海辭書出版社,1984年,第135—136頁。

② 〔唐〕釋慧琳、釋玄應撰,徐時儀校注:《一切經音義三種校本合刊·玄應音義》卷二四,上海:上海古籍出版社,2008年,第493頁。

③ 〔宋〕陳元靚編:《事林廣記》,北京:中華書局,1999年,第467頁。

④ 〔日〕丹波康賴:《醫心方》,北京:華夏出版社,2011年,第88頁。
呵梨勒丸方:“呵梨勒皮八分,檳榔仁八分,人参三分,橘皮六分,茯苓四分,芒硝四分,狗脊三分,豉四分,大黄八分,乾薑十二分,桃仁八分,牽牛子十三兩,桂心八分。凡十三味,㕮咀,下篩,以蜜丸如梧子,服廿丸,食前以温酒若薄粥汁服,平旦得下利良。”

⑤ 李戎編著:《中醫藥通假字字典》,上海:上海科學技術文獻出版社,2002年,第47頁。

訶梨怛雞，謂唐言天堂，並未只此也。"[①] 唐禮言《梵語雜名》卷二六列出了其梵漢對音："訶梨勒：賀唎怛繫。"[②] 宋釋法雲《翻譯名義集》卷三《五果篇第三二》："新云'訶梨怛雞'，此云'天主持來'。此果爲藥，功用至多，無所不入。"[③]《翻梵語》卷一〇《果名第六六·呵梨勒果》："譯曰天主持來。"[④]

《漢語外來詞詞典》釋"訶梨怛雞"："即'訶梨勒'。果名，佛教五藥之一，大如棗，味苦。原義爲天主將來。又作'訶梨得枳'，源於梵語 harītakī。"[⑤]《中國古代名物大典》"訶梨勒"條："梵語音譯，亦譯作訶梨怛雞。意譯爲天主將來。"[⑥] 又《印度梵文醫典〈醫理精華〉研究》第二章中載"harītaki"條："天主持來是意譯。"[⑦] 按：訶梨怛雞、賀唎怛繫中古發音相近，故均有可能由梵語音譯而來。在梵語中，訶梨勒是"天主持來"的意思。[⑧]"持"即"携帶"[⑨]之義，"將"亦有"携帶"[⑩]義，故訶梨怛雞即天主携帶傳入之義。

梵漢對音表 harītakī

<table>
<tr><th>梵語</th><th>唐李珣</th><th>宋釋法雲</th><th>唐禮言</th></tr>
<tr><td>ha</td><td colspan="2">訶 *hɑ
曉母歌韻</td><td>賀 *ɣɑ
匣母箇韻</td></tr>
<tr><td>rī</td><td colspan="2">梨 *li
來母脂韻</td><td>唎 *li
來母至韻</td></tr>
<tr><td>ta（k）</td><td colspan="3">怛 *tɑt
端母曷韻</td></tr>
<tr><td>kī</td><td colspan="2">雞/鷄 *kiei
見母齊韻</td><td>繫 *kiei
見母霽韻</td></tr>
</table>

（3）訶子、苛子、柯子。宋高承《事物紀原》卷一〇《草木花果部·訶子》謂訶梨勒："本出南海諸番國，胡人謂之訶梨勒，後趙時，避石勒名，改曰訶子。"[⑪] 明王三聘《古今事物考》卷八《草木花果部第五四》亦有相同記載。[⑫] 按：訶子一名爲避後趙時石勒名而改。

梵語音節 ha，唐李珣、宋代釋法雲以曉母歌韻的"訶"對音，禮言則以匣母箇韻的"賀"與之相對，"訶"與"賀"存在的只是聲母清濁和聲調平去的區别，禮言所對音其他字也多不是平聲，聲母也多採濁音，可能是記音上存在的差異；梵語 rī 對應來母脂韻的"梨"以及來母至韻的"唎"；梵語 ta（k）對應端母曷韻的"怛 *tɑt"，梵漢對音時通常會考慮韻尾的情況，按

① 〔五代〕李珣原著，尚志鈞輯校：《海藥本草（輯校本）》，北京：人民衛生出版社，1997 年，第 63 頁。
② 〔唐〕釋禮言集：《梵語雜名》，《大正新修大藏經》第 54 册，臺北：新文豐出版公司，1986 年，第 1238 頁上欄。
③ 〔宋〕法雲撰，富世平校注：《翻譯名義集校注》，北京：中華書局，2021 年，第 274 頁。
④ 佚名：《翻梵語》，《大正新修大藏經》第 54 册，第 1050 頁下欄。
⑤ 劉正埮等編：《漢語外來詞詞典》，第 135 頁。
⑥ 華夫主編：《中國古代名物大典》，濟南：濟南出版社，1993 年，第 744 頁。
⑦ 陳明：《印度梵文醫典〈醫理精華〉研究》，北京：商務印書館，2014 年，第 194 頁。
⑧ 程超寰：《本草釋名考訂》，北京：中國中醫藥出版社，2013 年，第 223 頁。
⑨ 羅竹風主編：《漢語大詞典》卷六上册，第 548 頁。
⑩ 羅竹風主編：《漢語大詞典》卷七上册，第 805 頁。
⑪ 〔宋〕高承撰，〔明〕李果訂，金圓、許沛藻點校：《事物紀原》卷一〇，第 553 頁。
⑫ 〔明〕王三聘輯：《古今事物考》卷八，上海：上海書店出版社，1987 年，第 160 頁。

照梵語該音節“a(k)”讀法,中古鐸韻“*ɑk”似乎更適合作爲對音材料,但這裏却用了收t尾的曷韻,説明入聲韻尾可能已經開始出現相混的情況;梵語音節kī,李珣、法雲以見母齊韻的“雞”相對,禮言以見母霽韻的“繫”相對,這在聲韻地位上是比較吻合的。

《事林廣記》癸集卷七《綺疏叢要》所載“惜髮神梳散”中有一味“柯子”。[①] 清屈大均《廣東新語》卷二五《木語·訶子》:“訶子,一作苛子,樹株似無櫘,花白子黄似橄欖,皮肉相著,以六路者爲上。”[②] 按:“訶”字中古音爲曉母歌韻,“柯”爲見母歌韻,“苛”爲匣母歌韻,聲母發音相近,同屬於《廣韻》音系中見系字,且同屬歌韻,故説明這三個字中古發音相近,當爲音近而通。另“柯”“苛”與“訶”僅形旁不同,但前者之形旁“木”“艸”可以更直觀地表達“訶子”爲木本植物這一特徵,表義性更强,體現了漢字形旁表義的特徵,符合漢語用字習慣。

高名凱、史有爲等著《漢語外來詞詞典》“訶黎勒”條對其異名及詞源總結道:“一種藥用植物,學名Termjnalia chebula。果實可作收澀劑,主治久咳、久瀉等症。又作‘訶梨勒、呵梨勒、阿黎勒、河黎勒、苛林、訶子、訶林’。源於阿拉伯halileh,一説來自波斯halila。”[③] 其傳入路徑很可能爲阿拉伯語—波斯語—漢語,具體演變限於筆者能力有限,望學者有所增益。

(4)阿肉拉。勞費爾《中國伊朗編》“訶梨勒”條:“西藏語爲a-ru-ra。”[④]《藏漢大辭典》“ཨ་རུ་ར།”條釋作:“訶子。俗名藏青果。使君子科藥用植物名。梵音譯作訶黎勒。”[⑤]《四部醫典》卷二《甘露精要八支秘訣續·論説醫典·藥味與消化》:“檀香、訶子……此等此類皆爲澀藥部。”[⑥]《新修晶珠本草》下部《藥物晶釧廣論》“(阿如熱)訶子”條:“訶子在藏語中稱阿肉拉,其詞的含義如同《札拉嘎解釋》中説:‘阿爲衆字之最,能治龍、赤巴、培根所成之病;肉爲具有肉骨皮,能治三灾病;拉爲像犀角,能治七種無氣的病。因此,稱爲阿肉拉。’”[⑦] 按:蒙藏兩個民族在蒙古滅西夏及西征後開始有了接觸。隨著兩國佛教的傳播,語言亦隨之有了交流,逐漸形成了兩種語言之間的借詞現象,而其中音譯是最常見的一種借詞形式。[⑧] 藏語訶子的讀音與蒙語讀音相似,故“阿如拉”很有可能是由藏語“阿肉拉”音譯而來的借詞。

(5)額木茵汗、額木茵芒來。今《蒙藥釋讀》亦有收録“訶子,ᠠᠷᠤᠷᠠ(读如阿如拉)”條:“别名ᠡᠮᠦᠨ ᠬᠠᠭᠠᠨ(讀如額木茵汗,意爲藥中之王),ᠡᠮᠦᠨ ᠮᠠᠩᠯᠠᠢ(讀如額木茵芒來,意爲藥中之首)。”[⑨] 按:ᠠᠷᠤᠷᠠ(阿如拉)當爲藏語a-ru-ra(阿肉拉)的音譯,二者音近。因其能解百毒,故額木茵汗、額木茵芒來當因其藥效而得名。

---

① 〔宋〕陳元靚編:《事林廣記》,第 538 頁。
② 〔清〕屈大均:《廣東新語》卷二五,北京:中華書局,1985 年,第 636 頁。
③ 劉正埮等編:《漢語外來詞詞典》,第 135 頁。
④ 〔美〕勞費爾著,林筠因譯:《中國伊朗編》,北京:商務印書館,2015 年,第 218 頁。
⑤ 張怡蓀主編:《藏漢大辭典》下册,北京:民族出版社,1998 年,第 3127 頁。
⑥ 宇妥·元丹貢布等著,李永年譯:《四部醫典》,北京:人民衛生出版社,1983 年,第 54 頁。
⑦ 羅達尚主編:《新修晶珠本草》,成都:四川科學技術出版社,2004 年,第 469 頁。
⑧ 次仁央金:《淺談藏語中的蒙語借詞現象》,《西藏研究》2009 年第 5 期,第 97—103 頁。
⑨ 圖門巴雅爾·娜荷雅:《蒙藥釋讀》,呼和浩特:内蒙古人民出版社,2017 年,第 25 頁。

（6）澀翁。宋陶穀《清異録》卷上《藥品門》:“澀翁:訶梨勒。”[①] 按:訶梨勒果實表面有棱,不平滑,外表看起來像老年人的皮膚,澀翁之名當由其性狀而來。

圖－1　訶子果實[②]

（7）隨風子。宋鄭樵《通志二十略·昆蟲草木略第二·木類》:“訶梨勒,如橄欖,其未熟之子隨風飄墮者,名隨風子。”[③] 宋蘇頌《本草圖經》卷一二《木部下品》“訶梨勒”條:“其子未熟時,風飄墮者,謂之隨風子。”[④] 明李時珍《本草綱目》所載與此同。訶梨勒没有成熟的果實會隨風飄摇墜落,故名隨風子。

綜上,訶梨勒異名衆多,詞源不一。訶梨勒、阿梨勒、呵梨勒、河梨勒一説由波斯語“halila”或阿拉伯語“halileh”音譯而來,一説由梵語意譯而來;阿肉拉由藏語音譯而來;阿如拉由藏語阿肉拉音譯而來;額木茵汗、額木茵芒來爲蒙語,因其藥效而得名;訶梨怛雞、賀唎怛繄、訶梨得枳由梵語音譯而來;訶子、柯子、苛子因避諱而得名;澀翁、隨風子由其性狀而得名。

二、訶梨勒的性狀及應用

最早對訶梨勒性狀進行描述的爲晉嵇含《南方草木狀》卷中木類:“訶梨勒,樹似木梡,花白,子形如橄欖,六路,皮肉相著。”[⑤] 唐李珣《海藥本草》卷三《木部·訶梨勒》:“方家使陸路訶梨勒,即六棱是也。”[⑥] 宋唐慎微《證類本草》卷一四《木部下品》引《圖經》描述訶梨勒“株似木梡,花白,子似梔子,青黄色,皮肉相著,七月、八月實熟時採,六路者佳”。[⑦] 按:六路,指訶梨勒果皮表面的六條棱。亦作“陸路”,二者義同。

關於其品種優良的辨別,宋唐慎微《證類本草》卷一四《木部下品》“訶梨勒”條:“波斯

① 〔宋〕陶穀撰,孔一校點:《清異録》,上海:上海古籍出版社,2012年,第49頁。
② 南京中醫藥大學編:《中藥大辭典》上册,第1421頁。
③ 〔宋〕鄭樵撰,王樹民點校:《通志二十略》,北京:中華書局,1995年,第2022頁。
④ 〔宋〕蘇頌撰,尚志鈞輯校:《本草圖經》,合肥:安徽科學技術出版社,1994年,第417頁。
⑤ 〔晉〕嵇含:《南方草木狀》卷中,北京:中華書局,1985年,第8頁。
⑥ 〔唐〕李珣撰,尚志鈞輯校:《海藥本草(輯校本)》卷三,第63頁。
⑦ 〔宋〕唐慎微撰,尚志鈞等校點:《證類本草》,北京:華夏出版社,1993年,第405頁。

舶上來者,六路,黑色,肉厚者良。”“雷公云:凡使勿用毗梨勒、庵梨勒、榔精勒、雜路勒……不入用。”[①] 即從波斯由海路運來的果皮有六條棱,果肉較厚的質量較高。明繆希雍《先醒齋醫學廣筆記》亦載:“若訶梨勒,紋只有六路。或多或少,並是雜路勒、毗路勒,個個毗、雜路勒皆圓露。紋或八路至十三路,號曰榔精勒,多澀不入用。”[②] 古人認爲,訶梨勒表面的紋路只有六條棱,棱或多或少皆是雜勒,不可用。

宋唐慎微《證類本草》卷一四《木部下品・訶梨勒》對其使用方法進行了具體介紹:“凡修事,先於酒内浸,然後蒸一伏時。其訶梨勒,以刀削路,細銼焙乾用之。”[③] 南宋陳元靚《事林廣記》續集卷十《炮製方法・木實部・訶梨勒》:“凡使,先於煻灰中炮,去核取肉,酒浸,蒸一伏時久,取出焙乾,方入藥用。”[④] 據周一謀《〈本草綱目〉中“一伏時”考》一文考證得:“可知《本草綱目》中的一伏時,就是《聖濟總録》所説的一復時,實際上是指一個晝夜,即二十四小時。”[⑤]《聖濟總録》爲宋代太醫院所作,其成書在《證類本草》之後,故該處“一伏時”亦當指二十四小時。訶梨勒在使用之前要先在酒中浸泡,然後蒸二十四小時,蒸好後用刀削去皮,取出果肉與核,焙乾後即可用。

三、訶梨勒的産地及傳入

關於訶梨勒的記載最早出現在漢代,可推知其在漢代或漢代之前便已傳入中國。

1. 産地

(1)源於東南亞一帶

晉嵇含《南方草木狀》卷中《木類・訶梨勒》載其出九真。[⑥] 唐慎微《證類本草》卷一四《木部下品・訶梨勒》引《本草圖經》曰:“訶梨勒,生交、愛州,今嶺南皆有,而廣州最盛。”[⑦] 按:九真,西晉時屬交州,位於今越南北部。交州是嶺南地區的一個重要組成部分,唐時交州、愛州均位於今越南北部,是當時中南半島訶子樹的重要産地。

---

① 〔宋〕唐慎微撰,尚志鈞等校點:《證類本草》,第 405 頁。
② 〔明〕繆希雍著,張印生等校注:《先醒齋醫學廣筆記》,北京:中醫古籍出版社,2000 年,第 142 頁。
③ 〔宋〕唐慎微撰,尚志鈞等校點:《證類本草》,第 405 頁。
④ 〔宋〕陳元靚編:《事林廣記》第 7 册,日本内閣文庫藏元至順西園精舍本。
⑤ 周一謀:《〈本草綱目〉中“一伏時”考》,《湖南中醫學院學報》1994 年第 14 卷第 4 期,第 8—9 頁。
⑥ 〔晉〕嵇含:《南方草木狀》,第 8 頁。
⑦ 〔宋〕唐慎微撰,尚志鈞等校點:《證類本草》,第 405 頁。

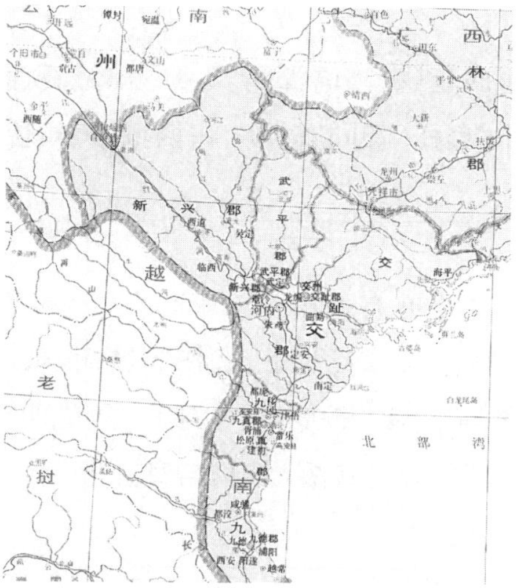

圖－2　西晉時期交州疆域圖[①]

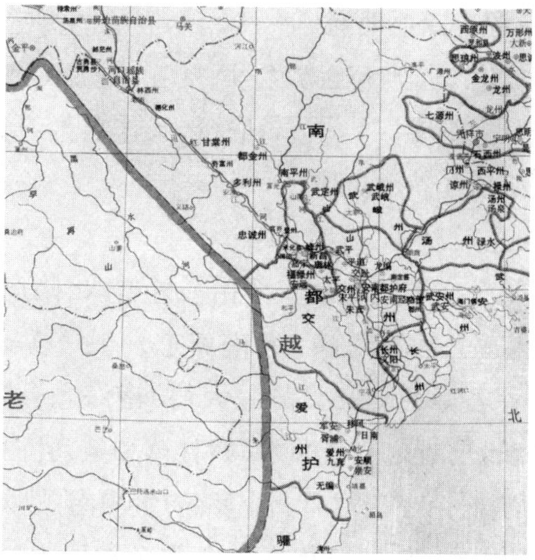

圖－3　唐代嶺南西部疆域圖[②]

（2）源於西亞一帶

北齊魏收《魏書》卷一〇二《波斯傳》載波斯國“出金、銀、鍮石、珊瑚、琥珀……訶梨勒、無食子、鹽綠、雌黄等物”。[③]《周書》卷五〇《波斯傳》亦載其出産:“香附子、訶梨勒、無食子、鹽綠、雌黄等物。”[④] 按:波斯,即今伊朗。薩珊王朝統治後期,隋煬帝曾派遣雲騎尉李昱通使,波斯亦遣使隨昱來貢方物。

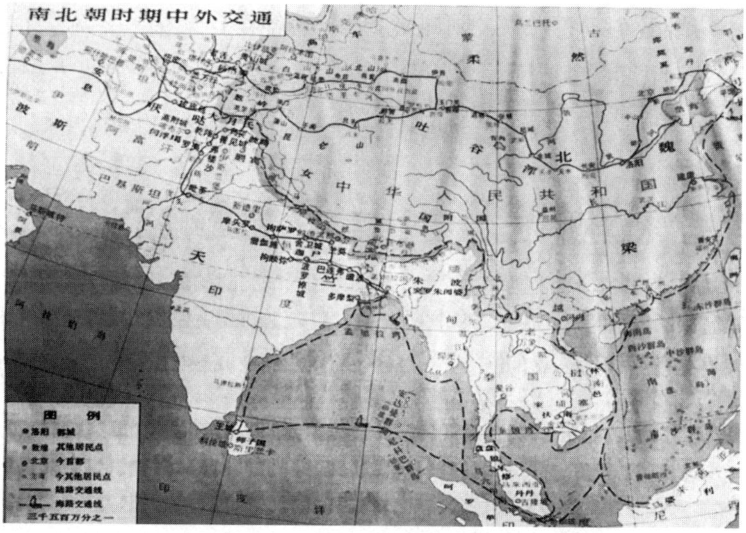

圖－4　南北朝時期中外交通[⑤]

① 譚其驤主編:《中國歷史地圖集》第3册,北京:中國地圖出版社,1982年,第58頁。
② 譚其驤主編:《中國歷史地圖集》第5册,第73頁。
③〔北齊〕魏收:《魏書》卷一〇二,北京:中華書局,1974年,第2270—2271頁。
④〔唐〕令狐德棻等撰:《周書》卷五〇,北京:中華書局,1971年,第920頁。
⑤ 郭沫若主編:《中國史稿地圖集》上册,北京:中國地圖出版社,1996年,第74頁。

(3)源於南亞地區

唐杜佑《通典·邊防九·西戎五·越底延》:"越底延國,隋時聞焉。……出鍮石、訶黎勒、石蜜、麖皮、細疊。"[①] 按:越底延,又作烏萇、烏仗那、烏秅(音同查)等,古西域國名,位於今印度河上游斯瓦特河流域。

(4)產於廣州、雲南一帶

訶梨勒在宋代以前主要由域外傳入,隋唐以後本土亦有種植。宋李昉《太平御覽》卷九七二《果部九》"椰"條:"《南夷志》曰:'荔支、檳榔、訶梨勒、椰子、桄榔等諸樹,永昌、麗水諸山皆有之。"[②] 元陳大震《(大德)南海志》卷七將訶子歸入香藥類:"訶子:故乾明寺有之,即今光孝。取寺之羅漢井水,與甘草和煎,乳白而甘。"[③] 清吴其濬《植物名實圖考》卷三五《木類·訶梨勒》:"《唐本草》始著録,生嶺南,以六路者佳。"[④]

按:永昌郡,轄境相當於今雲南省保山、大理、永平等地,是西南通天竺、大秦等國的重地。南海縣,治所在今廣東省廣州市。嶺南,即今廣東、廣西一帶。光孝寺,在今廣東省廣州市光孝路,是廣東最古老的建築之一。

綜上,訶梨勒樹,原產於印度、中南半島與波斯、阿拉伯等地,隋唐以後我國廣州與雲南等地開始引種。

2. 訶梨勒進入中原,主要有兩條通道:

(1)佛教僧人帶入。

唐釋玄應《一切經音義》卷二四《阿毗達磨俱舍論第十一卷》:"訶梨怛雞,舊言呵黎勒,翻爲天主持來。"[⑤] 按:印度的訶梨勒記載多出自佛經,東漢佛教開始傳入中國,到唐代已經很頻繁,訶梨勒作爲佛教的聖藥,通過僧人的交流傳入中國是很有可能的。

(2)從西亞地區傳入

唐戴孚《廣異記》第七《訶黎勒》云:"高仙芝伐大食,得訶黎勒,長五六寸。初置抹肚中,便覺腹痛,因快痢十餘行。初謂訶黎勒爲祟,因欲棄之,以問大食長老,長老云:'此物人帶,一切病消。痢者出惡物耳。'"[⑥] 唐天寶十載(751),大食國與中國交兵與怛邏斯,大食即阿拉伯,高仙芝所得訶梨勒,當爲阿拉伯所產。中國至此與伊斯蘭國家在絲綢之路上有了直接的聯繫。

---

① 〔唐〕杜佑撰,王文錦等點校:《通典》卷一九三,北京:中華書局,1988年,第5278頁。

② 〔宋〕李昉等編:《太平御覽》第4册,北京:中華書局,1960年,第4309頁。

③ 〔元〕陳大震:《元大德南海志殘本》卷七,廣州:廣東人民出版社,1991年,第29頁。

④ 〔清〕吴其濬撰,侯士良等校注:《植物名實圖考校注》卷三五,鄭州:河南科學技術出版社,2015年,第849頁。

⑤ 〔唐〕釋慧琳、〔唐〕釋玄應撰,徐時儀校注:《一切經音義三種校本合刊·玄應音義》,第493頁。

⑥ 〔唐〕戴孚:《廣異記》,呼和浩特:遠方出版社,2005年,第152頁。

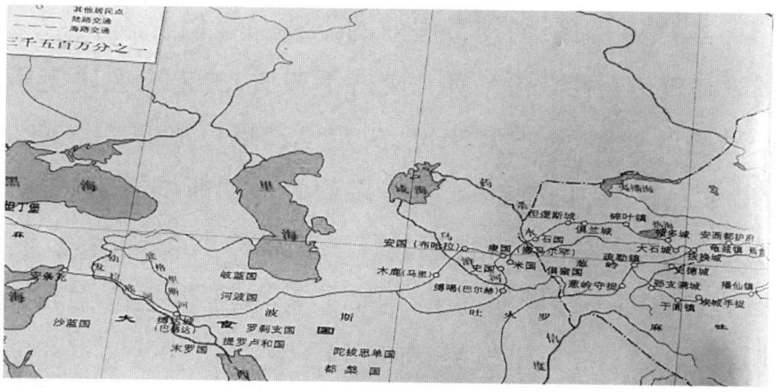

圖－5　中國唐代中外交通[①]

（3）通過朝貢貿易傳入。

唐令狐德棻《周書》卷五〇《波斯傳》記載其地出産“胡椒、蓽撥、石蜜、千年棗、香附子、訶梨勒、無食子、鹽緑、雌黄等物”。[②] 明胡震亨《唐音癸籤》卷二〇《詁箋五》：“（訶梨勒）來自南海舶上，廣州亦有之。”[③] 按：唐代的市舶貿易大都集中於東南沿海地帶，以廣州最爲興盛，《唐會要》卷六六《少府監》最早記載了唐代的市舶貿易：“（高宗）顯慶六年二月十六日敕：‘南中有諸國舶，宜令所司，每年四月以前，預支應須市物，委本道長史，舶到十日内，依數交付價值市了，任百姓交易。’”[④] 唐朝與海外諸國皆有朝貢關係，宋代海上貿易規模更大。完全實現了對外貿易由西北陸路轉向東南海路，並設立專門管理海上貿易的機構市舶司，將市舶收入作爲財政收入的一部分。

四、訶梨勒的多元文化内涵

1. 訶梨勒是佛教常見的一種香料。

《蘇悉地羯羅經·分别燒香品第十》有載：“或取一香，隨通其部。目諸香名：……訶梨勒、砂糖、香附子、蘇合香……。”[⑤] 後又載：“復有五香，所謂砂糖、勢麗翼迦、薩折囉娑、訶梨勒、石蜜，和合爲香，通於三部，一切事用。”[⑥] 按：佛教供養菩薩分爲三種，其中一種爲利供養，即香花、香火、燈明、飲食、資財的供養。[⑦] 由引文可知，訶梨勒是用來供奉菩薩的一種香，也可以單獨作香料與砂糖、勢麗翼迦、薩折囒娑、石蜜調和成香，通用於供養三部一切事。

2. 訶梨勒是深受佛教推崇的神奇藥物。

唐義净譯《金光明最勝王經・除病品》云：“訶梨勒一種，具足有六味，能除一切病，無忌

---

① 張芝聯、劉學榮主編:《中國歷史地圖集》,北京：中國地圖出版社,2002年,第50頁。
② 〔唐〕令狐德棻等撰:《周書》卷五〇,第920頁。
③ 〔明〕胡震亨:《唐音癸籤》卷二〇,上海：上海古籍出版社,1981年,第218頁。
④ 〔宋〕王溥:《唐會要》卷六六,北京：中華書局,1960年,第1156頁。
⑤ 〔唐〕輸波迦羅譯:《蘇悉地羯羅經》卷上,《大正新修大藏經》第18册,第609頁下欄。
⑥ 〔唐〕輸波迦羅譯:《蘇悉地羯羅經》卷上,《大正新修大藏經》第18册,第610頁上欄。
⑦ 〔明〕周嘉胄,〔宋〕洪芻〔宋〕陳敬撰,江俊偉、陳雲軼譯:《香典》卷六《佛藏諸香》,重慶:重慶出版社,2010年,第133頁。

藥中王。"[①] 佛經中有許多關於訶梨勒神奇療效的記載,如《俱舍論》卷一二《分别世品第三之五》曰:"然有至教,説治彼方,謂若能一晝一夜持不殺戒,於未來生決定不逢刀兵災起。若能以一訶梨怛雞,起殷净心奉施僧衆,於當來世,決定不逢疾疫災起。"[②] 南北鳩摩羅什《大智度論》卷二九:"菩薩聞佛法中,本生因緣少,施得果報多。如薄拘羅阿羅漢,以一訶梨勒果藥佈施,九十一劫不墮惡道,受天人福樂,身常無病。"[③] 因信奉其神奇藥效,訶梨勒在佛教中有極高的地位。《佛説四十二章經·達世如幻》:"佛言:吾視王侯之位,如過隙塵。視金玉之寶,如瓦礫;視紈素之服,如弊帛;視大千世界,如一訶子。"[④]

3. 訶子在傳統中醫、蒙醫、藏醫中均有較高的地位。

訶梨勒自東漢末年從西域傳入我國後,被中原醫藥系統視爲良好的滋補和保健藥品,在臨床上廣泛應用,與其他藥物配合治療多種疾病。漢張仲景《金匱要略·嘔吐噦下利病脉證治第十七》:"氣利,訶梨勒散主之。訶梨勒散方:訶梨勒十枚,煨。上一味,爲散,粥飲和,頓服。"[⑤] 治療氣利,只用了訶梨勒一味藥。雜療藥方殘卷P.2662V:"檳郎(榔)湯方:訶梨勒三顆、檳郎(榔)二枚末之,空腹服之(第112行)。"[⑥] 此方中訶梨勒與檳榔合用,加强了訶梨勒的理氣作用,有助於解決痢疾的裏急後重。

中原地區將訶梨勒作爲食療湯飲的重要配方,流傳廣泛的訶子湯是唐宋養生風氣下的滋補飲品,其色若新茶。[⑦] 北宋錢易《南部新書》也非常詳細地記載了訶子湯的做法,[⑧] 而且更强調其功效。此外,訶梨勒是唐宋時期传入的三勒漿之重要配方,唐韓鄂纂《四時纂要》秋令卷之四《八月·造三勒漿》中便記載了這種胡酒的製作方法。[⑨] 民間認爲訶梨勒具有潤髮去屑的保健功效。晉嵇含《南方草木狀·訶梨勒》:"可作飲,變白髭髮令黑。"[⑩] 指出訶梨勒可使男性鬍子變黑。《事林廣記·癸集》中記載了兩處包含訶梨勒的潤髮去屑藥方,一爲"除頭上白屑":"側柏葉三斤,胡桃七個,好梨一個,訶子五個。右四味並搗碎,以井花水浸片時,用梳頭搽,永不生白屑。"[⑪] 另一劑爲"惜髮神梳散":"土當歸、荆芥、黑牽牛、白芷、葳靈仙、側柏葉、柯子等分爲末,隔夜用藥糝髮中,次早理之。能去風屑,除垢膩,解氈結。"[⑫]《事林廣記》

---

① 〔唐〕義净譯:《金光明最勝王經》卷九,《大正新修大藏經》第16册,第448頁中欄。
② 〔印度〕世親菩薩造,〔唐〕玄奘法師譯,智敏上師注:《阿毗達磨俱舍論略注》上册,上海:上海古籍出版社,2016年,第421頁。
③ 〔印度〕龍樹菩薩造,〔後秦〕鳩摩羅什譯,王孺童點校:《大智度論》上册,北京:宗教文化出版社,2014年,第578頁。
④ 宣化法師:《佛説四十二章經淺釋》第四二章《達世如幻》,北京:宗教文化出版社,2006年,第156頁。
⑤ 〔漢〕張仲景:《金匱要略》,第62頁。
⑥ 袁仁智、潘文主編:《敦煌醫藥文獻真迹釋録·醫術醫方類》,北京:中醫古籍出版社,2015年,第285頁。
⑦ 〔宋〕蘇頌撰,尚志鈞輯校:《本草圖經》卷一二,第416頁。
⑧ 〔宋〕錢易撰,黄壽成點校:《南部新書》庚集,北京:中華書局,2002年,第107—108頁。原書作"味如緑乳",今據《四庫》本作"味如酪乳"。
⑨ 〔唐〕韓鄂原編,繆啓愉校釋:《四時纂要校釋》,北京:農業出版社,1981年,第195頁。
⑩ 〔晉〕嵇含:《南方草木狀》卷中,第8頁。
⑪ 〔宋〕陳元靚編:《事林廣記》,第540頁。
⑫ 〔宋〕陳元靚編:《事林廣記》,第538頁。

一書作爲民間類書,收録的是民間普遍流傳的藥方,説明訶梨勒在元代已經廣泛應用。

此外,受到佛教的影響,"訶子"在傳統的蒙醫和藏醫心中均有不可動摇的神聖地位。《蒙藥方劑》[①]一書共收録 275 個方劑,其中含有"訶子"的方劑有 66 個,所占比重为 24%,可見其對蒙醫的浸染之深。藏族醫學界更是對其推崇備至,本草醫典《新修晶珠本草》下部《藥物晶釧廣論》:"訶子對諸病均有療效。無論祈願的威力、性味、功能,都能對治諸病,成爲衆藥之王。在諸種藥典和歌訣中,都稱'佳品藥王爲訶子'。"[②]

綜上,訶梨勒的東進與傳入,不但改善了中原百姓的醫療保健水準,豐富了中原民衆的精神生活,同時也推進了周邊少數民族地區對佛教的接受度。

(閆豔,内蒙古師範大學文學院教授;白霞,山西建築職業技術學院助教)

① 于慶祥:《蒙藥方劑》,呼和浩特:内蒙古人民出版社,1986 年。
② 羅達尚主編:《新修晶珠本草》,第 466 頁。

朱熹林栗糾葛新辨
——兼論林栗與道學人士交誼

朱學博

[摘 要] 以往因林栗與朱熹論學失和,更上書彈劾朱熹,而將其視作反道學派。但通過史料的勾稽可以辨明,林栗不但不反道學,更與朱門及理學人士多有交誼。朱熹的女婿黄榦曾爲林栗撰寫祭文,朱熹後來也曾自省過與林氏之争。林栗後嗣數代間皆與閩中士族、理學人士聯姻。林栗負面形象是南宋後期,部分理學人士掌握了歷史叙事的定調,對林栗彈劾朱熹之事多有譴責而造成的。理學視角的叙事遮蔽了林栗真實的歷史形象,使得其反對道學、攻擊朱子的標籤不斷被强化。此亦提示現今研究南宋孝宗朝黨争及士人關係,摒除"官僚一道學"派系二元對立的叙述模式,回歸于士人自身地域親族、僚屬師友、性格思想,才能對諸多歷史問題有更真實的辨析。

[關鍵詞] 朱熹 林栗 道學 黨争

紹熙初年,朱熹在給友人的書信中曾感慨,自己"一出而遭唐仲友,再出而遭林黄中"。[①]正如同朱、唐之争一樣,其和林栗之間的糾葛攻駁,也是南宋政治史、思想史上的一大公案。以往學者如余英時先生、束景南先生等在討論這一問題時,多將林栗與朱熹之争,歸於反道學派與道學派(官僚集團/道學士大夫集團)之争。林栗的形象也被認定爲是排沮道學、攻詰朱熹的小人。然而,通過細緻梳理史料,串聯當時記載中的一些零散綫索,可以發現朱林之争尚多未發之覆。尤其是林栗是否屬於反道派,朱林關係是否交惡如仇,皆大有可辨之處。

最可引人注意的材料就是林栗逝世後,黄榦曾代人爲林栗撰寫過祭文,其中多有褒頌之辭。黄榦不僅是朱門高弟,還是朱熹女婿,朱子逝世前亦將自己遺著托付其整理。而更爲重要的是,林栗卒于紹熙元年,當時朱熹尚在人世。在此種情況下,黄榦能爲林栗撰寫祭文,可見林氏與朱熹的關係、與理學人士的關係,並非以往所認爲的那樣相攻交惡,水火不容。而更進一步搜討史料,甚至可以看出,林栗完全不反道學,他和當時的理學名士多有交誼,即便朱林之争發生後也没有影響這些關係。此外,林栗的仲子林行知解經則是宗奉朱子,稱言"朱公經學妙處,聖人不能易也"。[②]

總之,以往學界對朱林關係的論述是存在偏差的,大量似是而非、缺乏辨證的文獻掩蓋了歷史的真相。本文通過史料勾稽辨析,去僞存真,力圖澄清這一南宋政治史、思想史上的

① 〔宋〕朱熹:《晦庵集》卷二八《與趙帥書》,朱傑人等編:《朱子全書》第 21 册,上海:上海古籍出版社、合肥:安徽教育出版社,2002 年,第 1254 頁。

② 〔宋〕劉克莊著,辛更儒箋校:《劉克莊集箋校》卷一五六,北京:中華書局,2011 年,第 6141 頁。

公案。

一、林栗家族的婚姻網絡與士人交誼

以往學者焦點大多集中於林栗與朱熹論争，但對於林栗的生平、家世、交遊研究却鮮有涉及，但實際這正是解開林栗與朱熹等道學人士關係的關鍵。林栗世居福州，關於其家世與婚姻狀況，今存最爲重要的文獻是陳宓爲其子林行知所撰的行狀、劉克莊撰寫的林行知墓誌。

據陳宓《朝散大夫直秘閣主管亳州明道宫林公行狀》記載：林行知"九世祖居福州之長樂縣，祖太中公徙居福清"，生林栗。林行知是林栗仲子，生於紹興十九年。林栗有兩位夫人：夏氏，早亡；聶氏，即林行知之母。林行知，字子大，"乾道、淳熙兩舉禮部不中，一意爲古人爲己之學。紹熙改元，始以簡肅公恩授京秩，監湖州德清縣户部犒賞庫"，[①] 後歷任大理寺丞、永州知州、知廣州兼廣南東路經略安撫等。其妻鄭氏是北宋名士鄭俠之曾孫女。林行知有二子三女，據劉克莊《林經略墓誌》載：

> 二子：長致誠，奉議郎知泉州惠安縣；致廣，朝奉郎知肇慶府。三女：長適承直郎鎮南軍節度推官洪摶，再適宣教郎大理評事任永年；次適通直郎知汀州長汀縣黄普；次適某官知某縣鄭揚祖。[②]

值得注意的是，林栗三個孫女所嫁的對象，都是當時福建較有名望的士族。任永年的祖父是任文薦，字遠流，閩縣人，紹興五年進士，歷任監察御史、江西提舉、浙東提刑，終秘閣簽書知建寧府，以直節敢諫著稱。黄普的祖父是黄祖舜，字繼道，福清人。宣和六年進士，紹興三十一年同知樞密院事，隆興初以資政殿學士知潭州卒，謚莊定。鄭揚祖的祖父鄭丙，字少融，福州長樂人，紹興十五年進士，積官至吏部尚書，終端明殿學士，謚簡肅。

總之，林氏本身就是福建大族，而南宋時期的福建又是士族名門繁盛之地。幾個士族大姓數代之間的婚配聯誼，構成了一張巨大的關係網絡。此點對於研究人際交遊、學術思潮和政治派系都有不可忽視的作用，尤其是在揭示林朱糾葛和林栗與道學人士關係上。

首先，值得辨明的是林栗與陳宓的關係。陳宓是福建興化人，父親是南宋名相陳俊卿。陳宓"少嘗及登朱熹之門，熹器異之。長從黄榦遊"。[③] 陳宓不但是朱門正宗，還是南宋中期著名的理學家。而他不僅爲林栗之子撰寫行狀，還在其文中贊揚林栗："清風直節，赫然爲乾

① 〔宋〕陳宓：《朝散大夫直秘閣主管亳州明道宫林公行狀》，《全宋文》第 305 册，上海：上海辭書出版，2006 年，第 236 頁。
② 〔宋〕劉克莊著，辛更儒箋校：《劉克莊集箋校》卷一五六，第 6140 頁。
③ 〔元〕脱脱等：《宋史·陳宓傳》，北京：中華書局，1985 年，第 12310 頁。

道、淳熙名臣。逮事三朝,八歷帥守,豐功碩德,具載國史,最爲孝宗所知。”[①]其实,林、陳兩家的關係非比寻常。陳宓在林行知行狀中説,其與林行知“爲中表兄弟”。[②]而陳宓在爲母親聶氏撰寫的行狀中曾言及:聶氏“聞林簡肅公之賢,欲妻以女弟……以歸簡肅公”。[③]以此可知,陳俊卿的夫人聶氏,將自己的妹妹嫁給了林栗。當然,考慮到陳俊卿本身即是莆田人,又曾在福建各地歷職,其與林栗應早以相識,才會有夫人素聞林氏之賢。

不僅如此,林栗和陳家後嗣數代還保持了聯姻的關係。據方大琮爲林栗之孫林致祥的墓誌記載:

(林致祥)娶陳氏,丞相正獻公之孫,提舉宗丞某之女,封宜人。男一人,進禮,迪功郎監慶元府昌國東監買納鹽場。女一人,適文林郎南雄州保昌縣主簿陳琢,正獻曾孫也。[④]

也就是説,林栗的孫子林致祥娶了陳俊卿的孫女。而林致祥的女兒,則又嫁給了陳俊卿的曾孫。如此頻繁的家族内部通婚,可見林、陳兩家之關係非比尋常。

其次,是劉克莊與林栗的關係。上文提及,林行知的墓誌銘是由劉克莊撰寫,開篇即言:“故兵部侍郎簡肅林公,在淳熙間號魁壘骨鯁之臣,危言勁氣。”劉克莊家亦是莆田士族,其妻林氏是福清林瑑的女兒。劉克莊在爲林瑑撰寫的墓誌中曾載:

配宜人黄氏,温陵人,通直郎輊之女,幼隨母聶夫人,依簡肅林公,簡肅爱之如子。[⑤]

而在劉克莊爲亡妻撰寫的祭文中也提及:“初,秘閣公與黄宜人夫婦賢聞一時。君清約似父,淑媛肖母。”[⑥]由此可知,劉克莊的岳母黄氏,是林栗的女兒。林栗的妻子聶氏之前原有婚配,並有一女。後來再嫁林栗,林栗“愛之如子”。此外,還值得指出的是,劉克莊的母親林氏是莆田林枅的侄女,林枅與林栗都是當時閩籍名臣,以方剛並稱。劉、林兩家都是閩中大族,世代聯姻,關係繁複。而林枅也與朱熹友善,朱子文集中多有書信往來。

再次,爲林栗撰寫過祭文的黄榦,亦與林氏家族有千絲萬縷的聯繫。除了上文提及與林行知爲中表兄弟的陳宓,是黄榦弟子之外。黄榦和林栗都與任文薦家有聯姻,任氏是閩中大族,數代中累有朝官循吏。如上所及,林栗的孫女嫁給了任文薦的孫子。而據朱熹爲黄榦之

① 〔宋〕陳宓:《朝散大夫直秘閣主管亳州明道宫林公行狀》,《全宋文》第305册,第236頁。
② 〔宋〕陳宓:《朝散大夫直秘閣主管亳州明道宫林公行狀》,《全宋文》第305册,第236頁。
③ 〔宋〕陳宓:《魏國太夫人聶氏行述》,《全宋文》第305册,第255頁。
④ 〔宋〕方大琮:《朝請大夫福建參議林公墓誌銘》,《全宋文》第322册,第311頁。
⑤ 〔宋〕劉克莊著,辛更儒箋校:《劉克莊集箋校》卷一四九,第5874頁。
⑥ 〔宋〕劉克莊著,辛更儒箋校:《劉克莊集箋校》卷一四八,第5861頁。

父撰寫的墓誌銘中記載，其長女“適承議郎江淮湖廣路總領司幹辦公事任文茂”，[①] 即黄榦的姐姐嫁給了任文茂的兒子，而任文茂正是任文薦的族弟。在黄榦撰寫的《太安人林氏行狀》亦云：

爲中奉大夫太常少卿諱文薦之婦，奉議郎知瑞金縣諱道宗之配……昔先君御史於少卿爲道義之交，於少卿族弟爲姻婭之好。[②]

可見除了“姻婭之好”，黄榦的父親與任文薦更是“道義之交”，關係密切。此行狀中所述的任文薦的媳婦“太安人林氏”，也是長樂林氏。總之，林栗、黄榦家族幾代人間都是互相認識的，鑒於如此千絲萬縷的聯繫，黄榦願意代人撰寫林栗的祭文，並對林栗多有贊譽似亦在情理之中了。

此外，上文所提及爲林栗之孫林致祥撰寫墓誌的方大琮，也與林家有姻親關係。據劉克莊的《鐵庵方閣學墓誌》記載，方大琮是“娶林氏，侍郎簡肅公栗之孫”。[③] 方大琮在林致祥墓誌中亦言：“余婦，公女弟也。余從公遊幾四十年，親愛如一日。”[④] 方大琮不但是林致祥的妹夫、劉克莊的摯友，而且崇奉朱子之學，曾“按朱氏所定禮，更造冕服、爵俎、樽罍、籩豆、簠簋……行釋菜者十，鄉飲者三”。[⑤] 而他在墓誌中則也盛贊林栗：“乾道淳熙中名臣”，“以文學行義，爲世儒宗”。[⑥]

最後，南宋著名詞人王炎也對林栗崇敬有加。須知，王炎也是婺源人，與朱熹、張栻皆關係友善。而王炎曾在寧宗朝特别刊刻過林栗的奏疏，並稱贊“文章雅健，議論鯁切”。正是在此篇《〈林待制奏議〉序》中，王炎還特别談論到與林栗關於經學有所論辯：

淳熙癸卯秋，三山林公帥長沙，時炎承乏泮，林公察其不諂，又喜其稍有志於學也，而盡出諸經解示炎。所見有未合，或反復論辯。公雖不能皆從，而亦不以爲非。[⑦]

淳熙癸卯是淳熙十年（1183），大體是林栗進上《周易解》《春秋解》的前一二年。從王炎所説的“所見有未合，或反復論辯”“公雖不能皆從，而亦不以爲非”之言看，林栗的學説不衹朱門學者反對，王炎也有所論辯。但學術分歧並不影響私人交誼，王炎終身服膺林氏之品格，以至於在其逝世之後，見到奏議遺文，便鳩工刊刻，並稱“公少有俊聲……指陳時事，辯明得失，

① 〔宋〕朱熹：《晦庵集》卷九三《朝散黄公墓誌銘》，《朱子全書》第25册，第4288頁。
② 〔宋〕黄榦：《太安人林氏行狀》，《全宋文》第288册，第424頁。
③ 〔宋〕劉克莊著，辛更儒箋校：《劉克莊集箋校》卷一五一，第5967頁。
④ 〔宋〕方大琮：《朝請大夫福建參議林公墓誌銘》，《全宋文》第322册，第312頁。
⑤ 〔宋〕劉克莊著，辛更儒箋校：《劉克莊集箋校》卷一五一，第5966頁。
⑥ 〔宋〕方大琮：《朝請大夫福建參議林公墓誌銘》，《全宋文》第322册，第311頁。
⑦ 曾棗莊主編：《宋代序跋全編》卷四〇，濟南：齊魯書社，2015年，第1073頁。

其言切而不浮,直而不詭。大抵通達之識、勁正之氣、悃欵之誠,與漢賈太傅誼、劉中壘向、唐陸宣公贄,可以相爲後先"。①

綜上,由於姻婭的關係和地緣士族的交誼,林栗家族與福建與許多大族士人之間都有不錯的關係。何況自林栗"出入中外,林氏遂爲福清聞家","風流典刑,世守不墜"。②而朱熹本身長期在福建生活,門人弟子也多有八閩之人。這些親族和私交的聯繫,使得儘管朱、林之間曾互相彈劾、攻駁,但林栗與朱門並没有勢同水火,成爲敵對。畢竟在當時與朱熹論争攻辯的士人極多,並非都是仇敵。於此,無怪乎羅點在給陸九淵的書信中曾言説朱、林之事是"自家屋裏人,自相矛盾"。③

二、林栗對道學的態度

以往學界多因林栗彈劾朱熹,將林栗歸於反道學派(官僚派、反理學派),但其實這是一種似是而非的錯誤觀點。林栗並不反對道學,他與許多南宋理學家還有不錯的關係(如上文所述)。當然,林栗與閩中士人的聯姻、交誼並不能論證其學術和政治上的思想或取向。即便是同一家庭成員,也有可能存在截然相反的理念,甚至成爲政治上的敵對。所幸,在現存的文獻中,恰有零篇剩什,可以佐證林栗不反道學。

首先,林栗在乾道初年知江州時,曾主持刊刻過周敦頤文集,並修繕了周敦頤的祠堂,對周氏和道學頗有贊譽。他爲此還撰寫過《江州州學先生祠堂記》,文中言:

> 始予讀河南程氏兄弟語録,聞周茂叔先生道學之懿。其後閲蘇端明、黄太史所作濂溪詩,而想見其爲人。及來九江,前武學博士朱熹元晦,自建寧之崇安以書至曰:"濂溪先生,二程之師也,身没而道顯,歲久而名尊。今營道、零陵、南安、邵陽皆已俎豆泮宫,江獨未舉,顧非闕與?"予聞之瞿然。適會先生之曾孫直卿來訪,敬請其像與其遺文,併《通書》《拙賦》而讀之,曰:"此之謂立言者也,可無傳乎!"亟鑿諸板而繪事於學宫,使此邦之人知所矜式。④

由此文可知,一者,林栗在乾道初年與朱熹關係不錯,是朱熹致信建議在九江設祠祭祀,而林栗欣然接受。二者,林栗明確稱贊"周茂叔先生道學之懿",並對其《通書》《拙賦》等文章表示欣賞。認爲在此設祠祭祀,弘揚周氏之學,則九江士人"見中庸之門户,入誠明之閫奥,其必自是始矣"。此外,行文之中,林栗對於二程也顯示出好感,更言:"(茂叔)先生之道,傳於

① 曾棗莊主編:《宋代序跋全編》卷四〇,第 1073 頁。
② 〔宋〕方大琮:《朝請大夫福建參議林公墓誌銘》,《全宋文》第 322 册,第 311 頁。
③ 〔宋〕陸九淵:《陸九淵集》卷一三,北京:中華書局,1980 年,第 178 頁。
④ 〔宋〕周敦頤著,梁紹輝等校點:《周敦頤集·附录》,長沙:岳麓書社,2007 年,第 207 頁。

二程，其所成就夥矣。”

衆所周知，周敦頤是北宋四子之首，宋代理學的開山鼻祖。林栗爲周氏建祠設像、刊刻文集，對二程繼承周氏之道學也表示贊賞，更明確説到“道學之懿”。試問，林栗又豈是反對道學之人？

其次，林栗在撰寫《周易經傳集解》時，曾多處援引過程子《易傳》的解説。皆是立足于學術研究的客觀態度，凡其認爲程氏解説不足的則加以辨證，對於程氏解説妥帖有理的則贊同採用。譬如《复》卦“七日來復，利有攸往”，林栗言：

> 七日之義，諸家紛然不同。大率言自剥至復爲七日，皆失之矣。而六日七分，尤爲繆妄。惟伊川程氏曰：“姤七變而爲復。”臨川王氏曰：“陰陽之往復，以日論之可也，以月以歲論之可也。”今取之。[①]

漢唐以來有關“七日來復”的解釋衆説紛紜，上所引“剥至復爲七日”爲王弼所主，而鄭玄引《易緯》有“六日七分”之説。侯果稱“古人呼月爲日”，“五月天行至午，陽復而陰升也。十一月天行至子，陰復而陽升也。天地運往，陰陽升復，凡歷七月，故曰七日來復”。大都爲了落實“七日”這一具體時間而演繹牽延。程頤本於卦象，不拘于日月卦氣諸説，申言：“消長之道，反復迭至。陽之消，至七日而來復。姤，陽之始消也，七變而成復，故云七日，謂七更也。”[②] 姤卦唯最下一陰，其餘皆陽爻。復卦相反，唯最下一陽爻，其餘皆陰。程氏七變之解，可備一説。

此外，在《大有》“匪其彭”句下，林栗引程頤之言：“彭盛貌。詩曰‘行人彭彭’‘駟騵彭彭’，皆盛多之謂也。”[③] 認爲此解於義爲長。而《頤》卦亦引程氏“謹言語以養德，節飲食以養體，皆頤之義也”，[④] 來申説主旨。這類的例子尚有不少。據林栗《周易經傳集解》前所附的進表銜名記載，此書是“淳熙十二年四月二十六日知潭州”時進呈朝廷。五年之後，紹熙元年林栗即逝世。可以説，此書是林栗最後易學的定論，代表了其晚年成熟定型的思想。在此中不但没有表現出林栗對道學的反感，反而體現了他對程頤學説熟稔和採信。

除了林栗本人所表現出的對周敦頤、程子的尊敬和認同，其子林行知更是對朱子之學崇信有加。據劉克莊所撰林行知墓誌記載：

> （林行知）示余以所箋《詩》數則，多與朱氏《本義》同。余曰：“公亦宗考亭乎？”

① 〔宋〕林栗：《周易經傳集解》卷一二，《四庫全書》第12册，上海：上海古籍出版社1987年影印文淵閣本，第164頁下欄b。
② 〔宋〕程頤著，王孝魚點校：《周易程氏傳》卷二，北京：中華書局，2011年，第134頁。
③ 〔宋〕林栗：《周易經傳集解》卷七，第104頁下欄a。
④ 〔宋〕林栗：《周易經傳集解》卷一四，第184頁下欄a。

公曰:"朱公經學妙處,聖人不能易也,況學者乎?"①

林行知在註解《詩經》時,不但採用朱子之説,更尊稱"朱公經學妙處,聖人不能易",可以説是推崇到無以復加之地。

綜上,林栗本人並不反對道學,更對北宋道學宗師周敦頤、程頤等有所推崇。刊刻周敦頤文集,建祠設像祭祀,在自己的易學著作中採信《伊川易傳》之説。其子崇奉朱熹之學,林氏數代人亦與朱門及諸多理學人士有所交遊甚至聯姻。凡此種種,皆可證明林栗不是反道學派。

三、朱林之争與林栗反道學形象的形成

那麼,以往學界因何誤將林栗劃入反道學派?仔細推究,主要有兩點原因。一者,林栗文集亡佚,生平史料缺略較多,學界對其並無專門的研究,諸多碎片化的史料没有輯考,以訛傳訛,似是而非的論斷却持續加强。二者,南宋葉適、李心傳的片面説法塑造了林栗反道學的形象。後來隨著朱熹道統地位的加强,林栗因爲曾彈劾攻駁朱子,所以其反對道學、攻擊朱子的污名成爲後代的定論。

首先,最先宣説林栗是反道學派的是葉適的奏章。淳熙十五年(1188),林栗因爲與朱熹的矛盾上書彈劾。原本林栗彈劾是事由是朱熹前度受除兵部郎官,却"只欲回就江西提刑","不肯赴部供職",攻擊其輕慢郎選之職,"傲睨累日"。②此本與道學無關,但林栗又在奏章中寫道:

熹本無學術,徒竊張載、程頤之緒餘,以爲浮誕宗主,謂之道學,妄自推尊。所至輒攜門生十數人,習爲春秋戰國之態,妄希孔孟歷聘之風。繩以治世之法,則亂臣之首也……既經陛對,得旨除郎,而輒懷不滿,傲睨累日,不肯供職,是豈張載、程頤之學教之然也?③

正是由於林栗的上書中言及"浮誕宗主,謂之道學",所以葉適憤然作《辯兵部郎官朱元晦狀》,反駁林栗的"道學"之論:

凡栗之辭,始末參驗,無一實者。至於其中"謂之道學"一語,則無實最甚。利害所係,不獨朱熹,臣不可不力辯。蓋自昔小人殘害忠良,率有指名。或以爲好名,

① 〔宋〕劉克莊著,辛更儒箋校:《劉克莊集箋校》卷一五六,第6141頁。
② 〔宋〕葉適著,劉公純等點校:《葉適集》卷二,北京:中華書局:2010年,第17頁。
③ 〔元〕脱脱等:《宋史·林栗傳》,第12031頁。

或以爲立異，或以爲植黨。近創爲"道學"之目，鄭丙倡之，陳賈和之。居要津者，密相付授。見士大夫有稍慕潔修，粗能操守，輒以道學之名歸之。以爲善爲玷闕，以好學爲過愆。相爲鈎距，使不能進；從旁窺伺，使不獲安。[1]

以往宋史學界對孝宗朝這一時期的黨争多有討論，尤其是以余英時先生《朱熹的歷史世界》一書中所述的官僚集團與道學士大夫集團（反道學派/道學派）之間的交攻鬥争最爲詳實。由於官僚派巧立名目，排沮道學人士，使得葉適非常警惕，見到林栗又拈出"道學"結黨之説，便極力反駁，將其與反道學派的鄭丙、陳賈聯繫起來。

隨後，與理學人士有所交誼的御史胡晉臣也上書彈劾林栗，指責其："執拗不通，喜同好異，無事而指學者爲黨，此最人之所惡聞者。"[2]後林栗被罷，出知明州。而南宋後期的重要文獻史料，如李心傳的《建炎以來朝野雜記》和《道命録》都將林栗描繪爲反對道學的典型。《建炎以來朝野雜記》中的"道學興廢"條中特别記載：

林侍郎栗劾其欺慢，且詆道學之士，乃亂臣之首，宜加禁絶。林雖罷去，而士大夫譏貶道學之説，迄不可解，甚至以朋黨詆之，而邪正幾莫能辨。[3]

隨後樵川樵叟的《慶元黨禁》直接據李心傳《朝野雜記》開列了"攻僞學人"名單，其中正有林栗之名。

實際上，複核林栗的奏章，其雖誇大張皇，説朱熹及其門徒"習爲春秋戰國之態，妄希孔孟歷聘之風"是"亂臣之首"，但從未説過"僞學"的名目，此和後來的慶元黨禁指朱子爲"僞學"而興起黨禁有很大不同。若細緻玩味林栗的行文，其斥責朱熹"本無學術，徒竊張載、程頤之緒餘，以爲浮誕宗主，謂之道學，妄自推尊"。即表明林栗認爲朱熹所謂"道學"是"妄自推尊"，其亦無學術，只是竊取了張載、程頤的"緒餘"。那麽這裏林栗似乎並未説反對道學，其所反的是假借道學"妄自推尊"的"浮誕宗主"。他看不慣的是朱熹攜衆多門徒，"習爲春秋戰國"的歷聘之態。

其實，宋代彈章誇大其詞、危言聳聽是常見的套路，只要瀏覽一番宋人的奏疏就會發現，一些小事也往往上升到乾綱大節，彈劾他人動輒欺君罔上、罪大惡極，但實際處理不過貶一官、奪一職。林栗前文把朱熹説的一無是處，又説是"亂臣之首"，最後奏章所要求朝廷的，不過是"將熹停罷，姑令循省，以爲事君無禮者之戒"。[4]

林栗與朱熹的矛盾，一方面有學術上的分歧争論，之前論《周易》《西銘》牴牾，造成兩人

① 〔宋〕葉適：《葉適集》卷二，第19頁。
② 〔宋〕李心傳撰，徐規點校：《建炎以來朝野雜記》乙集卷八，北京：中華書局，2000年，第636頁。
③ 〔宋〕李心傳撰，徐規點校：《建炎以來朝野雜記》甲集卷六，第138頁。
④ 〔元〕脱脱等：《宋史·林栗傳》，第12031頁。

失和。另一方面是性格因素,朱、林二人性格都頗爲執拗剛硬。朱熹的性格剛毅,多否少可,即便是對陸九淵、吕祖謙等也多有尖鋭的批評。而林栗的性格,如上文朋友姻親的正面叙述是“直節赫然”“魁礨骨鯁”。《宋史》中言“栗爲人强介有才,而性狷急”,而彈劾林栗的胡晉臣則言其“執拗不通”。大體而言是性格急躁拗硬的。

劉克莊曾經問林栗之子林行知,“簡肅素賢朱公,晚有異論何耶?”林行知回答曰:

吾翁有殊眷,朱公負重名。當軸皆禮貌之,内不善也。及翁被夏卿之擢,朱輟臬事而留,俱出獨斷,不由啓擬。當軸愈惎,知二人素剛不相下,翁又新與朱公論《易》撑拄,遂除朱公爲兵部郎。二人果以不咸皆去,卒如當軸所料。①

這裏所言的“當軸”,即是當時的宰相周必大。推敲林行知所言,正是周必大利用了朱林二人“素剛不相下”,又論《易》撑拄失和,故意將朱熹任命到林栗手下作兵部郎官,遂有了後來糾葛紛争。

而在朱林論學之争中,朱熹可能確實出言挖苦諷刺過林栗,激化矛盾。所以事後朱熹在給弟子陳孔碩的信中,也曾反省言:

向來辨論,理非不直,所自愧者,初無懇惻之意,而以戲侮之心出之,所以召怨而起鬧也。②

朱熹自己作爲當事者的反思是非常值得重視的,“戲侮召怨”恐怕正是後來林栗怒上彈章攻擊朱熹的主要因素。畢竟二人之間雖然論學不和,但至少在乾道年間還友好地互通書信。而朱熹和林栗論《易》《西銘》等争論失和,“戲侮召怨”亦恰好就在其淳熙十五年入對前夕。二人方新結怨,朱熹很快就被任命到林氏手下,也無怪乎朱熹推辭不受。本就性情急躁的林栗又正值怒氣,遂即上書彈劾。

隨後時過境遷,朱熹反而能平易客觀地看待林栗之學説。《朱子語類》中還記載過這樣一段對話:

楊敬仲有《易論》。林黄中有《易解》,《春秋解》專主左氏。或曰:“林黄中文字可毁。”先生曰:“却是楊敬仲文字可毁。”③

楊敬仲即是慈湖先生楊簡,陸九淵一派頗有盛名的學者。朱熹與陸九淵一派雖學術相異,但

① 〔宋〕劉克莊著,辛更儒箋校:《劉克莊集箋校》卷一五六,第6141頁。
② 〔宋〕朱熹:《晦庵集》卷四九《答陳膚仲》,《朱子全書》第22册,第2270頁。
③ 〔宋〕黎靖德輯:《朱子語類》,北京:中華書局,1986年,第2985頁。

並無類似林栗這樣的糾葛紛争。結果朱熹反而認爲林栗的著述可存，楊簡的可毁。

綜言之，朱林的糾紛主要是意氣之争，並非反道學集團與道學集團的黨派之斗。兩人争執怨懟和朱熹受除兵部間隔時間較短，或亦有所謂“當軸”的算計離間，使得林栗成爲排沮朱熹出朝的槍手。但通過上文的論證，無論是後來朱熹，還是當時的衆多理學人士，並没有視林栗爲反道學派。而劉克莊所言的“簡肅素賢朱公，晚有異論”，羅點對陸九淵説的“朱、林之事，自家屋裏人，自相矛盾”。凡此種種，都説明大家把林栗看做同一陣營。最初僅是葉適的奏章，把林栗聯繫到了反道學的潮流之中，而南宋後期推尊道學的李心傳、樵川樵叟等直接將林栗敘述爲與慶元黨禁一樣打擊朱熹的形象。後來，隨著歷代朱子地位的提高，理學人士的敘事中不斷强化這一標籤，使得林栗是反道學派成爲一種思維定式。其實，當時陸九淵看到葉適、胡晉臣等彈劾林栗的奏章時，就説過：“近見臺端逐林之辭，亦重嘆其陋。群兒聚戲，雜以猥狡，尚何所望？”①

四、結語：道學敘事下的歷史失真

如上文所述，林栗負面的歷史形象，是在數代道學家的敘事中塑造定型的。是由於理學的興盛，後代所謂“清議”和“醇儒”型的士大夫成爲學術和政治的正統，掌握輿論的主導和歷史的敘事。與理學人士意識形態相左的史料逐漸被掩盖而淡出人們視綫，批評林栗的敘述却不斷加强，最終使得其攻擊朱熹、反對道學的標籤，成爲了後代歷史的定論。其實，回歸于當時的文獻史料，重新勾稽林栗真實的歷史形象，令人驚訝地發現，除了在晚年最後彈劾朱熹這一件事外，林栗所有的歷史形象都是積極正面的。

其在高、孝兩朝，頗以主戰抗金、清介直諫聞名。高宗紹興三十一年(1161)，金人南下，林栗曾上書宰相言：“敵人於我有不共戴天之讎……爲今日計，宜敕諸將，進軍臨之。别遣重兵，分出泗亳潁壽，規取汴京，截其歸路。”②孝宗初隆興議和，宋金約爲叔侄之國，林栗上書反對，又言到：“今日之和，臣不知其説也。宗廟之讎，而事之以弟姪，其忍使祖宗聞之乎！”③此外，林栗還曾上書孝宗，直言近幸、權臣之弊，甚至有“以鹿爲馬、以雞爲鸞”之語。執政訴於孝宗，謂：“林栗謂臣等指鹿爲馬，臣實不願與之同朝。”乃出知江州。④

而除了上文所述的他與閩中理學人士的聯姻、交誼，林栗還與同當時衆多名士有所交遊論學、詩詞唱和，並受到贊美。陸游曾言：“林公栗以直得名，臨事剛果。”⑤王十朋贈其詩贊云：“出處平時正且嚴，猶於瓜李謹疑嫌。”與朱門關係親密的林亦之也與其頗有詩詞往還，就

① 〔宋〕陸九淵：《陸九淵集》卷一三，第178頁。
② 〔宋〕李心傳：《建炎以來繫年要録》卷一九五，北京：中華書局，1988年，第3293頁。
③ 〔元〕脱脱等：《宋史·林栗傳》，第12026—12027頁。
④ 〔元〕脱脱等：《宋史·林栗傳》，第12027頁。
⑤ 〔宋〕陸游：《朝奉大夫直秘閣張公墓誌銘》，《全宋文》第223册，第243頁。

在朱、林之争前夕林栗爲湖南安撫使時,林亦之贈詩稱贊:"平生孤節人難到,自此一番名愈聞。"

此外,林栗除了主持刊刻過周敦頤的文集外,還曾撰寫過胡銓的遺事。胡銓在高宗朝以抗金主戰、力抗秦檜聞名。雖然林栗此作不今已存,但楊萬里撰《誠齋集》中有《跋林黄中書忠簡胡公遺事》一文,其言:"(林栗)所書澹菴先生遺事,當万里作行狀時所未聞者。豈特某所未聞,其子孫亦所未聞也……玆不謂大丈夫乎?"[①] 遺事主要還是記述胡銓直言極諫,主戰抗金;而顯然楊萬里對於林栗亦是有所敬重的。

林栗除了在湖南、夔州頗有政聲外,最後晚年在明州任上也留有美稱,史書中將其與林枅、林大中,並稱"三林"。[②] 正如上文所述,即便是與朱熹友善的王炎,也感嘆林栗"臨大節之際,如底柱屹立。招之不來,麾之不去,不可誣也"。到了寧宗朝依然"思公之賢",而爲其刊刻奏議遺文。於此回顧陳宓所言的:林栗"清風直節,赫然爲乾道、淳熙名臣。逮事三朝,八歷帥守,豐功碩德,具載國史,最爲孝宗所知"。雖然這樣的贊美難免有誇大之嫌,但或許"逮事三朝,八歷帥守",以剛強狷急、主戰敢諫著稱的那位乾道、淳熙名臣,才更符合林栗的真實形象。

(朱學博,重慶大學人文社科高等研究院講師)

① 〔宋〕楊萬里著,辛更儒箋校:《楊萬里集箋校》卷一〇〇《跋林黄中書忠簡胡公遺事》,北京:中華書局,2007年,第3818頁。

② 〔宋〕樓鑰:《簽書樞密院事致仕贈資政殿學士正惠林公神道碑》,《全宋文》第265册,第358頁。

以志校史：利用方志校正史書地名訛誤的文獻實踐及理論探析

劉軍華

［摘　要］作爲歷史記録、歷史敘事的要素與組成部分，地名充滿史書的字裏行間。史書中記載的地名或有訛誤，有誤甲爲乙、張冠李戴者，有同名地名混淆者，有名實不副者。地方志專門記述某一地域區劃内的文獻，本身在記載本地區的地名演變、地理形勝和地理沿革方面，細緻而又具體，是其他史書所難以達到、不能取代的。本文通過地方志中記載的地名和地理文獻來辨析、校正《建炎以來繫年要録》《宋史全文》和《續資治通鑑》中的地名訛誤。推而廣之，用地方志中的相關地理文獻材料來核查、辨析、校正其他史書中的地名訛誤，具有一定的實踐價值和理論意義。
［關鍵詞］地名　建炎以來繫年要録　宋史全文　續資治通鑑　方志

作爲歷史記録、歷史敘事的要素與組成部分，史書中記載的地名的數量很多。不管是以人物生平爲綱的紀傳體，以時間順序爲綱的編年體、紀年體，還是以事件爲綱的紀事本末體，史書記録、記敘的核心要素之一就是地點（地名）。因此地名充滿史書的字裏行間。

一、以志校史的基礎與可行性

由於史書中地名本身的紛繁複雜，也由於古今地名的演變和史書的記録、編撰者不可能"走遍世界"，因此對於地點（地名）的記載，絶大多數來自於間接史料（歷史檔案記録、他人文獻史料、口傳或口述等傳聞）。史家及史書編撰者不可能把史書中所有的地名一一實地核查，難免會在記録、記載地名（地點）時發生訛誤。再由於史書在傳抄、刻印等流傳過程中，也會在有意無意間産生一些新的訛誤。因此，現存史書中的地名，或有誤甲爲乙、張冠李戴者，或有同名地名混淆者，或有名實不副者（所記地名非當時地名，或爲舊名，或爲新名）。核查、核實、辨正史書中記載的地名與地理位置、地理沿革，是使用史書中地理文獻材料時首先要進行的工作。

地方志專門記述某一地域區劃内的文獻，本身在地點（地名）的記載上有着先天的優勢。記載某一地域的地名演變、地理形勝及其建置沿革，一般都比較詳細，而且分門别類記録。按照傳統的説法，地方志具有"資治""教化""存史"的三大功能。地方志的編撰者，往往對某一地方較爲熟悉，有的親自足歷考察，有的在當地爲官、遊覽或生活過，有的就是本地人所撰鄉邦文獻，對於本地區地理及人物事件易於核查。如章學誠《修志十議：呈天門胡明府》中説：

“修志有二便:地近則易覈,時近則迹真。”[①] 相比正史和其他史書文獻,地方志的地區性和資料性特徵更爲突出和明顯。地方志具有“補史之缺、參史之錯、詳史之略、續史之無”的存史價值。[②] 地方志中記載本地區的地名演變、地理形勝和地理沿革,細緻而又具體,是其他史書所難以達到、不能取代的。在一些地區志(省志、府志、州志)中,對於本地地理及與此地相關人物事件的記載,比較具體和細緻。因此,地方志中記載的地名、地理文獻可以用來核查、驗證和校訂其他史書中的相關地理記載。

以《建炎以來繫年要録》《宋史全文》和《續資治通鑑》爲例,《太平寰宇記》《方輿勝覽》《輿地廣記》《輿地紀勝》《景定建康志》等地方志,其成書時間大多早於《建炎以來繫年要録》《宋史全文》和《續資治通鑑》,或與《建炎以來繫年要録》的成書時間大體相當,可以用來校正這些史書中的地名訛誤。此外,成書於《建炎以來繫年要録》《宋史全文》之後的地方志,由於其材料來源的特殊性,也可以作爲校正史書中地名訛誤的旁證材料。本文主要利用《太平寰宇記》《方輿勝覽》《輿地廣記》《輿地紀勝》《景定建康志》等地方志中的相關地理文獻爲參證,來辨析校正《建炎以來繫年要録》《宋史全文》和《續資治通鑑》中的地名訛誤。

二、《建炎以來繫年要録》《宋史全文》地名訛誤辨正

1.《建炎以來繫年要録》卷九:“(建炎元年九月己丑)御營使司同都統制范瓊至京西,屢與李孝忠戰,敗績。會諸郡兵皆至。瓊與統制官喬仲福及孝忠戰於福州之雲澤,大敗之。”[③]

案:“福州”誤,當爲“復州”。復州,在漢代屬於江夏郡,宋代屬於荆湖北路。《方輿勝覽》卷三一“湖北路·復州”記載復州下轄景陵縣、玉沙縣,以及復州的建置沿革:“《禹貢》:荆州之域。……春秋、戰國並屬楚,秦屬南郡,在漢即江夏之竟陵縣,晉、宋、齊因之,梁置沔陽郡,周武改置復州,取復池湖以爲名。隋改沔州,又爲沔陽郡。唐改復州,獨理沔陽,改竟陵郡,又爲復州。皇朝因之,熙寧州廢,元祐復立。今領縣二,治景陵。”[④]《輿地紀勝》卷七六“荆湖北路·復州”:“州沿革。復州。景陵郡,治景陵縣。《禹貢》:荆州之域。……周武帝改置復州,取州界復池湖爲名。……唐高祖改爲復州,治竟陵縣,移理沔陽。……石晉改竟陵曰景陵郡。皇朝因之,仍屬荆湖北路。神宗時州廢,以景陵縣隸安州,尋復立復州(元祐元年)。今領縣二,治景陵。”[⑤]

福州在宋代屬於福建路,下轄閩縣、侯官、連江、懷安、閩清、古田、長樂、福清、永福、寧德、羅源。《方輿勝覽》卷一〇“福建路”中記載其建置沿革:“《禹貢》:揚州之域。……古

---

① 〔清〕章學誠撰,〔清〕王宗炎編次,〔清〕劉承幹校訂:《章學誠遺書》卷一五“方志略例二”,北京:文物出版社1985年影印吴興嘉業堂刻《章氏遺書》本,第140頁。

② 〔清〕章學誠《修湖北通志駁陳增議》,見《章學誠遺書·外編·補遺》,第619頁。

③ 〔宋〕李心傳:《建炎以來繫年要録》第2册,《叢書集成初編》本,北京:中華書局,1985年,第211頁。

④ 〔宋〕祝穆撰,〔宋〕祝洙增訂,施和金點校:《方輿勝覽》中册,北京:中華書局,2003年,第563頁。

⑤ 〔宋〕王象之編著,趙一生點校:《輿地紀勝》第6册,杭州:浙江古籍出版社,2012年,第1906—1907頁。

閩越地，周爲七閩地，後屬楚，秦爲閩中郡。……隋改泉州，煬帝爲閩州，尋改建安郡，治東侯官。唐置泉、建二州，又移泉州於晉江縣置，而此復爲閩州，更閩州爲福州。自此，福、建、泉三州始不相紊。……皇朝屬兩浙西南路，復爲威武軍。雍熙分爲福建路，陞爲帥府。今統郡八，領縣十二，治閩、侯官兩縣。"①

從地理方位來看，此次作戰區域爲"京西"。宋高宗建炎元年時的京都爲南京應天府（今河南商丘），"京西"之地，不應當是東南方的福州。復州，在當時京都（南京應天府）的西邊，下轄景陵縣、玉沙縣，治景陵縣，正好處於雲夢澤所在地域，與"戰於復州之雲澤"的記載相合。《宋史》卷二四《高宗紀》作"復州"，也可參證："（建炎元年）九月己丑，建州軍校張員等作亂，執守臣張動，轉運副使毛奎、判官曹仔爲所殺，嬰城自守。范瓊捕斬李孝忠于復州。"②

2.《建炎以來繫年要録》卷八九："（紹興五年五月甲申）張浚至潭州。初，浚自建康西上，而樞密副都承旨、沿江制置副使馬擴自武昌召歸，乃以爲都督行府都統制。浚行至醴泉，獄犴數百人，盡楊太遣爲間探者。"③

案："醴泉"誤，當爲"醴陵"。醴陵，在漢代屬長沙郡，在宋代屬於荆湖南路之潭州，距離洞庭湖較近。《方輿勝覽》《輿地廣記》記載了醴陵在宋代爲潭州下屬縣，以及醴陵的建置沿革。《方輿勝覽》卷二三"湖南路"記載潭州下轄"長沙、善化、衡山、安化、醴陵、攸縣、湘鄉、湘潭、益陽、瀏陽、湘陰、寧鄉"。④《輿地廣記》卷二六"荆湖南路"記載："上潭州。古三苗之地。……唐武德四年曰潭州。天寶元年曰長沙郡，升爲武安軍節度。皇朝因之。今縣十一。"⑤

作爲地名的醴泉，在隋唐時期屬於京兆郡下轄縣，宋代屬於陝西永興軍路。《輿地廣記》卷一三"陜西永興軍路上"："次畿醴泉縣。漢谷口縣，屬左馮翊，故城在今縣北。鄭子真其縣人也。後漢省之。後魏置寧夷縣。西魏置寧夷郡。後周改爲秦郡，後廢。隋開皇十八年改縣曰醴泉，屬京兆郡。唐因之，有九嵏山。"⑥

《建炎以來繫年要録》卷八九中把"醴陵"誤作"醴泉"，蓋因醴陵縣有王喬山醴泉（此"醴泉"非地名，指山中甜美的泉水），加之"醴陵"與"醴泉"字形相近，故誤記。《輿地廣記》卷二六"荆湖南路"："緊醴陵縣，本漢臨湘縣地，高后封長沙相越爲醴陵侯即此。東漢置醴陵縣，屬長沙郡。建安八年，縣有大山常鳴如牛，响聲積數年。後豫章賊攻没縣亭。晉、宋皆屬長沙郡，後省。唐武德四年復置，屬潭州，有王喬山醴泉。"⑦

參《建炎以來繫年要録》他處記載和其他史書所載相關史料，張浚此次行軍所至地名均爲"醴陵"。《建炎以來繫年要録》卷九〇載："（紹興五年六月癸丑）何俌《龜鑑》曰：竹簽之

① 〔宋〕祝穆撰，〔宋〕祝洙增訂，施和金點校：《方輿勝覽》上册，第162頁。
② 〔元〕脱脱：《宋史》第2册，北京：中華書局，1977年，第448頁。
③ 〔宋〕李心傳：《建炎以來繫年要録》第9册，第1484頁。
④ 〔宋〕祝穆撰，〔宋〕祝洙增訂，施和金點校：《方輿勝覽》上册，第409頁。
⑤ 〔宋〕歐陽忞：《宋本輿地廣記》第3册，北京：國家圖書館出版社2017年影印朱彝尊曝書亭藏宋刊本，第15頁。
⑥ 〔宋〕歐陽忞：《宋本輿地廣記》第2册，第24頁。
⑦ 〔宋〕歐陽忞：《宋本輿地廣記》第3册，第16頁。

題,卒誤鍾相。……及張浚至醴陵,召間諜之囚,釋其縛而縱之歸,使諭寇。"[①]《宋史全文》卷一九中"宋高宗八"亦引《龜鑑》,[②]與《建炎以來繫年要録》卷九〇引録文字相同。《宋史》卷三六一《張浚傳》:"(紹興五年)(張)浚以建康東南都會,而洞庭據上流,恐滋蔓爲害,請因盛夏乘其怠討之,具奏請行。至醴陵,釋邑囚數百,皆楊么諜者。"[③]《續資治通鑑》卷一一五"宋紀":"(紹興五年五月甲申)張浚至潭州。初,浚自建康西上,而樞密副都承旨、沿江制置副使馬擴自武昌召歸,乃以爲都督行府都統制。浚行至醴陵,獄囚數百人,盡楊太遣爲間探者。"[④]

3.《建炎以來繫年要録》卷一二五:"(紹興九年正月)乙酉,左通直郎新監昭州鹽倉胡銓,簽書威武軍節度判官廳公事。"[⑤]《宋史全文》卷二〇下"宋高宗十二":"己未紹興九年春正月乙酉,新監昭州鹽倉胡銓簽書威武軍節度判官廳公事。"[⑥]

案:此兩處"昭州"誤,當爲"廣州"。胡銓是南宋名臣,吉州廬陵人,在宋高宗時先後授職有撫州軍事判官、湖北倉屬、樞密院編修官。後因上疏得罪秦檜,詔除名,編管昭州。但未赴昭州,秦檜迫於公共輿論的壓力,改爲監廣州鹽倉。後來又簽書威武軍判官,貶送新州,再貶至吉陽軍。秦檜死,遷衡州。宋孝宗即位後,復奉議郎,知饒州。

胡銓的籍里以及先後授職的地方(有些並未赴任或未實際上任),都有相關的地區志,雖然有的成書時代較晚,但也有對胡銓任職的比較具體和細緻的記載。《八閩通志》卷三六"秩官・郡縣・福州府":"胡銓字邦衡。任紹興間爲樞密院編修官,上疏痛排和議,乞斬秦檜、孫近、王倫。檜怒,黜銓監廣州鹽倉,尋改僉書威武軍判官。"[⑦]《雷州府志》卷一六"流寓志":"胡銓字邦衡,廬陵人。建炎二年擢進士第五人,後爲樞密院編修官。紹興八年,金使至,以'詔諭江南'爲名。銓上書,力排和議,乞斬秦檜、王倫、孫近三人頭,竿之藁街。檜以銓狂妄凶悖,謫監廣州鹽倉。明年,改僉書威武軍判官。"[⑧]

《雍正廣西通志》卷八六"遷客(流寓附)"、《雍正江西通志》卷七五"人物・吉安府一"等地方志中所載胡銓生平行事大致相同,均記載因上書被秦檜貶謫爲"監廣州鹽倉"。因胡銓上書歷數秦檜罪過,秦檜認爲胡銓狂妄凶悖,下詔除名,取消胡銓原有的樞密院編修官的身份,編管昭州。但是秦檜迫於壓力,又改胡銓爲監廣州鹽倉,因此胡銓實際未赴昭州。因此《建炎以來繫年要録》卷一二五、《宋史全文》卷二〇把"廣州"誤記爲"昭州"。

同樣,其他史書中的相關記載也可以與地方志相互印證。《宋史》卷三七四《胡銓傳》:

---

① 〔宋〕李心傳:《建炎以來繫年要録》第9册,第1503頁。
② 汪聖鐸點校:《宋史全文》第5册,北京:中華書局,2016年,第1416—1417頁。
③ 〔元〕脱脱:《宋史》第32册,第11303頁。
④ 〔清〕畢沅:《續資治通鑑》第7册,北京:中華書局,1957年,第3065頁。
⑤ 〔宋〕李心傳:《建炎以來繫年要録》第12册,第2033頁。
⑥ 汪聖鐸點校:《宋史全文》第5册,第1578頁。
⑦ 〔明〕黄仲昭:《八閩通志(修訂本)》上册,福州:福建人民出版社,2006年,第1063頁。
⑧ 〔明〕歐陽保:《萬曆雷州府志》,《日本藏中國罕見地方志叢刊》本,北京:書目文獻出版社,1990年,第406頁。

“（紹興八年）（胡銓）書既上，（秦）檜以銓狂妄凶悖，鼓衆劫持，詔除名，編管昭州，仍降詔播告中外。給、舍、臺諫及朝臣多救之者，檜迫於公論，乃以銓監廣州鹽倉。明年，改簽書威武軍判官。”①《續資治通鑑》卷一二一“宋紀”：“（紹興八年十一月）壬子，改（胡）銓監廣州都鹽倉。”②

三、《續資治通鑑》地名訛誤辨正

1.《續資治通鑑》卷九七“宋紀九十七”：“湯陰人岳飛，少負氣節，家貧力學，尤好《左氏春秋》、孫、吴兵法，力能挽弓三百斤、弩八石。劉韐宣撫鎮、定，募敢戰士，飛與焉，屢擒劇賊。”③

案：此處“鎮、定”，“鎮”指“鎮州”，“定”指“定州”。利用方志核查，鎮州和定州爲兩地。此處將一地誤作兩地。鎮州在北宋慶曆年間廢，置真定府；定州在北宋政和年間改爲中山府。此處“鎮、定”當作“真定”。

宋神宗熙寧年間，將河北路分爲東、西兩路，河北西路治所在真定府。《輿地廣記》記載真定屬於河北西路，以及真定府地名沿革。《輿地廣記》卷四“皇朝郡國”：“河北東路：開德、河間、滄、冀、博、棣、莫、雄、霸、德、濱、恩、清、永静、信安、保定。河北西路：真定、相、中山、邢、懷、衛、洺、深、磁、祁、趙、保、安肅、永寧、廣信、順安。”④《輿地廣記》卷一一“河北西路上”：“次府真定府。春秋時屬鮮虞，爲晉所滅。戰國時屬趙，秦屬鉅鹿郡。漢高帝置恒山郡，後避文帝名改曰常山，亦屬真定國。東漢屬常山國，魏晉復爲郡，元魏因之，後周兼立恒州。隋開皇初郡廢，大業初州廢，復立常山郡。唐武德初復曰恒州，後升爲成德軍節度。元和十五年避穆宗諱曰鎮州，五代時曰真定府，梁以諱改曰武順，後唐復曰成德，晉曰順德，漢復曰成德，周及皇朝因之，今縣九。”⑤

《皇宋中興兩朝聖政》《宋史》等史書中的相關記載，也與地方志記載的地名相同。《皇宋中興兩朝聖政》卷一“高宗皇帝一”：“《大事記》曰：嗚呼！建炎之初，肩背初失之時也。河北惟失真定等四郡，河東惟失太原等六郡，其他固在也。”⑥《皇宋中興兩朝聖政》卷三“高宗皇帝三”：“建炎二年，春，正月，丙戌朔。上在楊州。戊子，金國遣萬户銀朱陷鄧州，轉運副使劉汲攝守事，兵大至，汲死之。丁亥，詔略曰：河東、河北郡縣，自太原、真定失守之後皆

① 〔元〕脱脱：《宋史》第33册，第11582頁。
② 〔清〕畢沅：《續資治通鑑》第7册，第3196頁。
③ 〔清〕畢沅：《續資治通鑑》第6册，第2548頁。
④ 〔宋〕歐陽忞：《宋本輿地廣記》第1册，第72頁。
⑤ 〔宋〕歐陽忞：《宋本輿地廣記》第1册，第207頁。
⑥ 〔宋〕佚名：《皇宋中興兩朝聖政》第1册，北京：北京圖書館出版社，2007年，第413頁。

困。"[①]《宋史》卷三六五《岳飛傳》:"宣和四年,真定宣撫劉韐募敢戰士,飛應募。"[②]《宋史》卷四四七《忠義·李邈傳》:"(李邈)遂復舊官,守真定。……金人至,邈乞師于宣撫副使劉韐,且間道走蠟書上聞,皆不報。"[③]《皇宋中興兩朝聖政》《宋史》都記載在北宋末年,金人南下,攻入河北西路,真定失守,當時的真定宣撫使是劉韐。在北宋末年無"鎮、定"的說法,没有鎮州、定州的地名。

2.《續資治通鑑》卷一〇八"宋紀一百八":"(建炎四年)九月,辛丑,建昌府路安撫大使兼知池州吕頤浩,請兵五萬人分屯建康等處。"[④]

案:"建昌府路"誤,當爲"建康府路"。作爲行政區劃的"建昌",屬於"府"一級的建置,不是"路"。建昌府屬於江南西路。《輿地廣記》卷四"皇朝郡國"載:"江南東路:江寧、宣、歙、江、池、饒、信、太平、南康、廣德。江南西路:洪、虔、吉、袁、撫、筠、興國、南安、臨江、建昌。"[⑤]建康府路,爲建炎四年設置。

據《輿地紀勝》卷二六"江南西路"和《景定建康志》卷二六"官守志三"的記載,建炎四年把江南東路和江南西路合併爲江南路,置三帥統領,又分爲鄂州路、江西路、建康府路三路。《輿地紀勝》卷二六"江南西路"載:"《國朝會要》:紹興元年,以江、洪、瑞、袁、虔、吉州、興國、南康、臨江、南安軍爲江南西路。四年,撥南康軍依舊屬江南東路。又《國朝會要》東路下載:四年,撥撫州、建昌軍依舊隸江南西路。"[⑥]《景定建康志》卷二六"官守志三":"紹興元年正月十日,詔:'江南路依舊分東、西路,各置轉運司,見任漕臣依舊分路管干職事。'"[⑦]

《輿地紀勝》卷二二"江南東路·池州"記載了"以建康府路安撫使兼知池州"的設置:"中興以來,分江東西路爲三帥,爲池州路安撫使,領建康府、太平、宣、徽、饒州、廣德軍,後以建康府路安撫使兼知池州,尋罷,復隸江南東路。《繫年録》云:建炎四年五月……六月丙戌,吕頤浩爲建康府路安撫大使,兼知池州。"[⑧]《景定建康志》卷三"留都録三"收録"建炎以來詔令",其中有《賜建康府路安撫大使吕頤浩乞給假不允詔》和《賜建康府路安撫大使吕頤浩辭免不允詔》,所題吕頤浩官職都是"建康府路安撫大使"。

地方志之外,其他史書中的相關記載,也可以與上述地方志中的記載相印證。《皇宋中興兩朝聖政》卷七"高宗皇帝七":"(建炎四年六月)丙戌,吕頤浩爲建康府路安撫大使兼知池州,劉光世爲兩浙路安撫大使兼知鎮江府,朱勝非爲江州路安撫大使兼知江州。"[⑨]《建炎以來繫年要録》中多處記載了吕頤浩在建炎四年所任官職,卷三七:"(建炎四年九月)辛丑,建

---

① 〔宋〕佚名:《皇宋中興兩朝聖政》第 1 册,第 475 頁。
② 〔元〕脱脱:《宋史》第 33 册,第 11375 頁。
③ 〔元〕脱脱:《宋史》第 38 册,第 13178 頁。
④ 〔清〕畢沅:《續資治通鑑》第 6 册,第 2852 頁。
⑤ 〔宋〕歐陽忞:《宋本輿地廣記》第 1 册,第 75 頁。
⑥ 〔宋〕王象之編著,趙一生點校:《輿地紀勝》第 3 册,第 819 頁。
⑦ 〔宋〕周應合纂:《景定建康志》第 3 册,《南京稀見文獻叢刊》本,南京:南京出版社,2009 年,第 670 頁。
⑧ 〔宋〕王象之編著,趙一生點校:《輿地紀勝》第 3 册,第 705 頁。
⑨ 〔宋〕佚名:《皇宋中興兩朝聖政》第 2 册,第 131—132 頁。

康府路安撫大使兼知池州吕頤浩請兵五萬人，分屯建康等處。”① 卷三八：“（建炎四年十月癸未）建康府路安撫大使兼知池州吕頤浩將之鎮，而爲馬進所壅，未得前。是日，頤浩始領使事於饒州境上。”② 卷三九：“（建炎四年十一月癸卯）是日，建康府路安撫大使吕頤浩復南康軍。”③ 卷三九：“（建炎四年十一月己未）建康府路安撫大使吕頤浩在饒州，以書招之，增遂納款。”④ 卷三九：“（建炎四年十一月）甲子，建康府路安撫大使吕頤浩乞益兵討李成。”⑤《宋史全文》卷一七下“宋高宗四”：“（建炎四年六月）丙戌，吕頤浩爲建康府路安撫大使兼知池州，劉光世爲兩浙路安撫大使兼知鎮江府，朱勝非爲江州路安撫大使兼知江州。”⑥ 宋高宗建炎四年，吕頤浩所任官職當爲建康府路安撫大使兼知池州。

3.《續資治通鑑》卷一七六“宋紀一百七十六”：“（景定三年三月）癸酉，蒙古命史樞、阿珠（舊作阿术）各將兵赴濟南。李璮帥衆出掠輜重，將及城北，蒙古兵邀擊，大破之，斬首四千。璮退保濟南。戊寅，蒙古萬户韓世安大破李璮兵於南苑。”⑦

案：南苑，一般指以宫廷或皇城爲參考點，位於其南邊的宫苑或園囿，是一個具有臨時特指意義的地理名稱，非行政區劃的地名專名。此處“南苑”顯然是一個具有行政區劃意義的地名專名，此處“南苑”當爲“高苑”之誤。

高苑屬於淄州，與濟南相距不遠。《輿地廣記》卷六“京東東路”載：“下高苑縣。漢屬千乘郡。後漢、晉屬樂安國。北齊改曰長樂。隋開皇十八年改曰會城，大業初，復名高苑，屬齊郡。”⑧《太平寰宇記》卷一九“河南道十九”記載：“淄州。元領縣五。今四：淄川、長山、高苑、鄒平。一縣廢：濟陽（入高苑）。”⑨ “高苑縣。按《漢地理志》云高苑縣屬千乘郡，後漢屬樂安國。……隋開皇三年罷郡，縣屬青州；十六年隸淄州；十八年改爲會城縣。大業三年改爲高苑縣，取縣東南高苑故城爲名。隋末陷賊。唐武德元年重置，屬鄒州；八年廢鄒州，縣屬淄州。”⑩

結合地方志所記與上文所引《續資治通鑑》“將兵赴濟南”“璮退保濟南”的記載，可證此處所指地名就是距離濟南不遠的“高苑”。《元史》卷五《世祖紀》作“高苑”，也可以作爲參證：“（世祖三年三月）癸酉，命史樞、阿术各將兵赴濟南。遇李璮軍，邀擊大破之，斬首四千，璮退保濟南。……戊寅，萬户韓世安率鎮撫馬興、千户張濟民，大破李璮兵於高苑。”⑪

---

① 〔宋〕李心傳：《建炎以來繫年要録》第5册，第701頁。
② 〔宋〕李心傳：《建炎以來繫年要録》第5册，第723頁。
③ 〔宋〕李心傳：《建炎以來繫年要録》第5册，第732頁。
④ 〔宋〕李心傳：《建炎以來繫年要録》第5册，第738頁。
⑤ 〔宋〕李心傳：《建炎以來繫年要録》第5册，第740頁。
⑥ 汪聖鐸點校：《宋史全文》第4册，第1201頁。
⑦ 〔清〕畢沅：《續資治通鑑》第10册，第4820—4821頁。
⑧ 〔宋〕歐陽忞：《宋本輿地廣記》第1册，第118頁。
⑨ 〔宋〕樂史撰，王文楚等點校：《太平寰宇記》第1册，北京：中華書局，2007年，第376頁。
⑩ 〔宋〕樂史撰，王文楚等點校：《太平寰宇記》第1册，第380頁。
⑪ 〔明〕宋濂：《元史》第1册，北京：中華書局，1976年，第83頁。

本文主要用地方志中的地理文獻材料核查、辨析、校正了《建炎以來繫年要録》《宋史全文》和《續資治通鑑》中的幾處地名訛誤。推而廣之,用地方志中的相關地理文獻材料(尤其是地理形勝、建制沿革和地理名稱演變)來校正其他史書中的地名訛誤,具有一定的實踐價值和理論意義。

(劉軍華,陝西師範大學文學院副教授)

《明史》傳記編纂釋析*
——以《梁夢龍傳》爲例

陳　潔

[摘　要] 清朝官修《明史》經過康熙時期纂修官初擬稿、萬斯同《明史》、王鴻緒《明史稿》、雍正時期纂修官修改稿等多種史稿,最終形成署名張廷玉監修之《明史》。通過分析各階段史稿對《梁夢龍傳》的修撰,呈現官修《明史》對人物傳記編纂的具體脉絡。在史料採擇上,纂修官廣搜史料,並根據自己的價值判斷加以採擇。從《明史》成書的軌迹上看,梁夢龍傳記之内容有由繁至簡的趨勢,而諸稿之刊削修改各有特點。對傳主梁夢龍之評價,各稿並不一致,方象瑛史稿、萬斯同史稿持褒揚態度,王鴻緒史稿持貶低態度,萬邦榮史稿與張廷玉《明史》展現其優缺點,評價更爲客觀。這與纂修官的史識、史德不無關係。張廷玉《明史》文字簡明,對人物的評價力求客觀,這是值得肯定的。

[關鍵詞] 《明史》　傳記　歷史編纂　梁夢龍傳　史源

梁夢龍(1527—1602),字乾吉,號鳴泉,明真定(今河北正定縣)人。嘉靖三十二年(1553)進士。官至吏部尚書,太子太保。張居正當國,梁夢龍作爲其門生受到重用。萬曆十年(1582)張居正歿,"諸所引用者,斥削殆盡",[①] 梁夢龍亦被彈劾致仕,萬曆三十年(1602)卒。天啓年間,隨著張居正恢復名譽,梁夢龍因邊功,獲贈少保。崇禎末追謚貞敏。梁夢龍身居高位,在任亦卓有功績,自《明史》修纂之初即被納入個傳範圍。收録梁氏傳的依次有方象瑛《明史列傳擬稿》(不分卷)、[②] 萬斯同416卷本《明史》、[③] 王鴻緒《明史稿》、[④] 萬邦榮《明史列傳分

* 本文是國家社科基金青年項目"《明史》傳記編纂研究"(17CTQ013)的階段性成果。

① 〔清〕張廷玉等:《明史》卷二一三《張居正傳》,北京:中華書局,1974年,第5651頁。

② 〔清〕方象瑛:《明史列傳擬稿》,全國圖書館文獻縮微復製中心,2001年,第183—195頁。方象瑛史稿爲康熙時期纂修官初擬稿。康熙二十二年(1683)春,方象瑛共撰人物傳記八十六傳,次第上史館。見方象瑛《明史列傳擬稿・自序》,第3—5頁。

③ 〔清〕萬斯同:《明史》卷三一二《梁夢龍傳》,《續修四庫全書》第329册,上海:上海古籍出版社2002年據北京圖書館藏清抄本影印,第421—423頁。關於416卷本《明史》之性質,學界存有争議。如黄愛平從卷數、内容、傳目等考證該稿爲萬斯同修訂稿;朱端强、衣若蘭、王宣標等認爲該稿爲熊賜履進呈本。秦麗認爲該稿爲雍正初年明史館謄録的康熙四十一年熊賜履進呈本的副本。詳參黄愛平《〈明史〉稿本考略》(《文獻》1984年第4期)、朱端强《布衣史官:萬斯同傳》(杭州:浙江人民出版社,2006年)、衣若蘭《舊題萬斯同416卷本〈明史・列女傳〉研析》(《漢學研究》第28卷第1期,2010年)、王宣標《熊賜履與〈明史〉纂修》(《史學史研究》2014年第1期)、秦麗《國家圖書館藏416卷本〈明史〉新考》(《中國典籍與文化》2016年第1期)。筆者在此不作詳細考論,認爲此稿爲康熙時期史館修史的重要成果,包含了衆多纂修官的心血,而萬斯同爲主要審定人,因此筆者仍稱之爲萬斯同史稿。

④ 〔清〕王鴻緒:《明史稿》列傳一〇四《梁夢龍傳》,臺北:文海出版社1962年據敬慎堂刊本影印,第4册第526—527頁。王鴻緒《明史稿》于雍正元年(1723)六月進呈明史館(見劉承幹《明史例案》卷九《王横雲進呈明史稿疏》,嘉業堂刻本)。

纂》[1]及定本《明史》。[2]但因其與張居正的關係密切,《明史》諸稿對其記載評價並不一致。本文試以《梁夢龍傳》(簡稱《梁傳》)爲例,分析《明史》諸稿的史料採擇、内容之因襲變化、對人物的評價等方面,管窺《明史》傳記編纂的細節,呈現其編纂特點,加深人們對《明史》傳記編纂過程的瞭解。

一、《明史》諸稿《梁夢龍傳》的史源及史料處理方式

在編纂《明史》傳記時,史館要求"諸書有同異者,證之以實録;實録有疏漏紕繆者,又參考諸書,集衆家以成一是,所謂博而知要也。凡作名卿一傳,必徧閱記載之書及同時諸公文集,然後可以知人論世"。[3]其史料參考原則主要是"本之實録,而參以他書"。[4]《明史》傳記的修纂者在實録及文集、專書中篩選各種資料,在所選史料的基礎上加以綜合,並進行文字的删削與潤色,最終形成具有自身特色之傳記。

方象瑛初擬之《梁夢龍傳》内容詳實,奠定了後來史稿修訂的基礎。其史料來源較廣,概有《明世宗實録》《明神宗實録》、倪元璐《太宰梁鳴泉公傳》、[5]孫奇逢《梁太宰公夢龍》、[6]孫承澤《梁太宰夢龍》、[7]錢謙益《梁公墓誌銘》[8]等。其内容對比如下(劃横綫者爲用語一致之處):

表 1 方象瑛《梁夢龍傳》與參考史料内容對比

方象瑛撰《梁夢龍傳》	史料來源
少英挺,五歲能詠詩,輒請即日就傅,父詒之曰:"今破日不佳也"。夢龍應聲曰:"以破吾愚不亦佳乎?"父大奇之。	公出胎便具英挺,五歲能詠詩,在怡庵公抱中,輒請得即日就師學,怡庵公紿之云:"今破日不佳耳"。公應聲曰:"以破吾愚豈不佳?"怡庵公大驚喜。(倪元璐《太宰梁鳴泉公傳》)
夢龍劾默剛褊貪污,以名器爲罔利之媒,不宜久縱,以傷國體。	劾吏部尚書李默剛褊貪污,假名器以罔利,公論壯之。(孫奇逢《梁太宰公夢龍》)

① 〔清〕萬邦榮:《明史列傳分纂》卷一《梁夢龍傳》,道光十四年萬六德刻本,中國國家圖書館藏。萬邦榮《明史列傳分纂》屬於雍正時期纂修官修改稿。雍正三年(1725),萬邦榮"以學問優長薦於朝,奉旨授明史館纂修","留史局三載給假歸"。(見〔清〕李桓輯:《國朝耆獻類徵初編》卷二二六張邦伸撰《侯瑜附萬邦榮》,《清代傳記叢刊》第 160 册,臺北:明文書局,1985 年,第 590 頁)《明史列傳分纂》即萬邦榮在史局期間所修訂稿。

② 〔清〕張廷玉等:《明史》卷二二五《梁夢龍傳》,第 5914—5916 頁。

③ 〔清〕徐乾學:《憺園文集》卷十四《修史條議》,《續修四庫全書》第 1412 册,上海:上海古籍出版社,2002 年,第 488 頁。

④ 〔清〕徐乾學:《憺園文集》卷十四《修史條議》,《續修四庫全書》第 1412 册,第 490 頁。

⑤ 〔明〕倪元璐:《倪文貞集》卷十四《太宰梁鳴泉公傳》,《文淵閣四庫全書》第 1297 册,臺北:臺灣商務印書館,1986 年,第 178—180 頁。《倪文貞集》成書於崇禎十五年(壬午,1642 年)之前,見《倪文貞集原序》,第 5 頁。

⑥ 〔清〕孫奇逢輯:《畿輔人物考》卷二《梁太宰公夢龍》,《明代傳記叢刊》第 143 册,臺北:明文書局,1991 年,第 267—273 頁。《畿輔人物考》成于順治五年(1648 年),見其書《序》,第 35 頁。

⑦ 〔清〕孫承澤:《畿輔人物志》卷九《梁太宰夢龍》,《明代傳記叢刊》第 142 册,臺北:明文書局,1991 年,第 247—259 頁。此書成于順治十五年(1658 年),見其《自序》,第 67 頁。

⑧ 〔清〕錢謙益:《牧齋有學集》卷二八《明柱國光禄大夫太子太保吏部尚書贈少保謚貞敏梁公墓誌銘》,上海:上海古籍出版社,1996年,第 1047—1051 頁。據墓誌銘"今距梁公殁,五十有八年矣",推測此墓誌銘寫于順治十七年(1660年)左右。

續表

方象瑛撰《梁夢龍傳》	史料來源
山東海面東望朝鮮,北接遼東,西邇畿甸,南控淮揚,遠達浙閩,真四海上游形勝之區。沿海衛所疲玩更甚,識者有未然之憂。今行海運兼飭海防,是不但有裨於國計,兼有裨於地方。	山東海面東望朝鮮,北接遼東,西邇畿甸,南控淮揚,遠達浙閩,真四海上游形勝之區。沿海衛所疲玩更甚,久無倭患,識者有未然之憂。今行海運兼飭海防,是不但有裨于國計,兼有裨于地方。(孫承澤《梁太宰夢龍》)
戚繼光、李成梁皆宿將有功,目無文法吏,獨就夢龍約束,夢龍亦推誠任之。諸將稟受成算,有功輒推美將士,衆亦心服。	戚少保繼光、李寧遠成梁,嘐啃宿將,目無文法吏,一皆就公絛鏃,願效臂指。當是時,虜小入則小創,大入則大創,諸鎮皆受成于公,捷聞,必推功歸美,不自己出,諸大帥益心服公。(錢謙益《梁公墓誌銘》)
浙江羅木營兵變,居正擬簡巡撫往治之,難其人,夢龍請用右侍郎張佳胤,卒平其亂。	梁公任本兵,浙江羅木營兵譟,焚刦撫臣,捶而投諸淖。朝議洶洶。江陵徐語公:"推一好巡撫往,足辦耳,然必起外吏知兵事者乃可。"公屈指計曰:"張少司馬佳胤,起家滑令,禽劇盜,斯其人乎?"江陵曰:"然。"少司馬遂銜命往,三旬而浙變定。(錢謙益《梁公墓誌銘》)
會御史江東之疏論錦衣徐爵奸狀,詞連夢龍,上疏乞骸骨,三上始得請。	會御史某將有封事奏金吾徐爵奸狀,當揆聞之,召與語,使飛波洒瀾及公某事,公夷然上疏微辨,因請骸骨甚力,凡三上,始得俞旨歸。(倪元璐《太宰梁鳴泉公傳》)

經過比對,可以看到方稿在參考史料的基礎上或直接承襲,或刪削潤色文字,或概括史事,簡約文辭。方象瑛除了參考上述幾種梁夢龍的傳記之外,還注意採擇實録中分散的史料。如梁夢龍彈劾殷學、董威、胡植等事,來源自《明世宗實録》。[①] 梁夢龍任薊遼總督時,東昌堡大捷、寧前擊退土蠻、敗趙銷羅骨王兀堂等事,均來源於《明神宗實録》。[②] 方象瑛將分散的史料加以集中歸納敘述,文字上作潤色刪改,將前人傳記中所未涉及的内容呈現了出來。

方稿在利用史料時,亦注意辨别史料,改正史料中的錯誤。如錢謙益《梁公墓誌銘》記載:"再蔭子至錦衣衛百户,世襲,賜白金文綺,間以飛魚坐蟒。賜予便蕃,使命絡繹,近代邊臣未有也。"[③] 百户,據《明神宗實録》、[④] 孫奇逢《梁太宰公夢龍》、孫承澤《梁太宰夢龍》記載,因遼東紅土城、永奠二次功,梁夢龍蔭一子錦衣百户,後因襖郎兔大捷,原蔭錦衣衛升一級,即累升錦衣千户。方象瑛參考相關史料,對錢氏所記作了更正:"再蔭子至錦衣衛千户,世襲,賜予便蕃,使命絡繹,近代邊臣未有也。"[⑤] 又如孫奇逢《梁太宰公夢龍》記載:"公卒後,保撫汪應蛟、巡按楊宏科爲請邺典,輔臣沈鯉以爲宜予,適值科臣錢若皋、沈四明一貫私人也,疏論鯉及公,遂至停閣。"[⑥] 方象瑛承襲此記載,但將"錢若皋"改爲"錢夢皋"。按,《明神宗實録》記

---

① 見《明世宗實録》卷四七七嘉靖三十八年十月壬寅、卷四八四嘉靖三十九年五月乙亥、卷四八七嘉靖三十九年八月壬戌、卷四八八嘉靖三十九年九月丙寅、卷四九六嘉靖四十年五月丙戌,臺北:"中央研究院"歷史語言研究所校勘本,1962年。所引"明實録"版本皆同於此。第7982、8081、8115、8120、8227頁。

② 見《明神宗實録》卷八三萬曆七年正月戊辰,第1751頁;卷九二萬曆七年十月己卯,第1882頁;卷九八萬曆八年四月甲申,第1965頁。

③〔清〕錢謙益:《牧齋有學集》卷二八《明柱國光禄大夫太子太保吏部尚書贈少保謚貞敏梁公墓誌銘》,第1050頁。

④《明神宗實録》卷一〇一萬曆八年六月癸卯,第1996頁;卷一一六萬曆九年九月辛未,第2189頁。

⑤〔清〕方象瑛:《明史列傳擬稿》,《吏部尚書贈少保謚貞敏梁夢龍》,第192—193頁。

⑥〔清〕孫奇逢輯:《畿輔人物考》卷二《梁太宰公夢龍》,第271頁。

載:"刑科給事中錢夢皋……語侵次輔沈鯉。"①《敬事草》《萬曆野獲編》等均作"錢夢皋"。②可見方象瑛改是。

綜上,方象瑛作《梁夢龍傳》,博採史事,綜合加工,形成了一篇内容詳實、意含褒揚的傳記。

萬斯同《明史》之《梁傳》承襲方象瑛史稿的同時,亦參考《明神宗實録》,補充了對梁氏而言不太光輝之史事。其根據《明神宗實録》卷七五萬曆六年五月庚申及卷八四萬曆七年二月丁丑,補入夢龍辭免恩蔭事:"明年三月,成梁大破土蠻於長定堡,帝爲告廟宣捷,大行賞賚,官夢龍一子。已,給事中光懋言:'此乃保塞屬邑夷窮而乞降者,遊擊陶承譽假犒賚掩襲之,請坐殺降之罪。'本兵方逢時曲爲之解,於是夢龍等恩蔭俱辭免。"③

萬斯同史稿對實録史料進行了梳理概括。首先按照時間順序改寫事情之原委。觀實録所記,萬曆六年五月,因遼鎮斬獲功賞賚軍士,並未言及此戰的具體地點、具體經過。萬曆七年二月,以光懋劾陶承譽之言,將破長定堡事之原委敘出。此事分隔於兩年,容易令觀者不甚清楚。萬稿將事情的經過按時間先後敘述,清晰明瞭。其次抓住重點概括文字。實録記載部覆云云十分詳細,萬稿將之概括爲"曲之爲解"得其精髓,又點出部覆之議實乃當時兵部尚書方逢時之觀點。

王鴻緒《明史稿》之《梁傳》在史料的選擇上與方象瑛史稿和萬斯同史稿大相徑庭,其主要參考萬曆年間王世貞《嘉靖以來内閣首輔傳》之《張居正傳》,選擇了有關貶抑梁夢龍的史料,替換或補充了一些内容。

如梁夢龍任户部侍郎的原因,倪元璐《太宰梁鳴泉公傳》記載:"時神廟新即位,江陵秉政,以公爲能,召入爲户部右侍郎。"④方象瑛史稿採納倪氏之記載:"神宗初即位,張居正當國,以夢龍爲能,召爲户部右侍郎。"⑤萬稿承襲之:"神宗初,張居正當國,才夢龍,召爲户部右侍郎"。⑥此均言梁夢龍因才能卓越,被提拔爲户部右侍郎。而王世貞《首輔傳》記載:"居正之門人梁夢龍,自薊遼總督入爲兵部尚書,其品在下中,尤善媚。"⑦王鴻緒史稿採納了王世貞貶低梁氏的史料,將入職户部侍郎的原因歸爲善媚:"神宗初,張居正當國,夢龍其門下士,品故下中,尤善媚,居正特愛之,召爲户部右侍郎。"⑧

又關於梁夢龍任吏部尚書的過程,《首輔傳》記載:"于是篆、省吾行數萬金爲保壽,益懽接無間,俱從容言四維短,而亟稱時行,相約逐王國光則省吾代爲吏部,逐陳炌則篆代爲都察院。……御史某者篆所厚也,遂上書極論王國光,……時行遂擬罷國光。……國光既去而

① 《明神宗實録》卷三八八萬曆三十一年九月己巳,第7309頁。

② 〔明〕沈一貫:《敬事草》卷十四《再票錢夢皋本揭帖》,《續修四庫全書》第479册,上海:上海古籍出版社,2002年,第559頁;〔明〕沈德符:《萬曆野獲編》卷十二《乙巳兩察之異》,北京:中華書局,1959年,第306頁。

③ 〔清〕萬斯同:《明史》卷三一二《梁夢龍傳》,第422頁。

④ 〔明〕倪元璐:《倪文貞集》卷十四《太宰梁鳴泉公傳》,第179頁。

⑤ 〔清〕方象瑛:《明史列傳擬稿》,《吏部尚書贈少保謚貞敏梁夢龍》,第190頁。

⑥ 〔清〕萬斯同:《明史》卷三一二《梁夢龍傳》,第422頁。

⑦ 〔明〕王世貞:《嘉靖以來内閣首輔傳》卷八《張居正下》,《明代傳記叢刊》第42册,臺北:明文書局,1991年,第504頁。

⑧ 〔清〕王鴻緒:《明史稿》列傳一〇四《梁夢龍傳》,第527頁。

擬當代者,馮保私其鄉人梁夢龍,王篆不敢違,遂推夢龍。省吾以篆之負約也,怒而相詬至相擊。"① 此史料記載王篆和曾省吾巴結馮保而圖謀撈官,指使某御史劾罷王國光,最後梁夢龍因馮保相私而得任吏部尚書。而倪元璐《太宰梁鳴泉公傳》記載:"會吏部尚書缺,廷臣以公及某某三人名上,上覽公名,顧爲輔臣曰:'是非曩時抗疏摘兩冢宰者耶?必良冢宰。'遂用之。"② 孫承澤《梁太宰夢龍》與倪元璐記載相似:"值冢宰缺,廷推議焉。上曰梁夢龍先朝曾糾兩冢臣,其爲冢臣必稱。遂改吏部尚書。"③ 此兩則史料皆言神宗因梁夢龍不畏强權,彈劾過兩位吏部尚書,料其有能力勝任而擢其爲吏部尚書。可見,梁夢龍得吏部尚書一言因馮保相私,一言因神宗欽點,實則一貶一褒,評價迥異。

對於此過程,方象瑛及萬斯同《梁傳》均不記載,王稿採擇王世貞《首輔傳》的記載添加之,對其簡約文字,并參考其他史料,將"御史某者"點出乃楊寅秋。

萬邦榮《明史列傳分纂》及張廷玉《明史》之《梁夢龍傳》均没有補充新的史料,僅在王鴻緒史稿的基礎上删減潤色。

通過追溯《明史》諸稿《梁夢龍傳》的史源,可看出纂修官在撰寫時,廣搜史料,並根據自己的判斷加以採擇。選擇史料的不同,也反映出纂修官的史識及對人物的評價態度。運用史料時,纂修官通過簡約文字、抓住重點、概括總結、歸納分散史料等方法,形成有自身特色之傳記。

二、《明史》諸稿《梁夢龍傳》書寫之因襲嬗變

官修《明史》每作一傳記,必經多次修訂打磨,内容有因襲亦有變化。就《梁夢龍傳》而言,從方象瑛初擬稿到最後定稿,期間歷經三次修訂。而所作變動,尤其體現了編纂者的文字功力及對人物的評價態度。

(一)刊削枝蔓,凝練文字——由方象瑛史稿到萬斯同史稿之《梁傳》

方象瑛擬《梁夢龍傳》取材廣泛,内容詳實,萬斯同《明史》之《梁夢龍傳》在其基礎上刊削細瑣之事,删減潤色文字。

1. 刊削枝蔓

官方傳記力求簡潔,其所探討的主要是傳主在仕宦生涯中,擔任某項職務時的表現。方象瑛史稿之《梁傳》記載詳細,其中不免繁雜,萬稿將細瑣之事,或認爲不甚重要的職務及表現删去,減少枝蔓,使之更符合官方傳記的需要。如方氏記載了梁夢龍兒時聰穎之事,以及義氣讓晁東吴事:"(梁夢龍)當授編修。大名人晁東吴者,善病憚外補,例又不得並留,夢龍慨

① 〔明〕王世貞:《嘉靖以來内閣首輔傳》卷八《張居正下》,第529—530頁。
② 〔明〕倪元璐:《倪文貞集》卷十四《太宰梁鳴泉公傳》,第179頁。
③ 〔清〕孫承澤:《畿輔人物志》卷九《梁太宰夢龍》,第257頁。

然讓之曰:‘狄懷英柳柳州豈異人耶?’出爲兵科給事中。”① 此兩事顯示夢龍聰慧、仗義之器量,但比較細微,非其政績表現,萬稿删去;方稿記載梁夢龍“陞陝西關内道參政,防秋花馬池、鐵柱泉諸隘,上書大司馬霍冀,條畫五難,皆切實可行。以新河功陞俸二級,歷山西按察使、河南右布政使”。② 萬稿直接用“三遷河南右布政使”③ 略過其任陝西參政、山西按察使之官歷;方稿記載梁夢龍任兵部尚書時,浙江羅木營兵變,夢龍推薦張佳胤平其亂。此僅推薦之力,不能算作梁夢龍的直接功績,萬稿删去;方稿記載了梁夢龍任吏部尚書時之軼聞,“有所善”求官,被夢龍拒絶,又嘗語人曰:“不敢深刻以效時趨”④ 云云。此記載涉及人物比較模糊,有道聽塗説之嫌,不甚準確,萬稿删之;方稿記載梁夢龍卒後,汪應蛟、楊宏科爲其請邺典事,但因最終停閣,對梁之影響不大,萬稿删去。

總起來看,萬斯同删除方象瑛之《梁夢龍傳》中的史事不多,這與其寧繁勿簡的修史思想有關,“昔人于《宋史》已病其繁蕪,而吾所述將倍焉。非不知簡之爲貴也,吾恐後之人務博而不知所裁,故先爲之極。使知吾所取者有可損,而所不取者必非其事與言之真而不可益也。”⑤ 萬斯同所刊定的《明史》力求廣收史料,多存史事,給後人留有剪裁的餘地。因此萬斯同之《梁夢龍傳》保留了初擬稿方氏《梁傳》所記的大部分史事。

2. 凝練潤色文字

萬斯同《明史》之《梁傳》做的主要工作是在保留史事的情況下,删減凝練文字。方象瑛史稿之《梁夢龍傳》摘録夢龍通海運疏 769 字,萬斯同史稿縮減至 231 字,删減了超過三分之二的文字。又兩傳部分内容對比如下(虛綫標記者爲萬稿删減内容):

表2 方象瑛《梁夢龍傳》與萬斯同《梁夢龍傳》内容對比

方象瑛《梁夢龍傳》	萬斯同《梁夢龍傳》
夢龍至鎮,問兵民疾苦,减軍實,修馬政,築城堡,慎擇將領,以忠勇勤爲殿最。	夢龍至鎮,簡軍實,修馬政,築城堡,慎擇將領。
大帥戚繼光、李成梁皆宿將有功,目無文法吏,獨就夢龍約束。夢龍亦推誠任之,諸將稟受成算,有功輒推美將士,衆益心服。	戚繼光、李成梁皆宿將有功,目無文法吏,獨就夢龍約束。夢龍亦推誠任之,有功輒推美將士,衆益心服。
土蠻三萬餘騎犯東昌堡,夢龍檄成梁及遊擊秦得倚等擊敗之,斬其渠九人,首八百八十四級,告廟宣捷。	其土蠻三萬騎入東昌堡,夢龍檄成梁擊敗之,斬級八百。
再蔭子至錦衣衛千户,世襲,賜予便蕃,使命絡繹,近代邊臣未有也。	再蔭子至錦衣世千户,居正益才之。

① 〔清〕方象瑛:《明史列傳擬稿》,《吏部尚書贈少保謚貞敏梁夢龍》,第 183 頁。
② 〔清〕方象瑛:《明史列傳擬稿》,《吏部尚書贈少保謚貞敏梁夢龍》,第 185 頁。
③ 〔清〕萬斯同:《明史》卷三一二《梁夢龍傳》,第 422 頁。
④ 〔清〕方象瑛:《明史列傳擬稿》,《吏部尚書贈少保謚貞敏梁夢龍》,第 193—194 頁。
⑤ 〔清〕方苞:《望溪先生文集》卷十二《萬季野墓表》,《續修四庫全書》第 1420 册,上海:上海古籍出版社,2002 年,第 446 頁。

續表

方象瑛《梁夢龍傳》	萬斯同《梁夢龍傳》
明初戰馬官牧,承平日久,散養於直隸各省,課駒起俵,大爲民害,夢龍請盡變種馬,稍微芻價,以蘇民困,人至今德之。其他土官襲替,商人便宜,凡關大利病悉編入會典,著爲令。	明初官牧戰馬,其後散養民間,因有俵馬之害,夢龍請盡變種馬稍徵芻價,民困以蘇。

通過比較可看出,萬斯同史稿在方稿的基礎上或刪除"以忠勇勤爲殿最""近代邊臣未有也"等溢美之詞,或刪除"游擊秦得倚""承平日久"等繁冗之詞,使語句更加凝練平實。

同時又將部分内容作了潤色修改。如方象瑛《梁夢龍傳》記載:

> 出爲兵科給事中,歷户吏科左右都給事中,彈劾無所避忌,尚書李默再起爲吏部,夢龍劾默剛褊貪污,以名器爲罔利之媒,不宜久縱以傷國體。又劾罷吏部尚書吴鵬,戎政兵部侍郎殷學及延綏巡撫董威、貴州巡撫高翀,湖廣巡撫陳仕賢等,查理甘延洮岷邊儲,論劾原任都御史王輪、蘭州管糧郎中陳燦各貪冒不職,罷之。[①]

萬斯同《梁夢龍傳》記載:

> 授兵科給事中,戇直好搏擊,首論吏部尚書李默廢法行私,帝方顧默厚,不問。然自是所彈射無不摧敗者,出覈陝西軍儲,論故延綏巡撫王輪、督糧郎中陳燦等廢斥有差。及歷吏科給事中,劾兵部侍郎殷學求督漕運,無大臣節。已劾貴州巡撫高翀、湖廣巡撫陳仕賢庸髦,皆坐除名。又劾延綏巡撫董威薦舉失當,亦論調。帝怒禮部尚書吴山,夢龍並吏部尚書吴鵬劾罷之。[②]

萬斯同將方象瑛此段文字作了兩方面改動:一、方稿將梁夢龍任兵科給事中和吏科給事中的表現,綜合在一起叙述;萬斯同將之分開叙述。二、萬斯同將梁夢龍所彈劾之人事的順序作了變動,並增加了弹劾的具體内容,如"求督漕運,無大臣節""庸髦""薦舉失當"等。據《明世宗實録》,劾延綏巡撫王輪、督糧郎中陳燦等發生於嘉靖三十八年十月壬寅,劾兵部侍郎殷學發生於嘉靖三十九年五月乙亥,劾貴州巡撫高翀、湖廣巡撫陳仕賢發生於嘉靖三十九年八月壬戌,劾延綏巡撫董威發生於嘉靖三十九年九月丙寅,劾罷吴鵬發生於嘉靖四十年三月乙亥。[③] 可見,方稿所記事情之發生順序混亂,萬斯同史稿按照時間順序重新調整,使之

① 〔清〕方象瑛:《明史列傳擬稿》,《吏部尚書贈少保謚貞敏梁夢龍》,第183—184頁。
② 〔清〕萬斯同:《明史》卷三一二《梁夢龍傳》,第421頁。
③ 《明世宗實録》卷四七七嘉靖三十八年十月壬寅,第7982頁;卷四八四嘉靖三十九五月乙亥,第8081頁;卷四八七嘉靖三十九年八月壬戌,第8115頁;卷四八八嘉靖三十九年九月丙寅,第8120頁;卷四九四嘉靖四十年三月乙亥,第8199頁。

更加清晰準確。

從萬斯同史稿對方象瑛史稿的沿襲修改來看，兩者的用語、記載重點、對傳主的評價態度基本是一致的，在此基礎上，萬斯同史稿所作的修改更加完善合理。

（二）删削功績，增加貶筆——由萬斯同史稿到王鴻緒史稿之《梁傳》

王鴻緒《明史稿》在《梁夢龍傳》後增加了附傳。紀傳體史書之列傳，有著以類相從的先例，“先後任職於同一官位的人常被並在同一卷中叙述，靠著適當的編輯和組合，史家得以對每一個人加以一種不落形迹的判斷。並且，在這種分組中，做編輯的史家可以把相同性格特徵的人放在一起，造成强調的效果。”[①] 即將某人跟什麽類型的人編輯到一起，表達了作者對其的評價態度。王稿將《曾省吾傳》及王篆之簡介附于《梁夢龍傳》後。曾省吾：“故出居正門，遂與王篆爲之羽翼。居正敗，與篆復相構。”[②] 王篆，“百寮畏之亞於居正。”[③] 王鴻緒認爲此兩人是張居正之羽翼，而兩人並未任吏部尚書，將之附于《梁夢龍傳》後，暗含了王鴻緒對梁夢龍的判斷，即强調梁氏與曾省吾、王篆同類，均是是張居正的同黨。這樣的定位，使其叙述的側重點與前稿有所不同，著重反映梁夢龍的負面形象。

1. 删削反映正面形象之記載

王稿在萬斯同史稿的基礎上繼續删繁就簡，並不僅僅著眼於文字上的簡潔，而删削了大量反映梁夢龍正面形象之記載，藴含了作者對傳主的評判。

首先，王鴻緒《梁傳》直接删削了大量梁夢龍擔任某些任職時的功績。如萬斯同《梁夢龍傳》記載了梁夢龍任河南副使，督開徐邳新河時，與工卒共苦之表現：“與役卒共勞苦。會大役，蠲金救療，全活萬計”，[④] 王稿删之；萬稿記載了夢龍在山東巡撫任内，撫安登萊事：“先是遼東饑貧民多竄居登萊島中，以漁爲業。海濱人及徼卒或憑陵之，至相仇殺，時出没爲盗。夢龍親歷沙門、鼉磯諸島撫之，海徼遂安”，[⑤] 王稿删之；萬稿記載了梁夢龍任河南巡撫時平盗之事：“兩河盗賊充斥，所司以獲盗爲功，夢龍曰：‘俟盗起獲之，爲害大矣，法當使無盗。’畫九議行之，盗悉平”，[⑥] 王稿删之；萬稿記載了夢龍任薊遼總督時的工作表現：“時土蠻數入寇，夢龍至鎮，簡軍實，修馬政，築城堡，慎擇將領”，[⑦] 王稿删之；又萬稿記載梁夢龍任兵部尚書時，除馬政弊端：“明初官牧戰馬，其後散養民間，因有俵馬之害，夢龍請盡變種馬稍徵芻價，民困以蘇”，[⑧] 王稿亦删之。王鴻緒史稿把大量梁夢龍功績抹去，僅保留其任職履歷，使得梁

① 但尼斯推及特（Denis Twichett）：《中國傳記的幾個問題》，《中國歷史人物論集》，臺北：正中書局，1973年，第36頁。
② 〔清〕王鴻緒：《明史稿》列傳一〇四《梁夢龍傳》附《曾省吾傳》，第527頁。
③ 〔清〕王鴻緒：《明史稿》列傳一〇四《梁夢龍傳》附《曾省吾傳》，第527頁。
④ 〔清〕萬斯同：《明史》卷三一二《梁夢龍傳》，第422頁。
⑤ 〔清〕萬斯同：《明史》卷三一二《梁夢龍傳》，第422頁。
⑥ 〔清〕萬斯同：《明史》卷三一二《梁夢龍傳》，第422頁。
⑦ 〔清〕萬斯同：《明史》卷三一二《梁夢龍傳》，第422頁。
⑧ 〔清〕萬斯同：《明史》卷三一二《梁夢龍傳》，第423頁。

夢龍的正面功績大打折扣。

其次,王鴻緒《梁傳》在簡約文字時,將有關梁夢龍正面記載删去。如萬斯同《梁傳》記載:"八年賊闌入永奠堡,檄成梁迎擊之,追奔二百餘里,俘斬八百有奇。前援奏丁字泊、馬蘭峪、養善木、紅土城、寬奠、廣寧右屯、錦義、大寧堡諸捷,上首功凡三千五百,馬駝稱是,軍資甲仗亡算,累賜敕獎勵。"[①] 王鴻緒《梁傳》將之縮減爲:"前後奏永莫堡、丁字泊、馬蘭峪、養善木、紅土城、寬奠、廣寧右屯、錦義、大寧堡諸捷,累賜敕獎勵。"[②] 王稿將諸捷之戰績省略,僅保留其諸捷之名。又萬斯同《梁傳》記載:"其土蠻三萬騎入東昌堡,夢龍檄成梁擊敗之,斬級八百。"[③] 王稿縮寫爲:"及土蠻三萬騎入東昌堡,成梁擊敗之"。[④] 此修改僅顯示李成梁的功績,而隱没了梁夢龍。

王稿還删削了他人對梁夢龍的正面評價。如萬斯同《梁傳》記載:"再蔭子至錦衣世千户,居正益才之",[⑤] 這包含了張居正對梁夢龍之才的認可態度,王鴻緒將"居正益才之"删去。萬斯同《梁傳》記載:"天啓中,趙南星爲吏部謂:'夢龍盛有功績,徒以居正任用,湮欝至今,凡事相形,則易見今天下多事求一籌邊任事之臣不易得,則皇祖初年中土久安、四裔賓服,其時仗鉞諸臣竭忠宣力之效不可没也。'詔納之,贈夢龍少保,予祭十壇。"[⑥] 王稿縮寫爲:"天啓中趙南星訟其邊功,贈少保。"[⑦] 此修改簡明扼要,但是因略去了趙南星爲夢龍頌功的具體内容,使得趙南星對梁夢龍的正面評價没有顯現出來。

值得注意的是,王鴻緒在修訂史稿時,亦因不慎而出現了失誤。如萬斯同《梁傳》記載:"劾兵部侍郎殷學求督漕運,無大臣節。已劾貴州巡撫高翀,湖廣巡撫陳仕賢庸耄,皆坐除名。"[⑧] 王鴻緒《梁傳》删減文字作:"劾兵部侍郎殷學求,貴州巡撫高翀,湖廣巡撫陳士賢,皆除名。"[⑨] 此修改事存而文約,但因删減不慎,將"殷學"誤作"殷學求"。按,《明世宗實録》記載:"吏科都給事中梁夢龍劾奏協理京營戎政、兵部右侍郎殷學,託病數月,薄户部左侍郎不爲,而求漕運總督,展轉行詐,無大臣進退義。"[⑩] 萬斯同史稿當據上揭實録文縮寫,王鴻緒在删減萬稿文字時,斷句失誤,將"殷學"誤寫成"殷學求"。同時將"陳仕賢"誤改爲"陳士賢"。又萬斯同史稿記有"永奠堡"之捷,[⑪] 王稿將"永奠堡"改爲"永莫堡"。按,《明神宗實録》卷

① 〔清〕萬斯同:《明史》卷三一二《梁夢龍傳》,第 422—423 頁。
② 〔清〕王鴻緒:《明史稿》列傳一〇四《梁夢龍傳》,第 527 頁。
③ 〔清〕萬斯同:《明史》卷三一二《梁夢龍傳》,第 422 頁。
④ 〔清〕王鴻緒:《明史稿》列傳一〇四《梁夢龍傳》,第 527 頁。
⑤ 〔清〕萬斯同:《明史》卷三一二《梁夢龍傳》,第 423 頁。
⑥ 〔清〕萬斯同:《明史》卷三一二《梁夢龍傳》,第 423 頁。
⑦ 〔清〕王鴻緒:《明史稿》列傳一〇四《梁夢龍傳》,第 527 頁。
⑧ 〔清〕萬斯同:《明史》卷三一二《梁夢龍傳》,第 421 頁。
⑨ 〔清〕王鴻緒:《明史稿》列傳一〇四《梁夢龍傳》,第 526 頁。
⑩ 《明世宗實録》卷四八四嘉靖三十九五月乙亥,第 8081 頁。
⑪ 〔清〕萬斯同:《明史》卷三一二《梁夢龍傳》,第 423 頁。

九八、[①]《明會典》卷一二九、[②]《國榷》卷七一[③]均作“永奠堡”。《讀史方輿紀要》記載:“長奠堡在寬佃南百里,其東北五十里爲永奠堡。”[④]可見,當作“永奠堡”,王稿因字形相近而改誤。

從王鴻緒《梁傳》所做的删繁就簡工作來看,其主要將梁夢龍之功績、他人對梁夢龍之正面評價作了删削,從而削弱梁氏之正面形象。王稿在删减縮寫的過程中,亦因粗心而出現了錯誤,影響了其史料價值。

2. 增加貶筆

王鴻緒史稿《梁傳》通過修改遣辭用語,將褒揚之辭,改爲貶抑之語。如萬斯同《梁傳》記載:“張居正當國,才夢龍,召爲户部右侍郎。”[⑤]而王稿改作:“張居正當國,夢龍其門下士,品故下中,尤善媚,居正特愛之,召爲户部右侍郎。”[⑥]一記載因有才而受到重用,一記載其品行下中,因善媚而受用,評價一褒一貶,截然不同。

又萬斯同《梁傳》記載:“戚繼光、李成梁皆宿將有功,目無文法吏,獨就夢龍約束。夢龍亦推誠任之,有功輒推美將士,衆益心服。”[⑦]王鴻緒《梁傳》改爲:“戚繼光、李成梁皆宿將有功,目無文法吏,以夢龍居正所暱也,畏之,獨就其約束。”[⑧]萬稿所記戚繼光、李成梁等有功宿將,目無文官,而獨就夢龍約束,顯示出夢龍威望高,且夢龍對待將士推誠任之,衆將心悦誠服。王稿記載戚繼光、李成梁獨就夢龍約束,其原因是夢龍乃張居正之近臣而畏懼之。這暗含著戚繼光、李成梁實乃畏懼張居正。就夢龍而言,其並不是因自己的能力、威望受到將士的推重,實乃狐假虎威。兩稿之褒貶態度,一目瞭然。

又關於梁夢龍被劾之記載,方象瑛史稿《梁傳》作:“居正既歿,言者指摘無虚日。繼當國者素不善夢龍,會御史江東之疏論錦衣徐爵奸狀,詞連夢龍,上疏乞骸骨,三上始得請。”[⑨]此中透露著對梁夢龍的惋惜之情,在風詭雲譎的政治局勢下,其受累而請辭,“三上始得請”亦表明皇帝對梁夢龍之不舍。萬斯同史稿《梁傳》作“踰月,爲御史江東之所劾,夢龍奏辨,帝諭留。御史鄧練、趙楷復劾之,遂令致仕”。[⑩]此記載比較客觀,記載其被彈劾而致仕。王鴻緒史稿《梁夢龍傳》記載:“踰月,御史江東之劾夢龍浼徐爵賄保得吏部,以孫女聘保弟爲子婦,帝諭留。御史鄧練、趙楷復劾之,遂令致仕。”[⑪]此記載江東之彈劾夢龍通過徐爵賄賂馮保而得到吏部尚書之官職,又與馮保家族聯姻,而不記夢龍如何辯解之内容,使得梁夢龍巴

① 《明神宗實録》卷九八萬曆八年四月甲申,第1965頁。
② 〔明〕申時行等修:(萬曆)《明會典》卷一二九《鎮戍四·各鎮分例一》,北京:中華書局,1989年,第667頁。
③ 〔明〕談遷:《國榷》卷七一,萬曆八年四月甲申,北京:中華書局,1958年,第4363頁。
④ 〔清〕顧祖禹:《讀史方輿紀要》卷三七《山東八·遼東都指揮使司》,北京:中華書局,2019年,第1623頁。
⑤ 〔清〕萬斯同:《明史》卷三一二《梁夢龍傳》,第422頁。
⑥ 〔清〕王鴻緒:《明史稿》列傳一〇四《梁夢龍傳》,第527頁。
⑦ 〔清〕萬斯同:《明史》卷三一二《梁夢龍傳》,第422頁。
⑧ 〔清〕王鴻緒:《明史稿》列傳一〇四《梁夢龍傳》,第527頁。
⑨ 〔清〕方象瑛:《明史列傳擬稿》,《吏部尚書贈少保謚貞敏梁夢龍》,第194頁。
⑩ 〔清〕萬斯同:《明史》卷三一二《梁夢龍傳》,第423頁。
⑪ 〔清〕王鴻緒:《明史稿》列傳一〇四《梁夢龍傳》,第527頁。

結馮保之負面形象躍然紙上。

又王鴻緒史稿詳細補充了梁夢龍爲吏部尚書之過程,記載梁夢龍依靠馮保而得吏部尚書,上文已提及。其負面形象再添一筆。

可見,王鴻緒史稿之《梁傳》在萬斯同《梁傳》的基礎上,删削了梁夢龍之某些功績及他人對梁夢龍之正面評價,將褒揚之辭修改爲貶抑之語,補充了體現梁夢龍負面形象之記載,從而將梁夢龍描繪成品行低下、諂媚附勢的小人形象,與方象瑛、萬斯同史稿所記截然不同。

(三)删改貶辭,出現新誤——由王鴻緒史稿到萬邦榮史稿、張廷玉《明史》之《梁傳》

雍正時期的纂修《明史》工作,主要以王鴻緒《明史稿》爲底本潤色。當時的纂修官楊椿言:"名爲重修,閣下所委者僅於紀傳後綴以贊辭及以意更其目次,或點竄字句,未能將現存之書與王公史稿細加討論,且或改譌王稿者有之。"[①] 萬邦榮史稿之《梁夢龍傳》,即僅在王稿的基礎上删減内容,修改文字,未採納他稿而補充内容。張廷玉《明史》與萬邦榮史稿之《梁夢龍傳》記載完全一致。

1. 删改貶辭

爲了叙述簡潔,萬邦榮《梁傳》繼續删繁就簡。如梁夢龍任給事中期間,彈劾無避忌。王鴻緒《梁傳》承襲萬斯同史稿,記載了其任兵科給事中時,彈劾吏部尚書李默;核陝西軍儲時,彈劾王輪、陳燦等;任吏科給事中時,彈劾殷學(王稿誤作"殷學求")、高翀、陳仕賢、董威等;並劾禮部尚書吴山、吏部尚書吴鵬;嘉靖四十年,又率同官彈劾南京兵部尚書江東,户部侍郎傅頤等。此均爲梁夢龍彈劾之史事,並列於此,略有繁複。萬邦榮史稿《梁傳》删除了其彈劾殷學、高翀、陳仕賢、董威之史事,又删除了四十年彈劾江東、傅頤等人之史事,保留其彈劾兩吏部尚書及核陝西軍儲,彈劾不職人員之事。這樣簡明扼要地體現梁夢龍敢言之個性。

萬邦榮《梁傳》還將王鴻緒史稿中明顯的貶抑之語作了删削修改,使之評價更加客觀。如王鴻緒《梁夢龍傳》記載:"張居正當國,夢龍其門下士,品故下中,尤善媚,居正特愛之。"[②] 萬邦榮將其中"品故下中,尤善媚,居正"删去;王稿《梁傳》記載:"戚繼光、李成梁皆宿將有功,目無文法吏,以夢龍居正所暱也,畏之,獨就其約束。"[③] 萬邦榮將此句删去。又王稿《梁傳》記載:"十年六月居正殁,張四維爲政,工部尚書曾省吾、吏部侍郎王篆慮四維逐己,乃行金馮保,從容言四維短,因定計欲逐吏部尚書王國光代以省吾,逐左都御史陳炌代以篆。未幾,御史楊寅秋劾罷國光,保欲代以夢龍,篆不敢違,廷推首列之,省吾至與篆相詬,夢龍遂遷吏部尚書。"[④] 此内容大部分描述了曾省吾、王篆争權奪利之醜態,順帶叙述梁夢龍依靠馮保而得

① 〔清〕楊椿:《孟鄰堂文鈔》卷二《上明鑒綱目館總裁書》,《續修四庫全書》第1423册,上海:上海古籍出版社,2002年,第24頁。

② 〔清〕王鴻緒:《明史稿》列傳一〇四《梁夢龍傳》,第527頁。

③ 〔清〕王鴻緒:《明史稿》列傳一〇四《梁夢龍傳》,第527頁。

④ 〔清〕王鴻緒:《明史稿》列傳一〇四《梁夢龍傳》,第527頁。

吏部尚書。萬邦榮將此段内容改爲:“十年六月居正歿,吏部尚書王國光劾罷,夢龍代其位。”[①]省去其中之過程,直述其結果,簡明切合主綫,亦删除了關於梁夢龍得吏部尚書之由來的負面之語。

總的來看,萬邦榮《梁夢龍傳》完全繼承王鴻緒史稿的叙事框架,對於王稿已經删削的梁夢龍之政績,萬邦榮並無恢復,但删除了王稿中明顯的貶抑之辭,評價趨於客觀。

2. 出現新誤

萬邦榮《梁夢龍傳》在王鴻緒史稿的基礎上繼續修改,所作删削有其合理的一面,亦有不甚妥當之處。如萬邦榮《梁傳》記載“復移繼光駐一片石”,“御史江東之劾夢龍浼徐爵賄保得吏部”,[②]此處“繼光”“保”均爲第一次出現,省去其姓,不甚妥當。此兩句均承襲自王鴻緒史稿,但王稿前文有“戚繼光、李成梁皆宿將有功”“乃行金馮保”[③]之語,萬邦榮史稿將之删去,但下文並未隨之改動,有顧此失彼之失。

萬邦榮《梁夢龍傳》在修訂時,不够審慎,不但繼承了王鴻緒史稿之誤,甚至出現改誤之現象。上文已言王鴻緒史稿將“永奠堡”誤爲“永莫堡”,萬邦榮《梁夢龍傳》承襲之。萬邦榮史稿又改誤兩處。一,將王稿之“今行海運兼治海防”改爲“今行海運兼治河防”。按,孫承澤《梁太宰夢龍》、方象瑛《梁夢龍傳》、萬斯同《梁夢龍傳》均記載“今行海運兼治海防”,[④]《明穆宗實録》作“嚴海禁”。[⑤]當以“海防”爲是,萬邦榮史稿改誤。二,王稿《梁夢龍傳》記載:“寧前復警,夢龍親率勁卒二千出山海關,爲成梁聲援。”[⑥]萬邦榮史稿將“二千”改爲“三千”。按,方象瑛《梁夢龍傳》、萬斯同《梁夢龍傳》均作“二千”,[⑦]《明神宗實録》作“二枝”,[⑧]當以“二千”爲是,萬邦榮史稿改誤。

可見,萬邦榮史稿《梁夢龍傳》在王鴻緒史稿的基礎上删改修訂,記事更加簡潔,評價更加客觀,有其合理的一面,亦有不够謹慎,出現史誤的一面。張廷玉《明史》與萬邦榮史稿之《梁夢龍傳》記載一致,承襲萬邦榮《梁夢龍傳》之優缺點。

三、《明史》諸稿對梁夢龍的不同評價及其原因

從史源的選擇及内容的因襲變化可知,《明史》諸稿對梁夢龍的評價存在差異。

---

① 〔清〕萬邦榮:《明史列傳分纂》卷一《梁夢龍傳》,道光十四年萬六德刻本,中國國家圖書館藏。

② 〔清〕萬邦榮:《明史列傳分纂》卷一《梁夢龍傳》。

③ 〔清〕王鴻緒:《明史稿》列傳一〇四《梁夢龍傳》,第 527 頁。

④ 〔清〕孫承澤:《畿輔人物志》卷九《梁太宰夢龍》,第 255 頁;方象瑛:《明史列傳擬稿》,《吏部尚書贈少保謚貞敏梁夢龍》,第 189 頁;萬斯同:《明史》卷三一二《梁夢龍傳》,第 422 頁。

⑤ 《明穆宗實録》卷六一隆慶五年九月乙酉,第 1497 頁。

⑥ 〔清〕王鴻緒:《明史稿》列傳一〇四《梁夢龍傳》,第 527 頁。

⑦ 〔清〕方象瑛:《明史列傳擬稿》,《吏部尚書贈少保謚貞敏梁夢龍》,第 191 頁;萬斯同:《明史》卷三一二《梁夢龍傳》,第 422 頁。

⑧ 《明神宗實録》卷九二萬曆七年十月己卯,第 1882 頁。

方象瑛史稿《梁傳》對傳主持褒揚態度,記述梁夢龍是剛直敢言、與民共苦、邊功赫赫的國家棟樑之才,因御史彈劾徐爵而受累致仕。後方氏又借趙南星之口,追述其邊功及所受不公正待遇。方稿對梁夢龍皆正面之記載,字裏行間顯示出對梁夢龍的褒揚之意,其中不乏溢美之詞。

萬斯同史稿《梁傳》的記事用語多承襲方象瑛史稿,但删除了某些溢美之詞。其在論贊中言:"張瀚、王國光、梁夢龍、趙賢並以才具爲張居正所引重,然未免受制時宰,罕能獨行其志,視郭朝賓、翁大立、劉斯潔、石茂華之卓然自樹立者不如矣。"[①] 即承認梁夢龍之才,但認爲其倚重張居正而缺乏"獨行其志"之節,不如卓然自立者。結合傳記内容,萬斯同對梁夢龍的總體評價仍以褒揚爲主,但更加平和。

王鴻緒史稿《梁傳》通過大量删減梁夢龍之功績,增加梁夢龍之負面史料,運用貶抑之語,將梁夢龍描繪成品行中下、諂媚附勢之小人,對其持貶低的態度。王鴻緒認爲梁夢龍媚於張居正而得到重用,對梁夢龍之評價與其對張居正的極低評價是一致的。[②]

萬邦榮史稿《梁傳》把王稿中明顯的貶抑之詞删去,行文較中立。其在論贊中言:"張瀚、王國光、梁夢龍皆以才辦稱,…… 及秉銓政蒙岠議焉。於時政府參懷,言路脅制,固積重難返,然以公滅私之節,諸人蓋不能無愧云。"[③] 萬邦榮承認梁夢龍的才幹,認爲其被彈劾詬議,與當時的政治環境有關——政府大臣受言官的挾制,積重難返。同時認爲其操行亦非無愧,没有完全做到大公無私。張廷玉《明史》與萬邦榮史稿之評價一致。此評價看到梁夢龍之優缺點,亦看到政治環境的影響,相對較全面客觀。

爲何《明史》諸稿對梁夢龍的評價如此殊異?其原因與編纂者的史德、史識有關,亦與明代政治形勢及明史籍對梁夢龍的評價有關。

因政治形勢的變化,明人對梁夢龍的評價大相徑庭。梁夢龍爲官期間,時人記載梁夢龍卓有功績。隆慶四年,梁夢龍以右僉都御史巡撫山東。"大中丞梁公之撫余東土也,既躬繩墨以正綱紀,已而日與長吏求所以拊循其民者,條畫其政令","吏率于良,士競于教,農工商賈不遷其業,盜盡息,民既安,齊魯之間晏然。"[④] 梁夢龍巡撫山東,使盜息民安。其離任時,百姓感懷不舍。"東土大夫士庶相與欷戲,咨且不忍舍去,僉曰:'惟我梁公,畀我以生,緊我父母,一旦他移之,若吾民何?……'余(葛守禮)聞之曰:'思深哉公之政也,民之懷也,可以觀矣。'"[⑤]時首輔高拱褒揚梁氏"素具精練之才",[⑥] 並多次稱贊其政務能力,如"示糧徭二册,區處周詳穩妥,自非他人可到,不止僕爲之喜,凡見者無不嘆美之。若使撫臺皆若此,天下何憂

① 〔清〕萬斯同:《明史》卷三一二《論》,第 431 頁。

② 《明史稿》等對張居正的評價,萬明《試談幾部明史中的〈張居正傳〉》(《文獻》1983 年第 4 期)已論及。

③ 〔清〕萬邦榮:《明史列傳分纂》卷一《贊》。

④ 〔明〕葛守禮:《葛端肅公文集》卷二《送中丞梁鳴泉擢撫河南序》,《四庫全書存目叢書》集部第 93 册,濟南:齊魯書社,1997 年,第 285、286 頁。

⑤ 〔明〕葛守禮:《葛端肅公文集》卷二《送中丞梁鳴泉擢撫河南序》,第 286 頁。

⑥ 〔明〕高拱:《高文襄公集》卷七《答山東梁巡撫》,《四庫全書存目叢書》集部第 108 册,濟南:齊魯書社,1997 年,第 98 頁。

不治”、[①]“來疏洞悉民艱,處分穩妥,不止東方士人感仰而縉紳亦皆頌之。可謂不負所舉矣。喜慰喜慰!”[②]可知梁夢龍在巡撫山東時,下受百姓愛戴,上得首輔贊揚。梁夢龍任河南布政使時,“善民安昭於上下”。[③]後巡撫河南,當時農民起義頻發,與盗起獲之以爲功不同,梁夢龍積極尋求消弭之法。高拱稱“承示彌盗之法可爲曲盡,自兹中土之民得安生矣”。[④]後《河南通志》贊揚其“安静不擾,地方甯乂,百姓頌之”。[⑤]梁夢龍任薊遼總督,“夙夜焦勞,蹇蹇匪躬”,“嚴軍律,講馬政,議修守機宜,酋長久識其姓名,部落已憚其威令矣”。[⑥]前後奏大捷者九,受詔褒獎十餘次。他還將巡撫山東時行海運之實踐加以總結,寫成《海運新考》,時人評價云“今國家所慮,北則虜,南則漕,公鎮鉞薊門,威靈灼赫,業已兩破虜,屹然爲遼左保障。乃兹考海運佐漕渠,蓋漕渠通則士飽馬騰,武備軍容愈央央生氣色矣”。[⑦]這幾種記載,體現出梁夢龍在巡撫山東、河南及薊遼總督等任上,功績卓著,亦反映出時人對其正面的評價。

萬曆十年(1582),張居正卒,後被籍没,“終萬曆世,無敢白居正者”。[⑧]而“出其門下者悉遭累害”,[⑨]梁夢龍亦遭到彈劾,致仕回籍。這一時期,很少史籍談及梁夢龍,即便談及,亦持貶抑評價。王世貞《嘉靖以來内閣首輔傳》之《張居正傳》叙及梁夢龍,云“而居正之門人梁夢龍自薊遼總督入爲兵部尚書,其品在下中,尤善媚”,[⑩]表達出作者對其品行的否定。王世貞通過貶低梁夢龍,意在批判張居正“廣樹朋黨,援引所私”而所用非人。這個評價帶有主觀性色彩,而缺乏史實的支撑。隆慶年間,梁氏在山東、河南任職,即受到首輔高拱及百姓的頌揚,上文已叙及。萬曆年間,梁氏受張居正提拔,任薊遼總督。張居正確對梁氏信任有加,其在給戚繼光的信中言:“薊事已悉託之鳴泉公,渠乃孤之門生,最厚,諒不相負。”[⑪]而梁氏任職亦是戰功卓著,“大司馬梁公新至遼,戮力安攘,三軍踊躍,養善木屯之戰,我兵斬首虜八百八十二級。上念太師推轂梁公知人,詔本兵以督府所上功馳報太師”。[⑫]可見梁夢龍是有真才實能的,並非僅靠諂媚而得高位,張居正提拔他亦可謂知人善用。由上可知王世貞對梁氏

---

① 〔明〕高拱:《高文襄公集》卷七《答山東梁巡撫》,第98頁。

② 〔明〕高拱:《高文襄公集》卷七《答山東梁巡撫》,第98—99頁。

③ 〔明〕婁樞:《婁子静文集》卷一《送都御史梁公巡撫山東序》,《四庫全書存目叢書》集部第85册,濟南:齊魯書社,1997年,第504頁。

④ 〔明〕高拱:《高文襄公集》卷七《答河南梁巡撫》,第102頁。

⑤ 〔清〕田文鏡:(雍正)《河南通志》卷五四《名宦上》,《文淵閣四庫全書》第537册,臺北:臺灣商務印書館,1986年,第220頁。

⑥ 〔明〕歐大任:《歐虞部文集》卷七《賀御史大夫兼左司馬鳴泉梁公東征奏捷序》,《四庫禁毁書叢刊》集部第47册,北京:北京出版社,1998年,第128、129頁。

⑦ 〔明〕陳與郊:《隅園集》卷一《海運新考序》,《四庫全書存目叢書》集部第160册,濟南:齊魯書社,1997年,第365頁。

⑧ 〔清〕張廷玉等:《明史》卷二一三《張居正傳》,第5652頁。

⑨ 〔明〕趙南星:《趙忠毅公詩文集》卷二十《勞臣軍功疏》,《四庫禁毁書叢刊》集部第68册,北京:北京出版社,1998年,第622頁。

⑩ 〔明〕王世貞:《嘉靖以來内閣首輔傳》卷八《張居正下》,第504頁。

⑪ 〔明〕張居正:《答薊鎮總兵戚南塘計邊事》,張舜徽主編:《張居正集》第2册,卷二三《書牘十》,武漢:湖北人民出版社,1994年,第744頁。

⑫ 〔明〕張居正:《太師張文忠公行實》,《新刻張太岳先生文集》卷四七,《續修四庫全書》第1346册,上海:上海古籍出版社,2002年,第439頁。

的評價是存在偏見的，但在"（居正）既敗，舉朝争索其罪，不敢言其功"[①]的政治形勢下，王世貞對張居正及其信任的門生梁夢龍持貶低的評價又是可以理解的。

天啓二年（1622），廷臣追述張居正之功，詔復故職，予祭葬。[②]隨後梁夢龍亦得到官方的邮典。天啓四年（1624），吏部尚書趙南星上疏爲梁夢龍乞祭葬邮典云："（夢龍）歷左右都給事中，以至兵部侍郎，所至皆著功勤有名迹……至其爲薊遼總督四年，本兵調度二年，所立首虜數至五千，所修臺墻數幾百里。軍功彰著，在人耳目"，"躭延至今者，其説無他，止謂其爲江陵舊相之門生耳。……且夢龍當舊相柄政時，實未嘗附會行一敝法，未嘗詭隨傷一善類"，"臣等真知夢龍在國則爲忠臣，居鄉則爲善人。"[③]趙南星給予梁夢龍極高之正面評價，皇帝採納，贈夢龍少保，予祭葬。[④]梁夢龍得到明朝官方的重新認可之後，倪元璐作《太宰梁鳴泉公傳》，其中多叙述梁夢龍之功績，並在傳後以"史氏某曰"的形式表達自己的態度："公固江陵所拔士也，又受知深終江陵之世，公用條茂"，"然聞之故老，公佐樞時，江陵握厲鍼，公進平飲多所救。江陵母死，廷臣連章勸留數十輩。公時在朝，無公名。由此言之，公非茍同江陵者也。"[⑤]通過勸留張居正之人中無梁夢龍名，看出梁夢龍並非事事茍同張居正。倪氏叙此表達出對梁夢龍爲人品行的褒揚態度。

反映萬曆時期政治生態的官修史書《明神宗實録》修自天啓元年（1621）至崇禎三年（1630），[⑥]此期間梁夢龍的功績已得到官方重新認可。《明神宗實録》一方面以梁夢龍卒之時間爲切入點，追述了梁夢龍的生平，[⑦]但内容僅是其官職履歷，不含褒貶態度。一方面按編年的體例將梁夢龍之言行分散記載。既大量記載了梁夢龍之功績，[⑧]亦記載了梁氏因受彈劾而致仕。張居正去世後，御史江東之等劾梁夢龍經徐爵賄賂馮保而獲得吏部尚書職位，並將孫女許聘馮保弟爲兒媳，遂令致仕。[⑨]可以説正負兩面的史料均存，較客觀地展示梁夢龍的事迹。

綜上，受政治形勢的影響，明代史籍對於梁夢龍存在正負兩面的記載，其評價呈現"褒—貶—褒"的傾向。明代史籍對梁夢龍的記載爲清初官修《明史》之《梁夢龍傳》提供了史料來源及評價參考。

在梁夢龍受到明代官方的重新肯定之後，清初學者孫奇逢及孫承澤作《梁夢龍傳》、錢謙益作《梁公墓誌銘》均以褒筆記載梁夢龍之事迹。《明史》纂修官方象瑛初擬《梁夢龍傳》延續了以褒筆記事，並受到同事倪燦（闇公）的肯定，曰："江陵當國，所用督撫大吏皆得人，諸大

① ［明］談遷：《國榷》卷七二，萬曆十二年四月丙寅，第4476頁。
② 《明熹宗實録》卷二二天啓二年五月戊戌，第1089頁。
③ ［明］趙南星：《趙忠毅公詩文集》卷二十《勞臣軍功疏》，第622、623頁。
④ 《明熹宗實録（梁本）》卷四三天啓四年六月乙酉，第2396頁。
⑤ ［明］倪元璐：《倪文貞集》卷十四《太宰梁鳴泉公傳》，第180頁。
⑥ 謝貴安：《明實録研究》，武漢：湖北人民出版社，2003年，第168頁。
⑦ 《明神宗實録》卷三六七萬曆三十年正月癸亥，第6874頁。
⑧ 如《明神宗實録》卷一〇一萬曆八年六月癸卯，第1996頁；卷一〇五萬曆八年十月己酉，第2043頁；卷一〇八萬曆九年正月癸酉，第2078頁；
⑨ 《明神宗實録》卷一三一萬曆十年十二月辛卯，第2435頁。

吏亦倚江陵得有所施設,後皆以此受累。後段(指趙南星頌邊功之語——引者注)特爲拈出,亦平情之論。"[①] 後萬斯同史稿亦承襲了方象瑛史稿的褒筆記載。可見,對梁夢龍持正面的評價,是清初學者的普遍看法。

王鴻緒《梁傳》摒棄那些對梁夢龍而言正面之史料,特意選擇萬曆年間王世貞記載之負面史料,忽視了明代政治形勢對史料的影響,其原因不能僅僅歸爲採擇失誤,或與其個人經歷有關。王鴻緒因與高士奇、明珠等人交結納賄,被劾致仕。後因文學尚優,被召用修史。[②] 他深知皇帝對交結朋黨的忌諱,或爲掩飾其過,或爲明志,其在修史中對植黨營私著意批判。梁夢龍作爲張居正信任之門生,王鴻緒將其歸爲張居正之黨,渲染其與張居正、馮保交結黨援,而隱没其功績,表達對分樹朋黨的貶斥。王鴻緒採用極爲貶低的態度書寫《梁傳》,不得不説含有個人的偏見。

萬邦榮、張廷玉《梁傳》行文簡潔中立,評價全面客觀,更符合歷史面貌。

結語

《明史》的修纂歷經數稿,從《明史》諸稿之《梁夢龍傳》的撰寫情况來看:在史料採擇上,方象瑛史稿作爲初擬稿,參考了多種以褒筆態度記載梁夢龍史事的傳記史料,綜合加工,以成其文。萬斯同史稿在審訂時,查缺補漏,增添了對於梁夢龍而言不太光輝之史事。王鴻緒史稿則採用了以貶筆態度記載梁夢龍史事的史料,表達自己對傳主不同的評價。從《明史》成書的軌迹上看,各稿之梁夢龍傳記有明顯的因襲關係,後稿在前稿的基礎上增删修改。傳記内容有由繁至簡的趨勢,而諸稿之刊削各有特點。萬斯同史稿主要刊削旁支細瑣之史事、凝練文字,王鴻緒史稿主要刊削傳主之功績,增加貶筆,萬邦榮史稿則删削王稿之明顯的貶抑之詞。經過多次删削修改,定本張廷玉《明史・梁夢龍傳》文字敘述簡明,但亦因不慎,出現了史實記載之舛誤。從各稿的史源、記事特點看出,各稿對傳主的評價不一,呈現由褒到貶,最後相對中立客觀的趨勢。究其原因,有明代史籍的影響,亦與纂修官的史德、史識有很大關係。

經過多次審核修改,定本《明史・梁夢龍傳》文字簡明,内容上呈現梁氏的功績及缺點,評價力求客觀公正,這是值得肯定的。

(陳潔,江蘇師範大學歷史文化與旅遊學院講師)

① 〔清〕方象瑛:《明史列傳擬稿》,《吏部尚書贈少保謚貞敏梁夢龍》傳後,第 195 頁。
② 〔清〕國史館編:《漢名臣傳》卷二《王鴻緒列傳》,《清代傳記叢刊》第 38 册,臺北:明文書局,1985 年,第 253、255、261 頁。

《四庫全書總目》之《後漢書》提要脞談

王少帥

[摘　要]《四庫全書總目》是集大成的大型目録學著作,因成於衆手,前後不斷修改等原因,使得各種類型的提要之間存在或多或少的差異。《後漢書》提要從分纂稿至結集的《總目》,存在八種不同的提要,對比其異同,尋繹其删减修改的具體原因,可窺見《總目》在纂修過程中的細節及其"欽定"的性質。

[關鍵詞]後漢書　四庫全書總目　四庫學

《四庫全書總目》(以下簡稱《總目》)是乾隆末年彙集前代學術之大成的大型目録學著作。有關《總目》的編纂、刊印、流傳等情况已有專門的著作進行研究,如郭伯恭《四庫全書纂修考》、黄愛平《四庫全書纂修研究》、李常慶《四庫全書出版研究》、張升《四庫全書館研究》等。本文主要解决的問題是《後漢書》提要前後的差異及其删改的具體原因,以此啓發我們用新的視角來看待《總目》編修的過程。

《總目》在結集前後有不同的存在形式。根據最新的研究成果,至少有六種存在的形式,即"分纂提要""匯總提要""刊本提要""庫本提要""内府寫本提要""總目提要"等。[①]其中"分纂提要"是分配給學有專長的館臣所寫的初稿,現存《後漢書》分纂稿爲邵晉涵所寫。"匯總提要"是指目前能看到的《四庫全書初次進呈存目》的1878篇提要;"刊本提要"是指《欽定武英殿聚珍版叢書》[②]的127種書前提要,以上兩種均無《後漢書》提要,因此不在我們的討論範圍。見存的"庫本提要"分文淵閣本、文津閣本、文溯閣本、文瀾閣本[③]卷前提要四種。又因《後漢書》文瀾閣本卷前提要是癸亥年(1923)第三次補抄而成,除若干明顯訛誤和提要末尾不署校上日期外,與文淵閣本卷前提要在内容上並無差别,蓋源於文淵閣本卷前提要。因係補抄,已非原貌,故不作討論。"總目提要"又分《四庫全書薈要總目提要》(簡稱《薈要提要》)、殿本《總目》、浙本《總目》三種。所以,我們就有八種關於《後漢書》的提要,即"分纂提要"一種,"庫本提要"三種,"内府寫本提要"一種,"總目提要"三種。

① 江慶柏:《〈四庫全書薈要〉研究》,南京:鳳凰出版社,2018年,第4—6頁。
② 故宫博物院編:《欽定武英殿聚珍版叢書》(全50册),北京:故宫出版社,2012年。
③ 目前可參考的彙編文獻有:李國慶輯:《〈四庫全書〉卷前提要四種》(全22册),鄭州:大象出版社,2015年。含文淵閣本、文津閣本、文溯閣本、内府寫本等四種卷前提要。文瀾閣本卷前提要則有陳東輝主編:《文瀾閣四庫全書提要彙編》(全30册),杭州:杭州出版社,2017年。

一、《後漢書》分纂提要與文淵閣本卷前提要的比較

《後漢書》的分纂提要是邵晉涵所撰見存的三十七種提要之一,收入邵氏《南江文鈔》中,又收入《〈四庫全書〉提要稿輯存》《四庫提要分纂稿》内。《後漢書》提要的最初分纂稿見《南江文鈔》卷一二:

> 《後漢書》一百二十卷,宋范蔚宗撰,唐章懷太子賢注,其《志》三十卷則取諸司馬彪《續漢書》,而梁劉昭爲之注者也。酈道元《水經注》嘗引司馬彪《州郡志》,疑彪之諸《志》在六朝已有單行之本,故昭獨爲之注。杜佑《通典》述科舉之制,以《後漢書》《續漢志》連類而舉,則知以司馬《志》附見范書實始於唐人,陳振孫《書録解題》謂"宋乾興初判國子監孫奭始建議校勘合爲一書"者,考之不審也。
>
> 東漢尚氣節,此書創爲"獨行""黨錮""逸民"三傳,表彰幽隱,搜羅殆盡,然史家多分門類實濫觴於此。夫史以紀實,綜其人之顛末,是非得失,灼然自見,多立名目奚爲乎?名目既分,則士有經緯萬端、不名一節者,斷難以二字之品題舉其全體,而其人之有隱慝與叢惡者,二字之貶轉不足以蔽其辜。宋人論史者,不量其事之虛實而輕言褒貶,又不顧其傳文之美刺,而争此一二字之名目爲升降,輾轉相遁,出入無憑,執簡互争,腐毫莫斷,胥范氏階之厲也。然范氏所增"文苑""列女"諸傳,諸史相沿,莫能刊削,蓋時風衆勢,日趨於文,而閨門爲風教所繫,當備書於簡策,故有創而不廢也。"儒林"考傳經源流,能補前書所未備,范氏承其祖寧之緒論,深有慨於漢學之興衰關於教化,推言終始,三致意焉,豈獨賈逵、鄭康成諸傳爲能闡其微意哉。
>
> 李賢注參用裴駰、裴松之之體,於音義則省其異同,於事實則去其駢拇,徵引之廣博、訓釋之簡當,爲史注之善者。劉攽《刊誤》譏其末數卷援引多誤,當以分曹授簡,各有疏密,又急於成書,無暇覆檢耳。
>
> 范書爲紀十、列傳八十,共九十卷,《舊唐書·經籍志》作一百卷,以賢注分卷上下而言也。《舊唐·經籍志》又有范氏《後漢書論贊》五卷,殆以范氏文體高於六朝諸人,而愛其文辭者遂摘取其《論贊》别爲一書歟。司馬彪《志》詳述制度,較《史》《漢》諸志爲稍變其體,後來晉、隋諸志實仿其例。劉昭注尤諳悉於累朝掌故,薈萃群説,爲之折衷,蓋能承六朝諸儒群經義疏之學而通之於史,以求其實用,亦可見其學之條貫矣。①

邵氏所撰提要主要介紹了四個方面的内容:第一,范史卷帙及與彪《志》的合併;第二,

① 〔清〕邵晉涵:《南江文鈔》,《清代詩文集彙編》第405册,上海:上海古籍出版社,2011年,第501—502頁。

范史傳目的情况;第三,劉、李史注評價;第四,范氏《論贊》是否單行等。

在此分纂稿基礎上,總纂官紀昀等進行删改後,最早校上的提要應該是乾隆四十一年九月文淵閣本卷前提要:

臣等謹案:《後漢書》一百二十卷。《後漢書》本紀十卷,列傳八十卷,宋范蔚宗撰,唐章懷太子賢注。蔚宗事迹具《宋書》本傳,賢事迹具《唐書》本傳。考《隋志》載范書九十七卷,新、舊《唐書》則作九十二卷,互有不同。惟《宋志》作九十卷,與今本合。然此書歷代相傳,無所亡佚。考《舊唐志》又載章懷太子注《後漢書》一百卷。今本九十卷,中分子卷者凡十,是章懷作注之時,始並爲九十卷,以就成數。《唐志》析其子卷數之,故云一百;《宋志》合其子卷數之,故仍九十,其實一也。又隋、唐《志》均别有蔚宗《後漢書論贊》五卷,《宋志》始不著録。疑唐以前《論贊》與(木)〔本〕書别行,亦宋人散入書内。然《史通·論贊篇》曰:"馬遷《自序》,傳後歷寫諸篇,各叙其意。既而班固變爲詩體,號之曰述;蔚宗改彼述名,呼之以贊。固之總述,合在一篇,使其條貫有序。蔚宗《後書》,乃各附本事,書於卷末,篇目相離,斷絶失序。夫每卷立論,其煩已多,而嗣論以贊,爲黷彌甚。亦猶文士制碑,序終而續以銘曰;釋氏演法,義盡而宣以偈言云云。"則唐代范書《論贊》已綴卷末矣。史志别出一目,所未詳也。范撰是書,以《志》屬謝瞻。蔚宗敗後,瞻悉蠟以覆車,遂無傳本。今本八《志》,凡三十卷,别題"梁剡令劉昭注"。據陳振孫《書録解題》,乃宋乾興初判國子監孫奭建議校勘,以昭所注司馬彪《續漢書志》,與范書合爲一編。按《隋志》載司馬彪《續漢書》八十三卷,《唐書》亦同。《宋志》惟載劉昭《補注後漢志》三十卷,而彪書不著録,是至宋僅存其《志》,故移以補《後漢書》之闕,其不曰《續漢志》,而曰《後漢志》,是已併入范書之稱矣。或謂酈道元《水經注》嘗引司馬彪《州郡志》,疑其先已别行。又謂杜佑《通典》述科舉之制,以《後漢書》《續漢志》連類而舉,疑唐以前已併八《志》入范書,似未確也。自八《志》合併之後,諸書徵引,但題"《後漢書》某志"。儒者或不知爲司馬彪書,故何焯《義門讀書記》曰:"八《志》司馬紹統之作。案:紹統,彪之字也。本漢末諸儒所傳,而述於晉初。劉昭注補,别有總叙,緣諸本或失載劉叙,故孫北海《藤陰劄記》亦誤出'蔚宗志《律曆》之文'云云"。考洪邁《容齋隨筆》已誤以八《志》爲范書,則其誤不自孫承澤始。今於此三十卷並題司馬彪名,庶以袪流俗之訛焉。乾隆四十一年九月恭校上。總纂官臣紀昀、臣陸錫純、臣孫士毅,總校官陸費墀。[1]

文淵閣本卷前提要删减了邵氏分纂稿的絶大部分内容五百餘字(見"分纂稿"加粗文

① 景印文淵閣《四庫全書》史部第252册,臺北:商務印書館,1983年,第28—29頁。

字),即邵氏所述的第二、三兩問題以及第四個問題的一部分。總纂官删減後完整進行考述的只有第一個問題“范史卷帙及與彪《志》的合併”。四庫館臣詳細辨析了范史卷帙及其與彪《志》的合併刊行問題,其考述引用的材料來源主要有杜佑《通典》、劉知幾《史通》、酈道元《水經注》、陳振孫《直齋書録解題》以及《隋書·經籍志》《舊唐書·經籍志》《新唐書·藝文志》《宋史·藝文志》等,又舉洪邁《容齋隨筆》、孫承澤《藤陰劄記》等誤《後漢書》所附八《志》爲范曄所撰之例等。以上爲前後兩稿比較的基本情況,其差異之大可見。

二、范史卷帙及與彪《志》合併問題平議

“范史與彪《志》合併問題”是分纂稿删改後唯一被完整保存的問題,也是文淵閣本卷前提要的核心問題。分纂稿提要認爲“杜佑《通典》述科舉之制,以《後漢書》《續漢志》連類而舉,則知以司馬《志》附見范書實始於唐人,陳振孫《書録解題》……考之不審”。[①] 邵氏以《通典》中《後漢書》《續漢志》連類而舉,就説明兩書已經合併,並且這個時候對《後漢書》“八《志》”屬於《續漢書》的認識非常清晰,“八《志》”非《後漢書》原有。核驗《通志》卷一七《選舉五》:“《史記》爲一史,《漢書》爲一史,《後漢書》并劉昭所注《志》爲一史。”[②] 很明顯已合二書爲一史。

有學者就認爲二者並列而書,只是説明兩者之間關係密切,不能説明兩者合併,如果合併,直接寫《後漢書》即可。[③] 其實這種觀點並不正確,因爲如果二者未合併,爲何將《後漢書》《續漢書·志》並書爲一史? 並舉而書只能説明二者是一個整體,《後漢書》是闕志之史,《續漢書·志》是補史之志,在著作權清晰且被合併的情況下,這樣列舉没有任何問題,這至少説明在唐代就已經合編了。卷前提要舉洪邁《容齋隨筆》、孫承澤《藤陰劄記》已誤“八《志》”爲范書,原因就是徑書《後漢書》一百二十卷而不加辨别,至明代北監本《後漢書》將劉昭注《志》放在本紀之後,列傳之前,更易誤解。而上述連類而舉,將《志》放在范史之後就不會造成誤解,這也是卷前提要最後所申明的“今於此三十卷並題司馬彪名,庶以祛流俗之訛焉”。基於《通典》所列,邵氏認爲《志》附入范書在唐代,陳氏《直齋書録解題》所載北宋孫奭建議校刻始合爲一書不確。然而,同樣是《通典》的連類而舉的例子,纂修官删改後的提要就和邵氏觀點相反。邵氏只認爲唐時開始二書合編,而删改後的提要判斷是“疑唐以前已併八《志》入范書,似未確也”,這對分纂稿的修改不只是字句的删節,而是觀點的否定。現從《後漢書》的版本及書目著録情況分析此問題。

據“臺灣國家圖書館”藏“南宋初刊三種配補遞修本”《後漢書》及其卷末錢大昕跋可知,“《後漢書》淳化刊本,止有紀傳;其《志》三十卷,則乾興元年准判國子監孫奭奏添入。……此

① 〔清〕邵晉涵:《南江文鈔》,第 501 頁。

② 〔唐〕杜佑撰,王文錦等點校:《通典》第 1 册,北京:中華書局,2016 年,第 426 頁。

③ 羅炳良:《章實齋與邵二雲》,北京:商務印書館,2013 年,第 149 頁。

本雖多元大德九年補刊之板,而《志》弟一至弟三尚是舊刊,於'眺''敬''恒''徵'字皆闕末筆,而'讓''勗'却不回避,知實係嘉祐以前刊本"。[①] 此南宋初刊遞修本爲翻刻淳化五年(994)本,故尚存北宋刊本舊貌,如圖所示:

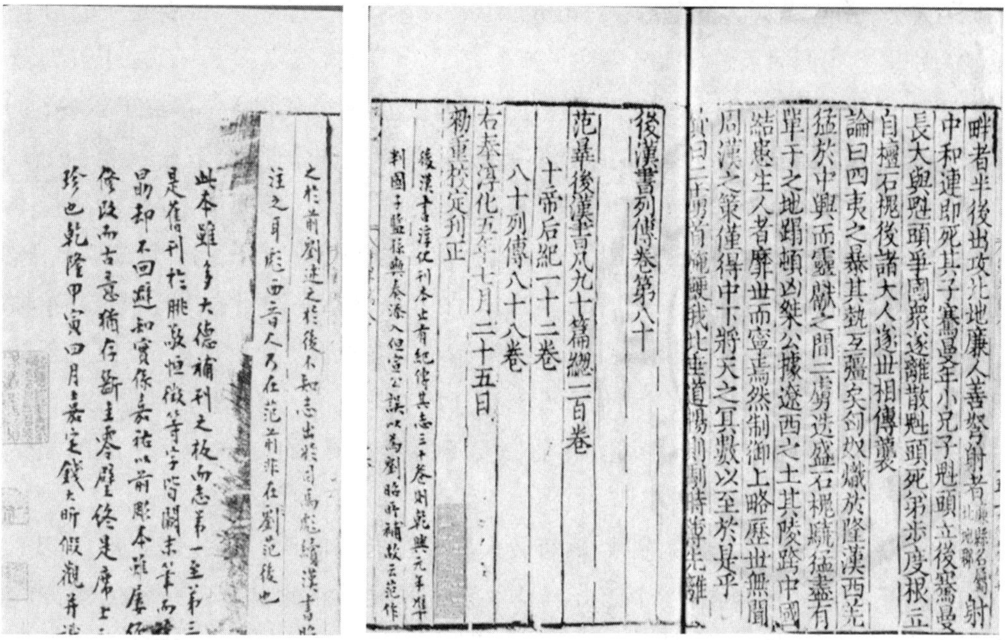
後漢書列傳卷第八十
范曄後漢書凡九十篇總一百卷
十帝后紀一十二卷
八十列傳八十八卷
右奉淳化五年七月二十五日
勑重校定刊正

圖一右、左:南宋初刊配補遞修本《後漢書》卷一百第十五頁A面、第十六頁A、B面[②]

在乾興本之前,淳化本、景德本均無《續漢志》三十卷,即"太宗淳化五年初刻本及真宗景德二年校定本,猶無《續志》也。真宗乾興年孫奭誤以《續志》三十卷爲昭自作以述范者,始奏請合刻補闕,國子監奉牒依奏施行"。[③] 乾興元年(1022)孫奭奏請合刊,有中書門下牒國子監文爲證,范史始與《續漢志》合刻。[④]

又據《梁書·劉昭傳》載:"《集注後漢》一百八十卷。"[⑤]《隋書·經籍志二》:"《後漢書》九十七卷,宋太子詹事范曄撰。《後漢書》一百二十五卷,范曄本,梁剡令劉昭注。《後漢書贊論》四卷,范曄撰。"[⑥]《舊唐書》卷四六《經籍志上》:"(《後漢書》)又九十二卷范曄撰。《後漢書論贊》五卷,范曄撰。《後漢書》五十八卷,劉昭補注;又一百卷皇太子賢注。"[⑦]《新唐書》

① 〔清〕錢大昕:《跋後漢書》,陳文和主編《錢大昕全集》第9册,南京:鳳凰出版社,2016年,第442—443頁。
② 該本現藏於臺灣"國家圖書館"。
③ 〔清〕王先謙:《後漢書集解》上册,北京:中華書局,1984年,第3頁下欄。
④ 〔清〕王先謙:《後漢書集解》上册,第3頁下欄。
⑤ 〔唐〕姚思廉:《梁書》第3册,北京:中華書局,1973年,第692頁。《梁書》"《集注後漢》一百八十卷"之《校勘記》云:"今本《後漢書》有紀十二卷,志三十卷,傳八十八卷,共一百三十卷,不符一百八十卷之數,'八'或係'三'之譌。"此説無據。〔唐〕姚思廉:《梁書》第3册,第700頁。
⑥ 〔唐〕魏徵、〔唐〕令狐德棻:《隋書》第4册,北京:中華書局,1973年,第954頁。
⑦ 〔後晉〕劉昫等:《舊唐書》第6册,北京:中華書局,1975年,第1989頁。

卷五八《藝文志二》同《舊唐書·經籍志》所載之外,又有"劉昭注范曄《後漢書》一百二十二卷"。[①]《宋史·藝文志二》:"范曄《後漢書》九十卷,章懷太子李賢注。劉昭《補注後漢志》三十卷。"[②] 比較以上著録信息,我們會發現有較爲明顯的兩個序列,即范曄《後漢書》和劉昭補注《後漢書》。由於范曄《後漢書》九十卷、九十二卷、九十七卷、一百卷是子卷分合所致,其實並無差别。[③] 我們只需看劉昭《集注後漢》一百八十卷;《後漢書》一百二十五卷范曄本,梁剡令劉昭注;《後漢書》五十八卷,劉昭補注;劉昭注范曄《後漢書》一百二十二卷;劉昭《補注後漢志》三十卷。這五種著録都與劉昭注有關,其差異也非常明顯,五十八卷、三十卷均題"補注",由此二字,基本可以認定是劉昭補《後漢書》所闕而注《續漢書·志》的單行本,而一百八十卷、一百二十五卷、一百二十二卷是補入范史的合編本。余嘉錫曾懷疑"不言曾注司馬彪《志》,豈非即在集注范曄書一百八十卷之内乎?"[④] 又章宗源云:"以《唐志》卷數計之,《紀》《傳》九十二卷,合《續志》三十卷,恰符百二十二卷之數。"[⑤] 余氏所疑、章氏所云都有理。因爲劉昭《後漢書注補志序》云:"迺借舊《志》,注以補之。……分爲三十卷,以合范史。"[⑥] 可見,劉昭注范書時就已經合併。因此,卷前提要認爲宋乾興元年二書合爲一編的觀點不確,而邵氏唐代附入的説法也有誤。

問題的關鍵是劉昭所言合編甚明,爲何後人對此還有争議呢?王先謙認爲:"以《續志》補范,昉自劉昭,昭之《後漢書注》固已合《志》於紀傳矣。然此自劉氏一家之學,范書原本則仍止紀十卷、傳八十卷,未嘗闌入《續志》也。"[⑦] 據此所述,大致可以解釋這種現象,范曄《後漢書》和劉昭補注《後漢書》以及《補注後漢志》三十卷均有各自流傳的軌迹,劉昭的補注《後漢書》逐漸殘缺亡佚,而其中的《續漢志》三十卷與《後漢書》九十卷合刻,遂流行開來,也就是前面所述的兩個並行流傳的序列。因爲後人對《後漢書》有補有注,注又有劉、李二家,卷帙多寡不一,所以才有争議。

其實,二書合併的問題要區分合編與合刻這兩個概念,合編應在劉昭作注時就開始了,

---

① 〔宋〕歐陽修、〔宋〕宋祁:《新唐書》第5册,北京:中華書局,1975年,第1455頁。

② 〔元〕脱脱等:《宋史》第15册,北京:中華書局,1977年,第5085頁。據現藏美國國會圖書館的傅增湘舊藏,附有"藏園鈔本"藍暨格手書題:"《宋本後漢書補志》三十卷,宋紹興時杭州刻本,半葉九行,每行十六字,版心上記字數,下記刻工姓名。司馬彪《續志》本附刻范書之後,故此三十卷可以單行,不爲殘缺也。《後漢書》以此本爲最善,此書出於内閣大庫,蝶裝巨幅,書衣簽題猶存古式,彌足寶玩。惟間有補版已入元代,當爲元時所裝褙也。"參見https://new.shuge.org/view/hou_han_shu_bu_zhi/#next。

③ 《後漢書》成書時爲九十卷,後世據其内容分合而形成不同卷帙。《後漢書》九十卷本中,有十卷分上下,分别是:卷一《光武帝紀》、卷十《皇后紀》、卷二八《桓譚馮衍列傳》、卷三〇《蘇竟楊厚列傳》與《郎顗襄楷列傳》、卷四〇《班彪列傳》、卷六〇《馬融列傳》與《蔡邕列傳》、卷七四《袁紹劉表列傳》、卷七九《儒林列傳》、卷八〇《文苑列傳》、卷八二《方術列傳》。如果十卷上下全部獨立,即爲一百卷;如果僅將專傳(紀)卷一、十、四〇之上下獨立,即爲九十七卷;如果僅將分别介紹不同人物的卷三〇、六〇之上下獨立,即爲九十二卷。〔清〕王先謙集解:《後漢書集解》,第36頁上欄。楊小平:《〈後漢書〉語言研究》,成都:巴蜀書社,2004年,第13頁。

④ 余嘉錫:《四庫提要辯證》第1册,北京:中華書局,1980年,第126頁。

⑤ 〔清〕章宗源:《隋書經籍志考證》,見《二十五史補編》第4册,上海:開明書店,1947年,第4946頁。

⑥ 〔宋〕范曄撰,李賢等注:《後漢書》第12册,北京:中華書局,1965年,第2頁。

⑦ 〔清〕王先謙:《後漢書集解》上册,第3頁下欄。

《通典》中《後漢書》《續漢志》連類而舉就是合編的例子；合刻始於北宋孫奭建議。同時,合編之外,不妨礙原本《後漢書》《續漢志》單行；合刻一書,也會有《續漢志》單刻。所以,分纂稿和卷前提要的判斷均不確。陳氏《直齋書録解題》記載合刻也没有錯,但在理解上要分清楚,雖然都是合在一起,有合編和合刻的區别。删改後的提要保留了邵氏分纂稿的一個問題,但又否定了邵氏觀點,所以文淵閣本卷前提要可視爲重新撰寫的又一篇提要,兩者差異之大也就不足爲奇了。

三、纂修官删減分纂提要所述問題的原因

在對比分析了前後兩稿考證的第一個問題及其觀點後。纂修官爲何删減邵氏分纂稿的第二、三兩問題及第四個問題的一部分等内容,我們也有必要進行深入的探討。

邵氏分纂稿對“范史立目,劉、李史注評價,范氏《論贊》爲何單行”等三個問題進行了介紹,而這些内容全被删除。《四庫全書》第七條凡例云:“今於所列諸書,各撰爲提要,分之則散弁諸編,合之則共爲總目。每書先列作者之爵里以論世知人。次考本書之得失,權衆説之異同,以及文字增删、篇帙分合,皆詳爲訂辨,巨細不遺。而人品學術之醇疵,國紀朝章之法戒,亦未嘗不各昭彰癉,用著勸懲,其體例悉承聖斷,亦古來之所未有。”[①] 我們以這條凡例對照邵氏所撰。邵氏認爲范史是後世多立傳目的開始,且傳目有失褒貶自現的作史宗旨；同時宋人論史“輕言褒貶”“不顧美刺”之舉實是史書之禍；對“文苑”“列女”之目創而不廢,“儒林”考傳經源流,致意漢學的叙述持贊揚態度。從邵氏所持觀點來看,提要所述仍是漢學的立場,問題也已深入范史,持論較爲公允,符合提要撰寫的凡例。“考本書之得失”是凡例所允許,且史評之語在“史部提要”中並不少見,邵氏所述的這些内容和當時主導的漢學又不對立,但這些内容在文淵閣本卷前提要中反而被全部删除,原因何在呢？若以乾嘉漢學注重文獻考訂的學術旨趣來解釋删除的原因,不足以將此問題解釋清楚,且稍嫌籠統,何況邵氏立説與文獻考證並不矛盾。我們還需要從《後漢書》及其提要本身入手,探究更具體的原因。

首先,我們將《後漢書》之《薈要提要》,文溯閣本、文津閣本卷前提要進行比較分析。

> 臣等謹案《後漢書》一百二十卷,宋范蔚宗撰,漢自中興以後,劉珍等有《東觀漢記》,其後謝承有《後漢書》。薛瑩、司馬彪、劉義慶、華嶠、謝沈、袁山松各有述作。蔚宗删取其要,加以藻飾,體大思精,繼美班氏,後來作者莫能企及。隋、唐《志》作九十七卷,自宋以來皆九十卷,未嘗有志。劉昭取司馬彪《續漢書》八《志》以補之,凡三十卷。《館閣書目》乃合爲百二十卷,至今仍之,其實非蔚宗一手所撰也。唐高宗時令章懷太子賢,與劉訥言等同爲注釋,與書並行。然地理間有疏謬,不如師古

① 〔清〕永瑢:《四庫全書總目》上册,北京:中華書局,1965年,第17—18頁。

之注班書遠矣。今刻本參考附注,悉正其誤云。乾隆四十一年四月恭校上。(總纂官臣紀昀,臣陸錫熊,臣孫士毅。總校官臣陸費墀。)[①]

以上爲乾隆四十一年四月校上的《薈要提要》。翻檢文溯閣本卷前提要,除校上時間爲"乾隆四十七年二月"外,其餘全同。再檢文津閣本卷前提要,除去誤抄混入文字[②]和校上時間爲"乾隆四十九年三月"外,其餘全同。從時間上看,《薈要提要》最早,之後的文溯閣、文津閣本均抄自《薈要提要》,文字全同之外,抄録的錯誤也一樣。如校記云:"隋、唐《志》作九十七卷,文淵閣《全書》提要、《總目》提要作:'《隋志》載范書九十七卷,新、舊《唐書》則作九十二卷,互有不同。'所説是也。《隋志》《唐志》著録本書卷數有别,不可統而言之。《薈要提要》有誤。"[③]據此江慶柏教授認爲"文溯閣、文津閣本與《薈要》本完全相同,甚至錯誤也一樣。……這是兩篇提要依據《薈要提要》抄録的依據"。[④]由此,我們認爲就《後漢書》提要來看,《薈要提要》、文溯閣本、文津閣本卷前提要是一個系統。這其實也驗證了一個結論,雖然分纂提要是四庫提要文獻的基礎,但是"一部分《全書》的書前提要不是直接來自於分纂稿,而是來自於《薈要提要》",[⑤]分纂稿只是部分提要的基礎。

另外,内府寫本卷前提要校上時間爲"乾隆四十七年八月",與文淵閣本卷前提要除校上時間有别外,其餘全同。據學者研究,内府寫本卷前提要爲"早已遭到毁滅的文源閣提要"。[⑥]那麽《後漢書》提要之文淵閣本、内府寫本卷前提要(文源閣本卷前提要)是一個系統。翻檢武英殿本《總目》和浙本《總目》,除無"臣等謹案"及校上日期外,其餘全同文淵閣卷前提要。因此,《後漢書》提要之分纂稿提要、文淵閣本卷前提要、内府寫本卷前提要、殿本《總目》和浙本《總目》是一個系統。

通過以上對比我們可以發現,《後漢書》提要有《薈要提要》和分纂稿提要兩個源頭,二者之間並没有直接的關係,但提要經手的總纂官紀昀、陸錫熊、孫士毅,總校官陸費墀等人是一致的,可見館臣内部之間的意見並不統一。因爲有不同的源頭,存在抵牾在所難免,這是删改提要的一個重要前提。

其次,我們再看著録的《後漢書》底本與提要内容的關係。提要著録的《後漢書》版本是"内府刊本",即武英殿本《後漢書》,卷末附陳浩等《考證》。《後漢書》之《薈要》本和文

---

① 江慶柏等整理:《四庫全書薈要總目提要》,北京:人民文學出版社,2009年,第224—225頁。

② 《四庫全書》出版工作委員會編:《文津閣四庫全書提要彙編》第2册,北京:商務印書館,2006年,第12頁。此提要在抄寫的過程中摻入殿本《後漢書》考證者陳浩的一段跋語,誤入"凡"和"三十卷"之間,這段文字爲"原任詹事臣浩謹言,按范氏《後漢書》,《隋志》云九十七卷,《唐志》云九十二卷,蓋自唐章懷作注付秘書省傳之至今,其篇第如此。《唐志》又云賢注《後漢書》一百卷,以紀傳中分上下卷者凡十也。劉昭注補志三十卷。陳振孫云本别爲一書,至乾興初孫奭建議校勘,補亡借闕,《館閣書目》乃直以爲百二十卷,今考經"。

③ 江慶柏等整理:《四庫全書薈要總目提要》,第225頁。

④ 江慶柏:《〈四庫全書薈要〉研究》,第427頁。

⑤ 江慶柏:《〈四庫全書薈要〉研究》,第421頁。

⑥ 江慶柏:《〈四庫全書薈要〉研究》,第6頁。

淵閣本均有“乾隆御覽之寶”爲證,所以乾隆皇帝應該看過此時抄撰的《後漢書》,由於《薈要》本校上在前,因此乾隆皇帝讀後所寫的五篇御制文都放在了文淵閣本《後漢書》的最前面,但均未注明御題日期。又排除御制文爲武英殿本《後漢書》原有,即可斷定撰修《四庫全書》時才寫了御制文。這五篇文章分别爲《御制讀劉昆傳》《御制讀〈後漢書〉明德馬后傳》《御制讀荀彧傳》《御制讀劉昆傳》《御制讀嚴光傳》。[①] 其中《御制讀劉昆傳》有兩篇,這兩篇均辯駁范曄記載劉昆善於理政,仁化大行,連惡虎也能負子過河的荒誕事;《御制讀〈後漢書〉明德馬后傳》揭示范曄不知大義,阿從所好而不覺言過背理事;《御制讀荀彧傳》指斥范曄有史才而無史識事;《御制讀嚴光傳》批評范曄載嚴光“以足加帝腹”之好奇誕妄事。以上五篇御制文中討論的人物分别出自卷一〇《后紀》,卷一〇〇《黨錮傳》,卷一〇九《儒林傳》,卷一一三《逸民傳》,乾隆皇帝總體上對范曄所述此類故事持否定態度。因此館臣在審校或删改提要中,就會盡量避免與皇帝觀點相對立或者有出入的論述,即使有相合處,也以謹慎爲妙。因此邵晉涵“分纂稿提要”所述的第二個問題,范史爲“獨行”“黨錮”“逸民”“儒林”立目的觀點與乾隆皇帝所論的傳屬人物相關,儘管他的學術立場没有問題,但在總纂官紀昀等修改潤色的過程中,勢必會爲减少不必要的麻煩而徹底將這些内容删除。據《宋書·范曄傳》記載,范曄是因爲謀反被殺,故在文淵閣本卷前提要的叙述中,没有任何評價性的内容。雖然范氏的書被收了進來,但在主觀認識上還是有所忌憚的。因爲在撰修《四庫全書》期間發生的文字獄有十三起之多。[②] 對范曄本人及其著作,館臣不便作任何評價,所以“分纂稿”和館臣删减後的提要之間差異極大。

第三,關於“劉、李史注評價”問題被删除的原因,我們結合《薈要提要》即可明白。邵晉涵所述“李賢注參用裴駰、裴松之之體,於音義則省其異同,於事實則去其駢拇,徵引之廣博、訓釋之簡當,爲史注之善者。劉攽《刊誤》譏其末數卷援引多誤,當以分曹授簡,各有疏密,又急於成書,無暇復檢耳”。“劉昭注尤諳悉於累朝掌故,薈萃群説,爲之折衷,蓋能承六朝諸儒群經義疏之學而通之於史,以求其實用,亦可見其學之條貫矣”。[③] 這都是對劉、李二注的肯定性評價,儘管有劉攽《後漢書刊誤》指出李賢注之疏漏,邵氏仍爲其辯護,歸結失誤的原因是没有復檢所致,頗有爲之開脱的意味。但在《薈要提要》中認爲李注“地理間有疏謬,不如師古之注班書遠矣”,可見邵氏所撰又與總纂官較早校上的提要意見相左,或者説與殿本《後漢書》所附《考證》文字所揭示出的李注的錯誤相悖,因此對劉、李二注的肯定性評價也不見保留,儘管邵氏所評並無空談之議,而是肯綮之言。

第四,至於“范氏《論贊》是否單行”的問題。“分纂稿”和文淵閣本卷前提要都對此問題均有説明。卷前提要一方面説“疑唐以前《論贊》與本書别行,亦宋人散入書内”,又説“唐代范書《論贊》已綴卷末矣”,前後矛盾。另一方面,卷前提要將邵氏所述《後漢書論贊》五卷

① 影印文淵閣《四庫全書》史部第252册,第2頁。
② 〔清〕任松如撰,劉冬梅校點:《四庫全書答問》,上海:上海科學技術文獻出版社,2016年,第53—54頁。
③ 〔清〕邵晉涵:《南江文鈔》,第502頁。

别爲一書單行的原因“殆以范氏文體高於六朝諸人,而愛其文辭者遂摘取其《論贊》别爲一書歟”删除,補之以“史志别出一目,所未詳也”。這是將邵氏已經解釋清楚的問題抹去,平添了疑惑。實際上《論贊》本附紀傳而行,《史》《漢》二史不論,以劉昭注《續漢志》時將“論贊”也加以注釋,至少説明《續漢志》的論贊是附行的,此參照一。劉知幾《史通》認爲梁蕭子顯《南齊書》、唐李百藥《北齊書》以及房玄齡修《晉書》“論後著贊”是模仿范史,[①] 以這些書的論贊形式來看,原是附行,不見單刻,此參照二。所以,王先謙就認爲“(《論贊》)殆自劉昭作注,早合紀傳並行”。[②] 王氏雖未確指原本附行,但至少在劉昭作注時,《論贊》即在范史中。此外,范氏認爲:“吾雜傳論,皆有精意深旨……筆勢縱放,實天下之奇作。”[③]“贊自是吾文之傑思,殆無一字空設,奇變不窮,同合異體,乃自不知所以稱之。”[④] 足見范氏之自負。“論贊”作爲獨立的文體樣式,見於《文選》《文心雕龍》,《文選》尚存范氏《論贊》數篇,[⑤] 范氏自負不無道理。後人或因愛好其辭,或爲供大家學習而將其摘出别行,遂有單行之本,如明項篤壽編《全史論贊》八十卷即是此類摘編著作。所以邵氏的判斷是對的。卷前提要雖然也提到“《後漢書論贊》五卷”的問題,但叙説抵牾、語焉不詳,並删除了邵氏解釋單行的原因,頗顯局促。

我們認爲《四庫全書》的提要在撰修改過程中不僅僅是單純的學術問題,往往夾雜有學術之外的各種因素,如作者的人品,皇帝的好惡,個人的喜好,認真的程度等,尤其以政治因素影響最大。魯迅認爲《四庫全書簡明目録》:“其實是現有的較好的書籍之批評,但須注意其批評是‘欽定’的。”[⑥]“《總目》不是個性化著述的産物,也不是某一思想流别的集體之作,而是由皇帝欽定的人物完成皇帝欽定的任務,這是它最大的特點。”[⑦] 從《後漢書》提要的删改中,我們不難發現這個特點。但是這種影響又不是絶對的,四庫館臣對提要的處理顯得十分靈活,而不是整齊劃一的呆板。正是由於對各種因素、各種角度的考慮,使得提要在整齊之下,又有各自撰修的特點。雖然《四庫全書》撰修提要凡例還没有明確的版本定位,但以《後漢書》文淵閣本卷前提要系統來看,它詳細記録了歷代主要目録中不同卷帙的《後漢書》,這其實就是不同版本《後漢書》的依次臚列。又如長期以來“浙本出於殿本”説頗爲流行,但通過校勘發現二者並没有直接的承繼關係。[⑧] 所以,鑒於《四庫全書》提要問題的複雜性,每一類甚至每一篇提要基本上都有其成篇的特殊性,要具體問題具體分析,不宜作規律性的概括。

(王少帥,山東大學文學院博士研究生)

① 〔唐〕劉知幾撰,〔清〕浦起龍通釋:《史通通釋》,上海:上海古籍出版社,2009 年,第 77 頁。
② 〔清〕王先謙《後漢書集解》,第 2 頁上欄。
③ 〔梁〕沈約:《宋書》第 6 册,北京:中華書局,1974 年,第 1830 頁。
④ 〔梁〕沈約:《宋書》第 6 册,第 1831 頁。
⑤ 如《六臣注文選》卷四九《史論》上《范蔚宗後漢書皇后紀論一首》,卷五十《史論》下《范蔚宗後漢二十八將論一首》《宦者傳論一首》《逸民傳論一首》,《史述贊》之《范蔚宗後漢光武紀贊一首》等五篇。〔梁〕蕭統編,〔唐〕李善等注:《六臣注文選》,北京:中華書局,2012 年,第 20 頁。
⑥ 魯迅:《開給許世瑛的書單》,《魯迅全集》第 8 卷,北京:人民文學出版社,2005 年,第 497—498 頁。
⑦ 何宗美等:《〈四庫全書總目〉的官學約束與學術缺失》,北京:人民文學出版社,2017 年,第 11 頁。
⑧ 夏長樸:《〈四庫全書總目〉“浙本出於殿本”説的再檢討》,《臺大中文學報》2013 年第 40 期,第 249—290 頁。

新見阮元《揅經室再續集》八卷本及其增多詩文八篇輯考

張鑫龍

［摘　要］ 阮元《揅經室集》，當今學者皆以六十三卷本爲最全本，其中《再續集》爲七卷（末文有缺）。筆者在陝西省圖書館發現兩部《揅經室集》的六十四卷本，《再續集》皆爲八卷，一種收文章兩篇，一種收文章八篇（前兩篇文章與第一種相同），刊刻年代爲道光二十八至二十九年。增多之八篇詩文，多爲阮元晚年所作，對瞭解阮元晚年的學術、思想、行迹交游乃至阮元編纂自己文集的標準等，均頗有參考價值。而且新的《揅經室集》的整理，也因此有了更全的底本。
［關鍵詞］ 阮元　揅經室集　版本　輯佚

阮元的詩文集《揅經室集》一書，分《初集》《續集》《再續集》及《外集》，除《外集》（即《四庫未收書提要》）相對固定之外，其他三集都存在陸續增補、删改等情況，版本情況較爲複雜，前輩學者已多言及，以沙志利、沈瑩瑩兩位學者所論較爲全面。[①] 其中沙志利將版本卷次關係用表格詳細展示，極爲明晰，兹引其表如下：

版本			45卷本	54卷本	56卷本	60卷本	62卷本	63卷本
揅經室集	揅經室集	一集（經）	14	14	14	14	14	14
		二集（史）	8	8	8	8	8	8
		三集（子）	5	5	5	5	5	5
		四集（集）	2	2	2	2	2	2
		詩	11	11	11	111	11	11
	續集	一集（經）	\	1	1	1	1	1
		二集（史）	\	1	1	1	1	1
		三集（子）	\	1	1	1	1	1
		四集（集）	\	1	1	1	1	1
		詩	\	5	7	5	7	7
	再續集	一集（經）	\	\	\	1	1	1
		二集（史）	\	\	\	1	1	1
		三集（子）	\	\	\	1	1	1
		四集（集）	\	\	\	1	1	1
		詩	\	\	\	2	2	2
		乙巳（1845）後詩文	\	\	\	\	\	1
	外集	提要	5	5	5	5	5	5
目驗版本				《四部叢刊》			《續修四庫全書》等多種	國圖藏本

① 沙志利：《〈揅經室集〉版本初探》，《古籍整理研究學刊》2009年第2期，第49—54頁。沈瑩瑩：《〈揅經室集〉版本續考》，《儒家典籍與思想研究》第二輯，北京：北京大學出版社，2010年，第341—362頁。

其後沈瑩瑩撰文,詳細討論了《續集》各本與《再續集》各本的異同,並且在沙志利之後,新發現了畢光琦校《再續集》四卷本以及富文齋《再續集》六卷本,而《再續集》七卷本沙志利已在國圖中見到。據沈瑩瑩文中所言,《揅經室集》"七集六十三卷本,北大圖書館和國家圖書館皆有藏,這是目前《揅經室集》最全的本子"。[①] 所謂"七集六十三卷本",是指《原印四集》四十卷、《續集》十一卷、《再續集》七卷、《外集》五卷,共六十三卷。"原印四集"指《揅經室集·一集》十四卷、《二集》八卷、《三集》五卷,《四集》文二卷、詩十一卷,總計四十卷。且沈瑩瑩爲《儒藏》本《揅經室集》[②] 點校者,便是以北京大學圖書館藏六十三卷本爲底本,但其《再續集》卷七末《京師慈仁寺新立顧亭林先生祠堂碑記》一文從"自少至老,無"以後便缺佚,遂不得不據劉師培《劉申叔遺書·左盦題跋》中所載此文補足。

沈瑩瑩當時稱六十三卷本爲"目前最全本",還是比較審慎的。筆者因《阮元集》整理事宜,走訪各地公共圖書館,在陝西省圖書館發現兩部《揅經室集》六十四卷本,[③] 其中《初集》《續集》《外集》與此前學者所見無甚差别,唯其中《再續集》皆有八卷之多,其中第一部《再續集》卷八收有兩篇文章,第二部《再續集》卷八則收有八篇文章(前兩篇文章與第一部相同)。兩部《再續集》的前六卷,與"六十三卷本"的《再續集》前六卷内容相同,卷七也基本相同,唯有最後《京師慈仁寺新立顧亭林先生祠堂碑記》一文,新發現的兩部皆完整,不像沈瑩瑩所提及的"六十三卷本"之卷七有缺佚。《再續集》八卷本,尤其是收有八篇文章之第二部《再續集》,據筆者目前所見,除陝圖外,無其他圖書館有藏本,極爲難得,可謂僅存之本。

一、《再續集》各版本及新見八卷本具體情形

據此前學者研究揭示,《再續集》的刊刻,經歷了四卷本、六卷本、七卷本的增補過程。《再續集》四卷本刻於道光二十三年(1843),乃阮元門下士畢光琦校正付刊的。《再續集》六卷本有兩種,一種是卷六末有"粤東省城西湖街富文齋承接刊印"牌記之本,稱"富文齋本",卷六之《詩》的時間截止於道光癸卯年(1843),書亦當刻於此年;一種是卷六末無牌記,《詩》的時間截止於道光甲辰年(1844),亦當刻於此年。七卷本所録詩作時間截止於道光丙午年(1846),亦刻於此年。

筆者在陝西省圖書館新發現的兩部《再續集》八卷本,版式與《再續集》其他各本相同,四周雙邊,單黑魚尾,正文半頁十行,行二十字。現將其具體情況介紹如下。

第一部裝訂爲兩册,其中卷一至卷四裝爲一册,卷五至卷八裝爲一册。卷七第一頁有阮元識語:"自乙巳之後,經史之屬亦少作,而雜記之筆時時有之。隨筆録之,此實集也,故鈔之

---

① 沈瑩瑩:《〈揅經室集〉版本續考》,第348頁。

② 〔清〕阮元撰,沈瑩瑩點校:《揅經室集》,北京:北京大學出版社,2016年。

③ 第一部,陝西省圖書館編號爲普0013996,其中《續集》十一卷及《外集》五卷爲抄配本,《再續集》八卷則爲刻本。第二部編號爲普0009060,陝西省圖書館藏古籍目録網站誤著録爲《再續集》六卷,筆者目驗發現實爲八卷。

於《再續》之後。丙午冬至頤性老人。”前七卷與國圖、北大圖所藏相同，且卷七最後《京師慈仁寺新立顧亭林先生祠堂碑記》一文是完整的，並無缺佚；而卷八則收有兩篇文章：《釋真後篇》及《桐城劉少涂乞其父孟涂廣列女傳序》。而且卷八末頁呈現的是刷印時的墨塊，不見整齊的欄綫，當是試印之本。《釋真後篇》末落款“丙午十一月小寒夜”，《桐城劉少涂乞其父孟涂廣列女傳序》末落款“道光丙午年冬十一月，頤性老人年八十三歲”。結合上引識語，可知此八卷本刻於道光丙午年（二十六年，1846）。

第二部亦裝爲兩册，其中卷一至卷三裝爲一册，卷四至卷八裝爲一册。卷一及卷四目録頁鈐有“揚州阮氏/著禮堂珍/臧金石書/畫之印記”白文方印，卷一首頁、卷三末頁、卷五首頁、卷八末頁皆鈐有“阮充/私印”白文方印、“雲莊詩畫”朱文方印。可知此本爲阮元之弟阮充故物。前七卷亦與國圖、北大圖所藏相同，卷七末文亦完整無缺佚；卷八末頁呈現的也是刷印時的墨塊，不見欄綫，推測爲當年家刻試印時所留存，故流傳不廣。卷七第一頁亦有上引阮元識語，卷八則收有八篇文章：《釋真後篇》《桐城劉少涂乞其父孟涂廣列女傳序》《羅氏始遷揚兩世先塋碣銘》《林茉生印稿序》《辛丑冬日小支方丈於建隆寺西南隅梅竹中分屋立五代李招討龕位繪圖徵詩因題識之》《建隆寺志略跋尾》《兵部車駕司主事許君宗彦配梁恭人傳》《艾湖春泛圖題句》。從《兵部車駕司主事許君宗彦配梁恭人傳》（詳後）一文來看，文中言：“恭人生於乾隆辛卯年十月初五日卯時，卒於道光丁未年三月初八日子時，年七十有七，以其年十月二十二日，祔葬於留下花家山駕部之塋，距駕部下世已三十載矣。”梁恭人歿於道光二十七年（1847），十月二十二日下葬，阮元撰文當更在其後，而阮元歿於道光二十九年（1849）。又此本最後所收《艾湖春泛圖題句》二詩，乃道光十八年（1838）年所作，遠在梁氏傳文之前，當是阮元授意後所刻，非後人隨意摭入。故可知此本《再續集》當刻於道光二十八年至二十九年之間。

可見阮元在刊刻完七卷本《再續集》兩年之後，又刊刻了八卷本《再續集》，收入七卷本之後所作之文以及較早時候因故未收的文章。陳乃乾曾在他的《日記》中偶然提及過八卷本：“上海古籍書店寄來《揅經室再續集》八卷，得之甚喜。去年從石公借閱者只六卷，此又增刊七、八兩卷，坊友不知此書之難得。”① 並説：“《揅經室集》原用機制紙襯成四册，昨宵親爲改將襯紙拆出，另裝兩册，置諸案頭，爲隨時之用，此其第一册也。”② 從“此其第一册也”這句來看，當爲陳氏改裝完成後的題跋之語，而陝圖所藏本，並無此言，故知非陳氏舊藏。

二、《再續集》八卷本增多詩文八篇考略

阮元文章，今人所見，皆爲六十三卷本《揅經室集》。而未收入集中之佚文頗多，陳鴻森、

① 陳乃乾著，虞坤林整理：《陳乃乾日記》，北京：中華書局，2018年，第343頁。
② 陳乃乾著，虞坤林整理：《陳乃乾日記》，第343頁。

羅瑛、孫廣海等學者亦曾廣爲輯佚,尤以陳鴻森所輯爲最。而《再續集》八卷本中所收八篇詩文,多屬今人未見之文,偶有今人據他書論及者,亦小有异同,當以此刻本中阮元所定爲依歸,故一並論之。現依原書順序披露於末,並略作考釋,以饗讀者。

(一)《釋眞後篇》

余作《釋眞》篇,舉《詩》《書》内有從眞之字,不得以爲無非道書説仙人,以耳目爲階梯。韋昭説僊佺目方,隱身不見,反涉於誕也。余謂匕目爲艮,匕目爲眞,此是古説。但目字不當作"眼目"解,目者,□字加二,即象人身而言,目是人之身,頃字加頁有義。(頃,頭不正也。)[①] 卧身有義,躬身有義,吕骨有義,《説文》從眞二十二字,各有義。朱文正師喜言仙人,或非之。(嘉慶中年,文正師好言仙,不學無術者,至畫文正公坐椅登雲,以致人傳爲笑。彼時文正公在仁宗前多所獻納,戴蓮士先生、英煦齋先生每舉好仙短之,致眷倚少衰。)元助師言之,當許弟子知言也。《説文》"眞",匕、𠃊五筆,其中之"目",音同身,義亦同。音亦同"申"。(《説文》"身"從人,申省聲)丙午十一月小寒夜,悟達此義。

此文開頭提及的"《釋眞》篇"一文,收入《揅經室再續集》卷一,[②] 考證五經之内,没有"眞"字,但《説文》内却收有二十二個"从眞"之字,故阮元猜測説:"所以不用'眞'字者,愚謂:仙人之義,儒家之所不語歟?《倉頡》本有此字,似各經文有心不用而删之,而不能盡删從聲之字歟?"[③] 此《釋眞後篇》則又重新考證,認爲"眞"字上"匕"與"頃"字之"匕"一樣,有歪側之義,而"目"像人之身,則"眞"爲歪身、卧身、躬身之義。落款中"丙午"爲道光二十六年(1846)。而在道光二十三年(1843)所刻的《揅經室再續集》四卷本中,即已收入此文開頭所説"《釋真》篇",可知此《後篇》之作,距離初篇已有三年之久。阮元從最初的僅從儒家士子的視角出發,認爲儒者不説仙道之事,變成了後來的純粹的語言文字的考證,晚年學術愈發純粹。考王章濤《阮元年譜》,[④] 未論及此事,可補其未足。

(二)《桐城劉少涂乞其父孟涂廣列女傳序》

桐城劉君孟涂,余久馨其名,未識其人。嘉慶丙子,余撫中州時,孟涂來見,以詩文就質,其詩才高筆健,接迹前賢,駢體獨出機杼,余甚重之,别後遂不相見。而時以詩文函寄,後聞其客死亳州,亦絶不知其家消息。丙午冬,其子少涂(繼)來謁,始知其詩文集四十卷爲其友姚君伯山所刊。先是,孟涂以其母夫人吴氏撫孤守節

① 録文中括號内文字,皆爲原刻本雙行小注,下同。
② 〔清〕阮元撰,沈瑩瑩點校:《揅經室再續集》卷一,第1204—1205頁。
③ 〔清〕阮元撰,沈瑩瑩點校:《揅經室再續集》卷一,第1205頁。
④ 王章濤:《阮元年譜》,合肥:黄山書社,2003年。

之故，輯《廣列女傳》二十卷，藏諸篋笥，尚未付梓。孟涂卒時，少涂甫三齡，病且殆，孟涂之喪適歸，其配倪孺人大慟曰："吾夫既客死於外，而子之病又甚危篤，吾夫殆無後矣。"即自刭，不殊。至人定後，卒自經死，去孟涂之卒，才百日。今少涂幸得成立，年甫逾冠，即橐筆走京師，節省館穀，刻成此書，以成父志，以彰其君母之烈。劉氏之苦，而有文孫繼之，可謂偉然佳子弟矣。孟涂此書之例，斷至明止。余謂二母之節烈不可没也，少涂當輯二母事實，即以祖母殿諸節婦之後，以君母殿諸烈婦之後，誰曰不宜？孟涂尚有未刻書八種：《論語補注》三卷，《大學正旨》二卷，《中庸本義》三卷，《孟子拾遺》二卷，《續集》六卷，《外集》六卷，《别集》六卷，《詞》一卷，共二十九卷。皆少涂所搜輯，録有清本，爲著其目於此。

道光丙午年冬十一月頤性老人年八十三歲。

沈瑩瑩在其博士論文中已指出，此文實爲劉文淇代作。[①] 劉文淇《青溪舊屋文集》收有《廣列女傳序(代)》[②] 一文，即是阮元此文。然此八卷本所收，較《青溪舊屋文集》中所收多出"劉氏之苦，而有文孫繼之"（上文著重號所示）十字，自是阮元所添補改定後再收入集中。

劉文淇代阮元所作之文，凡六篇，沈瑩瑩僅指出《青溪舊屋文集》卷五中有五篇，王章濤《阮元年譜》中指出卷九尚有一篇，[③] 不知沈氏何以未見及。而在《再續集》前七卷中，所收劉文淇代作之文，僅有《校刻宋元鎮江府志序》及《重刻舊唐書序》二篇，沈瑩瑩分析説："《再續集》僅從五篇中收録兩篇入《集》出於一定的考慮，一是宋元《鎮江府志》出自阮元家藏，阮元於這兩部方志的整理校勘工作非常關注，屬門下士劉文淇、劉毓崧父子作《校勘記》；一是《舊唐書》爲正史之一，是重要的史部書籍，阮元對此序文自然非常看重，所以有這兩篇代作收録集中。"[④]

但是我們在《再續集》八卷本中，看到阮元又收入了新的代作之文，其原因當重新分析。筆者以爲，《再續集》第八卷似乎是因阮元年事已高，圍繞"悵觸舊懷"（見後文《林茉生印稿序》），念及舊人舊事而選録晚年文章刊刻，頗有"世間萬事轉頭空"之意味。《釋眞後篇》，念及先師朱珪文正公；此《列女傳序》則是念及好友劉孟涂客死异鄉；《羅氏始遷揚兩世先塋碣銘》及《梁恭人傳》，爲親友中之逝者立傳作銘；《林茉生印稿序》則明言"悵觸舊懷"；建隆寺相關之詩、文則是念及前代李重進握節而死，兼有懷友人小支方丈之意；《艾湖春泛圖題句》中明言"圖中故友飄零盡""圖中己未諸公，皆已過去"等語，皆是念及舊人。

① 沈瑩瑩：《阮元〈揅經室集〉研究》，北京大學博士學位論文，北京，2010年，第87頁。
② 〔清〕劉文淇：《青溪舊屋文集》卷五，《續修四庫全書》第1517册，上海：上海古籍出版社2002年影印本，第33頁。
③ 王章濤：《阮元年譜》，第1024頁。
④ 沈瑩瑩：《阮元〈揅經室集〉研究》，第88頁。

(三)《羅氏始遷揚兩世先塋碣銘》

吾郡羅生茗香,以高材絶學,有聞於時,爲元所禮事。歲丁未,其母夫人陳以上壽考終,將與其尊人合祔,禮也。墓在郡城西北司徒廟後之蔡家山,形家以爲酉山卯向兼甲庚,云:此爲茗香兼祧母、茗香祖父母及所後父母,與其本生父,舊皆同壙,有古冢人正兆域遺意。既諏日,茗香以狀來告,狀曰:"吾羅氏,故歙産也。家素貧,吾祖冶亭公以畫游京師,與誠邸瑶華主人相友善,吾所後父杏塘公,再娶皆於揚。吾生父守淳公,娶於淮。常行賈於淮以自給,故自吾祖母以下,暫徙於淮。淮之居圮於水,則又僦屋於揚,此羅氏去歙之始也。冶亭公以考取謄録,由州同知借補北城兵馬司副指揮。乾隆五十二年,選授湖北興國州知州。杏塘公重本業,不欲家於官,故留淮揚閒。守淳公則隨侍京師及楚北。明年,迎吾祖母何宜人於揚,而冶亭公方以材諝爲上官所任,留省理積案。比何宜人至興國任所,甫數月,冶亭公遽殁。殁後公私交困,守淳公勞勩備至,僅乃得舉殯,就杏塘公於揚而厝焉,以俟力紓歸葬。當是時,不自知其子若孫之將爲揚人也。守淳公既奔馳數載,後遂病風痺。杏塘公所業亦日壞,久之,無歸歙望,乃改厝而窆。既窆,未立石。杏塘公旋卒,自是羅氏始入甘泉籍矣。吾祖諱克昭,字斯明,娶何。所後大宗杏塘公諱佑孚,娶秦、程。兼祧本生守淳公諱儒檏,娶陳,即今所爲合祔者也。羅氏祚既薄,而本生母尤終身勞瘁,自守淳公之病,以至於殁,外無期功强近之親,内無應門五尺之童。士琳又游學於外,其經畫一切,有尋常士行所難能者焉。吾祖生雍正十二年九月二十八日,殁乾隆五十四年六月初八日,壽五十有六。祖母何生雍正十年七月二十三日,殁嘉慶十一年正月十一日,壽七十有五。杏塘公生乾隆十五年五月初六日,殁嘉慶二十年正月二十一日,壽六十有六。母秦生乾隆十九年十一月十四日,殁乾隆五十六年十一月二十五日,壽三十有八。母程生乾隆三十五年四月初三日,殁道光八年正月十四日,壽五十有九。守淳公生乾隆十六年十一月二十三日,殁道光元年七月初三日,壽七十有一。今合祔母生乾隆十九年十一月二十六日,殁道光二十七年三月十九日,壽九十有四。士琳既無似,不能有所振拔,以大其家聲。而又頻年䴈食,去墳墓。樵蘇所傷,薪木幾盡。今雖封崇而補植之,猶不能如杏塘公所爲。若使先世遺澤,久而湮滅,則罪戾滋甚,故及其未填於溝壑也,乞先生之文以誌焉。以期垂永久。"元不獲辭,又哀羅生之志,重其請,因即所述顛末而爲之誌,系以銘。銘曰:

吁興國君,丹青是資。大用未彰,首邱遂違。其艱其勤,杏塘守淳。邅於迍邅,以逮於遷。蚤没陳君,潛曜於閤。茉莒成終,繐帷斯協。以教其子,有譽侁侁。上壽耄期,天培厥生。華表峩峩,兆域迤迤。由歙而揚,再世妥此。我銘其阡,視羅氏孫子。

羅士琳（？—1853），字次璆，號茗香，江蘇甘泉人，著有《觀我生室彙稿》。據此文知，羅氏祖籍揚州，嘉慶二十年（1815）杏塘公羅佑孚死後，羅氏始入甘泉籍。道光七、八年間，阮元曾爲羅士琳《四元玉鑒細草九式》作序，收入《揅經室續集》卷三中。[①] 道光十九年（1839）五月，阮元偕僧達受游瘦西湖，羅士琳爲同游者之一。道光十九年，羅士琳補全《細草》一書，阮元又爲作《四元玉鑒序》，收入《揅經室再續集》卷三中。[②] 同年，囑咐羅士琳撰寫《續疇人傳》。至次年書成，阮元爲作《續疇人傳序》，收入《揅經室再續集》卷二中。[③] 道光二十一年，張鑒著《雷塘庵主弟子記》成，羅士琳爲之校勘並題跋。道光二十三年，阮元八十大壽，羅士琳重次《千字文》爲阮元作《八十壽言》。可見兩人交契頗深，阮元爲羅士琳先世墳塋作碣銘，亦是情理中事。文中所言"歲丁未"，即道光二十七年（1847），考王章濤《阮元年譜》未及此事。

（四）《林茮生印稿序》

> 余童年用印，倩畢旋之刻一小田黄"阮元印"，攜入京師，隨用六十年，不勝平漫，直至癸卯年燬於火。次則門生陳曼生在余幕刻者最多，曼生與表弟林小溪同幕，同朝夕，宜乎其多得曼石矣。曼生石一時推重，同時奚鐵生、王椒畦之畫，又同重一時。林氏梅花屋畫卷在表姪茮生處，故茮生得奚、王畫法甚高，世忽以印篆一事掩茮生也。即以印論，茮生專法曼生，曼生爲余刻"阮氏琅嬛仙館收藏印"，今只此一印存矣。少前董小池洵亦絶佳，而世少傳之，爲余刻"靁塘盦主"印，至今入火未燬。上款云："老客金華舊部民，蕭蕭白髮不憂貧。平生幾度揚州住，惜未逢公作主人。嘉慶庚午冬。"蓋爾時有印皆出曼手，倩小池刻者少也。印首推秦、漢，末有宋、元。余有漢印五百鈕，半以入貢，只存百鈕，一合癸卯燬於火。入火者，石堅於銅。又存宋元花押、蒙古字印百鈕，在福兒處。每憶舊印，爲之惘惘。今茮生之印亦已成名，是以叙之，而倀觸舊懷也。蘇公弔歐公詞云"世間萬事轉頭空，未轉頭時皆夢"，豈獨印哉！

林鴻（生卒年不詳），字茮生，工鐵筆，阮元表侄。此文陳鴻森先生曾據《遯盦印學叢書》本阮充《雲莊印話》所收輯録，作爲阮元的佚文，收入《阮元揅經室遺文拾遺》之中，題爲《小碧琅玕館印譜序》，並云："《小碧琅玕館印譜》，林鴻著，其書未見。……序末未記年月，文中多追往憶舊之語，蓋暮年所爲，信筆書之，未加剪裁。"[④]

今按：陳鴻森先生所輯之文，字句與《再續集》八卷本中所收稍有差异，如"在表侄茮生處"，陳輯文無"茮生"二字，等等。另，"半以入貢，只存百鈕，一合癸卯毀於火"，陳輯文將"一

① 〔清〕阮元撰，沈瑩瑩點校：《揅經室續集》卷三，第1072頁。

② 〔清〕阮元撰，沈瑩瑩點校：《揅經室再續集》卷三，第1245—1246頁。

③ 〔清〕阮元撰，沈瑩瑩點校：《揅經室再續集》卷二，第1210—1212頁。

④ 陳鴻森、潘妍艷：《阮元揅經室遺文拾遺》，《傳統中國研究集刊》第9、10合輯，上海：上海人民出版社，2012年，第463頁。

合”二字屬上讀,是爲小誤。“一合”爲“整個”“統統”之義,即百鈕印章,統統在癸卯年毁於火中。《雲莊印話》在此文前有“文達公歸田後,序林茮生鴻《小碧琅玕館印譜》”若干字,而據孫殿起《販書偶記續編》:“《小碧琅玕館印存》,清林鴻篆,道光乙未印本。有鄭士杰、黄錫慶、張安保諸序。”① 道光乙未爲道光十五年(1835),諸序人中無阮元。而文中所言“癸卯年”,乃道光二十三年(1843),可知此文撰成於此年之後。不知《販書偶記續編》所載《印存》與《雲莊印話》所云《印譜》(即此文題目所言《印稿》)是否爲一書。若爲一書,則或許此序爲若干年後,阮元歸田閑暇之時所補作。

另,此文既已刻入《再續集》卷八中,則不應再當作佚文看待。陳鴻森先生因未見《再續集》八卷本,故據他書輯入。

(五)《辛丑冬日小支方丈於建隆寺西南隅梅竹中分屋立五代李招討龕位繪圖徵詩因題識之》

老境宜歲寒,僧意惜殘臘。况此梅竹間,積雪正蕭颯。支公不愛馬,偶向樵公答。古寺一千年,閒屐始來踏。招討得一龕,香火隨老衲。夷齊與田横,浩氣在灰劫。林寒鐘梵微,清琴渺相接。此時夷獸凍,將軍雪方獵。(揚威將軍奕經)

(六)《建隆寺志略跋尾》

道光己亥秋,建隆寺方丈僧小支以所修《建隆寺志略》送覽,余覽而善之。越數日,閒游北郊,入寺,按志徧觀,不勝懷古之感。昔讀汪君容甫《廣陵對》,有曰:“藝祖擢自行間,典兵宿衛。受周厚恩,幸主少國疑,倒戈自立;其有前代懿親,不樂身事二姓。繕兵守竟,孤城援絶,舉族殉之。則李重進以淮南拒命,握節而死,下見世宗也。”乾隆間,揚州諸詩人游建隆寺者,皆慷慨於李氏一門執節而死。以後來李公庭芝、史公可法竝論,是故事隔異代,久閲滄桑。學者尋古論世,每多持平之語。建隆寺在宋時,故應少褒李氏之人。姜堯章樂府《淮海濁》一章,猶指重進爲叛。然而綱常所繫,日月争光,誰叛誰忠,自有定論。當時建寺者未立李公祠,本爲闕典。小支今曷不擇寺中一室,寫立“周同平章事侍中招討使李氏諱重進父子舉族自焚盡節”之神位,猶未爲晚。孤厲尚且祭之,况一家忠烈者乎?

《建隆寺志略》十卷,卷首一卷,釋昌立纂輯。昌立,號小支,道光十七年(1837)主持建隆寺,次年曬書之時,獲見《志略》一册,乃乾隆甲申夢祖老人手訂本,僅萬餘言。於是廣採博搜,重新纂輯,以成《建隆寺志略》一書。② 書前有道光十八年中秋阮元從弟阮亨所作序言,

① 〔清〕孫殿起:《販書偶記續編》卷一〇,上海:上海古籍出版社,1980年,第156頁。
② 參見《建隆寺志略》影印前言,白化文、張智編:《中國佛寺志叢刊》第54册,揚州:廣陵書社,2011年,第1—2頁。

書末有昌立道光十八年《後跋》,可知此書纂成於道光十八年,有道光十九年吾無隱居刻本。[1]書刻成後,小支寄送阮元,數日後阮元即作此《跋尾》一文。文中"己亥",即《志略》刻成之道光十九年(1839)。文中言"當時建寺者未立李公祠,本爲闕典。小支今曷不擇寺中一室"以立李氏神位。後來小支依照此議,於道光二十一年(1841)冬,在建隆寺西南隅梅竹中立李氏神龕,並廣爲徵詩以咏其事,是故阮元又有上面《辛丑冬日……》一詩。此數事,王章濤《阮元年譜》皆未及。

(七)《兵部車駕司主事許君宗彦配梁恭人傳》

恭人姓梁氏,名德繩,號楚生,兵部車駕司主事德清周生許君宗彦配也。駕部年十九,與予同舉丙午科鄉試,予齒長駕部四歲,後十有三年,予副朱文正公典己未科會試,駕部甫成進士,是科得人稱最盛。駕部以經學冠其曹,既分部視事,甫三月,以親老乞歸,不復仕。家事悉弗問,皆恭人主之,以故駕部益得覃研經史疑義,兼精於天文算法。杜門却埽,優遊林泉者,凡二十載。予於駕部相契深,且素重恭人賢,所生女娶爲予五子婦,因知恭人之賢而才。又最悉恭人爲文莊相國女孫、沖泉少司空之女,雖出於簪纓貴族,而不驕不侈,能以禮法自持。許氏族亦盛,恭人上事姑嫜,下襄夫子,九族之人無閒言。初,恭人侍其舅方伯公粵東任所,重姑蔡太夫人在堂,性嚴厲,恭人頗得其驩心,方伯公與胡夫人尤愛憐之,既而方伯公告養,僦居杭,不十年,先後俱棄養,經營喪葬,半出恭人贊襄之力。歲戊寅,駕部又不禄,時側室子孟與叔早出繼,恭人命與仲三人分居於德清舊宅,曰:"先人廬墓之所在,子若孫安可違耶?"所生子延敬、延穀與側室子延潤均未逮成童,恭人延名師以教之,所與交,必通名於恭人,察其有器識、文藝者,而後命之交。吴薇客太史甫入泮,恭人即决其不凡,招與伴諸子讀,又申之以婚姻。恭人之識鑒,誠加人一等矣。諸子秉恭人教,咸克自成立,而恭人事事親操持,如駕部在時,不使紛心於家政。食指日繁,家計漸不給,然恭人綜理之,井井有條,裕如也。遇義舉無不贊成,親戚有告急者,恒捐簪珥以助之。延敬屢躓於場屋,援例以府同知赴閩,迎恭人就養。未及一載,歿於官。恭人撫遺孤善長挈歸杭,復如所以教其子者以教孫。庶長子兆奎先登辛巳科賢書,延潤則由錢唐籍以己亥科舉於鄉,延穀及善長竝占仁和籍,爲學官弟子,名譽嘖嘖賢士大夫口。恭人顧之有喜色,督責仍不少寬。恭人處富貴若貧賤,安不忘危,積勞數十年,而心力至是蓋交瘁矣。今歲春,延潤計偕北上,道出廣陵,謁予。問恭人起居,猶健飯,未幾,驟聞訃。延穀旋寓書於予,乞爲傳。嗚呼!天何不再使恭人見其子若孫掇巍科、躋清班,而延穀輩思報庇賴之恩當如何。無忝所生,更有以慰恭人於地下也。恭人平生無世俗之好,唯耽吟詠,自幼隨宦,身行萬里半天下,且得江

① 〔清〕孫殿起:《販書偶記續編》卷七,第80頁。

山之助,著有《古春軒詩草》。恭人有女兄適於汪,早卒。遺女端,恭人鞠養之,授以詩。嘗選明一代人之詩而評定之,足闡明史是非,亦恭人之教也。恭人生於乾隆辛卯年十月初五日卯時,卒於道光丁未年三月初八日子時,年七十有七,以其年十月二十二日,祔葬於留下花家山駕部之塋,距駕部下世已三十載矣。恭人生子二,延敬先卒,延穀今候選訓導。女三,長殤,次適海陽孫氏,三即予五子婦。庶生子四,長兆奎,國子監助教,先卒;次延寀,前宛平縣齊家莊巡檢;次延澤,兩淮臨興場大使,先卒;次延潤,今候選教諭。女一,適同里胡氏。孫十人,曾孫七人。

舊史氏曰:《詩》云:"釐爾女士,從以孫子。"康成謂女而有士行者,天使生賢知之子孫以隨之。予昔聞延敬之官於閩也,初權邵武府同知,繼攝邵武縣事,會水災,議卹民,延敬請恭人命而後行,同僚皆嘆服。延敬爰以勤死,民奉以爲神。恭人歸,泣而送者數千人。恭人性明敏,有決斷,能識大體,往往論古今事,必窮其端委,而辭不窮,使聽之者每忘疲。若恭人者,可謂女之有士行者矣。"孝子不匱,永錫爾類",其亦知所勉歟。

按:此文陳鴻森先生據閔爾昌《碑傳集補》中所收輯録,作爲阮元的佚文,收入《阮元揅經室遺文輯存》中,題爲《梁恭人傳》。[①] 又按:《古春軒詩鈔》二卷,道光二十九年(1849)刻本前亦録有阮元此序,亦題爲《梁恭人傳》。[②]

許宗彦(1768—1818),字積卿,號周生。嘉慶三年(1798),許宗彦拿著自藏的顧炎武《肇域志》手稿,請阮元題跋。嘉慶五年(1800),阮元將刊刻彭元瑞《石經考文提要》一事委托給許宗彦。嘉慶六年(1801),許宗彦爲阮元所編《詁經精舍文集》一書作序。嘉慶十八年(1813),阮元五十壽誕,許宗彦作詩四首以示祝賀。許宗彦不僅與阮元在學術上多有來往,而且兩人爲兒女親家,許宗彦第三女許延錦嫁給阮元第二子阮福爲妻(上文言"予五子"即指阮福,阮福在家族堂兄弟之中排行第五,故阮元稱"第五子"),可見許、阮二人交契頗厚。

另,如前所述,此文既已刻入《再續集》卷八中,則不應再當作佚文看待。陳鴻森先生因未見《再續集》八卷本,故據他書輯入。

(八)《艾湖春泛圖題句》

扁舟載鶴艾湖濱,曾爲清黃直疏陳。知我黃河高遠説,不將淤墊責時人。(黃河"日遠""日高"説,見余《揅經室集》中。)

早已歸神向艾湖,阿戎今示昔年圖。圖中故友飄零盡,(圖中己未諸公,皆已過去。)剩我衰頹一老夫。

---

① 陳鴻森:《阮元揅經室遺文輯存》,楊晉龍編:《清代揚州學術》下册,臺北:"中央研究院"中國文哲研究所,2005 年,第 773—775 頁。

② 〔清〕梁德繩:《古春軒詩鈔》,《清代詩文集彙編》第 505 册,上海:上海古籍出版社 2010 年影印本,第 247—248 頁。

直生侍御年兄圖象，來峰世兄屬題，時道光十八年夏。

按：第一詩中小注"黄河'日遠''日高'説，見余《揅經室集》中"一語，指《揅經室續集》卷二《黄河海口日遠運口日高圖説》一文。[1] 此文作於道光八年(1828)，文中説："黄河挾泥沙入海，一歲之中，泥沙多不可量。此泥沙積墊於海口，愈積愈多，愈墊愈遠，攔門沙亦愈推愈遠，蓋必然之勢也。"意指黄河淤墊乃必然之勢，非人力所能改，故此處第一首詩末有"不將淤墊責時人"之句。另，此因是題畫之詩，故阮元在畫上題寫之時，特地添注"見余《揅經室集》中"之文。現既然收入《揅經室再續集》卷八中，則實不宜再保留此注釋，而當改爲《揅經室集》其他卷中阮福按語"見某某集"之類的注釋文字。從這也可看出，此部《再續集》卷八實爲當時刻版試印之本，未仔細核查並統一全書體例。

又按：直生侍御，即徐寅亮，字亦陶，一作直生，嘉慶四年(1799)進士，官至御史。寅亮有二子，長子玉華，附貢生；次子玉豐。玉豐，字來峰，[2] 爲道光十七年(1837)舉人，道光二十一年(1841)龍啓瑞榜進士，授翰林院編修，詹事府右贊善，道光二十九年(1849)順天鄉試考官。阮元第二詩中小注所謂"圖中己未諸公"，指嘉慶己未四年(1799)會試中式者。嘉慶己未科會試，朱珪爲正考官，阮元爲副考官之一。此科所得人才極盛，《清史稿・阮元傳》中所謂"一時朴學高才，搜羅殆盡"。[3] 至阮元題畫之道光十八年(1838)，當年《艾湖春泛圖》中所繪諸人(所繪何人，今已不可考知)皆已去世。又據黄承吉《夢陔堂文集》卷八，有《書徐直生先生艾湖春泛圖後》一文，云："戊戌二月，徐舍人竹初自召伯埭來郡城，至五月杪，瀕還，詣予，奉一櫝，爲令叔直生先生於嘉慶丙寅所繪《艾湖春泛》遺照，云先生哲嗣來峰孝廉付予題之者，爰徹襲而觀焉。……意將翼日作詩。越三日，啓而覆視，盡讀其前後題辭，於是觸及舊緒，輒不自已。題之近者，阮相國於閏四月賦七言絶句二首，末云'圖中故友飄零盡，剩我衰頽一老夫'，自注'圖中己未諸公，皆已過去'。因憶己未予始與計偕，值相國典試，時予與先生同赴試，先生報捷。捷中予友以十數計，而黜者且五六十人。厥後諸君或顯或困，或卑位，或早卒，或恬不樂仕，性情風味，一一咸在目前。乃者晨星迤殘，流水都逝，從前得失，往如烟雲，緬相國辭，得不爲之增悒。然而勳名學業，多已各有所裁，惟闃闃者尤可悲已。……遂書爲此，更不復作詩，來峰當有以鑒之否？"[4] 與阮元此《艾湖春泛圖題句》二詩正好可以相互印證。黄承吉亦曾參加嘉慶四年考試，然未中式，直至嘉慶十年才得中進士。據黄承吉跋文，可知阮元此詩撰寫於道光十八年(1838)閏四月。《艾湖春泛圖》中此詩之落款，當有"閏四月"字樣，不然黄承吉無由稱"閏四月賦七言絶句"。而阮元將此詩編入《再續集》卷八時，則籠統稱爲"夏"。

---

① 〔清〕阮元撰，沈瑩瑩點校：《揅經室續集》卷二，第990—991頁。
② 筆者按：《清秘述聞》作"萊峰"，見〔清〕法式善等撰，張偉點校：《清秘述聞三種》，北京：中華書局，1982年，第878頁。
③ 〔清〕趙爾巽：《清史稿》卷三六四《阮元傳》，北京：中華書局，1977年，第11424頁。
④ 〔清〕黄承吉：《夢陔堂文集》卷八，《清代詩文集彙編》第502册，第770—771頁。

三、小結

筆者因《阮元集》之《揅經室集》點校事宜,走訪各地公共圖書館,有幸在陝西省圖書館發現兩部《揅經室集》六十四卷本,應該是目前所知卷數最多的《揅經室集》,較此前學界認爲的“六十三卷本”多出一卷,即《再續集》卷八。《再續集》的刊刻時間爲道光二十八至二十九年,爲阮元之弟阮充故物。而且除陝西省圖書館之外,暫未見其他圖書館有藏,或爲僅存之本。兩部《再續集》八卷本中,第一部收文章兩篇,第二部收文章八篇(前兩篇文章與第一種相同)。《再續集》八卷本的發現,首先,不僅讓我們對《揅經室集》的編纂、形成以及刊刻情況,尤其是阮元生命最後幾年時光中的情況有了進一步的瞭解,而且新的《揅經室集》的整理,也因此有了新的更全的底本。其次,此前學者輯佚,因未見此本,故有將此本中已收入的文章作爲阮元佚文輯録的情況出現。此本的發現,也給此後學者們繼續輯佚,提供了新的參照本。再次,第二部《再續集》八卷本中最後卷八中增多的八篇詩文(若最後的《艾湖春泛圖題句》一篇計爲兩首的話,則是九篇詩文),多爲當前學界所未見之文,其中雖偶有十年前之所作收入,但基本都是阮元晚年的作品,這對我們瞭解阮元晚年的行迹交游、學術思想,乃至他對編纂自己文集收文的標準,均頗有參考價值。

(張鑫龍,南京大學文學院博士研究生)

從書院志看清代縣級書院管理體制*
——以平陽《龍湖書院志》爲例

蘭　軍

［摘　要］平陽龍湖書院是乾隆三十一年知縣何子祥創建的一所縣級書院，同治二年經知縣余麗元興復后管理體制日趨完備。《龍湖書院志》在編纂與續修過程中，彙集了書院章程、學規、記文、文書等反映書院管理體制的珍貴文獻。知縣通過制定書院章程，在山長聘請、董事遴選、生童課試、經費管理等環節擁有最終决定權；山長執掌書院教學與考課活動；董事負責打理書院日常庶務。《龍湖書院志》反應的官辦紳助式管理體制呈現了清代縣級官辦書院的基本風貌。
［關鍵詞］清代　縣級書院　管理體制　龍湖書院志

書院是唐宋時期形成的一種獨具特色的文化教育組織，其管理體制既借鑒了傳統官學、私學及寺廟制度的長處，又隨時代的變化而不斷演進。書院章程、學規是集中呈現書院管理制度的珍貴文獻，平陽《龍湖書院志》收録了乾隆年間知縣何子祥制定的《何蓉林先生舊定章程》，同治初年知縣余麗元制定的《龍湖書院章程》《院規告示》《留别箴言》；山長祝登雲撰寫的《續增章程》等系列文獻，爲深入探究龍湖書院管理體制奠定了基礎。《龍湖書院志》收録的相關記文、文書則從側面反映出書院的管理實態。清乾隆年間，地方官成爲推動書院發展的中堅力量，逐步構建起一個包含省、道、府、州、縣的多層級官辦書院教育體系，使書院進入普及性發展階段。目前學界對清代書院的研究多集中于代表性省會書院、漢學書院、近代西學書院，對乾隆年間開始大量創建且爲一地文化教育中心的縣級書院關注仍顯薄弱。鄧洪波《縣級書院述略》首次闡釋了縣級書院的内涵及發展脉絡、書院生徒、山長概况。[①] 劉豔偉、金生楊《清代的縣級書院——以南部縣鼇峰書院爲中心的研究》分析了鼇峰書院的演變歷程、職事設置、書院財産、藏書事業與地方官府的互動關係，以具體個案呈現了縣級書院的活動場景。[②] 以上研究從多個層面呈現了縣級書院的基本概况，由于文獻資料的不足，對縣級書院管理體制的分析仍不够深入、細致。本文試圖以《龍湖書院志》爲中心，結合地方志、文集等相關資料，詳細闡述龍湖書院實行的官辦紳助式管理體制，呈現清代縣級書院的管理面貌。

---

*　本文是江蘇師範大學人文社會科學研究基金項目“温州書院發展史”（17XLW010）、國家社會科學基金重大項目“中國書院文獻整理與研究”（15ZDB036）的階段性成果。

①　鄧洪波：《縣級書院述略》，《湖南大學學報》1996年第4期，第98—103頁。

②　劉豔偉、金生楊：《清代的縣級書院——以南部縣鼇峰書院爲中心的研究》，《地方文化研究》2016年第5期，第57—65頁。

一、官辦紳助式書院創建模式

龍湖書院是乾隆三十一年(1766)平陽知縣何子祥創辦的一所典型官辦紳助式縣級書院。書院建成后,何子祥致力于書院志編纂,叮囑山長張南英將書院章程、經費、田産等材料列入志書。“至紳庶樂捐數目及書院章程,並撥入膏火田園若干,公命予釐爲志,以垂永久。乃循浦陽志例,晰於後。”[①] 志書文獻呈現出書院在延師、學額、考課、經費管理及董事遴選等重大事務中均受知縣嚴格管控的情形。

龍湖書院的創辦緣於知縣何子祥的書院建設理念及乾隆年間平陽文教落后的現實情形。乾隆三十年(1765),何子祥由浦江知縣調任平陽。“甫下車於城建龍湖書院、昆陽義學;於鄉設逢源、崇正、南和、第一山房各書院;觀瀾、觀海各社學。”[②] 何氏致力於創辦書院、振興文教的實踐,源于其將書院視爲與地方縣學相表裏的理念,《勸建龍湖書院原序》中即提出“則育才之地,書院實與學校相表裏”主張。在浦陽知縣任上,何氏總結出借助書院的創辦振興地方文教的實踐經驗。“予莅浦陽六載,凡建書院四。紳庶或捐金,或舍田,予悉定章程,刊刻成帙。爲聚英俊,延名師以毓之。初任時,邑中應童子試者不滿五百,至去浦之年,竟以千計,而科甲亦復蟬聯雀起。”[③] 調任平陽后,何氏了解到該地雖物産豐饒、商貿興盛,文教上却落后于周邊諸縣,士風澆漓。“昆陽於會城爲極南,水陸計程千餘里,宦於浙者,視若荒城。然土田肥衍,山海迴環,黍稷稻粱,魚鹽蜃蛤,楩楠杞梓,生人日用所需,無不備具,則豐饒實爲通浙冠。獨怪文風則遜浙西遠甚,掇巍科者,間數十年始一二見。以故士子得一衿,便爲止境,兼習商賈事。科歲試,聊以備功令,蓋其視科名若登天,先自畫也。”[④] 平陽縣城原有昆陽書院,因地處鬧市,周邊環境不利于培植士子向學風氣,何氏遂産生擇地另建書院的意願。“而昆陽書院近于市井,無明窗净几可以安琴書,鮑魚之肆,其不可以植芝蘭也明矣。且膏火束脩爲數無幾,豈向之守土者未暇加之意耶?予於按勘中,判田畝充公入書院者,近已百畝,思別辟一秀雅之區。”[⑤] 何子祥曾一度熱心於參加五都崇正書院講學、課試活動,終因“離縣治二十餘里,諸生就學未甚便”[⑥] 而作罷,也堅定了其於縣城適中處另建書院的决心。

龍湖書院籌建過程中,知縣何子祥在選址、創辦模式、經費籌措等環節均發揮了關鍵作用,官府成爲書院建設的主導力量。乾隆三十年,何氏主持修築平陽城墻、疏浚河道,於城西門外龍湖覓得風水形勝之地,與縣丞蕭埰、鄉紳張南英等議定於此籌建新書院。“秋七

---

① 〔清〕余麗元續編:《龍湖書院志》,趙所生、薛正興主編:《中國歷代書院志》第10册,南京:江蘇教育出版社,1995年,第7頁。

② 〔民國〕符璋、劉紹寬等纂修:《民國平陽縣志》卷二六,《中國方志叢書》(華中地方第72號),臺北:成文出版社有限公司,1970年,第244頁。

③ 〔清〕何子祥著,李成廉、張奮點校:《蓉林筆抄》卷三,鄭州:中州古籍出版社,2013年,第123—124頁。

④ 〔清〕余麗元續編:《龍湖書院志》,《中國歷代書院志》第10册,第28頁。

⑤ 〔清〕張南英修,余麗元增補:《龍湖書院志》(前編),温州市圖書館藏清同治四年刻本,第56頁a。

⑥ 〔清〕余麗元續編:《龍湖書院志》,《中國歷代書院志》第10册,第6頁。

月，公緣城工，一日循水涯至西城下，見湖邊曠地一片，局面開敞，坐東山而對昆岩，峰外有峰，雲霄出没。遂招予與諸紳列坐，賞玩久之，顧詢中亭張君，謂平邑山水無如此幽雅，堪創書院矣。”[①] 龍湖書院的籌建還得到温州知府李琬支持，不僅爲書院命名，新書院基本規制也仿自李氏所建府級書院——中山書院。何子祥稱，“迨調平陽，就郡謁郡伯李公，而瞻所謂中山書院，其規模宏整，於麗正伯仲，而膏火之饒倍之，且示以《中山書院志》。爲千秋久遠計，面諭以‘士爲四民之首，培植以轉風氣，爲爲政之第一義’”。[②] 建院經費籌措上，蕭埰、張南英等認爲“此通邑事，非一二人責也”，建議採取向全縣士紳百姓“設簿勸捐”方式。龍湖書院建設經費最終由縣府撥款、官員捐俸與紳民捐助三部分構成：縣府撥付修浚河道餘錢40緡；何子祥與蕭埰捐俸倡導；士紳、耆民捐銀600餘兩。書院興建工程由何子祥制定章程，蕭埰、張南英等負責具體營造。“爰於八月望日，諏吉興工，其章程，予所定，而經之營之，則邑丞蕭公。中亭則統秀才林鐘等，遂款分理，輪日督辦，不數月而告竣。”[③] 建成後的龍湖書院由存誠、主敬兩所講堂，掌教寢室、生童齋舍、館人住宿及厨灶之所構成，可容諸生40餘人。由上述分析可見，龍湖書院是一所典型官辦紳助式縣級書院，以知縣何子祥爲首的平陽地方官主導了書院營建過程，爲日後對書院日常活動實施監管奠定了基礎。

何子祥爲龍湖書院確立的管理體制後因歷經社會動蕩而漸遭破壞，同治前書院因經費不足、院落失修，教學、考課制度已趨涣散。同治元年(1862)，知縣余麗元述及，“平邑龍湖書院，虚有其名。開課之初，並不甄别。故與月課者，其課卷或多或寡，或作或否，任人自便，漫無章程。甚至山長不到院，諸生不到課，名存實亡，其何以資鼓勵？推原其故，實因經費不敷，書院年久失修，奬賞、膏火之貲闕如，以致潦草從事”。[④] 余氏深知書院關係一地文風，書院興，則文風盛、習俗美、治化成，以心目中縣級書院應有形象，致力於龍湖書院興復工作。“夫邑之有書院，所以振作人才也。每歲一甄别，有司主之，示期入場扃試，拔其尤者，送書院肄業，生童各有定額。每月月課，山長主之，評定甲、乙，有奬賞，有膏火，以示資助而昭激勸。非甄别録送者，不得與課。於是士咸知奮焉。”[⑤] 同治二年(1863)開展的書院修復工程，仍採用何子祥創辦書院時的經費籌集方式，知縣捐廉爲倡，動員城鄉士紳廣爲勸捐。爲實現“主講者厚其脯脩，肄業者，益之膏火”目標，余氏動用官府資源對書院田産進行大幅擴充。

二、知縣對書院管理體制的管控

乾隆三十一年，何子祥通過制定龍湖書院章程、學規，確立起知縣在山長聘請、董事遴

① 〔清〕余麗元續編：《龍湖書院志》，《中國歷代書院志》第10册，第5頁。
② 〔清〕余麗元續編：《龍湖書院志》，《中國歷代書院志》第10册，第4頁。
③ 〔清〕余麗元續編：《龍湖書院志》，《中國歷代書院志》第10册，第4頁。
④ 〔清〕張南英修，余麗元增補：《龍湖書院志》后編，温州市圖書館藏清同治四年刻本，第2頁a。
⑤ 〔清〕張南英修，余麗元增補：《龍湖書院志》(后編)，第2頁a。

選、生童課試等環節的管控權,確保書院成爲落實朝廷文教政策、教化地方的文教組織。書院章程規定,山長聘請中書院董事擁有推薦權,最終決定權仍歸知縣。“每年書院董事,慎選品行端方、學問優長者爲西席,公呈開送,憑縣決擇,預請來年掌教。”① 書院設10名董事,每年輪選1人打理庶務,遴選權仍歸知縣。“書院值年董事,於散館日,將前辦首事十名,内除現管一人外,次年開單呈縣輪擇一人,來年接管。”② 書院章程將考課分爲會課、季課與甄別三大類。會課每月三次,課卷俱由山長批閲,但前三名生童具體名次,需送縣親定。季考每年四次,不僅課卷由知縣親閲、出榜,課試地點也在縣衙内署,每課“賞生員首名、童生首名紙筆資五錢。第二名生員、童生三錢,第三、四名、第五名生員、童生各二錢”。③ 書院每年冬進行甄别考試,目的在於淘汰課卷文理荒謬的生童。

經費是維持書院正常運轉的基礎,也是開展各項活動的依托。《龍湖書院志》管理章程中知縣對經費數額、征收、開支、保管等環節的管控尤爲嚴密,旨在“所有田畝、錢糧、租息及書院每年支銷錢文,務須官爲經理,方可垂久”。④ 乾隆年間縣府撥入龍湖書院田産244.7畝,位于黄家洞49.7畝塗田爲書院日常維修專用,餘195畝田産每年收租127148文。書院每年應交納額銀、額米共18378文,由於何子祥將修復后的昆陽社學劃歸龍湖書院代管,每年撥給社學山長食米錢4000文,加上書院常年開支91600文,每年龍湖書院僅剩餘錢13170文,存留縣庫,作爲“歉年補凑薪束之需”,以上收支明細,董事每年均需造册呈交縣府存檔。田租能否按時足額收取,直接關係到書院經費多寡,尤爲知縣重視。龍湖書院章程規定,佃户所納田租均需折爲銀錢在書院董事陪同下交至縣糧廳衙門,開發執照,衙門移交縣庫存貯,遇拖欠田租者,董事向糧廳禀明,縣府派胥吏催收。書院日常開支由董事“向糧廳具領,移縣發給”。⑤ 由於書院田産多由官府劃撥,爲杜絶院産遭受侵占,田租收取、存貯及支出各環節均由縣衙經理。爲防胥吏貪墨,作爲士紳代表的書院董事不僅全程參與田租征收、經費支出,還造册呈報知縣,起到有效監督。

擴充經費是興復龍湖書院的基礎,同治前書院衰落的主要因素是經費不足,導致教學、考課活動廢弛。同治年間,余麗元將龍湖書院田産擴充至千畝,爲書院各項事業的興起奠定了根基。“所有舊遺、新充各産,共得田千畝,核計歲收租息,量入爲出,經費足數。自今以往,肄業有所,束脩有資,膏火有給,視舊制有加無已。”⑥ 此次書院田産擴充,主要由三部分構成:首先,龍湖、昆陽兩書院原有469畝民田。其次,此次修復共獲紳民捐充田120畝。最後,余麗元從平陽金錢會叛亂逆産中劃撥民田374畝補充龍湖書院,徹底解決書院經費不足困擾。

① 〔清〕余麗元續編:《龍湖書院志》,《中國歷代書院志》第10册,第17頁。
② 〔清〕余麗元續編:《龍湖書院志》,《中國歷代書院志》第10册,第18頁。
③ 〔清〕余麗元續編:《龍湖書院志》,《中國歷代書院志》第10册,第17頁。
④ 〔清〕余麗元續編:《龍湖書院志》,《中國歷代書院志》第10册,第18頁。
⑤ 〔清〕余麗元續編:《龍湖書院志》,《中國歷代書院志》第10册,第19頁。
⑥ 〔清〕余麗元續編:《龍湖書院志》,《中國歷代書院志》第10册,第3頁。

從《龍湖書院志》收録文書可以看到，爲預防院田遭受地方豪右、僧道等勢力侵奪，以祝登雲、謝青揚、吴達三爲代表的書院山長、董事與地方士紳聯合上書府縣，意圖使院田立案造册，獲得官府認可，納入官方管理。余麗元在上報文書中主張，“理合照單造具清册，加蓋印信，備文通送，仰祈憲臺察核，俯賜批示立案，以垂永久，實爲公便”。[①] 因上述田畝涉及叛亂逆産，有違朝廷部議成例，遭到布政使疑慮，要求知縣查明后上報。“今該縣以新充逆産撥入龍湖書院，未便准行。至册開應珍鉉等新充田五百餘畝，其中逆産若干？餘於何時，因何充入作捐田？坐何處？是何字號？鄙圖未據聲叙，除詳批示外，合行劄飭該府立即遵照，轉飭該縣逐一查明，據實禀由。該府妥議，詳覆察奪。”[②] 以余麗元爲首的平陽官紳試圖以“本地之田産，培養本地之人才”爲由懇請上憲准予撥充，並對所撥逆産情形做了詳細説明，力圖化解疑慮。“且查所撥逆産，係同治元年奉憲查追，至二年秋間告竣，事在未奉部咨以前，已收兩年租穀，並無流亡田産牽混争訟情弊。”[③] 同治初年，余麗元積極致力於《龍湖書院志》的重新編纂，直接目的即使書院田産長久保存，在反侵占、清故田時有所依據。“書院田産，公家物也。余故亟修是志，舉所定章程、學規、田畝坐段，悉載於編，俾合邑紳士，咸使周知，共相保守，有舉莫廢。即或世遠年湮，滄桑頓易，而院志具在，後之人猶得有操券而興復之者。”[④] 以上文書及院志材料，基本呈現了龍湖書院在經費管理上的具體情形。

同治二年，余麗元制定新的書院章程、院規及相關箴言，管理重點轉向肄業生童，對學額、爲學取向、科舉觀、德行等方面的監管日趨細密。學額方面，同治年間書院恢復年度甄别考試制度，鑒於院産豐饒，肄業生童名額較乾隆年間有大幅增加，生員取至三十名，童生取至五十名。余氏還將甄别考試與月課掛鈎，非經甄别取入者，不得參與月課。書院教學活動多由山長主持，同治年間修訂的書院章程規定知縣與縣學學官亦須承擔部分教學責任，以促成良好士風的形成。“而邑令、儒學亦與有父師之責，當隨時親臨書院，會同山長，召諸肄業者而講論之，示以讀書之法、制行之方，崇本黜華，庶有所興感，足以重文教而厚風俗。”[⑤] 學術思想方面，余氏要求書院生童以程朱理學爲宗，摒棄記誦詞章之俗學與陸王心學之異學。“學術不正，心術亦因之而偏。俗學既溺於記誦詞章之習，異學又屏棄語言文字意見，以致良知爲妙用，以頓悟爲神奇，毫釐之差，謬以千里。故聖學斷以程朱爲宗。”[⑥] 龍湖書院是一所以考課爲主要功能的縣級書院，科舉仕進是知縣對生童的殷切期望，爲提升諸生時文水準，余麗元作有《論爲文八則》從辨題體、審題竅、明做法、精結構、正文體、鎔經義、濬心源、熟機杼八個層面指導諸生課藝寫作。雖高度重視課業，余氏仍不忘訓誡諸生不應將習舉業、取科名視作爲學最終目標，應以聖賢之學相勸勉。“顧爲學之道，豈區區習舉業，取科名而已

① 〔清〕余麗元續編：《龍湖書院志》，《中國歷代書院志》第10册，第52頁。
② 〔清〕余麗元續編：《龍湖書院志》，《中國歷代書院志》第10册，第53頁。
③ 〔清〕余麗元續編：《龍湖書院志》，《中國歷代書院志》第10册，第55頁。
④ 〔清〕余麗元續編：《龍湖書院志》，《中國歷代書院志》第10册，第3頁。
⑤ 〔清〕余麗元續編：《龍湖書院志》，《中國歷代書院志》第10册，第39頁。
⑥ 〔清〕余麗元續編：《龍湖書院志》，《中國歷代書院志》第10册，第56頁。

哉? 吾儒自待不苟,即立志不容自卑。須知制藝而外,尚有學問; 科第而外,自有人品。彼日從事於記誦詞章,學世俗之所學,而不聞聖賢之道,竊一知半解以求詭遇而幸獲者,吾不知其置身何等,亦非余之所望於諸生者。"①

三、山長與董事分掌教學與庶務的管理機制

唐宋以來,山長即是書院最重要的職事設置,不僅掌管院務、教學,還是學術領袖。清代由於官府對縣級書院實施全面監管,加之董事制度盛行,山長職責漸趨專一,主要執掌教學與考課活動。余麗元將龍湖書院山長職責概述爲:"正躬率物,原爲多士坊表之資。諸生童等或違矩矱,當隨事訓飭,以期自新。每課秉公評取,詳加批改,口講指畫,方見循循善誘之意。倘有不遵約束,許即稟明,斥出院外,以爲執傲不悛者戒。"② 由此可見,書院山長的職責主要集中於評閱諸生考卷、講授時文及生童管理三個方面。乾隆年間,書院肄業生童每月會課三次,課卷俱由山長批閱; 同治時改爲每月朔望二課,山長主要負責望課評閱。值得注意的是,個別善於經營鄉里事務的山長在知縣委托下也從事書院庶務的打理。道光二十七年至咸豐六年(1847—1856)間出任龍湖書院山長的祝登雲,於同治二年受縣丞蘇獻臣委托,主持修復遭受會匪破壞的書院房屋,"是秋輒竭力經營,度材鳩工,不辭晝夜,越五月落成。共造書房壹拾叁間,前后窗櫺、門壁完備",③ 后受余麗元委托從事《龍湖書院續志》刊刻事務。山長陳際中先后協助知縣余麗元與湯肇熙從事書院田産清復。"初會匪平,余令麗元以匪産没入龍湖書院,委際中清理新舊諸産,至是湯令復屬清釐,悉復其舊。"④

龍湖書院是一所以考課爲主要功能的縣級官辦書院,書院對學生的管理圍繞考課爲核心。首先,書院有明確肄業額數。每年知縣組織全縣生童課試,擇文理明晰者送入書院肄業。書院每年冬對肄業生童進行甄别考試,文理荒謬者遣歸,於來年春考補。競争入院名額制度的實行,無形中給肄業生童以壓力,有利於其課業水準的提升。同治初年,余麗元規定非經甄别取入者,不得參與月課考試,後在山長及鄉紳請求下允許未及甄别者參與月課,稱爲外課。其次,膏火資助。乾隆年間凡經知縣扃試肄業書院的生童均享有膏火補助,每生每年僅 500 文,同治年間增至 10 兩,引入競争機制,内課與外課生根據考課成績及勤勉情况予以升降。"如内課生、童,三次不列等,不録取。或一次曠課、兩次不取,並兩次曠課,俱降爲外課,停給膏火。若後有兩次接連取超、特等,童生接連取上、中者,仍升入内課,按月給膏火,與外課諸生稍别。外課有三次考取超等上卷者,准入内課,按給膏火。"⑤ 再次,會課獎

---

① 〔清〕余麗元續編:《龍湖書院志》,《中國歷代書院志》第 10 册,第 55 頁。
② 〔清〕余麗元續編:《龍湖書院志》,《中國歷代書院志》第 10 册,第 41 頁。
③ 〔清〕余麗元續編:《龍湖書院志》,《中國歷代書院志》第 10 册,第 41 頁。
④ 〔民國〕符璋,劉紹寬等纂修:《民國平陽縣志》卷三十九,《中國方志叢書》(華中地方第 72 號),第 399 頁。
⑤ 〔清〕余麗元續編:《龍湖書院志》,《中國歷代書院志》第 10 册,第 42 頁。

賞。乾隆年間生童課試分季考與會課兩類。前者每年三月、五月、七月、九月十五日舉行，由知縣閱卷、出榜獎賞。“每課需銀二兩八錢，四課需銀十一兩二錢。如課卷少，或止給賞二名、三名。”① 會課，每月三次，生童分填兩榜，不給賞；同治年間，改爲每月朔望二次，朔課由縣府撥給獎賞，望課賞資由院給發，獎賞範圍與額度較乾隆年間有較大提升。“超等一名，給錢六錢；二名至五名及特等一名，各給錢五錢；特等二名至五名，各給錢四錢；六名至十名及一等一名，各給錢三錢。童生上取一名，給錢五錢；二名至五名，各給錢四錢；六名至十名及中取一名至十名，各給錢三錢；次取一、二、三名，各給錢二錢。”②

生童德業考核是書院管理體制的重要組成部分，旨在對其言行舉止加以規範，通過具體條規約束，使諸生養成良好品德，以化民成俗。清代各級官府均將書院視爲地方教化組織，教化首在培養生童道德品質，故官辦書院在學業考試之外，亦頗重視對生童德行品性的考核。縣級書院一般採用制定條規方式實現儒家倫理道德要求的具體化。余麗元親自制定《論爲學八則》從辨學術之正、明出處之節、凛守身之箴、篤交際之義、慎言行之防、凛修齊之學、審操舍之幾、嚴義利之辨八個層面對書院生童道德品行提出具體要求，鼓勵從事聖賢之學，提升道德修養。除此之外，書院還注重從考課與言行層面制定切實可操作的戒規。課試期間，肄業生童有不到課者，即停給膏火；領卷完課者，需當日領取，根據路程遠近，立定交卷期限，遲交不録；若生童於課試中抄寫舊文，抄全篇者停給膏火兩個月，抄半篇者停給膏火一個月；抄襲者，一經察出，在内課者降爲外課，本屬外課者，即書其姓名，注明“剿襲”字樣予以公示。

清代縣級書院管理體制的一項重大發展是董事制度的形成與完善，成爲士紳參與書院管理的重要保障。書院發展至清代，自身院務及開展的活動日趨繁復，山長已難從容應對，董事制度的出現即在於分擔山長重負，打理書院日常庶務。乾隆年間，知縣何子祥訂立書院章程時確定了 10 名董事，每年散館日由知縣輪擇 1 人來年接管，值年董事給紙筆及飯食銀 2 兩。同治年間，余麗元規定董事改由從平陽縣城及所屬六鄉殷實鄉紳中公舉産生，每鄉 1 人，每年由 2 人董理院事，每人輪值二年，每年一换一留，且分正副，薪俸爲 40 千文。“如甲年以江培珍爲正，陳慶霄爲副。乙年即以陳慶霄爲正，項蓂階爲副。丙年以項蓂階爲正，陳際中爲副。自此以後，輪轉亦如之。先爲副，以期試用，繼爲正，以資熟手。”③ 既保證了董事熟悉書院日常庶務，又分工明確，各有責成。

書院董事職權寬廣，主要涵蓋經費收支造册、日常開銷、院舍及器具維修等。龍湖書院章程賦予書院董事靈活打理各項院務的權限，“如完納錢糧，下鄉收租費用，分給兩院館人辛工等項，是在殷實紳董秉公辦理可也”。④ 龍湖書院經費受縣府嚴格監管，每年新舊董事交

① 〔清〕余麗元續編：《龍湖書院志》，《中國歷代書院志》第 10 册，第 17 頁。
② 〔清〕余麗元續編：《龍湖書院志》，《中國歷代書院志》第 10 册，第 38—39 頁。
③ 〔清〕余麗元續編：《龍湖書院志》，《中國歷代書院志》第 10 册，第 40 頁。
④ 〔清〕余麗元續編：《龍湖書院志》，《中國歷代書院志》第 10 册，第 39 頁。

接之際,經費即爲核查重點。董事需將"一年所收租息若干,領用若干,造具一入一出清册,送管理衙門,轉送本縣核銷。其存留餘錢若干,着開明,貯爲下年開館應用。至書院什物,亦開清册,交與下手接辦",[①] 若經管銀錢賬目不清,則需賠償受罰。董事還負有下鄉催促佃户按時交納田租職責,如遇頑欠,需及時上報縣衙追繳。"新充各田,租穀易收,其舊田佃户,有疲玩故習,欠租不交者,院董當禀官飭追,不得坐視因循,任其抗欠,而反謂錢不敷用。是院董怠事,咎將誰歸? 至下鄉收租川資,應准據實支銷,不得浮冒。"[②] 由此可見,董事勤謹與否直接關乎書院興衰。龍湖書院銀錢由縣庫存儲,日常開銷需董事於開館、端午、中秋、散館時至府庫開明領取。考課是龍湖書院最主要活動,除山長批閱課卷外,其他事務均需董事籌備,包括赴縣請題、備辦生童試卷、山長閲卷筆墨及封卷紙章、送卷名帖等。龍湖書院備有專門院田用於院舍維修、器物修補,夏季搭設涼棚等也由董事負責。由於董事權限較爲寬廣,縣府除在經費收支上實行嚴格監管外,對其政治、社會活動亦有限制,尤忌干涉詞訟。"院董須效非公事不至室之風。惟院中要事,應行請示者,不妨禀見。毋得干預詞訟案件,以慎操守。"[③]

在書院文獻中,書院志是記載書院歷史沿革、管理制度、學術傳承、教學活動等方面内容的綜合性文獻。學界對書院志的研究主要集中於探討志書編纂的歷史、體例、特點、價值等層面,較少以志書为主要材料探究其管理體制。清乾隆年間,省、道、府、州、縣五級官辦書院教育體系的構建成爲推動書院普及性發展、考課功能凸顯的關鍵因素,官辦書院體系的形成深刻影響了清代書院的發展方向。縣級書院是官辦書院體系中數量最多、分佈最廣的存在,深入探究其管理體制,成爲我們了解清代書院的關鍵點。從平陽《龍湖書院志》可以看到,作爲乾隆年間創辦的一所典型官辦紳助式縣級書院,龍湖書院實行一種由縣府全面管控,山長與董事分理教學與庶務的管理模式。知縣主持書院營建活動之外,還通過制定章程、學規確立書院的基本發展方向與各項管理制度;運用所支配資源爲書院劃撥田産,保障其長久存續。地方鄉紳則以捐資、充任董事等方式參與官辦書院的具體營建與管理,對官府力量起到一定程度監督作用。除龍湖書院外,乾隆年間創辦的縣級書院大多採取官辦紳助式管理體制。四川南部縣鰲峰書院創建於乾隆四十三年(1778),縣衙對書院進行嚴格控制,有關書院的事務成爲地方官府日常工作的重要内容,書院經費却主要來自民間捐輸、充施,設首事經管銀錢,登記清算收支,負責書院的財務管理。類似情形還有浙江浦江浦陽書院、江西上高近聖書院等。

官辦紳助式書院管理體制因契合縣城文教發展實際情形,在乾隆年間已成爲縣級官辦書院主要管理體制。縣級書院與省級書院相比在獲取朝廷經費支持上存在明顯劣勢。省級

① 〔清〕余麗元續編:《龍湖書院志》,《中國歷代書院志》第 10 册,第 18 頁。
② 〔清〕余麗元續編:《龍湖書院志》,《中國歷代書院志》第 10 册,第 40 頁。
③ 〔清〕余麗元續編:《龍湖書院志》,《中國歷代書院志》第 10 册,第 41 頁。

書院在雍正十一年(1733)正式確認時,就獲得朝廷恩賜帑金一千兩白銀,若有不足,准許在"存公項下撥補,每年造册報銷",使省級書院與官府銀庫相連,獲得充分的經費保障。對於縣官府而言,其經費一般僅能維持正常行政事務開支,難以獨自承擔創辦大型書院的經費需求。官辦紳助式書院管理模式既滿足了朝廷引導書院發展方向的訴求,又解決了知縣欲振興文教却經費不足的困境。山長與董事分管教學與庶務的職責劃分,既充分調動了士紳參與書院事務的積極性,又提升了書院管理效率,成爲清代縣級官辦書院的主要管理方式。

(蘭軍,江蘇師範大學歷史文化與旅遊學院講師)

清代憲綱册考述*
——兼及新任外官獲取地方信息之途徑

劉豔偉

[摘　要]　憲綱册源於明代正統年間制訂的約束、規範監察官員的行政法規《憲綱》,是下屬呈送給按臨至地方的監察官員、新到任的上級官員,彙報其主要管轄事務的清册。清代上至總督,下至州縣官,到任之時都有憲綱册的呈報。憲綱册較爲全面、系統地記載了地方治理的重要信息,是官員赴任之時,瞭解地方情形的重要憑藉。除憲綱册外,新任外官還可以通過查閱《賦役全書》、地方志、輿圖等文獻,也可以諮詢同僚、衙門書役、幕友等人,獲取任職之地信息,以方便日後的地方行政。

[關鍵詞]　憲綱册　官箴書　地方行政　信息獲取

憲綱册,也稱憲綱文册、憲綱事宜清册,源於明代朝廷制定的規範監察官的行政法規《憲綱》,是下屬呈送給按臨至地方的監察官員、新到任的上級官員,彙報其主要管轄事務的清册。至清代,憲綱册應用廣泛,從知縣到總督的地方官員,上任之時直屬的下級均要呈送憲綱册。清代官箴書,如《未信編》《福惠全書》《州縣事宜》等,對憲綱册都有記載,可見其在地方行政中的重要性。但學界對此種文獻少有關注,相關研究基本上是空白。① 而且,憲綱册還牽涉另外一個重要的議題:回避制度之下,新任地方官如何獲取任職所在地的信息,以實現有效治理?學界對此問題也少有探討。有鑑於此,筆者試對清代憲綱册之起源、體例、内容、造報制度,及與之相關的清代新任外官獲取地方信息之途徑作簡要探討,以就教于方家。

一、憲綱册之起源

"憲綱"一詞,最早見於《後漢書·和帝紀》:"市道小民,但且申明憲綱,勿因科令,加虐羸弱。"是法紀、法度之意。至明代,除原意外,"憲綱"還指朝廷制訂的專門規範監察系統及官員群體的法規,洪武四年(1371)御史臺所擬法律條文即稱《憲綱》。明英宗正統四年(1439)對《憲綱》進行了修訂,以明確憲臣職責和管理辦法。該書在頒行之時,又附《憲體》15條、《出

* 本文是西華師範大學博士啓動項目"中國歷代書院記整理與研究"(19E013)的階段性成果。

① 有關憲綱册,僅見瞿同祖先生在《清代地方政府》中有提及,稱之爲"政府基本要素登記,由州縣官爲其上級官員準備的一種紀録"(瞿同祖著,范忠信、何鵬、晏鋒譯:《清代地方政府》,北京:法律出版社,2011年,第290頁),點明了此種文獻的性質,但對其來源、制度、作用未遑探討。除此之外,尚未見有其他學者論及憲綱册。

巡相見禮儀》4條、《巡歷事例》36條、《刷卷條格》6條。《憲綱》規定監察官員内部的職責分配，監察官的選任標準、任職要求、履職方式、履職禁忌、權利義務及禮儀規範等内容。① 其中《巡歷事例》部分，規定憲臣"凡巡歷所至之處，所有按治事例，合用申明，仰令本府州縣衙門，並守禦官依上施行，各另回報"，並開列農桑、學校、存恤孤老、先賢陵墓、山林隱逸、節孝人物、户口、橋樑道路、印信、錢糧、驛站、皂隸弓兵等有關地方治理的36項重要事務。② 這些内容是監察御史和按察司官員巡歷各地的主要監察事項，提前下發給州縣衙門知道，風憲官到達之時，將上述信息上呈。③ 因上呈内容是根據《憲綱》所開列條款製作，且以清册的形式上報，因而稱憲綱册。

遵照朝廷政令，不少官員將《憲綱》所規定地方事項作爲施政綱領。④ 憲臣按察至地方時，地方官員則將憲綱册進呈。其後，憲綱册的使用範圍擴大，凡上官到任，皆要進呈。《實政録》載："憲綱者，法憲之紀綱，所以課吏治以安民生者也，故新官到任，先遞憲綱文册，報修舉也。"⑤ 其進呈對象已超出風憲官的範圍。最低一級的行政長官知縣到任，地方吏員也要進呈憲綱册。據《洪洞縣續志》載，天啓間，趙京仕任洪洞知縣，"甫下車，司吏進邑乘、憲綱"。⑥ 崇禎十五年（1642），劉世治任廣昌知縣，到任之時，"有禮書往迎之，乃進城圖一幅、憲綱一册"。⑦

已知對憲綱册最早的記載出現在嘉靖十四年（1535）。據《廣東通志初稿》記載："一、憲綱册。看得廣州左右後三衛各開出巡册十本，紙劄工食共用銀各二錢一分五厘，前衛七錢七分。清遠衛憲綱册銀二錢，其餘各衛所俱無開報。爲照出巡册，係本院巡歷一年滿日查取造册報，而《憲綱》所開二十八款，多不干預衛所。今查四衛底册，却俱開答有司並各衙門緣由，通行繳報都布守巡等衙門，甚爲無謂。查得衛所止該報屯種軍餘一款，並修過城壕一款，前册應合查革，今後止將二款用文書開申都司，類造册報，再不許仍前通行混造，繳報各衙門，浪費錢糧，如違取究，仰各查照施行。"⑧《廣東通志初稿》以《憲綱》所列條款多與衛所無關，⑨ 衛所只應上報屯種軍餘、修過城壕兩項内容，可以用文書上報都司，以後不准再向各上級衙門造報憲綱册，以節省費用。由此可知，在嘉靖十四年之時，廣州的衛所向上級繳報憲綱册

① 蘇嘉靖：《從〈憲綱〉修訂看明代監察制度的興衰》，《西南大學學報（社會科學版）》2020年第1期，第170—176頁。
② 〔明〕張鹵輯：《皇明制書》卷一〇《憲綱》，《北京圖書館古籍珍本叢刊》第46册，北京：書目文獻出版社，1998年，第310—313頁。
③ 吴艷紅、姜永琳：《明朝法律》，南京：南京出版社，2016年，第67頁。
④ 張烈於嘉靖十七年（1538）十二月被任命爲思南知府，在論及如何治理地方時，他稱："當官守身之法，同守令六事、憲綱三十六條事神治民之要同。同則推而達之，引而伸之耳。"可知他是將"守令六事、憲綱三十六條"作爲治理地方之綱領。見〔明〕洪價修，〔明〕鍾添纂：《思南府志·書〈思南府志〉後》，明嘉靖刻本。
⑤ 〔明〕吕坤：《實政録》卷六，明萬曆二十六年趙文炳刻本。
⑥ 〔清〕趙三長修，〔清〕晉承柱纂：《洪洞縣續志·人文志》，清順治十六年刻本。
⑦ 〔明〕劉世治修，〔明〕趙文耀纂：《廣昌縣志·序》，明崇禎五年刻本。
⑧ 〔明〕戴璟修，〔明〕張岳纂：《廣東通志初稿》卷三二《軍制》，明嘉靖刻本。
⑨ 引文中稱"《憲綱》所開二十八款"，而萬曆皇明制書本《憲綱事類》與地方有關的《巡歷事例》爲36款，應是《憲綱事類》從出現到最終定型的過程中，不同時期的條款數目不同。

已成定例。

其他地方志中記載造報憲綱册的内容也有很多,且造報費用多是以常規支出的形式載入。如萬曆《福安縣志》載,“本縣造報朝覲須知、憲綱等册綾袱紙劄工食銀一十六兩,庫用公費心紅並六房紙劄銀五十四兩”,[①] 萬曆《政和縣志》在《比徵單條鞭則例》中載有“本縣造報朝覲須知、憲綱等册綾袱紙劄銀貳十兩”一條,[②] 萬曆《福寧州志》載“造報朝覲、須知、憲綱等册綾袱工食銀二十五兩”,[③] 萬曆《邵武府志》載“本縣攢造朝覲須知、憲綱等册紙劄工食銀”[④] 等等。至明末之時,已是“各府州縣例有憲綱文册”。[⑤]

二、憲綱册之體例、内容

明代憲綱册國内外公私圖書館均未見有著録,可能已經全部亡佚。清代憲綱册尚有不少留存,僅筆者所知見,有 32 種。今以國家圖書館藏道光二十八年(1848)《陝州直隸州憲綱册》爲例,述其體例、内容。

是書封面以紅紙裝裱,題“陝州直隸州憲綱册”,“册”字後鈐有“陝州之印”。正文部分爲寫本,黑框,四周雙邊,半葉 11 行,每行字數多寡不一,其紙張左下、右下方蓋“陝州之印”半印。其内容,首題“陝州直隸州呈,遵將卑府憲綱事宜各官履歷逐一開造清册,須至册者”。其後開列與陝州地方行政相關的各事項,具體内容如下:1. 壇廟位置,包括文廟、社稷壇、風雲雷雨神祇、城隍等。2. 陝州大小官員履歷,依次是陝州知州丁作霖、州判汪頌揚、吏目廖鏞、驛丞兼巡檢劉培度、署學正唐素、訓導秦焯,其履歷包括年歲、籍貫、科第、任職經歷、到任日期等。3. 鄉紳,包括各鄉紳姓名、科第、任官情形。4. 文舉,開列文舉姓名、中式科次。5. 武舉,開列武舉姓名、中式科次。6. 歲貢,開列歲貢姓名。7. 地丁錢糧數額。8. 常平、義、社倉儲穀數量。9. 驛站馬匹。10. 遞所差夫數量。11. 廣濟院。12. 水渠。13. 營汛。14. 監獄。末題“道光貳拾八年拾月日知州丁作霖”,鈐“陝州之印”。在憲綱册之後,還附有陝州輿圖一幅,標明山川、道路、河流、州城、驛站、汛所、州界四至。[⑥] 其内容與明代《憲綱》中《巡歷事例》規定的上報條款相符。

現存其它州縣憲綱册,其形式與該書基本一致。内容方面,既有詳略與編排方式的區别,又有具體事項上的差異。如國家圖書館藏《汝州憲綱清册》,該書包含汝州、魯山、郟縣、寶豐、伊陽 5 州縣憲綱册,其中汝州憲綱册除開列上述《陝州直隸州憲綱册》所有内容外,尚有課税、社學書院、學田、城池、墩臺營房、碑刻、古迹名物等項。《魯山縣憲綱册》還開列有鄉賢、

---

① 〔明〕陸以載纂:《福安縣志》卷三《兵食志》,明萬曆二十五年刻本。
② 〔明〕車鳴時修纂:《政和縣志》卷三《賦役》,明萬曆三十七年刻本。
③ 〔明〕殷之輅修,〔明〕朱梅纂:《福寧州志》卷七《食貨志》,明萬曆四十四年刻本。
④ 〔明〕韓國藩、〔明〕魯史修,〔明〕侯袞、〔明〕吴起龍纂:《邵武府志》卷一九《賦役志三》,明萬曆四十七年刻本。
⑤ 〔明〕畢自嚴:《度支奏議》卷一《遼餉不敷濟急無奇疏》,明崇禎刻本。
⑥ 〔清〕丁作霖:《陝州直隸州憲綱册》,道光二十八年。

名宦、節婦、烈女等項，與上述《陝州直隸州憲綱册》相較，内容更爲豐富。就編纂方式而言，國家圖書館藏光緒十九年(1893)《汝州憲綱清册》中的汝州、郟縣、伊陽三州縣是按吏户禮兵刑工六房職掌，開列各項内容。[①] 而在具體事項上，因一些州縣轄境内涉及礦務、水利等重要政務，其所造憲綱册也開列有這些内容。如清代冕寧縣境内有鉛礦、銅礦，道光二十六年(1846)《冕寧縣憲綱事宜清册》中開列有"廠務"一項。[②] 浙江西安縣石室堰爲地方重要水利設施，該縣憲綱册也詳細記録了石室堰的管理辦法。[③] 這在其它憲綱册中是比較少見的。

因憲綱册進呈的對象不同，其開造内容也有差别。清代學政主管州縣生童及教官之考校，學政按臨，地方官要上呈憲綱册。《學政全書》規定其開造内容："首開提調正官，次佐貳首領教官，次鄉賢名宦，次孝子順孫、義夫節婦，次先聖先賢祠墓，次鄉大夫爵里、進士、舉貢科第，次有無山林隱逸、懷才抱德之士，次鄉飲賓介行實姓名，次學田地畝廛房租税數目，次本郡州縣山川圖志、名賢書籍、碑刻古籍。與學校不相關者，不必造入。"[④] 學政主管文教事務，進呈的憲綱册則主要涉及這方面内容。哈佛燕京圖書館藏有《沈邱縣呈憲綱文册》，該書只列印信並現任大小官員、吏員人數、學校生員人數、出仕情况、侯選訓導姓名、貢生(拔貢、恩貢、歲貢)、副榜7項内容，而對人口、賦税、驛站、河渠等地方其它事務没有涉及，與上文所提及的州縣憲綱册在内容上有很大差别，其進呈對象很可能是河南學政。[⑤]

實際上，有關清代憲綱册的造報方式，清人潘杓燦《未信編》、[⑥] 黄六鴻《福惠全書》均有涉及。《福惠全書》是清代最爲著名的官箴書之一，也是初入仕途者的官場指南，其中有"文移諸式"一項，開載州縣常用公文格式、範本，憲綱册式也在其中。該書所記載的憲綱册格式如下：

某省某府某州縣爲申送文册事。今將本州縣所屬憲綱事理，依例繕造，理合申送，須至册者。

計開：

一、官屬

掌印知州、縣一員凡有職官挨次造入。

一、貢賦

征條銀若干丁糧、本色挨次查入。

一、鄉紳

① 〔清〕夏壽嵩：《汝州憲綱清册》，光緒十九年。
② 國家民委民族問題五種叢書四川編輯組編：《四川彝族歷史調查資料、檔案資料選編》，成都：四川省社會科學院出版社，1987年，第236頁。
③ 〔清〕陳鵬年修，〔清〕徐之凱纂：《西安縣志》卷九《水利志》，清康熙三十八年刻本。
④ 〔清〕素爾訥等纂修，霍有明、郭海文校注：《欽定學政全書校注》，武漢：武漢大學出版社，2015年，第45頁。
⑤ 〔清〕佚名：《沈邱縣呈憲綱文册》，光緒六年。
⑥ 〔清〕潘杓燦：《未信編》，《官箴書集成》第3册，合肥：黄山書社，1997年，第142—143頁。

某人或現任某官,或原任某官,挨次造入。

一、舉人文、武各造。

某人某科中式、已未考揀,挨次造入。

一、貢生

某人某年某項貢、已未考職,挨次造入。

一、監生

某人已未考職挨次造入。

一、生員

共若干名

一、節孝

某人孝子節婦挨次造入。

一、經制胥役

吏房吏若干名逐房逐班挨次造入。

一、急鋪遞

某鋪鋪兵若干名挨次造入。

一、驛站

某驛夫若干名

馬若干匹

夫若干名

驢若干頭

一、河渠有則挨造,下同。

一、橋樑

一、壇廟

右具

册

年月日某官某[①]

以上"憲綱册式"在形式上與《陝州直隸州憲綱册》一致,其内容依舊不出明代《憲綱》中《巡歷事例》中所開列36條。只是因時代不同,一些州縣所涉及的具體事務不同,而有内容上的差異。

《福惠全書》所載憲綱册開造格式,可以《陝州直隸州憲綱册》爲代表。而以州縣衙門六房職掌開造憲綱册,同樣淵源有自。清代學者、方志學奠基者章學誠在其所修(乾隆)《永清

① 〔清〕黄六鴻:《福惠全書》卷四《文移諸式》,康熙三十八年金陵濂溪書屋刊本。

縣志》中叙述了他主張的憲綱册之編纂方式："（吏房）掌憲綱之册籍，以六條之法序其憲綱，分其節目，而申明見行之事理，一曰吏條，二曰户條，三曰禮條，四曰兵條，五曰刑條，六曰工條。"並細述了各條之下所應開載内容。①上述《汝州憲綱清册》中的汝州、郟縣、伊陽三州縣憲綱册，即採用此種形式編纂。

三、清代憲綱册之造報制度

清代憲綱册的造報，除《學政全書》中記載學政按臨至地方提調官要進呈憲綱册外，未見《會典》《會典事例》等政書中有明確規定。但就實際情况而言，憲綱册廣泛應用于上至總督下至知縣的地方各級官員之中。

光緒《餘姚縣志》"職官表"中，乾隆朝部分知縣、縣丞、巡檢、典史、教諭、訓導是根據總督衙門憲綱册補入。②由此可知總督衙門也存有憲綱册。乾隆二十年（1755），陳宏謀任甘肅巡撫，據其年譜記載："新莅甘省，各屬將輿圖、憲綱事宜册呈送。"③是爲向巡撫進程憲綱册。

總督、巡撫以下的布政使、按察使到任，是否有憲綱册進呈，未見史料記載，其情况不得而知。但道員、知府到任，下屬官員要進呈憲綱册。順治十六年（1659），湯斌升任江西布政使參政，分守嶺北道，上任途中，曉諭所屬地方官不得擅離職守中途迎接參謁，並令所屬州縣將憲綱册、城圖、志書候其到任之日差人投遞。④清末承德知縣徐振鼇在致澹儂的書信中稱，"向例新上憲莅任，應造憲綱册呈送"，請地方士紳澹儂爲其修訂《憲綱册》，"俟新尹憲入境，即可送呈"，⑤是爲地方知縣爲知府到任造報憲綱册。

至於最低一級的理民官知州、知縣到任，也會令衙門書役提前送呈憲綱册。康熙二十八年（1689），陳朝君任蒙陰知縣，其赴任之前即發下諭帖，令衙門書吏開造地丁錢糧清册，並派人將《賦役全書》、各房須知、憲綱等册、儀注、堂規沿途投遞。⑥一些官箴書還提醒州縣官員到任之前，令書役將憲綱册提前送呈。如《州縣須知》收録的稟諭條款中有《新任在京諭》《中途諭》兩則公文範本，其中要求州縣書役將憲綱册、輿圖、地方志、《賦役全書》提前備好，以供入境時查閲。⑦

上文提及，《未信編》《福惠全書》對如何造報憲綱册有專門的記載，《州縣事宜》收録的官員上任之時需要下發的諭令中，有對衙門書役提前準備憲綱册的要求，可知憲綱册在州縣

① 〔清〕周震榮修，章學誠纂：《永清縣誌·吏書第一》，清乾隆四十四年刻本。
② 〔清〕周炳麟修，邵友濂纂：《餘姚縣志》卷一八《職官表》，清光緒二十五年刻本。
③ 〔清〕陳鍾珂編：《先文恭公年譜》卷八，《北京圖書館藏珍本年譜叢刊》第96册，北京：北京圖書館出版社，1999年，第153頁。
④ 〔清〕湯斌：《湯子遺書》卷八《公移》，清同治九年湯氏祠堂重刻本。
⑤ 《徐振鼇書札》，轉引自王明琦：《遼海文物考辨》，瀋陽：遼寧大學出版社，2000年，第290頁。
⑥ 〔清〕陳朝君：《莅蒙平政録》，《官箴書集成》第2册，第676頁。
⑦ 〔清〕佚名：《州縣須知》卷2《稟諭條款》，清乾隆刻本。

行政中是一種常用的文書,憲綱册的造報當是一種常規化的政務。

四、外官獲取地方信息之途徑

清代憲綱册之造報,實際上是對官員瞭解地方政情起到了保障作用。及時準確地獲取地方信息,是有效治理的前提。朝廷要求官員任職地方,需要知悉當地情况:“受寄民社,而命之曰知州,曰知縣,顧名思義,必於此一州一縣中,户口幾何,錢糧若干,道路之險夷安在,控制之扼塞何方,與夫風俗之奢儉正淫,民生之疾苦休戚,知之悉周,而後處之始當。”[①] 但回避制度之下,官員任職地方,多對當地情形不甚瞭解。清末馮桂芬描述這一情形時稱:“到官之後,言語之不通,風俗之不諳,利弊則諮訪無從,獄訟則詞聽無術,不得不倚奸胥爲耳目,循宿弊以步趨。”[②] 清人也認識到這一問題,有經驗的官員在文獻中記録了能够幫助初入仕途者獲取地方信息的方法。

清初潘杓燦著有《未信編》一書,潘氏有豐富的從政經驗,他在該書中寫道:“掣簽已定,則此州縣之事乃身任之事,必急急諮訪,使到任之日,有成竹於胸。大約以錢糧、丁口爲主,知錢糧之輕重,便知土地之肥瘠,知丁口之多寡,便知地方之大小,其應付繁簡,支用奢儉,俱關載《賦役全書》。各縣全書俱達户部,須覓來抄録,以備查考。雖本處接役有特來投遞者,然役來尚未,當豫爲之計也。”[③] 提醒初仕者在離京之前,抄録《賦役全書》中對任職之地錢糧的記載。清代地方行政,以賦税徵收、刑名訴訟最爲重要。與地方錢糧相關的文獻,在中央有《賦役全書》,記載各地之錢糧徵收、完納、解運、支銷、考成等内容。因而,潘杓燦建議官員在離京之前抄録《賦役全書》,提前熟悉該地之錢糧輕重、丁口多寡、地方大小、土地肥瘠、應付繁簡、支用奢儉等事項。

地方文獻中,憲綱册系統開列地方行政的所有重要事項,其造報具有即時性,方志則記載較長時間内一地之重要歷史,具有歷時性,輿圖則將州縣的地理形勢簡明直觀地呈現出來,這些文獻都是瞭解地方信息重要參考。官箴書中常常會提醒讀者留意、查閲這些文獻。如《州縣須知》中收録的官員上任之時所發諭令中有《新任在京諭》一款:“照得本縣恭膺簡命,莅任是邑,所有應知事宜合先飭行開送。爲此,諭仰該書役諭到即將須知清册詳細開造,同憲綱、輿志及《賦役全書》一併於本縣按臨時賫投,以憑查閲。”[④] 令衙門書役提前將須知清册、憲綱、輿圖、志書、《賦役全書》備好。《外官新任輯要》載:“凡新選官員,在京即寫本省各上司稟帖及本屬書役頭諭一道,或借州縣官封發遞,此諭發後,必有書辦頭役茶房前來,名曰

① 〔清〕田文鏡、〔清〕李衛:《欽頒州縣事宜》,《官箴書集成》第 3 册,第 682 頁。
② 〔清〕馮桂芬:《校邠廬抗議》,上海:上海書店出版社,2002 年,第 6 頁。
③ 〔清〕潘杓燦:《未信編》,《官箴書集成》第 3 册,第 129 頁。
④ 〔清〕佚名:《州縣須知》卷二《稟諭條款》,清乾隆五十九年刻本。

頭接，並紅示、須知事宜、憲綱、輿圖、志書、册籍等項。”[①]方大湜則强調：“本邑志書不可不看。民情土俗悉載志書之内，不看志書必不能因地制宜。”[②]

傳統社會傳遞地方行政信息的方式有限，官箴書中提示地方官上任之時需查閲的資料，在實際行政中確實得到了應用。如康熙間，馬駿任望江知縣，“初莅任，例有憲綱、縣志，通閲之，略識於心，一二年間，以公務周歷境内，頗遍所見”。[③]康熙二十八年(1689)，時任三河知縣的彭鵬在與林鐵山的書信中談及，順天府尹許三禮自正月十六日到任之後，即“取憲綱、志書、全書觀風”。[④]都可看出這些文獻在州縣官員行政中的應用。清代名臣陳宏謀也十分重視憲綱册、輿圖。乾隆二十年(1755)，陳宏謀調任甘肅巡撫，到任後“人地生疏，聞見寡陋，正藉圖册以知梗概”，令各屬將輿圖、憲綱册呈送。但各屬所造輿圖並不準確，憲綱册也簡單草率。因此，陳氏飭令各屬，再按規定樣式造報，“庶資治理”。在下發的劄文中，他提及輿圖、憲綱册的重要性：“輿圖者，備載四境之道里遠近、幅員寬狹、村莊疏密，及山川形勢原委也。至於憲綱事宜册，則凡境内所有，及地方官應辦之事，均宜備載，不但舊例宜然，揆之初次相見之義、上司諮詢屬員登答，亦莫要於此。”而上官則可以借憲綱册“得悉地方情形、民生利弊，並即以此覘各屬辦事之虚實勤惰”。[⑤]

官員上任之前，除了可以查閲《賦役全書》、地方志、憲綱册之外，也可以通過咨詢瞭解該地情形之人。在《未信編》中，潘杓燦就建議將要赴任的官員，在京師尋訪熟悉當地信息的官員，詢問地方風俗，以方便日後的地方治理。[⑥]《居官寡過録》也建議官員在赴任之前，要諮訪曾在當地做過官或在鄰近州縣爲官的人員，詳細詢問該地利弊，還提醒官員如果訪及本地的士紳時，要預防他們借叙述地方情形之機，爲日後方便自己謀私張本。[⑦]赴任途中，官員可以向前來迎接的衙役諮詢地方情形。按照慣例，新官上任之時，有吏役於中途迎接新任地方官。這些吏役，是州縣結識的第一批地方人員，一些官箴書建議官員選擇吏役中老成幹練者，詢問地方情形。如《未信編》中載：“看吏書内有老成歷練者，不時唤問民風土俗並一應事宜。”[⑧]《外官新任輯要》也稱：“可有諳練老成頭役詢問地土城池風俗如何，及路程土産物件，及城中共有幾位上司同寅，應用幾副手本。”[⑨]清代官員任職地方，都需要幕友協助。新任外官還可以向幕友請教，瞭解地方信息。《自歷言》即稱：“刑錢幕友請至公館，朝夕盤桓，詢問本省風土人情、要案限期處分，逐一討論，均須默記。”[⑩]

---

① 〔清〕佚名：《外官新任輯要》，《官箴書集成》第6册，第725頁。
② 〔清〕方大湜：《平平言》卷一，清光緒十八年刻本。
③ 〔清〕鄭交泰修，曹京纂：《望江縣志》卷八《藝文》，清乾隆三十三年刊本。
④ 〔清〕彭鵬：《古愚心言》卷五《復林鐵山書二》，清康熙愚齋刻本。
⑤ 〔清〕陳宏謀：《飭取州縣輿圖檄》，〔清〕賀長齡編：《皇朝經世文編》卷二〇《吏治六》，清光緒十二年思補樓石印本。
⑥ 〔清〕潘杓燦：《未信編》，《官箴書集成》第3册，第129—130頁。
⑦ 〔清〕盤嶠野人輯：《居官寡過録》，《官箴書集成》第5册，第32頁。
⑧ 〔清〕潘杓燦：《未信編》，《官箴書集成》第3册，第134頁。
⑨ 〔清〕佚名：《外官新任輯要》，《官箴書集成》第6册，第725頁。
⑩ 〔清〕文海：《自歷言》，《官箴書集成》第6册，第712頁。

結語

清代憲綱册源於明代正統年間制訂的約束、規範監察官員的行政法規《憲綱》,最初是御史、按察司屬官巡視地方、令下級彙報事項的清册。明後期,憲綱册使用範圍擴大。發展至清代,從總督、巡撫至知府、知縣的官員,到任之時都有憲綱册進呈。憲綱册系統地記載了一州縣現任官員、吏役、人口、賦稅、交通、士紳等有關地方行政的重要事項,較爲全面地呈現了地方治理的重要信息,其造報制度,爲官員瞭解地方政情提供了重要保障。

憲綱册的造報,還牽涉新任地方官到任之前如何瞭解地方情形的問題。實際上,除了憲綱册外,新任官員可以查閱《賦役全書》、地方志、輿圖等文獻,也可以在離京之前諮詢曾經任職該地或者在鄰近該地爲官的人員,在赴任途中則可以諮詢前來迎接的衙門書役,到省之後,則可以詢問幕友,以獲取該地之大致情況,方便日後的地方行政。

憲綱册爲學者瞭解清代新任地方官員如何獲取當地信息提供了文獻依據,而且,憲綱册作爲一種實用官方文書,有即時性的特點,其所載内容,可以補地方志之不足,在方志學、地方史、區域社會史的研究中,具有重要價值,是有待學者們開發利用的重要地方文獻。

(劉艷偉,西華師範大學歷史文化學院講師)

清前期嶺南佛門著述禁燬考論

黄曉丹　周少川

[摘　要] 在清前期禁書政策所牽涉的群體中，嶺南僧人及其著作涉及範圍廣，持續時間長，且發生了幾宗在全國有影響力的要案，一方面反映了嶺南佛門勢力的發展及其政治取向與清廷建立王朝秩序、加强思想文化統治之間的矛盾。另一方面，儒釋合流促進了佛門思想的解放，僧人普遍建立起立言、傳言的著述思想，而儒釋合流的學術思想與皇權主張的“潛心正學，醇粹無疵”的學風相抵牾。所禁書中，散佚失傳者數量居半，自道光文網漸弛，後世刊刻者搜遺補缺，爲書續命，持續未斷，反映出後世學界對明末清初嶺南佛門思想的文化認同。

[關鍵詞] 禁書　嶺南佛門　儒釋合流　佛教文獻

明末清初，中國佛教迎來又一發展高峰，出現了江南、嶺南、滇南三大中心。學界對此際佛教問題的研究，自民國以來經久不衰。陳垣《明季滇黔佛教考》書中的《清初僧諍記》，從政治史、文化史、地方史角度研究宗教史，開闢了明末清初佛教研究的新視野。在他的啓發和沾溉下，明末清初嶺南佛教研究亦成爲民國至今一個學術熱點，吸引幾代學人對之進行不懈的尋繹和探索，出現了一批經典著作，如冼玉清《廣東釋道著述考》、汪宗衍《天然和尚年譜》《剩人和尚年譜》、蔡鴻生《清初嶺南佛門事略》、姜伯勤《石濂大汕與澳門禪史——清初嶺南禪學史研究初編》等。同時還産生了豐厚的文獻整理成果，如《清初嶺南佛門史料整理研究》《嶺南名寺志・古寺系列》《清初嶺南佛門史料叢刊》等。楊權撰《清初嶺南禪史研究與佛教文獻整理》① 一文，對目前學界研究和文獻整理成果作了較全面的總結。

然而，清王朝對嶺南僧人群體著述的禁燬問題，尚未爲學界所梳理並做整體深入研究。事實上其所涉及範圍廣，持續時間長，並且發生了幾宗在全國有影響力的要案。清朝對待佛教，總體採取尊持態度，然而在其禁書政策中，嶺南佛門著述却受到嚴重衝擊。冤獄既成，頭緒紛繁，有必要對其所涉過程詳述終始，所牽連政治之變更，學術之門户，深加研究，才能更加具體地回歸歷史語境，探討清代嶺南佛教興衰及其與政治、文化、地方史的緊密關係。

一、禁書三大案及其他

雷夢辰《清代各省禁書彙考》，著録文獻 2629 種，内有嶺南文獻 182 種。《清代文字獄檔》

① 楊權：《清初嶺南禪史研究與佛教文獻整理》，《深圳大學學報（人文社會科學版）》2014 年第 1 期。

收清代文字獄案65宗,内有關嶺南的文字獄案4宗,涉及文獻66種。[①] 單以數量觀,在清前期著名的禁書活動中,嶺南相比兩江、湖湘等地區,未爲重災之區,然而若將清前期嶺南地區各個禁書事件牽連起來做整體考察,則發現該地區的禁書活動獨具特色。在禁書政策所牽涉的群體中,嶺南僧人作者及其著作數量之巨,爲全國其它地方所罕見。許多著述被統治者視爲妄言狂語,多有違礙而遭禁燬,乾隆時期,更是要案頻發,作者及受其牽連人物遭到嚴懲,著述遭到嚴禁,影響深廣。

清初嶺南佛教得到前所未有的發展,佛門著述空前繁榮,形成了以廣東珠江三角洲爲中心的活動區域。據冼玉清《廣東釋道著述考》再加入屈大均著述(約30種)進行統計,[②] 清代廣東佛門著述258種,其中順、康、雍、乾四朝總計242種,而後至清朝結束,所著僅計16種。而清前期四朝廣東佛門著述被列入禁燬書約50種,約占同時代廣東佛門著述總數1/5。另外,禁書案所連帶的被抽燬、挖改的地方府縣志、文學選集,被磨毁的金石碑銘尚未計入其中。由此統計數字可知,在清前期禁書政策下,嶺南佛門著述成爲重點目標,而其中最爲突出的是函可案、屈大均案、金堡案,同時,受這幾大案件所牽涉的其它佛門著述數量亦不菲,嶺南幾大有名的法窟都受到不同程度的波及。

(一)函可案——清初第一宗文字獄案

釋函可(1611—1659),字祖心,號剩人,俗名韓宗騋,廣東博羅人,諸生。明禮部尚書韓日纘長子。崇禎十一年(1638),函可於東莞雙柏林參道獨禪師,爲道獨第二法嗣,築室於廣州黄華寺。十七年(1644)十二月,函可入金陵請藏經,目睹江南抗清事迹,撰成《變紀》(一作《再變記》)一書。順治四年(1647)十一月,被清兵搜查,械送北京。韓日纘門生洪承疇時任招撫江南大學士,出手周旋,函可未被處以極刑,而只是流放瀋陽。《再變記》今雖已失傳,但從函可好友邢昉留下的一首詩《讀祖心〈再變記〉漫述五十韻》,可以了解此書的大致内容“涉及甲申之變、福王立國、史可法督師揚州、南明黨争、奸邪翻案、貳臣降清、弘光帝被殺、黄道周募兵抗清、鄭成功海上舉義”[③] 等事。

函可案是入清後最早的文字獄案。函可在流放瀋陽期間,與當時其他被流放的名士、謫官及隱逸、僧道30多人,結成“冰天詩社”。康熙二十九年(1690),函可弟子重刻《語録》,易名《千山語録》行世。三十年(1691),《千山語録》被刊入《嘉興藏·又續藏》。四十二年(1703),函可弟子今羞搜集整理遺著,據各種版本和諸家所藏函可遺詩,彙成《千山詩集》印行。

函可在瀋陽千山開法,先後在當地的七座大寺院宣講曹洞宗旨,被奉爲遼沈地區曹洞宗

---

① 羅志歡:《嶺南歷史文獻》,廣州:廣東人民出版社,2006年,第265—266頁。

② 冼玉清《廣東釋道著述考》未收屈大均著述,或因屈大均出入儒釋,終以儒歸的立場。但筆者認爲屈大均兩次出家,分别入天然函昰、覺浪道盛大僧門下,客觀而言,爲嶺南佛門繞不過的人物,且從禁書角度研究,乾隆帝將其與金堡并提,視爲詭托淄流人物,故屈大均著述在此列入討論。

③ 何宗美:《明末清初文人結社研究》,上海:上海三聯書店,2016年,第324頁。

的"開宗鼻祖"，"聲聞洋溢于三韓東瀛"，影響不小。乾隆四十年(1775)，即函可去世116年後，在查繳禁書、大興文字獄的劫難中，函可遭受了更嚴厲的迫害。乾隆帝諭旨稱：

> 朕檢閲各省呈繳應燬書籍，内有千山和尚詩本，語多狂悖，自應查繳銷燬。查千山名函可，廣東博羅人，故又稱爲博羅剩人。後因獲罪，發遣瀋陽。函可既刻有詩集，恐無識之徒目爲緇流高品，並恐瀋陽地方，或奉以爲開山祖席，於世道人心甚有關係。著弘晌、富察善即速確查，從前函可在瀋陽時，曾否占住寺廟，有無支派流傳，承襲香火，及有無碑刻字迹留存，逐一查明，據實覆奏。[①]

於是，在乾隆諭下，弘晌、富察善對瀋陽千山幾大寺廟嚴密勘察，查得雙峰寺所遺碑塔，盡行拆毁；承襲函可支派僧人法貞、默慧、默兆、默群、默喜、契寬、契先、契和等勒令還俗；其存三元庵的語録刻板，送京城銷燬；《盛京通志》所載事迹也逐一删除，函可所著《千山詩集》《千山語録》被查禁。受其牽連，其父韓日纘著《韓文恪集》也被禁燬。

(二)屈大均案——開啓四庫禁書序幕

屈大均(1630—1696)，原姓邵，名龍，或稱紹隆，字翁山，廣東番禺人。順治七年(1650)禮天然函昰，法名今種，字一靈。十年(1653)，在海雲寺爲道獨侍者，後還俗。十三年(1656)，又受戒於覺浪道盛，法名大均，而後又還俗，以大均名行於世。屈大均曾參加過抗清鬥争，向南明永曆帝上過"中興"之策，具有强烈反清復明的民族意識。其詞、文均有名，與陳恭尹、梁佩蘭合稱"嶺南三家"，其詩風行海内，頗爲當時士林所稱道。屈大均著述非常豐富，據朱希祖《屈大均著述考》，其燼餘後可考者仍多達30種。[②]其主要著作有《翁山文外》《翁山詩外》《翁山易外》《皇明四朝成仁録》《廣東新語》，號稱"屈沱五書"。

雍正八年(1730)，屈大均的著述受曾静案牽連被查。因"文中多有悖逆之詞，隱藏抑鬱不平之氣，又將前朝稱呼之處俱空抬一字"，[③]其著作被奏請銷燬。十月十六日，屈大均之子屈明洪，時任惠來縣學教諭，自稱在宣讀《大義覺迷録》時，知其中提到的"屈温山"之名與其父"翁山"聲音仿佛，檢查其父遺書，才知道其父亂紀悖常，於是自首投監。時廣東巡撫傅泰認爲屈明洪自首，不無狡卸情弊，上奏建議嚴加懲治。然而雍正帝認爲傅泰"糊塗繁瀆，不明人事之至"，[④]並未同意地方奏請，而是命將屈大均的書及刊版概行銷燬，免其戮尸梟示，對屈明洪則免去死罪，流配福建。

乾隆三十九年(1774)，屈大均案被舊案重提。此前，乾隆帝詔令全國征訪遺書，爲編纂

---

① 中國第一歷史檔案館編：《纂修四庫全書檔案》上册，上海：上海古籍出版社，1997年，第471—472頁。
② 朱希祖：《屈大均著述考》，歐初、王貴忱整理：《屈大均全集》，北京：人民文學出版社，1996年，第2163頁。
③ 上海書店出版社編：《清代文字獄檔》(增訂本)，上海：上海書店出版社，2011年，第129頁。
④ 上海書店出版社編：《清代文字獄檔》(增訂本)，第130頁。

《四庫全書》作準備,然而下詔數月,應者廖廖。八月,乾隆帝又詔令各省督撫於征書中細查“抵觸本朝之語”“杜遏邪言,以正人心而厚風俗”。九月,兩廣總督李侍堯及廣東巡撫德保在屈大均族人屈稔湞、屈昭泗等處查出《翁山文外》《翁山詩外》《廣東新語》及嶺南三家合刻詩集並版片,將查繳的書封固進呈。乾隆四十一年(1776),經奏准,屈大均著作列入《軍機處奏准全燬書目》中。乾隆帝又令各省嚴查,務將屈大均著作盡行銷燬,並令兩江總督高晉尋找屈大均在南京雨花臺的衣冠冢,將其刨毀,終因年代久遠無從查考而作罷。

乾隆帝爲達到各省積極徵集遺書、搜查應禁之書的目的,以廣東屈大均案爲示範,於三十九年(1774)十一月九日、十日連下兩旨,明言“今李侍堯等既從粤省查出屈大均詩文,不應江浙等省轉無明末國初存留觸礙書籍”,嚴厲責問江浙等省督撫“辦事不及李侍堯等之實力乎? 抑江浙各藏書之家尚不能深喻朕意乎”,再次申飭各督撫實力查繳,藏書家“即速呈獻”,否則將“治以有心藏匿之罪,必不姑寬,並於該督撫等是問”。爲了打消藏書家“懼幹罪戾,隱匿不呈”的疑畏心理,乾隆帝下諭進一步重申,“凡有字義觸礙,乃前人偏見,與近時無涉”,只要“及早交出,概置不究,並不追問其前此存留隱匿之罪”。[①] 十一月二十日,乾隆帝又下諭旨道,“所有粤東查出屈大均悖逆詩文,止須銷燬,毋庸查辦”,將收藏屈大均著述的族人屈稔湞、屈昭泗免罪釋放,以示誠信。[②] 在乾隆帝的一再嚴令督責之下,四十年(1775)以後,各省查繳違礙書籍的活動逐漸展開,至四十七年(1782)底,持續了整整八年的高潮時期。

在乾隆禁書潮中,屈大均著述被禁者計 13 種。《軍機處奏准全燬書目》著録 4 種:《廣東文集》《屈翁山詩略》《道援堂集》《屈翁山詞》; 其它禁燬書目著録應繳、應燬著述:《寅卯軍中集》《翁山詩集》《翁山文外》《翁山詩外》《翁山文鈔》《翁山易外》《四朝成仁録》《廣東新語》《登華山記》。此外,因收有屈大均著述應抽燬的選集還有《本事詩》《文瀫初編》《嶺南三家詩選》《篋衍集》《感舊集》《詩持》《詩觀》《廣東詩粹》《江辰六文集》《曝書亭集》《明詩别裁集》《明詩綜》《結鄰集》等。

(三)金堡案——廣泛禍及門派寺僧著述及相關方志

金堡(1614—1680),字衛公,又字道隱,浙江仁和人。明崇禎十三年(1640)進士,授臨清知州。第二年(1645),清兵攻下杭州,金堡參加抗清義軍。南明桂王朱由榔在廣西自立永曆政權,金堡任禮科給事中,以抗直敢言著稱,爲“永曆五虎”之一。順治七年(1650),金堡在桂林削髮爲僧,法名性因。第二年(1651),至廣州雷鋒寺參天然函昰,法名今釋,字澹歸。順治十六年(1659),於廣東韶州丹霞山創建别傳寺。康熙十九年(1680)逝于浙江平湖,伺者尊囑,奉骨回嶺南,建塔丹霞海螺岩。金堡一生著作可考者多達 20 多種。

乾隆四十年(1775)閏十月,乾隆帝審閲各省呈繳應燬書籍,發現其中僧澹歸所著《偏行

① 上海書店出版社編:《清代文字獄檔》(增訂本),第 134—136 頁。
② 上海書店出版社編:《清代文字獄檔》(增訂本),第 135—136 頁。

堂集》多悖謬字句。《徧行堂集》是金堡遁入法門後所作詩文集，該書系韶州知府高綱制序並募資刻行。其時澹歸及高綱均已死去，乾隆下旨令地方大員福隆安、于敏中、高晉等至高綱子孫家中查抄，並將之交刑部治罪。十九日，乾隆帝諭令各省督撫：

僧澹歸《徧行堂集》語多悖謬，必應燬棄，即其餘墨迹、墨刻亦不應存，著李侍堯等逐一查明繳進，並將所有澹歸碑石亦即派誠妥大員前往椎碎推仆，不使復留於世間。又聞丹霞山寺係澹歸始辟，而無識僧徒竟目爲開山之祖，謬種流傳，實爲未便，但寺宇成造多年，毋庸拆廢，著李侍堯等即速詳悉查明，將其寺作爲十方常住，削去澹歸開山名目，官爲選擇僧人住寺經理，不許澹歸支派之人復爲接續，該督等務即妥辦復奏。所有高秉家查出澹歸詩集及各種墨刻並著抄寄李侍堯閱看。此外或有類此者並著一體查辦，將此再行傳諭知之。[①]

在乾隆旨令下，廣州知府李天培赴韶關府，會同廣東南韶兵備道李璜，往丹霞山查辦，將金堡所有墨刻墨迹、碑石摹拓進呈，碑石遺迹一律椎碎，並將澹歸支派全部逐出，丹霞下院會龍庵、龍護院亦受清查。清葉廷琯《鷗陂漁話》引《達源雜記》記載，這場查抄運動致丹霞"寺僧死者五百餘人"。[②]

整個案件中，金堡被查禁著述有 18 種，被列入《軍機處奏准全燬書目》有：《梧州詩》《徧行堂雜劇》《臨清去來集》《夢蝶庵詩》《明文百家釋》《今釋四書義》（又名《澹歸四書》），著録於其它禁燬書目的有：《行都奏議》《金堡時文》（又名《今釋制義》）《徧行堂集續集》（又名《徧行堂正續集》）《粤中疏草》《徧行堂隨見録》《丹霞初集二集》。乾隆四十一年（1776）二月十五日，兩廣總督李侍堯奏繳書《丹霞志》《甘蔗生遺興詩》《丹霞初集》《丹霞二集》《丹霞四集浙客詩》《吴鴻丹霞記遊詩》《丹霞和詩》《鶴汀詩集》，[③]皆涉丹霞山，雖然未登記著者，但從書名可見爲澹歸案所查出書籍。受金堡案牽連，金堡的師父函昰、師叔函可、師兄今無、弟子古翼、古樊、古如等著述，亦受牽連被一起查禁，波及面甚廣。

十一月，于敏中又奏報，"於《韶州府志》内查有澹歸和尚丹霞山事迹及所作詩詞"。[④]同時，李侍堯又查《丹霞志》中"詩文語録諸多忤逆，且有徐乾學爲伊撰制塔銘"，將志乘中有關内容"提版鏟削，以清穢迹"，得到乾隆認可。[⑤]四十四年（1779），乾隆帝再諭旨："錢謙益、屈大均、金堡等所撰詩文，久經飭禁，以裨世教而正人心。今各省郡邑志書，往往於名勝、古迹編入伊等詩文，而人物、藝文門内並載其生平事實及所著書目，自應逐加芟削，以杜謬妄。"[⑥]

---

① 上海書店出版社編：《清代文字獄檔》（增訂本），第 145 頁。
② 〔清〕葉廷琯：《鷗陂漁話》，上海：廣益書局，1942 年，第 28 頁。
③ 雷夢辰：《清代各省禁書彙考》，北京：書目文獻出版社，1989 年，第 253 頁。
④ 上海書店出版社編：《清代文字獄檔》（增訂本），第 158 頁。
⑤ 上海書店出版社編：《清代文字獄檔》（增訂本），第 166 頁。
⑥ 中國第一歷史檔案館編：《纂修四庫全書檔案》上册，上海：上海古籍出版社，1997 年，第 1151 頁。

由此,禁書範圍進一步擴大到郡邑方志。受金堡案牽連,佛教方志《丹霞志》《曹溪通志》被奏准全燬,地方府縣志《南雄府志》《韶州府賦役全書》《韶州府志》《曲江縣志》等遭删削。

(四)其他禁燬書及其作者

除以上函可、屈大均、金堡三人大批著述遭禁燬外,受這幾大案件所牽涉的其它佛門著述數量亦不菲。除此,尚有幾種與三大案無關的禁書,一併列表如下:

書名	作者		禁書原因
	法名	宗嗣	
北遊集	道忞	臨濟宗三十一世	雍正十三年九月初四諭:有昔年世祖章皇帝時,木陳忞大有名望,深被恩禮,而其所著《北遊集》,則狂悖乖謬之語甚多,已蒙皇考特降嚴旨,查出銷燬。[①]
天然昰禪師語録	函昰	曹洞宗三十四世	《天然和尚語録》一本,函昰行狀,係金堡所作,語句亦有干犯處,應請銷燬。
天然瞎堂詩集			《瞎堂詩集》三本,集中多有狂誕之語,應請銷燬。
嘯樓選集	二嚴	函昰俗弟子,俗名李雲龍	《嘯樓選集書》二本,書中語有悖礙,應請銷燬。
光宣臺集	今無	函昰第一法嗣	《光宣臺集》五本,又《尺牘》三本,今無與金堡同時,中多唱酬之作,應請銷燬。
耳鳴集	今吼	函昰弟子,俗名王邦畿	《耳鳴集》二本,前有錢謙益序,作於康熙元年,又有金堡序,作於順治十六年,而詩中有"中興天子賚恩濃"等語,殊爲悖謬,應請銷燬。
丹霞雪詩	古翼	今釋弟子,俗名王隼	内有一先十五咸五歌六麻四詩違礙。
大樗堂詩集			未詳
梳山贈言			未詳
圓音語録	古梵	今釋弟子	《圓音語録》一本,中言丹霞事,皆指金堡,應請銷燬。
丹霞語録	古如	今釋弟子,别傳寺住持	《丹霞語録》一本,中間多稱述金堡,詞語亦多妄誕,應請銷燬。
丹霞山志	古奘 古如	今釋弟子	《丹霞山志》四本,《志》中多記金堡事迹,應請銷燬。
曹溪通志	真樸	道忞弟子	《曹溪通志》四本,中有錢謙益、金堡之文,且語句亦有違礙,應請銷燬。
離六堂集	大汕	廣州長壽寺方丈	荒誕悖逆,語多狂吠。
咸陟堂詩文集	成鷲	鼎湖山慶雲寺第七代住持	《咸陟堂詩文集》十四本,集中詞氣多涉憤激,應請銷燬。
海雲禪藻集	徐作霖、黄蠡輯。該集收海雲寺天然函昰的弟子"今""古""傳"三代僧人及同時代居士 128 位詩作,計 1010 首,其中詩僧 60 位 732 首。		《海雲禪藻集》三本,中有金堡詩句,其他亦皆冗雜不倫,應請銷燬。

* 該表據〔清〕姚覲元編《清代禁燬書目(補遺)》、孫殿起輯《清代禁書知見録》統計

① 陳垣:《湯若望與木陳忞》,《陳垣學術論文集》第 1 集,北京:中華書局,1980 年,第 483 頁。

二、嶺南佛門勢力發展與王朝秩序的矛盾

相比順、康、雍三朝，乾隆對書籍的查禁力度要嚴厲得多。而從乾隆查禁函可、金堡案過程中可以看出，比禁書本身更嚴厲的是對其“支派流傳，承襲香火”的一一查處和剷除。通過深入分析嶺南佛門著述禁燬情況，可以看到禁書政策的背後反映的是嶺南佛門勢力的發展及政治取向與清廷建立王朝秩序，日漸加强思想文化統治之間存在矛盾。

乾隆四十年（1775）十一月初十日諭旨，對史可法、劉宗周、黄道周等加以褒揚，稱爲一代完人，而對屈大均、金堡，則大加指斥，言辭十分嚴厲，表達其深惡痛絶的態度：

> 朕惟以大公至正爲衡，凡明季盡節諸臣，既能爲國抒忠，優奬實同一視。至錢謙益之自詡清流，靦顔降附，及金堡、屈大均輩之幸生畏死，詭托緇流，均屬喪心無耻。若輩果能死節，則今日亦當在予旌之列。乃既不能捨命，而猶假語言文字以圖自飾其偷生，是必當明斥其進退無據之非，以隱殛其冥漠不靈之魄，一褒一貶，衮鉞昭然，使天下萬世共知予準情理而公好惡，以是植綱常。[①]

乾隆帝自認爲不以異代爲歧視，表彰“死不忘君，無慚臣節”的明末忠臣義士，並命舒赫、于敏中編《勝朝殉節諸臣録》。另一方面，他認爲屈大均、金堡這種既不死節，又不降附，假裝當和尚的人最無耻，完全不符合“忠義”的標準，而最要命的是還留下一大堆蠱惑人心的著述，所以金堡、屈大均被列爲與貳臣錢謙益同一級别的目標作爲重點打擊對象。

既不向明朝死節，又不向清朝降附，對於明末清初的“不明不清”現象，學界多有闡發。趙世瑜認爲這種現象“不僅意味著易代時期許多地區‘朝秦暮楚’，或者自立爲王，而且意味著没有一個超强的權威對各個地區行使統一的政令，……可能有不同的勢力乘機攫取自己的利益，或試圖改變原有的力量對比和差序格局。‘不清不明’甚至不僅是一種政治立場的表現，更是一種集體心態，即許多地方没有形成對南明政權或者清政權的認同”。[②] 而嶺南佛教正是在這種“不明不清”的時代和地域環境下趁勢發展。

清王朝作爲異族統治政權，初則壓抑江浙，擢用邊人。嶺南地處平南王藩地，在很長的時間内處於地方割據狀態。藩王及地方勢力相比中央王朝對待佛教的態度更能決定本地佛教的興衰。平南王的佞佛促使嶺南佛教在嚴酷的藩鎮統治下逆生長。自攻陷廣州之後至康熙十九年（1680），尚可喜及其子之信、之孝坐鎮廣東三十年，集兵、政、財權於一府。然而以武力稱霸一時的平南王，却同時扮演著護法使者的角色，大興佛寺，捐資佈施，敦請名僧到嶺

① 中國第一歷史檔案館編：《乾隆朝上諭檔》第8册，桂林：廣西師範大學出版社，2008年，第87頁。
② 趙世瑜：《“不清不明”與“無明不清”：明清易代的區域社會史解釋》，《學術月刊》2010年第7期，第133—134頁。

南説法,而且還將自己的一個女兒送入沙門爲尼。雖然“沙門不敬王者”,但是嶺南佛門各派勢力在求生存求發展的過程中也借勢倚靠各種政治勢力,開山辟土,發展寺院經濟,各自開闢一派宗風,吸引四方信友,在政治、經濟、文化領域產生一定的影響。

自曹洞宗三十三世道丘和道獨回歸嶺南傳法後,禪宗在嶺南發展特盛。以道獨首座天然函昰爲領袖的“華首系”,以“道函今古傳心法,默契相應達本宗”之偈爲傳法譜系,有羅浮山華首臺,廣州海雲寺、海幢寺、黄華寺、法性寺、光孝寺,韶州丹霞山别傳寺等爲主要道場,並結有“蓮社”。以道丘及其弟子弘贊爲初祖的“鼎湖系”,以“元道弘傳一,態光照普遍”之偈爲傳法譜系,據肇慶鼎湖山慶雲寺、南海寶象林、新會玉臺寺等爲主要道場,並結有“東林社”。而其中“華首系”最爲盛大,綿延不絶,影響深遠。

屈大均曾描寫過清初嶺南佛學興盛的情形:“概自庚寅變亂以後,吾廣州所有書院皆毁於兵,獨釋氏之宫日新月盛。”[①] 明代廣東講學興盛,書院多達 168 所,在全國僅次浙江、江西,位列第三。[②] 由於戰争破壞,再加上清廷初期抑制學術,不許聚衆結黨,嶺南地區直至康熙初年才逐漸復建書院。在舊官學盡毁,新官學還未建立的過渡時代,佛寺幾成唯一的學術場所,還發揮著學術和文化傳承的作用。天然函昰執弟子禮及問道者,不下數千人。其座下法衆,進士、舉人、諸生等儒士不一而足。伴隨著舊有宗族勢力的瓦解,佛門勢力得以重組。佛門不只成爲一大批不仕新朝的遺民以及堅持抗清的文人志士容身之所,也成了一般士大夫和學子聞道治學的場所。

從著述的繁榮程度可以看到嶺南佛門勢力發展幾乎持續到了乾隆初年。雖然嶺南地處偏遠,但隨著清王朝政治策略的改變和文化大一統政策的推進,清廷也感覺這種勢力也必將對王朝加强中央集權造成威脅。在清廷尤其是雍正、乾隆朝的佛教政策管束下,如禁止私建佛寺、限制僧籍、取消僧人度牒等,佛教已日漸失去擴張能力,而思想上的鉗制則更以隱蔽而徹底的方法打擊佛教發展。一方面,雍正帝、乾隆帝通過編《龍藏》,設清字經館,重新樹立中央皇朝的佛教“經典”。另一方面,即通過禁書活動清理有所違礙的佛門著述。隨著乾隆禁書活動的進一步開展,由屈大均、金堡牽連引發的嶺南佛門相關著述亦被大規模清查。嶺南曹洞宗“函、今、古”幾代,均有著述被禁,其它非“華首系”的名刹大師,如鼎湖山慶雲寺釋成鷲、廣州長壽寺釋大汕等,亦難逃被列爲異端的命運,其著述都有被列爲禁書對象的。廣州、韶關、肇慶的幾大名刹皆因之受到波及,而相關佛門方志、地方府縣志、文學選集、金石碑銘受摧燬删削者亦不乏其數。

禁書所涉及作者已跨三代人,時代由動亂逐漸趨於穩定,清王朝勢力日趨穩固。相比函可、函昰、屈大均、澹歸而言,並非嶺南僧人都帶有明顯的“遺民”身份和政治傾向。如“華首系”古字輩,“鼎湖系”釋成鷲,國變時尚爲幼童或未出生,從他們的詩文中可以看出他們歷

① 歐初、王貴忱整理:《屈大均全集》第 3 册,北京:人民文學出版社,1996 年,第 86 頁。
② 曹松葉:《宋元明清書院概況》,《國立中山大學歷史學語言研究所週刊》第 10 卷第 111 期—115 期。

經亂世，難免哀情抑鬱，但談不上心懷故國，而且他們往往與清廷委派嶺南的地方大吏關係要好。然而他們的著述亦在禁書案中被查處，則反映了“不清不明”作爲一種集體心態，在嶺南僧人群體中亦至少維持到雍正後乾隆初，才漸漸被淡去。

三、儒釋合流與僧人立言思想的建立

清前期嶺南僧人著述遭禁原因，固然大部分原因是這些著述“語多憤激”，作者或砥礪抗節，或“不清不明”的立場和心態與當局政治思想相左。然而還有一個不容忽視的原因就是這些著述大多體現出儒釋合流的思想傾向，學術立場與清廷提倡的“潛心正學，醇粹無疵”[①]的學風相抵牾。

大僧聚徒傳法説教，佛門勢力對社會的影響最大者實其思想。明清之際，嶺南佛教多承曹洞宗法脉。曹洞宗在此際明顯體現出儒釋合一思想趨勢，其集大成者覺浪道盛，著述豐富，“佛祖儒老内外篇集百有餘種”。其著述思想的最大特點是“無法不收，無機不被”，適應各階層的需要，具有救時的作用。他宣導“真儒必不辟佛，真佛必不非儒”的儒釋合一思想，滲透著内聖外王之道，爲士大夫們所嘆服。嶺南僧人中，屈大均、釋大汕皆曾入覺浪道盛門下，其著述思想亦無不受其影響。而作爲曹洞宗在嶺南的大法嗣，天然函昰在弘揚曹洞宗法時，也大力宣傳儒家的忠孝節義，主張儒釋道三教合一。《勝朝粵東遺民録》稱“函昰雖處方外，仍以忠孝廉節垂示，以故從之游者每於死生去就多受其益”，[②]足見其援儒入佛的思想。

而身遭世變的嶺南遺民僧，本來就是懷有匡國濟時的仁人志士，他們帶著孤懷遺恨披上袈裟的，作爲新血液注入僧人群體，在更大程度上體現清初嶺南學術思想的儒釋合流。儒家思想中有“三不朽”的追求，即“立德、立功、立言”。由儒入釋者，遁入佛門前讀儒經，攻儒業，原先深受儒家文化薰陶，或身人佛門而又不能忘情世事，於是不平則鳴，以文字寄托情懷，以文字達到傳法救世的目的；或抱有建功立業的志向，經歷多次反抗失敗而隱遁，最終走上專心著述的道路。舉上文三大要案爲例，函可、屈大均、金堡著述思想均反映此問題，在他們的著述中，儒釋調和問題高頻率地被進行論證和探討。

函可因坐文字獄發配瀋陽後，便有所謂“大僧”勸他不要再寫作，根除禍根，然而他却不以爲然。其弟子今羞《千山詩集序》言：

> □□先生前而諫曰：“師胡爲乎來？禍根慎不速鋤，乃復滋其苗耶？”師唯唯。大僧復厲色呵曰：“吾儕自有本業，貝葉之弗翻，木槵之弗數，而安事此毛錐爲？”師

---

① 《清高宗實録》卷一三〇（乾隆六年正月庚午），北京：中華書局，1985年，第941頁。乾隆帝諭：“從古右文之治務訪遺編，目今内府藏書已稱大備。但近世以來，著述日繁，如元、明諸賢以及國朝儒學，研究六經，闡明性理，潛心正學，醇粹無疵者當不乏人。雖業在名山，而未登天府。着直省督撫學政留心採訪，不拘刻本、鈔本，隨時進呈，以廣石渠天禄之儲。”

② 〔清〕陳伯陶：《勝朝粵東遺民録》附録方外，上海：上海古籍出版社，2011年，第291頁。

唯唯。羞伺間而進曰:"大僧下矣,先生之言,或有當歟?"師微哂,從容而語曰:"而不見夫黑毛而長耳者乎?雖霜雪在背,鞭策在後,而猶不禁振鬣而鳴也!"[①]

可見函可認爲動物尚且知道在逆境中鳴叫,人有不平之氣,何能不鳴?函可甚至將自己比喻爲貶職潮州的韓愈,其《冰天社詩序》言:"孤臣憔悴,尤甚韓吏部之潮陽久遷"。函可流放瀋陽,其族在嶺南,三個弟弟以及叔父、堂兄、侄兒等人皆抗清而死,此種喪國亡族之痛,雖爲方外之人,亦難抑制。正是這種"不平則鳴"的寫作思想,讓函可流放瀋陽後仍無法封筆,繼續創作了大量作品,可謂是"以言得罪,又以罪得言"。函可堂弟韓履泰在爲其《千山詩集》作序時言:

夫儒釋二道,皆所以扶綱常名教之重,而成佛作祖,多屬之血性奇男子。……及其以文字獲罪,脱萬死於一生。視吾舌尚在,習氣未除,復寄情於吟詠,眷懷宗國,篤念同氣,或和采薇之歌,或振招魂之些,撫今追昔,感慨係之。[②]

屈大均在評論函可詩時,也言:

嗟夫!聖人不作,大道失而求諸禪,忠臣孝子無多,大義失而求諸僧,《春秋》已亡,褒貶失而求諸《詩》。以禪爲道,道之不幸也;以僧爲忠臣孝子,士大夫之不幸也;以《詩》爲《春秋》,史之不幸也。[③]

韓履泰在論函可著述時,指出了儒釋二者並無區别,釋家同樣承當綱常名教,同樣承當道統。屈大均則進一步指出,釋家肩負儒道,踐行忠臣孝子之道,乃是不幸的時代造成的,而著作者不得已以作詩歌來記録歷史而不敢有私家史著,亦是嚴酷的時政之下史家的不幸。

屈大均在甲申國變後四十多年間,出入於僧儒之間,等待尋找反清復明良機,他曾坦言:"士君子不幸而當君父之大變,僧其貌可也,而必不可僧其心。"[④]雖然還俗後的屈大均以儒家爲正道,但是由於清初嶺南佛教相當興盛,而儒學門庭却相對冷落,他也不得不時而依附佛門以尋栖身之計。直至康熙二十二年(1683),鄭克塽降清,各方抗清武裝勢力最終銷盡。屈大均從此隱居羅浮山,設三閭書院,購古今異書,閉門著述,其間謝絶多方疏薦,效南宋逸民,自覺承擔其"道統"的承續使命。

金堡在南明王朝以抗言直疏名世,後歸佛門以終生。相比函可、屈大均,金堡對自己的

① 冼玉清:《廣東釋道著述考》,桂林:廣西師範大學出版社,2016 年,第 181 頁。
② 冼玉清:《廣東釋道著述考》,第 180 頁。
③ 歐初、王貴忱整理:《屈大均全集》第 3 册,第 87 頁。
④ 歐初、王貴忱整理:《屈大均全集》第 3 册,第 165 頁。

著述刊刻持以戒備的態度。鑒於當時“文字之禍比來頗酷，幸尤使不知己者見之，徒以不貨之軀蹈不測之弈，無益也”，[①] 他生前已將一些“涉激憤，不宜示人”及“不和平”的文字親自刪去，然而至乾隆朝時，他的著述却被立要案查禁。遁入佛門後的澹歸即便删其自認“涉激憤”“不和平”之文字，然儒釋合一的著述思想，仍明顯體現其集中。在爲《徧行堂集》作序時，澹歸的師友們無一不對儒釋合流的合理性進行論證。其同門今辯作序言：

吾先法兄澹歸和尚乘悲願以救時弊，不出法界一真三昧。處世間則重彝倫分誼，每多忠君憂國之行。出世間則重佛祖慧命，而一意孝順三寶師僧。殊途同歸，非一非二，不即不離。……嗟乎！當斯末劫，正法難扶，非乘悲願弘深，烏能挽回人心劫運？……若徒向語言文字中，與唐宋諸大家較量軒輊，則辜負立言者一腔熱血不鮮也。[②]

其友沈皥日作序言：

天下儒與僧爲二道，世出世間爲二法。我儒以文章命世，傳諸不朽。主叢席者一棒一喝提唱宗風，而語言文字非所貴焉。……夫和尚以儒始，而以僧終者也。始於儒則其言奏諸郊廟，達諸朝廷，爲《賡歌》，爲吁咈，爲對揚天子之休，而儒之事始畢。終於僧則其言出諸瓶缽，登諸語録，爲佈施，爲因果，爲天花墜空，爲頑石點頭，而僧之事始畢。是何彼視僧、此視儒，而有以輕測我和尚也哉？蓋徧行堂之書，乃傳世之書也。當其爲儒也，是以佛菩薩之心爲心者也。當其爲僧也，是以堯舜禹湯文武孔孟之心爲心者也。……不必分其爲儒，爲僧，而直以《徧行堂集》視之而已矣。[③]

如上序文所説，儒者以文章爲經國之大業，不朽之盛世的著述觀衝擊了禪宗一棒一喝，不立文字的傳道觀。僧人以立言者自居，佛門著述也能表達忠臣孝子之心，也能表達堯舜孔孟之心及世俗倫理，這個觀念對於佛門是一種思想的解放。它進一步繼承了南宋以來禪宗“菩提心”與“忠義心”的統一觀。在這種思想指導下的佛門著述，由於衝破了儒釋之間的藩籬，出世入世之間的隔閡，擴大了著述的範圍，從而達到前所未有的繁榮。

正如澹歸師父天然函昰在《徧行堂集序》所提出，“人之有言，如其有心”，佛門弟子既有“天下之心”，而與“天下共相見於其言”亦非常可貴，函昰强調了著書立説對傳道的重要性。明末清初學術風氣轉向實學，正如陳垣所説，“人皆知空言面壁，不立語文，不足以相懾也，故

① 〔清〕澹歸和尚著，段曉華點校：《徧行堂集》（二），廣州：廣東旅遊出版社，2008年，第308頁。
② 冼玉清：《廣東釋道著述考》，第256—257頁。
③ 歐初、王貴忱整理：《屈大均全集》第3册，第257頁。

儒釋之學,同時丕變,問學與德性並重,相反而實相成焉”。[1] 在儒釋調和的過程中,以及時代任務的驅使下,嶺南僧人普遍建立起立言、傳言的著述思想。

在順逆無常的人生中,出家人以佛寺爲道場,堅持和承續中國傳統道德,欲承擔救世的責任,推一己而達天下萬物,這與儒家“兼濟天下”的“仁”道殊路同歸,這種立場是正義和進步的。然而,隨著清王朝政權的鞏固,其在文化領域逐步推行大一統政策,罷黜百家獨尊儒術,將程朱理學提至至高地位,反對雜用佛理詮釋儒家經義,批判混淆儒釋。乾隆四十三年(1778),乾隆帝曾批評嚴羽《滄浪集》“假禪宗以定詩品,混儒釋兼紊後先”“引釋教以證儒宗,已爲冠履倒置,比擬弗倫”。[2] 次年,他又指責明代東林黨領袖顧憲成以佛法解釋《論語》是“學不醇”“全拾禪僧涕唾以注聖人之語矣…… 足見憲成之學雜儒墨,所謂非聖無法”。[3] 在皇權學術思想的“一元論”控制下,儒釋交輝、大德輩出的學海波瀾終歸平静,清初學術流派多元,思想互參的學風受到排斥和批判,這應是嶺南佛門不少禁書被斥爲“冗雜不倫”“語多妄誕”的根本原因。

四、嶺海焚餘: 禁書的價值及其後世流傳

明末清初嶺南僧徒著述的價值,如蔡鴻生所總結,“凝聚著豐富多彩的因緣: 佛緣、世緣、學緣和翰墨緣。這批歷劫倖存的嶺南僧寶,不僅是‘滄海换’的歷史記録,也是‘典型存’的文化象徵”。[4] 所謂“滄海换”的歷史記録,因爲這些著述從某種意義上説,是比官修歷史更接近歷史真相的史料,是更真實的存在。所謂“典型存”的文化象徵,除了後世常評價的忠義氣節外,還表現在他們於逆境中尋求安身立命的方法,開放和進取的心態,有引人向上一路的精神。其次是實學,無論是内典還是外學皆有豐富著述,表現出淵博的知識和超度濁世的智慧。

從上文所列禁書作者的生活年代來看,時間跨度從明末一直延續到乾隆早期約百年的時間。這些僧徒著述,因受動盪時代及思想潮流衝擊的緣故,在新王朝統治者看來,表現出“不純”和“混雜”,但他們的出現恰恰展現出驚心動魄的歷史時代和波瀾壯闊的文化氣象。正如梁啓超所説:“凡學界之‘黎明期運動’,大率都是這種氣象。乾嘉以後,號稱清學全盛時代,條理和方法雖比初期緻密許多,思想界却已漸漸成爲化石了。”[5] 任何觀念,在歷史上能有一席之地,無不有其理由。佛教在經歷明末清初的迴光返照後走向衰落,亦與統治者狹隘地

---

① 陳垣:《明季滇黔佛教考》,北京: 中華書局,1962 年,第 86 頁。

② 〔清〕高宗:《題嚴羽滄浪集》,《御制詩四集》卷四十六,《四庫全書》第 1308 册,臺北: 臺灣商務印書館 1986 年景印文淵閣本,第 115 頁。

③ 〔清〕高宗:《題顧憲成解論語四勿》,《御制詩四集》卷五十五,《四庫全書》第 1308 册,臺北: 臺灣商務印書館 1986 年景印文淵閣本,第 244 頁。

④ 蔡鴻生:《清初嶺南佛門史料叢刊總序》,《清初嶺南佛門史料叢刊》,廣東: 廣東旅遊出版社,2008 年。

⑤ 梁啓超:《中國近三百年學術史》,上海: 上海古籍出版社,2014 年,第 178 頁。

對佛教思想進行“純化”有莫大關係，而禁書政策，便是一大手段。以清代嶺南佛門著述爲考察中心，則明顯可以看到清前期佛門著述的繁榮與清中後期的凋零形成巨大反差，這不能不説禁書政策對佛門學術的發展打擊巨大。

50 種禁書中，雖大半得以流傳至今，但散佚失傳者數量亦不少，計有 24 種失傳，缺佚者亦不少。金堡受禁書中，除了《徧行堂集》外，皆已不傳。[①] 屈大均受禁的著述大部分得到保留，但在很長的一段時間内，也因嚴禁而流傳不廣，作者也不顯於世。後世選刊其詩文的，諱言其名而作“一靈”。龔自珍在道光元年(1821)寫了《夜讀〈番禺集〉書其尾》二首絶句：“靈均出高陽，萬古兩苗裔。鬱鬱文詞宗，芳馨聞上帝。”“奇士不可殺，殺之成天神。奇文不可讀，讀之傷天民。”[②] 其所言及《番禺集》，特以屈大均籍貫番禺地名代指書名，行文之小心可見其躲避文字禍之戒心。

嘉慶、道光年間，文網漸弛，私人刻書活動興盛，這些禁書陸續由本地學者文人對之進行重編重刻，反映出後世學界對明末清初嶺南佛門思想的文化認同。但畢竟由於被禁日久，許多著述的原刻本已無存或殘缺，多以抄本傳世，尋一完秩善本，亦成難事。至於官修文獻，更是從略或遠之，對於大部分禁書及其著者隻字未敢言及。道光《廣東通志》，對屈大均、金堡等人皆不立傳，以上禁書，道光《廣東通志・藝文略》所涉者，僅《嘯樓前後集》《剩人詩》《千山集》《光宣臺集》《咸陟堂初集二集》5 種。

所禁書中，語録 6 種，佛教方志 2 種，其它以詩文集爲多。因不少作者或由儒入釋，如金堡；或出入儒釋，如屈大均以及其他佛門俗弟子，他們被禁著述並非全與佛教經、律、論有關，狹義上説，並非佛教文獻，然而它們是與佛教相關的更貼近時代與生活的史料，是我們理解佛教另一種真實存在的文獻依據。

（黄曉丹，北京師範大學歷史學院博士研究生；周少川，北京師範大學歷史學院教授）

---

① 《今釋四書義》收在《徧行堂集》内，單行本未傳。金堡尚著有《嶺海焚餘》三卷，世傳只有抄本，民國張鈞衡得舊鈔本，刊入《適園叢書》，1987 年臺灣大通書局刊入《臺灣文獻史料叢刊》第 5 輯。該集收金堡奏議 49 篇，或爲《行都奏議》《粤中疏草》焚後所餘留殘篇。因〔康熙〕《丹霞山志》中《澹歸禪師傳》已言澹歸有《嶺海焚餘》稿，可知該稿於澹歸生前即有，或爲澹歸出家後自焚汰。該集禁燬書目未著録，或因世傳極少，未被查抄出。

② 〔清〕龔自珍：《龔自珍全集》，上海：上海人民出版社，1975 年，第 455 頁。

張雋《石船詩稿》及其文獻價值

王洪軍　萬志禕

[摘　要] 張雋著《石船詩稿》(又稱《西廬詩集》),上卷二集,下卷三集,共五集,附補遺。該書初名《石船存草》,首編爲朋友遺失,未能梓行。學生孫俠重爲搜集整理,張雋又續作若干,裒爲詩集。張雋裔孫張明良家傳此詩集,沈毅録得副墨贈予陳去病,柳亞子又從陳去病處過録;曹子釗從張明良處録得副本(僅上部二集),贈與王培孫。又張雋族人廉伯子孫家傳《石船詩稿》殘卷(僅存第四、五兩集)。《石船詩稿》既展現了張雋奇拗瘦硬的詩風,又保存了大量文獻信息,爲研究清初遺民群體及其生存狀態,提供了寶貴而又真實的歷史資料。

[關鍵詞] 張雋　石船詩稿　文獻價值

明遺民張雋的相關資料及其研究,筆者持續關注有十年之久。每到一地,必然留出時間去圖書館查閲相關資料。在上海圖書館,偶然翻閲書目,《石船詩稿》(以下簡稱《詩稿》)赫然在目,初未引起筆者閲讀興趣。十年前拙文《張雋交遊與創作考》[①]已經有所介紹,並且復印留存。當再次把關注的重點移向《詩稿》,仔細查閲發現,筆者復製的《詩稿》是二集本,上海圖書館還有一部五集本附録補遺的《詩稿》存在。

五集本附録補遺的《詩稿》,封面題簽"吴江張西廬先生雋遺著","南社叢刻"紅格稿紙謄抄。書後有陳去病跋語,簡單敘述了書稿的傳抄過程。其文曰:"庚戌客杭州,沈思淵毅得此册於張念貽明良,因舉以見貽,合志之,以拜嘉貺。垂虹亭長陳去病識。"庚戌年爲宣統二年(1910)。這一年,王文濡序本《西廬文集》四卷附録一卷,由上海國學扶輪社出版梓行。跋語告訴我們,陳氏所藏《詩稿》獲贈于沈毅,沈毅從張明良處抄録。

之前從上海圖書館復印的二集本《詩稿》卷末有黄鈞作於1918年的長篇跋語:"右《石船詩集》二集,吴江張西廬先生所著。……余所見者,此書外,有吾師録《西廬文集》若干卷。晚罹莊氏史稿禍,其書遂無人敢爲流傳。庚戌之春,肆業法校,有同學張君明良者,先生之裔孫也。覓得此集抄本,欲倩人録副,余遂浼同門曹君子釗任其事。曹君應張求外,復寫得此本藏於家。朱竹垞《明詩綜》只録《讀白太傅集》一首,且不敢言其得禍事,不足以愜讀者之心。培孫先生有選録明季諸老遺詩之舉,因屬曹君出其所藏,以供采摭,而書其梗概於此。戊午春日長洲黄鈞。"從跋語裏我們可以得到這樣的綫索:張明良藏有先祖張雋《石船詩稿》,欲請人謄録副本,黄鈞推薦了同學曹子釗。曹子釗完成其事,又録副本藏於家。王植善(字培蓀,後改爲培孫)編選明遺民詩,黄鈞囑曹子釗捐出所藏《詩稿》,並作長篇題跋以志其事。需要

① 王洪軍:《張雋交遊與創作考》,《北方論叢》2004年第3期,第25頁。

説明的是，曹子釗所録僅是《詩稿》上部的二集，下部三四五集以及《補遺》未録，不知何故。二集本《詩稿》第一集卷首鈐有“王培孫珍玩物”藏書印章一枚。可以想見，《詩稿》之五集本與二集本同出一源，即從張念貽（明良）處傳抄流出。

五集本《詩稿》分上下兩部分。上部第一集扉頁有柳亞子題記，曰：“邑前輩張節士西廬先生（雋）遺著《石船詩稿》五集，都五卷，附《補遺》一卷。稿本，未刊。藏其裔孫念貽（明良）處，陳巢南（去病）曾得副墨，余從借觀過抄，從此天壤間有第三本矣。中華民國九年十一月十一日。吴江勝溪柳棄疾記。”

上部分二集，即第一集、第二集；下部分三集，即第三集、第四集、第五集，以及《補遺》一卷。從内容上看，二集本《詩稿》係五集本《詩稿》的上半部分。

上部之第一集存詩 69 題 120 首。第一集目録後，張雋略道其首尾：“予詩自半巢，有孟樸削本，名《石船存草》。石船在霞霧之麓，嘗寄迹焉，故以志之。此本爲友人失去，遂缺首編。向與孟樸、鵬先和高不諱等作，皆亡之矣。兹所存，則門人孫倓搜輯，得之簡端、僧壁者爲多，感其用心之勤，因復次爲若干首。拂迹迹生，無乃重揚其醜乎！石船主人志。”張雋在與金俊明的信中也談到了詩作梓行之事，“拙集枉付梓，自去歲已成。中二集，因首集失去，遂無意竟其事。”[①] 張雋當有刻板印行詩稿的舉動，首編爲朋友遺失，所以其事未竟，殊爲遺憾。

上部之第二集存詩 76 題 135 首。在目録後有張雋跋語：“自《讀白太傅》以前，亦舊《石船草》也。爲亡友削定，不忍置之。此後則丙戌、丁亥作，多悲悼傷往之辭。其間稍爲信眉，惟孝章巢頭一覺爾，特録之《續湖上聯句》後。又有掇拾故紙，非此兩年之作，亦漫附焉。紞梯紞榻，殊不足觀，知我[②] 一哂。”由此可知，張雋詩集《石船詩草》，或曰《石船草》，系好友孫孟樸删訂，而最初的《石船詩草》應該是二集。《石船詩草》大部分詩篇已經佚失，即首集（首編）遺失，孫倓搜集剩餘詩篇，加之張雋續作，新舊夾雜，再成二集詩，這就是我們今天所見到的《石船詩稿》上部的二集詩。《石船詩稿》分爲上下兩部分的原因恐怕也在這裏。

《詩稿》下部第三集收録 102 題 169 首。本集目録後自言：“《題葛巾》起，皆寓潯後作，深恨不讀書，不料理本分事，弄此無意味生活，可一舉付丙丁也。”第四集收録 58 題 137 首。張雋道：“是集非詩也。十餘年來，筆研生活聊見一二，以存鄙陋。其古人逸編，鈞弋所得、石友近著、縞紵所遺，手抄成帙，亦偶志之。率然而韻，不知其爲詩也。雜之舊稿中，使知吾詩興會所及，不過如斯。至飲食、遨遊、征逐、酬唱，既無其緣，亦非其性，毋怪其無此等題目也。”第五集收録 51 題 114 首。《附録》收録 5 題 8 首詩。

《清人詩文集總目提要》載有“張雋《西廬文集》”條目，其文曰：

> 《西廬文集》四卷，張雋撰。雋生年不詳，……年已七十餘。所撰《西廬文集》

---

① 〔清〕張雋:《西廬文集·與孝章》卷壹，宣統二年（1910）上海國學扶輪社鉛印本。
② 兩卷本《石船詩稿》“知我”前有“聊爲”二字。

> 四卷,輯入《二西遺書》,鈔本,上海圖書館藏。至宣統二年上海國學扶輪社始鉛印流傳,首都圖書館藏。又有《石船詩稿》不分卷,鈔本,二册,陳去病批注,有白文"去病藏書"、陽文"校理秘文"及白文"蟠螭山民"等大方印,中國社會科學院文學研究所藏。……詩分第一集至第五集,附補遺。目録後自云:"詩自崇禎八年迄順治十八年。"末有陳去病題識云:"庚戌客杭州,沈思淵(穀)得此册於張念詒(明良),因舉以見詒,合誌之以拜。"張明良當是作者後人。《霞外攟屑》卷一載,所著又有《輿斯集》無卷數、《西廬詩草》四卷。今未見傳。[①]

此提要有誤,我們逐條進行説明:

其一,張雋"年已七十餘"是《莊氏史案本末》之説,筆者昔年考證也從此説,顯然有誤。

2015年3月25日,潛心研究"明史案"的孫譽研究員發出了一篇博文《一封書信引出"明史案"張雋佚作重要綫索》。文中載有張雋後裔的兩封書信,其中一封寫道:

> 有關西廬公史料摘抄亦仔細看過,其中有兩處與家譜所載有出入。其一,抄件所載"莊氏明史案"決獄在癸卯之秋,決獄者是否指判決,還是指行刑?但家譜載:西廬公卒於癸卯五月二十六日,三子長任(子亶)、次伸(子宜)三儼(子安)均卒於是日。由此可見,癸卯五月二十六日(康熙二年)即行刑之日。兄可查閲明福兄所留家譜。其二,西廬公出生於明萬曆三十年壬寅十月十八日(即西元一六零二年),卒於癸卯(西元一六六三年),終年該是六十二(虚歲)。

有張氏家譜爲證,張雋生於萬曆三十年(壬寅,1602),卒於康熙二年(癸卯,1663),終年62歲,是可以確定的。此可補"雋生年不詳"之缺,也可訂正張雋"年已七十餘"之訛誤。

其二,張雋撰《西廬文集》四卷無疑,輯入《二西遺書》則爲誤記。

上海圖書館確實藏有抄本《二西遺詩》附《雲門詩集》一册。但是詩集,而非文集。張雋號西廬,吴楚號西溪,二人友善,又同被"莊氏史案"之禍,唯恐詩文著述湮没不彰,雁蕩山人陳忱輯録亡友的詩作,命名爲《二西遺詩》,卻非《二西遺書》。該詩集前有雁蕩山人陳忱跋語:

> 庚子夏,五觀荷于東池,西廬、西溪皆以敘詩,讀之覺有秋氣蕭瑟、勝遊難再之慨。未幾難作,白首同所歸矣。生平著述什不收一,予因點定,屬笠漁書之,以存兩先生一泓碧血也。……而殘編斷簡,豈能爲之分帙哉!夫詩之玄思,幽照同風,湍澗響異,亦在所感,而得之者何如耳?録成,歸之東池。倘菡萏盛開時,兩先生擎翠

① 柯愈春:《清人詩文集總目提要》上册,北京:北京古籍出版社,2001年,第19頁。

蓋，乘太乙舟，丹丹而下，未可知也。時歲在柔兆敦牂（丙午）蕤賓（五月）之月下瀚三日雁蕩山人題。

根據陳忱序文知，《二西遺詩》輯録於康熙五年丙午（西元 1666）五月下旬。詩集封面鈐有“鍾賢禄印”“毛瞻”藏書章。

首爲張雋《西廬詩集》，無目次，收録 35 題 59 首詩。其中，14 題 20 首在《詩稿》第二集，16 題 32 首在《詩稿》第三集，5 題 7 首在《詩稿》第四集。

次爲吴楚《西溪詩集》，無目次，收録 26 題 30 首詩。吴楚，字敬夫，號西溪。浙江烏程人。爲詩喜好鐘、譚一派，與董説交往頗密，二人唱和之詩，《豐草庵詩文集》載有十餘首。以莊氏史案陷於囹圄，獄中尚與被逮之名士吴炎等慷慨賦詩，相互酬答。與閔聲選唐詩《嶺雲集》，吴江吴宗潛爲之序。

《二西遺詩》附録《雲門詩集》，又作《浣愁草》。雲門係明遺民李向榮的號，字欣父，一字晉美。國家圖書館藏抄本《東池詩集》，是張雋、陳忱詩友集會之作，其中便有李晉美其人其詩，陳忱將《雲門詩集》附於《二西遺詩》之後，是有其道理的。

其三，“《輿斯集》無卷數”“《西廬詩草》四卷”，皆爲資料轉寫之誤。

孫譽博文之“慶弟”書曰：

抄件中所載：“作有《明理學諸人傳》，其稿另録（出），書名曰《輿斯集》。”此著作題名爲《輿斯録》，非《輿斯集》，原稿現珍藏於我處。共四册，恭楷書寫，系西廬公手筆。現抄録《西廬公傳》，隨函附上，供兄一閱。此文未知出於何人手筆，其文筆似感一般，且輾轉相抄，文中可能有缺漏謬誤。弟讀此傳，感到有幾處上下不很貫通。傳中所提到的西廬公著作計有七種。《象曆》、《輿斯録》原稿均珍藏弟處。《賣菜言》《西廬詩集》（四、五卷，一、二、三卷缺）、《文集》（序記贊跋雜文）弟處所藏爲抄本。《九雒序》及《四三韻顯論》則無此藏書，此二種著作，公當時未刊行於世，很可能就絶滅矣。此外尚有一部西廬公手批之《易經》。先父在世時，出金從他姓處購回，共四册。來信提及《大事記》二及三亦有零星記載。①

通過張氏族人的信件我們知道，《輿斯集》系傳聞之誤，本作《輿斯録》，有四册之巨，並且與《象曆》《賣菜言》尚存於世，此可補拙文《張雋交遊與創作考》考證之失。《西廬詩草》四卷，《南潯鎮志》《蘇州府志》卷一百三十八皆有著録，《江蘇藝文志・蘇州卷》亦承此説。顯然，是以訛傳訛。張雋詩集當作《石船存草》（《石船草》），或謂《石船詩稿》。

孫譽文所載書信“爲源哥之子在整理父親遺物時尋得，稱其是張廉伯之後人”。“信中的

① 孫譽:《一封書信引出“明史案”張雋佚作重要綫索》，http://blog.sina.com.cn/s/blog_c99b60e60102vbec.html。

慶弟,祖籍吴江,原供職於上海閘北區教育局。而源哥,則是他同父異母的兄長,一直在原南潯供銷社工作。”張廉伯其人,王文濡在《西路文集序》中便已提及,曰:“憶丁亥歲,館於湖濱張氏,其族人廉伯孝廉,爲余道其族祖西廬先生事甚悉”,王氏序文並未提及張雋所著詩文情況。信中言,張雋著有《西廬詩集》有五集本,信中自注僅存四、五集,缺一、二、三卷,當爲《石船詩稿》,只是題名不同罷了。

《清人詩文集總目提要》載:“有《石船詩稿》不分卷,鈔本,二册,陳去病批注,有白文‘去病藏書’、陽文‘校理秘文’及白文‘蟠螭山民’等大方印,中國社會科學院文學研究所藏。”筆者幾次到中國社會科學院文學研究所圖書館查找此《詩稿》,一無所獲,《詩稿》已不知所踪。準此,《詩稿》有張明良存本,沈毅過録贈送陳去病藏本,柳亞子過録陳去病本,故柳氏曰:“從此天壤間有第三本矣。”實際上,張氏廉伯子孫尚有一家傳僅存四、五集之殘本《詩稿》(《西廬詩集》),而上海圖書館還有二集本《詩稿》(係五集本上部,第一、第二集),此爲曹子釗過録張念貽本,轉贈于王植善,《詩稿》第一集卷首鈐有“王培孫珍玩物”藏書印章一枚,可證。

由張雋題志可知,《石船詩草》初稿亡佚,孫僎收拾舊篇,張雋附以新作,而成《石船詩稿》。孫僎,字商生,從張雋遊,鈕琇《觚賸·人觚》有傳。上海圖書館藏有抄本《商聲詩選》。柳亞子題曰:“《商聲詩選》一卷,從吴興吴陵陽(維)《溇上詩抄》中録出。袁、殷兩《詩徵》均未見著録。中華民國十三年雙五節後一日邑後學柳棄疾記。”《商聲詩選》僅有14題17首詩。其中,《葡萄篇奉慰西廬先生同嚴榮蔡潯作》詩小序曰:“按《西廬集》有《追和石墩見慰蒲萄篇》,後附石墩原詩。題云:‘非仲藏宋温日觀《蒲萄卷》失去,歌以慰之。’考:温日觀,宋遺民,國亡竄浮屠。”其詩曰:

> 臨安風起黄臺摧,趙家綿瓞成飛灰。海神抱蔓宫梧哀,宫梧哀,海神怒,累枝墜實捐秋露。柔條難固獨松根,斷藤不繫冬青樹。漢家博望從西來,遠携羌植中土栽。世運千年一翻掌,玉津雨露悲蒿萊。阿誰圖出寸草心,蒙緇潑墨淋漓深。血淚泚筆何縱横,縈絲繚繞蟠千尋。玉匣兮錦褾,百靈護兮呵神,昭陵蘭亭不得有,尤物來去誰能招。請君撫事莫太息,獨不見青門五色無遺迹。

據汪曰楨《南潯鎮志》記載:沈石墩,名榮,字仁叔,一字塵外。本爲廣信知府嚴正邦的孫子,尚書沈演乞爲假子,故名沈榮,因别墅在化石墩,人稱“沈石墩”。崇禎之末參加復社,國勢頽危,散財結客,劍俠奇才之士盈門。明朝亡後,聯合義軍抗清,“四方豪傑之士,無不知有上林沈石墩者”,成爲當時反清復明的領袖之一。魯王監國,樂輸銀響,遥授翰林院檢討。順治十六年(1659),於南京遇害[①]。事迹詳見楊鳳苞《沈檢討傳》。

① 〔清〕汪曰楨:《南潯鎮志》卷三六,同治二年(1863)刻本。

李晉美《雲門詩集》也載有《葡萄篇》：詩序曰："張西廬有《蒲萄》畫卷，爲宋遺民温日觀所作，年來亡失。沈石墩作《蒲萄篇》以惋惜之。頃因石墩殉難，西廬追和其韻，以示同人，予亦同和云。"

雨淋鈴歇啼猿斷，越嶺寒雲愁不散。三年碧血灑蒲桃，忠魂叫徹錢塘畔。醉來白眼罵胡髡，一椎魄褫祖龍半。鳴呼趙社唯冬青，英雄不忍登吴觀。荆榛一望鎖宫闈，古瓦生松青鼠竄。間氣由來鍾布衣，石墩姓字星爛光。鸊鷉霜冷哭青萍，嗟哉絶命猶揮翰。精衛叱裂石頭城，銜來欲補田横岸。野棠花發滿園陵，一盂麥飯誰爲薦。君親家國兩飄零，西廬亦復遭離亂。畫帙雕殘泣宋元，鼎彝無復珍秦漢。豈云神物終當化，愁對妻孥祇浩歎。宣和翎羽最傷心，春風一醉山僧换。況復國破蘭亭亡，追和新詞淚痕燦。一聲長嘯扶桑紅，陰雲寥廓東方旦。

《復和前韻》

厓山宋祚風吹斷，六陵零落土花叢。冬青花落越山白，烏飛啞啞蘭亭畔。耿耿丹衷不顧生，温君止得石墩半。即許黄冠何處歸，首陽豈有餘宫觀。蒲萄遺失英雄亡，痛哭空山古猿竄。浩氣長留天地間，海可枯兮石可爛。秋風搔首故人篇，鱸魚釣罷悲張翰。出師淚灑杜陵詩，渡河呼斷黄龍岸。西臺開遍杜鵑花，謝翱肯負文山薦。興酣落筆和長吟，鮫珠錯落光零亂。千古夷齊一寸心，於今誰是錚錚漢。子胥已死蘇臺傾，越人笑樂吴人歎。越臺不久鷓鴣飛，興亡瞬息如交换。嗟哉月落寒鐘漫，仰頭猶見星河燦。霜華滿地雞漸鳴，誰云長夜何時旦。

由詩序可知，張雋的和詩作于沈石墩被難之後，《石船詩稿》第四集載有該詩，即《追和石墩見慰蒲萄篇》：

媧皇鼇極忽中斷，彗孛飛流日光散。杜鵑銜血過秦川，有聲不到吴山畔。吴山越山相摠愁，欲語不語語失半。玉匣昭陵事幾回，蘭亭嗚咽非昔觀。有力能殘死帝王，當年遭罵但羞竄。瑪瑙寺前醉氣新，飛來峰中妖石爛。事異時移等刻船，故人爲我嗟遺翰。袁生再死石頭城，英靈千古同高岸。泣誦君詩齒髮存，祭君當以蒲萄薦。世人只爲高門惜，炯炯徒將金玉亂。那説善人爲國楨，鉗徒十志猶存漢。殃自高門餘及君，病攻虎食知誰歎。平生珍重鐵函書，德祐紀年當未换。夜窗曾講履霜爻，我勒君語今猶燦。石墩涼月駕鸞鷗，長跪陳辭告公旦。

該詩後附有沈石墩《非仲藏宋温日觀蒲萄》原詩，序曰："余（筆者疑爲張雋所改，當作非仲)藏宋温日觀《蒲萄卷》失去,意甚惋惜,歌以慰之。"

錢塘江潮三日斷,翠華遥遥六宫散。茫茫黑霧覆崖山,二龍無聲泣天畔。衣冠南渡靖康年,忍見旄頭明夜半。冬青雪冷子規啼,尚有遺民温日觀。闕閲姓名知是誰,有身但向浮屠竄。酒酣獨抱支離叟,罵賊猶存目光爛。依稀八法素師傳,蒲萄餘技留篇翰。馬乳曾無塞上塵,蝦須尚似江南岸。涼雲不共荔支殘,景風難並櫻桃薦。莫道驪珠顆顆圓,萇弘碧血光淩亂。三百餘年歎息同,何人對此非河漢。借問善心愛者誰,我友張君獨悲歎。神物一去何由還,觸目皆非氣凋换。顩嗟張君且勿歎,墨花會見虹霓燦。涼州美酒供天家,大叫忠魂歌復旦。

朱彝尊《明詩綜》對於張雋着墨不多,僅收録《讀白太傅集》一詩。著録《非仲藏宋温日觀蒲萄》詩作,又没有標注作者姓名。無論朱彝尊是有意還是無意地隱去了作者的姓名,由孫俁、李晉美、張雋的同題唱和詩可以確知,《非仲藏宋温日觀蒲萄》的原作者爲沈榮,其餘全部爲和詩,且在沈榮被難後追和。

若干年之後,張雋依然念念不忘温日觀的《葡萄畫卷》以及沈石墩與其詩,再次抒懷,作《舊藏日觀蒲萄逸之廿年矣,仁叔嘗作詩見慰,適見程君扇頭臨筆感賦》,詩載《石船詩稿》第五集,曰:"葛公嶺畔吟聲歇,西子湖頭醉色新。枝蔓草書成往迹,支離痛哭是前身。九原空賓石墩詩,一軸飄陵竟誰知。猶有程郎神骨似,虎賁相對泣寒涓。"

國變之後,雖爲一介儒生,張雋氣節不失,懷抱復國之志。如果説輯録《古今經傳序略》,保存故國文獻,意圖恢復的目的尚不明顯,那麽參與莊廷鑨私修明史,列爲編撰官,作有明理學諸人傳,便有昭示的意味了。與反清復明的士人領袖沈石墩交好,並且作詩紀念斯人,氣節胸襟令人感佩。雪竇山人魏畊、歸安錢纘曾,皆是清廷所謂"通海案"的參與者,被執,俱不屈而死。在《雪翁詩集》,我們發現了張雋的身影。《自破楚門别王庭璧、姚宗典、金俊明、張雋、葉襄、朱鶴齡、顧有孝、姜垓、徐晟、陳三島、徐崧、李炳,歸苕溪草堂悵然有懷》:"秋風餞罷習家池,綺里先生歸路遲。滿眼羈孤留異域,故鄉門巷隔軍麾。鄰雞野鶩親朝夕,細菜辛盤逼歲時。遥望東吴音信絶,祇應吟誦白頭詩。"[①] 張雋《詩稿》第三集有《得魏畊錢纘曾詩刻》一詩:"携來冰雪字,皎皎入雙瞳。筆墨聲情外,湖山氣類中。客舟分夕照,僧閣間林風。除此無長策,如予愧數窮。"張雋對兩位好友的詩作給予了較高的肯定,並且感歎無長策的書生,慚愧庸常的生活。這裏的遺民心事,和生活的痛苦,非一般人所能理解。張雋對自己的至交朋友金俊明説:"蓋我輩物外人踪迹,唯物外人領略之,雖親子弟,絡繹其間,不能知父兄之志,則等於面牆而已。……三十年心知,唯老兄一人。非老兄誰能明其不得意者。世以一

① 〔明〕魏畊:《雪翁詩集》卷十,四明叢書本。

'宋'字，一'僧'字，量弟之詩，極不敢當。弟心終不服，非老兄亦不能炙病得穴也。"[①] 三百年後，王文濡表彰先賢，出版遺民著作，在《西廬文集序》中説："當是時黄、顧、應、徐諸公皆以遺民而入興朝，抗節自高，備極人世苦境，要皆令終以没世。至於先生之無故遭禍，欲求爲遺民而不可得，身後寂寂又無人表章及之，甚矣天之厄先生，視諸公又何如耶？雖然天能厄其遇於生前，天不能厄其文於死後。"[②] 張雋的痛苦和無奈，在 20 世紀初終於有了迴響，詩文頗傳於世，節概亦有所表彰。

張雋的好友，明遺民孫淳，字長源，號孟樸。才俊之士，與張溥、楊廷樞、張采倡舉應社，天啟七年秋與吴翾、吴允夏等同舉復社。晚年隱居潯溪之梅綰居。陳去病《五石脂》云："孟樸名淳，吾邑之田義村人（其地今隸震澤），地與吴漊月港相近。晚歲居南潯，曰'梅綰居'，詩集名因之。少爲嘉興府學生，復社之盛，先生實爲媒介，故當時有'孫鋪司'之目。又時有爲孟樸口號云：'案頭一部《漢書》，袖中一封薦書，逢人便説我里'天如''天如'。"[③] 可見，孫淳在當時士林中的地位與聲望。

上海圖書館藏有吴江柳氏抄本《梅綰居詩選》一册，計 26 題 37 首詩。卷首題云："《梅綰居詩選》一卷，從吴興吴陵陽《漊上詩鈔》中録出。孟樸詩極少見，周笠川《吴江詩粹》所選只三首，今此本乃有三十七首，信瑰寶也。陵陽，清乾隆時人。中華民國十三年雙五節後一月，邑後學柳棄疾記。"《梅綰居詩選》有《余積詩三十年，未有定稿，非仲爲余删正，感而賦謝》一詩，足證張雋與孫淳關係篤厚，並且有相互選詩的情誼。兹録其詩如下：

> 正音墮蒼茫，大雅失其位。淫哇及怪唱，居然駭蒙稚。非無二三子，孤行自矜視。煉字不煉神，索之無餘思。古人去不還，今人覆敗意。四聲雖尚存，六義已漸替。緊余薄弱質，空慶聖明世。……屈指生平交，蘭心得其二。一以病著書，一以親不仕。相去三百里，鴻古有均嗜。澆胸討玉籍，遯志探金匱。大音振蕭朗，小言亦靈粹。讀書少研可，於我多心契。敢云才力方，或以風尚配。天乎奪之速，造化若多忌。寥寥撫殘編，屢下故人淚。君來問我詩，亦念生死異。眼前無知者，千秋杳難俟。直筆奮丹鉛，重展二公志。一年辨一格，勿取齒牙利。心如天之蒼，萬物不能翳。我詩既不亡，我友亦不逝。磨礱以相成，德大未可既。感君無以酬，爲君溯其自。秋月許同輝，浮雲不輕比。披枝見木根，論事核名義。五字鳴高寒，三山借鼓吹。全收物外權，一洗區中膩。遂令葑菲資，裒然及人次。行將藉品評，相與醒衆醉。誰曰聲音微，無關不朽事。

至今無任何資料，可資判斷此詩寫作時間，僅有張雋《詩稿》《丙戌臘月刻孟樸詩成用前

---

① 〔清〕張雋：《西廬文集·與孝章》卷壹，宣統二年（1910）上海國學扶輪社鉛印本。
② 〔清〕張雋：《西廬文集》，宣統二年（1910）上海國學扶輪社鉛印本。
③ 陳去病：《五石脂》，《江蘇地方文獻叢書》本，南京：江蘇古籍出版社，1999 年，第 312 頁。

見贈韻紀事》一詩能夠印證此事。丙戌年即順治三年(1646),《梅綰居存草》鏤版。細味張雋詩意,知孫淳已經亡故,即所謂“亡友”云云。張雋和詩與孫淳原詩同韻,哀感痛哭,頗爲傷懷。詩曰:

君詩于古人,自可置一位。尤君及其詩,裒然見衆稚。六經爲悦聲,風雅久淪墜。君起推横瀾,欲以正群視。疾驅三十年,異調多好慧。罔能集衆功,浩蕩怠遠思。地下華省郎,知君不得意。一賦窮遊篇,前事曠若寐。泣途曾未幾,狼狽煙塵世。……前我詩可知,後我詩可俟。奸我詩可辨,忠我詩可志。我詩無所爲,不可幹以利。我詩有所爲,不可遮以翳。惟詩爲劫灰,未隨驚湍逝。惟詩如蝦蟆,蝕君以至既。未契感相托,爲予追所自。一語足相死,知予無苟比。早識性情字,以此辨六義。相與爲波瀾,死獨輸君摯。蒼山沉君骨,箾箾寒風吹。哭君止老衲,定君交不膩。潤子與潤泥,一帙成取次。冥冥亦何理,哲愚共哭醉。歎息蒙莫知,君臣民物事。

張雋《詩稿》中,除聯句詩以外,有25首詩是寫給孫淳的。順治三年,孫淳病卒時,痛失良友,張雋作《哭孟樸》三首:

病餘秋骨尚姗然,竟倦窮遊作蜕蟬。處士題名知異帶,孤臣聲血已三年。生存梓里如遷客,死遇霜交又一天。續綰新排留剩句,何人更著補亡篇。

欲抽殘緒譜流離,忍見新題哭汝詩。猶有僕憐蕭穎士,更無亭借沈佺期。文章後世題孤格,姓字先黄赦黨碑。炯炯一心留到死,地中藏碧或深知。

不是君偏值亂離,君偏耐作亂離詩。可憐不及明時讀,憔悴空將隔世期。先汝五年黄憲卒,更無雄筆史雲碑。少年古寺論心處,卻問今僧悉未知。

孫淳詩中所説,平生至交有二:一爲張雋,另一個就是董説的父親董斯張,孫淳乃董説的父執輩。從張雋《詩稿》、董説《豐草庵詩文集》、孫淳《梅綰居存草》所載詩歌可以看出,三人往來甚爲密切,詩歌唱和繁多。

董説《豐草庵詩文集》卷四《西臺編》,是辛卯年即順治八年(1651)所作。其中,《讀孟樸先生〈存草〉次韻因懷舊事》詩曰:

當年枯柳傍門垂,艇載山僧過蟹籬。滿眼故人同説劍,三更白月坐聯詩。那知送客都成讖,還記藏書許共窺。石子洗清籬又結,一甌茶薦奠君詞。

董説自注:“集中聯句詩,同玄趾集静嘯齋,執琖言别。”玄趾是王毓蓍的字。會稽人,受業于劉宗周之門。甲申（1644 年）之冬，王玄趾來潯上，訪董若雨，寓居豐草庵。曾與張雋、孫淳訂石交，臨别執踐聯句以贈。董説“滿眼故人同説劍，三更白月坐聯詩”即是指此事而言。聯句詩見於張雋《詩稿》，題爲《同王玄趾集若雨齋執踐言别聯句爲贈》，詩曰：

盡説雲門家可移，結巢長恨未能爲（淳）。文非今日三年藥，病是吾儕一字師。半幅寒香心在畫，殘更舊緒客留詩（淳）。楂梨橘柚雖多味，無舌人看總不知。

鳧鶴從來不可移，盡將好事讓人爲。世情老閲方尊我，農譜新翻便得師（淳）。一歎幸圓懷友夢，無端又作送君詩。此宵静嘯停杯意，應有蘭亭花露知（淳）。

西吴一席又將移，更有同聲恨爾爲。（陳章侯詩“恨王玄趾滯西吴”）姓字不忘終我祟，文章何苦作人師（淳）。未横雪竇千峰杖，且續松陵雜體詩。落落此中難舉似，半階寒月或相知。（淳）

順治二年（1645），即弘光元年，六月十三日，杭州城被清軍攻戰，劉宗周絶食而未能死，王玄趾去書曰：“願先生早自裁，毋爲王炎午所吊。”友人苦勸其學陶淵明而隱居，其又云：“吾輩皆聲色中人，久則難持，及今早死爲愈。”俄而投湖自盡。劉宗周聞之歎息，再次絶食而死。王玄趾死訊傳入南潯，悲憤之餘，張雋作七絶詩四首以悼之。其一曰：“畫禪詩句偏矜絶，不許王玄趾入吴。獨留半幅梅花影，勝掛田横五百圖。”詩尾張雋自注道：“鵬先歸，述玄趾致書劉念翁，遂自經死。有五君詠紀事。玄趾寓潯時，以陳章侯畫梅見贈。”送别即爲永訣，所以，董説詩曰“那知送客都成讖”。甲申國變三年之後，張雋依然耿耿于摯友的殉國，《刻證人譜跋》云：“憶甲申之歲杪，予得晤先生之友玄趾王先生于潯上，玄趾盛稱此書。其明年，玄趾遂與先生俱成千古。竊謂玄趾在潯宜有俎豆，今是書之刻於潯，倘亦玄趾之意也。”[①] 紀念祭奠之意甚爲鮮明。而董説《西臺編》之《重閲〈梅綰存草〉感賦》詩曰：“可憐清嘯靠湖齋，屋任溪樵斫作柴。杜甫亂來吟詠苦，謝翱老後姓名埋。難忘澹墨傳吟帖，忍憶圍鐙鬬畫牌。[②] 十五國風曾踏遍，平生幾輛破芒鞋。”懷友之情溢於言表。

（王洪軍，哈爾濱師範大學文學院教授；萬志禕，哈爾濱師範大學文學院博士研究生）

① 〔清〕張雋：《西廬文集》，宣統二年（1910）上海國學扶輪社鉛印本。
② 詩中自注：“孟樸翁尺牘多淡墨攲斜，少年喜爲葉子之戲。”

章門弟子録*

朱樂川

[**摘　要**] 章門一派對中國傳統文化的研究可謂面面俱到,涉及經學、史學、文學、文獻學、校勘學、佛學、中醫等學科,而尤以小學最爲世人稱道。自章太炎1908年在日本講學開始,直至其1936年在蘇州逝世,其間拜章爲師者"累百盈千"。研究這一學術團體的首要任務就是確定章門弟子有哪些人,只有這樣才能條理清晰地研究這一學術團體的組成與發展。本文將結合現有文獻材料,整理出學界現在可見的且較爲詳細的《章門弟子録》。本文按照弟子出生早晚爲序,共整理出128位章門弟子,各述其"姓名""生卒年月""字""籍貫""開始從師之時間、地點""主要經歷""研究方向"及"著述"等8個方面的内容。最後,本文還對章門的形成與發展進行了討論。

[**關鍵詞**] 章門　弟子録　章太炎

一、有關《章門弟子録》

章門一派對中國傳統文化的研究可謂面面俱到,涉及經學、史學、文學、文獻學、校勘學、佛學、中醫等學科,而尤以小學最爲世人稱道。自章太炎1908年在日本講學開始,直至其1936年在蘇州逝世,其間拜章爲師者"累百盈千"。如此龐大的學術團體研究起來顯然困難重重,其中最困難的一個問題就是章門弟子有哪些人?而這個問題又會帶來一系列問題,如:其中哪些人已較爲人們所熟知?又有哪些人還未被人們所關注?哪些人值得深入去研究?又有哪些人只需蜻蜓點水,知道即可?所以《章門弟子録》的編寫將有助於我們脉絡清晰地研究這些問題。關於《章門弟子録》,章太炎晚年曾印行過,現有文獻可考的當在1932年,因爲章太炎在1933年致錢玄同的信中曾言:"《弟子録》去歲已刻一紙,今春又增入數人。"[①]"去歲"即1932年。但這次的編印較爲隨意,只是"但憑記憶所及耳",[②]其中不見許壽裳、朱宗萊、龔寶銓、錢家治、魯迅等重要弟子。另外《章門弟子録》在1933年進行修訂時,所録弟子人數亦不過50人,所以當然會有很多的遺漏("所録約計五十人左右,然亦恐有脱

* 本文是國家社科基金重大項目"漢語詞源學理論建設研究"(17ZDA298)、國家社科基金後期資助項目"章太炎語源學理論研究"(18FYY002)的階段性成果,以及南京師範大學社科青年科研人才培育基金項目"'章門弟子録'整理與彙編"的最終成果。

① 章太炎著,馬勇編:《章太炎書信集·與錢玄同書》,石家莊:河北人民出版社,2003年,第153頁。

② 陳平原、杜玲玲編:《追憶章太炎(修訂本)》,北京:生活·讀書·新知三聯書店,2009年,第285頁。

失也"[①]）。這些人雖不能包括所有的章門弟子，但我們可以肯定録於其中的當是太炎先生記憶較爲深刻之人。可惜的是，《章門弟子録》1932 年的初本和 1933 年的修訂本迄今都未曾公佈，[②]所以對《章門弟子録》的整理只能留給後人。章太炎在《通告及門弟子》中説："余講學以來幾四十年，及門著籍，未易僂指。"[③]朱希祖也説："章師弟子甚多，幾累百盈千。"[④]可見接受過太炎先生教誨人數之巨大，但能入"章門弟子録"的絶没有那麽多人，因爲一是不可能記全，二是要達到一定的標準。太炎先生自己也説："其間有學而不終與絶無成就者，今既不能盡記姓名，不妨闕略。"[⑤]另外太炎先生也清楚地意識到其中後期的講學，所來聽課者多有盲目攀附者，而幾無根底者又占不少。他説："都下學子習染頗深，恐糞土不可施杇槾耳"，[⑥]"徙蘇州後，亦尚從事講學，然今學子根柢淺薄，求如東京時之盛，不可得已。"[⑦]可見在太炎先生心中能入弟子録的是有自己的標準的，其中當然以東京講學時的那批弟子作爲心目中的不二人選。盧毅在《章門弟子與近代文化》[⑧]中羅列的與其課題有關的章門弟子除吴承仕以外，黄侃、汪東、錢玄同、朱希祖、沈兼士、馬裕藻、許壽裳、魯迅、周作人都是太炎先生早期在東京時的弟子（吴承仕屬於太炎中期弟子）。當然，以上所舉數人顯然不能涵蓋所有章門弟子中有貢獻、有成就、繼承章氏學術成果與思想的，但是也可以視作録入《章門弟子録》的一個標準。另外，民國 25 年 6 月蘇州國學講習會曾刊印過一份《章氏國學講習會同人通訊録》，[⑨]其中所載之人員也可録入《章門弟子録》。

經過一段時間的搜集與整理，[⑩]我們發現現在被學界經常提及的章門弟子大約有 30 多人，而章太炎紀念館和章太炎故居的兩份名單基本涵蓋了這 30 多位弟子，故這兩份名單可以作爲重要參考。1988 年 1 月，章太炎紀念館在杭州建成，館内掛有 20 位章門重要弟子的照片及簡介，他們是：黄侃、錢玄同、朱希祖、汪東、許壽裳、沈兼士、魯迅、周作人、劉文典、吴承仕、顧頡剛、傅斯年、姜亮夫、諸祖耿、王仲犖、徐復、曹聚仁、潘重規、湯炳正、姚奠中。2011

---

① 章太炎著，馬勇編：《章太炎書信集·與錢玄同書》，第 153 頁。

② 章太炎哲孫章念馳先生在 2019 年 1 月 2 日《中華讀書報》中有文《章太炎和他的弟子們》，其中提到 1932 年初本的《章門弟子録》，其言："《章氏弟子録》録有黄侃、吴承仕、錢玄同、汪東、朱希祖。這是他的'五大天王'，是最得意的，學術成就最大，追隨他時間最久遠，没有争議的弟子。此外還有馬裕藻、沈兼士、馬宗薌、馬宗霍、陳同煌、鍾正懋、黄人望、馬根寶、孫至誠。最後幾位是潘承弼、徐雲芻（恐是徐澐秋）。還有三個是已故人袁丕鈞、潘大道、康寶忠。還有二人名字殘缺，無法辯明。"筆者注：按照章念馳先生的説法，1932 年的初本《弟子録》至少録有 21 人，但該《弟子録》體例爲何，章念馳先生又是否將全部弟子羅列出來，還不得而知。另外，章念馳先生認爲徐雲芻（一作徐耘芻）可能就是徐澐秋，其實不然，徐澐秋，名徐徵，澐秋是他的字。關於徐雲芻（徐耘芻）和徐徵（澐秋）的人物生平詳見下文《章門弟子録》。

③ 章太炎著，馬勇編：《章太炎書信集·通告及門弟子》，第 946 頁。

④ 朱希祖著，朱元曙、朱樂川整理：《朱希祖日記（中）》，北京：中華書局，2012 年，第 908 頁。

⑤ 章太炎著，馬勇編：《章太炎書信集·與錢玄同書》，第 153 頁。

⑥ 章太炎著，馬勇編：《章太炎書信集·與錢玄同書》，第 148 頁。

⑦ 章太炎著，馬勇編：《章太炎書信集·與錢玄同書》，第 155 頁。

⑧ 盧毅：《章門弟子與近代文化》，桂林：廣西師範大學出版社，2009 年。

⑨ 此《章氏國學講習會同人通訊録》爲章門弟子湯炳正哲孫湯序波先生所贈，在此謹對湯序波先生表示感謝。

⑩ 自筆者與家父開始整理《朱希祖日記》（北京：中華書局，2012 年）及《朱希祖先生年譜長編》（北京：中華書局，2013 年）時，我們已經開始著手對章門弟子的搜集與整理工作，至今已有九年餘。

年杭州章太炎故居修葺一新,故居内以“國學傳承,群星璀璨”爲主題介紹了32位章門弟子,此32人是在章太炎紀念館的20位弟子的基礎上增添了一下12位,即:沈尹默、馬宗薌、馬宗霍、錢家治、馬裕藻、王謇、潘景鄭、王乘六、孫世揚、沈延國、朱季海、李希泌。這32位弟子中除了顧頡剛和傅斯年[①]以外,另外30人皆是章門弟子的重要成員,但顯然離較爲完整的《章門弟子録》還有很大的差距,所以我們還要參考各類相關文獻,而其中就包括太炎先生及其弟子們的相關信札、日記、回憶文章、年譜等材料,因爲這裏面關於章門弟子的信息量是巨大的。信札如:《章太炎書信集》(河北人民出版社,2003),《朱希祖書信集》(中華書局,2012)等;日記如:《周作人日記》(大象出版社,1996),《黄侃日記》(中華書局,2007),《朱希祖日記》(中華書局,2012),《錢玄同日記(整理本)》(北京大學出版社,2014)等;回憶文章如:《知堂回想録》(河北教育出版社,2002)以及《追憶章太炎(修訂本)》(生活·讀書·新知三聯書店,2009)中各弟子所撰寫的回憶文章;年譜如:《章太炎年譜長編(增訂本)》(中華書局,2013),《章太炎學術年譜》(山西古籍出版社,1996),《錢玄同年譜》(齊魯書社,1984),《周作人年譜》(南開大學出版社,1985),《黄侃年譜》(湖北人民出版社,2005),《劉文典年譜》(安徽大學出版社,2011),《李源澄先生年譜長編》(中華書局,2012),《朱希祖先生年譜長編》(中華書局,2013),《湯炳正先生年譜初編》(2014)等。另外,最後學術界對章門弟子的交往所作的研究也是值得我們關注的,如蔣德明《魯迅與錢玄同》(1979)、《魯迅與沈兼士》(1984),姚奠中《山西的幾個章門弟子》(1997),散木《魯迅與吴承仕及其它》(1999),朱元曙《章門“五王”軼事》(2006)、《朱希祖與錢玄同》(2006)、《朱希祖與馬氏兄弟》(2008)、《朱希祖與沈氏兄弟》(2009)等都是其中具有代表性的研究成果。另外,章太炎哲孫章念馳先生的《章太炎與他的弟子們》(2019年)也給本《章門弟子録》的編訂提供了重要的參考依據。

① 我們不把顧頡剛和傅斯年視作章門弟子,是因爲無論從章太炎的敘述還是從章門弟子的敘述以及章門中的交遊情況來看,顧、傅二人與太炎及弟子都没有師生或同門之誼。另外,顧、傅二人的學術思想與理念同章太炎及章門弟子有很大的差别,不能因爲只聽過章太炎幾次課、幾次講演,我們就把他們視作章門弟子。另外,比如顧頡剛在其自傳中也談到了他聽章太炎講學以及受章氏之影響,關於聽講,其言:“‘章太炎先生講學了,你去聽吧!’有一天同學毛子水君(準)向我說。……我自從讀了《國粹學報》之後,仰慕章先生已歷八年,如何肯放過這個機會呢!……可惜聽得正在高興的時候,章先生突然給袁政府捕去了,從此在龍泉寺裏監禁了好幾年,我們只面受了三星期的教導。”(顧頡剛:《顧頡剛自傳》,北京:北京大學出版社,2012年,第57—59頁)關於影響,其言:“以上説的四位先生,梁與章給我以批評的精神,胡給我以整理的方法,錢給我以研究的題目。”(顧頡剛:《顧頡剛自傳》,北京:北京大學出版社,2012年,第158頁)

二、章門弟子録

（以出生早晚爲序，共計 128 人①）

姓　名	生卒年月	字	籍貫	開始從師之時間、地點	主要經歷	研究方向	著　述
繆　篆	1877—1939	子才	江蘇泰州	1913 年，吉林長春（見章太炎《自定年譜》"1913 年"條）	1913 年，章太炎于吉林長春籌邊東三省，繆篆經吉林民政司韓國鈞引薦從太炎問學。繆篆善測繪，曾繪吉林圖，太炎甚愛之。其早年留學日本，1926 年始任廈門大學哲學系副教授、教授，中山大學哲學系教授。1939 年病逝於香港。其爲范曾外祖父。	老莊哲學、語言學	《老子古微》《顯道》《鄰德》《禮人十一書》《齊物論釋注》《國故論衡子部注》《檢論注》《周易大象簡義注》《馬氏文通答問》《英德拉丁法國動字變化表》《繆氏考古録增補》等。
馬裕藻	1878—1945	幼漁	浙江鄞縣	1908 年，日本東京（見任鴻雋《記章太炎先生》）	1908 年，從章太炎研習小學。1912 年，任浙江省教育司視學，并任浙江省第一中學校長。1913 入北京大學，爲預科國文教授。1920 年 4 月，任北大中國文學系主任。1922 年，北大研究所國學門成立，任國學門委員會委員並兼任導師。1934 年，辭去中文系主任之職。1937 年，抗戰全面爆發，因年長未隨校南遷昆明，閉門謝客，誓不與日人往來。1945 年，抗戰勝利前夕病逝。	音韻學、文字學	《小學國語教授法商榷》《經史學目録》《中國文字聲韻概要》《戴東原對於古音學的貢獻》（原文題注：民國十六年五月在北京大學研究所國學門月講的稿子）等。
朱希祖	1879—1944	逖先	浙江海鹽	1908 年，日本東京（見《朱希祖日記》《錢玄同日記》）	1908 年於東京拜章太炎門下，1909 年任職浙江兩級師範教院，1910 年至嘉興二中任教，後任浙江教育司第三科科長，1913 年作爲浙江代表參加讀音統一會，會議最終通過了由朱希祖提出的"注音字母"方案。本年起，任北京大學預科教授，後任北大史學系主任、研究所國學門導師，清華大學史學系教授。1929 年發起成立以北京各高校史學系師生爲主的中國史學會，當選爲主席。1932 年任中山大學文史學研究所主任，1934 年任中央大學史學系主任，後又任國史館籌備委員會總幹事，考試院考選委員會考選委員。1943 年任中國史學會常務理事。1944 年逝世於重慶。	史學、文獻學、藏書家	《中國史學通論》《汲冢書考》《明季史料題跋》《史館論議》《僞齊録校補》《僞楚録輯補》等。 朱希祖之著述現多收於《朱希祖先生文集》（臺灣九思出版有限公司，1979）、《朱希祖文存》（上海古籍出版社，2006）、《南京圖書館藏朱希祖文稿》（鳳凰出版集團，2010）。

① 雖然本文搜集整理的《章門弟子録》中有 128 名章門弟子，但肯定還有一些弟子没有收入其中，另外有些弟子現在只知其名，却不知他們的主要經歷和著述，以上問題也許是憑筆者一己之力很難完成的，我們非常期待學界的專家學者以及章門的後人不斷地補充這份《章門弟子録》。

續表

姓　名	生卒年月	字	籍貫	開始從師之時間、地點	主要經歷	研究方向	著　述
景定成	1879—1961(生卒年有多種説法,本表依據姚奠中《山西的幾個章門弟子》)	梅九	山西運城	1908年,日本東京(見景定成《悲憶太炎師》、任鴻雋《記章太炎先生》)	17歲中秀才,19歲中舉人,24歲赴日留學,1905年入同盟會,被推爲山西分會評議長。辛亥後任國會衆議員。1908年與章門弟子王用賓、景耀月在太原創辦《晉話報》。二次革命參加討袁運動,失敗,被捕至北京。袁死後,仍任國會議員。抗戰爆發,在西安創辦《出路週刊》。1949年逝世。(關於其生卒年還有1879至1949、1882至1959、1882至1962等説法,有解放後任陝西政協委員之説。)	革命家	《葵心》《尚書新證》《石頭記真諦》《入獄始末記》等。
余岩	1879—1954	雲岫	浙江鎮海	太炎東京講學期間,具體時間不詳(見余雲岫《餘杭章氏逝世三週年追憶》)	1901年,就讀於潯溪公學。1905年,公費留學日本,在日本體育會肄業,後轉學大阪醫科大學。1916年畢業回國,任公立上海醫院醫務長。1917年在上海自行開業行醫。曾任國民政府衛生部中央衛生委員會委員、東南醫學院校董會副主席、中國醫藥研究所所長、教育部醫學教育委員會顧問、上海市醫師公會第一任會長、《中華醫學雜誌》主編等職。1929年,提出"廢醫存藥"廢止中醫案,此案於民國第一届中央衛生委員會議上通過。此舉引起當時社會軒然大波。	醫學	《古代疾病名候疏義》《國産藥物的文獻研究》《研究國藥産物芻議》等。
周樹人(魯迅)	1881—1936	豫才	浙江紹興	1908年,日本東京(見許壽裳《亡友魯迅印象記》)	先後任教或任職於浙江兩級師範,教育部僉事兼北京大學、北京師範大學、北京女子師範大學講師,廈門大學教授,中山大學文學系主任兼教務處主任。新文化運動的重要人物。	文學	《中國小説史略》《漢文學史綱要》《吶喊》《彷徨》《故事新編》《朝花夕拾》《野草》等。見《魯迅全集》(人民文學社版)
朱宗萊	1881—1919	蓬仙	浙江海寧	1908年,日本東京(見許壽裳《亡友魯迅印象記》)	1904,入早稻田大學習文科,旋加入同盟會。1910年自日本回國,任浙江省立第二中學國文教員。期間,海寧州圖書館更名海寧縣立圖書館,其擔任首任館長。1916年,袁世凱死後,應浙江省民政廳廳長林文慶之招,往任秘書,然仕宦非其所好。後受同鄉好友張宗祥之邀北上,於1917年1月30日抵京,[①]並任職於北大。1919年9月,朱宗萊患傷寒,旋病逝於北京協和醫院,年僅39歲。	小學、教育學、圖書館事業	《蟄廬讀書記》《逸史徂》《説文叙補註》《許叔重重文表》《文字學形義篇》《轉注釋例》《文學述誼·正名篇》等。校有《鹽鐵論》《論衡》《意林》(未刊印,手稿藏於家)

① 關於朱宗萊何時到北京,學界一直有争論,有1915年、1916年兩説,然皆不確。查錢玄同日記,其在1917年1月29日—31日中對朱宗萊抵京有詳細記載。"1月29日　得蓬仙信,知明晚可到京。""1月30日　旬日前致書蓬仙,告以初到京時,先下客棧,即以電話告我,當來招呼。今日當到。因在舍候其電話,至十一時許尚無消息,大約未來,我亦就寢矣。""1月31日　得逸鴻電話,知蓬仙昨晚未到。(晚)十時頃逸鴻來條,知蓬仙已到,寓逸鴻處,即命車往。四年不見,一旦聚首,暢談忘倦,直至五時許始就寢,即與蓬仙同榻。"見楊天石主編:《錢玄同日記(整理本)》,北京:北京大學出版社,2014年,第306—307頁。此則材料一出,朱宗萊抵京時間將成定論。

續表

姓　名	生卒年月	字	籍貫	開始從師之時間、地點	主要經歷	研究方向	著　述
范古農	1881—1951	拱薇	浙江嘉興	1908年，日本東京（《朱希祖日記》附録《朱倩日記》1918年12月1日）	嘉興府中學監督。1912年創辦嘉興乙種商業學校，任校長。同年組織嘉興佛學會，開始赴各地講經。1925年隨九世班禪朝拜各佛教聖地。1927年任佛學書局總編輯。	佛學	《釋尊傳》《大乘空義集要》《幻庵文集》《八識規矩頌貫解》《觀所緣緣論釋》《佛教問答》《生日紀念》等。
王用賓	1881—1944	太蕤，利臣	山西臨猗	章太炎東京國學講習會期間，日本東京（見姚奠中《山西的幾個章門弟子》）	18歲爲廩生，20歲入山西大學堂。23歲公費留學日本，入日本大學法律科。後入同盟會，又入太炎國學講習會聽講。1908年與章門弟子景定成、景耀月在太原創辦《晉話報》。後創辦太原法政專門學校，任校長。1925年任河南省府秘書長，代理省長。1931年調任考試院考選委員會副委員長、委員長。1934年調任司法院司法行政部長。	法律、詩詞	《中國歷代法制史》《辛亥革命前山西起義紀實》《半隱園僑蜀詩草》《半隱園詞草》。
李鏡蓉	1882—1947	亮工，以字行	山西河津	1907年，日本東京與黄侃同拜太炎爲師	1904年，公費日本留學，於東京大學北海道農學院攻讀農藝學。1905年入同盟會。其與黄侃同拜太炎先生門下，當時人稱“南黄北李”。辛亥革命後回國，任孫中山臨時大總統府南洋教育司司長。袁世凱竊取革命果實後，返回山西，任山西大學校長，後因受到袁世凱猜疑，辭去校長之職。1917年重任山西大學教授。1937年盧溝橋事變後，隨校遷往運城，後又至西安，任教於陝西師範專科學校。1947年11月22日逝世。	小學、左傳	《音韻學手稿》《説文解字注訂》《説文解字手稿》《説文例十六種》《爾雅新義手稿》《成均圖解》《章太炎〈文始〉箋記》《春秋左傳例》《春秋左氏疑義答問箋記》《吕季姜醴壺銘釋》等。
錢家治	1882—1969	均夫	浙江杭州	1908年，日本東京（見許壽裳《亡友魯迅印象記》）	1902年留學日本，主修歷史、地理和教育。1908年回國，任教於浙江兩級師範學堂。1910年任浙江省立第一中學校長，次年任浙江省教育司秘書。民國成立後，繼續擔任省立一中校長一職。1914年赴北京擔任北洋政府教育部視學，1917年兼任教育部普通教育司第三科科長。1928年任南京國民政府教育部普通教育司一等科員，1929年任浙江省教育廳督學，後改任秘書。1934年後因喪妻辭職居家研讀佛經。1956年被聘爲中央文史研究館館員。1969年8月25日病逝。錢家治爲我國著名科學家錢學森之父。	邏輯學、佛學、地理	《邏輯學》《地理通論》《外國地志》《西洋歷史》《名學》等。

續表

姓　名	生卒年月	字	籍貫	開始從師之時間、地點	主要經歷	研究方向	著　述
景耀月	1883—1944(生卒年有多種説法,本表據《民國人物大辭典》)	太昭	山西芮城	1908年,日本東京(見任鴻雋《記章太炎先生》)	18歲中秀才,20歲中舉人。受學於閻敬銘,有較厚實的國學基礎,1903年考中舉人。1904年起留學於日本早稻田大學,攻讀法律,留學期間創辦《晉乘》《夏聲》等雜誌,1909年得法學士學位,並參加了同盟會。1908年與章門弟子景定成、王用賓在太原創辦《晉話報》。1911年武昌起義後被舉爲議長。草擬臨時大總統就職宣言,並參與制定《中華民國臨時約法》。1912年任教育部次長,代理總長,同年任南京政法大學校長。後任教於輔仁大學、北京大學、俄文法政大學、省立東北大學等。1937年秋創立大夏學會及明舍,進行抗日活動。1944年4月28日在北京逝世。 (其生卒年有1883至1944、1881至1944、1882至1944等説法。)	革命家	《清詩存》《教育史》《復古篇》《共和開國卅年史》《迷陽廬新詩品》《迷陽廬問學録》《迷陽廬學詩集》、《虛無黨奇談》(小説)、《獲野録》(筆記)等。
馬宗薌	1883—1959	竟荃	遼寧開元	入章門時間不詳	1909年己酉科拔貢,次年考取法官。1917年北京大學法學專業畢業,1919年北京大學國文研究所畢業,並考取高等文官,分配至教育部。後任北京大學預科補習班國文教員,1920年任奉天文學專門學校教授,1923年任東北大學國文系教授,1935年任章氏國學講習會講師。1936年任齊魯大學國文系教授兼國文研究所主任,1940年任北平師範學院國文系講師,後任教授。1948年任蒙藏學校國文教員兼東北大學教授。1951年被聘爲中央文史研究館館員。1959年3月3日逝世。馬宗薌不僅師從太炎先生,而且還師從劉師培先生。	小學、經學、史學	《爾雅本字考》《釋宫室》《訓詁略説》《毛詩集釋》《尚書章氏學》《音韻學講義》《説文章氏學》《水經注引用書目考》《太史公疑年考》《漢書地理志今釋》等。
康寶忠	1884—1919	心孚	陝西城固	1908年,日本東京(見任鴻雋《記章太炎先生》)	1904年赴日留學,1905年爲首批同盟會會員、總部評議員、陝西主盟人,于右任即由其介紹結識孫中山并加入同盟會。1906年回國并入川圖謀革命,同年再度赴日,入早稻田大學經濟科。1909年回國,任清政府大清銀行學堂教習、監學、代理教務長。辛亥后,任臨時大總統府秘書,參議院議員。1915年任北京大學講師,後任教授,主講中國法制史。1919年任史學系主任,同時兼任法政專門學校教員。五四運動中被推舉爲北京大學教職員幹事會幹事、北京教職員聯合會總務幹事及主席。1919年11月1日,猝死於法政專門學校教員休息室。	法學、社會學、史學家、革命家	《倫理學》《社會政策》《殖民政策》《社會學講義》《中國法制史》《寥居雜記》《寥居文學》等。

續表

姓　名	生卒年月	字	籍貫	開始從師之時間、地點	主要經歷	研究方向	著　述
吴承仕	1884—1939	檢齋	安徽歙縣	1915年，北京（見朱希祖《天都烈士歌序》）	17歲中秀才、18歲中舉人，23歲參加舉貢會考，獲一等第一名，被點爲大理院主事。1912年任司法部僉事。精研音韻訓詁及古代名物制度。1915年拜太炎先生爲師，在太炎先生被袁世凱軟禁時，筆録太炎先生緒論，成《菿漢微言》，名動天下。歷任北京師範大學中文系主任，中國大學國學系主任，兼北京大學、東北大學和民國大學教授，創辦《文史》《盍旦》《時代文化》等刊物。1936年春加入中國共産黨。1937年抗戰爆發，吴承仕化名汪少白轉移至天津。1939年9月21日，於北平協和醫院逝世。①	小學、經學	《經學通論》《經典釋文序録疏證》《國故概要》《周易提要》《尚書三考》《三禮名物略例》《三禮名物筆記》《經籍舊音序録》《經籍舊音辨證》《小學要略》《六書條例》《説文講疏》《唐寫漢書揚雄傳殘卷校釋》《淮南舊注校理》《論衡校釋》等。
許壽裳	1884—1948	季黻	浙江紹興	1908年，日本東京（見許壽裳《亡友魯迅印象記》）	1902年赴日留學，1908年加入光復會，并從章太炎學。1909年回國，任浙江兩級師範學堂教務長。辛亥後，任浙江軍政司秘書。南京臨時政府成立後，應教育總長蔡元培邀，任教育部僉事、科長、參事和普通教育司司長，兼任北京大學、北京高等師範學校教授。1917年冬起，歷任江西省教育廳廳長、教育部編審、北京女子高等師範學校校長。1925年，任中山大學教授。後應蔡元培之邀，赴南京任大學院參事、秘書長，後又任中央研究院文書處主任。1934年北上，任北平大學文理學院院長。1937年後任西北聯大史學系主任、商學院院長、國文系教授以及華西大學教授等職。1946年夏，任臺灣省編譯館館長。1947年任臺灣大學教授兼國文系主任。1948年2月18日，在臺北寓所遇害。	史學、教育學、傳記作家	《亡友魯迅印象記》《章炳麟》《歷代人事制度述要》《歷代考試制度述要》《不朽集：中國歷代名人傳》、《中國文字學綱要》（遺稿）、《我所認識的魯迅》（遺稿）等。（另：湖南人民出版社1986年出版由林辰主編的《許壽裳文録》，福建教育出版社2010年後陸續出版由黄英哲、陳漱渝、王錫榮主編的《許壽裳遺稿》，現已出至第4卷。）
沈鈞業	1884—1951	馥孫	浙江紹興	1907年或稍早，日本東京（見《浙江人物簡志》）	1899年中秀才。1905年經徐錫麟介紹入光復會，奔走浙南、浙東各地，進行革命活動。同年冬，隨徐錫麟東渡日本，肄業於日本早稻田大學政治經濟科。後幫助章太炎編輯《民報》，又經章介紹，加入同盟會。1907年，皖、浙起義失敗，遭通緝，乃轉赴爪哇。民國以後，先後任浙江軍政府教育司司長、後調任政務廳廳長、調任金華道尹、山東政務廳廳長、浙江省議會第三屆議長、直隸省署顧問、江蘇省吴淞鈞船稽征局局長、江蘇省財政廳觀察等職。	詩詞	《紹興縣氏族考》《睫巢詩話》及日記62册。

① 吴承仕病逝，全國誤傳其爲日寇肢解而死。1939年12月21至23日，朱希祖作《天都烈士歌》以悼之。朱希祖1939年12月26日致羅香林信言："近因同門吴檢齋因鼓吹抗敵，寓居天津，始則名捕，繼則利誘，皆不爲動。近津局既變，吴爲敵支解以死，余爲作《天都烈士歌》七言二十韻并序。"

續表

姓　名	生卒年月	字	籍貫	開始從師之時間、地點	主要經歷	研究方向	著　述
周作人	1885—1967	啓明	浙江紹興	1908年,日本東京(見許壽裳《亡友魯迅印象記》)	1906年東渡日本留學。1911年回國,任紹興中學英文教員,1912年任浙江省教育司視學,後轉浙江省立第五高級中學英文教員。1917年任北京大學附屬國史編纂處編纂,1918年任北京大學文科教授,擔任希臘羅馬文學史、歐洲文學史、近代散文、佛教文學等課程。後創辦北京大學東方語言文學系,任系主任。1919年任教育部國語統一籌備會會員,與馬裕藻等5位北大教員聯名提出《請頒行新式標點符號議案》。1922年與錢玄同等會員任國語統一籌備會漢字省體委員會委員。	文學	《知堂回想録》《雨天的書》《苦茶隨筆》《談龍集》《談虎集》等數十部。
黄　侃	1886—1935	季剛	湖北蘄春	1907年,日本東京(見陳以愛《中國現代學術機構的興起》)	1905年留學日本,後入同盟會。1907年師從章太炎。回國后奔走革命,曾著文《大亂者救中國之妙藥也》倡言革命,辛亥年曾集義師支援武昌。1914年後,歷任北京大學、武昌高等師範、北京師範大學、山西大學、東北大學、中央大學、金陵大學等學校教授。1935年10月8日在南京逝世,年僅49歲。① 黄侃一生精研經學、小學,人稱其與章太炎爲"乾嘉以來小學的集大成者""傳統語言文字學的承前啓後人",章黄二人亦常被學界合而稱之,即"章黄學派"最重要的代表人物之一。	小學、經學、	黄侃生前著書較少,多爲手批及短小之文字,幸後世學者爲其整理,現已較爲可觀,如:《黄季剛先生遺書》《黄侃論學雜著》《説文箋識四種》《文字聲韻訓詁筆記》《黄侃手批爾雅義疏》《黄侃手批説文解字》《黄侃手批白文十三經》《文心雕龍札記》《黄侃聲韻學未刊稿》等。另有《黄侃日記》《黄侃年譜》《量守盧學記》等行世,此對研究黄侃之生平行狀、學術思想皆貢獻巨大。

① 1935年4月,黄侃49歲初度,太炎先生贈黄壽聯,"韋編三絶今知命,黄絹初成好著書",是章鼓勵黄侃著書立説之言,但却含"黄、絶、命"三字,黄侃覩後大爲不悦,不想不久竟一語成讖。關於黄侃去世之因,可參見司馬朝軍、王文輝合撰《黄侃年譜》(武漢:湖北人民出版社,2005年,第421—422頁)。今引朱希祖日記以作補充。《朱希祖日記》1935年10月9日記:"午後三時接得藍家莊九華村九號訃告,言黄季剛先生逝世。季剛名侃,湖北蘄縣人,清季與余在日本同受業於章太炎師。季剛深於古音韻學,善晉宋駢儷文及詩,體素孱弱,少常咯血,前日忽又嘔血三盂,不幸即於昨日申刻逝世,誠堪悼惜。聞人言因不節於酒,遂致此疾,未知確否。"10月12日記:"遇徐子明君,言黄君季剛確於重九日登高賦詩,飲酒食蟹,因而大醉,次日嘔吐宿食,繼之以血,越時又大吐血兩盆,邀西醫檢視,則云胃已破裂,不可救藥,次日即逝,傷哉!"

續表

姓名	生卒年月	字	籍貫	開始從師之時間、地點	主要經歷	研究方向	著述
龔寶銓	1886—1922	未生	浙江秀水	1908年，日本東京（見任鴻雋《記章太炎先生》、許壽裳《亡友魯迅印象記》）	少懷反清大志，1902年東渡日本，投身革命。1904年回國，在上海組織暗殺團，并與蔡元培、陶成章在上海創建光復會。1905年再赴日本，并參加同盟會。辛亥前後爲調和同盟、光復兩會的矛盾貢獻良多。1912年因陶成章被刺，龔深受刺激，更決心功成身退，從此淡出政壇。同年開始任浙江圖書館館長。1921年春被聘爲省自治籌備處評議員，夏又當選爲省憲法會議議員。1922年6月25日因肺病逝世。	革命家	《龔味蓀自叙革命歷史》
陳大齊	1886—1983	百年	浙江海鹽	1908年，日本東京（見《朱希祖日記》）	1903年赴日留學，先後入仙台第二高等學校、日本東京大學文科哲學門，專攻心理學，獲文學士學位。1912年回國，任浙江高等學校校長兼浙江私立法政專門學校教授。1913年春任北京政法專門學校預科教授。1914年起任北京大學心理學教授。1917年在北京大學創建了我國第一個心理學實驗室。對我國早期心理學工作具有開創性的影響。1921年秋赴德國柏林大學研究西洋哲學，翌年冬回北大任哲學系系主任。1927年任北大教務長。1929年任北大代理校長。1931年後先後任國民政府考試院秘書長、考試院考選委員會委員長。1949年去臺後，任臺灣政治大學校長。	心理學、哲學	《迷信與心理》《哲學概論》《心理學大綱》《兒童心理學》《現代心理學》《實用理則學八講》《孔子學説》《平凡的道德觀》《大衆理則學》《孔子思想研究論集》《陳百年先生文集第一輯・孔孟荀學説》《陳百年先生文集第二輯・論語輯釋》等。
任鴻雋	1886—1961	叔永	重慶墊江	1908年，日本東京（見任鴻雋《記章太炎先生》）	1886年生於重慶墊江，爲晚清末科秀才。後就讀於重慶府中學堂，再考入上海中國公學，1908年赴日本留學，在國學講習會從章太炎學習國學，深受其革命思想影響，并加入同盟會。1911年武昌首義後歸國，任孫中山臨時總統府秘書。袁世凱竊國稱帝，憤而棄官去美求學，連續獲得康乃爾大學化學學士和哥倫比亞大學化學碩士學位。在美期間創辦《科學》雜誌，組織中國科學社，《科學》爲我國最早的科學期刊，中國科學社爲我國最早的科學團體。1918年回國，曾任四川大學校長、教育部專門教育司司長、中華文化教育基金會幹事長、中央研究院總幹事等職。解放後爲全國政協委員、上海市人民代表大會代表、上海科技圖書館館長、上海市科技協會副主席等職。	化學	《科學概論》，譯有《教育論》《最近百年化學的進展》《大宇宙與小宇宙》《愛因斯坦與相對論》等。另著有《記章太炎先生》。

續表

姓　名	生卒年月	字	籍貫	開始從師之時間、地點	主要經歷	研究方向	著　述
賀孝齊	1886—1945	伯中	重慶永川	1908年,日本東京(見任鴻雋《記章太炎先生》)	在日留學期間,參加章太炎的國學講習會,加入同盟會。曾擔任留學監督屬下管理四川學生的經理員。1911年回國,任職教育部,1913年7月依教育部令,籌建國立武昌高等師範學校,任校長至1914年11月。1919年至1922年任成都高等師範校長。1924年7月至1925年2月任四川省教育廳廳長。1929年以彭縣縣長身份代理彭縣中學附設國民師範校長。後曾任四川省烟草專賣局局長等職。1945年因腦溢血病故。	教育學	《蜀學創自漢世學京師者,比齊魯焉》
鍾正楙	1886—1963	雅琚	重慶永川	1908年,日本東京(見任鴻雋《記章太炎先生》)	生平事迹不詳,唯知其曾任四川省立第四師範學校校長(創校校長),此期間曾邀請太炎考察該校,并爲該校題寫校訓,爲學校禮堂題寫門額“樹之表旗”。	小學、教育學	
鄧胥功	1886—1976	只淳	重慶	1908年,日本東京(見任鴻雋《記章太炎先生》)	1906年在上海加入同盟會。1907年赴日本入預科學校,同時任同盟會四川支部長,1910年讀日本東京高等師範學校,1915年畢業。同年回國,在成都四川教育雜誌社擔任編輯。1916年至1923年任國立成都高等師範學校教授兼附屬小學校長、教務主任。1923年公派美國留學,考察歐美教學發展。1925年至1931年任上海國立暨南大學高中師範科主任,1931年至1952年任四川大學教授、四川大學師範學院院長、西南師範學院教育系教授等職。主編《四川教育雜誌》,創辦《教育半月刊》。	教育學	《教育學大綱》(上、下卷)、《教育通論》《〈吕氏春秋〉教育思想的研究》。
柳慰高	1887—1958	人權/稼軒 號亞子以號行	江蘇吴江	1903年,上海(見《磨劍室詩詞集·平伯先生長環夫人出所藏餘杭師暨戴子高孫仲容兩先生上曲園翁箋札册頁見示屬爲題詩敬賦》及《章太炎年譜長編》“1903年”條)	1903年就讀於上海愛國學社時拜太炎先生爲師。1906年,由高旭、劉師培等人介紹,入同盟會,後由蔡元培介紹,加入光復會。1909年11月13日,和陳去病、高旭、朱少屏、姚石子等創立革命文學團體南社,主持社務多年。“四·一二”政變後,被通緝,逃往日本。1928年回國,進行反蔣活動。抗日戰爭時期,曾任中國國民黨革命委員會中央常務委員兼監察委員會主席、三民主義同志聯合會中央常務理事,中國民主同盟中央執行委員。1949年,出席中國人民政治協商會議第一届全體會議。建國後,曾歷任中央人民政府委員、全國人大常委會委員。	文學、革命家	《磨劍室詩詞集》《磨劍室文録》《柳亞子詩詞選》等。 章太炎逝世後,柳亞子輯《太炎先生遺札》,刊於《制言》第六十一期。

續表

姓　名	生卒年月	字	籍貫	開始從師之時間、地點	主要經歷	研究方向	著　述
錢玄同	1887—1939	德潛	浙江吴興	1908年，日本東京（見任鴻隽《記章太炎先生》、許壽裳《亡友魯迅印象記》、《朱希祖日記》、《錢玄同日記》）	1906年[①]留學日本，入早稻田大學師範科，1907年由太炎介紹加入同盟會。1910年5月回國，先後在嘉興中學、海寧中學、湖州中學任教。曾任北京大學、北京師範大學教授。1913年8月至北京，9月任北京高等師範學校及附屬中學國文、經學教員，後又兼任北京大學預科文字學教員。1915年任北京高等師範學校國文部教授，兼任北大文字學教授。1916年9月20日起，開始用"玄同"名。1918年輪任《新青年》編輯，大力提倡"新文學"及"新文化運動"，期間與劉半農"上演"了著名的"雙簧"，影響甚大。五四時期參加新文化運動，提倡文字改革，曾倡議并參加擬制國語羅馬字拼音方案。1923年北京高等師範學校改名國立北京師範大學，仍任教授，并創議成立國語羅馬字拼音委員會，1928年任北平師範大學中文系主任。1939年1月17日，因腦溢血逝世於北平。	小學、語言改革	《文字音學篇》《音韻學》《重論今古文學問題》《説文部首今讀》《古音無"邪"紐證》《古韻二十八部音讀之假定》《國音沿革講義》等。錢玄同有關語言文字的著述多收於《錢玄同文字音韻學論集》（上海古籍出版社，2011年）
沈堅士[②]	1887—1947	兼士	浙江吴興	1908年，日本東京（見任鴻隽《記章太炎先生》）	1905年19歲時東渡日本求學，入東京物理學校。1908年入國學講習會從章太炎學習，并加入同盟會。歸國之後，先後任教於北京大學、輔仁大學、廈門大學等多所高校。1922年在北京大學創辦研究所國學門，任主任。沈兼士創立漢語"文字畫""初期意符字"等學説，也是清末檔案整理的開拓者之一。抗戰期間，參與組織抗日團體"炎社"。在訓詁、文字、音韻、檔案學等領域獨有所識，建樹頗豐。	小學、文獻學	《文字形義學》《廣韻聲系》《段硯齋雜文》《右文説在訓詁學上之沿革及其推闡》等。沈兼士有關語言文字及文獻學及明清内閣檔案整理的著述多收於《沈兼士學術論文集》（中華書局，2004年）

① 在許多介紹錢玄同的資料中，都説錢氏於1905年冬赴日本，進早稻田大學留學。此説有誤。1905年冬，錢玄同長兄錢恂出任湖北留日學生監督，12月9日，錢玄同隨兄赴日，但這次錢玄同并不是去留學，而是去觀光，或者説是爲日後留學做些準備。1906年4月26日，他由日本回國，同年9月7日再次赴日，這次才是去留學，9月25日，在早稻田大學上了第一課。這在《錢玄同日記》中有明確記録。參見錢玄同著，楊天石主編：《錢玄同日記（整理本）》。

② 筆者在完成博士後報告中沈兼士先生的那一部分時，得到了沈兼士之女沈兑女士的支持，沈女士還熱情地贈與了《"三沈"及建館專輯》（陝西省漢陰縣委員會文史資料文員會編印）一書，在此對沈女士表示真摯的感謝。

續表

姓　名	生卒年月	字	籍貫	開始從師之時間、地點	主要經歷	研究方向	著　述
金毓黻	1887—1962	静庵	遼寧燈塔	1914年,北京(見《朱希祖日記》)	1907年,畢業於遼陽啓化學堂,後入北京高等師範學校學習。1913年入北京大學文科。期間爲朱希祖、黄侃弟子。1914年在北京聽章太炎講學。歷任奉天省立一中、奉天文學專門學校教員,奉天省議會、東北行政委員會秘書。1930年,任遼寧省政府秘書長、東北大學史地教授。1931年,任省政府委員兼教育廳廳長。1936年,借訪日之機,化名逃回上海。經蔡元培介紹,任中央大學史學教授,1941年後任系主任。1939年,於四川任東北大學史學教授兼文科教研所主任。1943年,發起成立中國史學會。1949年,任北京大學、輔仁大學教授。1952年起,任中科院歷史所第三研究所研究員。	史學	《渤海國志長編》《東北通史》《中國史學史》《宋遼金史》等著作,編有《遼海叢書》《奉天通志》、《明清内閣大庫史料》(第一輯)等。
陳新尼	1887—1970	嗣煌	重慶	1908年,日本東京(見任鴻雋《記章太炎先生》)	早年留學東京,爲東京同盟會會員。私立日本大學政治經濟科肄業,曾任民報社員,東京同盟會書記,四川軍政府秘書院科長,大元帥府、四川民政長公署,廣東省長公署秘書。大竹、南川、涪陵等縣知事,孫中山大本營秘書,上海國學講習社主任,川教院、女師院教授。1950年8月到西南師範學院任漢語言文學系教授,講授中國語文概論、文字學、歷代散文等課程。1956年入重慶市文史館。	文字學、神話	《説文理董》(三十卷)、《中國神話研究》《重慶早期的革命思想與組織》
胡以魯	1888?—1916冬/1917年春①	仰曾	浙江定海②	留學日本之時,具體時間不詳,大約在1906—1910年之間	1905年3月,與之後的章門弟子馬裕藻一同考取寧波府出洋學習師範生,後又於本年同馬裕藻一道留學日本。在日期間,先於日本大學學習政法,獲法學士。後又入日本早稻田大學,畢業於早稻田大學師範科。後因甚好語言學,故又入日本東京大學專習博言學,獲文學士。留日期間,胡拜太炎先生門下。1913年受教育部之邀,作爲浙江省代表參加讀音統一會,并擔任記音員。1914年入北京大學講授語言學課程,直至去世。而在京期間胡以魯還擔任司法部參事一職。	語言學、翻譯理論	《國語學草創》《論譯名》《語言學講義》等。

① 關於胡以魯的生卒年,學術界一直没有給出明確的時間,《中國現代語言學家傳略》定爲“1888—1917”,王希傑《略説胡以魯對中國理論語言學的貢獻》定爲“? —1915”。根據現有的材料,我們很難確定胡先生的生年,而關於其卒年,我們認爲至早不早過1916年11月25日,因爲其在是月的10日至25日之間還以司法部參事的身份參見了由張耀曾召集的司法會議,資料詳見1916年11月30日《司法公報》第68號。而胡先生至晚不會在1917年初春以後去世,因爲1917年2月25日錢玄同曾寫信給陳獨秀,裏面談及胡以魯時已用“亡友”二字,其言:“亡友胡仰曾先生謂曾見某處告誡軍人之文,有曰……。”結合以上兩則材料,我們大致可以判斷胡以魯的去世時間是1916年11月25日至1917年2月25日這3個月之間。

② 關於胡以魯的籍貫,現在一般都説是浙江寧波人,這肯定没錯,但是更精確一點當是浙江定海人,因爲朱希祖日記中曾經有過記録,“1913年2月17日,下午至讀音統一會,發會員席次表,由議長推舉馬體乾(直隸人)、汪怡安(浙江杭州人)、胡以魯(浙江定海人)、蔡璋(福建人)爲記音員”。定海,胡以魯之時屬於寧波府,現在屬於浙江省舟山市。(此條感謝郁震宏先生指點。)

續表

姓　名	生卒年月	字	籍貫	開始從師之時間、地點	主要經歷	研究方向	著　述
王　謇	1888—1968	佩諍	江蘇吴縣	1933年,蘇州(見《朱季海學術年表》,賈捷,《南京師範大學文學院報》,2010年9月)	年輕時,從沈修爲師,後又列章太炎、金天翮、黄摩西、吴梅諸大師門下,學業日進。歷任《吴縣誌》協纂,江蘇省立蘇州圖書館編目主任,蘇州振華女中教務長、副校長,國學會副主任幹事,章氏講習會講師。歷任震旦大學、大同大學、東吴大學教授,於東吴大學任教期間,從章太炎學。解放後任華東師範大學教授,上海文物保管委員會編纂。是我國近代著名的學者、版本目録家和考古學家,同時也是藏書家和書法家。	版本目録學、考古學,書法、藏書家	已成稿者(校注本)有《山海經》《韓詩外傳》《穆天子傳》《説苑》《新序》《焦氏易林》《齊民要術》等20餘種。
李蔚芬	1889—1957	炳英	四川中江	1908年,日本東京(見屈守元《書李炳英先生事》)	曾赴日本留學,期間加入中國同盟會。辛亥革命後,回天津任《民意報》主筆。1913年任國立武昌高等師範學校學監主任。1914年任四川省省立萬縣第四師範學校教員。抗戰之前,先後執教於成都公學、成都縣中、成都大學、四川大學、華西協和大學、成華大學等校。解放後,先後擔任川北大學、四川師範學院中文系教授和主任。1954年後,先後任四川省文史館副館長、民革四川省委委員、省人大代表等職。	諸子學、史學	《孟子文選》《莊子補注》《史記講義》《史記正義佚文纂録》、《莊子文選》(未完成)、《諸子概説》(譯作)等。
任鴻年	1889—1913	季彭、百一	重慶墊江	1908年,日本東京(見任鴻雋《記章太炎先生》)	1908年開始積極從事反清宣傳工作,各地奔走呼籲,被清廷列爲逮捕對象。後赴日本留學,期間加入中國同盟會,并與其兄任鴻雋一同入太炎門下。1911年回國參加革命。南京臨時政府成立後,任臨時大總統秘書,後任國民黨評議部部長。曾一度任重慶《新中華報》編輯。1913年春赴天津。二次革命爆發後,憂憤中在烟雲洞投井自殺。	革命家	《百一齋詩文集》
劉文典	1889—1958	叔雅	安徽合肥	1910年,日本東京(見劉文典《回憶章太炎先生》)	原名文聰,字叔雅,筆名劉天民。安徽合肥人,原籍安徽懷寧。1905年2月入蕪湖安徽公學,師事劉師培,1906年入同盟會。1908年赴日,後入早稻田大學。劉文典東渡的初衷是追隨劉師培,不料劉師培後積極鼓吹極端虛無主義,又變節投靠端方,這使劉文典極爲不滿,1910年劉文典入章太炎門下。1911年回上海,在《民立報》任翻譯。劉文典歷任北京大學教授、安徽大學校長、清華大學國文系主任。1938年至昆明,先後在西南聯大、雲南大學任教。終生從事古籍校勘及古代文學研究和教學工作。1958年7月15日病逝於昆明。	小學、校勘學、諸子學、文史	《淮南鴻烈集解》《莊子補正》《説苑斠補》《三餘札記》,及譯作《進化與人生》《進化論講話》《論生命之不可思議》等。 《劉文典全集》(安徽大學出版社,2013年)

續表

姓　名	生卒年月	字	籍貫	開始從師之時間、地點	主要經歷	研究方向	著　述
劉景新	1889—1945	大易	山西解縣	國學講習會期間,日本東京(見姚奠中《山西的幾個章門弟子》)	光緒末秀才,參加反清活動,遂避難日本,入同盟會,聽太炎講國學。1913年二次革命失敗後,劉景新再次赴日,任孫中山秘書。南京政府成立後,連任三届立法委員。因批評孫科,故受排擠,從此閉門讀書著書,不理政治。抗戰起,寓居江津,以行醫謀生,以著書爲事。後將自己所著《造字正源》請人送給同門姚奠中。後又服自開之藥方,竟不起,世人多以其爲自殺。	文字學、中醫	《造字正源》《反論語》《中國針灸簡史》。
汪　東	1890—1963	旭初	江蘇吴縣	1908年,日本東京(見《朱希祖日記》)	1908年,師從章太炎習文字學,1910年回國,參與江蘇光復活動。1912年,擔任《大共和報》撰述,并參加"南社",對抗北京北洋政府。1923年,與章太炎等人在上海創辦了《華國月刊》。1925年,任江蘇省長公署秘書。1927年,任中央大學中文系主任,1930年,任文學院院長。曾於1938年改任國民黨政府監察院監察委員。1943年任復旦大學中文系教授。1947年與柳詒徵、夏敬觀、冒鶴亭、汪辟疆、顧頡剛等教授同任國史館修纂。1950年被選爲蘇州市人民代表、人民委員會委員。	文學	《吴語》。另汪東長於詩詞、書畫,著有《夢秋詞》(齊魯書社1985年影印本)收録從1909年到1962年之間的詞,計20卷1380餘闋;1962至1963年間病中所作,由吕貞白先生抄録,計28首,附詞集後。有夏敬觀序,沈尹默、唐圭璋、程千帆、殷孟倫等人跋。另附録《詞學通論》及《鄭校〈清真集〉批語》(汪東、黄侃批,程千帆、沈祖棻藏本)。1974年臺灣文海出版社出版了沈雲龍所編的《汪旭初先生遺集》。
黄紹蘭原名"學梅"。	1892—1947	梅生	湖北蘄春	爲20年代,具體時間不詳。地點爲上海	黄侃妻。章太炎唯一女弟子。1905年隨父在漢口教會學校讀書,以花木蘭自勵,更字"紹蘭"。1907年考入京師女子師範學堂。1910年畢業任河南開封女子師範學堂國文教員。武昌首義爆發,離豫赴武昌,受黄興派遣去上海與陳其美等聯繫策動上海反正。後在上海都督府支持下,組建上海女子軍事團,被推爲團長。袁世凱當權後,女子軍事團被解散,其隨黄興赴南京參加留守府工作。1916年春,得黄炎培等支持,在上海法租界創辦博文女子學校,自任校長。後因經費支絀,於1920年秋停辦。又經黄炎培介紹,任南通女子師範學校國文教員。次年春,由實業家張謇之兄張詧資助回滬,重建博文女校,并擴大規模。1933年博文女校停辦後,潛心學術,先後任章太炎國學講習會講師、廣州中山大學國文系教授、上海震旦女子文理學院教授兼國文系主任。1947年11月13日在上海去世。	文史、經學	《易經注疏》等。

續表

姓　名	生卒年月	字	籍貫	開始從師之時間、地點	主要經歷	研究方向	著　述
盧閔塵	1892—?	閔塵	安徽廬江	1935，蘇州（見《章氏國學講習會同人通訊録》）			
賀永春	1893—?	潤鴻	湖南衡陽	1935，蘇州（見《章氏國學講習會同人通訊録》）			
王承龍	1894—1980	乘六 以字行	江蘇吴縣	1933年，蘇州（見諸祖耿《記本師章公自述治學之功夫及志向》）	畢業於江蘇兩級師範，曾就學於金天翮、陳衍、章太炎諸師，畢生致力於教育事業和學術研究。善詩文，尤長於小學、《左傳》。民國14年起，任斜塘小學校長數年。二十世紀三十年代中，回到蘇州，任桃塢中學教員。後又兼任蘇州國學會史學研究幹事，章太炎國學講習會講師。1957年，由蘇州市四中入上海師範學院任教，期間參與《辭海》編纂修訂工作。	小學、史學	《晉書校注》、《説文部首釋義》（未刊）等。
孫世揚	1895—1947	鷹若	浙江海寧	1926年，上海（見沈延國《章太炎在蘇州》）	1913至1917年就讀於北京大學，後於北大肄業，師從黄侃，爲黄侃得意弟子之一，學界稱其爲“黄門侍郎”。南歸后，經黄侃引薦，受業於章太炎，并教章氏二子讀書十餘年。章太炎主持《制言》，孫氏則負責校印，并爲章氏國學講習會講師。抗戰後，曾一度教授於上海太炎學院。後赴重慶，任教於中央大學。抗戰勝利后，任教於安徽大學，1947年逝世於該校宿舍。孫氏長於中醫。	小學、中醫	《金匱要略字詁》《傷寒論發微》《渝行記》《黄先生蓟遊遺稿序》《成均賦》及詩文若干卷，編有《文字學》及《經學通論講疏》（後因生病，終未能完成）等。
徐耘芻	1895—1969	耘叟	四川南部	1929年，上海	1927年在成都大學中文系旁聽。1929年，去上海從太炎學習國學和書畫。1933年在西康省宣撫司令部主編《戍聲週報》。1939年任22集團軍124師師長曾甦元秘書，繼任41軍秘書，轉戰湖北抗日前綫。日本投降後，回南部老家，從事書畫創作，後執教南部中學。	書畫、篆刻	《戰地集》《在外集》（均失傳）

續表

姓　名	生卒年月	字	籍貫	開始從師之時間、地點	主要經歷	研究方向	著　述
馬宗霍	1897—1976	承堃	湖南衡陽	1920年代,上海。具體時間不詳	原名水坤,别署霎岳樓,晚號霎岳老人。湖南南路師範學堂畢業。先後執教於暨南大學、金陵女子大學、上海中國公學。在上海期間,師從太炎先生。後爲蘇州章氏國學講習會講師。章太炎逝世後,1936年秋任中央大學等校教授。後又任湖南國立師範學院國文系教授、系主任,湖南大學文學院院長、湖南師範學院(今湖南師範大學)中文系教授、中央文史館館員、中華書局編審。1960年,馬宗霍被聘爲中央文史研究館館員,并擔任文化部委托中華書局成立的中央古籍整理小組特約編審,審定標點本二十四史。1976年9月24日,因腦溢血在北京逝世。	小學、經學	《説文解字引經考》《説文解字引群書考》《説文解字引方言考》《説文解字引通人説考》《音韻學通論》《文字學發凡》《中國經學史》等。
徐　震	1898—1967	哲東	江蘇常州	1920年代,具體時間、地點不詳	19歲進東吴大學,後得南京圖書館館長柳詒徵和章太炎賞識。爲太炎入室弟子。好習武,鑽研八極拳、太極拳。1928年被聘爲無錫國學專門學院國技選科教授。1935至1937年,爲武進正德學社社長兼任總教。後又先後任光華大學、中央大學、武漢大學等校國學教授,并擔任上海常州中學校長。	經學、武學、教育家	《公羊権論》《太極拳考信録》《太極拳譜理董辨僞合論》《太極拳發微》《武郝系太極拳述論》《太極拳新論》《少林史實考》等。
邵祖平	1898—1969	潭秋	江西南昌	具體時間、地點不詳	幼時因家境貧寒未入過正式學校,自學成才,喜歡寫詩交友,早年肄業于江西高等學堂。1922年後歷任《學衡》雜誌編輯,東南大學、之江大學、浙江大學教授,章氏國學會講席,鐵道部次長曾養甫秘書,朝陽法學院、四川大學、金陵女子大學、華西大學、西北大學、西南美術專科學校、重慶大學、四川教育學院教授。建國後,歷任四川大學、中國人民大學、青海民族學院教授。	文字學、詩詞	《觀人學》《文字學概論》《國學導讀》《詞心箋評》《樂府詩選》《七絶詩論七絶詩話合編》《培風樓詩存》《培風樓詩續存》《培風樓詩》《峨眉遊草》《關中遊草》等,今有重輯本《培風樓詩》。
諸祖耿	1899—1989	介夫	江蘇無錫	1933年,蘇州(見諸祖耿《記本師章公自述治學之功夫及志向》)	幼讀私塾,早年肄業於江蘇省第三師範學校。1933年開始師從章太炎先生,參加“章氏國學講習會”活動,編印《制言》半月刊,後合作創辦“太炎文學院”。先後任教於東吴大學正風文學院、太炎文學院、雲南大學、江南大學、無錫社會教育學院、江蘇教育學院、南京師範大學等。曾任江蘇省政協委員、江蘇省人大代表,《江海學刊》編委。在高校從教50多年,長期從事中國古代文學的教學與研究工作。學術研究涉及領域廣泛,有古典詩文、古代漢語、諸子學術、史傳散文等。1960年被授予“全國文教系統先進工作者”稱號。	古代文學、諸子學、小學	《戰國策集注匯考》《戰國策逸文》、《太炎先生尚書説》(初名《尚書章氏學》)、《先秦學術概論》《韓柳文衡》《劉長卿詩編年校注》《虚字通考》《無錫方言考》《水明樓詩稿》《雪盦文存》等。《文教資料》1999年第6期有《諸祖耿著作目録》。

續表

姓　名	生卒年月	字	籍貫	開始從師之時間、地點	主要經歷	研究方向	著　述
曹聚仁	1900—1972	挺岫	浙江蘭溪	1922年,上海(見曹聚仁《關於章太炎先生的回憶》)	1915至1921就學於浙江第一師範,期間師從單不庵等名師。1922年到上海,入章太炎門下,并先後任教於愛國女中、暨南大學、復旦大學等校。曾主編《濤聲》《芒種》等雜誌。抗日戰爭爆發後,任戰地記者。1950年赴香港,任新加坡《南洋商報》駐港特派記者。50年代後期,創辦《新生年代》《熱風》《循環日報》等報刊。1972年7月23日,曹聚仁在澳門逝世。	文史、記者、作家	專著:《文史討論集》《國學概論》《國學大綱》; 散文集:《我與我的世界》《今日北京》《萬里行記》《文壇五十年》《北行小語》; 報告文學集:《採訪外記》《採訪新記》《魯迅評傳》。 輯有《現代中國戲曲影藝集成》等編著共近70種,約4000餘萬字。
任啓聖	1900—?	翔舉	河北保定	1935,蘇州(見《章氏國學講習會同人通訊録》)			
黄士本	1900—?	支田	山東滕縣	1935,蘇州(見《章氏國學講習會同人通訊録》)			
李　恭	1901—1970	行之	甘肅甘谷	1935年,蘇州(見姚奠中、董國炎《章太炎學術年譜》)	早年就讀於北京中國大學文科國學系,深諳小學,深得吴承仕、范文瀾賞識。1935年9月入蘇州章氏國學講習會,後成爲講習會首屆研究生。太炎病故,李恭十分悲痛,殯儀由其一手料理,并撰悼詞,章氏門人故舊,均深爲感動。先後任蘭州師範校長、蘭州二中副校長兼教導主任。後被政府任命爲甘肅省文化教育委員會會員、蘭州市教育局副局長。	小學、教育學、史學	《隴右方言發微》《斯文異話》《太平天國在甘肅》。
李謙光	1901—?	哲卿	安徽桐城	1935,蘇州(見《章氏國學講習會同人通訊録》)			
林　照	1901—?		廣東新會	1935,蘇州(見《章氏國學講習會同人通訊録》)			

續表

姓　名	生卒年月	字	籍貫	開始從師之時間、地點	主要經歷	研究方向	著　述
王基乾	1902—1974	羲元	安徽懷寧	1935年,蘇州(見王基乾之子王開遂新浪博客)	早年就讀北京平民大學新聞學系。1935年入蘇州章氏國學講習會聽講。抗戰期間任暨南大學研究員,1940年被聘爲考選委員會編纂及歷届高等考試襄試委員。1957年受聘於安徽省科學研究所歷史研究室。後因中風去世。	文學、史學、方志學	《尚書新詁》《西園文稿》
姜寅清	1902—1995	亮夫	雲南昭通	1929年後、1933年前,上海。(姜亮夫1929年到上海,先後在大夏、暨南、復旦任教,1933年離開上海任河南大學教授)	1921年考入成都高等師範學校國文部。1926年,考入清華大學國學研究院,師從王國維、梁啓超、陳寅恪先生。1928年先執教於南通中學、無錫中學,後任大夏大學、濟南大學、復旦大學教授及北新書局編輯,其間師從章太炎先生。1933年任河南大學教授。1935年赴法國巴黎進修,開始敦煌學研究,1937年經莫斯科回國,先後任職東北大學教授、英士大學教授兼文理學院院長,雲南大學教授兼文法學院院長,昆明師範學院教授,雲南省教育廳廳長,雲南省軍政委員會文教處處長。1953年任浙江師範學院、杭州大學中文系教授兼中文系主任、古籍研究所所長、博士研究生導師。曾獲國家教委普通高校首届人文社科研究成果一等獎等多種獎勵。1995年12月4日病逝。	楚辭學、敦煌學、小學、文獻學	《中國聲韻學》《敦煌—偉大的文化寶藏》《屈原賦校注》《張華年譜》《歷代人物年里碑傳綜表》《晉陸平原先生機年譜》《楚辭今繹講録》《古文字學》《楚辭學論文集》《敦煌學概論》《莫高窟年表》《楚辭通故》《敦煌學論文集》《敦煌碎金》《楚辭書目五種》《古史學論文集》《姜亮夫文録》《屈原賦今譯》《文學概論講述》等。
葛幼圃	1902—?	念先	江蘇鎮江	1935,蘇州(見《章氏國學講習會同人通訊録》)			
顧義駿	1903—?	問賓	江蘇松江	1935,蘇州(見《章氏國學講習會同人通訊録》)			
鄭雲飛	1904—1972		山西萬泉	1935年,蘇州(見王東滿《姚奠中》,由景梅九介紹。又見姚奠中《山西的幾個章門弟子》)	出身燕京大學,留學日本,學經濟。後因參與反日遊行被逐回國。1935年入蘇州國學講習會。抗戰起,在四川三台東北大學任教,後任許昌税務局長、山東税務局長。新中國成立後,先後任教於貴州師範學院、天津師範學院。	經濟、文史	

續表

姓　名	生卒年月	字	籍貫	開始從師之時間、地點	主要經歷	研究方向	著　述
張瑞麟	1904—?	輯五	山東滋陽	1935，蘇州（見《章氏國學講習會同人通訊録》）			
柏耐冬	1905—?		安徽泗縣	1935年，蘇州（見姚奠中、董國炎《章太炎學術年譜》）	早年就讀北京警官高等學校，1935年入無錫國學專修學校，後入蘇州國學講習會學習，後成爲講習會首届研究生。抗戰期間，曾擔任安徽六區專署秘書。先後任潁上師範教員，南京湯山炮兵學校教官、邊疆系主任，貴陽師範學院副教授、山西大學副教授。"反右"期間被捕，後不知所踪。	文史	
陳實秋	1905—?	實秋	浙江樂清	1935，蘇州（見《章氏國學講習會同人通訊録》）			
鄭偉業	1906—1963	仲琪	江蘇蘇州	1932年，蘇州	師承吴昌碩，精研書法和古文。後又拜李根源、章太炎爲師。1932年9月，太炎應李根源等之邀，赴蘇州講學約一月，期間鄭偉業受李根源之托，連夜爲太炎治印，上刻"章炳麟印"，太炎大加贊賞，後鄭偉業拜入太炎門下。1935年後，在蘇州國學講習會任職，後又在太炎文學院任職。其間，參與《制言》的編輯及其他事務工作。抗戰時期，隨李根源前往雲南。	篆刻	
熊訓初	1906—?	訓初	四川南溪	1935，蘇州（見《章氏國學講習會同人通訊録》）			
金玉璇	1907—?	玉璇	浙江樂清	1935，蘇州（見《章氏國學講習會同人通訊録》）			
莊鐘祥	1907—?	瑞庵	浙江海寧	1935，蘇州（見《章氏國學講習會同人通訊録》）			

續表

姓　名	生卒年月	字	籍貫	開始從師之時間、地點	主要經歷	研究方向	著　述
陳兆年	1908—?	兆年	河北安新	1935,蘇州(見《章氏國學講習會同人通訊録》)			
李源澄	1909—1958	浚清、俊卿	四川犍爲	1936年,蘇州(見王川《李源澄先生年譜長編》,姚奠中、董國炎《章太炎學術年譜》)	先后師從蒙文通、廖平、歐陽漸、章太炎。先後在南京支那内學院、蘇州章氏國學講習會進修經史之學,并受聘教授于無錫國專。後在四川大學、雲南大學、重慶北碚勉仁文學院、四川教育學院任教,新中國成立後在西南師範大學任教。	經學、史學	《諸子概論》《學術論著初稿》《經學通論》《秦漢史》等。詳細著述情況可參見:林慶彰《李源澄著作目録》、王川《李源澄先生年譜長編·李源澄著述目録》。
潘重規	1907—2003	石禪	江西婺源	1929年,上海(見潘重規《母校師恩》,載於《量守盧學記續編》)	本名崇奎,字石禪。18歲入東南大學(即後來的中央大學),從黄侃學。章太炎見之,爲其易名重規,黄侃則爲其易字襲善,并書“重規襲善”四字。1930年與黄侃長女黄念蓉結婚。 潘重規終生從教,曾任東北大學、暨南大學中文系教授,四川大學、安徽大學中文系教授兼主任,臺灣師範大學國文系教授兼國文研究所所長,新加坡南洋大學中文系教授,香港中文大學新亞書院中文系主任、文學院院長、臺灣文化大學中文系教授兼研究所所長、文學院院長,臺灣東吴大學中文研究所研究員等職,曾獲法國法蘭西學術院漢學茹蓮獎、韓國嶺南大學頒贈榮譽文學博士。	經學、小學、文學、敦煌學、黄侃學術思想	著述:《敦煌詩經卷子研究論文集》《文字學論著初集》《敦煌俗字譜》《經典詩文韻編索引》《玉篇索引》《中國聲韻學》等; 整理:《黄季剛先生〈文心雕龍札記〉》《黄季剛先生〈爾雅正名評〉》《黄季剛先生遺墨》《章太炎先生〈國學略説〉》等。 詳見鄭阿財、朱鳳玉編《婺源潘石禪先生論著書目》。

續表

姓　名	生卒年月	字	籍貫	開始從師之時間、地點	主要經歷	研究方向	著　述
潘承弼	1907—2004	景鄭	江蘇吴縣	1931 年，上海（見潘承弼《章公問業記略》）	潘景鄭十三四歲即學訓詁之學，攻讀《説文解字》等書。1931 年春，經李根源先生推薦，拜章太炎爲師，從此由太炎先生親自“詔示經史之緒”，學問猛進。在章太炎的指教下，潘景鄭整理顧野王《玉篇》，所徵引的書中，有數十種海外罕見之本。太炎先生知道後，寫信鼓勵。1935 年太炎先生在蘇州創辦章氏國學講習會，他被聘爲講師，還負責編輯《制言》雜誌。從創刊到結束共六十三期，都由潘具體負責。章太炎去世以後，章夫人湯國梨率門生等在上海辦太炎文學院，潘便在此處任教。文學院被汪僞政府强行停辦後，潘遂與張元濟、葉景葵、顧廷龍諸先生創辦合衆圖書館。新中國成立後在上海圖書館工作。	藏書家、版本鑒定家	《説文古本再考》《日知録補校》《詞律校導》《詞選箋注》《圖書金石題跋》《寄漚剩稿》。 編校輯成：錢牧齋《絳雲輯題跋》、毛晉《汲古閣跋》、沈複粲《鳴野山房書目》、馬瀛《金香仙館書目》等。 還與顧廷龍編成《明代版本圖録》。 輯佚書一百餘家，題爲《著硯樓佚書》。 1957 年，景鄭在幼子家武的幫助下，搜輯叢殘，編成《著硯樓書跋》，書跋四百零三篇，多爲庚辰年（1940）之前所作。
方兆有	1907—?	佛情	安徽婺源	1935，蘇州（見《章氏國學講習會同人通訊録》）			
曹依仁	1907—?	静山	河南獲嘉	1935，蘇州（見《章氏國學講習會同人通訊録》）			
夏繼學	1907—?	繼學	河南陽武	1935，蘇州（見《章氏國學講習會同人通訊録》）			
葉建平	1907—?	建平	江蘇吴江	1935，蘇州（見《章氏國學講習會同人通訊録》）			

續表

姓　名	生卒年月	字	籍貫	開始從師之時間、地點	主要經歷	研究方向	著　述
黄大本	1907—?	景孟	山東滕縣	1935,蘇州(見《章氏國學講習會同人通訊録》)			
徐　徵	1908—1976	澐秋	江蘇吴縣	1935,蘇州[1](見《朱希祖先生年譜長編》)	1930年代曾任蘇州中學史地教員、吴縣縣立中學國文和美術教員,通文史,善繪事,精鑒定。1935年入太炎先生門下,爲蘇州章氏國學講習會發起人之一。新中國成立後先後任蘇州市文管會委員、蘇南文管會鑒定委員、江蘇省博物館徵集組組長等職。1950年末,位於蘇州的江蘇省博物館併入南京博物院,徐澐秋至南博專事書畫鑒定。爲瞭解江蘇各地古書畫分佈及保存情況,徐氏足迹遍佈蘇省,現今著名書畫鑒定家蕭平即是他那時帶出的學生。	書畫、文史	《婁東太原王氏畫系表》《平旦講學記》《陽羨奇觀》《吴門畫史》《中國史略》《俞曲園先生年譜》《卓觀齋脞録》
金德建	1909—1996		浙江嘉興	1935年,蘇州(見王東滿《姚奠中》)	1930年代受教於章氏國學講習會,1940年代曾在無錫國專滬校教授國文科。建國後,曾任上海社科院歷史研究所特約研究員、上海師大古籍研究所古籍文獻班教授,1990年進入上海文史館。金德建在高中時期受謝雲聲影響,開始閱讀顧頡剛主編的《古史辨》,并由此從幼時對先秦諸子的興趣轉入專業的學問研究。自1931年左右由聞在宥介紹開始與顧頡剛通信之後,畢生從事古籍、先秦諸子學考證。	經學、文字學	專著:《兩漢尚書源流及其篇目之新估定》《古籍叢考》《司馬遷所見書考》《先秦諸子雜考》《經今古文字考》《金德建古文字學論文集》 論文:《漢代經典今古文研究》等數十篇。
徐緒昌	1909—?	續武	河南南陽	1935,蘇州(見《章氏國學講習會同人通訊録》)			

① 徐澐秋何時正式入章門爲弟子,具體時間不詳,但據其《平旦講學記》一文,可知他初識章太炎在1926年夏。1926年暑假,蘇州張一麐、李根源約同基督教青年會總幹事尤符赤、振華中學副校長王佩諍等人成立"平旦學社",請章太炎講學,章太炎8月26日從上海赴蘇講學,徐澐秋即於此時得識章太炎先生。據朱希祖1935年7月20日日記,稱其爲"章師太炎新弟子",可知徐氏在蘇州章氏國學講習會成立之前就已經入了章門。(蘇州章氏國學講習會於1935年9月16日正式開講,且徐澐秋爲該會發起人之一。)

另:澐秋先生,剛從蘇州來南京,因暫時未安排宿舍,就暫住我外公尹焕章(1909—1969,河南南陽人,我國著名考古學家)家的客房中。其晚年頗爲落寞,"文革"中,屢遭批鬥。"文革"中,我外公自殺,一家也被趕出了原先住的小樓,住在家屬院後面一排平房中,與徐家後門相連,我母親少時常見他鬍鬚斑白,狼藉滿臉。有次他指著一堆抄家焚餘的字畫對我三舅説:"如果喜歡,就隨便拿幾張去玩玩吧。"然三舅只拿了幾册書後便離去。後徐澐秋回了蘇州,1976年逝世。

續表

姓　名	生卒年月	字	籍貫	開始從師之時間、地點	主要經歷	研究方向	著　述
馮　超	1909—?	超人	江蘇太倉	1935，蘇州（見《章氏國學講習會同人通訊録》）			
湯炳正	1910—1998	景麟	山東榮成	1935年，蘇州（見湯序波《湯炳正傳》、《湯炳正先生編年事輯》）	1919年，入私塾，1931年，赴北京求學，1933年至1935年，湯就讀於私立民國大學新聞專修。1935年，報考蘇州章氏國學講習會，以與汪榮寶《〈法言〉義疏》商榷之文應答，得太炎先生嘉許，旋拜太炎先生門下。湯入蘇州國學講習會後，因功底扎實、精勤學業，深受太炎先生青睞，太炎先生以戴震高足孔廣森比之，贊其爲"承繼絶學惟一有望之人"。1936年6月，太炎先生逝世，湯作爲講習會弟子中的唯一代表在太炎追悼會上發言。40年代中後期，先後被聘爲貴州師範學院副教授，國立貴州大學教授。1952年院系調整后，湯一直擔任四川師範學院（大學）教授。1980年，參加《章太炎全集》整理工作。1998年4月4日，湯炳正於成都逝世。	小學、楚辭學	《語言之起源》《屈賦新探》《楚辭類稿》《淵研樓屈學存稿》、《楚辭今注》（合著）、《楚辭欣賞》（主編）、《廣韻補訂》等。
葉芳炎	1910—1982	善箴	安徽黟縣	1935，蘇州（見《章氏國學講習會同人通訊録》）			
徐風陶	1910—?	羲人	遼寧瀋陽	1935，蘇州（見《章氏國學講習會同人通訊録》）			
茅蔭熙	1910—?	受廷	山東濟南	1935，蘇州（見《章氏國學講習會同人通訊録》）			
趙意誠	1910—?	孚樵	浙江諸暨	1935，蘇州（見《章氏國學講習會同人通訊録》）			

續表

姓　名	生卒年月	字	籍貫	開始從師之時間、地點	主要經歷	研究方向	著　述
李澍東	1911—?	澍東	湖北蘄春	1935,蘇州(見《章氏國學講習會同人通訊録》)			
王守直	1911—?	又直	福建龍溪	1935,蘇州(見《章氏國學講習會同人通訊録》)			
徐　復	1912—2006	士復	江蘇武進	1936 年,蘇州(見家父朱元曙《徐復先生二三事》)	1919 年隨父親從鄉下搬入武進,後入其父所辦潛化英國算專修學校學習,首尾凡四年。1927 年考入江蘇省立常州中學。1929 年就讀於金陵大學,從黄侃攻文字、音韻、訓詁。1935 年入金陵大學國學研究班。黄侃逝世後,徐轉至太炎門下求學。1938 年 11 月,徐復與朱希祖、朱鐸民、沈致祥等同編章太炎先生書札。徐復曾任教於國立邊疆專科學校、金陵大學、南京師範學院(大學)等校。歷任副教授、教授、南京師範大學古文獻整理研究所名譽所長、《辭海》編委、《辭海》語詞學科分科主編之一、《漢語大詞典》副主編之一、中國語言學會理事、中國訓詁學研究會會長、中國音韻學研究會顧問、江蘇省語言學會會長等。2006 年 7 月 24 日在南京去世。	小學	專著:《徐復語言文字學叢稿》《徐復序跋集》《徐復語言文字學論稿》、《廣雅詁林》(主編)、《江蘇舊方志提要》(主編)、《訄書詳注》《徐復語言文字學晚稿》等。 論文詳見《徐復語言文字學叢稿》《徐復語言文字學論稿》《徐復語言文字學晚稿》。
顧家書	1912—?	家書	江蘇吴縣	1935,蘇州(見《章氏國學講習會同人通訊録》)			
孫居基	1912—?	立本	山東黄縣	1935,蘇州(見《章氏國學講習會同人通訊録》)			
傅平驤	1912—2000	平驤	四川綿竹	1935,蘇州(見《章氏國學講習會同人通訊録》)			

續表

姓　名	生卒年月	字	籍貫	開始從師之時間、地點	主要經歷	研究方向	著　述
王仲犖	1913—1986		浙江餘姚	1933 年，蘇州（見諸祖耿《記本師章公自述治學之功夫及志向》）	出生於上海，1935 年畢業於上海正風文學院。1938 年在上海與湯國梨一同創建太炎文學院，任院長秘書室主任。1940 年任雲南監安使秘書。1942 年任重慶國立中央大學師範學院中文系講師、副教授。1947 年任國立山東大學中文系副教授、教授。1949 年任青島大學歷史研究所研究員。1951 年任山東大學歷史系教授、主任。1963 年調中華書局點校《二十四史》。另外，作爲章門弟子，王仲犖對章太炎遺著的整理、出版也關懷備至。《章太炎全集》就是在仲犖先生的精心策劃、辛苦經營下得以問世的。	史學	《魏晉南北朝史》《隋唐五代史》《關於中國奴隸社會的瓦解及封建關係的形成問題》《北周六典》等。 參與編校《章太炎全集》。
姚豫太	1913—2013	奠中	山西運城	1935 年，蘇州（見王東滿《姚奠中》）	1935 年，先入無錫國學專修學校，後考入蘇州章氏國學講習會，從太炎先生學。抗戰後，曾任貴陽師範學院教授兼系主任、貴州大學教授兼校委；1951 年 8 月回太原，執教於山西大學五十餘載，先後任中文系主任、古典文學研究所所長。曾任九三學社山西省委主委，山西省政協副主席。曾擔任第六、七屆全國政協委員，中國詩詞學會和中國韻文學會顧問、中國書法家協會理事、山西省書法家協會名譽主席、山西省古典文學學會會長等職務。2013 年 12 月 27 日淩晨，姚奠中於山西大學亦曲園家中逝世，享年 101 歲。①	古代文學、書法	發表有關中國古代文史哲論文 130 餘篇，出版專著（含主編及高校教材）23 部。 另出版了《莊子通義》《姚奠中論文選集》《姚奠中詩文輯存》《姚奠中講習文集》等。
陳　炎	1913—?	大言	安徽懷寧	1935，蘇州（見《章氏國學講習會同人通訊録》）			
唐繼鼎	1913—?	觀源	安徽廬江	1935，蘇州（見《章氏國學講習會同人通訊録》）			
羅茂金	1913—?	茂金	廣東五華	1935，蘇州（見《章氏國學講習會同人通訊録》）			

① 據筆者所知，姚奠中是章太炎的親傳弟子中最後逝世的一位。

續表

姓　名	生卒年月	字	籍貫	開始從師之時間、地點	主要經歷	研究方向	著　述
楊貞官	1913—?	貞官	山東嶧縣	1935,蘇州(見《章氏國學講習會同人通訊録》)			
吴正清	1913—1946	政卿	江蘇泰州	1935,蘇州(見《章氏國學講習會同人通訊録》)			
沈延國	1914—1985		浙江錢塘	20年代,上海,具體時間不詳。	沈瓞民子,早年畢業於江蘇省立蘇州中學、上海光華大學。很早就在上海从章太炎學,得文史研究門徑。師從章太炎後,繼又入上海光華大學專攻中國文學史,曾與楊寬等編著有《吕氏春秋集解》。後亦爲章氏國學會講師兼《制言》編輯,曾與章太炎夫人湯國梨在上海籌建太炎文學院,擔任教務長,并主講中國文學史。抗戰時,他與沈瓞民同任新四軍“長江商行”董事并兼秘書。	文史	《逸周書集釋》《鄧析子集證》《周易證釋》《吕氏春秋集解》《章太炎先生在蘇州》等。參與編校《章太炎全集》。
章　謙	1914—?	尊光	安徽桐城	1935,蘇州(見《章氏國學講習會同人通訊録》)			
周　韜	1914—?	健民	山東嶧縣	1935,蘇州(見《章氏國學講習會同人通訊録》)			
王希革	1914—?	鼎新	浙江淳安	1935,蘇州(見《章氏國學講習會同人通訊録》)			
樓仁愛	1914—?	德輿	浙江義烏	1935,蘇州(見《章氏國學講習會同人通訊録》)			

續表

姓　名	生卒年月	字	籍貫	開始從師之時間、地點	主要經歷	研究方向	著　述
貝　琪	1915—1941	仲琪	江蘇吴縣	30 年代，蘇州	1931 年左右遊學北京，後經金天翮引介入章氏國學講習會，從太炎問學五載。1935 年又經金天翮推薦，至雲南大學任教，後返回蘇州。抗戰期間，貝氏輾轉於南昌、漢口、桂林、貴陽、重慶、昆明等地，供職於軍事委員會。	經學、史學	《博望樓文鈔》《章太炎先生之史學》《老莊哲學》《吴學甄微》《五百唐碑盧叢稿目録》《〈列子·楊朱篇〉新解》等。
汪柏年	1915—？	清在	浙江桐鄉	30 年代，蘇州（見《章氏國學講習會同人通訊録》《朱希祖日記》）	上海光華大學畢業，曾師從錢基博，學古文，後又入太炎先生門下，助太炎先生寫成《古文尚書拾遺》。其在章氏國學講習會教授《尚書》與《爾雅》。	經學、小學	《爾雅通釋》《爾雅補釋》《論語後案二十卷》等。
李朝蓉	1915—？	兆蓉	安徽懷寧	1935，蘇州（見《章氏國學講習會同人通訊録》）			
丁邦壽	1915—？	宣山	江蘇泰興	1935，蘇州（見《章氏國學講習會同人通訊録》）			
葉競耕	1915—？	競耕	江蘇吴縣	1935，蘇州（見《章氏國學講習會同人通訊録》）			
徐善同	1915—？	舜揚	浙江平湖	1935，蘇州（見《章氏國學講習會同人通訊録》）			

續表

姓　名	生卒年月	字	籍貫	開始從師之時間、地點	主要經歷	研究方向	著　述
朱學浩	1916—2011	季海 以字行	江蘇 蘇州	1933年,蘇州(見《朱季海學術年表》,賈捷,《南京師範大學文學院報》2010年9月。又見章太炎1933年10月31日致潘承弼信)	年少(17歲)即師從章太炎,章太炎稱之爲"千里駒"。1936年6月,太炎逝世,朱季海爲治喪招待,時遇黄侃之婿,其言季剛曾盛贊季海之才,以終未相見爲憾。一生沉浸於訓詁考據之學,然其大學本科所學則爲物理。他一生只擔任過兩年半公職,1946年於民國國史館任職,不久即辭職;1949年在蘇州第三中學教書,不久又辭職。後長期在蘇州閒居,同時繼續進行《楚辭》與先秦文史的研究。1979年,南京大學校長匡亞明邀其任教,後未果。1980年代出任中國訓詁學會名譽顧問,并開始研究書畫理論。後又在蘇州鐵道師範學院講學。2011年12月在蘇州逝世,享年96歲。	小學	著有《初照樓文集》《説苑校理》《新序校理》《南齊書校義》《石濤畫譜校注》《南田畫跋》等。上述著述中華書局以《朱季海著作集》之名出版;另有《楚辭解故》,由上海古籍出版社出版。
劉濟生	1916—?	濟生	河北 河間	1935,蘇州(見《章氏國學講習會同人通訊録》)			
柳景惠	1916—?	人河	江蘇 吴縣	1935,蘇州(見《章氏國學講習會同人通訊録》)			
鄭弗言	1916—?	鼎	江蘇 灌雲	1935,蘇州(見《章氏國學講習會同人通訊録》)			
李恕一	1916—?	梧岡	四川 南充	1935,蘇州(見《章氏國學講習會同人通訊録》)			
文玉笙	1916—?	序	四川 巴縣	1935,蘇州(見《章氏國學講習會同人通訊録》)			

續表

姓　名	生卒年月	字	籍貫	開始從師之時間、地點	主要經歷	研究方向	著　述
皇甫權	1916—?	鋐聲	浙江桐鄉	1935，蘇州（見《章氏國學講習會同人通訊録》）			
黄德餘	1916—?	積之	浙江淳安	1935，蘇州（見《章氏國學講習會同人通訊録》）			
陳鴻佐	1916—?	松磯	浙江義烏	1935，蘇州（見《章氏國學講習會同人通訊録》）			
何世建	1917—?	世建	廣東新會	1935，蘇州（見《章氏國學講習會同人通訊録》）			
李朝漢	1917—?	樵廣	廣東新會	1935，蘇州（見《章氏國學講習會同人通訊録》）			《新會名勝詩選注》《崖山詩碑選釋》
羅　綺	1917—?	自華	江蘇宿遷	1935，蘇州（見《章氏國學講習會同人通訊録》）			
顧曰辰	1917—?	拱北	江蘇鎮江	1935，蘇州（見《章氏國學講習會同人通訊録》）			
楊貢官	1917—?	貢官	山東嶧縣	1935，蘇州（見《章氏國學講習會同人通訊録》）			

續表

姓　名	生卒年月	字	籍貫	開始從師之時間、地點	主要經歷	研究方向	著　述
劉一化	1917—?	一化	山西解縣	1935,蘇州(見《章氏國學講習會同人通訊録》)			
章本興	1917—?	本興	浙江淳安	1935,蘇州(見《章氏國學講習會同人通訊録》)			
李希泌	1918—2006	季鄰	雲南騰沖	李根源第五子,少年在蘇州便從章太炎學,得文史研究門徑。	1942年7月畢業於西南聯大歷史系。1942年9月在昆明創辦私立五華中學,任昆明五華中學、騰沖商科職業學校校長,昆明五華學院董事,當選國民政府立法院委員。1951年9月到北京圖書館工作,歷任北京圖書館館員、編輯、研究館員,《圖書館工作》《聯合目録》編輯、《文獻》雜誌副主編、《當代中國圖書館事業》副主編。是第六、七、八届全國政協委員、全國政協文史資料委員會委員、中國辛亥革命研究會副理事長等。主要從事中國圖書館事業發展史、隋唐史、近代史、亞洲史和文獻學的研究工作。因病醫治無效,於2006年12月11日逝世,享年88歲。	史學、圖書館學、文獻學	《中國古代藏書及近代圖書館史料》《詹天佑和中國鐵路》《唐大詔令集補編》《健行齋文録》《健行齋詩詞》《曲石精廬藏唐墓誌》《護國運動史料》等。譯著有《伊朗史綱》等。點校《續補藏書紀事詩》。
周雲生	1918—?	元龍	安徽廬江	1935,蘇州(見《章氏國學講習會同人通訊録》)			
羅崇讓	1919—?	崇讓	四川中江	1935,蘇州(見《章氏國學講習會同人通訊録》)			
趙樹安	1920—?	汝悦	山東嶧縣	1935,蘇州(見《章氏國學講習會同人通訊録》)			
張斯翼	1921—1987	小懌	江蘇鎮江	1935,蘇州(見《章氏國學講習會同人通訊録》)			

據《制言》第1期中有一份"蘇州章氏國學講習會"名單，共有45人，具體如下：吴承仕、汪東、黄侃、曾道、朱希祖、景耀月、錢玄同、馬裕藻、周作人、潘承弼、馬根質、馬宗薌、黄雲鵬、沈兼士、繆篆、黄紹蘭、孫志誠、馬宗霍、徐震、潘芝龕、王廣慶、李崇元、邵祖平、姜寅清、王頌平、許壽裳、戴增元、鄭偉業、金震、李希綱、朱季海、王謇、汪柏年、李希泌、徐澂、錢紹武、孫世揚、王乘六、葛豫夫、嚴慶祥、吴契寧、施福綬、沈延國、諸祖耿、龍沐勛。其中多爲太炎先生弟子，亦有與太炎交流頻繁者。另據任鴻隽《記章太炎先生》，1908年日本東京國學講習會聽講的川人還有童顯漢、李雨田等。

三、章門的形成與發展

章門并不是由一個個孤立的個體組成的學術團體，而是一個凝聚力强，治學方法與治學目標基本一致，既有分支又有交叉的學術團體。凝聚力强指以太炎先生爲核心，形成了一個有深厚的師生情誼、有教學相長的良好互動、有傳承與發展、有寬容與理解的特殊學術團體，這也是即使在太炎先生逝世以後，章門亦能健康發展的一個重要原因；治學方法基本一致指以傳統語言文字之學爲治學之核心，治學目標基本一致指以弘揚中國傳統學術（小學、經學、史學等）爲目標；既有分支又有交叉指太炎及其弟子有的專治語言學，有的專治經學、史學、校勘學、文獻學、文學、佛學、諸子學等，有的兼治幾種學問，但他們學術的交叉都在於傳統語言文字之學。[①]

據盧毅《章門弟子與近代文化》一書統計，太炎一生有15次較大規模的講習，其中由自己創辦的講習會共有三次，一次爲清末的東京國學講習會，一次爲民國初年的北京國學會，一次爲太炎晚年的蘇州章氏國學講習會。這三次講習會較之其他各次的講學更爲系統，這也充分體現了太炎通過自己辦私學以達到弘揚國學、傳播國粹目的的重視。而在這三次講習尤以前後兩次的時間更長（北京國學講習會因袁世凱之阻撓，故不到一個月旋即停止），東京國學講習會和蘇州國學講習會多有傳統私塾的性質，在長達數年的時間中，太炎可以更系統地把自己的治學成就傳授給學生，更關鍵的是章的治學精神與治學方法也會潛移默化地影響著與他朝夕相處的學生。在這兩次講習會中，太炎與學生有更多的交流和互動，正如許壽裳所言之"在一間陋室之内，師生席地而坐，環一小几"，[②] 氣氛也更爲融洽自由，亦如許壽裳所

---

① 做爲著名的革命黨人、古文經學家與一代國學宗師，太炎一生講學不輟（尤以傳統語言文字之學爲主），弟子衆多。太炎弟子可分爲兩類：一類治學、一類從政；治學又可分爲兩類：一類治人文科學，一類治自然科學；治人文科學的又可分爲兩類：一類專治語言文字之學，一類治語言文字之學之外的學科，如史學、經學、哲學、文學、校勘學等等（當然這兩類是有交叉的）。其中黄侃、錢玄同、沈兼士、朱宗萊、徐復、姜亮夫等爲前者，朱希祖、吴承仕、馬宗霍、范古農、魯迅、周作人、劉文典、湯炳正等爲後者。前者自不必多説，他們是太炎先生傳統語言文字學成果和思想的直接繼承者，而後者在治學中也始終秉持著太炎先生的小學思想和精神。

② 陳平原、杜玲玲編：《追憶章太炎（修訂本）》，第47頁。

言之"有時隨便談天,亦復詼諧間作,妙語解頤",[①]"談天時以玄同説話爲最多,而且在席上爬來爬去"。[②]正由於以上的諸多優勢條件,再加上這兩次講學所面對的學生都是經過選拔的,素質較其他各次講習要高出許多,故這兩次講學的收效也最爲明顯,而被人們所熟知的章門弟子也多出於東京和蘇州的講習會。可以説,章門一派的主體形成於東京國學講習會,而蘇州章氏國學講習會中所吸納的弟子是對章門的有力補充。兩者意義同樣重大,前者是開始,没有這次的私塾性質的講習,没有那批高質量學子的聽講,那麼章門一派的出現時間要大大往後推遲,隨之而來的是不會在那個特殊的時代造就出那麼一批對近代中國學術有重要影響力的學者;後者是承上啓下,它可以看做是第一代章門最後定型的標誌,也可以看做是第二代章門開始形成的重要標誌(當然在蘇州講習會之前,太炎早中期弟子已經培養了新的學者,他們中也有屬於第二代章門的)。下面便簡單介紹這兩次國學講習會的情況。

東京國學講習會

1903年,太炎先生因爲發表了一系列的反滿言論而被捕,清外務部會同各國公使判太炎先生監禁三年。1906年,太炎先生出獄,孫中山派人來迎,遂東渡日本,主《民報》筆政。同年八月上旬(陰曆),國學講習會成立,但講習尚未形成定例,只是太炎偶爾會有講演。直到1908年3月22日,錢玄同與龔寶銓同至章太炎處,想請章太炎來講國學,并請先講小學,得到太炎先生首肯。因同時一批四川留學生也請章太炎講學,於是章命錢去接洽。到3月29日,錢玄同再至章太炎處,商定好時間、地點、人員及授課内容:時間爲每星期三、六下午二時至四時;地點在日本教育會;聽講人員除其他人員外,浙江人有五個,分别是朱希祖、錢玄同、龔寶銓、朱宗萊,沈鈞業;授課内容爲先小學,後文學。後於4月4日正式開課,地點位於清風亭,後又輾轉於日本教育會、大成中學。是年夏天,魯迅兄弟以及許壽裳、錢家治等四人也想聽章太炎授課,但嫌大成中學聽課人太雜,又因時間衝突,於是通過龔寶銓與章太炎商議,是否可另開一班。同時,錢玄同、朱希祖在大成中學聽講三個月,聽得有點糊塗,也想趁章太炎爲魯迅等人講課時再去聽一遍,於是就有了章太炎在民報社爲朱希祖、錢玄同、龔寶銓、朱宗萊、魯迅、周作人、許壽裳、錢家治八人開班講學的事,此班開始於7月11日。[③]據朱希祖和錢玄同日記,至1909年春,章太炎先後向他們講了《説文解字注》《莊子》《楚辭》《爾雅義疏》《廣雅疏證》《漢書》《詩經》《文心雕龍》。後來,這批學生先後歸國(如朱希祖於1909年7月歸國、錢玄同於1910年5月歸國),而又有新的學生加入講習班的行列(如劉文典於1910

---

① 陳平原、杜玲玲編:《追憶章太炎(修訂本)》,第47頁。

② 許壽裳:《亡友魯迅印象記·許壽裳回憶魯迅全篇》,上海:上海文化出版社,2006年,第29頁。

③ 朱希祖1908年7月11日日記:"八時起,至太炎先生處聽講音韻之學,同學者七人。先講三十六字母及二十二部古音大略。"(朱希祖著,朱元曙、朱樂川整理:《朱希祖日記》,第77頁)朱希祖日記説的是七個人,許壽裳回憶是八個人,其實,至少在7月11日這一天,是七個人,朱宗萊没在其中。因爲錢玄同7月2日日記説:"余與龔、逖二人擬再去聽。"這兒没有朱宗萊。錢玄同、龔寶銓、朱希祖三人,加魯迅那邊過來的四人,共七人。朱宗萊加入這個特别班,當是在7月11日之後。

年入國學講習會)。此次東京國學講習會直到1911年10月太炎回國而宣告結束。

在此次東京國學講習會期間成爲後來章門重要成員有(按年齡順序)：馬裕藻、朱希祖、景定成、魯迅、朱宗萊、范古農、景耀月、錢家治、康寶忠、許壽裳、周作人、龔寶銓、陳大奇、任鴻雋、賀孝齊、錢玄同、沈兼士、胡以魯、劉文典。另外，章門一派最重要的成員黄侃是1907年拜太炎先生爲師的，雖其亦在日本拜師，但似乎并没有參加過國學講習會，所以我們不把他列爲東京國學講習會的成員。這樣的章門弟子還有汪東、李亮工等。

蘇州章氏國學講習會

1934年秋，太炎舉家從上海遷至蘇州，意在蘇終老。是年冬，太炎以“與國學會旨趣不合”，故自開一學，名爲“蘇州章氏國學講習會”，以此作爲傳遞薪火之陣地。1935年9月，校舍落成，地址位於錦凡路50號。9月16日，講習會正式開講，發起人凡45人(其中多爲章門弟子)，即：吴承仕、汪東、黄侃、曾道、朱希祖、景耀月、錢玄同、馬裕藻、周作人、潘承弼、馬根質、馬宗薌、黄雲鵬、沈兼士、繆篆、黄紹蘭、孫志誠、馬宗霍、徐震、潘芝龕、王廣慶、李崇元、邵祖平、姜寅清、王頌平、許壽裳、戴增元、鄭偉業、金震、李希綱、朱季海、王謇、汪柏年、李希泌、徐澂、錢紹武、孫世揚、王乘六、葛豫夫、嚴慶祥、吴契寧、施福綬、沈延國、諸祖耿、龍沐勛。同時講習會創辦《制言》雜誌，講習會師生之優秀文章皆可發於此。太炎先生擔任講習會主講，并請王小徐、蔣竹莊、沈瓞民等任特别講師。其他擔任講師者，則有朱希祖、汪東、潘承弼、馬宗薌、馬宗霍、沈延國、金毓黻、潘重規、王仲犖、汪柏年、黄焯、孫世揚、諸祖耿、金德建、湯炳正、王謇等。講習會期限兩年，共分四期，其中通論性質的講習有：小學略説、經學略説、史學略説、諸子略説、文學略説；專書的講習有：《説文》《音學五書》《詩經》《書經》《易經》《春秋》《爾雅》《荀子》《韓非子》《墨子》《老子》《莊子》《史記》《通鑑紀事本末》《文選》《經傳釋詞》等。1936年6月14日，太炎逝世，然章氏國學講習會仍擬保留一年。後为避戰亂，蘇州國學講習會遷至上海，亦改名爲太炎文學院，但最終因爲時局原因，太炎文學院很快解散。

在此次蘇州章氏國學講習會期間成爲章門重要成員的有：湯炳正、徐復、金德建、姚奠中、鄭雲飛、李恭、孫立本、柏耐冬等。另外太炎後期還有幾位重要的成員亦在蘇州拜入章門，他們入章門時間較之講習會開辦要早，他們分别爲：王謇、王乘六、朱季海、諸祖耿、王仲犖等。

東京、蘇州這兩次講習會中出現的弟子與其他時期的重要弟子(如黄侃、李亮工、吴承仕、馬宗薌、金毓黻、黄紹蘭、馬宗霍、曹聚仁、王基乾、姜亮夫、潘重規、潘承弼、沈延國等)一道，秉持著太炎先生“國學乃國性之所系”的治學根本精神，在人文科學的各個領域做出了重要的貢獻。他們同太炎一同組成了近現代中國學術史上最具影響力的一個學術團體——章門，而且在老一輩學者的感召下，已經形成了第二代、三代甚至四代的章門子弟，他們將繼續爲中國的人文科學做出貢獻。

後　記

我和父親朱元曙在整理《朱希祖日記》和《朱希祖先生年譜長編》的過程中,接觸到很多太炎及其弟子的材料。而正是從先曾祖父朱希祖的日記入手,我獲得了走近他們的機會,并讓我知道他們不僅僅是存在於學術著作中的符號,更是一個個鮮活的生命,他們有自己的喜怒哀樂,有自己的悲歡離合,他們可能因爲學術觀點不一而破口大罵,也可能因爲政治主張不同而分道揚鑣,但他們因爲"章門"而始終有著千絲萬縷的聯繫,即使如錢玄同與黄侃鬧得那麽不可開交,在錢晚年的時候仍發出"平心而论,餘杭门下……季剛與逖先,實爲最表表者"的感嘆。可見章門内部雖有矛盾,但都是"家務事",歸根結底章門還是一個非常團結的團體,互相照應,互相舉薦。記得2005年在整理《朱希祖先生年譜長編》的時候,我父親曾去過徐復先生家,請教一些人物事迹。徐老看著我父親説:"你怎麽不早來找我?早來的話,朱先生的年譜早就編完了。"當父親把朱希祖1938年12月22日日記"三時至至聖宫訪徐士復、沈志祥,言第一次交去先師書札已抄校完畢,擬將第二次交去"及1939年2月1日日記"上午寫廣益中學郭即述及楊芳齡信,推薦徐士復爲國文教員"給徐復先生看的時候,徐老説:"要不是朱先生的日記,還有誰會知道我曾被推薦去過廣益中學,又有誰會知道我曾在重慶住過至聖宫。"徐老接著説:"要不我給朱先生年譜寫個序吧,不要不好意思開口,都是自己人嘛。"父親説:"等我和兒子編完以後再請先生寫序吧。"没想到徐老在一年後悄然離逝,而《朱希祖先生年譜長編》到現在也只有"前言"而無"序"。

徐老説:"都是自己人。""自己人",就是章門同人之間的最好心理注脚。正因爲如此,我覺得章門中每一個人都是可愛的,也都是親切的,因爲他們"都是自己人"。

(朱樂川,南京師範大學國際文化教育學院副教授)

影印出版古籍當存敬畏之心*
——《子海珍本編·近思録集朱》影印工作芻議

任莉莉

［摘　要］影印出版古籍是保存古籍、便利學術、弘揚文化的善舉，提高影印工作品質，對出版工作者有相當高的專業水準要求。《子海珍本編》的影印出版對於未刊稿本《近思録集朱》的影印尚有一些需要完善的地方。筆者認爲，忠實於原稿，存古而不滅古，應是影印所當遵循的準則；對影印本進行適當校勘，補其缺漏，正其倒錯，明其不詳，當算作影印工作的組成部分；寫出影印説明，明確其版本源流和傳播情況，總結影印過程中解決的問題，從而爲讀者進行學術研究提供一定的幫助。

［關鍵詞］古籍影印　近思録集朱　子海

繼承和弘揚中華優秀傳統文化，是當前擺在文化界、學術界同仁面前一項十分緊迫而突出的任務，也是古籍整理工作的根本目的。那麽如何尋找這種傳統，如何傳承這種文化，出版工作者肩負的使命異常重大。其中，對古人流傳下來的典籍加以影印、整理與研究，便是體現文化傳承水平、涵育民族精神續接能力的有效途徑和方式。

影印古籍，化一書爲千百，自然是一件功德無量的事。近年來，山東大學"子海整理與研究"工程推出首批成果——影印子部珍貴古籍善本的《子海珍本編》第一輯計174册，在海内外引起極大反響，爲學界開展子部研究提供了有力的支持。目前，筆者參與了華東師範大學古籍研究所承擔的國家社科基金重大項目"朱子學文獻整理與研究"的子項目《近思録集朱》的整理點校工作，因而格外關注《子海珍本編》第13至14册所收録的清代大興人黄叔璥所輯的未刊稿本《近思録集朱》一書的影印本。通讀之後，對於善本影印工作有了一些新的認識與體會，現略陳如下，以就教於大家學者。

一、《子海珍本編·近思録集朱》的學術及文獻價值

《子海珍本編》的影印出版，與其他叢書類古籍的影印整理一樣，具有兩方面的意義與作用：一是存古，即保存了古籍的實物形態，賦予古籍以新的生命，爲古籍館藏增添了新的血液，可以使我國珍貴的子部書籍及承載其間的大批優秀傳統文化成果得以留存下來。一系列珍稀古籍善本的影印出版，不僅是善本古籍生命的有效延續及其文物價值的充分應用，更

*　本文是國家社科基金重大項目"朱子學文獻整理與研究"（11&ZD087）的階段性成果之一。

是對其文獻價值的深入開掘和廣泛傳揚。二是利今,即有利於保護各大圖書館的古籍原本,古籍善本找到了流通借閲的替代品,在一定程度上起到了調和圖書館與讀者之間藏用矛盾的作用,有助於解决學者們面临的借阅難、利用善本古籍難的問題,可以爲廣大研究工作者提供最有價值的工作本子,從而推動學術進步,引領學術發展。因而這是一件功在當今、利在後世的義舉。

筆者以爲,《子海珍本編》中的《近思録集朱》影印本,更是珍寶中的珍寶。該影印本所依據的底本是稿本,現珍藏於中國國家圖書館善本室中,封面著録信息爲"近思録集朱,十四卷,清黄叔璥輯,稿本,四册"。黄叔璥,康熙三十八年(1699)中順天鄉試,曾任湖廣道御史、浙江道監察御史等職,乾隆十九年(1754)輯成《近思録集朱》。黄叔璥與其長兄黄叔琳被稱爲"北平二黄公",一時享譽士林。稿本《近思録集朱》乃黄叔璥撰輯的一部理學研究力作,是以朱釋朱的典範成果,即用朱子及其門人、後學的言論來闡發、解釋《近思録》條目。對於該書的介紹,詳見拙作《治〈近思録〉之階梯　以朱釋朱之典範——稿本〈近思録集朱〉及其文獻學價值》。[①] 此稿本尚未刻印,當爲孤本,其文物價值和文献價值自然不言而喻。數年前,該稿本尚可與讀者見面,近幾年是書提善之後,讀者直接借閲已屬不易,只能閲看其複製膠片進行有關資料的核查和研究工作,而此稿本中所藴含的豐富版本信息,已非膠片所能涵蓋和顯示出來的。因而此書影印本的問世,無疑是學界一大幸事,世人當珍之寶之。《人民日報》2014年3月7日第7版曾發表了一篇文章,題目是"古籍《子海珍本編》出版:文化終究還是會留存下來",介紹了該項目首批成果發佈會及新書發表會的情況,《近思録集朱》即是八十四種稿本之一。該稿本的影印,對於學界進一步瞭解其整體面貌和具體内容,對於深入開展朱子學文獻整理與研究,提供了一種極爲便捷的文獻參考;對於研究清初理學思想傳播與研究情況及朱子學術史、思想史,必將産生積極的補益作用。"將流離的典籍合璧,重新整理出版,讓世人共用珍貴的文化遺産,這種對文化的堅持對於弘揚中華優秀傳統文化具有深遠意義",筆者深深地服膺斯論。

二、《子海珍本編·近思録集朱》影印中值得關注的幾個問題

由於整理、校點《近思録集朱》的需要,筆者懷著十分崇敬的心情,從前至後認真閲讀影印本《近思録集朱》一過。讀後發現,較之稿本,影印本中尚有一些有待復原和完善的地方,仍存在一些瑕疵,當然這些瑕疵,相比于其對文獻的流傳、承續作用而言,似乎顯得微不足道。然而爲便於學界全面、正確地使用影印本《近思録集朱》,筆者以爲,仍有加以説明和提示的必要。

---

① 任莉莉:《治〈近思録〉之階梯　以朱釋朱之典範——稿本〈近思録集朱〉及其文獻學價值》,《文獻》2015年第6期。

（一）稿本行間所增補、修改的部分文字，影印本中或模糊不清，難以辨識，或不可見

影印古籍的最基本的要求，自然是忠實於文獻原貌，力求體現文獻的真實性、重要性、完整性，發揮其學術資料價值，不可擅自改易增刪，自變其例。總體來看，《近思録集朱》影印本呈現給學界的是稿本的原貌，然而對於其中部分文字的拍照影印却没有達到忠實照録的要求，兹舉數例如下。

稿本《序》第二頁第六列有“學者由其言體認心理之同於以修己治人”一段文字，黄叔璥經核校後，於“由”字上旁書“若知得朱子之言便知周程之語語語著實”，將“其”字改作“此”，下補寫一“而”字，又滅去“其”下之“言”字（見圖1）。此處輯者所做改易之處，在影印本中竟被人爲地清除掉了（見圖2），使人讀後，無法原原本本地領略輯者的初衷，而只能停留在原書未核校、未勘誤前的狀態，自然會偏離撰輯者的本意。

又如，稿本《凡例》首頁第二列有“程門諸公”，撰者於“公”字上畫墨點兒，意謂滅去該字，復於其旁補書“弟子”二字以代之（見圖3），此番改動痕迹，影印本未仍其舊（見圖4）。

稿本卷一“五行一陰陽也”條下，於“蓋五形異質”之“形”字上畫一墨點兒，旁書“行”字代之（見圖5），而影印本中“行”字幾不可識（見圖6），“形”字上亦不見墨點兒痕迹。同樣的，稿本卷一“聖人定之以中正”條下，“中是亨仁是元”之“亨”字上畫有墨點兒，旁書“亨”字代之（見圖7），而影印本中“亨”字幾不可識，“亨”字上所畫墨點兒亦不可見（見圖8）。又，卷一“問仁與心何異”條，“康節所謂心者性之郛郭是也”後，稿本中後補一段“集朱”文字——“程子穀種之喻最善有這種在這裏何患不生”（見圖9），此十八字在影印本中不存（見圖10）。蓋影印過程中，可能出於版面的清潔、美觀等因素考慮，這些原稿中已作修改的痕迹被鏟除掉了，回歸到黄叔璥起初撰輯的文本上去了，自然不能如實地反映和再現文獻的實際樣態。

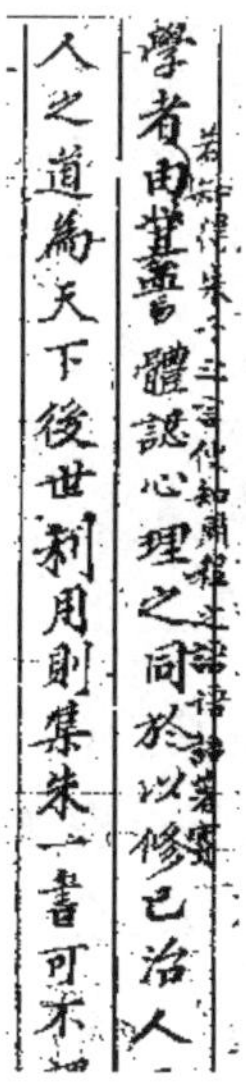

圖1

圖2

圖3

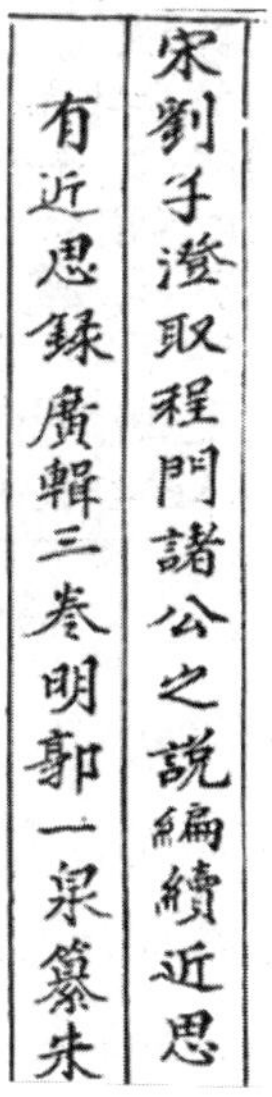

圖4

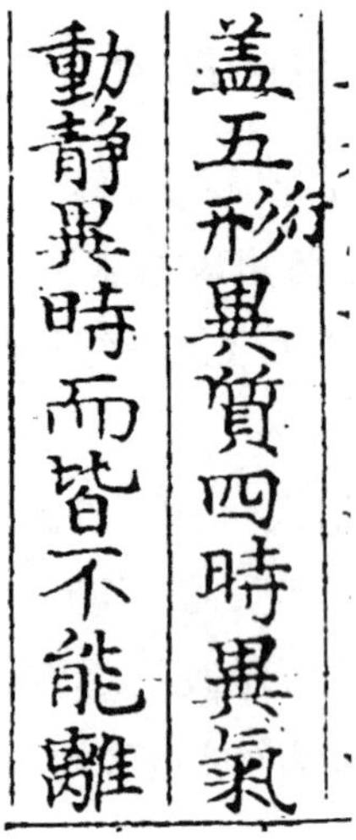
蓋五形異質四時異氣
動靜異時而皆不能離

圖 5

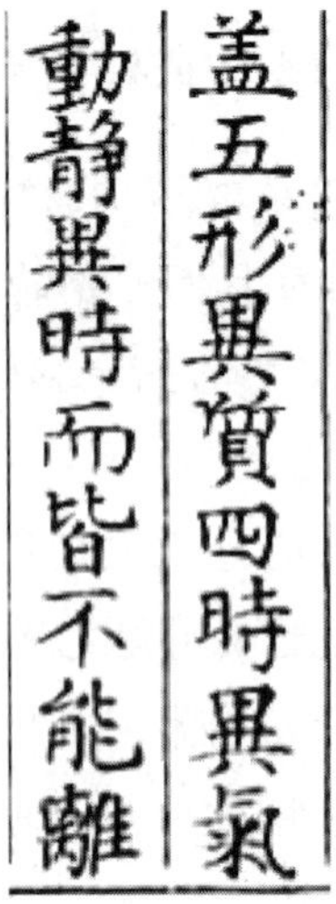
蓋五形異質四時異氣
動靜異時而皆不能離

圖 6

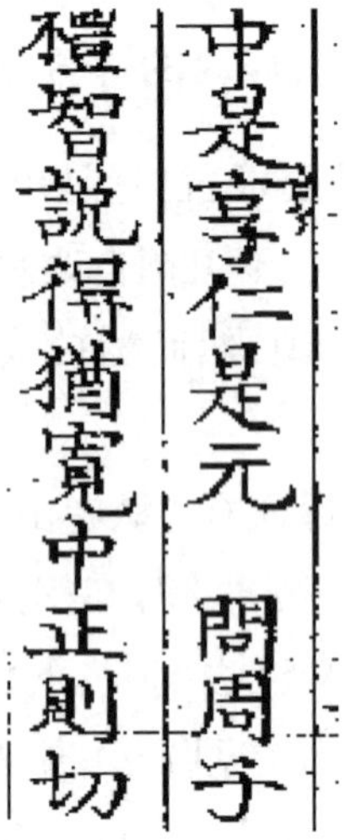
中是亨仁是元　問周子
禮智說得猶寬中正則切

圖 7

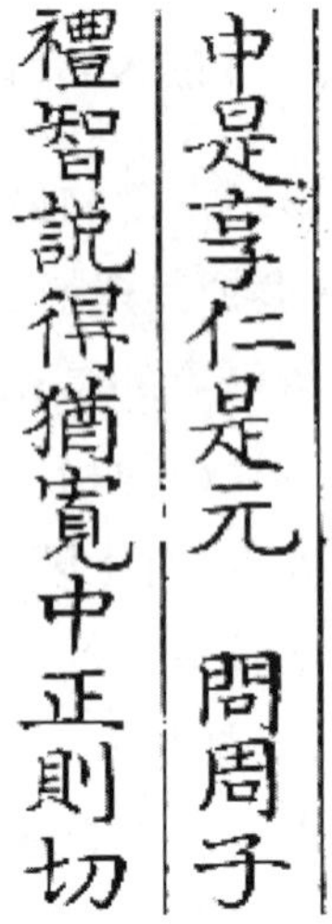
中是亨仁是元　問周子
禮智說得猶寬中正則切

圖 8

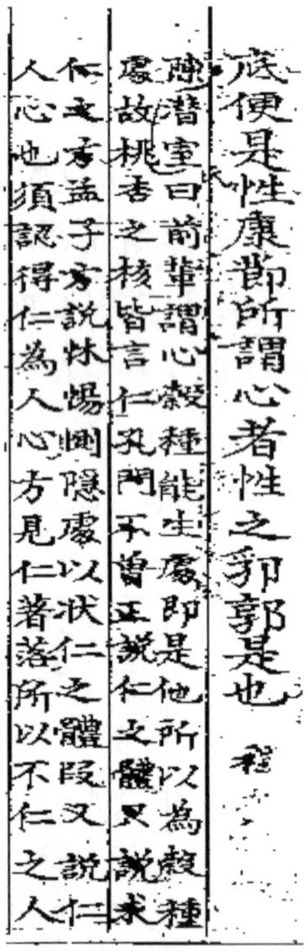
底便是性康節所謂心者性之郛郭是也
陳潛室曰前輩謂心穀種能生處即是他所以為穀種
處故桃杏之核皆言仁孔門不曾正說仁之體只說求
仁之方孟子方說怵惕惻隱處以狀仁之體段又說仁
人心也須認得仁為人心方見仁著落所以不仁之人

圖 9

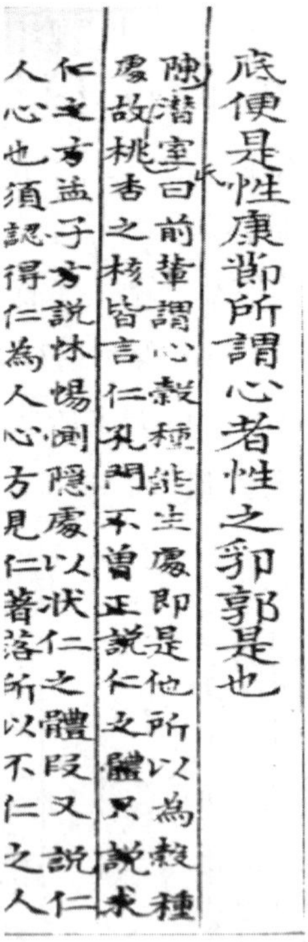
底便是性康節所謂心者性之郛郭是也
陳潛室曰前輩謂心穀種能生處即是他所以為穀種
處故桃杏之核皆言仁孔門不曾正說仁之體只說求
仁之方孟子方說怵惕惻隱處以狀仁之體段又說仁
人心也須認得仁為人心方見仁著落所以不仁之人

圖 10

卷二"必先明諸心"條,稿本之"養"字上畫有墨點兒,於其旁補書"往"字以代之,而影印本中,"往"字不見,"養"字上所畫墨點兒亦不可見。又如,"忠信所以進德"條下,稿本有"修省言辭乃是體當自己家敬以直內義以方外",其中的"己"字上畫有墨點兒,意在滅去此字,而影印本中該墨點兒不見,就意味著要保留此字了。再如,稿本卷二"伊川先生曰古之學者"條下,有三段文字(各段文字間原稿空一格,見圖 11、圖 13):

朱子曰聖門之學下學之序始於格物以致其知由是精義入神以致其用其間曲折纖悉各有次序而一以貫通無分段無時節無方所精不離粗末不離本必也優游潛（按，“潛”字爲後補書行間）厭飫而自得之然後爲至固不可以自盡（按，“盡”字上畫墨點，右旁書“畫”字代之）而緩亦不可以欲速而急

天地萬物之理修治（按，“治”字上畫墨點，右旁書“己”字代之）治人之方皆所當學然亦各有次序當以其大而急者爲先不可離（按，“離”字上畫墨點，右旁書“雜”字代之）而無統也

讀書如煉丹初時烈火煆熬然後漸漸慢火養又如煮物初時烈火煮了却須慢火養讀書初勸（按，“勸”字上畫墨點，右旁書“勤”字代之）敏著力仔細窮寔（按，“寔”字上畫墨點，右旁書“究”字代之）後來却須緩緩温尋反復玩味道理自出又不得貪多欲速直須要熟工夫自熟中出

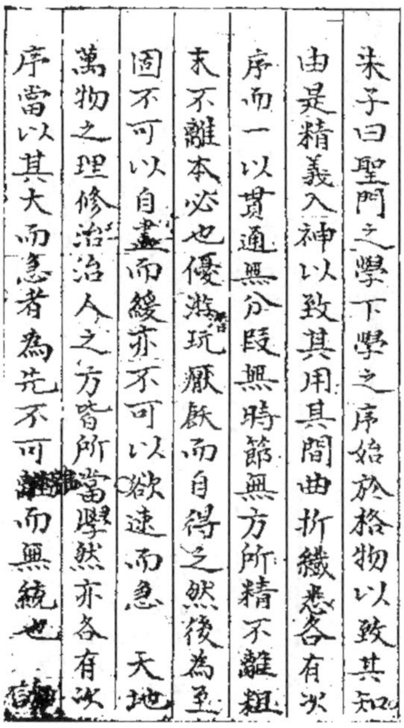
朱子曰聖門之學下學之序始於格物以致其知
由是精義入神以致其用其間曲折纖悉各有次
序而一以貫通無分段無時節無方所精不離粗
末不離本必也優游玩厭飫而自得之然後為至
固不可以自盡而緩亦不可以欲速而急 天地
萬物之理修治治人之方皆所當學然亦各有次
序當以其大而急者為先不可離而無統也 讀

圖 11

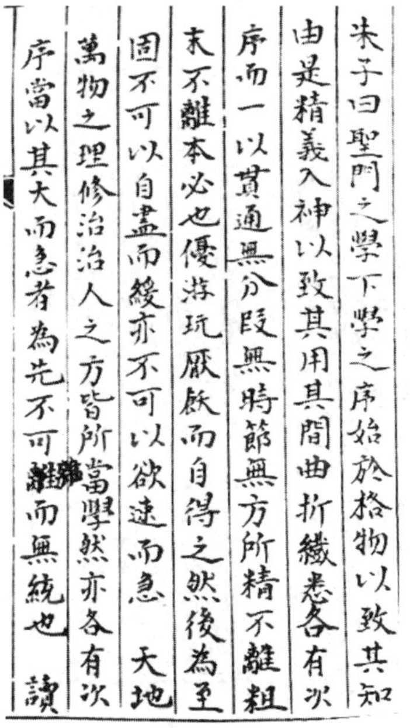
朱子曰聖門之學下學之序始於格物以致其知
由是精義入神以致其用其間曲折纖悉各有次
序而一以貫通無分段無時節無方所精不離粗
末不離本必也優游玩厭飫而自得之然後為至
固不可以自盡而緩亦不可以欲速而急 天地
萬物之理修治治人之方皆所當學然亦各有次
序當以其大而急者為先不可離而無統也 讀

圖 12

書如煉丹初時烈火煆熬然後漸漸慢火養又如
煮物初時烈火煮了却須慢火養讀書初勸敏著
力仔細窮寔後來却須緩緩温尋反復玩味道理
自出又不得貪多欲速直須要熟工夫自熟中出

圖 13

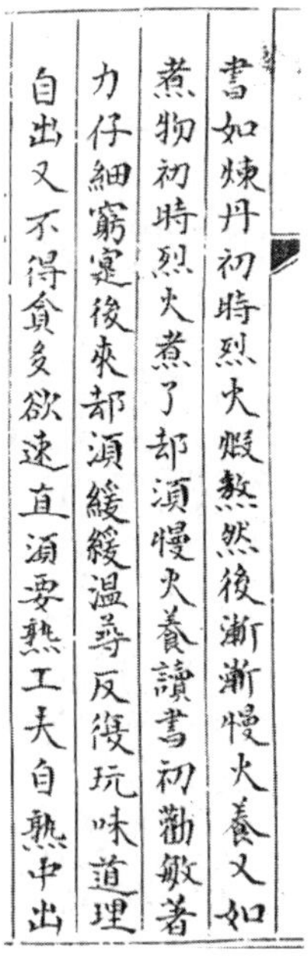
書如煉丹初時烈火煆熬然後漸漸慢火養又如
煮物初時烈火煮了却須慢火養讀書初勸敏著
力仔細窮寔後來却須緩緩温尋反復玩味道理
自出又不得貪多欲速直須要熟工夫自熟中出

圖 14

上述三段中的“潛”“畫”“己”“究”等字，在影印本中俱不可見（見圖12、圖14）。爲方便讀者聯繫上下文，故將上述文字詳細摘録出來，這樣可以幫助讀者朋友更爲直觀地在特定語境中做出分析、判斷。

類似的情況，卷二還有六處，卷三有八處，卷四、卷七、卷十、卷十一各有一處，卷十三、卷十四各有二處，或不見，或模糊不可辨識，這裏不復一一贅述。

影印本中對於原稿中所作批校、考訂文字的失真處理，自然不利於讀者正確閱讀和使用古籍，一定程度上造成了文字上的脱漏，説不定還會無端地生出很多文字冤案來。

(二)稿本中的一些眉批文字,影印本中無

對比影印本與稿本兩者所著録信息的差異,我們不難發現,影印本在印製過程中可能進行了加工處理,稿本中撰輯人員或校對人員經核校在天頭所作眉批内容,有不少在影印本中竟然找不到蛛絲馬迹,而這種差異,决非拍照技術原因所致,這一點,應該是影印工作之大忌。兹舉數例以證:

卷一“天地萬物之理”條下,稿本“黄勉齋曰”一段文字天頭,有眉批“移前”二字,又見“益齋仲兄”右上補書“黄勉齋”三字,意謂將“黄勉齋”段移至“益齋仲兄”段前(見圖15),而影印本中,眉批字眼“移前”不可見,原稿經核校後所補書“黄勉齋”三字亦模糊不清(見圖16)。如果讀者不瞭解稿本所著録的修改信息,此頁的段落排序,只能按照影印本所呈現出來的順序做出安排了,不能不説有悖于輯者的修改初衷。

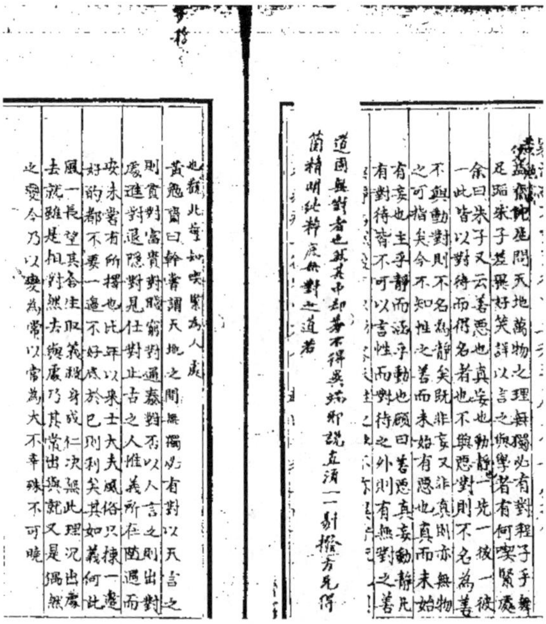

圖15

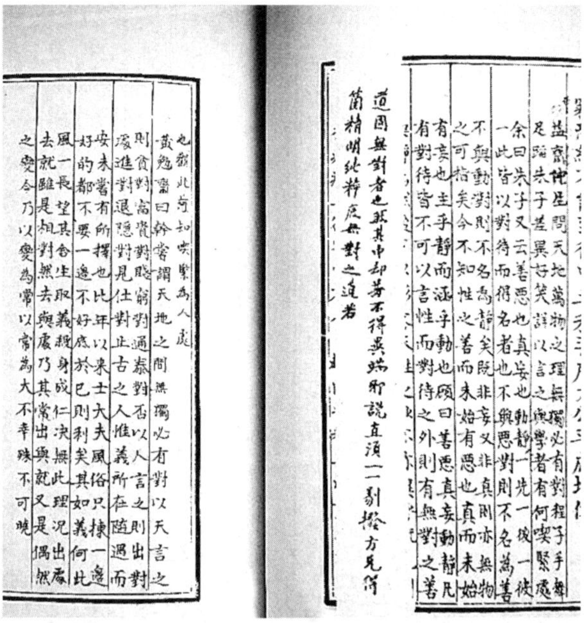

圖16

卷二“仲尼絶四”條下,“起於意”上畫小圓圈,又見眉批“空一字寫必者”,意謂“必者”云云作另段處理。此批語於影印本中不復可見。之所以要空一格,意味著此下另録一段文字,倘若眉批的六字不存,上下段落之間將連成一體,難以區分了。又,稿本中“起”上旁補書“必者迎之於前固者滯之於後意是爲惡先鋒我是爲惡成就”一段文字(見圖17),影印本中亦不可見(見圖18)。這樣一來,黄叔璥核校原稿所作修改、補充的成果,在影印本中將無從體現了,如是以訛傳訛,其失之毫厘,謬以千里矣。

朱子曰起於意遂於必留於固而成於我意必常
在事前固我常在事後　或問四者相爲終始而
曰有一爲何也曰人之爲學亦有其初未必出于

圖 17

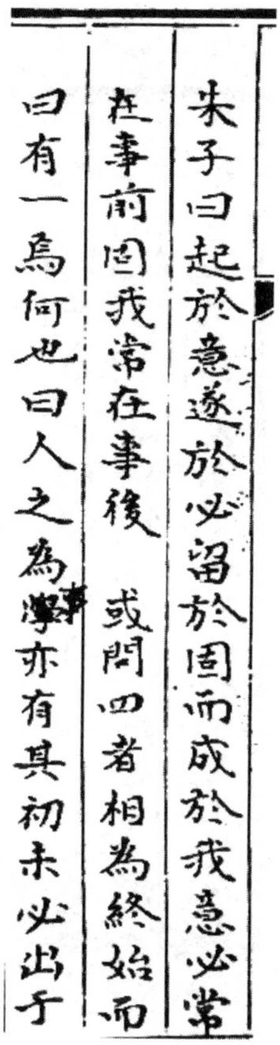
朱子曰起於意遂於必留於固而成於我意必常
在事前固我常在事後　或問四者相爲終始而
曰有一爲何也曰人之爲學亦有其初未必出于

圖 18

卷二“凡事蔽蓋不見底”條，稿本中有眉批“尚欠透切發明”，影印本中不可見。此批語意謂該條《近思録正文》下，目前所輯朱子語録，尚不能達到以朱釋朱的目的，難以透徹地發明《近思録》條文主旨，需要在今後的閱讀、研究中加以進一步的關注，檢索出適合的文字附録此條下，以作爲“集朱”的成果，在定本時吸收進來。而影印本中不見此類批語，將無從再現作者規劃與設計的用意了。

卷三“夫子當周之末”條下，“胡敬齋曰”至“大法”，稿本原作大字單行，眉批“小字”，意謂該段文字當作小字單行，而“小字”二字於影印本不見。又，“後世以史視春秋”條下，“吕氏曰”至“大法也”一段文字，稿本作大字單行，眉批“小字”，意謂該段文字當作小字單行，而此批語影印本亦不見。類似的情況還不少。

卷四“或問聖可學乎”條下，“問明通公溥”云云上，稿本中作有眉批“不切存養”四字，又見段落前後以“ㄱ”“ㄴ”符號擴住，意謂此段文字不切《近思録》正文意旨，當於定本時删除該段文字（見圖 19）。而影印本中眉批文字“不切存養”四字不復可見，已失作者本意（見圖 20）。如此情況，卷四還有四處。

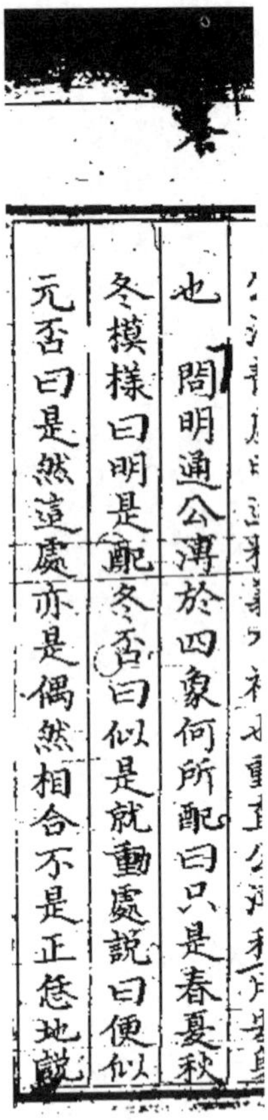
也┐問明通公溥於四象何所配曰只是春夏秋
冬模樣曰明是配冬否曰似是就動處說曰便似
元否曰是然這處亦是偶然相合不是正恁地說

圖 19

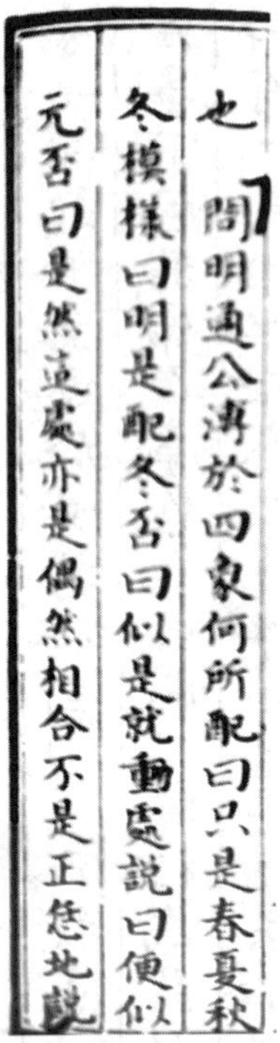
也┐問明通公溥於四象何所配曰只是春夏秋
冬模樣曰明是配冬否曰似是就動處說曰便似
元否曰是然這處亦是偶然相合不是正恁地說

圖 20

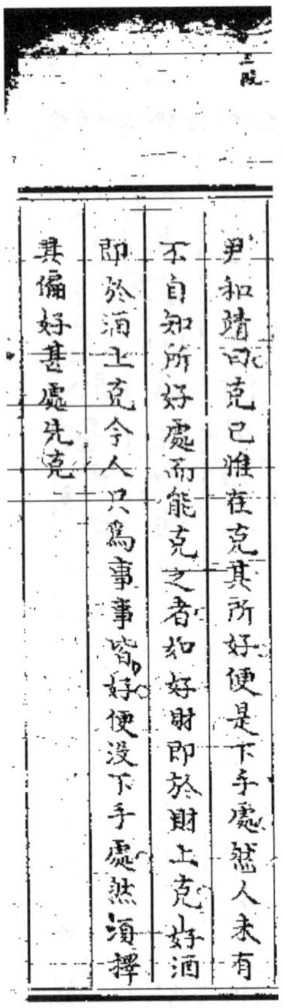
尹和靖曰克己惟在克其所好便是下手處然人未有
不自知所好處而能克之者如好財即於財上克好酒
即於酒上克今人只爲事事皆好便没下手處然須擇
其偏好甚處先克

圖 21

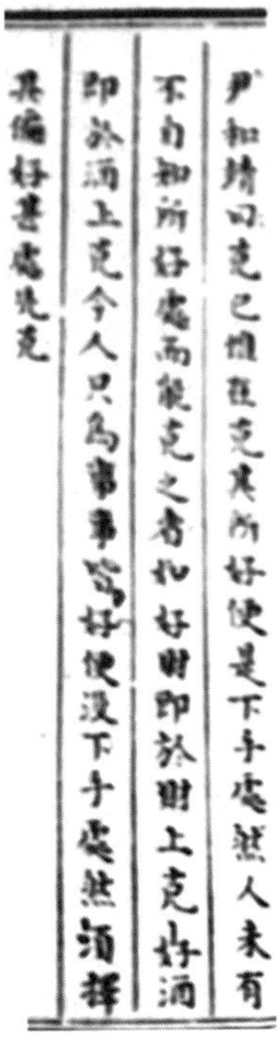
尹和靖曰克己惟在克其所好便是下手處然人未有
不自知所好處而能克之者如好財即於財上克好酒
即於酒上克今人只爲事事皆好便没下手處然須擇
其偏好甚處先克

圖 22

卷五“人語言緊急”條下,“尹和靖曰”云云上,眉批“小字三段”,意謂此下三段文字俱作小字雙行(見圖 21)。而該眉批於影印本中不可覓得(見圖 22)。此種情況,經粗略統計,卷五還有七處,卷六有兩處,卷七有一處,卷八有三處,卷九有五處,卷十有二處,卷十一有一處,卷十二有一處,卷十四有五處。

(三)稿本文字間的刪節符號,有相當一部分在影印本中被模糊掉

卷一“聖人定之以中正”條下,原稿於“程子論乾坤動静而曰不專一則不能直遂不翕聚則不能發散亦此意耳”一段前後,以墨筆勾住,蓋作者核校後,認爲起初所輯條目不能發明《近思録》白文本旨,乃以類似上、下引號(“┐”“└”)的符號勾住,作爲加以刪除的提示,而影印本中此類符號不見,必然有悖作者纂輯的初衷。

類似的情況也很多,如卷一“性出於天”條下,“孟子與伊川論才……伊川論才却是指氣質而言也”前後,也有“┐”“└”符號,蓋於定本時刪除此段文字(見圖 23),而影印本中該符號竟不可見(見圖 24),上述情況會給學者深入研究帶來不便。類似的問題,卷十四有三處。

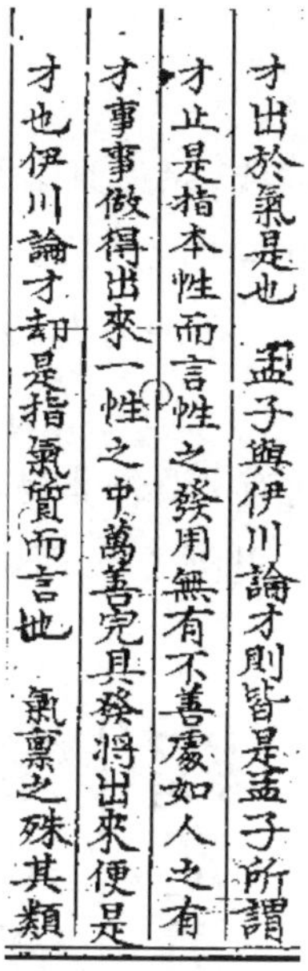
才出於氣是也　孟子與伊川論才則皆是孟子所謂
才止是指本性而言性之發用無有不善處如人之有
才事事做得出來一性之中萬善完具發將出來便是
才也伊川論才却是指氣質而言也　氣稟之殊其類

圖 23

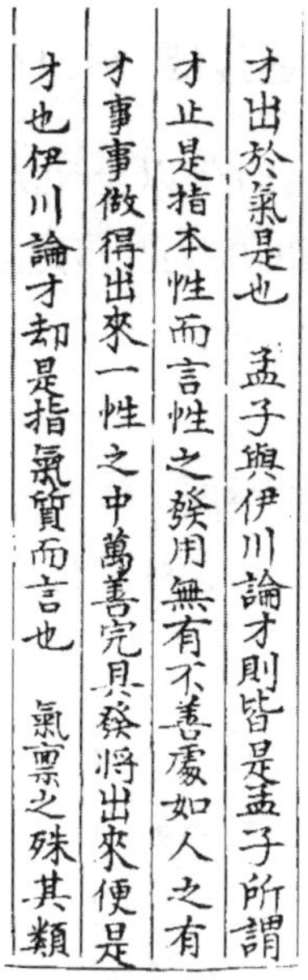
才出於氣是也　孟子與伊川論才則皆是孟子所謂
才止是指本性而言性之發用無有不善處如人之有
才事事做得出來一性之中萬善完具發將出來便是
才也伊川論才却是指氣質而言也　氣稟之殊其類

圖 24

（四）稿本文字清晰可見者於影印本中被覆蓋住

如卷一“明道先生曰天地生物各無不足之理”條下，稿本有“這裏面又煞多事事事都合講過”十三字（見圖 25），影印本不可辨識，爲紙條覆蓋（見圖 26），蓋左行粘簽移動後拍攝書影造成。

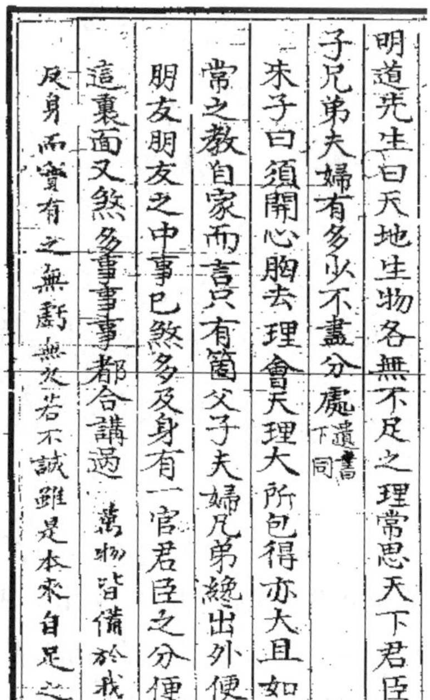
明道先生曰天地生物各無不足之理常思天下君臣父
子兄弟夫婦有多少不盡分處遺書下同
朱子曰須開心胸去理會天理大所包得亦大且如五
常之教自家而言只有箇父子夫婦兄弟絶出外便有
朋友朋友之中事已煞多及身有一官君臣之分便定
這裏面又煞多事事事都合講過　萬物皆備於我須
反身而實有之無虧無欠若不誠雖是本來自足之物

圖 25

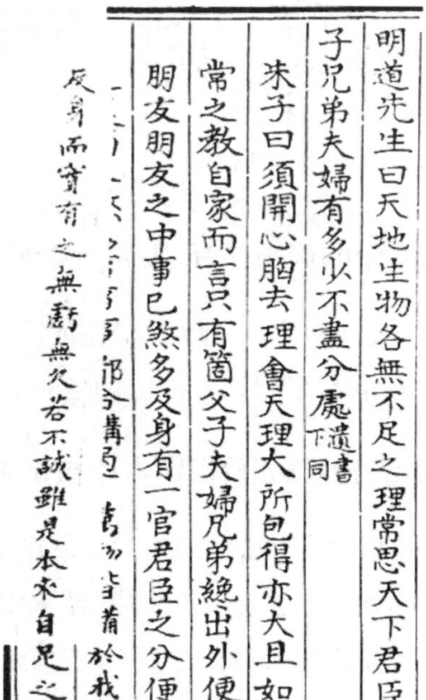
明道先生曰天地生物各無不足之理常思天下君臣父
子兄弟夫婦有多少不盡分處遺書下同
朱子曰須開心胸去理會天理大所包得亦大且如五
常之教自家而言只有箇父子夫婦兄弟絶出外便有
朋友朋友之中事已煞多及身有一官君臣之分便定
於我須
反身而實有之無虧無欠若不誠雖是本來自足之物

圖 26

(五)稿本原有的連接綫,影印本中不可見

如卷二"伊川先生曰學以至聖人之道也",原爲獨立成段,又見其上有連接綫與右行"學也"下相連,意謂將"伊川"云云移至"學也"段末,而影印本中該連接綫幾不可見。

又如卷二"凡才人學便須知"云云,其中的"才""人"二字原有曲綫以作倒乙處理,而影印本中幾乎不可辨識。

再如卷七"觀盥而不薦"條下,"先儒之誤"左行另起有"謂恐非易本意"云云,"誤"下與"謂"旁,原有連綫,意謂將左行文字連接於"誤"字下(見圖 27),而影印本難以看出該連接綫的痕迹(見圖 28)。

圖 27

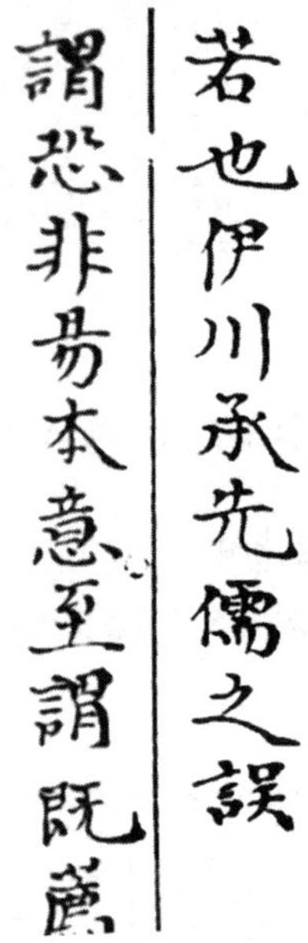

圖 28

(六)稿本中的個別浮簽,影印本不可見

如卷八"法立而能守"條下,"亦何害乎"下,稿本有浮簽,上書"夫云非　至　害乎　一條似與本段無所發明",影印本中無此浮簽。

(七)原稿句讀符號於影印本中幾乎不可見

黄永年先生在《古籍整理概論》中曾指出:"某些常用的古籍雖可不必點校而徑付影印,但影印時却不妨用舊式的句讀即圈點來斷句。"黄永年先生的主張,也是出於古籍的流傳和使用的便捷需要而提出的。他講到,"這是考慮到這類書并非專家才讀,初學者也可讀,斷了句對初學者閱讀不無幫助,而且斷句究竟比標點省事,在影印的古籍上加圈點斷句不像加標點符號那麽刺目"。對於《近思録集朱》來説,原稿本通篇標以朱筆"○"進行句讀,清晰可見。不知什麽緣故，影印本中的前半部分文字間的句讀符號或者極其模糊，或者根本看不見，不能不説是影印本的一大缺憾，對閱讀者而言，其研究使用的效益或參考價值或許會大打折扣。

（八）稿本中一些粘簽下所覆蓋的文字，影印本自然不可見

主要有兩類情況：一是粘簽下，原稿文字被覆蓋部分，挑起紙條後，被覆蓋文字仍可以閱讀，出於保護古籍的需要，其中被覆蓋的文字也不可能被拍照，這當然是影印本無法與稿本比擬的。二是稿本中粘貼有大量紙條，上下兩端貼於文稿天頭和地脚，中空，以手指輕挑，可見其下所覆蓋文字，有些頁面同一位置紙條下所粘貼紙條達三五層之多，而每條上面的文字俱可清晰觀覽，不得不驚嘆撰者粘貼紙條技巧之高妙。粘簽上所附内容，或是爲《近思録》正文作注所補輯的條目以深入發明《近思録》之語，或作爲替代所覆蓋内容而加以更正。紙條所粘貼的位置亦極其講究，必與所對應位置的《近思録》白文有關，不可輕易移位的。因此，影印本無從拍照，自然無法展示被覆蓋的内容。僅卷五"吉凶悔吝"條原爲紙條覆蓋，拍照時該頁重複拍照可見到；又卷八"朱子曰漢高祖私意"一則，重複拍照可見。由此斷定，影印本應當以原稿本爲底本，而非以膠片爲底本。

上述幾種類型的問題，有可能對讀者閱讀、使用該書造成一定的誤導，因而需要通過一定的工作加以補正，還《近思録集朱》影印本以本來面貌。

三、對《子海珍本編·近思録集朱》影印工作的幾點思考

從《近思録集朱》影印本的總體效果來看，前述所存在的問題，不是拍照技術原因所致，因爲原文中針對個别文字所加的倒乙符號（"、""′ "）仍十分完整地保留了下來，如果説細綫就可以清楚地拍照下來，那麽比細綫要複雜些的文字當然不應該漏拍的，所以出現人爲地對影印本加以修訂，就與影印工作的基本精神不相適應了。鑒於此，筆者感到，做好古籍影印出版，應當解决好以下幾個方面的問題。

（一）影印古籍當存敬畏之心，這是做好影印工作的前提

龔自珍曾講過："士大夫多瞻仰前輩一日，則胸中長一分丘壑；長一分丘壑，則去一分鄙陋。"龔自珍這一番話，對於我們看待古籍影印工作，同樣具有一定的指導意義，即影印出版古籍當存敬畏之心。這裏講的"敬畏之心"，是對傳統文化和往聖先賢的敬重之情，也自然是對於當代讀者和後世學人的負責的態度。一般而言，影印本與原版無任何差别，應是原版的複製。如今，擺在我們面前的影印本《近思録集朱》，有不少地方有悖於稿本作者的編撰意圖，主要原因是没有遵照作者原意進行實録式影印，而是擅自作出了一些修訂，雖然這些是細節性的修訂，也必然會給讀者造成一些困惑，産生不必要的疑問，或者有意無意地改變纂輯者

的初衷。没有忠實地保留稿本的原貌,這當然不符合影印工作的基本要求。因此,在具體影印工作中,必須堅持忠實原稿的基本原則,這是對相關研究人員及出版印製工作者的職業要求。要忠實於原稿,存古而不滅古,不宜主觀地加以取捨,這是影印工作所應當依循的重要準則。

(二)對於一些善本稿本來説,拍照後可以結合其膠片進行核校,做適當的校勘工作

這個步驟是必不可少的。比如可以請一些名家學者對影印本進行適當的校勘,以方便讀者研究使用。也許有人會説,限於古籍拍照水平,可能造成一些文字模糊不清,這個可以作爲理由,但是并不充分。如果説原稿需要保護,在拍照過程中需要慎之又慎,有可能造成一些文字遺漏或模糊的情況,那麼進一步地做細工作,拿出同書的膠片,看一下有哪些地方在膠片上可以看到而在影印本子上不可見,或者文字、符號模糊了,這時候通過核校拍攝或複印所得而製成的底樣,補其缺漏,正其倒錯,明其不詳,也當算作影印工作的一個環節和組成部分,這樣呈現出來的影印文本會相對完善一些。這也是對於古籍善本的一種有效延續和科學保護。

(三)深化善本影印工作,可以出具影印説明

可否這樣理解,影印古籍善本,絶不止於簡單地對原書加以拍攝或複印,然後裝訂到一起而已。如果只是停留在這樣的地步,影印工作的使命和價值就會被限制在一方十分狹小的天地之中,因而得不到學界足够的重視。前面已經提到,影印古籍,一是存古,一是利今。簡單地拍攝或複印,只能够起到"存古"的作用,還不一定能够承擔起"利今"的責任,不一定能够實現流通使用的目的,這樣的影印只能説是一種定向性很强的工作,其影印本也只是具有收藏的價值。爲深化善本影印工作,提高古籍影印水平,有無必要寫出影印説明,總結影印工作過程中面臨和解决了的問題(包括底本、校本的選擇,該影印本與現存他種版本的異同,影印本所做加工情況等),有待商榷。整理好影印説明,有助於讀者對該影印本的整體情況有個大概的了解,也可以明確其版本源流和傳播情況,可以爲讀者開展研究提供一定的幫助。仍以《近思録集朱》的影印本與稿本相比較,如卷一"萬物之生意最可觀"條下,"物之初生其本未遠好看"云云段下,補書一"孔"字,意謂輯者所補書于另頁上的一段文字"孔門之教必使學者汲汲于求仁"至"而貫四端者也"接續於此。影印本只是機械地按照原書將插頁複印於此,至於爲何會出現頁一〇四、一〇五文字俱同,則不能對讀者有所交代,故而文獻影印而不出校勘記或影印説明,就似乎顯得不完整了。

(四)正確看待整理本與影印本的關係

在一些研究者看來,只要有影印本,就不使用整理本,這樣一種傾向,我們也給予一定的理解。但是,需要區别情況慎重對待。對於像《近思録集朱》這樣版本信息異常複雜的稿本來講，讀者僅僅閲覽其影印本，閲讀到的内容是不完整的，還有大量的信息是目驗不到的，因爲在原書所貼粘簽之下，還有很多文字被遮蓋著，這就有必要借鑒其整理本來進行閲讀和研究。下一步，隨著該書整理本的出版，人們可能更多地會將影印本作爲參照，對整理本多出的内容或異於影印本的地方提出質疑，這種情況必須科學地面對和解決，不能輕率地信從影印本而忽略甚至否定整理本。前已述及，影印本并未完全忠實地照録稿本，已經部分地發生了走樣，以這樣的本子作爲標準，必然會失之偏頗的。這一點，現在有必要做出聲明。目前，要解决如上問題，有兩條途徑：一是到中國國家圖書館善本室借閲該書的膠片加以目驗；二是參看筆者所整理的已由華東師範大學出版社付梓的《近思録集朱》一書，從中也可以找到相關的信息。這是從事該領域研究所不可不注意的，否則，呈現在我們眼前的《近思録集朱》影印本永遠是一部殘稿，因爲粘簽下覆蓋的相當多的内容無以面世。

上述淺見，可能有些吹毛求疵了，畢竟影印無法百分之百地複製原書。雖然如此，我們還是希望在今後影印古籍時，能够引起相關方面的重視并注意克服出現的存古不實、存古不全、存古不忠的問題，以便將更加有利於讀者的精美的本子呈現出來。這一點，不僅是對於《近思録集朱》的影印工作而言的，泛言之，也是對於一般意義上的古籍善本影印的一種提示。

（任莉莉，華東師範大學中文系副教授）